U0872201

营业商法学系列

商事登记论

营业进入的宣示、确认、公开机制

肖海军 / 著

法律出版社
LAW PRESS · CHINA
北京

图书在版编目(CIP)数据

商事登记论：营业进入的宣示、确认、公开机制／肖海军著. -- 北京：法律出版社，2023
ISBN 978-7-5197-7638-1

Ⅰ. ①商… Ⅱ. ①肖… Ⅲ. ①工商企业－企业登记－研究－中国 Ⅳ. ①D922.291.914

中国国家版本馆CIP数据核字(2023)第038107号

商事登记论
——营业进入的宣示、确认、公开机制
SHANGSHI DENGJI LUN
—YINGYE JINRU DE XUANSHI、QUEREN、GONGKAI JIZHI

肖海军 著

责任编辑 郑怡萍 蒋潆莹
装帧设计 鲍龙卉

出版发行 法律出版社
编辑统筹 法律教育出版分社
责任校对 王晓萍
责任印制 刘晓伟
经　　销 新华书店

开本 710毫米×1000毫米 1/16
印张 28　字数 538千
版本 2023年4月第1版
印次 2023年4月第1次印刷
印刷 北京建宏印刷有限公司

地址：北京市丰台区莲花池西里7号(100073)
网址：www.lawpress.com.cn
投稿邮箱：info@lawpress.com.cn
举报盗版邮箱：jbwq@lawpress.com.cn

销售电话：010-83938349
客服电话：010-83938350
咨询电话：010-63939796
版权所有·侵权必究

书号：ISBN 978-7-5197-7638-1
定价：88.00元
凡购买本社图书，如有印装错误，我社负责退换。电话：010-83938349

作 者 简 介

肖海军　男，湖南双峰人，1965 年生。湘潭大学历史学学士（1986），武汉大学民商法学硕士（1999），湖南大学经济法学博士（2007），英国诺丁汉大学法学院访问学者（2007－2008），国家社会科学基金重大招标项目总课题主持人与首席专家；2009 年 12 月入选教育部"新世纪优秀人才支持计划"。现为湖南大学二级教授、博士生导师、法学院学术委员会主任；兼任中国商法学研究会常务理事、湖南省民商法研究会副会长、湖南大学商事法与投资法研究中心主任、湖南大学法学院民商事法律科学研究中心主任。主要从事民商法学、经济法学、法理学的教研工作。2001 年以来，出版《营业权论》、《营业准入制度研究》、《商法学》、《商会法律制度研究》、《企业法原论》、《国有股权代表人制度研究》、《公用事业垄断经营法律规制研究》等学术著作多部；主持和完成国家社会科学基金重大项目、重点项目、一般项目及省部级科研课题多项；在《中国法学》等期刊上发表法学论文 100 余篇。原创性地提出营业权理论并把其引入到民商法、经济法、法理学领域。《营业权论》一书于 2009 年 8 月获司法部"第三届全国法学教材与科研成果奖"。

总　　序

一、本系列之选题原由

民众幸福、社会进步和国家富强，作为法律和制度关注的永恒主题，它们相互联系、彼此影响和不断博弈，从来就是衡量执政者成就感和制度优越性的重要指标，这一切的实现均有赖于民生问题的解决。近代以来，从业选择自由和营业机会平等被视为民生领域革命最为重要的成果。就业和营业也是当今社会民生问题的两大主题。就业的充分和营业的发达作为最大的民生问题，更是体现经济发展、彰显社会和谐、展示国家富强的核心因子，商法就是以促进、调整、规范、保护、救济营业为基本功能的法律。西方近代民力之张扬和国力之勃兴，无不以营业之普及和财富之累积为基本前提。自15世纪以降，重商主义、自由贸易观支撑下的西方列强，以确保国民营业自由、鼓励民间投资创业、促进民营企业发展为通往民富国强的基本国策，因之，就有了商法在近代西方的繁荣、发达和完善；1776年亚当·斯密在《国富论》一书中更是论证了经济自由、营业自由、竞争自由为经济发展的逻辑起点和国家走向富强的价值基础。

对国人来说，商法纯粹为舶来之物。自近代以来，"自强"和"求富"作为国人关注的时代主题，无数仁人志士以及学界政坛、工商实业、行武教育等领域的杰出代表，因时而宜，振臂疾呼，其所倡所立之"民主救国""改良救国""学术救国""实业救国""军事救国""教育救国"等救国、强国、富国主张，对一个半世纪以来我国的国策、政令和立法可谓影响深远，而"工商兴国""实业救国"就是其中最具代表性的"富国"主张。考察中国和西方近代的社会转型、国运兴衰的历史就会发现，国家对民间营业所持的一贯性禁止或限制政策，是导致中国民间营业发展不充分和营业方式长期落后、造成中国近代积贫积弱的主要经济性和制度性原因。民间的经商、投资、开矿、办厂，在古代封建社会因被视为末业而颇受限制和屡遭禁止；直至近代，法律公开承认营业并预设制度鼓励之、促进之并保障之，则已经是迟至20世纪初以后的事；1904年，在晚清修律大背景下出台的《钦定大清商律》《公司注册试办章程》等形式意义上的商法规范，才使商法成为中华法律规范体系的组成部分。即便如此，由于诸多不用论证的原因，营业自由观念并没有成为我们这个文明古国普遍的核心价值观念，确保国民营业、鼓励投资创业、促进民企发展也未被吸纳为基本的经济国策。在此政策制度环境下，商事立法的严重滞后和商法研究的明显不足就成为既然事实。尽管自20世纪90年代以来，我国商事立法日新月异，商法研究也不断推陈出新，但因对商法之本质和功能理解的欠缺，对商事立法价值选择的错位，无论是商法理论研究，抑或商事立法或商事裁判，均存在一些源头性的知识缺陷和常识性的概念误区。

如从权利的视角来分析，自由营业本应为国民（民事主体）一项基本的权利。如从动态的角度来透视，市场竞争的过程实质就是一个营业机会分配、资本财富创造和增量利益分配的过程，而其中营业机会的分配则是一切市场交易和营业竞争的起点。市场竞争犹如体育比赛，起点的公平和规则的信守是确保竞赛公平和结果正义的必要条件。对所有决定投资和参与竞争的民事主体而言，营业初始机会的平等化和无差异分配，才是确保他们进行自由选择、平等竞争、公平交易和合理分配的基本前提；也只有存在实质意义上的营业机会平等，才有真正意义上的分配正义、经济发展和社会和谐，才可通过主体的自由投资、自由经营、自由交易，在平等竞争中形成健康、良好、公平、有序的经济结构和市场环境。

但在既有经济体制和市场背景下，国民（民事主体）正当的营业权益被不当限制或迭遭剥夺，与市场经济体制和商法追求的目的意义极不相符。如从国家宏观经济制度的价值取向和立法安排来分析，受传统国家本位主义营业观和部门既得利益影响，我国有不少立法文件对民间营业尚持限制、不信任甚至禁止态度，如对自然人进入某些营业领域或选择投资形式就有许多限制或禁止性规定。行政执法特别是行政决定、行政许可或行政审批中，也不时出现对一般民事主体的营业进入机会作不合理限制和对营业权益任意剥夺等情形。至于因地方保护主义形成的地区性行政垄断和市场封锁，对生产要素在国内的自由配置和全国统一大市场的形成尤其对外地资本、人才、技术的自由进入或退出，已事实上形成巨大的制度壁垒。更由于营业机会的平等享有长期未被视为一种独立的权利而载入《宪法》和国家基本法，亦即未被宣示为法定权利，故即使出现民事主体营业机会被不合理限制或不当剥夺等情形，因立法的空缺和规范的模糊，营业权益被不当限制或迭遭剥夺的民事主体也不能寻求有效的法律救济。再就市场竞争的微观态势来看，投资者进入营业领域以后，其营业机会、投资利益、经营权利、财产归属、交易所得等营业权益，还有可能不断受到其他投资者、经营者、合作者等民事主体的阻挠、侵占或损害。这些阻挠、侵占或损害，有些是属于纯粹营业机会方面的，有些是属于经营权能方面的，有些是属于投资利益分配方面的，有些则是涉及营业的转让、租赁、特许等营业变更事项，还有些则涉及国家对营业与财产的征收和国有化等。因之，投资者进入营业领域去寻找最大化商机的同时，其营业权益也存在被同业或异业竞争者、相对交易人、营业合作者以不同方式侵害的可能性。鉴于前列议题尚没有在现行民商事立法或司法上受到足够重视和有效应对，是以从学理上关注之、思考之、研究之、阐释之、建言之，乃研习商法学人之应然职责与时代使命焉！

二、本系列之研究意义

无疑，上述这种状况如再延续而得不到有效解决，所直接损害的是民间资本投资和营业的积极性，其结果会严重影响社会分配的公平、经济增长的持续和国家竞争优势的形成。可以这样说，营业初始机会的平等分配、动态商机的自由选择、营业微观权利的切实保护，对保障国民（民事主体）最基本的营业权能和市场利益、提高投资者的积极性、推进经济分配正义和社会走向和谐，具有初始、基础意义。基于此，以营业为视角来重新定位、解释、提炼、建构商法，揭示商法的内在本质，从经济宏观政策和法律微观制度两个层面来研究营业机会的平等分配和营业权利的有效保护，借以反思我国现行的宏观经济制度和微观商事制度的源头性缺陷，以期从制度形成原由和立法整体构架上矫正长期以来我国经济政策制定和商事制度安排中的价值错位，论证我国真正走向民富国强并维持其核心竞争力之法律安排的应然态度和实然路径，对我国深化市场经济体制改革，还原社会主义市场经济的本来面貌，以机会平等、营业自由、市场公平、分配合理来实现人们普遍期望的经济正义与社会和谐，无疑具有重大的理论创新价值和社会现实意义。

三、本系列之主要内容

本系列以营业为切点，以著者系统论述的营业权理论为分析工具，以已初步完成的营业权系列研究为基础，本着营业“原于自由，始于投资，形于经营，成于交易”这一事实逻辑，溯商法之源，循商法之实，穷商法之理，探商法之律。在大私法领域与大营业视角，通过重新定位、解释、提炼、建构商法，以期建立由著者所提“营业商法学”之基本理论构架和部门法理体系，最终成果包括《商法本体论》《商事主体论》《商事权利论》《商事登记论》《商事代理论》《商事责任论》六本系列论著。

目　　录

中编　要素论

下编　实效论

绪　　论

一、选题背景与研究意义

(一)本专题的选题背景

商事登记作为营业进入、企业设立、信息公示的公开性和约束性程序,对宣示营业进入状态、确认商事主体资格、公示营业必要信息,进而甄别商事主体与营业行为的正当性、合法性与有效性,保护正当、合法、有效营业具有重要意义。我国处在经济体制改革和市场结构转型期,商事登记的制度定位与深化改革无疑是我国市场经济体制建设的重要内容和核心环节。但是,在大规模、广范围、深层次的深化商事登记制度改革中,支撑这一改革进程和方向的,绝大多数情况下为政策性文件和国务院行政性指导意见。2021 年 7 月国务院公布的《市场主体登记管理条例》,虽一定程度解决了长期以来商事登记中附属立法、一事一法式的分别、分类、分散立法问题,但效力级别仍为行政法规,且受"主体登记管理"调整对象与范围的局限,尚存在不少缺憾。显然,商事登记制度改革的重要性及基础性,与我国现行商事登记立法的状况形成强烈反差,既有商事登记方面的立法供给已不能适应商事登记深化改革的实际需要,特别是已远远不能适应 2014 年新型商事登记制度改革以来的新形势、新状况、新需要。故笔者对"商事登记"作正本清源的梳理与诠释,对涉及商事登记制度建构的法律属性、价值定位、制度功能、适用范围、登记模式、登记程序、登记事项、登记效力、登记救济、登记立法等一系列问题展开深入、系统研究,在此基础上提出未来统一商事登记法的立法蓝本,借以助推我国商事登记制度改革的稳健运行,这不仅必要,而且紧迫。

(二)本专题的研究意义

商事登记作为商法理论中的基础问题,因涉及一国微观商事制度和宏观市场体制改革中有关营业准入、投资准入、企业准入和市场准入等深层次问题,其本质属性和基础功能在于为一般民事主体转换或确认为商事主体提供制度中介和程序支撑,属国民从一般日常生活领域切入以营利为目的之营业领域的中转机制,是国家对国民公平、有序且无差异性地进行营业机会、竞争机会和初级财富分配最基础的制度环节。从一定意义上讲,商事登记制度的设置,秉持何种立法价值、选择什么样的登记原则、如何设计高效便捷可行的登记程序,直接体现立法者对待民间营业和国民求富的基本态度

(是鼓励、促进、支持,还是禁止、限制、压抑)。本书所涉议题,均属商事登记立法与改革中的基础法律问题,旨在为我国未来统一商事登记法提供立法论证和草案蓝本,对新一轮商事登记制度改革无疑也具参考价值。更因商事登记涉及宪法、行政法、民商法、经济法甚至刑法、诉讼法等诸多学科领域,作为国家公权力与民间私权利交汇、对接的制度点与权利(力)域,涉及具体层面的国家经济管理权与国民营业自由权、市场管制与营业自由、市场交易安全与个体营业自由、国家宏观调控与市场自发调节、政府市场监管与主体自由竞争、营业机会初始公平分配与营业行政监管或司法事后救济等一系列基本理念、价值定位、立法设计或制度安排,这些均需要宪法、行政法、民商法、经济法、刑法、诉讼法等不同法律部门的学理支撑和理论创新。故超越单一部门法思维和视野,从宏观法学领域和不同学科视角来研究商事登记,无疑对丰富和完善我国宪法、行政法、经济法、诉讼法特别是民商法的基础理论,推动理论法学与部门法学的发展,有着重要的理论创新意义。

二、文献综述与研究切点

(一)域外关于商事登记研究的文献概况

现代意义的商事登记制度源起于古希腊、古罗马的营业公示制。至中世纪,商会、行会的行业许可制、城市自治政府的商事簿册制和封建国王的特许令,构成欧洲中世纪中晚期商事登记的主要内容,且在手工行业、商业公会和城市自治政府的推动下逐步定型。至近代,以1673年法国《陆上商事条例》的颁布与推行为标志,商事登记之权开始由民间转移至国家。关于商事登记的研究,两大法系国家或地区学者的关注点尚存较大差异。

就大陆法系国家或地区而言,因商事登记为基础性商事制度,故论及此一议题的大多商法通论性、专题性论著,代表性著作如法国学者伊夫·居荣《法国商法》,〔1〕雅克·盖斯旦、吉勒·古博《法国民法总论》;〔2〕德国学者卡纳里斯《德国商法》,〔3〕罗伯特·霍恩等《德国民商法导论》;〔4〕日本学者亀田哲《外国会社外資系会社登記の

〔1〕 参见[法]伊夫·居荣:《法国商法》(第1卷),罗结珍、赵海峰译,法律出版社2004年版,第837-864页。

〔2〕 参见[法]雅克·盖斯旦、[法]吉勒·古博:《法国民法总论》,陈鹏等译,法律出版社2004年版,第610-619、646-654页。

〔3〕 参见[德]C.W.卡纳里斯:《德国商法》,杨继译,法律出版社2006年版,第69-154页。

〔4〕 参见[德]罗伯特·霍恩、[德]海因·科茨、[德]汉斯·G.莱塞:《德国民商法导论》,楚建译,中国大百科全书出版社1996年版,第241-247页。

实務》[5]和《外国会社と登記》,[6]清水湛(ほか)《商法と商業登記》;[7]等等。此外,众多企业法、公司法方面的著作,对企业、公司登记方面的制度也有所涉及。

就英美法系国家或地区而言,因无独立的商事登记概念或制度,故有关商法著作对商事登记较少涉及,也少有专门研讨商事登记者。与商事登记有关的讨论大多附属于公司法、企业法等论著,如美国学者罗伯特·W.汉密尔顿《公司法》[8]和《公司法概要》,[9]罗伯塔·罗曼诺《公司法基础》等;[10]又如英国学者佩林斯《公司法》,[11]保罗·戴维斯《英国公司法精要》,[12]保罗·戴维斯、莎拉·沃辛顿《现代公司法原理》,[13]丹尼斯·吉南《公司法》,[14]罗纳德·拉尔夫·费尔摩里《现代公司法之历史渊源》等。[15]这些著作均在介绍英美国家或地区公司制度与规则的同时,对公司登记制度有所涉及。

上述所列论著虽对欧陆、日本、英美、澳大利亚商事登记、企业登记或公司登记有比较全面、深入的介绍或论述,但由于国情特点、制度和文化差异等因素制约,很少或根本不涉及我国商事登记、企业登记或公司登记的有关论述或资料整理。总体而言,上述论著对我国商事登记立法、制度、改革模式定位与路径选择,仅具一定参考或借鉴意义,能直接移植我国的相当有限。

(二)我国商事登记研究的源流考察与现状分析

我国现代意义的商事登记制度肇始于清末官商解禁时期的商业特许制度。1903年开始的新政与修律运动,特别是1904年颁行的《钦定大清商律》和《公司注册试办章程》,[16]标志近代工商登记在中国落地并初步成形。民国时期,清末商事登记制度的改革成果得以承继,近代商事登记制度正式在我国定型。严格意义上的商事登记研究

---

[5] 参见[日]亀田哲:「外国会社外資系会社登記の実務」(商事法務研究会,1989年),頁1下。

[6] 参见[日]亀田哲:「外国会社と登記」(商事法務研究会,1998年),頁1下;[日]亀田哲:「外国会社と登記」(商事法務研究会,2012年),頁1下。

[7] 参见[日]清水湛(ほか):「商法と商業登記」(商事法務研究会,1998年),頁1下。

[8] 参见[美]罗伯特·W.汉密尔顿:《公司法》,刘俊海、徐海燕注,中国人民大学出版社2001年版;[美]罗伯特·W.汉密尔顿:《美国公司法》,齐东祥等译,法律出版社2008年版。

[9] 参见[美]罗伯特·W.汉密尔顿:《公司法概要》,李存捧译,中国社会科学出版社1999年版。

[10] 参见[美]罗伯塔·罗曼诺编著:《公司法基础》,罗培新译,北京大学出版社2013年版,第120－159页。

[11] 参见[英]佩林斯等:《公司法》,《公司法》翻译小组译,上海翻译出版公司1984年版。

[12] 参见[英]保罗·戴维斯:《英国公司法精要》,樊云慧译,法律出版社2007年版。

[13] 参见[英]保罗·戴维斯、[英]莎拉·沃辛顿:《现代公司法原理》(第9版),罗培新等译,法律出版社2016年版,第80－108页。

[14] 参见[英]丹尼斯·吉南:《公司法》,朱羿锟等译,法律出版社2005年版。

[15] 参见[英]罗纳德·拉尔夫·费尔摩里:《现代公司法之历史渊源》,虞政平译,法律出版社2007年版。

[16] 参见怀效锋主编:《清末法制变革史料》(下卷),中国政法大学出版社2010年版,第865－879页。

也始于此一时期。

1. 民国时期有关商事登记研究文献的基本状况

理论上对近代商事登记制度进行介绍性研讨起于晚清，而专门研究则始于民国初年。随着近代商事登记制度的引入，一系列商事登记规范性文本的相继颁布和实施，学者开始对商事登记制度有所关注，相关介绍性、探讨性、论证性的通论性商法著作开始出现；除此之外，包括商人条例、公司法等解读性、释义性著作，也大量论及商事或公司登记。〔17〕总体而言，民国时期有关商事或公司登记等内容，大多包含在商法、公司法、合伙法等通论性著作中，专门研究商事或公司登记的论著尚属凤毛麟角，专题性著作仅有高承元的《中国商业登记法论》。〔18〕故涉及商事或公司登记的阐述尚停留于通识性、介绍性、陈述性和解释性层面，远未达到研究或探讨的水准。

2. 1949 年以来商事登记研究文献的概览与现状

1949 年以降，商事登记本身的制度功能、存在意义尚处于不断调整或转型的不确定、不稳定状态，商事登记制度的学理研究和实践探索缺乏必要的经济条件、社会环境和现实依据，故自 1949 年至 1978 年近 30 年，有关商事登记的研究文献几乎空缺；而这一状况逐渐改变则是在 1978 年我国实施改革开放政策之后。

对“商事登记”“工商登记”“企业登记”“公司登记”等专题有实质性研究的期刊文献，均为 20 世纪 80 年代中期之后，代表性文献如王振炎的《工商企业登记档案管理》，〔19〕吴卫国的《论企业的开业登记》，〔20〕龚岳清、钱永成的《企业登记管理雏议》，〔21〕赵晓光的《公司登记的法律意义》，〔22〕石少侠的《我国工商企业登记管理》，〔23〕范健的《德国商事簿记法律制度介评》等。〔24〕在与商事登记相关的期刊或报刊文献中，纯粹从法学视角进行研究者，则范围更窄、数量更少，且绝大多数为基本介绍或知识陈述。除王远明和唐英的《公司登记效力探讨》、张翔的《商业登记与营业自由——商业登记的功能、技术及其价值基础分析》、章剑生的《行政许可审查标准：形式抑或实质——以工商企业登记为例》、王妍的《公司登记行政许可性质的法理探究》、黄新波的《论工商变更登记的性质》、王兰的《商事登记与市场准入关系的法经济学思辨》、王妍的《公司登记中的政府角色》、邹小琴的《商事登记制度的属性反思及制度重构》、王湘

〔17〕 参见北京图书馆编：《民国时期总书目（1911 - 1949）· 法律》，书目文献出版社 1990 年版，第 210 - 221 页。

〔18〕 参见高承元：《中国商业登记法论》，广州高承元律师事务所 1948 年版，第 21 页以下。

〔19〕 参见王振炎：《工商企业登记档案管理》，载《档案学通讯》1985 年第 S1 期。

〔20〕 参见吴卫国：《论企业的开业登记》，载《政治与法律》1985 年第 3 期。

〔21〕 参见龚岳清、钱永成：《企业登记管理雏议》，载《商业经济研究》1985 年第 6 期。

〔22〕 参见赵晓光：《公司登记的法律意义》，载《吉林大学社会科学学报》1986 年第 1 期。

〔23〕 参见石少侠：《我国工商企业登记管理》，载《企业管理》1986 年第 2 期。

〔24〕 参见范健：《德国商事簿记法律制度介评》，载《比较法研究》1993 年第 4 期。

军的《商事登记制度改革背景下我国市场监管根本转型探论》、石一峰的《论商事登记第三人效力》、季奎明的《商主体资格形成机制的革新》、王妍和王威的《营业执照制度的实践检视与法理分析——以工商登记制度改革为背景》等少数论文外，深度分析商事登记的原由、源流、价值、功能、效力、定位、路径、事项等具体内容的文献尚不多见，这说明此一领域的研究仍处于表面化与现象学水准。

著作类商事登记研究是我国20世纪80年代企业登记制度建立之后才渐次出版，并逐步由企业登记向整体性商事登记研究转移和深入。总体而言，著作类文献涉及商事登记的讨论可概括为如下几种情形：(1)有关商事主体登记类法规的解释性阐述。早期涉企业登记方面的代表性著作大多属于知识介绍与法规解释性陈述类；2007年以后，随着商事登记概念的提出和学者对之进行系统、深入研究，除个别介绍性或资料汇编性论著外，范围扩展到工商企业或工商登记的条件、许可、审查和其他程序性问题。(2)通论性著作的一般性介绍。自20世纪90年代中期开始，大量商法学教材或通论性、总论性商法著作，把商事登记与商事主体制度关联起来，作为商事主体资格确认与取得的重要方式，对商事登记有较多的涉及与阐述。(3)商事主体类著作的附属性研究。例如，有关商事主体、商事组织、经济组织、市场主体法律制度方面的著作，在介绍、分析、论述相关主体设立、成立和营业资格取得时，均涉及对应主体、组织登记制度的讨论。〔25〕与我国商法、商事主体法中大量针对商事登记研究基本相似，我国台湾地区的商法学者也通过有关商法总论或通论方面的著作对商事登记作一般性介绍，限于总论或通论著作的体例与构架，这些论著对商事登记的讨论均止于介绍性、常识性阐述，深入研究者比较鲜见。〔26〕(4)专题性著作的深入研究。代表性论著如韦浩《民国时期商事登记法律制度研究》、石玉颖《商事登记制度与实践》、王兰《管制罅隙下的自治：商事登记制度发展与模式反思》、王妍《商事登记中公权定位与私权保护问题研究》、刘安伟《商事登记制度研究》、赵万一《商事登记制度法律问题研究》、广东省工商行政管理局《广东省商事登记制度改革探索》、冯翔《商事登记效力研究》、刘训智《商事

---

〔25〕 相关代表性著作如漆多俊主编：《中国经济组织法》，中国政法大学出版社2003年版；戚伟平主编：《商事组织法》，上海财经大学出版社1997年版；刘志高、蔡爱萍：《市场主体法律制度》，浙江人民出版社1997年版；董学立编著：《商事组织法》，北京大学出版社2004年版；雷兴虎：《商事主体法基本问题研究》，中国检察出版社2007年版；赵韵玲、刘智勇：《市场主体准入制度改革研究》，中国人民大学出版社2010年版；薛夷风：《民商事组织形态法律制度的研究》，法律出版社2011年版。

〔26〕 相关代表性著作如张国键：《商事法论》，台北，三民书局1984年版；郭宗雄编著：《商业登记法令与实务》，台北，五南图书出版股份有限公司1991年版；柯芳枝：《商法注释研究——第一二八条至第一三七条》，台北，行政院国家科学委员会1996年印行；柯芳枝：《商法注释研究——公司法第一三八条至一五五条；第三八七条至四三八条》，台北，行政院国家科学委员会1997年印行；陈建元编著：《最新公司登记实务》，台北，财团法人中华会计研究发展基金会2001年版；陈秘顺：《股份有限公司登记实务》，台北，实用税务出版社2001年版。

登记统一立法研究》、孙军《政府商事登记档案公开获取制度研究》、党海娟《商事登记制度基本问题研究》等。[27]（5）商事登记相关资料或史料的汇编或集成。如《工商行政管理史料》[28]、《新中国工商行政管理史志》[29]、多卷本《中国企业登记年鉴》[30]、多卷本《中国工商行政管理年鉴》[31]以及多卷本《中国企业年鉴》等。[32]

3. 归纳总结与简要评价

综上所述，在对我国现有研究文献进行整体梳理后，需要肯定的是，既有研究成果在文献资料的充分积累、相关领域的细化研究、某些专题的系列探讨、针对现状的实证分析、研究方法的借鉴示范等多个方面，已取得相当丰富的基础性成就。但总体而言，除前述少数几部商事登记方面的专题性著作外，绝大部分论著对商事登记缺乏全面性、整体性、系统性、深层次的思考和分析，尚存在价值导向偏差、功能定位模糊、研究视角片面、研究领域狭隘、学科协同欠缺、制度统筹空泛、制度救济缺如、比较分析局限等不足。

（三）本专题研究的切入点

本专题以营业为切入点，以营业自由为基本理念与价值导向，从大私法主体特别是从民事主体进入营业领域转换为商事主体之制度机制或中介平台角度，来定位商事登记具应然性和实然性的制度功能。以之作为基本出发点，就商事登记的原由、属性、功能、价值、主体、效力、模式、程序、事项、救济、立法等问题，作全面、系统、深入研讨与论证，并以之分析我国现行商事登记制度的缺陷与不足，进而提出有针对性的商事登记统一化改革方案和立法建议。

---

〔27〕 参见韦浩：《民国时期商事登记法律制度研究》，中国工商出版社2006年版；李惠阳：《商主体登记法律制度研究》，对外经济贸易大学出版社2009年版；石玉颖主编：《商事登记制度与实践》，中国工商出版社2009年版；王兰：《管制罅隙下的自治：商事登记制度发展与模式反思》，法律出版社2011年版；王妍：《商事登记中公权定位与私权保护问题研究》，法律出版社2011年版；刘安伟：《商事登记制度研究》，中国工商出版社2012年版；赵万一主编：《商事登记制度法律问题研究》，法律出版社2013年版；广东省工商行政管理局编著：《广东省商事登记制度改革探索》，中国工商出版社2014年版；冯翔：《商事登记效力研究》，法律出版社2014年版；刘训智：《商事登记统一立法研究》，中国政法大学出版社2015年版；孙军：《政府商事登记档案公开获取制度研究》，上海世界图书出版公司2016年版；党海娟：《商事登记制度基本问题研究》，法律出版社2017年版。

〔28〕 参见工商行政管理史料编写组编：《工商行政管理史料》（上、下册），中国工商出版社2008年版。

〔29〕 参见国家工商行政管理总局编：《新中国工商行政管理史志》（上、下册），中国工商出版社2009年版。

〔30〕 参见中华人民共和国国家工商行政管理局企业登记司等编：《中国企业登记年鉴》（1979～1987），新时代出版社1988年版；中国工商企业咨询服务中心编著：《中国企业登记年鉴》（1993），中国经济出版社1994年版；国家工商行政管理局公平交易局：《中国企业登记年鉴》，工商出版社1996年版。

〔31〕 参见《中国工商行政管理年鉴》编辑部：《中国工商行政管理年鉴》（1995－2017），中国工商出版社1996—2018年版。

〔32〕 参见《中国企业年鉴》编委会编：《中国企业年鉴》（2011－2020），企业管理出版社2011—2021年版。

三、论证思路与研究框架

（一）本专题研究的基本思路

本专题将以“制度本体→现状分析→改革路径→立法设计”为主线，即从商事登记制度的产生原由与应有功能出发，通过法例与制例的比较分析，以建立适应我国市场经济体制的统一商事登记制度为基本目标，针对现行商事登记制度存在的固有缺陷，提出构建统一商事登记制度的具体改革路径和制度参考预案，并通过立法设计和法律草案使之具体化、规则化、条款化和程序化，进而转换为可实际操作的实施方案。

（二）本专题研究的逻辑架构

本专题研究主要以商事登记产生原由为基点，就商事登记的本质、源流、转型、价值、功能、模式、机构、程序、事项、效力、责任、立法等问题，展开系统研究与深度讨论。全书由本体论、要素论和实效论三大部分构成，其中，本体论包括商事登记的本质、源流、转型、价值、功能、模式；要素论包括商事登记的机构、程序、事项；实效论包括商事登记的效力、责任、立法。笔者以期跳出单一部门法领域，从民事主体进入营业领域转换为商事主体之宣示、确认、公开制度机制与要式程序的特殊功能视角出发，从国民营业自由权利与国家营业进入服务的对应关系，在宏观法科的视野下审视商事登记的本质属性与功能定位，并基于统一商事登记制度的有效构建，提出具可行性和指导性的统一“商事登记法”（学者建议稿）草案。

上编　本 体 论

□商事登记的本质属性

□商事登记的源流考察

□商事登记的改革转型

□商事登记的价值原则

□商事登记的功能效应

□商事登记的制度模式

第一章 商事登记的本质属性

第一节 商事登记的本质特征

一、商事登记的意义厘定

(一)商事登记名称的厘正与选定

商事登记,本质上乃营业登记。关于商事登记的定义,学界通论认为是指商事主体或商主体的筹办人,为了设立、变更或者终止其主体资格,依照法律规定的内容和程序,向登记机关提出申请,经登记主管机关审查核准,并将登记事项记载于商事登记簿且予以公示的法律行为。尽管不同学者在表述上,包括名称的使用上尚有细微差异,如称谓上就存在商事登记、[1]商业登记(或把商事登记解释为"商业登记",[2]或直接称商事登记为"商业登记",[3]或认为"商业登记"术语更胜于商事登记)[4]、工商

---

[1] 参见韦浩:《民国时期商事登记法律制度研究》,中国工商出版社2006年版,第4-6页;王兰:《管制罅隙下的自治:商事登记制度发展与模式反思》,法律出版社2011年版,第14-17页;王妍:《商事登记中公权定位与私权保护问题研究》,法律出版社2011年版,第4-9页;范健、王建文:《商法总论》,法律出版社2011年版,第241页;赵万一主编:《商事登记制度法律问题研究》,法律出版社2013年版,第29-33页;广东省工商行政管理局编著:《广东省商事登记制度改革探索》,中国工商出版社2014年版,第45-47页;冯翔:《商事登记效力研究》,法律出版社2014年版,第17-18页;刘训智:《商事登记统一立法研究》,中国政法大学出版社2015年版,第1-9页;任先行:《商法原论》(下),知识产权出版社2015年版,第736-737页;党海娟:《商事登记制度基本问题研究》,法律出版社2017年版,第3-10页。

[2] 参见王保树:《商法总论》,清华大学出版社2007年版,第103页;苗延波:《商法通则立法研究》,知识产权出版社2008年版,第158页;曾大鹏:《中国商法通则理论与立法研究》,法律出版社2013年版,第115页;赵旭东主编:《商法总论》,高等教育出版社2020年版,第94页。

[3] 参见范健主编:《商法》,高等教育出版社、北京大学出版社2007年版,第65页;赵旭东主编:《商法学》,高等教育出版社2007年版,第54页;覃有土主编:《商法学》,高等教育出版社2008年版,第59页。

[4] 参见叶林、黎建飞主编:《商法学原理与案例教程》,中国人民大学出版社2006年版,第126-127页;叶林:《商业登记法的基本问题》,载《扬州大学学报(人文社会科学版)》2011年第2期;邹海林、张辉:《商法基础理论研究的新发展》,中国社会科学出版社2013年版,第100-101页。

登记(大多为工商行政管理规范、原工商登记机关及相关研究机构)、[5]商业名称(企业名称、商号)登记、[6]商事主体登记[7],以及企业登记、公司登记、合伙登记、个人独资企业登记、个体工商户登记、合作社登记等与商事登记相关的其他概念;但在涉及商事登记有关概念名称及定义时,商事登记、商业登记、工商登记等概念一般可平行使用或互为替换。当然,在众多、平行使用的各种关于营业登记的概念、范畴或术语中,商事登记是一个最传统、最通用、涵盖内容最丰富、最具包容性的概念。这是因为:

第一,从词源学意义上讲,以商事概括营业更具包容性。我国汉语意义上的"商"或"商事"系指具有营利目的,并以交易或贸易为基本形式的"商业"或"生意",但实则泛指以营利为目的的经营活动或营业行为。在近代以前,以营利为目的之经营活动或营业行为,主要以交换、转运、贩卖、贸易为其实质内容,这样就形成以营利性交易为基本职业的商人阶层,营业或经营也就局限于商业。故"商业"仅仅是对近代以前营业或经营形式的反映,而不能全面概括近代以来以营利为目的之各种经营活动或营业行为;相对而言,"商事"显然可概括与营业有关的所有事项,具有广泛的包容性。

第二,商事登记是大陆法系和普通法系共同使用并相通的一个概念,最具传统性和共同性。如《德国商法典》中的德文"Handelsgewerbe betreibt",即"实施营业行为"或"从事经营性活动",[8]其中"Handelsgewerbe"对应的中文翻译可表述为"商业""企业""营业"等词汇;同样《法国商法典》中的法文"acte de commerce",即"实施营业行为"或"从事商事行为",[9]其中的"commerce"也可翻译为"商业""营业""交易"等多个对应词汇;再如与营业、经营等对应的英文单词为"business""commerce""commercial"等,均可翻译为经营、营业、交易、贸易、商业、商务、商事、做生意等,相对而言,中文的营业、商事更接近德文 Handelsgewerbe、法文 commerce、英文 business 的本意。

第三,商事登记所涵盖的内容最丰富。商事中的商者,为营业、经营之意;而事者,为事项、事务,两者合称则泛指与营业、经营有关的事项或事务,举凡商事主体、营业事项、营业信息、经营活动、营业变更、营业终止等,均可以商事称之。

第四,商事登记也是目前最通用的一个概念或术语。自 1993 年以来,市场经济概念在我国深入人心,商事的使用频率要远远快过、高过商业、工商等概念;特别是 2012 年以来,随着国务院自下而上、以广东(深圳、珠海)与上海(上海自贸区)等地方先行先试的全国性商事制度、商事登记改革如火如荼地开展,商事、商事登记的使用已十分普

[5] 参见国务院发布《工商企业登记管理试行办法》(1962 年)、《工商企业登记管理条例》(1982 年)等。

[6] 参见施天涛:《商法学》,法律出版社 2006 年版,第 106 - 113 页。

[7] 参见李惠阳:《商主体登记法律制度研究》,对外经济贸易大学出版社 2009 年版,第 25 - 33 页。

[8] 参见 Handelsgesetzbuch ξ1(《德国商法典》第 1 条),载"德国联邦司法部官网"(https://www. gesetze - im - internet. de/hgb/index. html)。

[9] 参见[法]伊夫·居荣:《法国商法》(第 1 卷),罗结珍、赵海峰译,法律出版社 2004 年版,第 45 页。

遍,并被人们广泛接受。

第五,与商事登记相比,商业登记、工商登记本身有其固有的局限性。如前所述,商业是一个隐含有职业、行业的较狭义的概念,无论是我国古代"士、农、工、商"四民中的职业"商民",还是以"交换、转运、贩卖、贸易"为主要内容的"商业",抑或我国计划经济时期"人财物"与"产供销"全由国家计划指令调配,所谓"商业"及"商业系统"更仅仅只指"销"这一流通(实质为贸易)环节。而"工商"一词虽比"商业"要更为广泛,但也只包括工业、商业等第二产业(工业)、第三产业(商业),显然没有把视野拓展至具营利性或进行企业化生产、经营的传统农业、教育、体育、艺术等行业,也难以囊括众多的新型服务业。足见,与"商事登记"这一术语相比较,"商业登记""工商登记"有明显的局限。至于"企业登记""公司登记""合伙登记""个体工商户登记"等概念或术语,因属于商事主体登记的下位、子级概念,所涉范围无疑要小得多,自然更不可替代"商事登记"这一概念或术语。

需要特别说明的是,之所以仍有相当一部分学者使用或认可"商业登记"一词,源于我国近代以降的法律与制度明显受日本影响,特别是受《日本商法典》影响。《日本商法典》制定于 19 世纪末,且其法源又是借鉴法德两国特别是德国的商法典,在翻译、拟定德文、法文中涉及营业、经营方面的术语时,其对应的日文词汇为汉字"商業",如《日本商法典》第一编"総則"第三章"商業登記"。〔10〕受此影响,我国民国时期有关商事登记的法律或法规,均以"商业登记"冠之,如 1914 年《商业注册规则》和《商业注册规则施行细则》;又如 1928 年《商业注册暂行规则》、1937 年《商业登记法》、1938 年《商业登记法施行细则》,直至现在我国台湾地区仍然延续适用"商业登记法"。〔11〕

受之影响,我国学者在早期表述商事登记时,均以商业登记称之,〔12〕并逐渐形成惯性;即使到了 20 世纪 90 年代在翻译《日本商法典》时,有关商事登记的部分,也直接移植使用"商业登记"一词;〔13〕不仅如此,我国学者早期特别是在 2000 年以前翻译外国商法典时,所涉商事登记部分,相关术语也大多被译为"商业登记"或"商业注册";〔14〕只是晚近以来,部分外国商法典的新订译本,原对应的有关章节及条文,译者则更多选择

〔10〕 参见《日本商法典》,王书江、殷建平译,中国法制出版社 2000 年版,第 4-5 页。

〔11〕 参见工商行政管理史料编写组编:《工商行政管理史料》,中国工商出版社 2008 年版,第 191-194、249-257 页;黄昭元等主编:《综合小六法》,台北,新学林出版股份有限公司 2017 年版,第 D1-4 页。

〔12〕 参见高承元:《中国商业登记法论》,广州高承元律师事务所 1948 年版,第 21-24 页。

〔13〕 参见《日本最新商法典译注》,刘成杰译注,中国政法大学出版社 2012 年版,第 20-25 页。

〔14〕 参见《德国商法典》,杜景林、卢谌译,中国政法大学出版社 2000 年版,第 5-15 页;《法国商法典》,金邦贵译,中国法制出版社 2000 年版,第 27-28 页;《西班牙商法典》,潘灯、高远译,中国政法大学出版社 2009 年版,第 7-10 页。

使用"商事登记"一词。[15]此外,在规范文本上,"商事登记"一词从地方性规范到国务院文件,从规范性文件所载内容到标题名称,出现频率在逐步增加,使用范围得以扩大,民众接受度也越来越普遍。如在立法文本上,最早在文件内容引入商事登记的为1999年《深圳经济特区商事条例》,该条例第三章首次使用"商事登记"作为规范性文件章节名称并对其作出具体规定。国家层面的政策性、规范性文件首次使用"商事登记"的为2001年《关于做好国务院2001年立法工作的几点意见和国务院2001年立法工作安排的通知》(国办发〔2001〕11号),该通知在"立法工作安排"第3条第18项中明确提出要"统一、完善商事登记制度,制定商事登记条例"。随后国务院在《关于做好国务院2002年立法工作的几点意见和国务院2002年立法工作安排的通知》(国办发〔2002〕14号)、《关于做好国务院2006年立法工作的意见和国务院2006年立法工作计划的通知》(国办发〔2006〕2号)、《关于印发中国(上海)自由贸易试验区总体方案的通知》(国发〔2013〕38号)、《关于印发注册资本登记制度改革方案的通知》(国发〔2014〕7号)、《关于促进市场公平竞争维护市场正常秩序的若干意见》(国发〔2014〕20号)、《关于印发中国(广东)自由贸易试验区总体方案的通知》(国发〔2015〕18号)、《关于印发进一步深化中国(上海)自由贸易试验区改革开放方案的通知》(国发〔2015〕21号)、《国务院批转发展改革委关于2015年深化经济体制改革重点工作意见的通知》(国发〔2015〕26号)、《关于印发2015年推进简政放权放管结合转变政府职能工作方案的通知》(国发〔2015〕29号)、《关于大力推进大众创业万众创新若干政策措施的意见》(国发〔2015〕32号)、《关于支持农民工等人员返乡创业的意见》(国办发〔2015〕47号)、《关于加快推进"三证合一"登记制度改革的意见》(国办发〔2015〕50号)、《关于加快构建大众创业万众创新支撑平台的指导意见》(国发〔2015〕53号)、《关于实行市场准入负面清单制度的意见》(国发〔2015〕55号)、《关于"先照后证"改革后加强事中事后监管的意见》(国发〔2015〕62号)、《国务院批转国家发展改革委关于2016年深化经济体制改革重点工作意见的通知》(国发〔2016〕21号)、《关于印发2016年推进简政放权放管结合优化服务改革工作要点的通知》(国发〔2016〕30号)、《关于加快推进"五证合一、一照一码"登记制度改革的通知》(国办发〔2016〕53号)等一系列政策性文件和规范性文本中,均一再阐述、强调商事制度、商事登记制度改革的重要性。而我国明确以"商事登记"作为规范文本题名并对其进行明确定义的为2012年《深圳经济特区商事登记若干规定》。此后,如《珠海经济特区商事登记条例》(2012年)、《厦门经济特区商事登记条例》(2013年)、《广东省商事登记条例》(2015年)等地方性法规,《珠海经济特区横琴新区商事登记管理办法》(2012年)、《珠海经济特区商

〔15〕　参见《德国商法典》,杜景林、卢谌译,法律出版社2010年版,第5-16页;《法国商法典》,罗结珍译,北京大学出版社2015年版,第20-29页。

事登记条例实施办法》(2013 年,2016 年修订)、《平潭综合实验区商事登记管理办法》(2013 年)、《广州市商事登记暂行办法》(2014 年)等地方性规章,也开始制定、颁布以“商事登记”为题名的政策性文件或规范性文本。这说明,“商事登记”之术语,已经逐渐取代过去学理上的“商业登记”或工商行政管理实践中的“工商登记”,成为政策、立法中的主导性术语。2020 年 6 月 15 日国家市场监督管理总局在其官网上公布《中华人民共和国商事主体登记管理条例(草案)》(以下简称《商事主体登记条例(草案)》),[16]为我国首部冠名“商事”的国家级立法规范草案;比较遗憾的是,2021 年 7 月国务院公布的《市场主体登记管理条例》,并未采用“商事登记”概念。

综上,笔者认为,在涉及营业登记的各种术语中,无论在词源蕴意、涵盖内容、包容范围等实质层面,还是在使用范围、官方文本、社会接受程度等诸外在表达形式层面,“商事登记”均是一个比“商业登记”“工商登记”“企业登记”“公司登记”更合理、妥当的概念或术语。

(二)商事登记概念界定的不同视角

在上述各种商事登记的定义中,学者一般是从行为和制度两个角度对其进行界定。

1. 商事登记行为论

该论认为商事登记是一种行为,依其思维惯性,又分为管理行为和法律行为两种范式。[17](1)管理行为概念论。该论大多受传统“登记”,即以“管理”为目的之国家本位、行政本位思维的影响与制约,把商事登记作为国家特定机关管理商事主体或商事行为的一种形式、手段或方法,较多强调登记主管机关在商事登记过程中的主动性、公权力的强制性、登记目的的管理性与监督性等。[18](2)法律行为概念论。该论明显受德国注释法学派所创“法律行为”概念的影响,更多是从私法语境、私法行为的角度,强调商事登记对商事主体资格取得的基础意义,更多把商事登记视为登记主管机关的法定义务,而非各类监督性权力,从商事主体实体性私法行为与登记主管机关程序性公法行为之对应的内外互动关系来考察商事登记。如有学者认为商事登记,又可称商业

〔16〕 参见国家市场监督管理总局:《关于〈中华人民共和国商事主体登记管理条例(草案)〉公开征求意见的通知》,载国家市场监督管理总局网,http://www.samr.gov.cn/hd/zjdc/202006/t20200615_317040.html。

〔17〕 参见赵万一主编:《商事登记制度法律问题研究》,法律出版社 2013 年版,第 29 - 33 页。

〔18〕 参见董安生、王文钦、王艳萍编著:《中国商法总论》,吉林人民出版社 1994 年版,第 160 - 166 页;黎燕:《商法》,中央民族大学出版社 1999 年版,第 106 页;范健、王建文:《商法论》,高等教育出版社 2003 年版,第 549 - 550 页;杰文:《商事登记的基本原则》,载《工商行政管理》2003 年第 8 期;冯果、柴瑞娟:《我国商事登记制度的反思与重构——兼论我国的商事登记统一立法》,载《甘肃社会科学》2005 年第 4 期。

登记,即"将与商人有关的法定事项记载于商业登记簿",是指"商事筹办人或商人为创立、变更、终止商人资格,而依商法典或商事登记法或其他特别法的规定,向商事登记主管机关申请登记并被登记主管机关核准登记公告的法律行为";〔19〕或者认为商事登记,即商业登记,是指"依照商法典、商事登记法或其他特别法的规定,按法定程序及实体要求,由当事人将应登记的事项,向登记主管机关申请登记于登记簿,以确立商主体的对内对外关系,并公之于众的法律行为";〔20〕或者认为商事登记是"有关义务人依商法典、商事登记法或其他特别法的规定,向商事登记机关申请注册登记并被登记机关核准注册登记公告的法律行为";〔21〕或者认为商事登记是指"商人的开办人(筹办人)为设立商人或商人为变更、终止商人法律人格,依法定内容和程序向营业所在地商事登记机关提出登记申请,经登记机关核准注册及公告而产生法律对抗力及公信力的复合选择的法律行为",就其根本目的而言,"它是一种设立、变更或终止商人法律人格的法律公示行为";〔22〕或者认为商事登记,系指"为了设立、变更或终止商主体资格,依照商事登记法规及其实施细则规定的内容和程序,由当事人将登记事项向营业所所在地登记机关提出申请,经登记机关审查核准,将登记事项记载于商事登记簿,并公之于众的综合的法律行为"。〔23〕

2. 商事登记制度论

该论认为商事登记是一种制度。如有学者认为,商业登记是指"依商法典或商事登记法或其他特别法的规定,按法定程序及实体要求,由当事人将应行登记的事项,向登记主管机关申请登记于登记簿,以确立商事主体的对内对外关系,并公之于众,取得商人资格一项强制性的商事管理制度"。〔24〕

商事登记行为论与商事登记制度论分别从行为、制度的角度对商事登记进行定义,各有其不同的学术视角和理论依据,其实,就商事登记的存在形式而言,商事登记既是一种行为,也是一种制度。(1)如就当事人在商事登记过程中实施的一系列登记筹备行为和登记机关的具体登记活动而言,商事登记无疑表现为一系列有法律意义的行为;而就与商事登记有关的法律规定、法律原则和具体的制度性安排而言,商事登记又表现为一系列具体的法律制度。(2)如从商事登记的缘起、源流、发展、变迁而言,最原始意义的商事登记仅指某一具体的商事登记注册行为;但发展到后来,由于立法、行政、司法对商事登记在一系列规则、原则、程序、运行和监督中有更为具体、细致、可行

---

〔19〕 张民安、龚赛红:《商法总则》,中山大学出版社2007年版,第360页。

〔20〕 樊涛、王延川:《商法总论》,知识产权出版社2006年版,第232页。

〔21〕 张民安:《商法总则制度研究》,法律出版社2007年版,第431页。

〔22〕 于新循:《现代商人法纵论:基本理论体系的探寻与构建》,人民法院出版社2007年版,第119页。

〔23〕 苗延波:《商法通则立法研究》,知识产权出版社2008年版,第158页。

〔24〕 任先行、周林彬:《比较商法导论》,北京大学出版社2000年版,第236页。

的约束性安排,商事登记更多表现为一种具体的制度或制度模式。(3)如从更宏观意义上看,商事登记通常是指一系列立法设计和制度安排,一般包括商事登记立法、运行、监督、救济等宏观性的制度层面;但商事登记法律规范的具体实施与制度的实际运行,又是通过一系列具体的商事登记行为作为节点予以体现和落实的,没有具体的商事登记行为,就没有宏观、抽象、概括意义上的商事登记制度。足见,对商事登记,究竟应界定为行为,还是应界定义为制度,实不可一概而论,而应视其在具体法律关系、语境和情形而定。就本书而言,因其所论主题为商事登记制度,故更多是从制度层面来研究之;但在具体法律关系或制度节点上,商事登记行为也将被纳入考察和讨论的范围。

(三)商事登记所涉内容的实质

关于商事登记所涉内容,目前学界存在商主体登记论、商行为登记论、商事项登记论等不同的观点和看法。(1)商主体登记论。该论认为,商事登记主要为商事主体资格或准入登记,即认为"商人与商业在逻辑上而言具有一致性",因而"即使其在具体的包含范围上可能确实有所差别",也不妨碍两者"经常互为替换使用";〔25〕或者称其为市场主体的"登记注册"或"设立、变更、解散"登记。〔26〕(2)商行为登记论。该论认为,商事登记为商事主体所从事的商事行为的登记,即"为了保护交易安全,按照法定程序,把与交易相关的商事信息进行登记公示的行为"。〔27〕(3)商事项登记论。该论认为,商事登记为商事主体对其所从事的商事事项进行登记,即对商事经营中重要的或与经营之开展有着直接关系的事项的记载。〔28〕

商主体登记论、商行为登记论、商事项登记论虽其表述各有充足的理由和实证依据,但各自的局限性也十分明显。商主体登记论只认识到商主体设立、确认、变更、注销方面的登记,把商主体在经营过程中所发生变更的营业信息登记排斥在概念之外,尽管事实上该论在分析和论证商事登记之时,仍把其纳入商事登记的范围。商行为登记论只顾及商行为,而没有认识到商主体资格的确认是商行为实施的重要前提性条件,但实际上该论在分析和论证商事登记时也把商主体登记囊括进去。而商事项登记论尽管比较接近商事登记的真实状况,然而对究竟何为商事事项,缘于传统商法理论在解释或界定商主体或商行为的同义反复,商事事项在法学理论和实际生活中均难以确定。

〔25〕 参见李惠阳:《商主体登记法律制度研究》,对外经济贸易大学出版社 2009 年版,第 25－26 页。

〔26〕 参见赵韵玲、刘智勇:《市场主体准入制度改革研究》,中国人民大学出版社 2010 年版,第 39 页;徐学鹿、梁鹏:《商法总论》,中国人民大学出版社 2009 年版,第 318 页。

〔27〕 冯翔:《商事登记效力研究》,法律出版社 2014 年版,第 18 页。

〔28〕 参见范健、王建文:《商法基础理论专题研究》,高等教育出版社 2005 年版,第 310 页。

笔者认为，商事登记的实质内容系对营业过程中的重要营业信息进行确认、登记并公示。这是因为：(1)在民事主体进入营业领域之前、之际和之后，其追求的就是营利最大化，而营利最大化又必须以交易安全为保障，而这一切均与营业信息的占有与判断有关。(2)有关民事主体转换为商事主体、企业设立、开业歇业、经营事项的变更、清算、破产、企业注销等登记事项，本质上均属营业信息或营业事项，也就是说前述商主体、商行为、商事项，实质上均属营业事项范畴。(3)在民事主体的投资、经营和交易过程中，其主体、目的、要素、行为、事项、效力等均具营业性，这也是商事登记与其他一般性民事登记(纯粹的不动产登记、婚姻登记)、行政登记(非营利性法人注册登记、消防登记、危险品登记)最具区别之处。(4)营业事项是确定商事登记模式、方式、范围、内容、种类的前提性依据，只有属于营业事项，才可纳入商事登记的范畴，进而才有相关的类型划分与制度安排。(5)营业是一个比商事在概念和范围更为清晰的法概念或法范畴，本着“原于自由，始于投资，形于经营，成于交易”之事实逻辑与全程、递进、通盘、整体的大营业观，跳出传统营业只局限于商业形态或交易环节的狭隘商事观，更利于在大私法领域和整个营业流程中通盘考量、顶层规划商事登记的立法设计与制度安排。故可以这样说，商事登记本质就是营业登记。尽管如此，由于前述的原因与理由，鉴于商事登记这一概念或范畴已为学界、业界所广泛使用，且已成为我国政策性文件和规范性文本的固定专业术语，如再轻易变其名称，以营业登记取代之，必然徒增学理和实务的理解成本。基于此，笔者认为，选择商事登记之术语或名称，只是为了充分照顾其传统的文化惯性和实践中的稳定衔接，并非认同或延续既有商事登记存有局限的定义。在现代市场经济、大私法领域和大营业观的视野下，商事登记完全可融入营业这一新的法概念和法范畴，赋予其新的内容、功效和生命。

(四)商事登记定义的厘正

综前所述，所谓商事登记，亦可称营业登记，系指民事主体在进入营业领域、从事营利性活动过程中就最重要的营业事项或营业信息到特定登记机关申报、登记、注册并予以公示的法律行为或法律制度。以下所论商事登记，如无特别说明，均系指此概念。

二、商事登记的基本要素

关于商事登记的要素，域外和我国，除极个别学者在对商事登记作本质探讨和对商事登记要素进行解构性分析时，提及过主体、客体、内容和程序等商事登记要素外，[29]其他论著鲜有涉及。但商事登记的要素，可从不同角度作出不同解释，如从法律关系的角度，商事登记的要素则为商事登记法律关系的要素，显然包括主体、客体、内

〔29〕　参见王兰：《管制罅隙下的自治——商事登记制度发展与模式反思》，法律出版社2011年版，第22页。

容等要素;如从制度构成的要素来看,则包括登记主体、登记对象(范围)、登记事项、登记规则、登记程序等多个方面;[30]如从每一具体商事登记的启动到完成这一流程来看,商事登记要素则又包括申请人、登记申请、登记证明、登记事项、登记受理、登记审查、登记注册、登记公告等多个方面或环节。笔者认为,如从制度层面来分析,商事登记的基本要素包括登记参与主体、登记对象及范围、登记内容与事项、登记依据与规则、登记行为与程序五个方面。

(一)商事登记参与主体

又称商事登记的参与主体,相当于商事登记法律关系的主体,即参与启动、受理、审查、登记、公示实体性和程序性行为并受登记效力约束的当事人、登记机关及其他参与人。

1. 商事登记申请人

包括申请登记的营业当事人(投资者、经营者或交易者,如自然人、法人或非法人组织等)及营业当事人委托的具体经办人。其中营业当事人如作为开业登记或企业设立申请人,则具体表现为特定的自然人(个体工商户、个人独资企业)、企业(法人型企业与非法人型企业、公司型企业法人与非公司型企业法人)设立筹备过程中所确定的代表人及所委托的代理申请人;又如作为营业变更登记的个体工商户、企业(法人型企业与非法人型企业)及委托的登记代理申请人等。作为行政行为的商事登记,属依申请而为的行政行为;商事登记申请人是商事登记程序的启动者,本着商事登记自由、自愿原则,商事登记须由营业当事人或其委托的代理人提起申请才可被动启动,国家(政府)及其他任何组织、个人,均不可强制、强迫任何自然人、法人或非法人组织进行商事登记。故登记申请人乃整个商事登记制度、程序中最具能动性的因素。

2. 商事登记机关

即受理商事登记申请,并专司审查、核准、注册、簿记、发证并公告之责,承担相应登记义务之特定机构。由于目前世界上存在行政管理式、司法审查式和民间自治式等不同商事登记模式,其对应的登记机关则分别表现为行政机关、法院、商会。就我国而言,商事登记机关具体为中央政府(国务院)及地方各级政府所设的市场监管(原工商行政管理)部门或履行此一职能的相应部门等。商事登记机关虽是商事登记申请的被动受理者,但其在受理登记申请之后的具体行为控制着商事登记的进程(受理或不受理、快办还是慢办)、决定着商事登记的结果(核准或不予核准、登记或不予登记)、影响着商事登记的效率,商事登记机关无疑是商事登记制度和程序中最重要、最核心的主体。

3. 其他商事登记参与人

在一般情形下,典型如会计师事务所、律师事务所、公证机关、价格或资产评估机

---

〔30〕 参见肖海军:《营业准入制度研究》,法律出版社2008年版,第26-43页。

构、鉴定机构、见证机构等。他们以其所出具的财务会计报告、法律意见书、公证书、价格或资产评估报告、鉴定结论、见证书等,支撑商事登记申请材料或文件等具体事项的真实性、合法性、关联性、完备性,事实上参与商事登记某一阶段的登记辅助性活动,是主要的商事登记参与人。除此之外,在奉行许可主义或部分许可主义商事登记制度例的国家或地区,其作为商事登记的前置审批、许可机关,对具体商事主体设立或营业事项的审批、许可行为,直接决定商事登记的启动,其虽不直接受理商事登记,但对商事登记的启动具有决定性意义,是最关键的商事登记参与人。

(二)商事登记对象及范围

即需要进行商事登记的具体主体类型及基本范围,亦哪些具体的商事主体或营业类型需要依照法律或行政法规进行商事登记。商事登记对象及范围涉及商事登记的具体调整范围,是商事登记制度的具体边界,决定商事登记法律、制度调整和规范的效力。

(三)商事登记内容与事项

即商事登记过程中应予记载、注册的具体主体类型、营业类别、营业要素和营业事项等。

第一,主体类型。如个体工商户、法人型企业(公司与非公司型企业)、非法人企业(个人独资企业、合伙企业)、企业分支机构等。

第二,营业类别。即具体产业领域、行业属性、经济性质(国家或民间资本)、经营范围等。

第三,营业要素。如商号(字号)或企业名称、合伙协议或企业章程、注册资本、开业或设立时间、营业所在地(经营场所)或住址、营业期限(起始时间、终止时间、有效期限)等。

第四,营业事项。如发起人或设立人、出资人(业主、合伙人、股东和其他出资人等)、资本或股权结构、营业治理结构、经营形式(自营、委托经营、承包经营、租赁经营、托管经营、信托经营等)、管理方式、法定代表人、从业人数等要素。

商事登记内容、事项是商事登记法律与制度调整、规范的核心,它直接体现在商事登记簿中的记载、注册项目和商事登记机关公示的具体内容。

(四)商事登记依据与规则

即商事登记过程中申请人提出申请和登记机关受理、审查、核准、登记、注册、发证、公示的法律依据、事实依据和应遵循的具体原则、规则等。

第一,法律依据。既包括法律、行政法规、部门规章、地方性法规、地方规章等国家制定法,也包括公司章程、行业规范、自治性规范、技术标准等商人或民间自治规范,还包括我国参与制定、加入、承认或当事人选择适用的国际公约、国际盟约、双边协定、国际商事惯例等国际商事规范等。商事登记的法律依据是确保当事人或申请人提起商事登记申请以及商事登记机关合法、循序、有效作出商事登记行为的基础条件，是商事登记制度最核心的部分和要素。

第二，事实依据。主要指当事人或申请人提交的各种申请文件或申请材料，如登记申请书、有关申请登记事项的各种证明文件、文书和其他材料等。事实依据既是商事登记机关受理、审查的具体对象，也是商事登记机关作出具体核准登记行为的主要依据，在商事登记中具有基础意义。

第三，商事登记具体原则、规则。即由政策性规范或法律规范所确定的指导当事人（申请人）或登记机关应遵循的各种宏观指导性、约束性法律原则或制度性规则。其中，一般法律原则如尊重营业自由原则、法定登记原则（强制登记原则与任意登记原则）、依法审查原则、便捷高效原则、诚实信用原则、营业（企业）维持原则、公开透明原则等；具体制度性规则如一事不再审规则、登记唯一性规则、形式审查规则、合理性规则、适当性规则等。商事登记法律原则、具体规则是指导、约束申请人、登记机关有序申请、及时受理、严格审查、依法登记，并使之具有合法性、有效性的重要约束性要素，对确保商事登记合法、有序、高效进行有重要意义。

（五）商事登记行为与程序

商事登记行为包括当事人（申请人）的商事登记申请行为、登记机关的审查登记行为、为当事人（申请人）或登记机关提供辅助或中介服务的商事登记辅助行为（签字见证、出具财务会计报告、法律意见书、公证书、评估报告、鉴定结论、专家意见等）。商事登记程序则系指完成一个具体的商事登记所要为的一系列行为和经历的必要环节，可分为申请前准备、申请、受理、审查、核准、注册、发证、公示、异议、举报、复核、撤销等。

三、商事登记的主要特征

关于商事登记的主要特征，既有研究和理论通说认为其具有创设性、要式性、公法性等基本特征，[31]但也有学者认为商事登记具有特定目的（以公示信息或商主体设立、变更、终止为目的）、要式性、私法性三个方面的特征；[32]有学者把其概括为强制性、要式性、效力性（导致商主体资格设立、变更或消灭）三个方面；[33]有学者把其概括

---

〔31〕 参见范健、王建文：《商法论》，高等教育出版社2003年版，第544－546页；赵中孚主编：《商法总论》，中国人民大学出版社2007年版，第227页；赵旭东主编：《商法学》，高等教育出版社2007年版，第55页。

〔32〕 参见樊涛、王延川：《商法总论》，知识产权出版社2006年版，第232－233页；苗延波：《商法通则立法研究》，知识产权出版社2008年版，第159－160页。

〔33〕 参见徐强胜：《商法导论》，法律出版社2013年版，第226页。

为特定目的性行为（设立、变更或终止商事主体资格谋求法律确认）、公法性行为、要式法律行为、法定行为四个方面；〔34〕有学者把其总结为法律（具有法律意义）行为、特殊目的（创设、变更或终止商主体资格）行为、要式行为、私法行为和公法行为的复合体、商主体登记行为五个方面；〔35〕还有学者把其表述为宏旨上的“市场准入”性、宏观上的国家公权干预性、外观性、国家公信力性、要式性五个方面；〔36〕或者把其概括为特定目的性（为商事活动的参加人设立、变更或终止商事主体资格谋求法律确认）、公法性、要式性、被动性（申请人依法定程序向法定登记主管机关申请履行的行为）、监管性（强化对商事主体的监管和控制，保护消费者的有效手段）五个方面。〔37〕

笔者认为，商事登记的特征因不同法系、国家或地区的立法模式和制度范例，而存在比较大的差异。如在荷兰，由于商事登记是由民间商会承担或完成，故商事登记的民间、私法属性也就与其他国家或地区不同。但不论选择何种制度，奉行哪一种登记模式，商事登记启动方式的被动性、行为外观的要式性、登记事项的确定性、登记过程的公开性是所有法系、国家或地区商事登记所具有的共同特征，至于创设性和公法性，不同法系、国家或地区因其立法、制度和商事登记的效力意义存在较大差异，尚不可一概而论。如对多数英美法系国家或地区而言，商事登记并非某一主体成立或行为生效的要件，商事登记仅具对抗效力，其创设性特征就不明显；又如荷兰等少数国家，商事登记是由民间商会承担和完成的，其登记的公法性特征也就无从谈起。据此，绝对地认为商事登记具有普遍的创设性或公法性，显然有悖商事登记在不同法系、国家或地区的实际情况。但就我国而言，由于现有商事登记制度延续了晚清以来由行政机关主管和承担的制度惯性，且在我国大陆和台湾地区有关商事登记制度的安排中，其涉及商事主体登记的部分均奉行登记成立要件主义，自然商事登记的公法性、创设性特征十分明显。基于以上分析，仅就我国大陆（内地）、台湾地区、澳门特别行政区而言，商事登记不仅具有所有法系、国家或地区商事登记的被动性、要式性、公开性等一般性特征，还具有立法、制度和运行特色的公法性、创设性特征。为此，商事登记的基本特征，应从一般性特征和国别性特征两个维度去考察和分析，才可接近商事登记的真实状态。

（一）商事登记的一般性特征

商事登记的一般性特征主要表现为启动方式的被动性、行为外观的要式性、登记过程（事项）的公开性三个方面。

---

〔34〕　参见赵万一主编：《商法学》，中国法制出版社2002年版，第63－64页。

〔35〕　参见叶林、黎建飞主编：《商法学原理与案例教程》，中国人民大学出版社2006年版，第127－128页。

〔36〕　参见任先行：《商法原论》（下册），知识产权出版社2015年版，第737－738页。

〔37〕　参见覃有土主编：《商法学》，高等教育出版社2008年版，第60页。

1. 启动方式的被动性

商事登记启动方式的被动性主要是指在一般情形下，商事登记只能以登记义务人或登记申请人的申请为启动方式；除非在经法院或仲裁庭的有效裁决确认，且在法院有书面嘱托的情况下，否则登记机关不能依其职权而主动进行登记。也就是说，只有在经司法或仲裁裁决确认并由司法明示委托的情况下，某些特别的商事登记可由登记机关主动登记或变更；在通常情形下，商事登记则实行无申请则无登记、先申请后审查登记、申请不合格不完备不予登记的原则。商事登记启动方式之所以具有被动性特征，是因为商事登记所确认、登记、公示的资格、事项、权利、信息，是典型意义的民间事务、私人权利和个体自由范畴，即属于私权自治、意思自由的范围，尽管不同法系、国家或地区的商法或商事登记法有所谓强制性登记事项和任意性登记事项之别，但所谓的强制性登记事项和任意性登记事项，仅仅只是对不同商事登记事项是否需要登记、登记是否真实所生法律后果和民事责任之规定不同而已，意在告知登记义务人或登记申请人在选择不同的行为模式时，必须充分预见到各种不同法律后果和法律责任。具体到商事登记程序的启动，涉及商事的具体事项，是否需要登记，申请哪些事项进行登记，何时申请登记，以什么样的方式进行登记，提供什么的申请登记材料和证据，则属商事登记义务人或登记申请人纯粹私人事务和私权范围内的事情，完全应由其自己作出决定，任何个人、包括登记机关在内的任何组织均不得予以任何或变相以任何形式的强制。商事登记启动方式的被动性是商事登记立法设计和制度安排中对民间投资、企业经营和市场交易中意思自治、营业自由、决策自主、交易自律的必要尊重，也是确保商事登记按当事人真实意思和营利目标选择适当时机、可行方式进行申请的基础性条件，更是促进登记义务人或登记申请人确保其登记事项真实、合法、完备、规范的重要条件。例如，对某些尚不具备、法律未作强制性规定的商事事项，登记义务人或登记申请人就可选择不申请登记，把登记的启动权完全交由登记义务人或登记申请人自主决定，其意义在商事登记中具有基础性。故启动方式的被动性，乃商事登记的首要特征。

2. 行为外观的要式性

商事登记行为外观的要式性是指商事登记必须严格按照法律所规定的程序和外在形式要求，一个有效的商事登记应当具备法定的程序和形式要件。行为外观的要式性表现在登记程序的必要性、程序环节的完备性、登记形式的文义性、登记内容的规范性、登记载体的格式性等多个方面。（1）就登记程序的必要性而言，商事登记是法律规定必须履行的必要程序，只要民事主体选择投资、经营或交易，除非法律明文规定属免予登记范围，所有营业事项均需申请登记并记载于商事登记簿上，否则就应承担怠于登记而产生的不利法律后果和相应的民事责任。（2）就程序环节的完备性而言，如后文所要探讨的，商事登记须经过申请、受理、审查、登记、公示等一系列有严格先后位列、前后次序的不同登记环节，且不同登记程序、阶段、环节不能任意跳越或省略，如因登记义务人或登记申请人的自身原因，或因登记机关的怠于职责，致使商事登记跳越或省却某些程序或环节，导致登记形式或内容存在瑕疵，相关当事人或登记机关应承担法律责任。(3)就登记形式的文义性而言，商事登记是一种非常正式的登记，如登记申请文件、商事登记申请受理通知、商事登记决定书、商事登记注册簿、各种商事登记证书(营业执照、企业法人资格证书)、各种登记事项的公告等，均须以法律确认或登记机关认可的书面、文本方式表现出来，禁止以口头或行为等不确定或非文义方式表达商事登记行为。商事登记形式的文义性既是商事行为外观要式性特征的重要内容，也是表征商事登记事实存在、行为完成、效力产生的主要证据。(4)就登记内容的规范性而言，无论是商事登记的申请文件，还是商事登记机关的登记文本，均须符合法律规定的基本要求，特别是外在载体、记载内容、保存形式、公示方式等，均须达到真实、合法、完整、规范、统一、及时等基本要求。登记内容的规范性，是商事登记行为外观要式性的核心内容，是确保商事登记合法有效因而产生公信力的重要保证条件之一。(5)就登记载体的格式性而言，商事登记往往借助法定、规范、统一、固定、标准的文本形式表现出来，具体来说，如对于登记申请文件，不同国家或地区规定的种类虽存在较大差异，但其中的申请书以及申请表格，不同国家或地区内部在一定时期均有统一、固定的格式要求；又如有关商事登记簿的格式、登记款项、表格样式，也需达到格式的稳定、统一和规范；再如营业执照、企业法人资格证书、商事登记变更或注销确认书以及公告的载体、方式等，均由法律、行政法规或登记机关作统一、固定、规范的要求，有明确的样式、统一的版本和序列连续的编号。登记载体的格式性是表征商事登记行为外观要式性最显著的特征之一，其严格的格式性要求，能确保商事登记内容、程序、形式和方式的严肃、权威和有效。

3. 登记过程(事项)的公开性

商事登记过程(事项)的公开性是指商事登记的依据、启动、审查、事项和公示等每一个阶段和环节，均应是公开、透明、开放的，不存在任何秘而不宣或暗箱操作的情形和可能。商事登记过程的公开性具体又表现为登记依据、登记目的、登记申请、登记受理、登记审查、登记事项、登记结果等多个方面的公开性。(1)就商事登记依据的公开性而言，商事登记所依据的法律、行政法规、其他规范性文件和登记机关的具体要求，必须是已公开的规范文本或文件，禁止国家或登记机关制定内部规定或文件，并以之作为依据，阻挠登记义务人或登记申请人的登记申请，或以之为依据拒绝受理登记申请。(2)就商事登记目的的公开性而言，如登记义务人或登记申请人申请商事登记的目的就是要把其行将进行或已发生变更的有关营业信息，借助商事登记机关和公共公示平台向社会公开，让其他主体特别是与其有业务往来、债权债务关系的利害关系人知悉；又如国家设立商事登记是为了把其国或某地区的营业性投资、经营或交易等主要信息集中收集起来并进行公开，商事登记是国家(政府)收集并获得营业信息和经济状况最为有效的方式之一;再如对登记机关而言,其受理、审查、登记、注册、公告等所有环节的行为,在于通过法定程序把登记义务人或登记申请人所申请的登记事项以法定、适当、规范的方式向全社会公开。(3)就登记申请的公开性而言,登记义务人或登记申请人的申请行为、申请文件均须公开。(4)就登记受理的公开性而言,登记义务人或登记申请人的登记申请是否在内容、形式和关联性上符合登记受理的要求和条件应是公开、透明的,登记机关不可自作主张,更不可秘而不宣。(5)就登记审查的公开性而言,登记机关对登记义务人或登记申请人所提交的申请材料进行审查时,其审查方式、条件、标准均应是公开和统一的,所作出的审查通过或核准与否决定,均应以公开的方式告知登记义务人或登记申请人。(6)就登记事项的公开性而言,商事登记的事项只涉及投资、经营或交易过程中最基本的营业信息,其事项主要包括诸如商号或企业名称、注册资本、发起人、企业主要出资人或股东、合伙协议或企业章程、股权比例或股份结构、主业类型或经营范围、法定代表人或经理人、经营住所等反映商事主体基本情况或经营过程中的关键信用信息,这些事项所构成的基础信息是完全可以且必须要公开的。商事登记各诸事项不仅应该登记、记载在具有规范、固定格式的商事登记簿册上以供公众阅读、查询或复印,还应通过公告等方式,为社会公众和特定利害关系人所广知。(7)就登记结果的公开性而言,商事登记的载体包括准予或不予登记决定书、商事登记簿册、营业执照、企业法人资格证书、涉及商事登记事项内容的各种公告等商事登记法律文书、证件,作为商事登记成果的这些载体,均具有表征商事登记有效和信息公示的功能,它们无一例外均须公开。特别如营业执照、企业法人资格证书,法律要求必须将其悬挂或张贴在主要营业场所,或放置在显著位置为公众所知或足以引起交易相对人注意。商事登记过程的公开性是商事登记最基本的特征,商事登记的目的就是公开,其登记从内容到形式的公开性,是这一制度设计的初衷。故没有公开性,商事登记就丧失其正当价值,而变得毫无意义。

(二)商事登记的国别性特征

与前述一般性特征不同,商事关系的创设性和行为属性的公法性(行政性)特征具有很明显的国别性特征,尽管这些特征在多数国家或地区有所显现,但毕竟不是所有国家或地区商事登记所具有的共同特征。就我国而言,受近代以来国家开放民利和工商兴国等国策调整、传统官工官商的制度性惯性、以行政管理为本位的国家制度构架和社会治理模式的影响,商事登记之登记行为的确认性和行为属性的公法性(行政性)特征表现得特别明显。

1. 登记行为的确认性

通论认为,商事登记具有创设商事主体的功能与效应,即商事主体的创设性。由于法律、行政法规规定某类商事主体如企业、个体工商户须经工商登记,才能正式成立,且方可对外正式营业。法律规定和制度安排将商事登记作为某类商事主体成立要件的这一要求,事实上就意味着商事主体具有创设商事主体资格甚至法人资格的功能,这也是诸多学者认为商事登记具有创设商主体、商法人功能的根本原因;不仅如此,个别论著甚至认为商事登记还具有创设商事关系的特征。笔者认为,登记成立要件主义,并非意味着商事登记就具有创设商事主体的功能与效应;如后文所论,作为私法主体的商主体,实际上在登记注册之前就已实际、客观存在,所谓的登记成立要件主义,只是意味着商事登记仅具宣示或确认商事主体的功能与效应,该登记并非创设某一个或某一类新主体。故与其认为商事登记具有商事主体的创设性特征,不如表述为商事主体的确认性特质更为妥当、贴切。至于商事关系特别是商事法律关系,是由商事主体通过自由、自主、自治的意思依法所创设、变更或终止的,其意思表示、行为实施和法律关系的缔结属于典型的私法行为和私法关系范畴,并非商事登记所创设的结果,商事登记最多只能起到确认、固化、宣示、公开的功效。一般而言,商事主体的确认性主要表现为如下几个方面:(1)确认某类民事主体以商事主体资格。即某类民事主体,如自然人商事登记,通过商事登记簿的注册记载和工商营业执照的签发,意味着法律已确认该申请工商登记的自然人由一般民事主体转换并取得了商自然人这一商事主体资格;典型的如我国的个体工商户登记,个体工商户营业执照的签署与发放并非新创设商自然人这一类商主体,而只是确认该申请的自然人以个体工商户之特定商事主体(自然人商人或商个人)之身份或资格而已。(2)确认或宣告某一类商事主体的正式成立。典型如企业的设立与登记,企业作为组织型商事主体,其创设原于发起人或出资人的出资与结社契合,而不在于登记;但因只有登记才能为所有不特定相对人所知晓,故企业在登记机关登记注册之日(大陆法系)或注册章程记载生效之日(英美法系)即为企业正式成立之日。故无论从表象还是从实质来看,商事登记确认企业注册之事实与正式成立之日期,就具有确认或宣告企业类商事主体正式成立的制度功能与法律效力。(3)确认或宣告某一类商事主体具有法人资格。在实行商事营业登记和法人资格登记统一立法例与制度例的国家或地区,商事登记不仅具有确认或宣告企业类商事主体正式成立的功能与效应,而且还因企业法人营业执照具有确认或宣告该企业拥有独立法人资格的功能和效力,如公司企业和其他非公司类法人企业,商事登记则明显具有确认或宣告企业具有法人资格的特征。(4)确认或宣告某一类商事主体法定形式或法定责任的转换。对部分变更类商事登记而言,经确认变更的商事登记,典型如个人独资企业变更为一人有限公司、合伙企业变更为有限责任公司、有限责任公司变更为股份有限公司、股份有限公司变更为有限责任公司、非公司型法人企业变更为公司企业、法人型企业合并或分立中的新设立合并或分立等,均涉及不同类型商事主体之间的转换和变化,这些转换或变化经商事登记注册确认之后,具有确认、公信和对抗效力。(5)确认或宣告非营利组织进入营业领域的商事主体资格或身份。如社会服务机构等非营利组织，经商事登记确认后，可以特定商事主体身份从事法律、行政法规所允许的投资、经营或交易活动。

2. 行为属性的公法性（行政性）

行为属性的公法性或行政性，是指商事登记因其由行政或司法机关主持完成，具有明显的国家（政府）调整、管理、规制商事主体或商事行为的公法色彩和特征。在现行各种商事登记的立法例或制度例中，除荷兰等少数国家或地区外，绝大多数国家或地区的商事登记或者由行政机关，或者为司法机关主管或负责，以国家机关出面所司的商事登记，因其公权力身份或背景，无疑使其登记印上鲜明的公法色彩，故商事登记的公法性大都是站在这一角度而言。由于不同国家或地区商事登记机关或为行政机关，或为司法机关，其公法性也就存在较大差异，具体对我国（此处不包括港澳台地区，下同）而言，商事登记的公法性，又集中表现为行政性，且具体表现为商事登记机关的行政性、登记性质的行政性、登记程序的行政性、登记形式的行政性、登记效力的行政性、登记救济的行政性等几个方面。（1）商事登记机关的行政性。在我国，商事登记从晚清、民国至1949年中华人民共和国成立以来，均由商部、工商部、经济部、工商行政管理局、市场监管总局等政府下辖的行政管理机关负责，都系典型的行政机关。（2）登记性质的行政性。在我国，商事登记行为是典型的行政行为，至于行政审批、行政许可、行政确认、行政公证、行政宣示，学者和业界虽存有分歧，但就商事登记行为具有公法特别是行政行为的属性，绝大多数学者对此并无异议。（3）登记程序的行政性。商事登记一般遵循申请、受理、审查、注册、发证、公告等一系列程序，与其他行政登记行为具有一致性和同质性，应严格按照法律或行政法规所规定的程序进行。（4）登记形式的行政性。商事登记一般是以工商登记簿、营业执照（正、副本）、企业法人资格证书、登记公告等行政公文或决定表征出来，这些行政公文或决定具有标准的格式、统一的编号、固定的载体、规范的形式，符合行政公文或决定所具有的一般性和特殊性要求。（5）登记效力的行政性。商事登记具有行政行为的确定力、拘束力、公定力（既定力）、执行力等效力特征，即具有确认登记所载营业信息的效力；约束登记申请人、登记义务人和其他相关主体的法律效力；一经作出就产生法律约束力，而不论是否合法或合理；一经完成就具有对抗第三人、法院裁判、行政执行的法定依据，这些均说明，商事登记在我国具有一般具体行政行为的法律效力。（6）救济的行政性。在我国，商事登记存在违法、错误或瑕疵的救济制度也具有行政性，如责令改正登记、撤销登记、吊销经登记并已签发的各种证书（营业执照、企业法人资格证书等）、扣押或查封营业财产、没收违法经营所得、行政罚款等，均是对违法、错误或瑕疵商事登记的补救和惩罚，因此，行政救济就成为我国商事登记最主要、最常见、最有效的救济方式。

商事登记的上述一般性特征，是体现商事登记共性、公理方面的特征，不同国家或地区在此方面的立法或制度安排所存在的差异性不是很大；相对而言，国别性特征则受不同国家或地区立法与制度例的影响，差异性较大。我国商事登记制度的立法定位与现制改革，就是要根据商事登记的一般性特征，设计出最能体现商事登记本质属性和共同特征的妥当性立法规定和制度约束，相应地在坚守我国具传统意义之国别性特征的同时，要改变不适用经济发展、民间投资、企业经营、市场交易等不适时的规定，使商事登记成为我国微观经济体制中最能显示其内在活力和外在竞争力的制度优势。

第二节 商事登记的法律属性

一、商事登记法律属性的争议与分歧

（一）有关商事登记法律属性的主要观点

商事登记究竟是一种什么样的行为或制度，其性质到底属于公法行为还是应归于私法行为，学者和业界可谓见仁见智，概括起来，有法律行为说、法律制度说和混合折中说等。

1. 法律行为说

法律行为说者认为，商事登记是一种能引发一定事实上和法律上权利义务关系产生、变更、终止，并创设当事人主体资格或赋予特定主体以行为便利的法律行为，这也是目前绝大多数学者所持的一种观点。但受研究、考察的角度和学科、专业的背景等因素影响，法律行为论者对商事登记之定性又存在公法行为说、私法行为说、混合行为说、其他学说等不同观点。（1）公法行为说。该说的主要依据是，商事登记的行为主体在世界绝大多数国家或地区为公权机关或具有公权职能的特殊部门，在我国则为具有行政机关性质的市场监管部门，商事登记作为国家机关调节市场经济和管制营业交易的一种调控活动或干预手段，“从本质上说，它是国家利用公权干预商事活动的行为，是一种公法上的行为”，〔38〕其行为无疑具有公法性质和公法意义。持此观点的学者，又表现为行政登记〔39〕、行政注册〔40〕、商资格赋权〔41〕、行政公证〔42〕、行政服

〔38〕 范健、王建文：《商法总论》，法律出版社 2011 年版，第 241 页。

〔39〕 参见赵万一主编：《商法学》，中国法制出版社 2002 年版，第 63 页。

〔40〕 参见广东省工商局外资处：《商事登记立法中的效力问题探讨》，载《中国工商管理研究》2009 年第 1 期。

〔41〕 王保树：《商法总论》，清华大学出版社 2007 年版，第 103 页。

〔42〕 参见杨遂全主编：《民商监管机制与法定公证研究》，法律出版社 2011 年版，第 227－229 页。

务〔43〕、行政报告等不同学说。〔44〕(2)私法行为说。该说的学理依据是商事登记在事实上和法律上的结果只表征一定意义的私法主体(作为投资、经营或交易的营业主体之产生)和私法行为(具有从事一定范围或性质之投资、经营或交易等营业行为资格的取得),该行为实施所影响者仅仅为营业这一私法领域,法律后果也仅具私法价值或意义。〔45〕(3)混合行为说。该说认为商事登记行为主体虽为公权机关,行为过程具有典型的公法色彩,但行为对象却发生在私法自治领域,该行为的法律效果和法律意义则具有明显的私法性,故商事登记不纯粹具有公法性或私法性,而是既具公法性又具私法性。该论又表现为综合行为论〔46〕、复合行为论〔47〕、二重性质或两方面论〔48〕、要素混合论〔49〕、有机结合论等不同观点。〔50〕(4)其他学说。如部分学者在肯定商事登记的公法性同时,侧重于行为的私法性。〔51〕

2. 法律制度说

法律制度论者认为,商事登记是由一系列规则、程序和约束而构成的制度体系,而非仅指商事登记过程中的某一具体行为。它又包括市场主体资格准入制度〔52〕、市场

〔43〕 参见段仁元:《安全与效率的平衡抉择——试论我国企业登记审查制度及其完善》,载《社会科学》2000年第5期。

〔44〕 参见谢怀栻:《外国民商法精要》,法律出版社2002年版,第250、270页。

〔45〕 参见蒋大兴:《公司法的展开与评判——方法·判例·制度》,法律出版社2001年版,第375－376页;樊涛、王延川:《商法总论》,知识产权出版社2006年版,第233－235页;苗延波:《商法通则立法研究》,知识产权出版社2008年版,第159－160页;王兰:《管制罅隙下的自治——商事登记制度发展与模式反思》,法律出版社2011年版,第17页;徐强胜:《商法导论》,法律出版社2013年版,第227－228页;赵万一主编:《商事登记制度法律问题研究》,法律出版社2013年版,第57－65页。

〔46〕 参见范健主编:《商法》,高等教育出版社、北京大学出版社2007年版,第65页;赵旭东主编:《商法学》,高等教育出版社2007年版,第54页;覃有土主编:《商法学》,高等教育出版社2008年版,第59页。

〔47〕 参见杨海坤主编:《跨入21世纪的中国行政法学》,中国人事出版社2000年版,第333页;郭富青:《论商事登记制度的若干法律问题——兼论我国商事登记的改革与完善》,载《甘肃政法学院学报》2002年第3期;王远明、唐英:《公司登记效力探讨》,载《中国法学》2003年第2期;李克武:《公司登记法律制度研究》,中国社会科学出版社2006年版,第47－57页。

〔48〕 参见朱慈蕴:《我国商事登记立法的改革与完善》,载《国家检察官学院学报》2004年第6期;于新循:《现代商人法纵论——基本理论体系的探寻与构建》,人民法院出版社2007年版,第122－123页。

〔49〕 参见冯翔:《商事登记行为的法律性质》,载《国家检察官学院学报》2010年第3期;冯翔:《商事登记效力研究》,法律出版社2014年版,第25－29页。

〔50〕 参见曾大鹏:《中国商法通则理论与立法研究》,法律出版社2013年版,第115页;刘宏渭:《商法总则基本问题研究》,华中科技大学出版社2013年版,第201－202页。

〔51〕 参见刘沛佩:《从准统一到分离:商事主体资格的回归路径——对商事登记行为的公私法性质解构》,载《中国工商管理研究》2009年第6期;周林彬主编:《商法与企业经营》,北京大学出版社2010年版,第111页;叶林:《试论商业登记的法律性质》,载《中国工商管理研究》2011年第11期。

〔52〕 参见徐学鹿:《商法总论》,人民法院出版社1999年版,第218页;徐学鹿、梁鹏:《商法总论》,中国人民大学出版社2009年版,第318页。

主体登记注册制度[53]、市场准入制度等不同观点。[54]

3. 混合折中说

混合折中论者认为,商事登记既是一种基于立法安排下的商事制度,也是多方特定主体参与、由具体管理机关实施的法律行为。现有商法学教科书和商事登记规范解释文本皆持此论。

(二)简要分析与总体评价

通过对前述不同视角、学说关于商事登记定性之观点的举要和提炼,不难看出,学者之所以对商事登记属性存在不同看法,如关于商事登记究竟是行为还是制度,或者兼而有之,则取决于是从法律行为的角度去研究,还是从制度层面去研究,而事实上商事登记,如就某一具体时空节点而言,可理解为法律行为,而就抽象规则、程序、行为之约束性规定而言,则无疑又是一种系统性、层级性、稳定性的立法设计和制度安排,故商事登记既可是一种制度性安排,也可表现为具体的机关或部门之商事登记行为,两者不可绝对或偏废,自然纯粹地认为商事登记仅是一种法律行为,或者武断地认定其只是一项法律制度,均失之偏颇,有关这样的争论或讨论也就不具有实质意义。至于商事登记行为究竟具有公法性还是本质上更具私法性,除受制于论者所在学科背景和研究视角外,也源于对商事登记观察的偏差与功能的误读,其中有些争论和讨论完全是因为分析的角度不同所造成的,其主要表现在如下几个方面:

第一,把商事登记申请行为与商事登记行为混淆。商事登记是典型的应申请而进行的法律行为或法律制度,但在该登记行为的完成过程中,其启动是依当事人申请之被动方式,而非依登记机关职权的主动行为。但是,不能因为商事登记是因当事人之申请行为启动,就认为该行为具有任意性、自主性和私法性,就如同诉讼程序须被动地由当事人提起诉讼申请而启动一样,我们不能因为诉讼的启动是由当事人提起,而认定其为私法行为。商事登记行为既然是由国家特定机关作出和实施,其性质的公法属性则无疑义,不能因申请主体、方式的任意性、选择性、自主性而认定其具有私法性,把其界定为私法行为,甚至民事行为。

第二,商事登记阶段与商事登记行为混淆。商事登记严格来说是由商事登记条件、规则、机关、对象、程序、行为、文本、责任等一系列立法和制度的体系化构成,如从时序来看,它包括申请、受理、审查、决定、登记、注册、发证、异议、监督、救济等不同程序和环节,是由不同程序或众多行为构成的一个特殊要式化阶段,其中登记行为仅是这一阶段或程序中的一个环节或一种行为,如把商事登记行为理解或误读为整个商事登记阶段,显然就属以偏概全,以点带面。众多商事登记行为私法性或混合性观点,其

---

[53] 参见赵韵玲、刘智勇:《市场主体准入制度改革研究》,中国人民大学出版社 2010 年版,第 39 页。

[54] 参见任先行:《商法原论》(下册),知识产权出版社 2015 年版,第 737 – 738 页。

实就是把处于某一阶段性环节或程序性行为节点的商事登记行为等同于商事登记的整个阶段或程序,把属于商事登记启动、准备、辅助、配套性的程序或行为均融入或视同商事登记行为,其观点无疑就值得商榷。

第三,无视商事登记本身的变迁与发展。商事登记作为一种微观商事制度,其发源、演化、变迁、发展和转型,从时序上历经中世纪之前的原始启蒙、中世纪的雏形、近代的定制、现代的变迁、当代的发展和未来的转型,且在东西方之间存在巨大的差异性。如中世纪及之前,由于商事的社会性、公共性尚只具有区域性而不具全国性、国际性,国家对商事登记的关注尚未提升至相当高度,商事登记行为在大多数情况下是以民间自治或商人自治的方式出现;尽管严格意义的国家或政府管制性商事登记或注册行为在很早以来就以某种形式存在,如我国自商周开始的市易管理制度,就带有后世商事注册登记的意义,但直至近代,商事登记在多数情况下是民间、私法意义的自治行为。近代以来,特别是1673年、1681年法国相继颁发《陆上商事条例》和《海上商事条例》以后,国家(以国王名义)逐渐把商事登记和颁发商事执照、营业许可令状的权力从商会、行会、城市自治政府的手中接管过来,并赋予其新的内涵、形式、意义和效力,商事登记的公法色彩也就逐渐被定型。至现当代,商事登记已习惯性作为国家职权或政府公共服务的一部分,被视为当然。足见,绝对地认为商事登记是私法行为或公法行为,无异于忽视商事登记的制度变迁和行为演化的历史过程,其立论自然是经不起推敲的。

第四,未考量不同法系、国家或地区的差异。就当代不同法系、国家或地区的商事登记制度安排和登记机关的设置来看,大致存在如行政机关(美国、英国等)、法院(德国、意大利、日本、韩国等)、行政机关或法院(法国等)、商会(荷兰)等四种比较典型的商事登记机关主管与归属模式,从行为主体的法律地位及所实施行为的性质来看,由行政机关、法院所完成的商事登记行为,因其明显的公法地位、公职功能,该行为无论如何解读,也必然属于公法性质。即使如荷兰等延续中世纪由商会履行商事登记的国家,也因其《商事注册法》的规定带有明显的授权性,不可一概地认定其属于纯粹的私法机关或私法行为,商会在荷兰带有国家机关受托主体的特殊地位,具有准公法属性与地位。此外,从不同法系的立法取向和法律传统来看,虽存在大陆法系许可登记主义和英美法系准则登记主义之差异,但两大法系的商事登记机关在法律地位、法定职能、登记要素、行为效力等方面,与一般公法行为并无显著不同。因此,并非如部分学者所认为的那样,依据国外商事登记立法或商事登记机关,就可推定国外不同国家或地区的商事登记为私法行为。

第五,未严格对行为本身的法律性质与行为所产生的法律意义进行区别对待。受传统公法、私法二元划分理论的影响和制约,学者在有关法律行为的性质和法律行为的效力等方面,所持公、私法理论因有学科背景的约束和分歧,而表现为简单化甚至绝对化的倾向。典型如商事登记行为的性质与该行为所产生的效力，在多数学者的讨论中，被单向地看作一一对应的关系。如认定商事登记行为公法性的学者，就比较强调商事登记行为的公法意义和公法效力；而与之对应的，坚持商事登记行为私法性的学者，则相对比较看重商事登记的私法主体或资格上的私法意义或行为效力。其实，法律行为的性质与效力之间并非一一对应关系，特别是对许多公法行为而言，如行政许可、行政确认、行政登记、行政公证等行为，因其行为在绝大多数情况下是对所涉当事人之间民商事主体资格、行为效力的认定，其行为实施、决定作出、相关公文发布和具体证照颁发，对与此相关的特定当事人均能产生特殊的私法效果，其效力无疑也具私法意义。因此，承认商事登记行为的公法性，并不必然就意味着其行为效力也是公法性的。有学者在评价公、私或公私混合学说的认知缺陷时，认为其根本原因在于“公、私法分立的传统二元思维范式在商事登记法上的机械应用”“单一型民事法律行为模式在耦合型的商事行为上的机械应用”“我国现行不合理商事登记立法模式的影响”“主流学说未能对法律的功能、目的与价值作出准确区分”等多个方面；〔55〕足见，现有对商事登记所持的公私之绝然划分的观点，因其割裂了法律行为性质与法律行为效力之间的内在逻辑关系和丰富内涵，在实践中不具有适用性。

第六，未从营业视角与营业需要的视角去考察。为什么要进行商事登记，商事登记之主要的目的是什么，其主要的制度功能表现在哪几个方面，这些均是学界目前未予深耕的领域，特别是没有基于大私法领域，从营业视角和营业需要，去放眼考究商事登记的内在动因，因而对商事登记的认识流于表面和形式，未触及其实质和内容。

基于以上分析，笔者认为，应基于大私法领域，从营业视角，根据营业需要，对商事登记之法律属性作重新审视。

二、商事登记法律属性的认定

（一）商事登记行为具有典型的公法属性

笔者认为，商事登记本质就是营业登记，是基于当事人申请或委托的国家营业信息宣示、确认、公开行为或制度，这一属性可从以下几个方面得到论证：

1. 商事登记的目的

商事登记的目的，就登记申请人一方而言，是将进行投资、经营或交易的民事主体把其营业意愿（确定要进入营业领域）、营业要素（营业的资本、形式、主业、地址等）、营业期限、营业主体等通过特定机关、形式、程序、方式予以宣示、确认和公开，使其营业身份、资格、行为得以确定并为社会特别是相对第三人能广泛知悉；就登记机关一方而

〔55〕　参见赵万一主编：《商事登记制度法律问题研究》，法律出版社2013年版，第40－43页。

言，商事登记的实施和完成，是将登记申请人申请所涉前述营业事项进行受理、审查、决定登记或不予登记、注册、发证直至公告，该登记行为的终极目的无非就是对申请的营业事项以要式、标准的形式和严格、规范的程序予以宣示、确认、公开而已。足见，商事登记之实质目的是对营业信息的宣示、确认、公开。

2. 商事登记的机关

商事登记从欧洲中世纪时期由商会、行业组织或城市自治政府作为登记机关，到中世纪晚期逐渐被封建国王所取代，近代如英国、法国颁发商业特许令为代表，到现今多数国家或地区一般由行政机关或法院等国家机关来主管负责。如果说中世纪以前的商事登记带有一定的民间、私法属性，到了近代，除荷兰等极少数国家或地区仍延续由商会来主管登记外，绝大多数国家或地区的商事登记机关为国家机关或部门；即使荷兰的商会组织，也因国家立法规定，带有鲜明的国家授权性质，该商会组织在履行商事登记时，与一般性同业自治组织尚不能完全等同，它实际上充当着国家受托机关的角色，具有准公法机关的地位。可见，商事登记在多数情况下由具公法地位和公权性质的国家机关或部门作为或实施，该行为性质之公法属性自然不容否认。故从商事登记机关的法律地位来看，商事登记难以归于私法行为的范畴。

3. 商事登记的程序

行为属性除取决于其行为的目的与主体外，还应参考该行为实施的程序。商事登记虽由登记申请人或当事人申请而启动，但随后的受理、审查、决定、注册、登记、发证、归档、公告、监督、救济等一系列程序、步骤或环节，各国法律均有严格规定，而这些规定又大多是强制性的，有些甚至是禁止性的，它与具任意性、选择性的私法规范有明显不同。违反这些强制性、禁止性规范均会产公法意义上的强制性法律后果和公法责任。就如同民事诉讼行为一样，商事登记所涉事项虽属具私权性质的营业确认和信息公示问题，且法律后果也可能具私法意义（公司经设立登记后，其民事主体资格和独立法人人格得到正式确认），但该登记程序运行则具强制性，某些环节甚至是禁止性的，其外在属性和行为特征具有鲜明的公法性质。

4. 商事登记的形式

商事登记需要登记机关以登记决定、注册登记簿、注册登记号、登记证书（企业法人资格证书、营业执照等）、登记公告等要式行为或法定形式为外在表征，这些带有行政性或司法性的决定、公文、文书、公告，具有典型的公法、公权、公职属性，具备公法行为的形式特征。

5. 商事登记的效力

商事登记系特定登记机关所为行为，一经作出就具法律效力，非经登记机关本身撤销或经法院宣告无效，就具有以国家机关或登记机关公信力作强制保证的确定力、对抗力和追及力，这一行为的既定力属性又是公法行为属性最显著的特性。不仅如此，作为设立登记的辅助或后续行为，诸如商事补正（更正）、变更、注销登记，一经登记机关作出，也具有非经变更、撤销或宣告无效而发生强制性法律效果的既定效力。再如撤销登记、宣告登记无效等纠正性、救济性商事登记行为，也同样具既定效力。既定力是公法行为的显著特征，说明商事登记行为具公法性。

6. 商事登记的监督

商事登记的监督包括对登记当事人、申请人的监督和对登记机关的监督两个方面，就对登记当事人、申请人的监督而言，主要针对的是商事登记过程中的虚假、欺诈、错误、瑕疵或遗漏登记；其监督动因主要为相对第三人、利害关系人的举报或登记机关依职权而进行的例行、临时抽检；监督形式或因举报而被动进行，或因登记机关依职权而主动实施；但无论选择哪种监督形式，以什么样的方式提起，其监督机关均为具有公法或准公法地位的原登记机关或其他具有监督职责的上级登记机关。至于对登记机关的监督，该监督的主要对象或事项为登记机关以怠于作为、乱作为（因疏忽大意、粗心、马虎而导致的胡乱、错误、遗漏登记等）为表征等渎职、滥权行为；监督动因是登记机关的行为给登记申请人或当事人可能造成损失；监督形式则为利益受损的登记申请人或当事人提起登记复议或登记诉讼。而无论是按照行政复议还是进入司法诉讼，商事登记监督的动因、形式、机关、程序均是公法性的。

7. 商事登记的救济

因不法、错误或瑕疵商事登记利益受损的民事主体，如要寻求法律救济，就各国立法与制度例而言，目前主要存在经举报而由登记机关撤销、起诉至法院而由法院宣告无效、通过行政诉讼责令登记机关撤销或另行作出登记行为等不同做法。而无论选择哪一救济模式，适用何种法律程序，如涉及登记机关为被诉或被请求对象，除英美法系国家或地区没有严格的民事诉讼或行政诉讼区分外，绝大多数国家或地区均以公法程序（国家赔偿）、行政诉讼或准行政诉讼对待。商事登记救济形式与程序的这一特殊性，也反映其明显的公法性。

综上，虽然商事登记所涉事务为当事人或申请人的营业事项，此种事项具有明显的私法属性；且商事登记的法律效果为确认或公示民事主体进入领域后的营业主体资格或身份、独立法人地位或其他营业事项，对特定登记当事人、申请人及营业相对第三人均具法律约束效力，而此种法律约束力对象在多数情形下也是私法性的；但是，只要登记行为是由具公法地位或准公法地位的登记机关作出，由该登记机关法律地位决定的登记目的、机关、程序、形式、效力、监督和救济等诸方面，均不可避免地具有公法属性。不同国家或地区之商事登记或由行政机关负责，或由法院管辖，或分别由行政机关或法院分工，或由具准公法机关地位的商会这一社会自治组织代为履行，均说明商事登记属性的公法性。故就现代商事登记而言，它是由公法机关或准公法机关主管或实施的，涉及营业私法事项且产生营业私法效力之公法行为。

(二)商事登记行为在我国应属行政确认范畴

1. 域外关涉商事登记法律属性的国别考察

关于商事登记的法律属性,域外的立法和学理也存有较大差异。如在德国,学者以行政行为所处理事务的内容,把其分为命令性、形成性和确认性三类行政行为。其中命令性行政行为在于"以命令或禁止令的形式"要求特定主体作出"特定行为(作为、容忍和不作为)";形成性行政行为(权利形成性行政行为)在于"建立、改变或者消灭具体的法律关系";确认性行政行为在于"确认某人的权利或者具有法律意义的资格"。〔56〕而行政许可常常被定义为"主动提出的对一个行为在以后无论是实行还是禁止承担具有约束力的庄严的义务",主要功能是"有助于澄清目前对某一法律状况存在的不确定性",即"借助许可,受益人在法律上就可以避免最终的实际决定因行政公文不合法的风险"。〔57〕在德国,诸如"工商登记或禁止"总体上属于"一系列具有共同法律特征的行政措施总和"之形成性或确认性行政行为。〔58〕

在法国,"商事及公司注册登记簿"虽"由每一个商事法院的书记室掌管,并受法院院长或者就此委任的法官监督,院长或委任法官对注册登记人与书记员之间的任何争议均有管辖权";〔59〕但涉及诸如当事人矿业权的授予、建筑许可证等决定民事当事人法律地位、权利与义务的某些商事事项,在提交登记之前应履行前置性的行政决定程序,在法国一般被称为行政处理行为(相当于行政许可行为);〔60〕而纯粹性商事登记因属法院管辖,应为司法确认范畴。

在日本,行政许可行为包括许可和认可两种形式,系指"实定法上对国民限制权利、赋课义务的行政处分以及其他与此类似的行为",既包括发给执照等特许、许可、认可、承认等行政行为,也包括与许可、认可性质类似的登记、检查、检定、指定、申报、报告等行政行为。其中不动产登记、商业登记等总体上属于事前抑制类的许可或认可行为,其目的除"事前限制"外,还在于"确保交易的安全"。〔61〕此外,以民事法律行为理论为依据,行政行为又可分为法律行为类行政行为和准法律行为类行政行为,其中准法律行为类行政行为又分为确认、公证、通知、受理等;〔62〕但行政行为总体功能上也如

---

〔56〕 [德]哈特穆特·毛雷尔:《行政法学总论》,高家伟译,法律出版社2000年版,第207页。

〔57〕 [德]罗尔夫·斯特博:《德国经济行政法》,苏颖霞、陈少康译,中国政法大学出版社1999年版,第271页。

〔58〕 参见于安:《德国行政法》,清华大学出版社1999年版,第99-100页。

〔59〕 《法国商法典》(上册),罗结珍译,北京大学出版社2015年版,第22页。

〔60〕 参见王名扬:《法国行政法》,中国政法大学出版社1997年版,第152-177页。

〔61〕 参见扬建顺:《日本行政法通论》,中国法制出版社1998年版,第409、416-420页。

〔62〕 参见[日]美浓部达吉:《日本行政法》(上卷),有斐閣1936年版,第223页;[日]田中二郎:《行政法》(上卷),弘文堂1974年版,第121页。

德国一样,被分为命令性、形成性和确认性三类,商事登记一般而言属于准法律行为性质的形成性或确认性行政行为。〔63〕

在英美法系的行政法语境中,任何私法上的"权利"均"依赖救济",行政权的存在与行使原本不是追求抽象公益,而在于实现或救济具体私权,"在许多有关控制行政的案例中同样全神贯注于救济"私权;因此,行政检察监督机制与程序设立之基础虽"是国家利益,是为了普遍的公共利益而维护法律",但在事实上,"国家必须保证公共机构、公共信托组织与慈善机构不得超越或滥用其权力或基金,必须减少公害,防止法律遭到蔑视",以"遏止这些滥用权力的行为",自然,检察长在应他人(主要为私法主体)要求的情况下签署"禁制令或宣告令或同时请求这两种救济时",其实质就是为了阻止如行政机关滥用权力违法而提起的诉讼,本质上是一种"用公法名义保护私权之诉"。〔64〕而在英文法律语境或解释框架里,具法律意义或效力的"许可"(allow, license or permit)是指"一个可以从事某种行为的、可撤销的允许;未取得该允许,从事这种行为会被视为非法";或者系指"能够证明这一允许的证书或公文";或系指一方授权另一方从事一定行为或行使一定权利;或者系指"政府机构对申请人颁发执照";等等。〔65〕

在英国,行政法中没有明确的行政行为概念,只有与之类似的公共当局行为(administrative act)或决定(acts and decisions),或者行为与命令(acts and order)等;〔66〕其范围包括诸如行政许可、行政计划、行政处罚(轻罪)、行政强制(警察权)、强制执行(蔑视法庭)、行政立法(委任立法)、行政司法(行政裁判、行政裁决)、行政程序(公开调查)、行政合同等,其中行政许可领域主要涉及规划、消防、娱乐场所、酒类销售、公共交通运输、电视收视等,商事登记一般不视为行政许可的范畴。〔67〕

在美国,《联邦行政程序法》第551节第13款规定的行政行为则包括"机关的法规、裁定、许可、制裁、救济或其相等的行为;以及对它们的拒绝或不行为的全部或一部分";而其中的"许可证"则包括一般许可证和审批许可证两类,如第551节第8款所列一般许可证行为包括"机关给予的执照、证书、批准、登记、特许状、成员资格、法定豁免或其他形式的许可的全部或一部";而审批许可证则包括"机关对许可证的允许、延长、

---

〔63〕 参见[日]盐野宏:《行政法》,杨建顺译,法律出版社1999年版,第83-89页。

〔64〕 参见[英]威廉·韦德:《行政法》,徐炳等译,中国大百科全书出版社1997年版,第233、257-258页。

〔65〕 参见 Bryan A. Garner, *Black's Law Dictionary*, St. Paul: West, a Thomson Business, 2004, p. 84, 938-939, 1176;薛波主编:《元照英美法词典》,法律出版社2003年版,第62、846、1046页。

〔66〕 See A. W. Bradley, K. D. Ewing, *Constitutional and Administrative Law*, Longman (an imprint of Pearson Education), 2003, p. 728; Sir William Wade, Christopher Forsyth, *Administrative Law* 8th, edn. Oxford University Press, 2000, p. 33, 36.

〔67〕 参见张越编著:《英国行政法》,中国政法大学出版社2004年版,第470-489页。

拒绝、撤销、暂停、废除、撤回、修改、变更、附加条件等行为”。[68]足见，就一般情形而言，美国行政许可的范围比较广泛，包括如允许（permit）、资格证明（certification）、特许（franchise）、执照颁发（license）等多种形式，[69]许多本属于行政确认的行政登记类行为被纳入行政许可的范围。

域外国家或地区商事登记的行为属性之所以会出现很大差异，根本原因在于其商事登记机关（或法院，或行政机关，或法院或行政机关，或民间商会）存在明显不同。原于商事登记及与行政机关的分工不同，因此商事登记的法律属性，以及商事登记究竟是行政许可或行政确认，还是其他公法行为或行政行为，自然就不能一概而论。

2. 我国有关商事登记归属行政行为类型的诸学说

在我国，商事登记是由具行政机关性质的市场监管部门下属登记机构负责主管、受理、审查和完成的，故商事登记行为在我国归属于行政行为应无疑义。但作为行政行为的商事登记，究竟应属于哪类行政行为，学界、业界则见仁见智，其中行政许可论、行政确认论、折中行为论、独立行为论最具代表性。（1）行政许可论。该论认为商事登记系国家行政机关对登记当事人或申请人营业上的许可和从事一定行为权能上的授予，属广义行政许可范畴。[70]在立法上，2003 年《行政许可法》起草、审议过程中，有关行政许可的范围或分类虽存有争议，但无论立法草案，还是全国人大常委会随后的审议，直至 2003 年《行政许可法》的正式条文，商事登记等行政登记事项被列于行政许可范畴，似乎在行政、立法层有一定共识；[71]最终，在通过的 2003 年《行政许可法》中，属于商事登记范畴的“企业或者其他组织的设立等，需要确定主体资格的事项”被列于第 12 条第 5 项，作为可以设定行政许可的事项。实务上，企业、公司、合伙、个体户等工商登记，作为市场主体监督管理制度，更是长期被登记主管机关以行政许可的方式对

---

〔68〕 美国《联邦行政程序法》第 551 节。转引自王名扬：《美国行政法》（下），中国法制出版社 2005 年版，第 1100 - 1101 页。

〔69〕 参见张春生、李飞主编：《中华人民共和国行政许可法释义》，法律出版社 2003 年版，第 10、368 - 369 页。

〔70〕 参见崔卓兰、吕艳辉：《行政许可的学理分析》，载《吉林大学社会科学学报》2004 年第 1 期；张步洪：《第十五章行政许可》，载应松年主编：《当代中国行政法》，中国方正出版社 2005 年版，第 694 - 696 页。

〔71〕 参见杨景宇：《关于〈中华人民共和国行政许可法（草案）〉的说明——2002 年 8 月 23 日在第九届全国人民代表大会常务委员会第二十九次会议上》，载《中华人民共和国全国人民代表大会常务委员会公报》2003 年第 5 期；乔晓阳：《全国人大法律委员会关于〈中华人民共和国行政许可法（草案）〉审议结果的报告——2003 年 8 月 22 日在第十届全国人民代表大会常务委员会第四次会议上》，载《中华人民共和国全国人民代表大会常务委员会公报》2003 年第 5 期。

待。[72] (2)行政确认论。该论认为商事登记行为不应归于行政许可行为,而应属于行政确认行为的范畴。[73] (3)折中行为论。该论基于商事登记兼具公私法双重属性以及行政行为复合性特征,认为商事登记行为既具行政许可属性,也有行政确认特征。[74] (4)独立行为论。该论认为行政登记应属于确权类或备案类的独立行政行为。[75] 在众多学说与观点中,又因商事登记总体属行政登记范畴,而引发行政登记属性之争。

3. 作为商事登记上位概念之行政登记的法律属性

在我国,商事登记总体属于行政登记范畴。行政登记为"行政机关对正在进行的某种活动或希望进行某种活动的相对人依法予以书面记载的活动",[76] 系指"行政机关依法对主体资格、行为状态、法律关系以及其他有关事项进行审核、确认、记载以赋予其权利或宣示其效力的行为"。[77] 虽然如此,但对行政登记的性质与归类,学界、业界的解读和主张尚有明显分歧,除部分学者持行政登记独立行为论,认为行政登记是与行政许可、行政确认、行政处罚、行政裁决等相互独立的一类行政行为外,[78] 多数学者对行政登记属于独立类行政行为持否认态度,代表性观点如行政登记许可论[79]、行政登记确认论[80]、行政登记二元论(分属于行政许可或行政确认;或者有些属于行政许可,有些属于行政确认;或者可分为许可类登记和非许可类登记等)、[81] 行政登记多

---

[72] 参见本书编写组编:《工商行政许可实务》,中国民主法制出版社 2005 年版,第 1－58 页;方惠萍主编:《企业登记理论与实务》,中国工商出版社 2007 年版,第 12 页;吕凯峰:《工商行政管理前沿法律问题研究》,中国政法大学出版社 2015 年版,第 22 页。

[73] 参见王远明、唐英:《公司登记效力探讨》,载《中国法学》2003 年第 2 期;石慧荣:《商业登记的制度检讨与立法展望》,载《西南民族大学学报(人文社会科学版)》2008 年第 7 期;吴长波、朱明月:《商事登记的几个基本理论问题》,载《兰州学刊》2009 年第 11 期;叶林:《商业登记法的基本问题》,载《扬州大学学报(人文社会科学版)》2011 年第 2 期。

[74] 参见尹秀超、王立争、吴春岐:《公司登记》,知识产权出版社 2008 年版,第 39 页;广东省工商局外资处:《商事登记立法中的效力问题探讨》,载《中国工商管理研究》2009 年第 1 期;郑文科、陈季修:《工商行政管理法律体系研究》,中国人民大学出版社 2009 年版,第 35－36 页;冯翔:《商事登记效力研究》,法律出版社 2014 年版,第 28－29 页。

[75] 参见霍振宇:《论行政登记的性质》,载《北京科技大学学报(社会科学版)》2008 年第 4 期;朱最新、刘云甫:《行政备案制度研究》,知识产权出版社 2012 年版,第 6－25 页。

[76] 马怀德:《行政许可》,中国政法大学出版社 1994 年版,第 7 页。

[77] 胡建淼:《行政法学》,法律出版社 2010 年版,第 248 页。

[78] 参见王岩:《行政登记法律属性研究》,载《知识经济》2008 年第 7 期;王妍:《商事登记中行政权力定位的理论思考》,载《北方法学》2009 年第 2 期。

[79] 参见司坡森:《试论我国行政登记制度及其立法完善》,载《政法论坛》2003 年第 5 期;张步洪:《第十五章　行政许可》,载应松年主编:《当代中国行政法》,中国方正出版社 2005 年版。

[80] 参见王妍:《公司登记行政许可性质的法理探究》,载《法学论坛》2009 年第 3 期。

[81] 参见李昕:《论我国行政登记的类型与制度完善》,载《行政法学研究》2007 年第 4 期。

元论(应视不同类型而分属于不同类行政行为范畴)[82]、行政登记备案论[83]、行政登记不予定义论等;[84]而在众多的学说与观点中,又以行政登记究竟属于行政许可还是归类行政确认,争议最大。

尽管行政许可与行政确认之间存在复杂的关联性与交叉性,但学界与业界已形成的基本共识是,行政确认与行政许可作为两类完全不同的行政行为,其区别和界限又是十分显著的。[85]

(1)前提条件不同。行政许可的前提是国家基于公共利益和公共秩序对某一事项的先前限制或禁止,属于行政审批的范畴,未经许可而从事许可范围的事项属违法行为;而行政确认的前提,系国家对当事人、行政相对人或申请人从事某一行为,获得某一资格,拥有某一权利的开放、支持或鼓励,本身不存在禁止或限制问题。

(2)针对对象不同。行政许可是针对不具有某种资格、某种权利或不能从事某一行为的申请人或相对人,申请人对待申请事项存在法律或行政法规的设限或禁止;而行政确认是对相对人或申请人已有资格、权利、事实或行为进行承认、认定或否认,所针对的是相对人或申请人应有或既有资格、权利、事实或行为。

(3)启动方式不同。行政许可为典型的因申请而为的行政行为,其启动方式只能是相对人或代理人的申请,没有当事人或相对人的申请,行政主体不主动依职权实施行政许可;而行政确认尽管在多数情况下也是根据当事人或行政相对人的申请而启动,但在某些特殊情况下,行政主体也可依职权而作出。

(4)行为张性不同。行政许可的事项、资格只适用于经申请且获得许可证照的民事主体,带有明显封闭性,某些特许事项还具有排他性;而行政确认则普遍地适用于一切应有或既有资格、权利、事实或行为的私法主体,本身具有开放性和非排他性。

(5)程序宽严不同。行政许可因涉及法律的解禁或放开限制,一般适用比较严格的审查程序,通常适用实质审查原则;而行政确认因审查的事项为相对人或申请人应有或既有之资格、权利、事实或行为,多数情况下适用比较宽松的审查程序,即一般情形下实行形式审查原则。

(6)法律效果不同。行政许可是准许相对人或申请人今后可拥有某种资格、享有

---

〔82〕 参见杨晓玲:《行政登记研究》,中国政法大学 2009 年博士学位论文,第 9 - 13 页;文婧:《论行政登记——基于公私法双重视域》,武汉大学 2011 年博士学位论文,第 19 - 20 页。

〔83〕 参见朱最新、刘云甫:《行政备案制度研究》,知识产权出版社 2012 年版,第 6 - 25 页。

〔84〕 参见戴涛:《行政登记侵权之诉研究》,载《行政法学研究》2001 年第 4 期;熊文钊:《现代行政法原理》,法律出版社 2000 年版,第 301 页;王克隐:《经济行政法基本论》,北京大学出版社 2004 年版,第328 页。

〔85〕 参见应松年、杨解君主编:《行政许可法的理论与制度解读》,北京大学出版社 2004 年版,第 75 - 77 页;周湘伟:《行政许可法要论》,湖南人民出版社 2005 年版,第 3 - 15 页;胡建淼:《行政法学》,法律出版社 2010 年版,第 247 - 248 页;应松年主编:《行政许可法教程》,法律出版社 2012 年版,第 7 - 11 页。

某种权利或从事某种行为，法律效果具后及性，未经许可从事许可事项范围内的行为或活动当事人要受行政处罚；而行政确认是对相对人或申请人应有或既有之资格、权利、身份、能力、事实的确定和认可，法律效果具前溯性，未经确认，只是其资格、权利、身份、能力、事实无法得到正式确认而已，所生法律后果大多为私法上的不利后果，行政机关一般不得对其作出行政处罚。

(7)制度功能不同。行政许可具有解禁、赋权、授益等特殊制度功能，许可证签发能赋予相对人或申请人以特殊的权利与资格；而行政确认则仅具确权、证明、固化等特殊制度功能，通过确认、登记、注册、认证的证书、公文，相对人或申请人应有或既有之资格、权利、身份、能力和事实得到国家公权机关的正式确认，并由此产生对抗第三人的法律效力。

(8)行为性质不同。行政许可是创设性法律行为，许可证的发放或撤销意味着创设、变更、消灭与相对人或申请人有关的某一特定法律关系；而行政确认属宣示性法律行为，行政确认文书的颁发，仅表明对相对人或申请人应有或既有资格、权利、身份、能力和事实的认定，不意味着新创设、变更、消灭与相对人或申请人有关的某一特定法律关系。

(9)行为内容不同。行政许可是一种典型的授益性行政行为，许可证的发放意味着相对人或申请人可获得某一特殊利益；而行政确认则为中立性行政行为，系对相对人应有或既有资格、权利、身份、能力、事实的认定和公示，不给相对人带来特殊权利，也不科以额外义务。

(10)行为外观不同。行政许可的外在形式为行政主体颁发的许可证书或内含许可事项的各种行政决定性文件；而行政确认的主要外在形式是各种认定书或登记证书等。

需要特别说明的是，行政登记行为因其对象、目的、功能、效力的差异，无论二分法(把其分为许可类登记与非许可类登记)，还是三分法(许可式登记、确认式登记和备案式登记)，其分别属于行政许可或行政确认，应无太大分歧，故诸如二分法中非许可类登记、三分法中的确认式登记或备案式登记，应均属行政确认范畴；而二分法中的许可类登记和三分法中的许可式登记，则毫无疑问应归类于行政许可类别。〔86〕

4. 商事登记范畴

综前所述，笔者认为，如从营业自由之价值观和营业为所有民事主体之应然、正当权利视角来分析，对于总体属行政登记范畴的商事登记，只需讨论其究竟是否属许可类或许可式登记即可。

(1)从启动的前提条件来看，商事登记不是国家基于公共利益和公共秩序对营业

---

〔86〕　参见张弘、唐爱军：《行政登记行为辨析》，载《行政与法》2006年第9期。

行为的先前限制或禁止，而恰恰是国家对投资者、经营者、交易者从事营业活动的开放、支持或鼓励，本身不存在禁止或限制问题。

(2)就所针对的对象而言，自由营业本为行政相对人或申请人的应有、正当私权利，商事登记只是登记机关对相对人或申请人应有或既有的与营业有关的资格、权利、能力、事实、行为进行确认，而非针对相对人或申请人营业资格、权利、能力、事实、行为的解禁或授予。

(3)就行为的张性来看，商事登记源于商人自治，从事营业活动本为所有民事主体之应然权利，它普遍地适用于一切有意愿和具备营业条件的私法主体，只要愿意且具备条件的民事主体，均可经登记申请并领取营业执照，商事登记本身具有开放性和非排他性。

(4)从登记程序来考察，商事登记的审查事项为登记申请人的申请条件和申请文本，适用较宽松的审查程序，实行形式审查原则，即申请材料、文本、条件的真实性由申请人负责，登记机关只负责审查申请文件的相关性、完备性和齐全性，而不审查其真实性、合法性和合理性。

(5)就法律效果来分析，既有研究只注意到登记注册、发证公告，认为登记申请人获得营业执照，特别是企业设立登记后取得企业法人资格和营业执照，就认定商事登记具有创设、授予登记申请人以商主体资格的法律效力；其实这只是表象，商事登记与一般财产(不动产)登记、婚姻登记一样，本身并不具有创设主体、权利、能力的效力。这是因为，营业自由权本属民事主体应当享有的私法权利和自由，民事主体进入营业领域取得投资者、经营者、交易者等商事主体资格并非因商事登记而获得，而是作为民事主体身份本应具有的正当权利；商事登记只是借助登记程序和登记机关的行为，使之进一步明朗化、确定化、公开化并为社会公众特别是交易相对人所广泛知晓而已。至于企业(公司)的设立登记，表面上看似乎企业是因登记而取得主体资格、法人资格、营业资格，其实企业作为主体不是登记的结果，而是企业投资者营业自由中投资方式选择自由与商事结社自由共同契合的结果，是企业发起人基于合意、契合而衍生出的新主体，只有企业发起设立行为在先，才有在后产生的商事登记行为，商事登记只是对已经发起设立之企业这一既然事实的确认和认可，而非对企业主体本身的创设。可见，商事登记不是针对登记申请人之后可拥有营业资格、享有营业权利或从事营业行为的准许，其法律效果不具有后及性；而只是对登记申请人或企业设立申请人既有营业主体、资格、权利、身份、能力、事实的确定和认可，其法律效果具有明显的前溯性。自然未经登记而从事须经登记确认的营业活动，也不必然就是非法经营活动，只是不能产生经登记确认的主体、资格、权利、身份、能力、事实所应具有的确认力、公信力和对抗力而已，所产生的不利法律后果也应是私法上的不利后果。如未经登记就以公司名义营业者，就不能产生公司设立登记确认的法律后果；营业中所生债务，应依照一般合同或侵权规则，由出资人、实际营业者、经营者、合同签字人、实际负责人承担连带清偿责任，而非适用有限责任或公司清算规则。

（6）从制度功能来探讨，商事登记本身不具有营业解禁、赋权、授益等制度功能，营业执照和企业法人资格证书的签发，只是意味着对登记申请人之营业主体、资格、权利、身份、能力、事实的确权、证明、固化，是对登记人应有的营业权能、既有的营业意愿和合格的营业条件之确认和认可。登记注册、营业执照和企业法人资格证书等登记证书、公文，只能说明登记申请人既有的营业主体、资格、权利、身份、能力和事实得到国家公权或准公权机关的正式确认，并由此产生对抗第三人的法律效力。

（7）从行为的性质来看，在多数学者看来，颁发营业执照和企业法人资格证书之商事登记行为具有创设商事主体的功能，属于创设性法律行为，意味着创设、变更、消灭与登记申请人有关的特定营业关系；殊不知，这恰恰是登记行为外观所掩盖的内在逻辑与事实真相。这是因为，在实际营业活动中，营业关系的产生、变更和消灭，特别是作为商事主体的企业之设立、变更和终止，原本不是商事登记的结果，而是享有营业自由权的民事主体本身有效行使自己权能或者基于商事结社自由而联合发起契合的结果，商事登记只不过是对此权能行使和自由结社的确认和宣示而已。至于个体工商户的开业登记，该自然人个体之私法主体地位、资格与身份原本就已先前存在；个体工商户登记的完成，并非创设一个完全独立于原自然人个体或家庭的新型私法主体，而只是通过登记确认该自然人个体或家庭的商事主体身份；质言之，该开业登记只是起到把一般民事主体身份的自然人转换为具商事主体身份的个体工商户（学理上的商自然人或商个人）之法律确认效应。足见，无论是商事登记中的企业登记，还是个体工商户登记，抑或其他营业事项登记，均不属于创设性法律行为，而应属于确认性或宣示性法律行为。

（8）就行为的内容来看，商事登记只是对登记申请的自由营业权能、投资经营意愿、商事结社事实的确认和公示，本身并不能给登记申请人和利益关联人带来特殊或额外利益，不具有授益性行政行为的特点，比较符合中立性行政行为的特征。

基于以上分析，不难看出，作为行政登记重要组成部分之商事登记，更符合行政确认的诸多特点，也较少接近行政许可的主要特质；据此，商事登记应总体归属于行政确认行为的范畴，这从以下公司设立登记属性的分析中，能得到更清楚和更透彻的诠释。

三、商事登记的行政确认属性

公司设立登记性质，应从公司成立的目的与公司登记机关的角色行为这一对应视角来分析。

（一）从公司成立的目的看公司设立登记的行政确认属性

从原生态意义上的营业和作为自由权利的营业这一层面来考察，国民自由营业本为其最基本的权利，反映到商事领域，民事主体自由处分其财产进入商事领域，从事以营利为目的之营业活动，乃其基本的自由和最基础的权利。[87]以民事主体身份出现的出资人除可自由处分其财产进入营业领域，享有投资自由外，还享有以独资、合伙、合股等不同经营形式的自由选择权；更为了合作和分散经营风险，成就更大的营利事业，还享有与其他出资人联合出资、发起设立企业的商事结社权。

发起、设立公司应为出资人行使营业自由权与商事结社权的具体表现，公司设立与有效成立，原本就是出资人之间相互契合与结社的产物，如从营业自由、契约自由的角度来考量，只要作为出资人的发起人或设立人就公司设立中的出资、章程、主业、经营、管理等重要营业事项达成一致，即基于共同目的对发起设立公司形成合意，公司就事实上得以成立。就公司等商社的设立和存在而言，公司原本不需要登记。

起初，为对外宣示其正式成立，更为了向交易第三人公示其商誉并借以招揽商机和拓展市场，往往公司在正式开业时通过一定的仪式（如开业庆典）以昭示其成立、开业。可以这样说，这些仪式就类似于现在公司登记的公告、公示，其法律意义除公示公司正式成立和开业外，也包含着创办人或发起人借以宣示正式开业、公示营业信息、展示营业实力、招揽顾客生意之功能。更由于在古时和中世纪，营业尚处在初级和极不发达阶段，从事营利活动只是极少数商人、手工业阶层等少数人或小范围内的事情，国家和社会也没有必要对其营业活动通过登记等形式进行监督、管理和控制。[88]只是后来因为有了行会等外在力量的产生与介入，[89]如公司等商事营业团体才需要履行必要的登记手续；至近代，因为国家对营业利益的争夺和对经济领域干预的强化，商事登记之权也就收归国家专门机关。

但即便如此，决定公司设立、发起并有效成立的能动因素还是公司的出资人，没有公司出资人之发起、合意、合资、出资、契合等一系列行为，无论国家机关如何放任、宽容和鼓励，也不会有公司设立之举动，更不会有公司成立之事实。对公司之原始出资人和发起人而已，其所以要办理公司登记，一则原于国家法律规定和公司登记管理之权被国家所掌控，公司不进行登记就无法获得国家法律的正式承认和有效保护；二则晚近以来，在公司设立普及和营业相当发达的情况下，公司发起人借助国家机关的公共平台，通过公司登记可更为有效地公示营业信息，扩大商业影响；三则通过公司登记，使公司在设立过程中由公司原始出资人和发起人形成的合作或合资之合意得到具有更大权威、更高公信力、更具稳定性之公共权力机关的确认和认可，并使公司成立前由公司当事人所安排的各种制度、权利和利益格局能固化、稳定下来，从而得到公权机

〔87〕 参见肖海军：《营业权论》，法律出版社 2007 年版，第 41 - 59 页。

〔88〕 参见［美］汤普逊：《中世纪经济社会史》（下册），耿淡如译，商务印书馆 1997 年版，第 161 - 207 页。

〔89〕 参见［美］哈罗德 · J. 伯尔曼：《法律与革命》，高鸿钧等译，中国大百科全书出版社 1993 年版，第 473 - 488 页。

关的有效维护。如果说后两者反映公司登记对公司原始出资人和发起人的真正意图，对他们来说，公司登记的实质意义就在于确认其公司成立合意的存在并公示其营业信息，以期拓展营业、招揽生意。仅就公司原始出资人和发起人的法律意义而言，由国家特定机关办理的公司登记与公司产生初始时期创办人所举行开业庆典之类的某些仪式并没有什么本质的不同，其性质无非就是在公司当事人合意形成之后，外添一个确认、宣示的仪式而已；〔90〕如从法律行为的性质来定性，商事登记就是一种使某一民事行为更为有效、更为确定的要式法律行为。

（二）从公司登记机关的角色行为看公司设立登记的行政确认属性

就公司登记机关的角色及行为本身的实质内容、行为要素和法律效力来说，自从商事登记之权由民间转移至国家之后，国家凭其更大权威、更多资源、更高公信力和更具强制保证力，使公司等商事登记更具权威性、确定性、公信力、强制力，但国家行使公司登记等商事登记之权责并没有改变登记本身的法律性质和制度功能。

就公司登记行为的启动来看，公司登记行为的实施原于当事人的申请，属因申请而为的行政行为，具有明显的被动性。

就公司登记的内容来看，公司登记机关只是对公司原始出资人和发起人已经形成合意的公司名称、成员、章程、资本结构、出资比例、营业事项、公司机构、公司代表等重要事项和营业信息予以确认而已，公司登记机关不得也不可对公司当事人合意之外的其他事项进行任何添加，也不得随意改变由公司原始出资人和发起人经合意形成的诸营业事项，登记机关只能就申请人所申请的事项行使记载、注册、确定、认可、公示之权，而无许可事项的自由裁量权，属典型的羁束性行政行为。

就公司登记的行为要素来看，登记机关所要做的是对公司登记申请人所申请的事项和提交的有关申请文件是否符合法律规定公司创设之必要条件进行审查。尽管有关公司登记审查，各国尚存在实质审查与形式审查之不同制度范式，但无论选择哪一种审查范式，其审查的对象均是针对公司登记申请文件，只是在审查方式上，实质审查更注重登记申请文件内容的真实性、合法性、合理性，而形式审查则更关注登记申请文件形式的相关性、齐全性、完备性而已；但在登记审查的过程中，公司登记机关均是对申请事项和申请文件所载事实的确认或认定，不存在对其资格、权利的特别授予问题。可见，公司登记审查的核心只是对公司登记申请事项的确定和认可，而不是解禁、除限、赋权或授益问题。

就公司登记行为的具体形式来看，公司登记行为是通过受理、审查、登记、注册、发证、公告等一系列具体行为来实施和完成，其中受理、审查、注册、公告均是针对公

〔90〕 参见杨遂全：《民商事登记改革与法定公证》，载《法学研究》2006 年第 2 期。

司申请事项本身所作的确定和认可之举,公司登记机关的工作是把申请文本转换成为公司登记的正式公文,这种文本形式之间的转换所体现的是公司登记机关对公司登记申请人及公司原始出资人、发起人合意的确认和尊重。而具争议的只是公司登记机关的发证行为,因为所发证件中的营业执照、法人资格证书等确有附载主体、权利、能力、行为等资格性要素宣示的功能,这些资格性元素因为是公司登记机关颁发的证照所载,而被当然看成是公司登记机关所赋所授,这也是持行政许可论者强调的核心事实与主要原由。殊不知,发证行为所呈现的只是表象而非实质。这是因为,就许可行为与确认行为的主旨来看,许可行为的基本前提是对普遍行为的限制或禁止,许可行为的作出意味着对某一受限或遭禁之主体及权利的恢复;而行政确认的基本前提是法律对普遍行为的鼓励或提倡,行政确认行为的作出在于对某一具备条件的主体或行为的一种认定和宣示,两者的价值取向、制度功能完全不同。就公司登记行为而言,其基本的政策前提是国家和法律对民事主体设立公司进而追求营利或创造财富的鼓励、提倡、支持和保护。公司登记申请人基于国家政策和法律的规定,通过自主的设立行为,认为已经达到创设公司的基本条件而提出设立申请,公司登记机关经审查如认为符合条件,就予以登记注册并发给营业执照等证件,营业执照等证件恰恰是其经审查后对登记申请文本与法律规定条件相符的一种基本判断并以公文形式给予正式认定。对于这一点,我国《公司法》第 6 条的规定已是再清楚不过了。

就公司登记的法律效力来看,从域外的法律规定与公司登记实践经验来看,以法、德为代表的大陆法系国家,从登记成立要件主义出发,把公司设立登记规定为公司成立标志的法定程序和有效条件,如《德国有限责任公司法》第 11 条和《德国股份法》第 29、38、41 条,均确认公司未经登记不为成立的原则;[91]《法国商事公司法》第 5 条第 1 款和《法国商法典》第 L210 - 6 条规定,商事公司自其在“商业及公司登记簿”上注册登记之日即享有法人资格。[92]与之相对应的是,英、美等国家对有关公司登记的效力则持登记对抗主义,公司登记行为只是一个具确权意义的具体行政行为,其目的在于公示已经成立公司的各种营业信息,效力仅在于对抗知情的第三人。[93]日本的公司登记原采公司登记对抗主义,[94]如《日本商法典》第 12 条规定,公司等“应登记的事项,非

〔91〕 参见《德国商事公司法》,胡晓静、杨代雄译,法律出版社 2014 年版,第 31、75、81 - 83 页。

〔92〕 参见《法国商法典》,金邦贵译,中国法制出版社 2000 年版,第 94 页;《法国公司法典》,罗结珍译,中国法制出版社 2007 年版,第 55 - 56 页;《法国商法典》(上册),罗结珍译,北京大学出版社 2015 年版,第 204 页。

〔93〕 参见肖建民:《英国公司登记注册制度及其启示》,载《中国工商管理研究》2002 年第 2 期;王丽莎:《美国与我国公司登记制度比较借鉴》,载《晟典律师评论》2009 年第 1 期。

〔94〕 参见施天涛:《公司法论》,法律出版社 2005 年版,第 111 页。

于登记及公告后,不得以之对抗善意第三人。虽于登记及公告后,第三人因正当事由不知时,亦同”;〔95〕此外,该法第64条关于无限公司的设立登记和第188条关于股份公司的设立登记,均渗透着这一登记对抗主义的效力原则。2005年《日本公司法》颁行之后,一改原来的登记对抗主义为登记成立主义,如《日本公司法》第49条、第579条均确立股份公司和持股公司经“设立登记后成立”这一效力原则。〔96〕如从登记对抗主义的原则来看,公司登记仅仅意味着只发生公示的对抗效力,其公告确认的效力则更为显著。如从登记成立主义角度来分析,依前所述,公司登记也仅仅是公司原始出资人和发起人于公司设立合意形成后依法应予以履行的必要法定程序;也就是说,设立登记仅仅是公司正式成立的一个要式程序而已,公司登记只体现公司设立的要式性,而不能作其他解释;其未经登记,仅仅意味着发起人设立公司的合意只在其内部成立,而没有获得国家正式确和社会广泛认可而已。

此外,由于公司登记属因申请而为的行政行为,对于公司登记机关来说,受理、审查、注册、登记、发证和公告是其法定职责,凡符合条件的均应予以登记,除非公司登记申请人所提交的申请文件不齐全、不完备或其内容存在明显瑕疵,登记机关不得以其他任何理由不予登记或拖延登记。即使公司登记机关因公司登记申请人所提交的申请文件不齐全、不完备或内容存在明显瑕疵而作出不予登记的决定,也与一般意义的行政许可有很大的不同。在行政许可作出的过程中,行政机关拥有比较大的自由裁量权,而公司登记机关所作的不予登记决定不是行使自由裁量权所作出的决定,而是基于对公司登记申请文件的关联性、完备性、形式性是否符合法律规定和章程记载的公司设立基本要求而作出的判断性认定,其行为更重于对既有事实的确定和认可。

综上,无论从公司原始出资人和发起人设立公司的原始初衷来看,还是从公司登记的行为动因、内容、要素、方式、效力来分析,公司设立登记行为均更符合行政确认行为的特征。据此,我国《行政许可法》把“企业(公司)或者其他组织的设立等”登记行为列举为行政许可事项之一,是很不合适的。〔97〕商事登记作为经申请而启动的行政登记行为,本质上是国家登记机关(在我国为市场监管机构)接受登记申请人或营业当事人的申请委托,对申请人的自由营业权能、投资经营意愿、商事结社等事实经审查后进行宣示、确认、公开,其功能只是借助国家公权机关的权威力、公信力、影响力和强制力,对营业当事人或登记申请人之营业主体、资格、人格、权利、身份、能力、事实进行正式宣示、确认、公开,进而为社会公众特别是交易第三人所广泛知晓,更符合行政确认

〔95〕　参见《日本商法典》,王书江、殷建平译,中国法制出版社2000年版,第4、14、38－39页。

〔96〕　参见王保树主编:《最新日本公司法》,于敏、杨东译,法律出版社2006年版,第76、310页;《日本公司法典》,吴建斌等译,中国法制出版社2006年版,第24、285页。

〔97〕　参见肖海军:《论公司设立登记撤销制度——以〈公司法〉第199条的适用展开》,载《中国法学》2011年第2期。

的主要特征。尽管这一登记行为的完成可产生营业执照、法人资格证书等所发证件附载的主体、权利、能力、行为等资格性要素衍生功效,但也只是行政确认行为所产生的私法效果,而不是该登记本身具有的赋权授益效能,故商事登记不属于行政许可行为,而应归类于行政确认行为范畴。质言之,商事登记是由公权或准公权机关应申请而实施的,但可产生商事私法效果的确认行为,在我国直接表现为行政确认行为。

第二章　商事登记的源流考察

商事登记是营业的副产物，是营业达到一定程度、一定阶段、一定水准后，国家或社会组织介入影响营业的一种形式，总体而言，商事登记在一定意义上反映营业自由与国家管制之间的关系。从早期的营业自由放任、国家不予干预，到中世纪商人自治、行会商会管制、城市自治政府或封建领主的特许，再到近代国家（政府）的递次登场出面和公法程序意义上商事登记普遍化，商事登记总是随经济发展、营业更新、社会变迁、国家转型而不断改变其性质、内容和形式。正如拉德布鲁赫所言“没有任何领域比商法更能使人清楚地观察到经济事实是如何转化为法律关系的”。〔1〕商事登记作为商法与商事制度的重要组成部分，只有把其放在历史发展和经济变迁的大环境中加以考察，才可对其法律意义和制度功能有比较全面、系统、深入了解。

第一节　泰西商事登记的缘起源流与发展脉络

一、商事登记在西方世界的缘起

（一）古代近东地区的商业活动与商事登记的萌芽状态

通论认为，现代意义的商事登记制度肇始于古罗马的商社登记，定型于中世纪行会许可制，转型于17世纪《法国陆上商事条例》的颁行。但在此之前，特别是古罗马之前的上古时期，是否存在近似意义的商事登记制度，既有研究文献鲜有论及。

上古时期，营业主要是以商业贩卖、海外贸易、航海业等早期、传统商业形态为主，正如马克思所说：“最初的独立的、获得巨大发展的商业城市和商业民族的商业，是作为纯粹的转运贸易建立在生产民族的野蛮状态的基础上的，这些商业城市和商业民族对这些生产民族起着中介人的作用。”〔2〕现有文献资料表明，早在公元前3000年左右，北非、西亚、地中海等作为当时“旧世界的心脏”不仅有高度发达的政治文明与农耕

〔1〕［德］拉德布鲁赫：《法学导论》，米健译，法律出版社2012年版，第88页。

〔2〕［德］卡尔·马克思：《资本论》（第3卷），中共中央编译局译，人民出版社2004年版，第368页。

文明,同时也是商业、航海业、海上贸易比较发达的地区,“那些古代的近东文明,由于并肩成长,有许多共同之处,而且不仅交换商业上的货物,也相互交换思想和发明”,[3]并有商事登记制度的肇现。如公元前27世纪,埃及第三王朝末至第四王朝初就设置由重臣梅腾担任的食品仓库首席书吏和财产监督等职位,履行关于食品仓库、财产交易的监督和记录职责;[4]公元前20—17世纪,埃及中王国时期在法雍地区就出现大量的“制鞋匠”“金匠”“铜匠”“城市居民”等行业分工及管理制度;[5]至公元前15—12世纪,就出现最高执法官兼理商业事务、对外贸易、管理金融等现象。[6]虽然如此,但此时国家对商业的干预除税赋外,一般较少控制其他方面,商人之间的交往大多以契约或要式形式进行。

与埃及相比,两河流域古巴比伦王国的商业更发达,并出现诸如“塔木卡”(大商人,从事高利贷、奴隶买卖与经纪、外贸)和“沙马鲁”(小商人,一般为零售商或塔木卡的代理商)这样专职从事买卖的职业商人;[7]公元前18世纪古巴比伦王国《汉穆拉比法典》第89—126条均是关于借贷、商人贸易、交易、经营、债奴的有关规定,其中大多数与“塔木卡”(大商人)有关,而第99条还涉及有关自由民合伙的规定和对应的合伙登记制度,为现存最早的合伙文本规范;[8]但直至公元前6世纪《新巴比伦法典》,除商业贸易中商人的印章、出卖奴隶契约、合伙经营文书、地租文书、房屋出租文书、抵押证书等交易契书得到重视外,[9]商事登记涉及的领域尚十分有限。

在古罗马之前另一个对后世商法规范和商事登记产生影响的,是公元前10—1世纪的地中海东岸至西亚西北部希伯来人(后来的犹太人)的商业活动、商事理念和商法规范。希伯来人生活的地域主要为古代的巴勒斯坦地区,成员绝大部分来自美索不达美亚和埃及,特殊的迁徙经历、处地中海和西亚过渡地带的优越位置、于周围帝国夹缝中求生存的环境所使然,希伯来人逐渐形成经商、励商、益商的传统,其在商业经营形

---

[3] [美]海斯、[美]穆恩、[美]韦兰:《世界史》(上),中央民族学院研究室译,三联书店1975年版,第44-45、83页。

[4] See James Henry Breasted, *Ancient Records of Egypt, Historical Documents from the Earliest Times to the Persian Conquest* (《埃及古代文献·梅腾自传》), The University of Chicago Press, 1927。转引自林志纯主编:《世界通史资料选辑·上古部分》,商务印书馆1974年版,第1-3页。

[5] 参见周启迪主编:《世界上古史》,北京师范大学出版社2004年版,第39页。

[6] 参见何勤华、魏琼主编:《西方商法史》,北京大学出版社2007年版,第6-12页。

[7] 参见于殿利、郑殿华:《巴比伦古文化探研》,江西人民出版社1998年版,第234-240页。

[8] 参见[英]爱德华滋:《汉穆拉比法典》,沈大銈译,中国政法大学出版社2005年版,第37-40页;林志纯主编:《世界通史资料选辑·上古部分》,商务印书馆1974年版,第71页;刘家和主编:《世界上古史》,吉林人民出版社1980年版,第107-108页。

[9] See James B. Pritchard, *Ancient Near Eastern Texts, Relating to the Old Testament*, Princeton University Press, 1955. 转引自林志纯主编:《世界通史资料选辑·上古部分》,商务印书馆1974年版,第128-130页。

式、商事理念和商法规范等方面的创新，为后世留下丰富的遗产；在某种意义上讲，“世界上没有第二个民族像犹太民族那样，在现代商业体制及其运行机制方面有过如此众多的贡献。从商法到基本经济学观念，到市场运作构件，到实业组织形式，都留有犹太民族不可消除的印迹。”〔10〕古希伯来人在长期经商过程中所形成或创制的交易习惯、经商理念、商业规则和商法规范，绝大部分记载在公元前6世纪《摩西律法》和公元2—6世纪《塔木德》等经典文献中，散见于《摩西律法》《塔木德》中的这些商业规则集中地反映了古希伯来人重契约、重诚信、重合作、重规则、重形式等经商理念和商法规则，其创设的许多交易规则、经营形式和商法规范对古罗马及近现代西方商法、商事登记，均产生直接或间接的影响。

古代北非、西亚、地中海东岸、古巴勒斯坦等近东地区特别是希伯来人的经商活动、交易习惯、商业规则，以合伙为代表的各种组织型营业雏形的产生，相对独立的商人阶层的出现和因商业活动带动商业城市的兴起，这些因素在长达近3000年的酵化和积淀下逐渐形成“颇具商法规范性质的萌芽”，“虽然琐碎而不成体例，但在当时它们却深深地影响了古埃及、古巴比伦、希伯来的诸多商业活动，而且还不断地超越时代和地域，向四面八方传播，有意或无意地推动了此后古希腊、古罗马等西方商业文明的成长”。〔11〕

（二）古罗马时期商事登记的肇始

古代北非与西亚地区虽存在比较发达的商业，文献也有关于工商业管制的记载，但自然人中的自由民经商是否需要注册或办理营业执照尚无文献依据，这说明在上古时代自由民从事商业职业除须向统治者或管理者交纳捐税外，并不需要履行必要的注册或许可手续，自由民的经商自由并未受到国家限制，国家涉足的只是经商获利后末端环节的参与分配（表现为捐税）。直到古希腊时期，普遍存在所谓的营业执照税制度，即“手工业者和商人都分别交纳一种特别捐税，以取得开业的权利。营业执照税是课于营业本身的一种税，一切手工业者都要交纳这种税，甚至最卑贱的行业也不能免。”〔12〕但此营业执照与近现代意义上具营业资格确认、宣示功能的营业执照有本质的区别，它仅仅只是作为经商职业者交纳营业执照税的一种资格或凭证（税率约为货物的1%—2%），并不具有商事登记的功能意义。虽然古希腊城邦有鼓励甚至刺激经商的传统，特别是公元前443—429年经伯里克利改革之后，鼓励、支持、保护经商和贸易几乎成为雅典城邦的基本国策，而税收又成为城邦的主要收入来源，营业执照税尽管不具有商事登记的实质意义，但因商人须交纳一定的营业执照税才能取得经商、开

〔10〕　顾俊：《犹太商人》，江西人民出版社1995年版，第1－2页。

〔11〕　何勤华、魏琼主编：《西方商法史》，北京大学出版社2007年版，第1页。

〔12〕　［法］杜丹：《古代世界经济生活》，志扬译，商务印书馆1963年版，第131－132页。

业之权,国家参与商业收入分配的环节被提前至商业进入环节,这些又使古希腊雅典城邦的营业执照税设置具有初步商事注册的变相功能。

古罗马时期的手工业和商品经济极为发达,且罗马统一的国境、广阔的领土、频繁对外战争产生的大量奴隶、相对自由的商业政策,特别是奥古斯都时代奠定的"让经济生活顺其自然地发展"政策,〔13〕虽"从范围、生产和影响来说",农业的重要性要大得多,但"商业和工业在罗马帝国文明中已是重要的经济和社会现象";〔14〕而且,"在古代世界,商业的影响和商人资本的发展,总是以奴隶经济为结果",这又促成古罗马奴隶买卖和奴隶经济十分发达;另外,商业贸易与商品经济的发展又推动城市的兴起,如首都罗马、不列颠的伦丁尼(伦敦)、高卢的鲁格敦(里昂)、多瑙河地区的文都波(维也纳)、埃及的亚历山大、阿非利家的迦太基等;〔15〕"由于商业依赖城市的发展,而城市的发展也要以商业为条件","在古罗马,还在共和国的后期,商人资本已发展到古代世界前所未有的高度"。〔16〕正因如此,在古罗马,商业发展和经营普遍化,除出现经营金融、工商、运输、外贸、高利贷、行省税收代缴等业务的大商人外,还出现从事商业、手工业、金融、运输和农业的经营性组织,这种经营性组织涉及以家庭关系为纽带的家庭共同体、以契约为纽带的合伙体、以章程为纽带的商社等不同形式,〔17〕其主要类型有:(1)经营性社团组织(collegium, corpus, corporatio, societas)。〔18〕这种经营性社团组织已具有中世纪晚期企业的雏形,其中一种叫作 Negotiatio,即从事一系列连续的职业活动和行为的经营组织体;另一种称为 Taberna instructa,即业主或经营者为开展、掌握和支配经营活动之人、财、物的联合体。〔19〕这些类似企业的经营组织按其对外债务承担方式,还存在无限责任和有限责任之别。(2)各种类型的合伙经营体。虽然古罗马是否有真正的企业组织,目前学界尚有争议,但从古罗马现存法律文本和历史文献来看,"二人以互约出资,经营合法事业,共同分配损益的契约","所有为着共同目的而组织起来的团体",即合伙组织,确已大量出现;〔20〕共有合伙体(societa)的基本特征是共同出资、共同经营、共享利益、共担风险,"它产生于'家子'的早期宗亲共同体",后来又出现"农艺合伙"(politio)、"劳作合伙"(operarum)、物合伙(rerum)、"商业合伙"(socie-

---

〔13〕 参见[美]M. 罗斯托夫采夫:《罗马帝国社会经济史》(上册),马雍、厉以宁译,商务印书馆 1985 年版,第 84 页。

〔14〕 [英]霍普金斯:《征服者与奴隶》,闫瑞生译,陕西人民教育出版社 1993 年版,第 4 页。

〔15〕 参见[美]M. 罗斯托夫采夫:《罗马帝国社会经济史》(上册),马雍、厉以宁译,商务印书馆 1985 年版,第 203 - 204、286 - 289 页。

〔16〕 [德]卡尔·马克思:《资本论》(第 3 卷),中共中央编译局译,人民出版社 2004 年版,第 370 页。

〔17〕 参见江平主编:《法人制度论》,中国政法大学出版社 1994 年版,第 8 页。

〔18〕 参见[意]彼德罗·彭梵得:《罗马法教科书》,黄风译,中国政法大学出版社 2005 年版,第 39 页。

〔19〕 参见[意]阿尔多·贝杜奇:《罗马商法的若干基本原则》,黄风译,载《环球法律评论》1993 年第 4 期。

〔20〕 参见周枏:《罗马法原论》(下册),商务印书馆 1994 年版,第 742、786 页。

tas quaestuariae)、“混合合伙”(mixtae)等多种基于合意或契约而结成的合伙形式。[21](3)各种商人组成的商人社团,如商人协会、船主协会、手工业协会等。[22]

虽然罗马时代以团体、组织体名义进行商业活动比较常见,且早在《十二铜表法》之前,包括合伙、商社、商人社团等经营体在内的私人团体在罗马得到承认;[23]如《十二铜表法》第8表“伤害法”第27条就有“(准)许协会(collegium,团体)成员彼此之间有缔结契约的权利,只要他们不把它用来破坏任何涉及社会秩序的法令”的规定,[24]这说明,在共和国时期,这些私人团体只需依据自主制定的章程就可自由地设立或成立,无须取得国家、执政官的许可或登记。就手工业、商业经营而言,古罗马市场管理官员要求从商者在开业时,须挂出所谓“看板”、“贴礼”或“引礼”等牌号,以公示有关经营者、主业事项、经营范围等营业状况,[25]“牌号”制度并非严格意义上的登记,是典型意义的营业信息公示。共和国末叶,由于罗马内乱频起,团体也被用来作为政治斗争的手段,罗马第一代皇帝奥古斯都(渥大维)在平息共和国分裂和内战后,为有效防范内乱,制定了限制团体设立的《优利亚结社法》(lex julia de collegiis),规定除宗教团体外,包括商事组织、商人社团在内的其他团体均在限制甚至禁止之列,其设立须得到皇帝或元老院的许可、批准。这种许可或批准方式包括个别方式和概括方式两种,个别式是每设立一个社团均须得到皇帝的许可或批准;而概括式则是元老院规定设立社团的基本条件,凡符合规定条件即可成为合法团体。[26]

至罗马帝国时期,特别是公元1世纪以后,经济政策趋于保守,频繁的对外征战与内乱导致国家军费开支急剧上升,罗马对农业、手工业、商业的征税也越来越重、捐赋越来越高,控制也就越来越严,特别对手工业、商业的控制,从共和国时期“顺其自然”走向更严格的行政控制和许可制度;至阿德里安时期,在抑强扶弱、抑富济贫、抑豪进寒的经济改革政策下,货物跨区买卖、进出口贸易、橄榄油和鱼等日常必需品交易被帝国官员严格控制,随后所谓的派差、包税制等新型税收交纳形式的推出,包税人或包税

---

〔21〕 参见[意]彼德罗·彭梵得:《罗马法教科书》,黄风译,中国政法大学出版社2005年版,第290页。

〔22〕 参见刘家和主编:《世界上古史》,吉林人民出版社1980年版,第319页;何勤华、魏琼主编:《西方商法史》,北京大学出版社2007年版,第153页。

〔23〕 参见费安玲主编:《罗马私法学》,中国政法大学2009年版,第62页。

〔24〕 参见[苏]B. B. 斯特鲁威、[苏]M. N. 雅可夫金编:《十二铜表法》,陈筠、防微译,载《东北师范大学科学集刊》1957年第6期;《世界著名法典汉译丛书》编委会编:《十二铜表法》,法律出版社2000年版,第45页。

〔25〕 参见范健:《德国商法》,中国大百科全书出版社1993年版,第133页;任先行、周林彬:《比较商法导论》,北京大学出版社2000年版,第237页。

〔26〕 参见周枏:《罗马法原论》(上册),商务印书馆1994年版,第295页;费安玲主编:《罗马私法学》,中国政法大学2009年版,第62页。

人团体的资格取得加剧了帝国对工商业的许可式控制。[27]

古罗马虽尚未形成如后世那样完整、系统、严格的商事登记制度，但“牌号”标示制已为中世纪及近代营业信息公示开了先河；而《优利亚结社法》中团体设立的许可及实施中的个别或概括两种许可模式更影响深远，后世所谓特许或准则设立主义的商事登记原则实肇始于此。

（三）中世纪商事登记的定型

通论认为，欧洲的中世纪（middle ages）是自西罗马帝国灭亡（公元476年）到文艺复兴（公元1453年）或大航海时代（15世纪末到17世纪）这一段特殊的历史时期，如从狭义上讲，则约为公元476年至公元1453年；如从广义讲，则为公元5世纪中叶至17世纪中叶。

中世纪的欧洲，以手工制造业、航海业、对外贸易为主要业态，以地中海、波罗的海沿岸商业城市的兴起为标志，营业进入一个新的时代。（1）就经营业态而言，除商人之外，以工匠、手艺人和其他制造业为代表的手工业者兴起，是中世纪商事活动的最大特征；特别是以工场手工业为基础发展起来的新兴制造业，与以买卖、贩运、航海为核心的传统商业相比，上联供货商，下联消费者，中联工匠与学徒等原始形态的产业工人，且“相对于进口货物”的贸易业，则须有较高技术标准，也须有更受社会保障的商务制度”，[28]其对自由、稳定、持续的营商环境有了更高要求，因而也就更具创新性和革命性。以商人、工场手工业主为核心的商人阶层形成，为中世纪商事登记的出现和成型奠定了主体基础。（2）就经营形式而言，除商自然人、家庭经营依然兴盛外，海外贸易中的融资、船舶共有、手工业工场和其他经营联合体的不断发展，使组织型营业逐渐成为商业、手工业、对外贸易、海上运输中的中坚力量，早期的企业也应运而生。不仅合伙由纯粹契约演变为组织的步伐在逐步加快，而且由于扩大融资与分担风险的需要，在马克斯·韦伯看来，海上贸易、船舶共有中的合伙以及因合伙演变而形成新的康孟达（康美达，commenda）经营形式，使风险“由资本所有者负担”“利润则按比例分享”等组织性法则逐步由惯例、约定、章程直至法令等形式“固定下来”；而海上合伙及其衍生的风险共同基金等新的固定合伙形式，更使海上合伙与合伙共同基金具有事实上发展为“权利与义务的联合体——代表合伙经营商务的结果”之趋势；更由于陆上合伙的涌现和有限合伙的产生以及传统家族共同体、劳动共同体的出现和不断演化，作为共同体的合伙企业逐步从作为组成个体的合伙人中分离、独立出来，“以共同的名字（合伙字号，作者注）为共同的企业利益而签署的契约”开始出现并逐步增多，“当‘合伙企

---

〔27〕 参见［美］M.罗斯托夫采夫：《罗马帝国社会经济史》（下册），马雍、厉以宁译，商务印书馆1985年版，第498－550页。

〔28〕 ［美］泰格、［美］利维：《法律与资本主义的兴起》，纪琨译，学林出版社1996年版，第4页。

业'赢得独立存在的地位之时,'以合伙的名义'签署契约也就发展成为'使用公司的名字'签署契约——也就是,不再包含所有合伙人名字的合伙企业"开始大量涌现并成形。〔29〕可见,部分契约型合伙向组织型合伙的转型和演变实乃合伙发展的一条重要主线和轨迹,也是近代企业和现代合伙企业、公司企业形成的真正起源。无独有偶,美国学者伯尔曼在论述中世纪商业合伙向近代企业转型时也指出:"虽然合伙只是根据协议建立的,但它构成了一种可以拥有财产、订立契约、起诉和应诉的法人。合伙人被授权以合伙的名义联合行事,因而他们对合伙的债务负连带责任。"在某种意义上,"合伙人也一同构成一种社团,即,构成一种自治体、一种社会共同体,这种自治体或共同体的人格是超验的和内在的,也就是说,它既不同于其成员的人格,又与之相联系";故"12 世纪商业合伙的形式,即康美达,与近代商业公司的形式十分相像"。〔30〕组织型营业的横空出世与早期企业的形成,为中世纪商事登记目的与功能定位提供了制度基础。(3)新兴商业城市的兴起、发展与市民阶级的形成。随着商业与贸易特别是海外贸易的发展,自 8—9 世纪开始,在地中海、亚得里亚海等南欧和北海、波罗的海等西欧、北欧临海沿岸,兴起如君士坦丁堡、热那亚、那不勒斯、佛罗伦萨、威尼斯、里昂、巴塞罗那、伦敦、佛兰德尔、阿姆斯特丹、鹿特丹、海牙、汉堡等港口城市和巴黎、科隆、法兰克福等内陆商贸城市,这些城市的最早居民是商人,随后陆续迁入手工业者,加上封建农庄逃出的农奴,最终形成"由商人、匠人、自由民、学徒、律师乃至逃亡到城里的农奴"组成的城市居民共同体。〔31〕新兴商业城市的兴起与新式城市居民阶层(市民阶级)的形成,与传统的封建农庄、分散的商人社群相比,"市民阶层最不可缺少的需要就是个人自由。没有自由,那就是说没有行动、营业与销售货物的权利";"没有自由,贸易就无法进行"。〔32〕且"长期的聚居、共同的利益和共同的经验使城市居民有了一种强烈的共同意识,即要求领主承认城市为一个自治社会,在政治上要求进行自我管理,在经济上他们并不完全排斥领主的权力,愿意继续服役和纳税,但这些捐税的性质和程度应有严格的性质和确定性"。〔33〕虽然"城市居民原来所要求的,只不过是能在封建体制中享有各种平等权利而已",但是"随同对他们身份的承认而来的,却是对一种全然不同的人际关系的默许——那种关系乃是建立在买卖基础之上,因而是与封建忠诚纽带的基本理念不一致的"。自然,为维护以商人、手工业者、新兴制造业者和其他城市自由民的地域利益和商业特权,新兴的商业城市选择"颁发一份特许状,允许实行自

〔29〕参见[德]马克斯·韦伯:《中世纪商业合伙史》,陶永新译,东方出版中心 2010 年版,第 17、27、70 页。

〔30〕[美]哈罗德·J. 伯尔曼:《法律与革命——西方法律传统的形成》,高鸿钧等译,中国大百科全书出版社 1993 年版,第 431 页。

〔31〕方朝晖:《市民社会的两个传统及其在现代的汇合》,载《中国社会科学》1994 年第 5 期。

〔32〕[比]亨利·皮朗:《中世纪欧洲经济社会史》,乐文译,上海人民出版社 2001 年版,第 48 页。

〔33〕何勤华主编:《外国法制史》,法律出版社 2006 年版,第 109 页。

治,举办集市和建立市场",[34]就成为当时商业城市选择的主要自治模式。新兴商业城市的兴起、发展与市民阶级的形成,为中世纪商事登记的形成提供直接的制度需求和现成的治理模式。

由于合伙组织不断演变,船舶共有、康孟达、家族经营体等组织型经营体也随之发生变化,终于在13—15世纪,兼有无限责任和有限责任的公司社团(societas or company)得以形成且大量出现并逐渐成熟;更由于手工业行业组织、商业协会和商业城市的兴起,进而出现由商人建立或把持的城市自治政府,为维护其手工业制造和商业贸易的垄断、专营特权,一种带有资格准入、营业限制、供销配额、特权维护功能的行会许可登记制和商业准入登记制应运而生。正如恩格斯在《反杜林论》里所指出那样:"地方特权、级差关税以及各种各样的特别法令,不仅在贸易方面打击外国人和殖民地居民,而且还时常打击本国的各类国民;行会特权处处和时时都一再阻挡着工场手工业发展的道路。"[35]中世纪商事登记的类型主要有如下几种:

1. 行会、商会的许可式登记

11世纪初,欧洲行会、商会作为某一行业或内部成员的利益共同体就已成型,"尤其是手工业行会,在初期,是具有显著的民主精神的;从学徒到匠师这一条路,开放给所有合乎资格的人们";但毕竟行会、商会的主体、利益是特定的和封闭的,如此,"从开始的那一天起,行会显出了要求取得特权和封建垄断权的迫切愿望",到13—14世纪,行会、商会与城市政府一样,成为垄断营业特权的寡头性组织。[36]为维持具有营业垄断特权的行业、成员利益,行会、商会在13世纪开始,就盛行许可制与会员登记制,到15世纪以后,此制进一步演化为防范外部资本和竞争对手营业进入、具有行业与部门垄断性质、起经济阻碍作用的许可登记制。在中世纪,任何手工业者、商人如要从事手工业制造和商业贸易,均须取得特定行会、商会的许可并办理登记,没有取得行会、商会的许可和登记,不仅不得进入该行业内从事经营,且其需要的原材料无法通过市场获得,所生产的产品、贩运的商品也不能如期销售出去。行会作为垄断性经济组织,其法令和规章包括的内容和范围十分广泛,诸如"学徒身份和成员身份的条件、工作日与假日的日程表、工作质量标准、最低限度的价格、商店之间的距离、有关行会内部限制竞争和平等交易的售卖条件、禁止赊卖(行会内部除外)、限制进口、限制移民以及其他保护主义的措施"等,[37]几乎包括营业中的各种要素和事项。如公元前13世纪"巴黎羊毛织工行会章程"第1、2条规定,"如果没有从国王购得手工业执照,任何人不得在

---

〔34〕[美]泰格、[美]利维:《法律与资本主义的兴起》,纪琨译,学林出版社1996年版,第108页。

〔35〕《马克思恩格斯选集》(第3卷),中共中央编译局译,人民出版社2012年版,第483页。

〔36〕参见[美]汤普逊:《中世纪经济社会史》(下册),耿淡如译,商务印书馆1963年版,第438-439页。

〔37〕参见[美]哈罗德·J.伯尔曼:《法律与革命———西方法律传统的形成》,高鸿钧等译,中国大百科全书出版社1993年版,第474页。

巴黎做羊毛织工。凡从国王购得执照者可以国王的名义，出售这种执照，讨价高低，悉听其便”；“如果自己没有从事手工业的本领，如果又不是匠师的儿子，任何羊毛织工及任何其他人，在巴黎地方的界限内，不得拥有作坊”。手工业者经行会登记、注册后，可取得、使用、标示行会专有印签或印章的特权，如公元1345年《法兰克福呢绒业行会章程》第5、6条规定，“凡是不属于我们行会的和不住在本城内的人，不得适用盖在呢绒上的印章”；“任何人曾被控诉而未曾恢复名誉者，不得留在我们行会之内”。又如1454年《律贝克皮革匠章程》中规定“匠师在整个一年中所硝老牛皮，不得超过四百一十五张，小牛皮不得超过五百二十张，山羊皮不得超过三百张。凡违犯这项规则者，每张应付三个银马克罚款”；又“新加入行会的独身者，有权在第一年中每周硝老牛皮三张，小牛皮五张，以及不超过四百张山羊皮”。再如14世纪英国《林城圣三一商人公会规章》和《骚桑普吞商人行会规章》均有这样的规定，“非商人基尔特（商人公会）会员或本城市民”，皆不得在本城内“购买任何物件再以之在本城出售”；“除基尔特会员以外，任何人皆不得购买蜜蜂、油脂、腌青鱼、磨石、生革、生皮，或任何种类之油，亦不得开设酒馆。除在集市或庙会时，亦不得零售布匹。除基尔特会员外，任何人俱不得以零售为目的在其谷仓中储存五夸特以上之谷物。违犯此项禁令者，一经查明属实，应即没收其货物归于国王”。〔38〕除此之外，行会、商会为强化对内部业主和成员的管理，加强对外的商务联系，建立手工工场业主、商人成员的内部信息登记簿册，就成为当时各种行会、商会竞相效仿的时尚，这些团体性登记簿册主要记载内容包括手工工场业主或商人身份、商业标记、商人名称、营业牌照、商业代理人、学徒数量与姓名等事项，这种类似于行会、商会内部成员花名册性质的登记簿册，其实质就是对从事商业、手工业者基本营业信息的记载和确认，开了近现代商事登记簿册记载、反映、确认、公示商事主体营业信息之先河。〔39〕

2. 城市自治政府设立的营业登记

如据君士坦丁堡《市政录》记载，该市设有专门的城市总监，负责对诸如公证人、钱兑商、金银匠、丝绸商等20多个工商业行会组织的管理，并建立对应的营业执照监督官员；又如13世纪法国香槟市的集市贸易，就实行“布市集”交易的执照、印章登记管理制度，依靠香槟伯爵的行政机关进行管理，凡参与集市交易者，须进行登记并领取执照，取得执照或登记者，就可在有关契约、货物、结算单、账目上加盖经许可登记的各种印章或集市印章；〔40〕再如在公元11—12世纪伦巴、喀姆布莱、第南特城、圣奥麦城、威

〔38〕郭守田主编：《世界通史资料选辑·中古部分》，商务印书馆1974年版，第135－150页；法学教材编辑部《外国法制史》编写组：《外国法制史资料选编》（上），北京大学出版社1982年版，第218－234页。

〔39〕参见范健：《德国商法：传统框架与新规则》，法律出版社2003年版，第36页；王妍：《商事登记中公权定位与私权保护问题研究》，法律出版社2011年版，第3页。

〔40〕参见［美］汤普逊：《中世纪经济社会史》（下册），耿淡如译，商务印书馆1963年版，第195－196页。

尼斯、热那亚、塞亚那、米兰、里昂、汉堡等以“纯粹的、真正的商人”为主体的商业城市里，城市治安是“某上一级公共权力赐给的特许状”所认可的，由于“商业利益和势力已占着至高无上的地位，因而所给予的特权，几乎完全是属于商业性质的”；这种商业“特许状”又分为“地方性的商人”所组成的“坐商”和来自其他商业城市商人组成的“候鸟”两种。〔41〕公元13世纪以后，城市自治进一步朝着商业垄断利益同盟方向发展，从13—14世纪德意志的城市同盟，直至13—15世纪，以德意志北部的科隆、汉堡、不来梅、律贝克和瑞典的维斯比等城市为中心发展起来的汉萨同盟，形成“东起诺夫哥罗德，西至伦敦、布鲁日，其南北轴线则从科隆延伸到卑尔根”，鼎盛时期“包括了德意志北部、条顿骑士团国家各省份、俄国北部、芬兰、斯堪的纳维亚各王国、丹麦、佛德兰和尼德兰以及英国”等广大地域和70—80个城市的庞大商业利益共同体。〔42〕汉萨同盟对内以条约形式维护着入盟城市的垄断性商业利益，入盟城市则通过许可证、特许令建立严格的贸易壁垒，限制未取得许可证、特许令的商人、手工业者进入特定行业或贸易领域；对外汉萨同盟则不惜通过禁运甚至战争，长期控制着欧洲北部地区的贸易，它通过对挪威实施贸易封锁(1284年)、对佛兰德尔进行禁运(1360年)、对丹麦诉诸战争(1370年)，不惜一切手段在北海地区建立商业霸权，维护其垄断利益。

3. 封建国王或领主颁发的特许令

中世纪，封建国王和领主为控制商业和手工业，更重要的是为攫取营业所得、分配商业利润，防范商人、手工业者威胁其统治，对商人、手工业者的控制即通过特许令的方式进行。封建国王颁发特许令的方式，主要有如下两种：一是国王向行会、商人公会、城市自治政府颁发“特许状”，赋予被特许的行会、商人公会、城市自治政府在经商、纠纷解决、对外贸易、行政管理方面的特权，这种情况主要发生在中世纪中期。〔43〕如早在盎格鲁－撒克逊时期，英国就有一部分城市通过以缴纳贸易税(toll)为条件，申请国王颁发特许状以取得商业贸易自治权和国王对商业贸易的特别保护权。〔44〕二是国王直接向商人、工场手工业主颁发具有开业资格、营业执照和垄断经营特权的特许令，这种情况主要发生在晚期，如公元1236年英国国王亨利三世授予波尔多市一位商人15年期限的色布、染布垄断经营权，其他任何人均不许再制作同样的色布、染布，这种通

〔41〕　参见[美]汤普逊：《中世纪经济社会史》(下册)，耿淡如译，商务印书馆1963年版，第422－425页。

〔42〕　参见[美]詹姆斯・W. 汤普逊：《中世纪晚期欧洲经济社会史》，徐家玲等译，商务印书馆1992年版，第198－217页。

〔43〕　参见[美]哈罗德・J. 伯尔曼：《法律与革命——西方法律传统的形成》，高鸿钧等译，中国大百科全书出版社1993年版，第441－472页；黄春高：《精粹世界史——西欧封建社会》，中国青年出版社1999年版，第302－305页。

〔44〕　参见程汉大：《中世纪英国法院制度的演变》，载范忠信、陈景良主编：《中西法律传统》(第7卷)，北京大学出版社2009年版，第442－443页。

过颁发特许令，授给某一手工业工场或商人以某一行业领域、地区的垄断专营权，即为最早的专利权。[45]特别是14—15世纪，以荷兰、英国、法国、德国、西班牙为代表的公司设立许可制，设立公司特别是海外殖民公司，均须取得国王颁发的特许令，如著名的英国莫斯科公司（1554年）、东方公司（1579年）、勒凡特公司（1581年）、几内亚公司（1588年）、东印度公司（1600年）、非洲公司（1680年）；荷兰的东印度公司（1602年）、西印度公司（1621年）；法国的东西印度公司（1664年）；德国的布兰登堡非洲公司（1682年）等，[46]均为典型的封建国王特许设立的海外殖民公司。

中世纪商业、手工业的行会许可与封建特许制所形成的内部成员簿册登记制、行业许可制、城市自治许可与管理制、早期的公司特许设立制等，为近现代商事主体登记注册制、许可设立、特许设立等新型商事登记模式的建立，形成了有效习惯，奠定了制度基础，积累了丰富经验。

（四）近代商事登记制度的转型

在中世纪，以封建国王为代表的国家（政府）虽然以颁发特许令的方式开始对处私法、民间领域的商业、手工业活动进行有效的控制和干预，但封建国家的这种控制和干预，特别是在商事登记领域，无论是广度还是深度，依然十分有限。具商事登记雏形的商会簿册、行会许可、城市政府的特许均是以商人、手工业者主导的民间组织、自治组织、行会组织、商会组织来完成，故总体而言，中世纪已具雏形的商事登记主要还属商人自治的领地，有关商事登记规范属于典型的商人法范畴。[47]但自15世纪开始，随着文艺复兴运动与新航道开辟，文艺复兴运动、新的思想解放、公民权利观念的觉醒使得以新式商人、制造业者为主体的新兴资产阶级，充分认识到营业并非某一阶层、某一行业、某一地域的商业或垄断特权，而是人人应享有的"天赋人权"；而新航道开辟、地理大发现、随之而来的西方国家海外殖民，海外殖民掠夺与垄断性海外贸易，有效地充实了欧洲特别是西欧各封建王国的国库，彻底改变了中世纪欧洲封建王室的颓废、软弱态势，财富充实、军备强化的同时也加速欧洲封建国家的统一化进程；反之，统一后的封建国家就有了更为强势的力量来介入、干预、涉足原本处于商人自治领域的商事登记。基于这两个方面的原因，自17世纪末，在新兴资产阶级的不断抗争和封建国家的强力干预下，以商人自治性登记为主导的中世纪商事许可式登记逐渐转型为以国家（政府）为主导的近现代商事注册式登记。

---

〔45〕 专利最早即为商业上的垄断专有经营权，是一种典型的商业特权，后来才发展为具有知识性质的专利权。但专利权的核心仍是发明等知识创新成果在商业上生产、制造、销售之专有、排他性权利。参见汤宗舜编著：《专利权教程》，法律出版社1988年版，第4页。

〔46〕 参见朱寰主编：《世界中古史》，吉林人民出版社1981年版，第501页。

〔47〕 参见郑远民：《现代商人法研究》，法律出版社2001年版，第23-28页。

二、商事登记制度模式在西方的近代转型与源流考察

（一）商事登记制度在西方近代转型的基本条件及具体历程

1. 新兴阶层营业权利观念的觉醒

在中世纪，商人、手工业者想要取得经商、制造的资格与权利，就须取得行会、商人公会、城市自治政府或封建国王的许可或特许，故对处在行会、商人公会或城市商业同盟保护之下的工场主、商人来说，他们无疑享有经营特权和商业垄断权，而处在之外的其他主体，非但不能享有这一资格和权利，即其经营、经商、营造之权受到限制和禁止，而且还要承受拥有特权的商人、工场主、城市自治政府、贸易同盟、封建领主的任意盘剥。

但是，随着社会发展、人口迁徙、经济增长、贸易扩张，新生力量在利益驱动下，势必要突破传统行会、商人公会、城市自治政府或封建国王许可或特许制度的各种限制、禁锢，加入营业阵营中来，自然就会形成新兴经济力量与传统特权垄断利益格局之间的矛盾。矛盾的双方，作为新兴经济力量主要包括新兴商人、新生手工业或制造业者、企图独立开业的学徒、城市无业贫民或游民、逃亡到城市的农奴、外国人或外邦人等；而对阵的一方，则包括被行会、商人公会、城市自治政府或封建国王许可或特许制度保护或荫庇的既有大商人、工场主、城市自治政府、贸易同盟、封建领主。为此就必然产生以新兴商人、制造业者为主力的新兴产业阶级与传统行会、商会既得利益集团之间的激烈斗争，斗争的焦点就是废除限制自由营业和自由竞争而维护经营特权、商业垄断利益的行会、商会许可制或封建国王特许制度。由于“行会特权处处和时时都一再阻挡着工场手工业发展的道路”；“无论在哪里，道路都不是自由通行的，对资产阶级竞争者来说机会都不是平等的，而自由通行和机会平等是首要的和愈益迫切的要求”。〔48〕1640 年英国资产阶级革命和 1789 年法国资产阶级民主革命在经济上所抗争和追求的目标也在于此。

早在 1215 年，包括新兴商人、制造业者在内的封建贵族与国王约翰所签订的《大宪章》（又称《自由大宪章》），其中就有多个条款表达了新兴商人、制造业者经商自由和贸易自由的愿望。首先，《大宪章》确定并承诺保障城市和市民的自由和平等，如《大宪章》第 13 条规定，“伦敦城，无论水上或陆上，俱应享有其旧有之自由与自由习惯。其他城市、州、市镇、港口，余等亦承认或赐予彼等以保有自由与自由习惯之权”。其次，《大宪章》确认在英国境内的经商和贸易自由，如《大宪章》第 41 条就承认，“除战时与余等敌对之国家之人民外，一切商人，倘能遵照旧时之公正习惯，皆可免除苛捐杂

---

〔48〕《马克思恩格斯选集》（第 3 卷），中共中央编译局译，人民出版社 2012 年版，第 483 页。

税,安全经由水道与旱道,出入英格兰,或在英格兰全境逗留或耽搁以经营商业”。〔49〕这是早期资产阶级组成部分之一的商人对营业自由的一种直接诉求和明确抗争。

但是,事实上国王的《大宪章》中所承诺的许多条款并未实现,特别是在经商、贸易和公司设立的特许上,国王更多的是把经商、贸易和公司设立的特权、专营、专利授予封建贵族、王室宠臣甚至自己,如前述英国早期成立的绝大多数海外殖民公司,国王本人和王室成员就是最主要股东。封建国王通过特许令以维护特权阶级的利益,甚至滥发特许、专利令状,严重地破坏了市场经济秩序,明显阻碍自由竞争和商业创新,最终引起包括新兴商业资本家、工业资本家等新权贵在内的整个城市平民的强烈不满和激烈反抗。一方面,作为“直接生产者、劳动者”的学徒、帮工为追求劳动自由,“就必须摆脱行会的控制,摆脱行会关于学徒和帮工的制度以及关于劳动的约束性规定”;另一方面,作为新兴经济力量的代表,“工业资本家这些新权贵,不仅要排挤行会的手工业师傅,而且要排挤占有财富源泉的封建主。从这方面来说,他们的兴起是战胜了封建势力及其令人愤恨的特权的结果,也是战胜了行会及其对生产的自由发展和人对人的自由剥削所加的束缚的结果”。〔50〕正是由于商人、制造业者、城市平民阶层对经商自由、营业自由、劳动自由之平等权利的渴望,“社会的经济进步一旦把摆却封建桎梏和通过消除封建不平等来确立权利平等的要求提上日程,这种要求就必定迅速地扩大其范围”;而且“只要为工业和商业的利益提出这一要求,就必须为广大农民要求同样的平等权利”。〔51〕最终演化为一场以夺取人身自由、财产自由、契约自由、营业自由为基本内容的资产阶级革命。

1628 年英国资产阶级革命前夕,伦敦僧俗贵族及全体议员代表所签署的《权利请愿书》就依据《大宪章》的规定,直陈“凡自由人除经其同侪之合法裁判,或依国法外,皆不得加以拘捕、监禁,或剥夺其管业权、各项自由及自由习惯”。〔52〕1640 年 9 月《伦敦市民关于召开国会的请愿书》就严厉痛斥“由于无数的专卖权、特许证和特权,伦敦和王国其他地区的商业日落千丈”。〔53〕1640 年 11 月 6 日,英国国会反对派领袖之一约翰·皮姆在众议院发表演讲,怒斥专卖权使“商业集中在少数人手里”,“非法剥夺了许多人的自由”,导致“商品质量降低”,“物价不断上涨”,痛陈“专卖权像洪水泛滥一样,有百

〔49〕 姜士林、陈玮主编:《世界宪法大全》(上卷),中国广播电视出版社 1989 年版,第 1123 - 1125 页。

〔50〕 [德]卡尔·马克思:《资本论》(第 1 卷),中共中央编译局译,人民出版社 2004 年版,第 822 页。

〔51〕 《马克思恩格斯选集》(第 3 卷),中共中央编译局译,人民出版社 2012 年版,第 483 页。

〔52〕 姜士林、陈玮主编:《世界宪法大全》(上卷),中国广播电视出版社 1989 年版,第 1128 页。

〔53〕 [苏]希里托夫编:《近代史参考资料》,朱建谋译,莫斯科出版社 1959 年版,第 14 - 15 页。转引自蒋相泽主编:《世界通史资料选辑·近代部分》(上),商务印书馆 1964 年版,第 6 页。

害而无一利”。[54]1641 年 12 月 1 日送呈国王的《大抗议书》第 41 条,更直接抗议国王和枢密院对人们之“自由管业、财产”的拘束和限制。[55]尽管这种反抗、斗争的历程反反复复,但以消除封建特许权、专卖权,执行重商主义政策,允许贸易自由的诉求,反映了资产阶级对自由营业抗争的执着。1640 年爆发的资产阶级革命,最终废除国王在经济上的特许权利,如 1689 年英国议会颁布的《权利法案》第 4 条,就明确规定“凡未经国会准许,借口国王特权,为国王而征收,或供国王使用而征收金钱,超出国会准许之时限或方式者,皆为非法”;[56]征收、特许等中世纪国王攫取民间财富的一切经济权利均被剥夺,收归议会行使;随后英国奉行自由放任的经济政策,1215 年《大宪章》所确认的自由权和自由经商权、自由贸易权在经过近 500 年的奋斗和抗争后,得以实现。

在法国,国家为了增加收入,特意出卖世袭匠师的特许证,以达到有效控制工商业的目的。自 16 世纪以来,法国商人就以巴黎集市贸易和其他各地集市贸易的自由开市为中心,开始与国王和各地封建主进行抗争,为此国王和封建领主不得不作出让步。1664 年 8 月,路易十四接受大臣柯尔贝尔的建议,发布特许状,准予巴黎著名的花毡制造商和经营能手路易·恩纳及其后嗣和其委托人“设厂经营”,“为期三十年”,“禁止其他人等侵犯”。[57]1701 年,南特市商人代表台斯卓卡在一份报告中就指出“专营公司的垄断对贸易是有害的”;又如 1704 年法国里昂市的商人代表尼古拉·台斯那瑞在赴巴黎述陈中指出“所有的专营公司对扩展贸易弊大于利,而对国家来说,贸易掌握在全体臣民的手中比少数人独占更为有利”;1699 年一份法国的官方报告也指出,甚至连专营公司的拥护者也认识到,不应“剥夺普通百姓的贸易自由,在一个国家里,不应该存在专营特权”。[58]正是由于商人的一再抗争,1776 年 2 月,法国发布“图尔果”(Turgot)法令,取消行会制度的管束;[59]同时规定无论法国人还是外国人,任何人“均有权在法国尤其是巴黎自由从事各种商事活动,均有权在法国自由从事艺术或手工业活动,均有权与他人联合在一起来自由从事这些活动”;[60]但不久,各种行会制度又得到

---

〔54〕［苏］希里托夫编:《近代史参考资料》,朱建谋译,莫斯科出版社 1959 年版,第 15 - 16 页。转引自蒋相泽主编:《世界通史资料选辑·近代部分》(上),商务印书馆 1964 年版,第 8 页。

〔55〕参见［英］加丁纳选编:《1625 - 1660 年清教徒革命宪法文件》,端木正译,牛津大学出版社 1951 年版,第 228 - 229 页。转引自蒋相泽主编:《世界通史资料选辑·近代部分》(上),商务印书馆 1964 年版,第 11 页。

〔56〕姜士林、陈玮主编:《世界宪法大全》(上卷),中国广播电视出版社 1989 年版,第 1131 页。

〔57〕参见黎国彬等选译:《十七、十八世纪的欧洲大陆诸国》,生活·读书·新知三联书店 1959 年版,第 20 页。

〔58〕［法］布罗代尔:《15 至 18 世纪的物质文明、经济和资本主义》(第 2 册),顾良译,生活·读书·新知三联书店 2002 年版,第 494 页。

〔59〕参见［法］伊夫·居荣:《法国商法》(第 1 卷),罗结珍、赵海峰译,法律出版社 2004 年版,第 16 页。

〔60〕V. Alfred Jauffert, *Droit Commercial 1*, lre volune, 2e édition, Dalloz, p. 167. 转引自张民安:《商法总则制度研究》,法律出版社 2007 年版,第 44 页。

恢复。法国资产阶级革命前夕，这种以自由开业和经商为主要内容的反抗和斗争已达到白热化程度，如当时的《商人陈情书》就把“贸易完全自由”“毫无例外地废除一切对货物运送征收的捐税和其他缴款”“一切对商业包办的特权均应予废除”“非经全国同意，不得征收任何租税”等作为其诉请的主要内容。〔61〕带有中世纪晚期维护垄断特权利益和限制市场自由竞争特征的封建特许制、行会许可制被真正废除则始于法国大革命。1791 年 3 月法国国民议会通过含有确认“工商自由原则”内容的法案，宣告“一切专业特权均须取消”，决定“从下一个月即 4 月 1 日起，每个公民在获得许可证并缴费后，均可自由从事其所愿的任何专业或职业”；〔62〕1791 年 6 月，法国通过“勒沙佩里耶法”（Loi Le Chapelier），重申“图尔果”法案对行会的废止，并禁止建立新的行会，〔63〕此一法令的颁发，标志着延续几个世纪之久的行会制度自此被废除，任何人只要愿意并通过缴费向国家购得营业许可证，均可自由经商营业、开设作坊、对外贸易。这也就意味着中世纪封建特许和行会许可式商事登记制度的终结，一种以营业自由为价值导向的新型商事登记制度由此登场。

随后法国资产阶级革命以《人权宣言》的形式宣告，“任何政治结合的目的都在于保存人的自然的和不可动摇的权利，这些权利就是自由、财产、安全和反抗压迫”，并且“财产是神圣不可侵犯的权利，除非当合法认定的公共需要所显然必需时，且在公平而预先赔偿的条件下，任何人的财产不得受到剥夺”。1791 年法国《宪法》把“一切公民，除德行上和才能上的差别外，都得无差别地担任各种职业和职务”列为宪法保障下的自然人权利和公民权利。〔64〕就这样，至 19 世纪末，自由经商和自由营业被视为一项最为基本的经济制度原则。正如法国 Dalloz 法律汇编（Le répertoire Dalloz）所规定的那样，“法律不再强迫那些将要从事商事活动的人预先向行政机关申请并获得它们的批准；法律也不再要求他们提供自己具有从商资格的证明”。因此，“任何人均可自由从事各种商事活动，无论这些商事活动是相同的还是不同的，可以从事一种商事活动进入另一种商事活动”；“任何人均可在他愿意从事商事活动的地方自由从事商事活动，无论是在城市，在乡村，还是在这些城市或乡村的某些场所；他们可以将自己的工商业活动从一个地方迁移到另一个地方。他们每个人均可以自由从事职业活动、艺术或手

---

〔61〕　参见［苏］莫洛克、［苏］奥尔洛夫编：《近代史文献》（第 1 卷），姜凝译，苏联教育部教科书出版社 1958 年版，第 64 页。转引自蒋相泽主编：《世界通史资料选辑·近代部分》（上），商务印书馆 1964 年版，第 114－115 页。

〔62〕　［美］泰格、［美］利维：《法律与资本主义的兴起》，纪琨译，学林出版社 1996 年版，第 239 页。

〔63〕　参见［法］伊夫·居荣：《法国商法》（第 1 卷），罗结珍、赵海峰译，法律出版社 2004 年版，第 17 页。

〔64〕　参见姜士林、陈玮主编：《世界宪法大全》（上），中国广播电视出版社 1989 年版，第 755 页。

工业活动,如果他们愿意日夜从事这些商事活动的话"。[65]包含营业自由在内的选择职业自由入宪和营业自由原则的法典化,是法国资产阶级民主革命在经济领域的一项重要成果。

1804 年法国《拿破仑法典》(《法国民法典》)颁布,该法典第 8 条规定"所有法国人都享有民事权利",[66]且《法国民法典》所确立的以所有权自由、契约自由、营业自由为核心内容的财产自由原则,直接为世界其他国家所吸纳和接受。特别是营业自由作为民事主体一项最基本的权利被载入宪法、民法典等一系列基本法,自由经商、投资、设立企业、经营和交易,就不再受行会、商会、政府、国家(国王)的限制、阻挠或禁锢,而完全凭自己的意愿和财产状况而定,这无疑为近代以营业申请人或当事人的自由、自主申请为中心启动商事登记,即应申请而启动的登记申请主义原则,奠定了私权基础,真正解放和激活了民间的资本力量。

2. 封建国家对商事登记的强势干预与控制

如前所述,由于新航道的开辟和随之而来的地理大发现,荷兰、西班牙、葡萄牙、英国、法国、德国、意大利等欧洲封建帝国竞相殖民海外;16 世纪以后持续近 200 年的海外殖民、海盗式掠夺使这些欧洲王室积累了巨大财富,其统一国家、控制民间、干预经济的欲望、能力、实力得以空前增强。17 世纪末,欧洲封建国家之海盗、抢劫、掠夺这一粗略式对外殖民告一段落,国内也初步完成统一,除荷兰等极少数国家外,主要欧洲封建国家之间的国土和外交关系初步稳定,此时封建国王在中世纪特许令状的基础上,已有经验并有实力、精力来关注本属民间、商人权限范围的商事登记,这些国家利用新兴商人、新式制造业者、城市平民对已完全沦为极端保守、落后并兼维护既有特权、垄断利益代名词的行会、商人公会和城市商业同盟的不满甚至愤怒,逐渐通过废除行会许可特权和行会登记制度,把商事登记之权收归并控制于国家之手。

通观中世纪晚期至 18 世纪初,商事登记由民间主导逐步转型为国家主导,可分为如下几个步骤和几个方面的措施:

(1)由国家主导设立商事法院,压缩商人仲裁机构和商人法院对商事纠纷的司法管辖权。中世纪的商事仲裁机构、商人法院本为商人、行会、商人公会或城市自治政府自主设立的解决和裁决其内部经济纠纷的自治性、社会性司法机构,其形式包括商人法庭、市场法院和集市法院、商人行会法院和城市法院等,这些法院与封建国王、领主法院保持着独立性,具有明显的自治性、中立性和社会性,是中世纪商人自治传统和维护商人独立身份的重要制度形式。但自 16 世纪以后,以英国、法国为代表的封建国王

---

[65] V. Paul Didier, *Droit Commercial*, Presses Universitaires De France, p. 2247. 转引自张民安:《商法总则制度研究》,法律出版社 2007 年版,第 44 页。

[66] 《拿破仑法典》,李浩培等译,商务印书馆 1979 年版,第 2 页。

逐渐染指本属商人自治领地的商事法院，并使其逐渐丧失自治性、民间性，而最终融入整个国家统一司法体系之中。

在英国，自 12 世纪开始，国王通过在征服地、管辖地陆续设立巡回法院、普通诉讼法院、王座法院、财政法院等具有专职中央法院性质的王室法院系统，14 世纪开始设立衡平法院，逐步建立起以王室普通法院为基础、以衡平法院为补充的王室法院系统，王室法院系统以其公正、有效的判决使原有公共集会法院、封建领主法院、季审法院、城市法院等渐递退出历史舞台，并进而通过司法的统一，有效地统一并控制了英伦三岛；16 世纪以后，王室普通法院开始改变过去封闭、保守的司法习惯，转而以比较积极、开放态度大量吸纳商法原则，创设如“违约赔偿之诉”（action of assumpsit）、“非法占用他人财物补偿之诉”（action of trover）等新型诉讼形式，把许多原属商人法院管辖的商事案件揽入普通法院管辖之下，由此导致许多城市的商人法院渐次走向衰落；1536 年英国议会决定在海上刑事案件的审判中，废止罗马法的纠问式，改采普通法院的陪审制，并且规定应有国王特派专员（一般为普通法院高级法官）参与审判，自此，海事法院的刑事司法权也被普通法院所收纳。〔67〕

在法国，1563 年查理九世就颁发赦令，创设商事法庭（院），该法庭由 1 名职业法官和 4 名经选举任职的商事裁判官组成，其中职业法官由国王任命；商事法庭（院）管辖商人案件与商事纠纷，商事纠纷由中世纪的商事仲裁、城市商人法院的自治性裁决发展为国家的司法裁决。〔68〕

商人法院的衰微与封建国家对商人法院的收编，意味着近代国家对商人、营业控制力的加强，商人之间的纠纷由商人组建的仲裁、法院自己解决的历史得以终结，这预示着作为特权阶级的商人之独立社会身份就此丧失，其与一般普通民事主体的司法管辖篱笆被拆除，自然为把商人登记纳入国家管辖之下创造了司法统一条件。

（2）由国家出面汇编和制定商事法律规范，从商人、商人自治机构、城市商业同盟的手中收归并控制商事立法权。在中世纪以前，所谓的商法就是商人法，即商人在长期的买卖、交易、经营、运输、海上贸易等营业活动过程中，通过商人们自己创造的、由商事习惯和惯例发展而形成的商事交易规则体系，最早源于国际商业、海商、航运、保险、银行、票据、公司、合伙等领域；〔69〕也就是说，中世纪及以前的商法，因由商人制定和创造，且只适用于商人之间，因而也被称为“商人法”。〔70〕商人法作为近现代商法的主要法源，是商人长期商业实践和交易活动凝结的成果；但在商人适用商法几乎成为

---

〔67〕　参见程汉大：《中世纪英国法院制度的演变》，载范忠信、陈景良主编：《中西法律传统》（第 7 卷），北京大学出版社 2009 年版。

〔68〕　参见曾涛、梁成意：《法国法院组织体系探微》，载《法国研究》2002 年第 2 期。

〔69〕　参见郑远民：《现代商人法研究》，法律出版社 2001 年版，第 23 – 28 页。

〔70〕　参见谢怀栻：《外国民商法精要》（第 3 版），程啸增订，法律出版社 2014 年版，第 244 页。

中世纪社会标签和基本原则的情势下,商人法又是维持商人独立社会身份与特殊地位的法律基础,更是维护商人既有特权、专有、垄断商业利益的法律护身符。然而,这一情形在 17 世纪以后被彻底改变。

1673 年,法国国王路易十四在意大利商人萨瓦里的提议并起草、"重商主义"大臣柯尔贝尔伯爵的主持下,颁发法国《陆上商事条例》(Ordonnance du commerce or Code Savary,又称《萨瓦里法典》),该条例是 1807 年《法国商法典》的雏形,共分 12 章计 112 条,内容包括商人、票据、破产、保险、商事裁判、管辖等;该条例还首次以国家法律的形式规定了无限公司(Société en générale,普通公司)和两合公司(Société en commandite,康孟达公司);除此之外,该条例还对商人注册、公司登记、登记管辖作出明确规定,[71]如该条例规定"欲为商业之事,必须于住所之地的商法裁判所登记于簿册"。[72]1681 年,仍由柯尔贝尔伯爵制定的《海事条例》得以颁布,该条例共分海事法院、海员及船员、海事契约、港口警察和海上渔猎等五编。法国 1673 年《陆上商事条例》和 1681 年《海事条例》直接为后来 1807 年《法国商法典》的编纂奠定了基础,但这两个条例的时代意义并不在于此,其主要表现在:首先,商法法源性质的改变。两条例的相继颁布,使传统商法的法源属性发生根本性变化。从 1673 年《陆上商事条例》和 1681 年《海事条例》的具体内容来看,其中绝大部分实质性内容早在这之前就已经广泛存在于各种交易习惯、商事合同和商业惯例中,如公司等企业形式,早在之前就已经普遍存在;再如票据与破产债务的清偿,也在之前有广泛的实践;特别如《海事条例》中的内容,几乎就是对之前已有的《罗得岛海商法》《阿玛斐法典》《巴塞罗那法典》《奥列隆法典》《维斯比海商法典》《汉萨海上规则》等一系列习惯性海事规则的摘录与汇编。如纯粹从内容来讲,这两个条例几乎没有什么创新性内容。然而,与以往不同的是,此两条例均是以国王,也就是以国家的名义制定和颁布的,其性质属于国家法范畴,它由此完成中世纪及之前商法之民间法、自治法、商人法向国家法、强制法、商事法的过渡与转型,商法从此因具有国家意志进而具有强制执行力。其次,商法立法权的转移。两条例颁发之前,所有的商法规范均是由商人或行会、商人公会、城市自治政府、城市商业同盟等商人自治组织所创制,商人是原始、真正的商法创造者和制定者;但两条例颁布之后,自此商法的立法权就被收归封建国王即国家,国家就此掌握商事立法权,取代商人及商人自治组织,在商事立法上居于强势、积极、主导地位,尽管商人及商人自治组织所创制的商人法并未完全退出历史舞台,但逐渐已处在次要地位。商法立法创制权由商人被强制性转移、收归至国家,使国家成为商法的主要创制主体,从此,商法由民间商法时代转型至国家商法时代。最后,商法形式的转变。两条例的内容虽在过去的某些商

〔71〕　参见史际春:《企业与公司法》,中国人民大学出版社 2008 年版,第 29-34 页。

〔72〕　任先行:《商法原论》(下册),知识产权出版社 2015 年版,第 744 页。

业惯例、习惯性汇编、自治章程、商事合同、行会或商会规章、城市自治政府的规范性文件、城市商业同盟的条约或规则中都存在过、出现过,甚至记载过、规定过,但以往的这些商人法规和商事习惯,都属于习惯性、共同法的非成文法范畴,尽管有些海事习惯法汇编也贯以法典的名称,但严格说来,它们没有统一的体例性、规范性、逻辑性和体系性,并非实质意义的成文法典;但两条例的编纂已非一般意义的习惯或规则汇编,而是按照从主体到行为、从组织型营业到具体的交易规则,按照一定体例、规范、逻辑、体系进行编纂,使原本不具有内在逻辑性、体系性、规范性的内容在一定体例的统辖下成为体系化的规范构成。尽管它们还十分粗糙,但毕竟克服了以往习惯性规范汇编的随性,使之具有近代成文法典的雏形。因此,两条例的颁发又使上古、中古时期的习惯性、共同性商法,正式上升为成文法典、制定法典的商法。

法国1673年《陆上商事条例》和1681年《海事条例》颁布及其划时代意义使其他国家(包括英国)纷纷效仿,如英国1720年《泡沫公司法》、1844年《股份公司法》、1890年《合伙法》等,就是以成文法、制定法的形式出现。商法立法权被收归国家,为国家积极、主动地制定商法特别是商事登记方面的法律、法规创造了条件。

(3)废除行会、商会、城市自治政府的自治性登记,统一集中为国家(政府)注册登记。自英国1689年《权利法案》剥夺封建国王的征收权和商业特许权之后,1791年3月法国国民议会通过法案正式废除行会许可制。但是,无论英国,还是法国,真正所废止的仅仅只是行会、商会、城市自治政府或地方领主的许可制,而非许可制本身,更非商事登记制度。只是有关商业许可之权与商事登记的职能由行会、商会、城市自治政府或地方领主集中于国家而已。在此情形下,奉行"重商主义"的国家或政府通过前述的商事立法,明确规定商事登记的条件和程序,进一步完善有关商事登记的制度设置,并以颁发特许令或执照为条件,公开地、直接地向工商业经营者收取商业登记费或征收商业注册税。[73]自此,除荷兰等极少数国家外,近代西欧等国家,相继在17世纪末到18世纪,逐次完成由行会、商会、城市自治政府、地方领主的许可制向国家集中、统一特许登记制的嬗变。

(二)西方近代商事登记典型制度模式正式形成的源流考察

1. 英国模式:行会许可制→国王特许制→准则注册制

由于早期国家商事登记特别是公司、企业的设立登记,仍然奉行严格的特许制,自然设立公司需要符合严格的准入条件和烦琐复杂的特批程序,这不仅耗时费日,而且具有很大的不确定性。在此情形下,英国商人就绕过英国皇家的特许,自行组建类似于特许公司一样的企业组织,并公开发行股票以筹集资本,形成当时蔚为奇观的合股

---

〔73〕 参见李金泽、刘楠:《我国商业登记法制的反思与前瞻》,载《法律科学》1999年第6期。

公司，特别是1711年John Blunt发起成立的南海公司几乎垄断了南美洲殖民贸易，随后南海公司滥发股份，导致股价飙升。在此背景下，为防止公司与股价泡沫的产生，1720年6月，英国议会通过《泡沫法》(《泡沫公司法》)，规定所有合股的股份公司均须取得皇家的特许状，违反此法的公司与经营都是无效的。但因该法案并不适用南海公司等已设立的其他类似企业，公众投资者继续购买或增持南海公司的股份，是年9月最终导致南海公司泡沫案的爆发。1720年《泡沫法》和随之而来的南海公司泡沫案，严重地摧毁了公众投资者对公司特别是股份公司的信心，社会弥漫着对公司不信任的气氛，这说明严厉的特许制并不能保证公司信用和交易安全。为重建社会特别是公众投资者对公司、企业的信心，加之新兴投资者要求给予公司设立宽松政策的呼声越来越高，鉴于此，1825年英国议会通过《泡沫公司取缔法》，公司设立特许之权收归国会，并以特殊议案的形式进行许可。对民间资本与一般民众而言，通过皇家特许设立公司已很难做到，而要获得国会特殊议案的许可就更难以想象，在此制度环境下，民间投资者更多是仿效股份公司的组织形式，通过缔结契约以约定出资各方的权利与义务，设立各种形式的契约公司。因此，在18世纪末至19世纪初，英国就出现依皇家特许状设立的公司、依国会特殊议案组建的公司、协议契约型公司等几类公司形式，其中又以协议契约型公司居多。鉴于英国民间事实上大量存在的协议契约型公司，要求降低公司设立门槛的社会呼声又一再高涨，加之亚当·斯密《国富论》完成以后，主张对经济奉行自由放任政策的开明人士和政治家越来越多，英国国会的自由经济政策倾向也越来越明显，1844年国会终于出台新的《股份公司法》，首次规定通过登记注册的方式设立股份公司，并规定超过一定规模的公司，只有通过正式登记，公司才能最终设立。尽管1844年《股份公司法》仍保留了公司登记的烦琐程序，但对一般民众而言，毕竟通过登记注册方式就可获得设立公司的权利和机会，而不必再向国王申请颁发特许状或要求国会通过特殊议案方能设立公司，自此英国放松公司设立的许可限制和特许审批制。1856年英国国会通过新的《股份公司法》，该法充分反映了当时的自由主义经济政策，以鼓励民间投资创业和设立公司为主旨，废除了1844年股份公司设立的烦琐注册登记程序，规定只要有7人以上股东签字的公司发起设立备忘录(手写或打印)，并附公司章程，在提交公司设立申请时交纳一定的登记费用(该费用比1844年及以前明显降低，只具象征性)后，就可获得登记机关签发的一份公司设立登记证明，公司即正式设立，并可从事经营活动。〔74〕1856年《股份公司法》的通过及实施意味着公司设立登记的特许制在英国已成历史，除极少数公司外，公司设立一律采用简便易行、费用低廉的注册登记设立制，完成了由行会许可→国王特许→皇家严格特许与民间自由放任→国

〔74〕　参见葛伟军：《英国公司法原理与判例》，中国法制出版社2007年版，第4－10页；葛伟军：《英国公司法要义》，法律出版社2014年版，第7－11页。

王特许与国会特殊议案许可→严格、烦琐的设立登记→简便易行、费用低廉的准则主义登记制度的演变与转型，正式确立了以英国为代表、以准则主义为核心政策导向的近代商事登记制度模式。

2. 法国模式：行会许可制→国王例外特许制→双层双轨许可登记制

就法国而言，自1791年6月法国议会通过“勒沙佩里耶法”再次废除行会制度，并明令禁止设立新的行会之后，虽对推进工商业脱离行会控制、自由发展有积极意义，但此法案因一概否认带有行会性质的法人组织而备受争议。由于行会制度的废除，更重要的是因自由营业被视为人民的“天赋人权”得到法国1789年《人权宣言》和1791年《宪法》的确认，故18世纪末直至1914年，“任人所为、听凭自由”成为这一时期法国经济政策和商事立法最突出的特点，商事登记的立法取向也如此，奉行比较自由、开放的政策，国家较少对商人、公司登记进行特别限制。但由于1807年之后法国《商法典》主要延续1673年《陆上商事条例》和1681年《海事条例》的主要内容和制度惯例，其中有关商人、公司的登记须符合“完全合格商人”的基本条件、各种规则和许可登记的主要程序。如法国1807年《商法典》第2条规定，欲为商业，需以父母许诺之书或亲族主会议承诺书，并登记于欲为住所之地的商法裁判所之簿册，同时贴附之事；又《商法典》第三卷“公司编”第37条规定，成立股份公司须经皇帝允许后方得设立。1867年新的公司法案虽为股份公司的设立提供法律上的便利条件，但所有股份公司设立仍须取得行政许可。〔75〕由此，法国正式完成商事登记由行会许可→国王例外特许、自由放任→严格许可登记的近代转型。此外，1919年法国国会以特别法令的形式，规定在地方商事法院增设“地方商业登记书记官”和“地方商业登记簿”；1935年又以特别法令的形式，增加国家工业产权局的“中央商业登记”职能，赋予其以履行国家商事登记机关的职能，并增设“中央商业登记簿”，〔76〕进而形成中央与地方分域、行政与法院兼理的双层、双轨制商事登记模式。

以英国、法国为代表，其商事登记制度的近代转型均缘起于对中世纪行会许可制的废止与有限继承，在保留并改造中世纪封建国王商业特许令状制度的基础上，为回应和满足社会对经商自由、营业自由的要求和呼声，最终形成以英国为代表的准则主义（登记主义或注册主义）和以法国为代表的许可主义（审批主义）这两大商事登记制度模式，进而影响至当时许多国家、地区和此后近现代世界商事登记制度演变的基本格局。

---

〔75〕　参见［法］伊夫·居荣《法国商法》（第1卷），罗结珍、赵海峰译，法律出版社2004年版，第18页。

〔76〕　参见任先行：《商法原论》（下册），知识产权出版社2015年版，第740页；张民安：《法国商事登记制度研究》，载王保树主编：《商事法论集》（第11卷），法律出版社2006年版。

三、西方商事登记制度的基本发展脉络

从以上所涉西方商事登记制度的古代源起、中世纪演变及近代转型的历史考察中,不难发现,西方商事登记制度大致是沿着外贸特许制→牌号制→行会、商会许可与名簿制→国王特许制→近代注册公示制→现代核准登记制度这一基本路径发展。[77]

(一)上古时期的外贸特许制

外贸特许制最早起源于北非、西亚、地中海东岸的早期古帝国,但帝国为了控制商业利益,规定与外邦或被征服殖民地进行航海、经商或贸易者,须取得帝国或母邦的特许,否则不受帝国或母邦的保护。这种主要出现在对外贸易领域的特许制,是人类较早的营业准入制度,它虽然还不是严格意义的商事登记,但已经涉及诸如从事对外贸易资格的授予或确认等商事登记的某些功能,后世的特许、许可登记制,实滥觞于此。

(二)古希腊、古罗马的牌号制

牌号制出现于古希腊(雅典)、古罗马时期,应负责市场管理的执政官或管理者的要求,从事经营活动的店铺或贩运商在其营业时应悬挂"看板""贴扎""引扎",意在昭示营业状况,提醒交易第三人注意,实际上主要起着经营招牌或营业告示的作用。但这一纯粹营业公示的昭告制,实质上已负载着近现代商事登记制度营业信息公示的主要功能,后世商事登记之营业信息公示的功能定位,一定程度上始于此举。

(三)中世纪行会(商人公会)许可与名簿制

中世纪行会、商人公会的许可制本质是通过控制工场手工业者、内部成员、加盟城市以维护其商业特权和垄断利益,但中世纪这种行会(商人公会)许可制,对后世商事登记特别是对近代商事登记的转型,具有两个方面的特别重要意义:(1)许可制对商事主体资格取得制度有借鉴意义。行会、商人公会、城市自治政府和城市商业同盟许可的真正目的虽是限制内部成员、阻挡外部竞争、维护商业特权和垄断利益,但取得行会等许可就意味着享有从事行会等规定特定行业的经营特权或垄断专有商业利益,实则就是取得特定行业或地域的经营资格,表明取得行会等许可的商人、手工业者就等于获得特定行业或地域的经营资格,自然行会等许可制就具有营业资格的授予或确认功能,后世商事登记所具有的营业资格确认、记载、公示意义与功能实源于此。(2)行会(商人公会)的内部名册簿是近现代商事登记簿的雏形。虽然行会(商人公会)的内部名册簿原本是为强化对内部成员控制、便利外部之间的联系,但其所记载的事项为特定商人、工商业者、手工业工场主的姓名、商号、资本、特权、经营范围、经营数额、营业

---

〔77〕 参见任先行:《商法原论》(下册),知识产权出版社 2015 年版,第 739-741 页。

地址、地域限制、基本义务、共同一致行为等内容，而这些恰恰又是商事主体最主要的营业信息，也正是近现代商事登记注册簿中需要记载和确认的主要事项；足见，行会（商人公会）的内部名册簿实际就具有最初级的商事登记簿册作用和功能，并成为近现代商事登记簿的真正源头。

（四）封建特许令状制

前面的考察和分析说明，封建国王的特许既是中世纪营业特权取得的重要方式，也是封建国王试图干预工商业、控制经济、瓜分商业利益的重要举措。但自 18 世纪末以来，随着产业革命和资产阶级民主革命的胜利，中世纪行会（商人公会）商业许可制的废除，原有的封建国王特许令状制并没有随之退出历史舞台，而是以另一种方式、新的名义、改造后的形式得以转型，并升华为以国家名义进行的近代商事登记制度。封建特许令状制之所以具有这样的发展趋势和制度命运，在于自身具有的某些特质为其转型提供了条件：

第一，具有以国家名义进行登记的权力依据。中世纪欧洲特别是西欧诸封建王国，无论名义上的领土与管辖人口，还是实际上的权力、控制力、影响力，较古代东方的封建帝国均无法比拟，而且还受到教权、封建领主、商人集团、城市自治政府、城市商业同盟等各方面的折冲和限制；但不管怎样，在所有中世纪欧洲的各种权力结构和利益集团中，唯有封建国王是代表世俗的政权，也唯有国王是国家名义上的代表，与教会是教徒的利益代表，封建领主仅为封建地主的个别利益代表，行会、商人公会为特定商人利益集团的代表，城市自治政府为商人与地方利益的联合体，城市商业同盟也不过是不同城市商业利益联合体，封建国王的这一特殊地位，在资产阶级革命以后，即便其实际权力被剥夺殆尽，但其名义上代表国家之习惯与制例仍被保留下来，最早迈入近代门槛的荷兰、西班牙、葡萄牙、英国、法国、德国等，均是如此。自然，以封建国王名义颁发的特许令状恰恰是近代以国家名义主导商事登记的开端。

第二，特许制度模式。封建国王所创设的特许令状制，虽然最早是为授予商业特权、攫取商业利益、维护自己的统治，但这一制度恰恰又是近代特许制度的真正渊源。近代以来，涉及国家带有全局性、根本性、国际性的商业事项和营业准入，国家一般会通过特许的方式授予特定主体以特别经营资格。尽管后世因经济自由化理念越发深入人心，特许制的范围越来越窄，但直到今天，即使如英、美等奉行自由市场经济政策的国家或地区，一定范围的特许制依然存在，而封建国王的特许令状制就是主要制度渊源之一。

第三，登记许可制度的转型。封建国王的特许令状制的近代式改造和转型成为近代以行政许可前置为特质的许可主义、审批主义商事登记制度的重要源泉。在近代商事登记的转型过程中，以法国为代表，因后来革命中连国王也被废除了，封建国王代表国家的前提也不再存在,以国王名义行使的特许制就被改造成为由地方商事法院和中央特许机关来分别行使,进而演化为以许可式登记为特征的许可主义商事登记制度模式。

(五)近代注册公示制

17 世纪至 19 世纪是近代商事登记制度转型和现代商事登记正式确立时期,在营业自由作为人人享有的天赋人权和基本权利被宪法、法律确认而逐渐深入人心后,商人作为一个社会特殊利益集团和拥有经营特权的独立阶层利益已不复存在,国家作为利益中立者、经济守夜人和市场维护者的角色被重新塑造后,商事登记制度也完成近代以来脱胎换骨式的改造和转型。这一改造和转型的历程,集中表现为如下事实:

第一,商事登记制度得以真正定型。随着行会制度相继被废止以及产业革命的兴起和完成,具营业确认、宣示意义和功能的商事登记制度才在 18 世纪末至 19 世纪中叶最终定型。

第二,商事登记的价值与功能定位。在经历 17 世纪到 18 世纪末近 2 个世纪的反反复复,特别是民间资本力量的持续抗争,以及新的资产阶级国家与政权的一系列改革,商事登记之特权授予功能、资格取得模式、特许审批程序这些限制工商业发展、不利于平等竞争或公平进入的旧式价值取向和制度功能在逐步地被剔除;而鼓励、支持、保护民间投资、公平进入、正当营业、合法经营、社会交易,则成为新式商事登记制度的价值定位。而为确保营业效益和交易安全,督促投资者、经营者、交易者及时确认和公示主要营业信息,就成为新式商事登记所要负载的主要制度功能。

第三,登记程序的制度化、法律化和规范化。近代特别是以法国为代表,通过商事立法的国家化、成文化和法典化,使过去处于民间、习惯、分散状态的商事习惯、商业惯例、共同规范和交易规则,以体系化、规范化、法理化的商事法典形式出现,商事登记立法也被纳入其中,进而形成制度化、法律化和规范化的近代商事登记程序。

第四,代表性商事登记制度模式的形成。如前所述,由于英国、法国所处的国家沿革、经济条件、历史传统、法律基础、阶级结构、社会环境等方面差异,在行会许可制被废止后,它们各自在转型为近代商事登记制度过程中,有了自己的不同路径依赖和道路选择,进而形成以英国为代表的准则主义和以法国为代表的许可主义这两种典型的商事登记制度模式,并影响着随后整个世界近代商事登记制度的法系、地区分布。

(六)现代核准登记制度

近代商事登记制度正式定型以后,随着营业行为的普遍化、民事行为的商事化、商事交易的国际化和跨国投资的自由化等社会、经济环境的发展,各国商事登记也在不断演变、改革和转型,并呈现如下一些特点:

第一,商事登记的价值取向除明确保护个体的营业自由外,更重视交易安全的维护;从近代的以管理、控制为主,更多地体现为既强调营业效益的保护,也注重营业行为的监督，其中尤其重视对商事登记所载营业信息真实性的违信监督。

第二，商事登记的功能从近代早期的主体资格取得、营业权利授予，更多地转型为营业行为的确认与营业信息的公示，商事登记之资格取得、权利授予之功能进一步被降低或模糊，而其营业行为的确认与营业信息的公示之功能越来越明显。

第三，国家主导商事登记越来越强势。由于商事登记负有国家经济数据的初步统计功能，国家对商事登记也就越来越重要视，随着经济全球化和国际投资的自由化，各国利用营业准入的举措保护民族经济和国内产业的意向越来越强烈，商事登记作为一国微观经济制度的重要一环，作为判断一国经济制度优势的最初“晴雨表”，受到跨国投资者的密切关注，并作为评价一国制度核心竞争力的重要指标。

第四，商事登记的公示效力及由此而产生的公信力，得到充分的认可和尊重。虽然商事登记的外在效力目前尚存在成立要件主义和效力对抗主义之别，但商事登记事项一经登记确认并公示，则产生既定效力和对抗效力，这几乎成为不同法系、国家或地区的公认法则，这说明经商事登记确认、公示的营业事项具有不可否认、不可反复、不可撤回的确认、既定效力，并由此产生高度真实、信任、依赖、信用的对抗效力，非经法定程序，不得任意否认或改变。

第五，企业（公司）登记成为商事登记的主要对象。近代早期的商事登记仍然以商人（商自然人）登记为主，公司设立登记更多是以特许方式进行，而在现代商事登记中，由于企业（公司）的营业主体资格得到社会、法律的普遍认同，并已经成为现代市场经济中的主角和中坚，反映在商法的结构上，则呈现鲜明的企业法特征，商事登记也因之更加突出企业（公司）的主要、核心地位，由传统的以自然人商个人登记为主，最终转型为以企业（公司）登记为主。

第六，商事登记统一化立法的强化和加快。由于商事登记的重要性、基础性和源头性作用，进入20世纪以来，各国均十分重视商事登记的立法，商事登记立法或者以商法典专编的形式作详细规定，如《德国商法典》第一编“总则”第二章“商事登记簿、企业登记簿”；或制定专门的、统一的商事登记法，如法国《商业与公司登记法》、日本《商业登记法》等；英、美等国也十分重视公司和合伙企业的登记立法，这些均说明，商事登记法确实已成为商法中最重要的法律子部门。

第七，不同法系、国家或地区商事登记存在比较明显的融合和趋同。比较典型的如两大法系特别是准则主义与许可主义两大商事登记模式之间的相互借鉴、彼此融合，如奉行准则主义登记模式的部分英美法系国家或地区，在某些特殊领域相继引入许可主义登记原则；而选择许可主义登记模式的绝大多数大陆法系国家或地区为鼓励投资、经营，在一般领域也递次引入准则主义登记原则。趋同主要表现为同一地区立法与制度的相同与统一，如欧盟成员国之间的商事登记，则因欧盟的统一化进程而走向趋同，最典型的如1968年欧共体理事会《关于协调成员国为保护欧共体条约第五十八条第2项所称公司的股东和其他利害关系人的利益而制定的保障措施,以使这些措施趋同的第一号公司法指令》(第68/151号)第2条、第3条就规定,成员国之间要统一建立专门的商事登记机关、对公司进行有效的注册登记、各登记机关应提供必要的咨询服务等,〔78〕以期在欧盟内部形成统一的商事登记制度。

近代西方公司制度的兴起以及随着商事登记制度的转型,为西方产业革命奠定了坚实的制度基础,西方世界从此以人类从未有过的方向、轨迹和速度发展并迅速崛起,进而横行称霸全球。正如《西方世界的兴起》一书所指出的那样:"有效率的经济组织是经济增长的关键",而"一个有效率的经济组织在西欧的发展正是西方兴起的原因所在";"这些制度安排能够使经济单位实现规模经济(股份公司、企业),鼓励创新(奖金、专利法),提高要素市场的效率(圈地、汇票、废除农奴),或者减少市场的不完善(保险公司)";它们有的"无需改变现行所有权便可以创造出来,有的包括在新所有权的创造过程之中",有的"由政府完成,有的则是自发组织起来的";但不管怎么样,"这类制度安排起到了提高效率的作用",〔79〕创造了人类前所未有的经济奇迹,并带来政治格局和社会结构的嬗变。

第二节 我国商事登记的古代范式与近代变革

一、我国古代对商人、营业的管制与限禁

与西式早期商业活动较少受国家干预不同,中国古代从有商业的那一天开始,就存在国家、官府对工商业的管理、控制、限制甚至禁止。从上古三代的"工商食官",到春秋战国的"四业""市籍"制度,唐代的"领贴"制,宋代的"市易制""榷场制""官引制"等,明时期的"编审铺户"制,清时期的"户照""商照"制等。

(一)上古三代的"工商食官"

上古时期,在文明渐化和国家出现以后,社会就有明确的职位定制和具体分工,《礼记》所载"凡执技以事上者:祝、史、射、御、医、卜及百工(通'官'字)";"凡执技以事上者:不贰事,不移官,出乡不与士齿";"仕于家者,出乡不与士齿";〔80〕也就是说,所

〔78〕 参见刘俊海:《欧盟公司法指令全译》,法律出版社2000年版,第8-11页;李耀芳、李研编:《欧洲联盟公司法》,高等教育出版社2010年版,第285页;[荷]阿德里安·德瑞斯丹等:《欧洲公司法》,费煊译,法律出版社2013年版,第53-60页。

〔79〕 [美]道格拉斯·诺斯、[美]罗伯特·托马斯:《西方世界的兴起》,厉以平、蔡磊译,华夏出版社2014年版,第1、8-9页。

〔80〕 《礼记·王制》。

有社会分工者，应各守其职，不可兼职、移居、易业，这一传统在夏商时代就已见端倪。20 世纪 50—80 年代在河南省洛阳市偃师区二里头遗址一期至四期的重大考古发现，证明至少在公元前 2300—公元前 1600 年的夏时代，我国就已出现比较发达和管理有序的城市，[81] 并涌现出从事商品买卖与交换的"自由买卖人"；如《尚书》就记载帝禹对皋陶谟的训言"懋（通'贸'字）迁有无，化（通'货'字）居。烝民乃粒，万邦作乂"。[82] 且从夏代开始，手工业就被官府控制和经营，文献中"夏后氏官百"即为专门管理手工业的机构，[83] 形成所谓的"工商食官"传统。

至商代，已出现独立的商人阶层，以土围城、互通兴市的城邑、市肆、集市得到初步发展，史籍《六韬》载有"殷君善治宫室，大者百里，中有九市"之说，[84] 足见商时商业、贸易和城市之发达；另商代手工业分工较细，《尚书·周书·康诰》就有"卫百工"的记载，而甲骨文、《尚书》中有关"工""多工""宗工""百宗工"等表述，均乃"官"职之位，即直接管理手工业生产；此外，商代始设土地、户籍登记与管理的"司徒"官职，并作《明居》之法。[85]

西周时期，天下按照《周礼》建制，官设天、地、春、夏、秋、冬六类，其中天官署宫廷，地官理民政，春官管宗族，夏官控军事，秋官掌刑罚，冬官主营造。西周在商的基础上建立起更为健全、完善的户籍（版籍）登记和管理制度，秋官之一的"司民"为专门掌管全国户籍与人口的机构，"掌登万民之数，自生齿以上，皆书于版，辨其国中，与其都鄙，及其郊野，异其男女，岁登下其死生"。[86] 周的手工业属冬官之下的"工官"管辖，所谓"国有六职，百工与居一焉"，其基本职责为"审曲面埶，以饬五材，以辨民器"，[87] 手工业依然延续官办、官营的"工商食官"体制。商业上西周设有专门的商业管理机构，已建立起比较完善的市场管理制度，如《周礼》中就专门设立地官"司徒"，其中由"司市"管市令，"掌市之治教政刑量度禁令"；"质人"管"质剂"即"契约"，"掌成市之货贿、人民、牛马、兵器、车辇、珍异"及"稽市之书契"，"凡卖儥者质剂焉，大市以质，小市以剂"；"廛人"管征税，"掌敛市絘布、緫、质布、罚布、廛布，而入于泉府"；"胥师"管市价，"掌其次之政令，而平其货贿，宪刑禁焉"；"贾师"管定价，"各掌其次之货贿之治，辨其物而均平之，展其成而奠其贾，然后令市"；"司虣"管市场秩序，"掌宪市之禁令"；"司

---

[81] 参见陈淳、龚辛：《二里头、夏与中国早期国家研究》，载《复旦学报（社会科学版）》2004 年第 4 期；方燕明：《河南龙山文化和二里头文化碳十四测年的若干问题讨论》，载《中原文物》2005 年第 2 期；易华：《从齐家到二里头：夏文化探索》，载《学术月刊》2014 年第 12 期。

[82] 参见《尚书·虞书·益稷》。

[83] 参见张晋藩总主编、蒲坚主编：《中国法制通史》（第 1 卷），法律出版社 1999 年版，第 113－115 页。

[84] （宋）李昉等：《太平御览·卷八百三十六·资产部七·市》第 35 条。

[85] 参见宋镇豪：《夏商人口初探》，载《历史研究》1991 年第 4 期。

[86] 《周礼·秋官·司寇第五·司民/掌戮》。

[87] 《周礼·冬官·考工记第六·总叙》。

稽”管市场监督，“掌巡市”；“肆长”管具集市，“各掌其肆之政令”；“泉府”管市场公共仓库，“掌以市之征布，敛市之不售、货之滞于民用者，以其贾买之，物楬而书之，以待不时而买者”；“司门”管城门钥匙，“掌授管键以启闭国门”；“司关”管城门与市场关闭，“掌国货之节以联门市”，管理细化，分工明确，各司其职，各理其事。特别是有关市场交易，西周有比较严格的准入资格限制、管理制度和交易程式，《周礼》地官“司市”职位令条就明确规定，“以次叙分地而经市，以陈肆辨物而平市，以政令禁物靡而均市，以商贾阜货而行市”；“凡市入，则胥执鞭度守门，市之群吏，平肆、展成、奠贾，上旌于思次，以令市”。〔88〕所有从事商品买卖、市场交易的人均须进行登记，所缔结的“质剂”（契约）须交专门的“质人”登记和管理，这说明，西周已经建立起比较完善的市场准入、交易登记管理制度。

（二）春秋开始的“四民”与“四业”

春秋时期，虽然周室衰微，但各诸侯国仍延续周代的“工商食官”和商业管理政策，只是由于周王室控制力的减弱和各诸侯国的竞争，对官府控制的手工业和严格监管的商业有所放松，各诸侯国也十分重视手工业和商业的发展，特别是如晋国、子产执政的郑国〔89〕、管仲执政的齐国、鲁国等在一段时期内，还一定程度出现过“通商惠工”〔90〕“轻关易道，通商宽农”等鼓励工商业的政策，〔91〕流动买卖、跨国贩运的商业交易也逐渐冲破《周礼》所设城市、集市交易管理体制的局限；手工业也部分地脱离官府的控制，向家庭手工业作坊发展，有所谓“百工居肆，以成其事”。〔92〕与此同时，各诸侯国，为筹集经费和巩固统治，也强化对工商业的管理，如楚国就设有“工尹”专门管理官办手工业；郑国设“褚师”、楚国设“市令”、鲁国设“贾正”等市场管理官职，用以专门加强对商业的管理。值得一提的是，在春秋时期，我国逐渐形成对后世影响深远的所谓“四民”或“四业”理论与观念，如管子在回答齐桓公所询“定民之居，成民之事奈何”政策时，就明确提出“士农工商四民者，国之石民也，不可使杂处，杂处则其言哤，其事乱”，“是故圣王之处士必于闲燕，处农必就田野，处工必就官府，处商必就市井”，〔93〕此为最早关于“四民”“四业”的社会分工主张；管仲还在具体措施上执行士、农、工、商的“四民分业定居”政策，把当时国都的居民分成21个乡，其中工乡、商乡各3个，士乡15个，即所谓“市立三乡”，并规定商贾须居住于三个“商乡”之中，籍以“监其乡之资，以知其市之

〔88〕《周礼·地官·司徒第二·司市/掌节》。
〔89〕参见《左传·昭公十六年》。
〔90〕参见《左传·闵公二年》。
〔91〕参见《国语·晋语四》。
〔92〕参见《论语·子张》。
〔93〕《管子·匡君·小匡》。

贾”。[94]随后《春秋谷梁传》也有所谓“古者有四民:有士民,有商民,有农民,有工民”之说;[95]战国时期《荀子》亦有“以类行杂,以一行万”,且把“农农、士士、工工、商商”及所谓“农、士、工、商”喻为“定分止争”的社会阶层分类基础。[96]春秋时期各国对工商业管理制度的强化和“四民”“四业”“四维”社会阶层分工理论的出现,对后世不同时期工商业管理和登记制度产生很大影响。

(三)战国“市籍”制度的缘起

战国时期,各诸侯国为追求富国强兵,纷纷加入变法行列,竞相改革,而其中最重要的改革举措就是废除世卿世禄制度,鼓励农耕、军功,强化对其辖下民众的管理与控制。如魏国李悝改革,推行“食有劳而禄有功,使有能而赏必行”的人才选派和军功奖励制度、[97]“尽地力之教”的一家一户个体农耕制度,[98]以“平籴法”来调节粮食市场、抑制商人垄断或哄抬粮价,制定《法经》加强社会控制;又如楚国的吴起改革、赵国的武灵王军事改革、韩国申不害改革等。改革最彻底且对后世商事登记制度产生示范性影响的,要首推秦国的商鞅变法。商鞅在秦改革,除推行“废井田,开阡陌”的新式土地制度,废除“世卿世禄”而实行“宗室非有军功论,不得为属籍”和“有军功者,各以率受上爵”的军功授田奖励制度,[99]实施重农抑商、强制分户的农耕鼓励政策,取消分封、推行郡县的行政管理制度,实施十伍连坐、鼓励告发的社会管控制度之外,就是把郡县制、十伍连坐制、户籍登记制与重农抑商的政策结合起来,创设新的对商人进行严格控制和管理的“市籍”制度。

“市籍”制度源于秦献公七年(公元前378年)所设“初行为市”的市场管理制度,献公十年又以“为户籍相伍”,制定并推行户籍制度,市场管理制度开始与户籍管理制度融为一体,即商人的“市籍”;但这时的“市籍”仅具身份识别和户籍登记功能,与管仲所推行的“商乡”“商户”之“分业居住”功能基本相同。只是商鞅变法时,因结合其十伍连坐制、户籍登记制与奖励军功、重农抑商等政策,揉进许多新的内容和措施,“市籍”性质发生如下变化。(1)强制性。即对经商之户必须编入官府为其设立的专门“市籍”,否则其经商活动予以取缔。(2)歧视性。凡编入“市籍”的商户,在法律待遇和惩罚性措施方面均受到明显的差异对待。仅就分担劳役和征纳赋税的计算标准而言,与“农户”只以成年人为计算基数不同,编入“市籍”商户则须以登记在“市籍”里的全部人口(包括儿童在内的家属和奴婢)来分担劳役和征纳赋税,即“以商之口数使商,令之

[94] 参见林永光:《论管仲的社会改革思想》,载《管子学刊》1997年第2期。

[95] 参见《春秋谷梁传·成公元年》。

[96] 参见《荀子·王制》。

[97] 参见《说苑·政理》。

[98] 参见《汉书·食货志》。

[99] 参见《史记·商君列传》。

厮舆徒重(通“童”字)者必当名”,并“以其食口之数,赋而重使之”。〔100〕(3)抑制性。即通过“市籍”的特别控制与严格管理,以达到抑制经商的政策目的,对编入“市籍”的商户,要征收多倍重税,如对经营酒肉的商户就规定要加征10倍的赋税。(4)限制性。凡编入“市籍”的商民,其行为、任职甚至日常生活均受到各种近乎苛刻的限制,如编入“市籍”之人不得入仕做官,不得拥有或分配土地,禁止经营粮食等业务,禁止开设旅店等,不能穿戴华丽的衣服和饰品等。〔101〕足见,虽然“市籍”产生的早期,其职业类户籍的划分确实具有商事登记的某些功能,但经商鞅变法改造,这种强制入籍、歧视对待、抑制限禁的具体管理措施与近现代意义上的励商、促商、利商、护商之商事登记制度不同,完全是一种抑商、困商、限商、歧商的管理制度,且纯粹变成实现重农抑商政策的主要制度和基本手段。此制的出现与演变不仅直接影响秦汉直至唐初的“市籍”制度,而且也对我国封建社会时期的整个工商业登记与管理制度产生重大、深远的负面影响。

(四)秦汉“市籍”制度的兴盛与完善

商鞅变法所改造的“市籍”制度并未因商鞅本人的车裂而终结,而是比较完整地延续下来,特别是嬴政亲政后,其抑商、限商、歧商的倾向越来越明显,此制在秦汉得到进一步发展,并形成常法定制。“市籍”也发挥着商贾的户籍、经商的许可证、国家向商贾征收市场税租的依据、官府管理商业贸易活动的工具等基本功能。〔102〕秦设“列伍长”为市官,负责城市与市场的巡视与管理,专门从事买卖、经营、贸易的商人或商户要获得在城市的居住权和经营权,就必须到官府进行登记,编入“市籍”,未经登记、入籍的非职业商人之买卖、经营活动则被明文禁止。不仅如此,相较于商鞅的“市籍”,秦汉时期的“市籍”又发生如下变化,其抑商特征更为明显。(1)“市籍”在一般户籍中的社会地位较低。一般情形下,经商之民不得立户,不得为一般户籍之户主;凡编入“市籍”之民,则被列入贱籍,其人身自由受到一定限制。(2)编入“市籍”的商民常常成为国家征集兵役的对象。(3)编入“市籍”之民的各种资格、权利、行为受到更严格的限制,如不得为仕宦、不得有名田,不得衣丝乘车等。(4)“市籍”成为政治打击和经济压榨的主要对象。最典型的如汉武帝元狩年间(公元前122—公元前117年)在酷吏张汤策划下,颁布“算缗令”和“告缗令”,根据“算缗令”规定,凡商人、高利贷者、囤积居奇者,无论有无“市籍”,所有财产均要折成五珠钱,并以每二千钱纳税一百二十钱(税率为6%,但一般手工业者税率为3%)征税;〔103〕而根据“告缗”规定,被“告缗”的商人,其

〔100〕参见蒋礼鸿:《商君书锥指·垦令第二》,中华书局1996年版,第17页。

〔101〕参见陆建伟:《秦汉时期市籍制度初探》,载《中国经济史研究》1999年第4期;王刚:《汉代市籍问题再探》,载《南都学坛》2016年第3期。

〔102〕参见吴慧:《中国古代商业史》(第1册),中国商业出版社1983年版,第350页。

〔103〕参见(汉)司马迁:《史记》卷三十《平准书》,中华书局1959年版,第1430页。

财产则全部没收,此令竟导致"告缗"之风盛行。故秦汉时期的"市籍"制度,"不仅是秦汉市场管理制度之一,而且还是配合抑商政策打击商贾的工具,许多具体政策,如七科谪、毋得名田、算缗、告缗等限制性规定,都是基于市籍之上,是针对有市籍的中小商人的"。[104]当然,在汉代,拥有"市籍"的商民在缴纳赋税的宽容度、居住地、经商资格和身份凭证等方面也享有官府所给予的某些特殊权利,[105]而这种特殊权利又类似于中世纪国王特许令状制下的商业特权。秦汉"市籍"制度作为封建执政者管理城市、控制市场、抑制商民、推行重农抑商的制度性工具一直延续到唐初,至五代以后"市籍"最终被取消,并被"坊市人户""坊郭户"等新型城市与商户登记管理制度所取代。[106]

与"市籍"制度并行的,秦汉时期还存在盐铁专营和酒类专卖制度。专营和专卖发端于秦代,时《秦律·田律》就有关于"百姓居田舍者,毋敢醢(通"酤"字)酉(通"酒"字),田蔷夫、部佐谨禁御之,有不从令者有罪"等禁止酤酒方面的规定;[107]至汉代,则发展成为国家垄断性的专营、专卖制度。汉元狩四年(公元前119年),武帝为筹集巨额军费和解决国家财政困难,突破商贾不得为吏的限禁,任命齐地大盐商郭咸阳、南阳大铁商孔仅为大农丞,会同洛阳经商奇才桑弘羊共同制定盐铁官营之法,推行盐铁官营制度,即(1)在全国产盐、产铁之地分别设立盐官、铁官,由其负责招募盐户、铁户自筹资金,由官府统一发给工具煮盐、冶铁;(2)盐、铁的生产、贩运、交易统一由盐官、铁官负责、由官府控制,私人、民间不得染指;(3)建立专门的盐、铁买卖机构负责盐、铁的销售。盐铁官营推行后,汉在全国设有48处铁官、38处盐官,尽"笼天下盐铁诸利"。[108]又,酒类专卖始于汉天汉三年(公元前98年),是年武帝出台法令,"初榷酒酤",由官府设立"榷酤官"组织酒类的生产、贩运、买卖,禁止民间、私人酤酒,但此法遭到郡国贤良文学的反对,因而几度兴废。汉代所实施、推行的盐铁专营和酒类专卖制度在上古三代"工商食官"的基础上,国家对最具营利的商业领域和特定行业实行官府垄断经营,开了国家垄断工商业之先河,此后该制经久不衰,有些领域和行业甚至一直延续至今日。但盐铁专营和酒类专卖制度并非完全意义上的官制官营,官制官营中的盐官、铁官、榷酤官并非个个懂得经营、生意之道,在其不熟悉的生产、经营、交易领域,常常会通过特许或许可、明示或暗许等方式委托私人或民间代理进行,故表面上的盐铁专营和酒类专卖制度,事实上存在各种情形下私人、民间参与生产、贩运、销售某一环节的现象,而要获得这一资格,自然须取得官府或专门盐官、铁官、榷酤官的许可,而

---

[104] 陆建伟:《秦汉时期市籍制度初探》,载《中国经济史研究》1999年第4期。

[105] 参见王刚:《汉代市籍问题再探》,载《南都学坛》2016年第3期。

[106] 参见姜伯勤:《从判文看唐代市籍制的终结》,载《历史研究》1990年第3期。

[107] 参见《秦律十八种·田律》十二,载睡虎地秦墓竹简整理小组编:《睡虎地秦墓竹简》,文物出版社1990年版。

[108] 参见《汉书·地理志》《盐铁论·轻重》。

这种许可或默许,实际上就类似于欧洲中世纪的特许制,此制在唐、宋又正式演变为“市引”或“榷场”等商制。

(五)唐代的“领贴”制

唐代沿袭前代,保有庞大官营手工业制造管理体系,其官工队伍除源于征调、奴隶、和雇外,还存在数量较大的能工巧匠。能工巧匠往往注册为匠户,编入工匠户籍,且一经入籍,就不可改变,世代相传;工匠户民属于官工制作系统受少府、将作监管辖,接受其调遣,专为官作系统服务。[109] 唐代工匠户制度是后世“匠户”“匠籍”制度的最早起源,此种工匠户籍带有一定的手工业注册、登记性质。

唐代在商业领域仍推行“市籍”管理体制,《大唐六典》有此规定,“辨天下之四人,使各专其业,凡习学文武者为士,肆力耕桑者为农,巧作贸易者为工,屠沽兴贩者为商。工商皆谓家专其业,以求利者,其织纴组紃之类非也;工商之家,不得预于士;食禄之人,不得夺下人之利”;[110] 又《唐律疏议》中所引“选举令”,也有“官人身及同居大功以上亲,自执工商,家专其业者,不得仕”这样的规定,[111] 这说明工商之家属专门户籍,即“市籍”,“工商之家不得入仕”仍为基本的社会观念和政治规则。有唐一代,对商人的管理和控制却更加程式化、外在化、要式化,创设有所谓“领贴”制,即凡编入“市籍”的商人和试图经商的人,每年八月十五到京都“领贴”,并悬挂于自己的门店前,以示于众,方可开业和经营。唐中后期,随着城市的发展和商业形式的变化,“市籍”制也开始式微,特别是城市中“市坊”或“坊市”制度的出现,如唐代长安就将整个的外郭城分隔为110个坊和东西两市,坊内除有官宅、民舍、寺观、园林等,还有更多的旅店、小店铺、手工业作坊等。为有效地对这些“市坊”进行管理,唐因袭隋制,设“市令”一职专属管辖,并归中央太府节制;市肆则由肆长进行管理,市肆之下有商“行”,则由市行推选“行首”或“行头”进行自治性管理。[112] 在“坊市”制下,经营同类商品或服务的店铺往往集中在某一街坊,不同经营类别者不能杂设,形成所谓商“行”,仅长安东市就有220行。[113] 与唐代城市“坊市”相对应,一种新的管理和控制城市商人的“坊市人户”制得以产生,商户不仅被编入“坊市人户”名册,而且还要根据其所处的市坊纳入具体的市肆、行头管理。

此外,唐代官府专营、专卖制度更加完善,其范围进一步扩大,除盐铁、酒类等传统专营、专卖品外,茶、主要粮食也纳入专卖范围;在外贸领域,还专门设立“市舶使”管理

---

〔109〕 参见张晋藩总主编、陈鹏生主编:《中国法制通史》(第4卷),法律出版社1999年版,第377页。

〔110〕 《大唐六典》卷三《户部郎中员外郎》。

〔111〕 《唐律疏议·诈伪》,刘俊文点校,法律出版社1999年版,第497页。

〔112〕 参见李小虎、卢川:《从市坊制度看唐代商业发展》,载《沈阳工程学院学报(社会科学版)》2014年第1期。

〔113〕 参见吴慧主编:《中国商业通史》(第2卷),中国财政经济出版社2006年版,第71－73页。

对外贸易。唐代官府专营、专卖制度比较混乱,饱受时人和学士批评,虽有改革但效果不显,在盐铁、酒类、茶专营、专卖制度之下,原有从事盐铁、酒类、茶的商户,被编入盐户、铁户、酒户、茶户,取得特定的官营户籍,世代为官营、官卖服务。这种特定的专营、专卖官商户籍制度虽也具有一定的商事登记注册意义,但与近代营业确认与信息公示意义的商事登记有本质区别。

(六)宋代的"市易制""榷场制""官引制"

宋代有比较发达的工商业,民间商业贸易活动十分活跃,在此情形下,朝廷也制定有比较完善的工商业管理制度,比较有影响的主要为"市易制""榷场制""官引制"。

1."市易制"

在唐代初步成型的"坊市"制,在宋代有更快、更大范围的发展,时都城汴京就有"大货行"和"小货行"160多行,入行的商户达6400余家,且已突破唐代商行的同类坊市限制,扩大到城外,不同行业、门类的商户和经营者往往在同一或同类"市""坊"之外,杂处一起;与此同时,为鼓励交易和买卖,自公元965年"汴京夜漏三鼓前不禁行人"开始,至真宗时取消传统的夜禁规定,形成所谓的晓市、夜市和鬼市等多时段交易模式。但"坊市""牙行"制度兴起后,城市"牙行"往往被富商大贾所控制,控制"牙行"的人与官府勾结,"较固取利"、垄断市场,鱼肉中小和无权势商人。公元1073年正式颁行"市易法",规定所有京师行铺、牙人、商户均须办理登记,经核准许可后始得营业。〔114〕为有效进行管理,宋代专设"京师市易务"机构(后改为"都市易司",边境和重要城市分设"市易务")和官职(监官二人,提举官、勾当公事官各一人)署理此事,京师行铺、牙人经申请登记,均可在"市易务"机构内充当行人或牙人。〔115〕

2."榷场制"

"榷场"是宋代在西北沿边地区和淮水领域设立的官办边境、关口贸易场所,宋代先后在京师、建安、汉阳、蕲口等城市和边境口岸设置榷场,〔116〕一则为垄断边境或重要关口贸易;二则为控制战略物资进出口,确保边境安全,如为防范和打击西夏,宋严格控制西夏盐的进口。〔117〕"榷场"制度在有宋一代一直存在,如前期对辽、中期对金、后期对西夏,"榷场"制度一直作为宋实施经济、外交政策的一种工具。"榷场"除具有国家

---

〔114〕 参见李晓:《王安石市易法与政府购买制度》,载《历史研究》2004年第6期;魏天安:《宋代市易法的经营模式》,载《中国社会经济史研究》2007年第2期;任先行:《商法原论》(下册),知识产权出版社2015年版,第742页。

〔115〕 参见《宋会要辑稿》。

〔116〕 参见《宋会要辑稿》。

〔117〕 参见李华瑞:《贸易与西夏侵宋的关系》,载《宁夏社会科学》1997年第3期;郭坤、陈瑞青:《交易有无:宋、夏、金榷场贸易的融通与互动——以黑水城西夏榷场使文书为中心的考察》,载《宁夏社会科学》2015年第5期。

对边境、关口贸易垄断的意义外，也具有管理和控制民间商人和交易的功能，商人和经营者如需到“榷场”进行交易，就须取得官府的许可，并须按政府所规定的商品品种、买卖对象、交易数量进行交易。可见，这种“榷场”下的许可制度，实际上具有一定的外贸、特定地域商事许可登记的法律意义和制度功能。

宋代专卖为“禁榷”之法，〔118〕在唐代基础上，范围进一步扩张，措施更为严格。从范围来看，除包括传统的盐、铁、茶、酒外，又外加矾、香药、犀象、石炭（煤）、醋、其他金属矿产和舶来品等多个种类。但与前朝不同的是，宋代专卖“禁榷”之法比较灵活多样，有全部官卖（包括“民营官卖”）和部分官卖（商人购销在官府直接控制下进行）等多种模式，如盐的专卖，就存在“扑买”（官府控制下由商人包买包卖）、“分销”（官府许可下的商人代销）和“入中”（取得“盐引”许可凭证的销售方式）三种形式。〔119〕宋代“禁榷”专卖之法还衍生出“官引”制。

3.“官引制”

官引，又称“交引”，源于专卖制度下的“入中”与“折中”，〔120〕商人为规避法律、结交官府，以一定的刍粟、粮草、钱等流通物卖入官府或军仓库，即为“中纳”、“入纳”或“入中”；然后以此换取由官府签发或印制、用以远期交付的盐、铁、茶、主要粮食、矾、香药、犀象等专卖商品指标，即所谓“折中”；而官府签发或印制的这种远期交付的专卖品指标，即为“引”，有所谓的盐砂引、铁引、茶引、粮食引、矾引、香药犀象交引、见钱交引等，还有长引、短引。“引”实则是一种专卖品提取或交易的许可凭证，是取得或从事专卖品交易的法定依据和文书保证，其签发有三种：(1)现货类交引，即官府向“入中”钱、粮、物的商人所签发的可提取一定专卖品的凭证；(2)期货类交引或见钱交引，即官府向沿边、边境“入中”钱、粮、物的商人所签发的可远期提取一定专卖品或现金的凭证；(3)混合性交引，即官府向“入中”钱、粮、物的商人所签发的可按照比例提取一定现金或专卖品的凭证。史载，徽宗崇宁、政和年间（公元1102年以降），宋正式废除盐的官产官销专卖方式，改为官产商运商销方式，并创设“盐引”制度，“盐引”分“长引”（可在本路以外的他路销售）和“短引”（只能在本路区域内销售）两种。徽宗崇宁四年（1105年），宋废除东南地区的茶叶官买官卖制，改为商运商销，实行“茶引法”；徽宗政和二年（1112年）更设“都茶场”管理茶的税收和发引，严禁伪造茶引或武装走私茶叶；至高宗建炎二年（1128年）“茶引法”推广到四川，除两广外，“茶引法”得以普及。与“盐引”

〔118〕 榷，本义为“独木桥”，后引申为“专利”“专卖”之意；“榷场”即专卖市场之意。参见商务印书馆辞书研究中心编：《古代汉语词典》（第2版），商务印书馆2014年版，第1223页。

〔119〕 根据《宋史·食货志》卷一八一记载，“分销”即为“募上户为铺户，官给券，定月所卖，从官地买之”。

〔120〕 参见孙洪升：《从宋代交引茶制看传统社会政府与商人的关系》，载姜锡东、李瑞华主编：《宋史研究论丛》（第8辑），河北大学出版社2007年版。

一样，“茶引”也分为“长引”和“短引”两种。[121]除“盐引法”“茶引法”之外，宋还先后在酒类、矿类、珍稀药品、舶类品等领域也推行过“交引”或“发引”制，出现诸如“酒引”“矿引”“药引”“矾引”“香药引”“犀象引”等五花八门的官引。[122]“禁榷”之下的官引，其实质是以许可的方式允许民间资本、一般商人参与盐、铁、茶、酒等专卖品的运输与销售，是对极端、僵化、保守、效益低下的官营官卖体制的适度改革，在一定程度对允许私人资本和民间商人进入专卖垄断行业这一点，有一定的积极意义。但私人资本和民间商人进入这些专卖垄断行业，是有代价的，其须获得由官府签发或发给的各种“交引”或“发引”，没有这些“交引”或“发引”就不能涉足此一高利润行业。足见，“禁榷”专卖制之下的官引制度已具有特别营业许可的价值和意义，而取得或购得一定种类或数量的“交引”或“发引”就意味着可享有一定专卖物品种、一定时段、一定地域的经营特权；自然，对特定私人资本和民间商人而言，此时由官府签发或授印的“交引”或“发引”等官引也就具有许可证和营业执照的双重功能。

因为有官引的产生和存在，在宋代城市有一种特别的以“交引”为交易对象的“交引”买卖。由于“交引”具有现实价值，也就具有交易的价值，于是就催生“交引”买卖这一新的行业。从事“交引”买卖业务或为持有“交引”者作担保的交易商，为“交引铺”，一般为富商大贾所开设。[123]“交引”买卖既是官营专卖制度的副产物，同时也反映出官营专卖制度由官府签发的各种“引”具有特定的“许可证”意义，取得此种“引”并以之为凭证的交易其实质就具有取得类似许可证登记的某些功能和意义。

（七）元代的“文引制”“引由制”“公据制”

元代官府对营业的管理和控制主要包括普通市易、诸榷专卖、博易（番邦）互市三大领域，并分别对应“文引制”、“引由制”和“公据制”等与商事登记相关的制度。

1.“文引制”

元代的普通市易主要涉及非官营的民间贸易和国内贸易，其由各路、府、州、司、县的衙门负责，中央则受户部统辖；城市贸易则由城市的市务司负责，如大都则设税课（又称宣课）提举司负责掌管“诸色课程，并领京城各市”。[124]元代普通市易的准入环节管理，包括行商与坐商两个方面。（1）“文引制”与行商资格取得。对于行商，元代主要通过官府签发的“文引”来实现。根据《通制条格》的规定，只要有本钱且愿意经商、做买卖者，均可向官府申请，由官府签发有特定、规范格式的“文引”，取得“文引”的行

---

〔121〕　参见周荔：《宋代的茶叶生产》，载《历史研究》1985年第6期。

〔122〕　参见张晋藩总主编：《中国法制通史》（第5卷），法律出版社1999年版，第342－348页。

〔123〕　参见吴慧主编：《中国商业通史》（第2卷），中国财政经济出版社2006年版，第513－517页。

〔124〕　参见《元史·百官一》。

商就可在全国各地经商、买卖。〔125〕“文引”由路、府、州、司、县的衙门负责受理、审查和签发,其形式包括“路引”“差引”等,取得官府“文引”的商人在外出通行、出关、经商、贩运、租住、宿店时,须出示各种“文引”方可被放行、允许,故对行商而言,官府“文引”具有合法经营资格、外出通行证明、经营买卖执照等多重功能,比较类似于近现代商事登记和营业执照制度。(2)“牙行”制度与城市坐商的管理。自唐末开始,我国城市就已经有比较发达的行商和牙行制度,至元代,牙人、牙行、行人均比较活跃,元代对城市坐商的管理,主要是通过建立有效的“牙行”制度,规定牙人(从事中介业务的买卖人)、牙保(又称保人,为撮合买卖的担保人)、行人(又称行老,兼具牙人、牙保双重性质的交易参与人或行肆头领)资格的取得均须经官府申报并登记,获得政府许可,依律取得相应资格。〔126〕元代对“牙行”的整顿、规制及官府给照制度比较近似于许可式的商事登记,对明清时期的牙行管理和城市匠籍制度有直接影响。

2.“引由制”

元代专卖沿袭宋制,史载“元初,以酒醋、盐税、河泊、金银、铁冶六色,取课于民”,〔127〕实际上,元代诸榷之法还涉及如矿产、茶、药材等众多领域;而且,宋代所创设的官引制度在元代得到更大范围的推广和实施,诸如盐引、茶引、矿引、酒引等,种类繁多,其签发、管理、控制更为严格,执行与处罚措施更为严厉。与宋代有所不同,元代官引是由官府卖给商人或商户的运销、贩运、生产凭证,与此同时,官府也参与直营直运直销,故元代官引既具宋代许可专卖和营业执照的作用,更具政府垄断性批发的功效。除此之外,与宋代相比,元代诸榷专卖之法更为细致、复杂。以茶的专卖为例,由官方颁发或签发给茶商或茶户的专卖凭证,就包括茶引、茶由、公据三种,其中茶引是由官府签发给茶商的茶叶运销专有凭证;茶由是由官府颁发给经营茶叶零售的茶商或茶户的专卖凭证;公据则是由官府发给特定茶商准许其进山装茶、发货的专卖凭证。〔128〕一个茶叶专卖弄得如此细致和复杂,可以说统治者为攫取民间和商人利益,无所不用其极。在诸榷专卖之法的实际操作中,无论何人,涉及诸榷所列的买卖均须凭各种官引、官由、官据,关口方可放行、买卖才认合法;否则,一经查实,定予严惩。因此,元代诸榷专卖之下的各种官引、官由、官据制,与其说是一种特定的商事许可登记制度,还不如说是官府实现垄断的制度设计。

3.“公据制”

外番博易互市的管理由市舶提举司负责,分设泉州、庆元、温州等沿海口岸。元代

〔125〕　参见《大元通制条格》卷十八《关市·滥给文引》,郭成伟点校,法律出版社2000年版,第234－235页。

〔126〕　参见张晋藩总主编、韩玉林主编:《中国法制通史》(第6卷),法律出版社1999年版,第513－517页。

〔127〕　《元史·食货二·盐法》。

〔128〕　参见张晋藩总主编、韩玉林主编:《中国法制通史》(第6卷),法律出版社1999年版,第491－511页;杨印民:《从榷酤到散办:元代酒课征榷政策的调适及走向》,载《中国社会经济史研究》2009年第2期。

有专门的市舶法，规定船商、船舶、发船、回舶均须办理严格的登记；[129]由市舶司发给各种形式的公据，发船、验货、回舶、抽分、发卖，每一道程序均须对官府所发的公据、公验、公凭进行认真核对和填写，如发舶就应"必著其所至之地，验其所易之物，给以公文，为之期日"，[130]方可起锚。应该说，元代的外番博易互市登记和公据制度虽是官府垄断、控制对外贸易的主要手段，但市舶公据也具有近代海商登记、商事登记的某些特征和功能，此举对明清有直接影响。

（八）明代的"店历""路引""编审铺户"与"匠籍"制

明代有关工商业登记制度在元代的基础上更为成熟，其中有关商业、手工业建立了比较完善的注册、许可和登记制度。

1."店历""路引""编审铺户"制

关于一般商业领域的登记与管理，明代主要有"店历""路引""编审铺户"等明确的制度和规范。（1）"店历"制。"店历"主要为旅店或客店方面的经营资格和管理规定，作为商人居住或贮存货物的旅店或客店，按规定必须每月向主管衙门（兵马司或有司等）申报其经营及详细情况，并予登记查照。如据洪武二年（1369 年）颁发的"店历"令规定："凡客店，每月置店历一扇，在内付兵马司，在外付有司，署押讫，逐日附写到店客商姓名人数、起程月日，月终各赴所司查照。"[131]"店历"虽为统治者管理城市、防止犯罪、保护客商、维护治安之控制性措施，但对经营旅店或客店的店铺、业主而言，"店历"的申报、填写、审查、登记、造册、查照等，无疑也包括诸如店主的个人信息、旅店或客店经营状况、店铺的经营记录等主要营业事项，自然也就具有产生事实上商事登记的客观效果。（2）"路引"制。"路引"相当于元代的"文引"，是由官府发给远行赴外地经商或访客而持有的关卡、入城通行证。"路引"的核心是"但凡远出，先须告引"；[132]又《大明律》规定，"凡无文引私度关津者，杖八十"；又"若军民出百里之外，不给引者，军以逃军论，民以私度关津论"。[133]"路引"之制本意为控制军民自由流动和迁徙，是专制皇权控制底层百姓的有效手段。但对商民特别是对行商而言，"路引"恰恰又是其跨区经商、买卖的基本依据和主要凭证，如无"路引"姑且不说生意没法做，就连身家性命也难保，正如《士商类要》中的《客商规略》所言，"夫人之于生意也，身携万金，必以安顿为主；资囊些小，当以疾趋为先"；故对跨境远出的行商而言，"路引"事实上就具有

---

〔129〕 参见程皓：《论元代市舶制度与海外贸易》，载《江南论坛》2009 年第 4 期；张耀华：《论元代〈市舶则法〉在古代海关法中的历史地位》，载《海关与经贸研究》2014 年第 3 期。

〔130〕 《元史·食货二·市舶》。

〔131〕 《大明令·户令》，载《大明律》附录，怀效锋点校，法律出版社 1999 年版，第 242 页。

〔132〕 （明）程春宇：《士商类要》卷二《客商规略》，载杨正泰：《明代驿站考》（增订本）附录二《士商类要》，上海古籍出版社 2006 年版。

〔133〕 《大明律》卷十五《兵律三·关津》，怀效锋点校，法律出版社 1999 年版，第 117－118 页。

商人资格、通行证明和营业执照等多重功效。(3)“编审铺户”制。与“路引”主要适用行商不同,“编审铺户”的主要管理和适用对象为在城镇中开业、经营且有长期、稳定买卖的坐商或店铺经营户,即“铺户”(实则为古代早期的企业形式)。以“铺户”形式经营的商户,如需取得在城镇居住的资格和合法经营的权利,就须向主管衙门进行申报、登记、注册,主管衙门经审查登记,并建立铺籍档案、颁发贴照后,该“铺户”始可经营。根据《明史·食货志》记载,明代主管工商业事务的部门在中央仍为户部,所有坐商、店铺、商行必须注册登记,登记内容包括业主、资本数目、营业状况、盈利收入、亏损情况等事项;主管衙门还要对登记注册的商户或商行进行定期检查,并根据调查、核实结果划分等第、造册、存档、备案,作为征调科税的主要依据。如果“铺户”没有取得“市籍”或“逃辑”,则属违禁开业。“编审铺户”制除须把“铺户”编入“市籍”外,还须隔年进行审核、查照,接受官府的严格监督,成祖时为每十年审编一次,到嘉靖年间以后,则改为每五年一次,“铺户”每次新的审编记录均登记在案,并作评判合法经营和新的征调科税之依据。[134]不难看出,“编审铺户”本质上是统治者控制城镇商户、攫取商人财富、维护城市秩序的一种集权式管理方式,其对城市工商业发展具有明显的阻碍、约束作用;但就坐商、商户和店铺而言,经过“编审”后的“铺户”就意味着取得合法住居、经营的资格,同时“铺户”经“编审”后,其主要经营状况和交易信息均登记于官造簿册,此举又确具近代企业登记的某些特性。

2.“牙行”“领贴给照”“引票”制

除一般商业领域外,明代对特殊商业领域的登记和管理主要包括如下几个方面:(1)对城市商业“牙行”的登记与管理。明代实行比前朝更为严厉的登记、注册制度,即“凡城市乡村,诸色牙行,及船埠头,并选有抵业人户充应。官给印信文簿,附写客商船户,住贯姓名,路引字号,物资数目,每月赴官查照”;如不经登记注册,“私充者,杖六十,所得牙钱入官”;如“官牙埠头容隐者,笞五十,革去”。[135](2)在盐、茶等专卖领域,明代仍然执行严格的“领贴给照”,即盐引、茶引签发、登记和管理制度。如《四夷考》记载有,“商登籍于户曹,趋而给引于南户曹。又趋而受盐于运司,又趋而至于行盐之地。往来弛逐,动经旬岁,奸徒凭其翕张,墨胥视为囊橐”;[136]又《明史》记载:“初,太祖令商人于产茶地买茶,纳钱请引。引茶百斤,输钱二百,不及引曰畸零,别置由贴给之。无由、引及茶引相离者,人得告捕。”[137](3)对外贸易,在长期执行海禁的同时,创设“引票”制,授予取得“引票”的商人以有限的特别许可经营权。“引票”制起于明中叶,规定凡商人如欲取得从事海外贸易的资格,须在有人担保和交纳引税(一般每一“引

〔134〕参见张晋藩、怀效锋主编:《中国法制通史》(第7卷),法律出版社1999年版,第359页。

〔135〕《大明律》卷十《户律七·市廛》,怀效锋点校,法律出版社1999年版,第84页。

〔136〕《四夷考》卷八《盐政考》。

〔137〕《明史·食货志》。

票”须纳税银三两左右）的前提下，向官府领取“引票”，“引票”上记载有该经营者的姓名、籍贯、住所地、货物贩运的往返地、货物名称与数量等相关事项，取得“引票”始可合法从事对外贸易；否则，以非法经营论。“引票”制实质是一种海外贸易的特许制，与中世纪晚期欧洲国王特许海外殖民贸易有相似之处，但主旨却完全不同。与中世纪晚期欧洲国王特许海外殖民贸易的鼓励、扩张、积极、进取不同，明代“引票”制是极端保守、落后的，虽具某种程度上的商事特许登记意义，但总体而言，对私人资本和民间商人的海外贸易是限制、控制甚至是禁止性的，这一制度直接在清代演变为特别垄断性的外贸商行制度。

3.“匠户”“匠籍”制

明代对手工业经营的登记和管理主要是通过建立“匠户”“匠籍”制度来实现的。“匠户”制起源于元代，元设关部“掌天下营造”，将作院“掌异样百色造作”，[138] 编天下匠工入“匠户”，把其纳入“匠籍”管理。明初承袭元制，也把手工业工匠编入国家“匠籍”，凡归入“匠籍”的匠户、匠人、工匠，均要听从官府的派差，定期、轮番为官府营造、制造系统服务；“匠籍”经登记、确认、注册后，则世代因袭，不可改籍，亦不可逃避役作，否则要承受严格的处罚。如洪武二年（1369 年）所颁“立户收籍令”规定，“凡军民、医匠、阴阳诸色人户计，各以原报抄籍为定，不得妄行变乱。违者，治罪，仍从原籍”。[139] 虽然如此，明代在元代“匠户”制的基础上，对“匠籍”制度进行了适度改革。（1）“匠籍”中匠人、工匠与官府之间的劳役式人身依附关系有所弱化。典型为匠人、工匠在服役时官府尚有一定的报酬；匠人、工匠不服役或休工期间可自由营生；如洪武十一年（1378 年）太祖令工部作出新规定，“凡在京工匠赴工者，月给薪米盐蔬，休工者停给，听其营生勿拘”。[140]（2）把工匠明确划分为“住匠”（住坐工匠）、“班匠”（轮班工匠）和“留匠”（存留工匠）三类。“住匠”须进行登记，并编入城镇“匠籍”，经登记的“住匠”可在官府领取一定俸粮，官府要定期核实，裁退病残老幼和闲置人员；另外，“住匠”本人可免除其他差役，家属中也可有一人免役；但相对而言，“住匠”每月须服役 10 天，每年 120 天，为“班匠”服役时间的 5 倍。“班匠”为分期分批轮流应官府征召服役的工匠。“留匠”则为留在地方应政府征召服役的工匠。（3）“班匠”可以银抵役。明代中叶以后，逐渐对“班匠”制进行改革，从以银代役与当班服役双轨并行，到后来以银抵役的货币徭役制，“班匠”获得独立经营手工业的自由和条件。明代“匠籍”特别是编入“住匠”的匠人、工匠，虽具典型的封建徭役性质，且手工业此时的营利性色彩尚不明显，基本还是作为匠人、工匠、匠户谋生的一种手段，但“匠户”“匠籍”登记、注册、造册、

---

[138] 参见《元史·百官志四》。

[139] 《大明令·户令》，载《大明律》附录，怀效锋点校，法律出版社 1999 年版，第 243 页。

[140] 《明会典》卷一百八十九《工部九·工匠二》。

核查等制度也带有某些商事登记特征。

（九）清代前期的“户照”“商照”制

清代中叶之前的商制虽总体上因袭明制，但在工商业管理、商事登记等有关制度方面也有比较大的改革和变化。这些变化主要表现在如下几个方面：

1. 废除明代“匠籍”制度

顺治二年（1645 年）清廷下令“除匠籍为民”，[141] 所有匠人、工匠、匠户均编入民籍，与一般平民一体纳税、一体当差、一体纳粮；雍正时期，原有针对匠户征收的匠班银完全纳入“摊丁入亩”或“地丁银”内，“匠籍”与“匠人”的特别身份被完全废止。“匠籍”制度的废除，无疑解放了专业手工业者，对推动手工制造业发展有一定的促进作用，但因清代中后期实行严厉的矿禁、盐禁、海禁政策，手工业发展仍受很大限制。

2. 对商民全面推行“登记”“执照”制度

在废除“匠籍”、有限制开放工商业的同时，清代也通过对商民的全面登记、审查强化对工商业的管理和国家税赋的征收。清律规定，凡欲经商之民，须申报并呈明地方官，登记姓名及其他有关经营事项，在有邻左或保人出具保结的情况下，可由官府给发执照，始可经营。不仅如此，商民办理登记和领取执照后，地方官仍可依照登记簿册或户口牌册对商民买卖、经营、贸易进行核查与监督，如乾隆二十九年（1764 年）浙江盐驿道颁发给浙江黔县商人汪岫云的“商照”中所载内容就反映“商照”制度运行的基本情况，该“给商照验”记载有，“为给照遵守，以杜混冒事。照得该地商盐，业经评定，认配归公，按运销卖。难容参差紊乱，恐有不肖之商。混将配数，私顶盗卖，致多讦讼，有烦案情，合行给照遵守”；为此，“即将此照缴验，禀请更换新照。如无印照，即属盗卖。除不准更名外，定行查究不贷，至执照者”。[142] 此外，由于清代仍执行前代的官营、专卖制，类似矿类、盐业、茶叶、漕运甚至纺织，官府均严加控制，如民间商人试图进入国家控制的官营、专卖领域，就须取得诸如“引票”（清代之“盐引”，又称“票引”，分中央户部印发的“部引”和地方签发的“岸引”等）、“令单”（由清代漕运总督及下属管理分支机构签发的允许船民、船户经营漕运的通行凭证）、“矿证”（在“委官监管”的情形下民间矿民在矿官处登记、注册后领取的开矿凭证）、“织凭”（织造局审核、批准、注册后所发给“织民”准予生产的“文凭”）等法定经营凭证，前述商人汪岫云所领取的“商照”，就属于经营盐业的专卖商照。又大清律条规定，“官给茶引，付产茶府、州、县，凡商人买茶，具数赴官，纳银给引，方许出境货卖”，[143] 只有获得相应的执照，方可经营；否则，

---

〔141〕 参见《清世祖实录》卷十六。

〔142〕 中国历史博物馆编：《简明中国历史图册》（第 8 册 ·《商照》），天津人民美术出版社 1978 年版。转引自工商行政管理史料编写组编：《工商行政管理史料》（上卷），中国工商出版社 2008 年版，第 56 页。

〔143〕 《大清律例》卷十三《户律 · 课程》，田涛、郑秦点校，法律出版社 1999 年版，第 257 页。

均要治罪充官。

3. 海禁与对外贸易的特许经营

清前期实行海禁，严禁“片帆出海”，更遑论海上贸易。康熙二十二年（1683 年），海禁才渐次开放，商民也被允许从事“出洋贸易”，但规定“商民人等，有欲出洋贸易者，呈明地方官，登记姓名，取具保结，给发执照，将船身烙号刊名，令守口官弁查验，准其出入贸易”。[144] 但此时开放的也仅有广州、漳州、宁波、云台山四个通商口岸，因清廷对外贸易始终怀有一种恐惧、排斥心态，随后海禁之策总是反反复复，乾隆二十二年（1757 年）竟下令关闭三关，仅留广州一个口岸，直到乾隆、嘉庆年间，形成特许性、垄断性的所谓广州十三对外贸易“公行”制度，其他民间“出洋贸易”基本予以禁绝。

总之，清代建立起更为全面、严格的工商业登记、注册制度，这些制度虽整体上是为官府控制商民、手工业者并盘剥利益所需，但其申报、具保、注册、登记、给照、验证、核查、监督等一系列程序的设计，与近代商事登记有类似之处，自然也就为晚清商事登记制度的近代转型创造了必要条件。

（十）中国古代工商业管制的基本特点

中国古代国家对商业、手工业的管理和控制以及所衍生的各种工商业登记、注册、许可、特许、证照等有关制度，虽总体应属商事登记范畴，但与近现代商事登记比较，尚有本质差异：

1. 抑制性

中国古代国家对工商业登记之价值导向与政策依据是传统的“重农抑商”，特别是商鞅变法以后，历朝历代认为商业只是财物和金钱的易手与流动，本身并不生产粮食和创造财富；而商人的逐利性会刺激人们对财富的奢望和追求，挫伤农民勤劳耕作的积极性，败坏社会的风气。这种对商业、商人的歪曲性认识和片面性理解，是促使历代统治者抑商最重要的思想根源。此外，在农耕经济和冷兵器时代，国家的富强和人们的富足确实主要靠农业及农业附属的手工业来提供和支撑，而商业和商人却不能满足统治者的这种需要。正因如此，前述各种应官府对商业、手工业管理和控制需要而衍生的工商业登记制度，无不体现“重农抑商”这一主旨。这也是为什么尽管中国历史上也不乏商业发达、百业兴盛、社会繁荣、国家富强的大治、太平、盛世，但工商业作为一种独立的社会力量、工商业经营之权始终不张、工商业阶层整体并不富裕的根本原因。

2. 攫利性

中国古代国家工商业登记带有明显的工具性、手段性特征由于商业具有实现并扩

〔144〕《光绪大清会典事例》卷一百二十。

大财富的社会效应,而手工业通过制造又能提高农业初级产品的价值和利润空间,自然商业、手工业这一领域就蕴藏着巨大财富的可能性,在此情形下,古代中国历朝历代的做法通常采取以下措施:第一,由官府直接举办工场手工业,截留手工业制造者创造的巨额利润,此所谓“工商食官”。第二,垄断人们日常生活必需品的生产和销售,特别是销售的末端环节,如盐、铁、酒、茶、生丝、矿品、药材、香料、珍贵物品、舶来品等,此所谓“专营”“专卖”。第三,将民间商人、手工业者编入官册,掌握其精细生产、经营状况和具体住所、行踪,官府把该征纳的财物、应得到的税赋全部收归国家户库和官府。正是基于这一利益攫取途径、方式的考量和设计,于是就有长达4000余年的具有官籍,而实际地位就如手工业世袭奴隶的匠人、匠户制度,并演变为“匠籍”;就有长达2000余年的官营、专卖制度以及此一制度衍生的特许专卖,进而演变为各种名目繁多的“官引”制度;就有长达2000余年把商人、商户束缚在官册、官簿、官督、官控的“市籍”制度,此制在宋以后直至明清演变为“店历”“给贴”“给照”制,但实质属性并无改变。如果回头看中国古代工商业登记演变的历史,就不难发现,正是出于官府对财富的需要,才有以上工商业登记制度的演变。

3. 控制性

中国古代之国家结构为家国体制,家天下最大的威胁是中央权臣的异心和民间力量的不可控性。就工商业阶层而言,其充其量只能作为民间力量的一部分,但对统治者而言,工商业者具有天然的流动性,是最不稳定的社会阶层,在中国古代统治者和执政者的经验里,流民且大量流民的出现往往是社会不稳甚至改朝换代的重要变因和风向标。因此,工商业者这一时刻处于流动的庞大群体,在统治者和执政者眼里它们不利于社会稳定和官府管理。为控制并管治这一部分力量,基于信息对称原理和规律,就需要统治者或执政者掌握工商业者的有效信息和即时动态,而登记、注册、发引、给证则是最能被工商业者接受(只能被迫接受)、最具有效力、最具利益最大化的举措,从而达到有效控制工商业者进而控制整个社会之目的。于是就有上古三代实行的“工商食官”以及随后的匠人、匠户、匠籍等制度。数量比较庞大、手中拿着的生产工具在冷兵器时代多数情况下可作为武器使用的手工业者,被捆绑在官府的直接管辖和控制之下;对坐商、店铺及城镇牙人、行人、行老等固定商人进行严格的“市籍”“店历”“铺户”“牙行”登记注册管理制度,虽“给贴”“给照”“给证”有一定的资格授予与证明效应,但实质在于有效地控制这些坐商;对于有势力的专卖商,特别是富商大贾,各种官引制度又足可对其进行利益上的钳制和经济上的约束;对外贸商、船舶商、内河漕运商等运输商,各种条文、船单、引票、执照等也可牢牢地把其控制在官府衙门和各不同口岸官弁的有效过检、验单之下;至于流动商贩、小商人、零售商人和所有需要跨区流动的一般平民,通过由居住地、发货地、出发地官府签发的文引、差引、路引、信条、路条,更可把其行踪掌握得一清二楚,借以实施对行商、流商的全程监管。足见,在古代中国这样一个国家高度统一、权力集权的国度里，具有天然流动性的工商业阶层始终被牢牢掌控在官府效力所能及的地方，不能不说这是中国古代工商业登记注册制度的最大特征。

4. 身份性

在古代中国社会分层中工商业者的地位比较低下，这源于观念、价值、理论和政策的偏见和由偏见导致的社会习惯性舆论，如“士农工商”之排序，工商业者则位居其后，商人更是位居“四民”之末。而中国古代工商业登记注册制度又进一步强化了工商业者这一明显的身份属性，凡登记、注册为“工籍”“市籍”“匠籍”“行籍”“船籍”的匠人、行人、商户、船民，不能转籍，不能获田，不能入仕，不能乘车，甚至连华丽穿戴也被禁止。如果说西方中世纪商人、行会师傅因登记、许可所获得的是商业、制造上的专有、垄断特权的话，其地位具有独立性和特别性，那么我国古代的“工籍”“市籍”“匠籍”“行籍”“船籍”则不仅没有经营上的特权、商业上的垄断利益，反而要承受与一般平民特别是一般农户更重的赋税负担和劳役义务。

5. 官僚性

与西方工商业登记制度源于民间自发、商人自治不同，我国古代的工商业登记制度完全是在官府主导、控制下推行的产物，具有鲜明的官本位特征。前述所有国家对民间工商业管理和控制衍生的各种登记、注册制度，无一不是在官府单方面制定的情形下发轫或推行。如自汉代开始的官营、专卖制度，元代的“匠籍”“文引”制度，明代的“店历”“路引”“铺户”制度，清代的商业闭关政策与广州十三特许“洋行”制度。正是中国古代工商业登记制度的这种官僚性，使任意限制、剥夺甚至禁止工商业者自由经营权利、营商权利成为一种惯性，导致本属全体国民应当自由享有并可自由行使的投资、经营、交易、迁徙等买卖、经商、生意之权被压制，久而久之，人们把本应属于商民自己的营业权利误认是国家、官府的授予，甚至将其视为赏赐和恩惠。

6. 保守性

与中世纪欧洲重商主义、贸易保护主义下的自治性商事登记不同，中国古代工商业登记制度政策取向具有保守性。举凡一般工商业领域中无论是应对坐商、店铺的“工籍”“市籍”“匠籍”“行籍”“船籍”制，还是控制行商、小商贩、零售商的“文引”“差引”“路引”等；官营、禁榷、专卖领域的各种“官引”“官票”“给照”；跨区、运输、外贸等境外贸易中的“具保”“登记”“给照”“验单”制等，大多以限制、禁止为主旨。可以这样说，中国古代工商业登记制度对古代工商业发展的作用和功能总体是保守的、消极的，严重阻碍了我国古代工商业的发展。如果说客观上我国工商业在个别朝代、个别时期有过发展或繁荣，恰恰是因为那个朝代（如宋代）、那个时期（汉初、唐初、明初、清初）统治者执行宽松的恤商、舒商政策。

7. 附属性

严格说来，中国古代没有具近代实质意义的工商业登记制度，只有形式上类似于近代工商业登记的官设程序,因为这一制度从立意、设计、制定、实施、推行、完善、改革和废止均具有附属性。这种附属性又集中表现在如下几个方面:第一,我国古代工商业登记制度是统治者、执政者为落实其管理、控制、抑制工商业者并攫取其财富这一目的而设置,在设立目的上往往是服务于其他制度,工商业登记实际上成为其他制度的衍生产物,如盐引、茶引等给照制度就是盐、茶专卖制度下的副产物。第二,立法上的混同性和附属性。中国古代立法中有关工商业登记大多附属于"户律""工律"下的某些条款,而这些条款所规定的法律责任形式和惩罚性措施则全是以刑法强制性手段进行干预。前述《大明律》规定,"凡无文引私度关津者,杖八十",仅仅因为没有通行证而私度关津就要被"杖八十"的刑事处罚,如此对待行商"路引",如此粗暴地以刑事惩罚干预工商业经营活动,几乎成为古代中国历朝历代承袭不变的惯性做法。第三,有关登记机关也附属于其他管理性机关。中国古代工商业登记虽然比较完善、严格且自成一体,但却没有统一、专门、集中的工商业登记管理机关,其登记、注册、给照往往是条块分割,各管其事,虽总体是由大部制的中央户部管辖,但具体到城市、地方衙门,则分属城市管理、专卖机构、漕运总督、船舶司、地方衙门等多个机构,登记机构的繁多、重叠、复杂、多变造成工商业登记效益低下,工商业者更是无所适从。第四,工商业阶层的附属性。中国古代工商业阶层总体人数虽比较庞大,但因行业、地方、亲缘等各方面因素的影响,工商业者内部矛盾重重,其巨大的力量在相互竞争、猜忌、倾轧中消弭,难以形成统一、集中的自治力量,更无法成就与官府抗衡的独立社会力量。因此,我国古代工商业者每每在国家紧要关头不能发挥重要作用。例如,我国虽在唐代就存在城市仿行、行会,但由于同一行会内部不断争权夺利,行会之间也互不服气,结果只能永远作为官府统治的附庸和利用的对象。

二、清末改制与我国近代商事登记的变革

(一)晚清危机与变法修律

1840 年的鸦片战争及随后欧美文明与制度的西渐东来影响,终结了自成一体的中国古代文明与制度体系的发展进程,工商业登记也如此。正如马克思所言,"与外界完全隔绝曾是保存旧中国的首要条件,而当这种隔绝状态通过英国而为暴力所打破的时候,接踵而来的必然是解体的过程,正如小心保存在密闭棺材里的木乃伊一接触新鲜空气便必然要解体一样。"[145]自此,随着西式商事观念与价值的传播、洋务运动中新型企业制度和近代商事登记制度的引入、"工商立国"和"开放民利"新理念的肇启、新兴工商业与"实业救国"社会思潮的兴起、戊戌变法等多重因素的酵化和影响,古老、集权、保守的工商业登记接触新制度、融入新理念、参照新模式、注入新活力,朝着世界大

---

[145] 《马克思恩格斯选集》(第 1 卷),中共中央编译局译,人民出版社 2012 年版,第 780 - 781、804 页。

潮学习、看齐、转型。

1902年5月清廷发布谕旨，“著派沈家本、伍廷芳将一切现行律例，按照交涉情形，参酌各国法律，悉心考订，妥为拟议，务期中外通行，有裨治理”；[146]照此谕令，在修律大臣沈家本主持下，本着“参考古今，博稽中外”，[147]“专以折冲樽俎、模范列强为宗旨”的修律原则，[148]全面启动长达近10年的大规模清末修律工程。

商律以及商事登记是清末改制修律的主要部分和重点内容，其中，以商律为中心的工商业改制，与其说是修律，还不如说是订律，它主要是参酌德、日两国商法新拟的一系列有关商事法律、条例和章程。以1907年为界，之前商法的修改是由商部负责，之后则由新成立的修订法律馆负责，前后颁行、制定或拟订商法方面的法律文本有十余件，其中涉及商事登记的法律文本主要有《钦定大清商律》（1904年）、《公司注册试办章程》（1904年）、《大清商律草案》（又称《志田案》，1908年）、《银行注册章程》（1908年）、《大小轮船公司注册给照章程》（1910年）、《改订大清商律草案》（1911年）等，在仿行各国商制、商法的基础上，根据我国特点，结合当时需要，初步建立起近代式的商事登记制度。

（二）清末商事登记制度改革的主要内容

1. 设立独立的商部主管商业登记

在修订法律的同时，清末还启动官制的改革，1903年7月清廷正式设立商部；同年9月，工商两部合并，改为农工商部，分设农部、工务、商务、庶务四司，其中商务司负责商政、商务、学堂、公司、局、厂等职责，分设工艺局、商律馆、商标局、度量衡局等机关，主管：（1）工商业、企业、市场的管理与监督；（2）工商业、企业的登记、注册；（3）商标的注册与管理；（4）商律的起草与建议等。1906年7月，清厘定官制，户部改为度支部；1907年5月各省分设劝业道，分掌中央、地方农工商业及交通事务，其中劝业道中的商务科负责商务及商事登记事宜；中央商部、度支部派员督促各地建立商会组织。清末官制改革及商部、农工商部的正式设立，使工商业登记有了统一、专门的主管机关，为近代化商事登记制度奠定了官制基础。

2. 首次确立营商自由原则

大清商律有多个版本，但真正颁行的只有1904年《钦定大清商律》，其他文本均为

---

〔146〕怀效锋主编：《清末法制变革史料》（下卷），中国政法大学出版社2010年版，第3页。

〔147〕（清）沈家本：《重刻〈明律〉序》，载《历代刑法考》（四），邓经元、骈宇骞点校，中华书局1985年版，第2210页。

〔148〕参见（清）沈家本：《拟请编定〈现行刑律〉以立推行新律基础折》，载李欣荣编：《中国近代思想家文库·沈家本卷》，中国人民大学出版社2015年版。

草案,《钦定大清商律》(以下简称《商律》)包括《商人通例》和《公司律》,[149]其中《商人通例》相当于《商律》总则,该通例首次在中国历史的官方法律文本中确立了营商自由原则。如《商人通例》第1条规定,"凡经营商务贸易买卖贩运货物者均为商人";第2条规定,"凡男子自十六岁成丁后方可为商(按年月计算足十六岁)";也就是说,只要是满16岁的成年男子均可经商,虽然该通例第3、4条对成年女子与已嫁妇人经商有特别限制,但在中国素有男主外、女主内的传统国度里,法律正式确认并允许成年男子可以为商实乃破天荒之盛事,此举在中国商事准入政策上具有划时代意义。另《商人通例》第5条规定,"凡商人营业,或用本人真名号,或另立店号某记某堂名字样,均听其便",也表明国家对商人的经营形式、经营范围,持自由、放任和宽容态度,此举在中国历史上也具标志性意义。

3. 规定商民可自由设立公司

允许民间设立公司、经营实业,一直是近代新兴工商业者的企求和私人资本、民间商人的呼声,《商律》中的《公司律》对此作出明确回应。如《公司律》第1条规定,任何商民"凡凑集资本共营贸易者名为公司",且可选择"合资公司""合资有限公司""股份公司""股份有限公司"的任一形式登记注册,进行营业。又《公司律》第23条还规定,"凡现已设立与嗣后设立之公司及局、厂、行、号、铺、店等,均可向商部注册,以享一体保护之利益",[150]对过渡时期已存在的公司之注册,也作出比较宽松的处理。自由设立公司是西方世界经济得以崛起的秘诀,近代中国商民为能自由设立公司,与同在中国通商口岸的洋人同享自由投资、经商之权,足足奋斗了半个多世纪,故《公司律》第1条规定虽比西方迟到了近300年,但仍不乏时代意义。

4. 实行鼓励设立公司的商业政策

1904年以后,清廷还颁布各种章程鼓励民间经商,对有突出经商业绩者给予奖励,如《奖励华商公司章程》就规定,"集股两千万元以上者,拟准作为本部(时"农工商部")头等顾问官,加头品顶戴";"集股两千万元以下直至二百万元者,分别给该部头等、二等、三等、四等顾问,加封头品、二品、三品、四品顶戴";"集资两百万元以下直至二十万元者,分别作为该部头等、二等、三等、四等议员,加封五品、六品、七品顶戴";如"商人原有衔职,在所定等第之上,准其追加一等"。[151]又如在《农工商部奏拟华商办理实业爵赏章程》中,规定投资二千万元以上者,"赏"一等子爵;两千万元以下至一千万元者,"赏"二、三等子爵,一、二、三等男爵;资本三十万元以下十万元以上者,奖五品

---

〔149〕 参见工商行政管理史料编写组编:《工商行政管理史料》(上卷),中国工商出版社2008年版,第102－107页。

〔150〕 怀效锋主编:《清末法制变革史料》(下卷),中国政法大学出版社2010年版,第867页。

〔151〕 工商行政管理史料编写组编:《工商行政管理史料》(上卷),中国工商出版社2008年版,第76页。

衔等。[152]大清末期出台鼓励经商、奖励投资政策,也说明统治者确已认识到工商业的重要性。

5. 奉行申请登记注册原则

《公司律》和《公司注册试办章程》均按自由申请、自由设立的原则登记公司,即是否申请,由投资人和经营者自愿登记选择先申请后登记的原则。如《公司律》第 2 条规定,"凡设立公司、赴商部注册者,务须将创办公司之合同、规条、章程,一概呈报商部存案";又《公司注册试办章程》规定,"凡商人经营贸易,均可照律载合资公司、合资有限公司、股份公司、股份有限公司此四项中认明何项,在本部(时为'商部')呈报注册,无论现已设立与嗣后设立之公司、局、厂、行、号、铺、店,一经注册,即可享一体保护之利益"。[153]非经登记,不能依照《公司律》沾享有关公司之利益。

6. 明确商事登记的具体范围

《商律》中的《商人通例》、《公司律》和《公司注册试办章程》对商事登记的具体类型、内容与事项有比较详细的规定,其中,商事登记总体分独商登记和公司登记两类。

独商登记为"商人独出资本所开之局、厂、行、号、铺、店"等,其登记"归入独资商业注册,不得用有限、无限(公司)字样";独商登记的主要事项和内容包括:(1)名号;(2)作何贸易(经营事项);(3)开张年、月、日;(4)营业有无期限;(5)总号设立所在地,如有分号也一并列入;(6)出资人姓名、住址;(7)资本数目;(8)总经理人姓名、住址;等等。

《公司律》第 21 条和《公司注册试办章程》规定,公司登记应明确载明公司类别和相关事项,其中须作声明并登记的一般事项包括:(1)公司名号;(2)公司作何贸易(经营事项);(3)公司有限或无限(类型);(4)公司资本合计若干,合资人数及姓名、住址;(5)公司总股份若干;(6)每股银两或元若干;(7)每股已交银若干;(8)创办人及查察人姓名、住址;(9)公司总号设立所在地,如有分号也一并列入;(10)公司设立后布告股东及众人之办法,或登报或通报均便;(11)声明设立之年、月、日;(12)营业之年、月、日;(13)公司营业之期限,如无期限,应予声明;(14)抄呈合同、规条、章程;等等。此外,《公司律》第 11 条和第 16 条分别对股份公司的创办合同、招股书之具体事项有明确规定。

7. 规定商事登记的一系列程序

《商律》及《公司注册试办章程》对独商、公司登记之基本程序有具体规定,综其要点,大致有发起(签订合同、制定章程、出资等)、呈报(申请)、核准、登记、注册、给照、声明等重要程序和环节。此外,特殊行业还须办理特别登记,如矿业则分探矿执照和开

---

〔152〕 工商行政管理史料编写组编:《工商行政管理史料》(上卷),中国工商出版社 2008 年版,第 76 页。

〔153〕 工商行政管理史料编写组编:《工商行政管理史料》(上卷),中国工商出版社 2008 年版,第 78 页。

矿执照;金融类企业资本还须地方官查验,转度支部核准注册,方可开业;牙行、经纪、典当等行业,"现开行户有帖应换帖,无帖应领帖",须于"见示之日起三个月为限",逾期"不换不领,勒令歇业"。[154]

8. 明确未经登记和登记声明不确定的法律后果

《商律》及《公司注册试办章程》虽采自由、自愿呈报和声明原则,但如不经登记或未作声明,则仍有不利法律后果。如前述一般类牙行、经纪、典当等有商号的非公司类企业,非经登记领帖,则要承受被勒令歇业的法律后果。就公司而言,首先,"无论官办、商办、合办等各项公司及各局,均应一体遵守商部定例办理"呈报、登记、注册,非经公司登记,不得以公司名义经营,也不得沾享公司才享有的特殊利益;另凡合资公司、股份公司在呈报、登记、注册时,未声明为有限或无限,均以无限视之,公司"如遇亏蚀","除将公司产业变售偿还外,倘有不足,应向合资人、附股人追补"。

(三)清末商事登记制度改革的基本特点与时代意义

清末的变法、改制和订律时间虽短,事实上却完成一种由传统保守的工商登记向近代积极、先进、开放型商事登记的悄悄转型,其特点有五:(1)这一转型是由统治者主动应时而动,是一场典型的政府主导型商事登记制度改革;(2)这一进程总体来说是和平式的,是以厘定官制、订立新法的形式进行,没有给社会带来大的震动;(3)这一转型主要是参考发达国家之成法、先例、良制,真正体现"参考古今,博稽中外"的原则,其立法安排和制度设计,基本能紧跟当时发达国家的立法理念和法律制度;(4)这一进程体现朝野、官学、官商、中外之间的互动和协调,如朝廷颁发的有关法律文本在民间得到比较切实的推行和实施;法律文本主要为学者编订,但官府也制定许多与学者起草、编订的律法相配套的条例、章程等;商事登记的立法与制度总体能满足当时民族工商业和新式企业、公司的基本法律供给与制度需求;而部分法律草案,还聘请外国专家和学者(如日本的志田钾太郎等),使商事登记制度的设计和制定,一开始就具有国际视野;(5)延续中国古代的行政本位登记、管理、监督的传统路径,如由商部、农工商部、度支部来主管商事登记,正是延续中国古代关市、课程等属于户部管理的传统,进而为民国时期和1949年中华人民共和国所继承。

总之,清末工商业登记制度的近代转型仅就其立法和制度本身而言,是趋时、先进、自由、开放的,从一开始就具有国际视野和融合汇通世界的气魄,在运行中也是成功的,虽然《商律》最终没有修订完成,就因大清政权的谢幕而终止,但商事登记本身的历史演变、社会转型之意义和价值则不容低估或否定,其立法、制度性遗产对民国以降的我国商事登记制度的正式构建有直接的示范意义。

---

[154] 工商行政管理史料编写组编:《工商行政管理史料》(上卷),中国工商出版社2008年版,第78－79页。

三、民国时期我国近代商事登记制度的初步定型

1912年1月1日,孙中山在南京建立中华民国临时政府,开创中国历史由封建时代向民国时代、由家天下向共和国时期的转变,直至1949年南京国民政府统治的终结,此为民国时期。该时期的商事登记总体延续晚清转型时所定的立法理念、法律框架和制度范式,并通过一系列立法和政权的推进、管治得以基本定型。

(一)中华民国南京临时政府阶段的商事登记制度

孙中山建立中华民国南京临时政府之后,为鼓励、促进和保护民族工商业的发展,任命著名实业家张謇为实业总长,以期推动、振兴实业。南京临时政府把发展经济、实业视为“富国裕民之计”,并颁布一系列有利于工商业发展的法令,最具代表性的有实业部制定并颁发的《商业注册章程》,该章程规定:(1)公司成立须经实业部登记、注册、给照;(2)公司立案注册须有章程、合同、会员表和说明书,且在内容上不得与共和政体相悖;(3)开设公司应有足够的自有流动资金;(4)如属中外合资公司,华股必须占有一定的比例;等等。特别值得一提的是,1912年3月18日,孙中山主持的南京临时政府参议院通过第一部资产阶级宪法性法律文件《中华民国临时约法》,该临时约法第6条第1款第3项明确规定,“人民有保有财产及营业之自由”,首次在宪法中确定人民享有“营业自由”权利,此举为国民自由投资、经营、交易,奠定了宪法性权利依据;无论在理念、价值,还是在立法原则、制度规则等方面均具标志性意义。遗憾的是,由于南京临时政府从成立到解散只有3个多月,其政策、法令虽具历史意义,但在当时产生的实效十分有限。

(二)中华民国北京政府时期的商事登记制度

1912年3月10日袁世凯在北京就职中华民国大总统,自此历史进入中华民国北京政府时期(又称北洋政府时期),在其后十余年间,商事登记在晚清的基础上也基本定型下来。1912年北洋政府改南京临时政府的实业部为工商部;1914年又更名为农商部,张謇等先后任实业总长,各省陆续设立实业厅或建设厅,主管实业发展和商事登记。在立法上,除修订《民律第二次草案》外,还制定如《商人通例》(1914年)、《商人条例施行细则》(1914年)、《公司条例》(1914年)、《公司条例施行细则》(1914年)、《商会法》(1914年)、《公司注册规则》(1914年)、《公司注册规则施行细则》(1914年)、《商业注册规则》(1914年)、《商业注册规则施行细则》(1914年)、《矿业条例》、《矿业注册条例》、《证券交易所法》、《民业铁路法》等一系列与商事登记有关的法律、条例,建立了比较完善、健全的商事登记制度体系,无论其立法的细致性,规则之间相互的衔接度,还是制度的具体执行,均比晚清有了长足的进步。

1. 民国北京政府时期商事登记制度的主要特点

与晚清比较，北京政府时期的商事登记呈现如下特点：

(1)对商业的定义更为广泛。如《商人通例》第1条第2款规定，凡从事买卖、赁贷、制造或加工、公用事业(供给电、煤气、自来水等)、出版、印刷、金融(银行、兑换、贷金)、信托、承揽(作业、劳务)、旅店(设场屋以集客之业)、堆栈、保险、运送、承揽运送、牙行、居间、代理等业务者，均属营业的范畴，上列各种营业即为商业。[155]这是对商业的颠覆性解释和定义，突破了传统属买卖、交易、贸易范畴的商业，把本属传统手工业发展而来的现代制造业纳入商业，并把现代金融业也适时涵盖，在更大的营业范畴和概念上来看待商业，既具开创性，也具国际性，符合现代商事发展的需要，扩大了商事登记的范围与边界。

(2)商人的界定更为细致。如《商人通例》第1条明确规定商人"为商业主体的人"，凡从事或经营第1条第2款所列业务者，均为商人。不仅如此，《商人通例》第2条、第3条，又把商人分为注册商人和非注册商人(小商人)，凡从事或经营第1条第2款所列业务者，且"有商业之规模、布置者，自经呈报该管官厅注册后，一律作为商人"。而"凡沿门或在道旁买卖物品之商人，或手工范围内之制造人，或加工人"及其他小规模经营者为"小商人"，"不适用本条例商号、商业注册、商业账簿各条例之规定"；又根据《商人条例施行细则》第3条规定，"商人营业资本总额不满五百元者"，以小商人论。这种把商人划分为注册商人和非注册商人的做法，吸取了德、日两国的立法经验，适合我国实际情况，与晚清硬性规定所有营业活动均须登记相比的确前进了一大步。

(3)对国民从事营业和商人资格取得条件规定更为宽松。如《商人通例》第4条规定，"凡有独立订结契约、负担义务之能力者，均得为商人"；而根据该通例第5、6、7条的规定，诸如年龄未满20岁者；心神伤失者，或耗弱人；聋人、哑人、盲人；浪费人；年龄未满20岁者；有夫之妇；其营业事项由其法定代理人代营商业；如法定代理人为无能力者营商业时，则应呈报注册。无疑，比之晚清禁止未满16岁及女性营业的规定，1904年《商人通例》对民事主体转换为商人的条件有更为宽松的规定。此外，前述小商人免于登记的规定实际上也是对非注册商人的一种宽容，这些规定显示出比较人性化、符合实际的一面。

(4)登记管辖更为明确、具体。晚清《商律》只笼统规定向商部呈报登记，但对地方商事登记则语焉不详。《商人通例》第三章专章规定"商业注册"，如第8条就明确规定，法定"应注册之事项，由该商人各就其营业所在地该管官厅呈报注册"，明确商事登

---

[155] 以下所引《商人通例》(1914年)、《商人条例施行细则》(1914年)、《商业注册规则施行细则》(1914年)、《公司注册规则施行细则》(1914年)之具体法条，均转引自工商行政管理史料编写组编：《工商行政管理史料》(上卷)，中国工商出版社2008年版，第188－197页。

记的地域管辖；而根据《商人条例施行细则》第 4 条的规定，所谓“该管官厅”，是指“在各省地方法院未遍设以前，暂以县知事当之”。又根据《商人通例》第 9 条规定，“凡应在本店该管官厅注册之事项，若本条例别无规定者，于支店该管官厅亦应注册”，对本店（公司）、分店（公司）之注册管辖，也作出具体规定，防止出现登记注册管辖空档，这些规定比较具体，具有很强的可操作性。

（5）登记制度设计更为细化。1904 年前后，北京政府制定的一系列商事登记法律和规范性文件在相关制度的设计上总体比较细致，从规范文本层面来看，法律、法规、具体操作规则，各自有不同的分工，如《商人通例》就有《商人条例施行细则》与之配套；《商业注册规则》就有《商业注册规则施行细则》与之对应；《公司条例》就有《公司条例施行细则》《公司注册规则》《公司注册规则施行细则》等多个实施性、操作性规范性文件予以落实。从具体制度的设计来看，也比较细致，关于注册登记，《商人通例》第三章的规定就十分具体；如关于公告，业经注册之事项，该管官厅应随即公告。关于登记及公告之对抗力，凡应注册之事项，非经注册及公告之后，不得对抗第三者；既已经注册及公告，仍不得对抗因正当理由而实不知情的第三者。关于公告与注册的冲突，如公告与注册事项不符时，应以注册簿为准；但非经更正公告后，不得对抗不知情之第三者。关于变更、消灭登记，业经注册之事项，如有变更、消灭时，应随时呈报该管官厅注册。关于特许或许可登记，所营商业关于特许及许可者，呈报注册时，应查照专章办理。

（6）商事登记事项更为具体。与晚清比较概括、抽象的登记注册事项相比，北京政府时期的一般商人登记和公司登记事项则十分具体，往往根据不同类别，有专门的登记簿册和表格进行逐项核准和记载。如根据《商业注册规则施行细则》第 1 条规定，各县注册所应备置商号注册簿、经理人注册簿、未满 20 岁者营业注册簿、有夫之妇营业注册簿、法定代理人营业注册簿等各种注册簿；又如《公司注册规则施行细则》第 1 条规定，各县注册应备置无限公司注册簿、两合公司注册簿、股份有限公司注册簿、股份两合公司注册簿等各种公司注册簿。对于上述每一种不同的注册簿，条例、施行细则、注册规则、注册规则施行细则都有明确、具体规定。

（7）商事登记程序更为规范。除前述《商人通例》第三章对一般商事登记的登记注册程序有比较具体的规定外，《商业注册规则》《商业注册规则施行细则》《公司注册规则》《公司注册规则施行细则》等多个规范性文件，对具体文书准备、呈报要求、呈送官厅、受理登记、文本核准、注册簿记载、公告等都有明确规定；且对开业、设立、更正、变更、消灭登记等，均有可操作规定。

2. 评价与启示

民国北京政府虽为武人执政，但农商部一直是由实业家出身的人士掌管，因而总体上表现出厚商人、重实业的政策倾向，有关商事登记和商会制度已经十分完善和具体细致,成就已远远超过晚清变法新政,比后来的南京国民政府也毫不逊色。只是因为北京政府只统治中国十余年,且这期间南北基本处于对峙状态,其商事登记制度所产生的社会和经济效应,没能充分显示出来;但即便如此,据《中华民国三年第三次农商统计表》统计,1904 年至 1911 年的 8 年间,全国共设工厂 6393 家,年均设厂 799 个;而 1912 年至 1914 年的 3 年间,全国共设厂 3937 家,年均设厂 1312 家,后期每年设厂更是前期的近两倍;[156]进而在 1912 年到 1919 年出现我国民族工商业发展的第一个黄金时期,被视为经济奇迹。[157]

(三)中华民国南京国民政府时期的商事登记制度

1928—1949 年,中华民国南京国民政府时期,此时期商事登记制度的建立主要在 1928 年至 1937 年这一时段,1938—1949 年,由于国民政府处在战时体制,其商事登记立法和制度建设几乎停滞,且经济上近似于统制、军管。仅就 1928 年至 1937 年这一时段而言,机构上从 1928 年建立工商部开始,随后 1931 年的实业部、1937 年的经济部,始终把鼓励投资、发展经济、振兴实业、繁荣商业作为基本政策和执政宗旨;在立法上,不到 10 年的时间里共制定各种经济类、实业类法律规范达 109 件,其中与商事登记有关的法律包括《民法》(1929 年)、《公司法》(1929 年)、《商业登记法》(1937 年)、《商业登记法草案》(1938 年)、《注册条例》(1927 年)、《商业注册暂行规则》(1928 年)、《公司登记规则》(1931 年)、《矿业登记规则》(1931 年)、《商业登记法施行细则》(1938 年)、《工厂登记规则》(1941 年)等;在具体立法安排、制度设计和体制运行方面,也有许多新特点。

1. 中华民国南京国民政府时期商事登记制度的主要特点

(1)商事登记立法与制度的定位。在南京政府刚刚建立、各种制度尚属于初创时期,所制定的《注册条例》(1927 年)、《商业注册暂行规则》(1928 年)总体还是因袭北京政府时期的相关制度,但随着 1929 年《民法》的制定,商事登记立法、制度作为商法的一部分,其定位与《民法》有极大关系。由于国民政府奉行"民法典 + 商事特别法"的民商合一法例,商法是作为民法特别法而存在,总体受民法统辖和节制。商事登记作为商法一部分,自然也居于民法特别法地位。

(2)商事登记独立成法。北京政府时期商事登记立法虽已比较完善,但由于政治斗争原因导致国会基本处于不作为状态,所制定的规范性文件大多是政府和农商部颁发的行政性规范,法律等级、效力比较低。相对而言,南京国民政府时期,国民会议等具有很高的立法积极性和立法效率,在 1929—1933 年,就基本完成六大法律系统的起

---

[156] 参见胡绳武、程为冲:《民国初年的振兴实业热潮》,载《学术月刊》1987 年第 2 期。

[157] 参见李侃等:《中国近代史》(第 3 版),中华书局 1983 年版,第 483 页;徐泰来主编:《中国近代史记》(中),湖南人民出版社 1989 年版,第 553 – 559 页。

草和制定工作。其中1937年制定的《商业登记法》是中国历史上第一部统一、独立、单行的商事登记法。此法具有统辖《公司登记规则》《矿业登记规则》《工厂登记规则》等次级、下属分类登记规范的效力，对建立统一商事登记制度有重要的指导和规范意义。

(3)立法理念与制度原则比较适当。与北京政府时期商事登记类似，国民政府时期《商业登记法》对商事的定义，也采用广义之说，1937年颁行的《商业登记法》对商业也以营业定之，且采取“列举＋推定”的方式予以界定，如第3条基本延续北京政府时期《商人通例》第1条第2款的规定，即商业包括从事买卖、赁贷、制造或加工、印刷、出版、技术、金融（银行、兑换、贷金）、信托、承揽（作业、劳务）、旅店（设场屋以集客之业）、仓库、运送及承揽运送、牙行、居间、代理等营业。只是列举中没有公用事业（供给电、煤气、自来水等）、保险等业务，[158]原有堆栈改为仓库，原运送、承揽运送合并为运送及承揽运送一项，增加技术一项，基本变化不大；但第4条却以“凡营业虽不属于前条列举之范围而依本法呈报登记者，亦视为商业”之推定规则，其涵盖的营业事项范围则更为广泛。1938年国民政府经济部公布新的《商业登记法草案》采概括方式以界定商业，即凡“以营利为目的而经营之事业”，但“不包括技术性之专门职业”，所涉范围则更为广泛。此法于1949年以后在我国台湾地区继续施行，如我国台湾地区“商业登记法”第3条就规定，“本法所称商业，指以营利为目的，以独资或合伙方式经营之事业”。[159]关于商事登记的对象，1937年《商业登记法》仍采北京政府时期《商人通例》的两分法，把商人分为必须注册和不需要注册两类，如第5条规定，“凡沿门、沿路及临时买卖物品或营手工范围内之制造业、加工业及其他小规模营业者，不适用本法关于登记及商业账簿之规定”。把商事登记分为必须登记和不必要登记两类，既能体现国民政府重视交易安全、市场秩序，又能满足底层百姓、小商人营业自由、交易方便的需要。[160]

(4)分层、分类登记立法与制度比较细化。南京国民政府的商事登记奉行分层、分类登记原则，无论登记类型还是登记管辖，与北京政府时期相比有很大不同。首先，就登记类型而言，南京政府把商事登记区分为营业登记和公司登记两大类，一般性的商业登记为营业登记，而公司设立则为公司登记。两者适用的法律不同，前者适用《商业登记法》及附属立法规范；后者适用《公司法》及附属立法规范；两者的管辖也不同，一般商业登记，由“当事人向营业所在地之主管官署为之”，如在县为县政府，在市为市政

---

〔158〕 以下所引《商业登记法》(1937年)、《商业登记法施行细则》(1938年)、《公司法》(1929年)、《公司登记规则》(1931年)、《矿业登记规则》(1931年)、《工厂登记规则》(1941年)之具体条文，均转引自工商行政管理史料编写组编：《工商行政管理史料》(上卷)，中国工商出版社2008年版，第250－283页。

〔159〕 我国台湾地区“商业登记法”的相应条文，均转引自黄昭元等主编：《综合小六法》，台北，新学林出版股份有限公司2017年版，第D1－4页。

〔160〕 参见韦浩：《民国时期商事登记法律制度研究》，中国工商出版社2006年版，第128－130页。

府,在直辖市为社会局,在省为建设厅,在中央为经济部;而公司登记之管辖为各省、直辖市,一般市、县无管辖登记权,且主管官署在省为实业厅,隶属于行政院的直辖市为社会局,除直辖市外,省域范围内的营业登记与公司登记是分离的;两者的登记程序、事项和严格程度也存在很大不同,一般商业登记简便易行,而公司登记则复杂严格。其次,在一般商事登记下又设立矿业、工厂等特殊类登记。根据1931年《矿业登记规则》规定,矿业登记由省主管官署行之,但须呈报实业部备案,其登记事项包括矿业权事项、矿业权附属事项、矿业权抵押事项三大内容;而工厂登记则为特殊产物,根据1941年《工厂登记规则》规定,凡实收资本在1万元以上者、平时雇佣工人在30人以上者、用机械动力制造出品者,除军用外,一律须在设立开工后1个月,由工厂主或经理、厂长填具登记表一份,备文呈请经济部登记,设分厂亦同。再次,商事登记的类型划分更细致。如《商业登记法》及《施行细则》就把登记细分为开业、更正、变更、消灭登记等;《公司法》及《公司登记规则》则把公司登记分为总公司设立登记、分公司设立登记、外国公司认许登记及分公司设立登记、公司更正登记、公司增资登记、公司减资登记、公司变更登记、公司解散登记等。最后,在商事登记中,增加合伙登记。由于中国古代"手工业商业中的合伙制店铺、矿冶工场或一次性的合伙贩卖"而结成的事实合伙关系和合伙契约关系,通过近代"分股合伙",传统合伙已呈现向股份制企业、合伙企业等近代企业形式转变的趋势。[161]鉴于合伙组织的大量涌现,1929年《民法》第二编"债"专门对合伙进行规定,并分合伙为一般合伙和隐名合伙。如《商业登记法》第9条特地对合伙登记作明确规定,即"经营商业之合伙,应将合伙人之姓名、住所、出资之种类、数额,向主管官署声请登记",如"约定出资而未登记为该合伙之合伙人者,视为隐名合伙人,适用民法关于隐名合伙人的规定"。

(5)登记制度总体趋于成熟。首先,就登记管辖、程序、登记机关职责、公告法定性、公告效力、公告与登记记载不一致之判断等,《商业登记法》及附属立法规范、《公司法》及附属立法规范均有具体、明确规定。其次,就登记事项而言更加法定化、明晰化。如《商业登记法施行细则》第10条规定,商业创设登记事项包括商业名称、营业、资本、独资或合伙、所在地等内容;如设有支店,则支店创设登记应叙明本店所在地,并附送本店登记证之正本或抄本。

2. 评价与启示

南京国民政府时期,特别是在1928年至1937年近10年间,通过体系化的立法先导和具体的制度运行,在北京政府已定型的商事登记制度基础上,吸收当时英、美、德、日等国的商事登记经验和立法、制度例,结合本国实际情况制定独具特色的商事登记制度,这些制度总体是积极、自由、开放、规范的;无论从立法水准、制度设计、具体执

---

〔161〕 参见刘秋根:《中国古代合伙制初探》,人民出版社2007年版,第23－38页。

行，均比民国初年更为缜密、完善和成熟。因国民政府奉行比较自由、开放、积极、宽松的经济和实业政策，而商事登记制度又是体现并执行这一政策的直接工具和手段，自然有利于刺激、调动私人资本和民间营业的积极性，有效地推动和促进民族工商业的发展。据统计，1927—1931 年，我国民族工商业获得长足的发展，在丝绸业、棉纺织业、机器工业、面粉工业、商业等轻工业方面占有绝对优势，能与外资进行有效竞争和抗衡，尽管 1931—1935 年受世界大萧条影响经济发展有所减慢，但 1936—1937 年，经济又开始迅速回升，仅以 1936 年登记的工业类 2441 家厂商中，新设工厂就达 193 家，分布于 17 个省市；[162]其中 1928—1936 年的工业生产年平均增长率为 8.4%，1931—1936 年的年平均增长率则高达 9.3%，[163]出现所谓的近代民族工商业第二个“黄金时期”。虽不能把这些经济建设上的成绩和同时期商事登记制度完全等同，但也不能由此忽视南京政府时期商事登记制度在实业振兴、经济发展、社会进步方面发挥的积极、良性推动和促进作用。

总之，商事登记在其源起、产生、演变、转型和当代发展过程中，因历史传统、经济基础、国家结构、法律制度和执政者政策偏向等原因，而呈现不同法系、立法原则、主导模式等方面的特征。它既表现为商事登记的不同法系特征，也表现为商事登记效力、程序和内容等方面立法原则与制度模式方面的特征，还表现为基于不同权力源与机关性质而形成的商事登记主导模式方面的特征，这些将在后文作更深入、更具体、更系统的分析。

---

〔162〕 参见马功成：《十年内战时期的民族资本主义经济》，载《四川师范大学学报（社会科学版）》1988 年第 4 期。

〔163〕 参见宗玉梅：《1927—1937 年南京国民政府的经济建设述评》，载《民国档案》1992 年第 1 期；叶凤刚：《简论 1930—1937 国民政府经济建设的成就》，载《商业经济》2007 年第 8 期；陈雷：《略论抗战前南京国民政府的经济建设——兼谈对抗日战争的作用》，载《历史档案》2010 年第 1 期。

第三章 商事登记的改革转型

第一节 我国商事登记的制度变迁与发展轨迹

一、国民经济恢复与社会主义改造时期的商事登记制度(1949—1956年)

(一)国民经济恢复与社会主义改造时期商事登记制度的初创

1949年10月1日,中华人民共和国成立之后,就着手民族工商业的全面恢复与发展,如《中国人民政治协商会议共同纲领》所宣示"保护国家的公共财产和合作社的财产,保护工人、农民、小资产阶级和民族资产阶级的经济利益及其私有财产,发展新民主主义的人民经济,稳步地变农业国为工业国"的经济目标;所奉行"调剂国营经济、合作社经济、农民和手工业者的个体经济、私人资本主义经济和国家资本主义经济,使各种社会经济成分在国营经济领导之下,分工合作,各得其所,以促进整个社会经济的发展"的经济方针;所确定"凡有利于国计民生的私营经济事业,人民政府应鼓励其经营的积极性,并扶助其发展"的私营工商业政策等,[1]均表明我国对私人资本和民间工商业总体上抱鼓励、促进和保护态度。在此政制情形下,1950年《私营企业暂行条例》和1951年《实施私营企业暂行条例施行办法》两个规范性文本成为20世纪50年代初期商事登记最主要的规范性文本。处初创时期或阶段的商事登记制度,主要内容表现如下:

1. 从"私营企业局"到"工商行政管理局"之登记机关

1949年10月,中华人民共和国成立以后,其内设财政经济委员会和中央私营企业局,以负责全国私营工商业企业的管理和登记工作,各省、市则分别由工商局、商业厅、工业厅等机构负责该项工作。从1952年11月开始,中央私营企业局更名为中央工商行政管理局,各大区及省市之财政经济委员会内仍设私营企业专管机构与政府工商行

---

〔1〕 参见《中国人民政治协商会议共同纲领》(1949年)第3、26、30条。

政管理局取得联系。[2]1954 年起，国务院下设中央工商行政管理局作为国务院直属机构，国务院负责掌管对资本主义工商业进行社会主义改造工作的第八办公室，主管、管理全国的工商业和工商业的登记工作。从中央私营企业局到中央工商行政管理局，反映政府从促进、服务、保护私营企业，向限制、整顿、管理私营工商业理念、政策、态度的转变。

2. 以“私营企业和其他私营工商业者”为登记对象

此一时期，商事登记主要面对私营企业和其他私营工商业者，国营工业、商业不在登记的范畴。根据《私营企业暂行条例》、《实施私营企业暂行条例施行办法》和其他有关规定，[3]私营企业的形式主要有独资、合伙、公司（包括无限公司、有限公司、两合公司、股份有限公司、股份两合公司）等形式，其他工商业者主要包括行商、个体户、摊贩等。

3. 奉行先核准后登记之典型许可主义原则

根据《私营企业暂行条例》规定，私营企业登记以先核准、后登记为基本原则。（1）核准。新创设的企业应依法令报经地方主管机关核准营业，方得筹设；地方主管机关依照法令或因其业务及产销计划有全国性者，还应转报中央主管业务部门核准，经核准后由核准机关发放营业执照（后改为营业许可证）。（2）登记。新设业经核准营业的企业于设立完成后应申请登记；原已取得准许营业的企业除法令另有限制外仍得继续经营，除非已获得登记，否则均必须办理登记。登记后由登记机关发放企业登记证（后改为营业执照）。（3）企业可变更营业范围、添设分支机构、迁移营业地或地区、转业、停业、复业、歇业及解散等，但均须先申请核准，并分别办理登记。

4. 适用分类、特殊的登记管辖

《私营企业暂行条例》对独资或合伙、公司企业适用不同的登记管辖。（1）独资或合伙的企业，应向所在地市、县工商行政机关申请登记；如依法令或因其业务及产销计划具有全国性性质，还应由地方工商行政机关转报中央私营企业局（后为中央工商行政管理局）备案。（2）公司企业，应经由所在地市、县工商行政机关转报中央私营企业局（后为中央工商行政管理局）登记。但业经核准营业的企业在办理登记中，地方工商行政机关得酌情准予先行开业。

5. 实行证照分类发放的政策

根据《实施私营企业暂行条例施行办法》规定，对独资或合伙、公司、已有原证或旧证的企业所发证照存在很大差异。（1）独资或合伙企业，经核准登记后，由市县工商行

[2] 参见政务院财政经济委员会：《关于“中央私营企业局”更名为“中央工商行政管理局”的通知》（52 财经私字第 177 号）。转引自工商行政管理史料编写组编：《工商行政管理史料》（下卷），中国工商出版社 2008 年版，第 2202 页。

[3] 参见政务院：《私营企业暂行条例》（1950 年）第二章第 11—16 条。

政机关发给企业登记证。(2)公司企业,应经由所在地工商行政机关转报中央私营企业局登记,并由中央私营企业局发给执照。(3)原已取得营业准许并已办理登记、不再办理登记的企业,其原领的登记凭证,有与前项登记证同一的效力;但如企业变更登记事项与原证照所载不符时,应缴销旧证照,换领新证照。(4)企业如发生歇业、解散登记或撤销登记等事由,应缴销原领证照。(5)该条例和办法实施前设立的企业,亦须依照该条例和办法申请登记,如领有原国民政府的证照而未经缴销者,应一并呈缴。[4]

6. 遵行严格主义的法定登记制例

此一时期的商事登记范围几乎及于一切经营性活动,当时的政策、立法和行政管理试图把所有私营经济都纳入政府的管理和控制之下,为此,在登记过程中就逐步地从最初的宽松、放任向严格管控转变,其表现为:(1)所有工商业经营活动都必须办理登记,否则以非法营业对待。《私营企业暂行条例》《实施私营企业暂行条例施行办法》制定之时纳入工商业登记的范围只包括企业,但自 1951 年 11 月原中央贸易部制定《行商管理暂行通则》后,"凡在当地有正式户籍而无固定营业地址,经常从事城乡埠际间流动性商品贩运者",即"行商",被严令纳入工商业登记的范围。[5]又自 1955 年 10 月原商业部批转《上海市第二商业局对摊贩整理和改造的报告》和中共中央于 1956 年 1 月批转原商业部党组《关于全面改造城市私营商业的初步规划的报告》之后,城市摊贩也开始被纳入管理和控制的对象;至 1956 年 4 月中共中央批转原商业部党组《关于对城市私营商业社会主义改造中几个问题的报告》和 1956 年 4 月原商业部下发《关于城市私营服务性行业的社会主义改造的意见》(修正稿)后,城市摊贩作为社会主义改造的范围被全部正式列入登记管理的对象。(2)不得超出核准、登记范围的事项营业,即经核准的企业不得经营核准范围以外的业务。(3)对企业设立分支机构进行严格控制和监管。如《实施私营企业暂行条例施行办法》第 11 条规定,企业设立分店或分公司,应先行申请核准添设并获得准许后,应于 15 日内开具"(一)分店或分公司名称;(二)分店或分公司所在地;(三)对分店或分公司划拨资本者,其资本额;(四)设置经理人者,其姓名、籍贯、住所;(五)本店或本公司登记证照所载事项和证照号数,或证照影本"等各列事项,向分店或分公司所在地的市县工商行政机关申请登记;分店、分公司迁移或撤销也应于报经核准后 15 日内向所在地市县工商行政机关申请登记;而设立、迁移或撤销分公司,均应由该核准机关转报中央私营企业局登记。(4)必须按核准执照和企业登记证及时开业或营业。《实施私营企业暂行条例施行办法》第 11 条、第 13 条规定,企业设立登记后满 6 个月尚未开始营业者,应由原登记机关依职权或经利害关系人申请,经查明确实后注销其登记,并吊销其原领证照。

---

〔4〕 参见政务院财政经济委员会:《实施私营企业暂行条例施行办法》(1951 年)第 12 条。

〔5〕 参见中央贸易部:《行商管理暂行通则》(1951 年)第 2 条。

（二）总结与评价

国民经济恢复与社会主义改造时期的商事登记制度除证照分类发放的范式受原国民政府分类管辖、登记影响外，其他诸如登记机关的厘定、先准许后登记的许可主义、严格主义的法定登记内容等均为新规定。该制度不仅是巩固政权和维护新社会秩序的需要，更重要的是社会主义工商业改造的政制环境所使然，从而形成一种以限制、控制、管治为基本价值导向和主要政策倾向的普遍许可型商事登记制度模式，进而影响我国以后每一阶段的经济运行，甚至在今天还依然保留着不少的思维惯性和制度痕迹。

二、全面公有化时代商事登记制度的曲折历程（1956—1979 年）

（一）商事登记制度的基本中断

1956 年社会主义工商业改造完成后，私人、民间成规模或以企业形式存在的工商业基本上荡然无存。1957 年 8 月国务院发布《关于由国家计划收购（统购）和统一收购的农产品和其他物资不准进入自由市场的规定》，国家统一收购管理体制得以正式形成。（1）粮食、油料、棉花等国家规定计划收购的农产品，一律不开放自由市场，全部由国家计划收购。（2）烤烟、黄洋麻、苎麻、大麻、甘蔗、家蚕茧（包括土丝）、茶叶、生猪、羊毛（包括羊绒）、牛皮及其他重要皮张、土糖、土纸、桐油、楠竹、棕片、生漆、核桃仁、杏仁、黑瓜子、白瓜子、栗子；集中产区的重要木材；38 种重要中药材；供应出口的苹果和柑橘；若干产鱼区供应出口和大城市的水产品；废铜、废锡、废铅、废钢；等等。所列农产品和其他物资为国家统一收购的物资，概由国家委托国营商业和供销合作社统一收购，其他任何单位或个人一律不准收购。（3）鸡、鸭、鹅、鲜蛋、调味品、分散产区的水产品、非集中产区的干果和鲜果、不属于统一收购的中药材等，不属于国家计划收购和统一收购的物资，可由国家领导的自由市场进行交换；这些商品中如果在当地出现供应紧张的情况，则可由省级人民委员会决定为当地统一收购类物资。此文件所载的统一收购制度及其切实执行，使得统购统销制度很快建立，随后又出现城市供给制，城市的商品交易也不复存在，乡村除了上述第三类农产品可在集市中进行有限交换后，具营利性质的交易已基本消失。

在私人、民间工商业已不复规模性存在的情形下，工商行政管理机关的职责就是市场监管，而随着全社会产、购、销统管体制的形成和国营企业内部人、财、物计划管理方式的确立，工商行政管理机关连市场监管的对象也不复存在。总体以私营工商业特别是以企业、公司为主要登记对象的近现代商事登记制度并未被明文废止，但实质已变相消失。

（二）1962—1964 年工商企业登记的短暂恢复

1962 年 12 月国务院发布《工商企业登记管理试行办法》，决定对工商企业开展全面的普查、登记和发证，该试行办法规定，除国防工业、国营交通运输业和公用事业外，所有“国营、地方国营、公私合营的工商企业；合作社营和其他集体所有制的工商企业；外地的工商企业派驻的推销、采购机构；工商企业的附属工厂、门市部等；个体工商业者”等生产、经营单位，其开业、歇业、变动等均应依法办理登记。具体登记主管机关，中央为中央工商行政管理局，地方为省、自治区、直辖市和县、市的工商行政管理部门，且规定工商企业一律在所在县、市的登记主管机关办理登记。工商企业主要登记内容包括“企业名称；地址；经济性质；负责人姓名；开业日期；主管部门；生产或者经营范围；经营方式；资金数额；职工人数或者从业人数；在职的资产阶级工商业者人数”等事项。未经核准登记的工商企业，一律不准开业。[6]但是，由于工商企业所面临的市场已不存在，此种登记纯粹仅具形式效力，并无实质意义。

（三）“文化大革命”时期工商业登记的全面停止

工商行政管理机关在1962—1964年之登记过程中实行严格的审批式许可主义和实质审查方式，工商行政管理机关本身也面临或转型或被裁并的命运。1959年6月，国务院调整办公机构，决定撤销负责资本主义工商业改造的第八办公室，中央工商行政管理局也改由国务院财贸办公室掌管，其主要职责就是配合负责购销调配大权的商业部，强化对市场的管理；1970年6月，中央批准将中央工商行政管理局并入商业部。

工商行政管理机构的命运实际也折射出此一时段商事登记制度的命运，在没有私人资本、民间营业、民营企业特别是没有营利性市场交易作前提的情况下，不仅商事登记制度不可能产生，而且也无存在之必要；而且就连主管工商业登记之工商行政管理机构也没有存在的必要。

三、改革开放时期商事登记制度的恢复与发展（1979年以后）

（一）改革开放初期商事登记主管机关的恢复与重建

改革开放时期，作为商事登记的主管机关——工商行政管理机关也是随着私人资本、民间营业被唤醒和民营企业的发展而得以复生，并进而地位凸显，职责和角色一再转换。

1978年9月，经中央批准，恢复成立的工商行政管理总局直属国务院，由国务院财贸小组代管，其主要职责为“维护国家计划，保护正当的经营活动”。1982年8月，全国人大常委会批准《关于批准国务院直属机构改革实施方案的决议》，决定组建新的国家工商行政管理局，其主要职责为“拟定有关工商行政管理的法律、法令和规章制度，对工商企业实行经济监督，保护合法经营”。1988年4月，根据《国务院确定行政机构设

---

〔6〕 参见国务院：《工商企业登记管理试行办法》（1962年）第2—6条。

置》,国家工商行政管理局的主要职责转换为“依法确定各类工商企业和个体工商业的合法地位”。1993 年 3 月,《国务院机构改革方案》和 1993 年 4 月《关于国务院机构设置的通知》发布,明确国家工商行政管理局为国务院直属机构。1998 年 3 月依据《国务院机构改革方案》(1998 年)和《国务院关于机构设置的通知》(国发〔1998〕5 号),国家工商行政管理局的主要职能为“组织管理工商企业和从事经营活动的单位、个人的注册,依法核定注册单位名称,审定、批准、颁发有关证照,实行监督管理”。2001 年 4 月,根据《国务院关于国家工商行政管理局、新闻出版署、国家质量技术监督局、国家出入境检验检疫局机构调整的通知》(国发〔2001〕13 号),设立新的国家工商行政管理总局。2003 年 3 月,根据《国务院关于机构设置的通知》(国发〔2003〕8 号),国家工商行政管理总局作为国务院主管市场监督管理和工商行政执法的直属机构,既是经济监督机关,也是行政执法机关。

(二)1980 年至 20 世纪 90 年代商事登记制度的艰难转型

1. 政策层面:从普遍营业行政许可到登记前置行政许可

我国转型期商事登记制度改革始于 1993 年,之前我国所有企业设立、投资、营业事项、对外贸易等重要商事行为和营业事项,政策性文件、国家法律、国务院行政法规等规范文本及国家行政机关在具体的工商业企业设立、登记管理过程中,均奉行普遍的行政审批主义,均需办理各种行政审批或行政许可,履行必要的商事登记前置行政审批或行政许可程序。

就政策层面的规定而言,自 1956 年至 20 世纪 70 年代末这一历史时期,我国政策性文件除对集体经济组织、农村队社、乡镇企业等工商业经营有适度的允许外,对民间营业、个体经商总体上是持限制或禁止态度,这一放限和解禁政策直到党的十一届三中全会之后。1981 年 10 月,中共中央、国务院联合发布《关于广开门路,搞活经济,解决城镇就业问题的若干决定》(中发〔1981〕42 号),首次把就业问题和发展经济结合起来,并把个体经济作为自谋职业的一种重要方式。〔7〕但在国家“统筹规划”和行政“严格控制”的总原则下,个体工商业开业、企业设立却仍实行普遍性的审批主义。1983 年 3 月 5 日,中共中央、国务院联合下发的《关于发展城乡零售商业、服务业的指示》,虽进一步明确“发展零售商业、服务业”的各种改革开放举措,但“统筹规划,合理布局,因地制宜,因行业制宜,具体组织落实”的政府主管部门行政审批原则和各级工商行政管理部门对零售商业、服务业的监督管理制度依然沿袭前制。〔8〕1984 年 8 月原商业部、原国家工商行政管理局等联合发布《关于放手发动、组织集体经济单位和个体户经营茶

〔7〕　参见中共中央、国务院:《关于广开门路,搞活经济,解决城镇就业问题的若干决定》(中发〔1981〕42 号)第二、三、四部分。

〔8〕　参见中共中央、国务院:《关于发展城乡零售商业、服务业的指示》(1983 年)第二、三部分。

馆、茶摊的通知》(〔1984〕商茶联字第11号),要求“工商行政管理部门、商业主管部门应当允许经营茶馆、茶摊的集体单位和个体户兼营”其他小副食业务,在保证茶水质量和讲究卫生的前提下,实行按质论价,价格不要管得太死。〔9〕1984年10月,党的十二届三中全会通过的《关于经济体制改革的决定》更明确提出“建立自觉运用价值规律的计划体制,发展社会主义商品经济”和“实行政企职责分开,正确发挥政府机构管理经济的职能”,〔10〕开始着手经济体制改革,但改革的重点是处理政府与企业特别是国营企业的关系,而涉及企业设立、投资审批、企业要素公示等内容的商事登记制度改革尚没有纳入国家经济体制改革的视野。

1992年4月,国务院下发《批转国家体改委、国务院生产办〈关于股份制企业试点工作座谈会情况报告〉的通知》,开始部署在全国部分地区的股份制试点工作。1992年5月以原国家体改委发布《股份制企业试点办法》(体改生〔1992〕30号)为标志,大规模的股份制企业试点改革在全国逐渐铺开。1992年10月,在中共十四大报告中,首次提出“合理划分中央与省、自治区、直辖市的经济管理权限”。〔11〕上述政策性文件的相关规定说明,20世纪80—90年代,商事登记制度的重要性、具体定位和改革步骤尚没有纳入最高决策层的视野。

2. 法律层面:从工商企业登记到企业法人登记

就法律层面的规定而言,1979年《中外合资经营企业法》第3条规定,合营企业经批准后,应当向工商行政管理总局登记,领取营业执照,再开始营业。1986年《外资企业法》第6—8条规定,设立外资企业的申请经批准后,外国投资者应当在接到批准证书之日起30日内向工商行政管理机关申请登记,领取营业执照;符合法人条件的规定的,依法取得中国法人资格。1988年《全民所有制工业企业法》第16条规定,设立全民所有制企业,必须先依法报请政府或者其主管部门审批,经工商行政管理部门核准登记、发给营业执照,企业取得法人资格。1988年《中外合作经营企业法》第5条规定,申请设立合作企业,应当将中外合作者签订的协议、合同、章程等文件报审查批准机关审查批准。上述法律文本均规定企业应当在核准登记的经营范围内从事生产经营活动。

就国务院行政法规层面的规定来看,工商业企业的设立和营业事项的变更也均须履行行政审批或行政许可程序。如1979年国务院《关于发展社队企业若干问题的规定(试行草案)》第四部分“企业调整和发展规划”规定,新办企业“一定要经过社队企业主管部门审查同意”;工商业企业要“经工商行政管理部门审核,发给营业执照”。

〔9〕 参见国务院原商业部等:《关于放手发动、组织集体经济单位和个体户经营茶馆、茶摊的通知》(〔1984〕商茶联字第11号)第一、二、三、四、五部分。

〔10〕 参见中共中央:《关于经济体制改革的决定》(1984年)第四、六部分。

〔11〕 参见《加快改革开放和现代化建设步伐,夺取有中国特色社会主义事业的更大胜利——江泽民在中国共产党第十四次全国代表大会上的报告》(1992年10月12日)第二部分。

1980年国务院《中外合资经营企业登记管理办法》第2条规定，经批准的中外合资经营企业“应在批准后的一个月内”，向国家工商行政管理总局登记；国家工商行政管理总局“委托省、自治区、直辖市工商行政管理局办理所管辖地区内中外合资经营企业的登记手续”，经国家工商行政管理总局“核准后，发给营业执照”。1982年国务院《工商企业登记管理条例》确认了工商企业登记制度，该条例第7—13条规定，企业的设立、基本建设、登记、变更、歇业、注销等事项均须在登记之前办理有关审批或许可手续，在获得有关人民政府、县以上计划部门或者主管部门批准文件或其他文件后30日内，向市、县工商行政管理局申请办理相应的登记。1983年国务院《国营工业企业暂行条例》第15—18条规定，设立、开办、关闭国营工业企业须由申请开办企业的单位向国家审批机关如实报告并提出申请；凡新建、改建和扩建企业均须按照国家基本建设管理有关规定办理审批手续；申请开办企业必须按规定持批准的计划任务书向企业所在地工商行政管理机关办理开办企业登记手续，经核准后方可领取筹建许可证或营业执照取得法人资格。1983年国务院《中外合资经营企业法实施条例》(国发〔1983〕148号)第8条、第11条规定，在中国境内设立合营企业必须经国家对外经济贸易部审查批准；经批准后，由对外经济贸易部发给批准证书；对外经济贸易部可委托有关的省级人民政府或国务院有关部、局审批，受托机构批准设立合营企业后应报对外经济贸易部备案，并由对外经济贸易部发给批准证书。申请者应在收到批准证书后1个月内凭批准证书向合营企业所在地的省级工商行政管理局办理登记手续；合营企业营业执照签发日期，即为该合营企业的成立日期。1988年国务院《企业法人登记管理条例》确认了企业法人登记制度，该条例第14—35条规定，企业法人办理开业、变更、注销登记；事业单位、科技性的社会团体设立具备法人条件的企业，或者根据国家有关规定实行企业化经营；企业法人设立不能独立承担民事责任的分支机构，或者国家核拨经费的事业单位、科技性的社会团体从事经营活动或者设立不具备法人条件的企业，均应在登记之前取得主管部门或者审批机关的批准，并应当在主管部门或者审批机关批准后30日内向登记主管机关提出申请开业、变更、注销登记，并附送有关主管部门或者审批机关的批准文件；没有主管部门、审批机关的企业申请的开业、变更、注销登记由登记主管机关进行审查；登记主管机关应当在受理申请后30日内作出核准登记或者不予核准登记的决定；经登记主管机关核准登记后，领取企业法人营业执照或营业执照，方可从事经营活动，并须在核准登记的经营范围内从事经营活动。1988年国务院《私营企业暂行条例》第15条规定，“申请开办私营企业，必须持有关证件向企业所在地工商行政管理机关办理登记，经核准发给营业执照后，始得营业”；此条例中的有关证件就包括有关主管部门或者审批机关的批准文件。1990年国务院《乡村集体所有制企业条例》第14条规定，设立乡村集体所有制企业必须依法经乡级人民政府审核后报请有关部门批准，持有关批准文件向企业所在地工商行政管理机关办理登记，经核准领取企业法人营业执照或者营业执照后始得营业;并应当在核准登记的经营范围内从事生产经营活动。1990 年国务院《外资企业法实施细则》第 8—10 条规定,设立外资企业的申请应由对外经济贸易部审查批准后发给批准证书。1991 年国务院《关于加强外资企业重大项目审批工作的通知》(国发〔1991〕13 号)第 1—3 条规定,有关外资企业的投资事项应按照管辖权限进行审批。1991 年国务院《城镇集体所有制企业条例》第 14—17 条规定,设立城镇集体所有制企业均应依法获批,并依法经工商行政管理机关核准登记,领取企业法人营业执照,取得法人资格后,方得开始生产经营活动,并应当在核准登记的经营范围内从事生产经营活动。集体企业的合并、分立、停业、迁移或者主要登记事项的变更,或者企业无法继续经营而申请解散的,也须由企业提出申请,报经原审批部门批准,依法向原登记机关办理变更或注销登记。

20 世纪 70 年代末至 90 年代初,我国通过十余年的努力,逐步恢复已中断十余年的工商登记工作,建立起以普遍行政许可为前置程序的工商登记管理制度;直至 1993 年引入公司登记制度之后,商事登记制度终于迎来重大改革与根本转型。

第二节　新时期商事登记的改革历程与转型路径

一、公司登记原则的引入与工商登记制度的转型

(一)《公司法》的制定与例外准则主义公司登记原则的引入

1993 年 11 月,中国共产党十四届三中全会通过《关于建立社会主义市场经济体制若干问题的决定》,该决定第 15 条在"改善和加强对市场的管理和监督"的总体目标下,正式提出"建立正常的市场进入、市场竞争和市场交易秩序,保证公平交易,平等竞争,保护经营者和消费者的合法权益"。这是在市场经济体制下改革传统工商业商事登记和管理制度的标志性和指导性文件。1 个月之后 1993 年《公司法》的出台,以之为新起点,我国商事登记开始步入"以一般审批主义为原则,以登记主义为例外"的市场主体登记阶段。

如 1993 年《公司法》第 8 条规定,设立有限责任公司、股份有限公司,符合法定条件的,登记为有限责任公司或者股份有限公司;不符合法定条件的,不得登记为有限责任公司或者股份有限公司;如法律、行政法规规定须经审批的,在公司登记前依法办理审批手续。又如 1993 年《公司法》第 27 条第 1 款、第 2 款规定,申请有限责任公司设立登记,应提交公司登记申请书、公司章程、验资证明等文件;但如法律、行政法规规定须经审批的,还应当在申请设立登记时提交批准文件。再如该法第 77 条规定,设立股份有限公司必须经过国务院授权的部门或者省级人民政府批准。这些规定说明,除不需

要履行审批手续的部分有限责任公司外，绝大多数有限责任公司和所有的股份有限公司在设立登记之前均须履行必要的前置审批程序。尽管如此，1993 年《公司法》的通过与公司登记理念的引入，特别是有限责任公司的设立登记，首次引入准则主义登记原则，彻底改变了自 20 世纪 50 年代以来所奉行的普遍性、强制性企业、营业审批与许可主义传统。部分公司的设立因不需要行政前置审批或许可程序，大大地简化公司设立和登记流程，提高了公司的设立效益，对推动投资、经营、交易有时代标志意义。

（二）例外准则主义登记原则下工商登记制度的逐步转型

1. 例外准则主义登记原则在一般商事主体单行法中的延续再现

由于 1993 年《公司法》的制定与准则主义公司登记原则的引入，在随后制定和通过的多部涉及商事主体、市场主体的法律或行政法规中，准则主义登记原则得以延续，范围也不断扩大。例如，1997 年《合伙企业法》第 15 条就明确规定，申请合伙企业设立登记，应当向企业登记机关提交登记申请书、合伙协议书、合伙人身份证明等文件；若法律、行政法规规定须经审批的，还应当在申请设立登记时提交批准文件。又如，1999 年《个人独资企业法》第 9 条也规定，申请设立个人独资企业，应当由投资人或者其委托的代理人向个人独资企业所在地的登记机关提交设立申请书、投资人身份证明、生产经营场所使用证明等文件；若法律、行政法规规定须经审批的，还应当在申请设立登记时提交有关部门的批准文件。也就是说，除法律、行政法规规定需要履行必要的审批或许可程序外，设立个人独资企业、合伙企业，只需由设立人、出资人、合伙人或他们推举的代表通过提交申请、备足必要的申请文件或证明文件，就可径行到有管辖权的工商行政管理机关直接办理设立、开业和其他登记，即可完成企业设立、开业宣示、营业事项等方面的登记和公示。至此，“以一般审批许可主义为原则，以准则登记主义为例外”之商事主体登记原则在国家法律层面得到比较全面的落实和确定。[12]

除此之外，在行政法规或部门规章的层面，这一新的登记原则也逐步得到贯彻。如 1994 年《公司登记管理条例》、1997 年《合伙企业登记管理办法》、2000 年《个人独资企业登记管理办法》等登记类行政法规、部门规章均有与前述上位法的对应性规定。

2. 普遍许可主义登记原则在特别企业法或商事法中仍根深蒂固

与一般商事主体法秉持例外准则主义登记原则形成强烈反差的是，这一时期制定的特别企业法或商事法仍规定特殊类公司设立或登记的必要审批或许可程序，典型如 1995 年《商业银行法》第 11 条、第 14 条规定，设立商业银行，应当经中国人民银行审查批准；1995 年《保险法》第 70 条、第 79—81 条、第 127 条规定，设立保险公司及分支机构、代表机构；保险公司变更保险经营事项或解散；保险代理人、保险经纪人业务资格

---

〔12〕 参见肖海军：《论我国营业行政许可的制度变迁与改革路径》，载《财经理论与实践》2009 年第 2 期。

与资质的取得，在向工商行政管理机关办理登记、领取营业执照之前，均须经金融监督管理部门批准，并取得金融监督管理部门颁发的保险业务许可证、保险代理业务许可证或者经纪业务许可证；1995 年《民用航空法》第 91—92 条规定，设立公共航空运输企业（以营利为目的，使用民用航空器运送旅客、行李、邮件或者货物的企业法人），应当向国务院民用航空主管部门申请领取经营许可证，并依法办理工商登记；未取得经营许可证的，工商行政管理部门不得办理工商登记；1998 年《证券法》第 95 条、第 117 条、第 146 条规定，证券交易所为提供证券集中竞价交易场所的不以营利为目的的法人，其设立和解散，由国务院决定；设立证券公司、证券登记结算机构、证券交易服务机构等证券经营或服务机构，均须经国务院证券监督管理机构审查批准，并按照分类颁发业务许可证；未经国务院证券监督管理机构批准，不得经营证券业务。此外，修改的其他特殊企业法或企业登记条例仍延续过去的前置审批主义惯性，如 2000 年《中外合作经营企业法》（修正案）第 5 条和《外资企业法》（修正案）第 6 条、2001 年《中外合资经营企业法》（修正案）第 3 条等，均延续有关"三资企业"的设立、变更、注销登记前置审批程序的规定。这说明，自 1993 年开始，除少数不需要履行前置审批的个人独资企业、合伙企业、有限责任公司外，对绝大多数企业的设立与登记，特别是特殊类企业的设立、变更与注销登记，我国仍然奉行比较严格的行政审批或许可主义原则。

二、2005 年《公司法》修改与准则主义原则的普遍适用

（一）2005 年《公司法》修改与公司登记原则的嬗变

2005 年 10 月第十届全国人大常委会第十八次会议通过《公司法》（修订案）和《证券法》（修订案），其中，《公司法》（2005 年修订案）第 6 条第 1 款、第 2 款规定，设立公司，应当依法向公司登记机关申请设立登记；如法律、行政法规规定须经审批的，应当在公司登记前依法办理批准手续，原《公司法》第 77 条关于"股份有限公司的设立，必须经过国务院授权的部门或者省级人民政府批准"之规定被删除。与《公司法》（2005 年修订案）对应，《证券法》（2005 年修订案）修改的重点是确定有关证券发行的核准制，有关证券交易所、证券公司、证券登记结算机构、证券服务机构的设立审批制度并无大的修改。需要特别说明的是，以 2005 年《公司法》（修订案）的通过为标志，我国涉及企业设立和营业事项的商事登记正式由"以审批（许可）主义为原则，以登记主义为例外"过渡到"以准则登记主义为原则，以审批许可主义为例外"，商事登记制度的改革也进入一个新的阶段。以《公司登记管理条例》（2005 年修订）的颁行为标志，公司登记也由过去的实质审查步入形式审查的新阶段。如《公司登记管理条例》（2005 年修订）第 2 条第 2 款规定，申请办理公司登记，申请人应当对申请文件、材料的真实性负责；又除第 52 条第 2 项规定，申请文件、材料齐全，符合法定形式，但公司登记机关认为申请文件、材料需要核实的，应当决定予以受理，同时书面告知申请人需要核实的事

项、理由以及时间，有限地保留工商行政管理机关的部分实质审查权之外，公司登记机关审查的重点和作出是否登记受理决定的依据是，"申请文件、材料齐全，符合法定形式"或"申请人按照公司登记机关的要求提交全部补正申请文件、材料"。

2003 年 10 月党的十六届三中全会通过的《关于完善社会主义市场经济体制若干问题的决定》，进一步提出"建设统一开放竞争有序的现代市场体系；完善宏观调控体系、行政管理体制和经济法律制度"。在我国，特殊所有制结构对统一商事登记制度的改革与转型和确保不同所有制经济成分的平等准入与公平竞争具有基础意义。国务院 2004 年 7 月公布《关于投资体制改革的决定》、2010 年 5 月出台《关于鼓励和引导民间投资健康发展的若干意见》等政策性文件，均强调"规范设置投资准入门槛，创造公平竞争、平等准入的市场环境"的重要性。这些政策性文件，对之后商事登记理念的转变以及立法、制度上的一系列改革，起到明显的推进作用。

2005 年前后，以行政审批制度改革和新的行政许可制度建立为背景的商事登记制度改革，为中国经济特别是民间资本、民营经济注入巨大的制度活力，同时也带来更多制度性挑战。

（二）准则主义原则的普遍适用与民间创业潮的出现

2005 年《公司法》的修改大大降低公司设立的资本门槛：改变注册资本一律实行实缴并须在设立时一次性缴付到位的绝对法定资本制做法，实行一定条件下的分期缴付制；取消绝大部分公司设立的行政前置审批程序；公司登记由过去对申请文件的实质审查转为只对文件的齐备、关联等法定外观形式进行形式审查等。这一系列改革和制度的优化无疑大大便利民间资本、民营企业的营业准入和市场交易，极大促进民间资本的投资热情和民营企业的创业开拓，从而直接催生我国自 1988 年、1993 年以来的第三次社会公司设立潮，此轮改革红利收效期一直延续到 2012 年年底。如根据国家统计局和原国家工商行政管理总局公布的统计数据显示，在 2007 年度全年新登记的内资公司共 17.19 万户，占新登记内资企业总户数的 70.64%；[13]截至 2012 年年底，全国实有企业 1366.6 万户，同比增长 9.06%，其中内资企业实有 1322.54 万户，同比增长 9.44%，私营企业 1085.72 万户，同比增长 12.20%。[14]

上述数据说明，2005 年《公司法》（修订案）实施后，公司企业特别是有限责任公司，成为民间资本、内资企业特别是民营企业营业、投资和创业的首选，与之配套的工

---

〔13〕 参见国家工商行政管理总局办公厅统计处：《全国内资企业登记管理基本情况》，载《中国工商报》2008 年 3 月 20 日，第 A3 版。

〔14〕 参见国家工商行政管理总局办公厅：《2012 年全国市场主体发展总体情况》，载国家工商行政管理总局门户网，http://www.saic.gov.cn/zwgk/tjzl/zhtj/bgt/201204/t20120426_125839.html；张晓松：《内资企业稳步增长　外商投资规模扩大》，载《中华工商时报》2013 年 1 月 11 日，第 A2 版。

商登记制度改革对促进民间资本进入营业领域和公司企业的快速增加,起到明显、积极的助推作用,从而迎来自改革开放以来我国第三次民间投资和创业高潮。

三、2013 年《公司法》修改与商事登记制度的全面改革

2005 年《公司法》修改后,在如火如荼的民间创业大势下出现了一系列制约或推动商事登记改革的新要素与新情况。例如:(1)公司资本制度的困境与制度安排的尴尬。典型的如公司人格滥用现象大量存在;公司自治成长喜忧差半;例外登记前置许可范围与边界的模糊;等等。(2)市场化改革深入与民营经济的拐点。特别是中国加入世界贸易组织(WTO)、国内市场融入国际市场;中央完善与深化市场经济体制改革的一系列政策;国家对民间资本、社会投资和民营经济的刺激政策(如 2005 年、2010 年两个"非公经济 36 条");中国经济的结构性问题;民营经济的增长拐点、持续发展、转型升级;等等。(3)2002 年至 2013 年市场准入与投资体制的深化、系统改革。如市场准入制度的开放与统一大市场的建设;2004 年启动的投资体制改革;垄断行业的改革与向民间资本、社会资本开放;公用事业领域的改革与特许经营制度的引入;直至 2013 年国务院深化市场改革路线图与时间表的制定;等等。(4)地方资本制度、工商登记制度试水式改革的有效探索。如广东、福建、上海、吉林、四川、北京等地率先在资本制度、工商登记准入等方面进行实验性、突破性、试水式改革;特别是 2012 年开始在广东、福建试点的商事登记制度改革最具代表性和开拓性。上述这些新情况、新发展、新任务、新趋势无疑对商事登记制度改革提出了新要求,在此大背景下,直接催生了 2013 年《公司法》的修改,进而促发 2014 年以降商事登记制度深化改革的全面启动与整体推进。

(一)2013 年《公司法》修改及冲击波

2013 年 12 月全国人大常委会通过《公司法》修正案,此次修改主要涉及 12 个条文的删减和调整,其内容集中于公司资本制度和公司登记方面,其中公司资本制度修改的内容主要包括:(1)取消一般类公司的最低法定资本限额,改由公司章程自主规定,涉及《公司法》(2005 年修订案)第 23 条第 2 项、第 26 条、第 59 条第 1 款、第 77 条、第 81 条第 1 款与第 3 款、第 84 条第 1 款与第 3 款、第 178 条第 3 款等;(2)除特殊类公司或以公开募集资本设立的公司外,一般类公司的股东出资由实缴制或分期缴付制改为认缴制,具体认缴方式由公司章程自主规定;(3)取消股东出资的现金比例限制,如《公司法》(2005 年修订案)第 27 条第 3 款;(4)删除有关股东出资或公司资本验资方面的规定,如《公司法》(2005 年修订案)第 29 条、第 30 条。关于公司登记制度方面的修改,主要涉及公司营业执照不再记载"实收资本"及股东"出资额"等事项,如《公司法》(2005 年修订案)第 7 条第 2 款、第 33 条第 3 款等。

2013 年《公司法》修改的条文虽并不多,内容也只涉及资本制度和登记记载中的某

些事项，但它由此而形成的新资本概念和登记理念与过去截然不同，进而强烈地冲击着传统的世俗观念和既有做法。因此，以2013年12月《公司法》修正案通过为标志，新一轮工商登记制度改革的序幕随即拉开，之后，一系列工商登记的改革举措相继出台。

（二）2014年以来商事登记制度改革的主要内容

1. 注册资本登记制度改革

2014年2月国务院印发《注册资本登记制度改革方案》（国发〔2014〕7号），正式部署公司注册资本登记制度的改革，内容主要包括：（1）放松市场主体准入管制，切实优化营商环境。包括实行注册资本认缴登记制（不包括该方案附件所列26类企业、公司或行业）、改革年度检验验照制度、简化住所（经营场所）登记手续、推行电子营业执照和全程电子化登记管理等举措。（2）严格市场主体监督管理，依法维护市场秩序。包括构建市场主体信用信息公示体系、完善信用约束机制和建立经营异常名录制度、强化司法救济和刑事惩治、发挥社会组织的监督自律作用、强化企业自我管理、加强市场主体经营行为监管、加强市场主体住所（经营场所）管理等措施。

2. 工商登记形式审查制度的全面落实

2014年2月国务院根据2013年《公司法》（修正案），发布《关于废止和修改部分行政法规的决定》，对涉及商事主体登记、企业登记的条例、办法进行修改，特别是对《公司登记管理条例》的修订，同时公布《公司登记管理条例》（2014年修订）。根据2013年《公司法》修订案中有关公司登记内容的变动，对公司登记的个别条文作了调整（如第9条）等。这些行政法规的修改，其重点是全面推行和落实工商登记形式审查制度。

3. 创设新型的企业信息公示制度

2014年8月国务院发布《企业信息公示暂行条例》，正式在全国全面推行商事登记制度的辅助制度——企业信息公示制度的改革。根据《企业信息公示暂行条例》第6—10条规定，有关企业的工商登记信息、其他政府部门在履行许可或管理职责过程中所产生的企业信息、企业上一年度的年度报告、企业内部重大或重要经营信息，均属于法定公示的事项范围，并应当由登记机关、主管机关、企业依照规定的内容、职责、程序、时限公布在国家企业信用信息公示网上。

4. 工商登记审查程序全面实行"先照后证"的改革

2014年7月国务院发布《关于取消和调整一批行政审批项目等事项的决定》（国发〔2014〕27号），并在下发通知时要求各地工商部门一律不再将该类行政审批事项作为登记前置，申请人可以直接申请相关经营范围登记、办理营业执照，取得营业执照后再到相关审批部门办理许可手续。至此，有关"先照后证"的工商登记制度改革，从吉林、广东等个别地方的试点性改革被推广、铺开到全国。随后2014年8月原国家工商行政管理总局下发《关于做好工商登记前置审批事项改为后置审批后的登记注册工作的通知》(工商企字〔2014〕154号),正式在全国部署实施工商登记"先照后证"的改革。2015年5月原国家工商行政管理总局又下发《关于严格落实先照后证改革严格执行工商登记前置审批事项的通知》(工商企注字〔2015〕65号),进一步要求各地方工商行政管理机关全面落实"清理工商登记前置审批项目,由先证后照改为先照后证"这一重大改革举措。2015年10月国务院发布《关于"先照后证"改革后加强事中事后监管的意见》(国发〔2015〕62号),强调在推进工商登记"先照后证"改革过程中,应按照"坚持权责法定、依法行政,谁审批、谁监管,谁主管、谁监管"的原则,加强对工商登记中事中事后审批项目和经营者的监管,明确要求工商登记机关和相应审批部门之间在办理工商登记过程中应严格履行"双告知"职责。为落实国务院这一意见的精神,2015年12月原国家工商行政管理总局下发《关于落实〈国务院关于"先照后证"改革后加强事中事后监管的意见〉做好"双告知"工作的通知》(工商企注字〔2015〕211号),对工商登记机关具体落实、履行"双告知"职责作出更为具体的规定。至此,工商登记"先照后证"改革得到切实推行。

5. 证照申领签发模式的系列改革

自2014年开始,先由地方探索,再在全国推广,在关涉商事登记所涉证照申请、受理、审查、签署、发放等程序上,以及证照签发机构、程序、流程、方式、形式等要素上,从最早的"三证合一",到后来的"多证合一,一证一码",无论内容还是形式,均有深层次、大幅度的改革。

(1)工商登记"三证合一"发证制度的实行。所谓"三证合一",就是将企业依次申请的工商营业执照、组织机构代码证和税务登记证等三证合为一证,以提高市场准入与工商登记效率。过去工商营业执照、组织机构代码证和税务登记证分别由工商管理部门、技术与质量监督部门、税务管理部门各自申请、受理、审查和颁发,"三证合一"后,则改由工商登记管理部门集中受理、分头联合审查和集中颁发。"三证合一"在2012年《深圳经济特区商事登记若干规定》中首先出现;2014年6月国务院下发《关于促进市场公平竞争维护市场正常秩序的若干意见》(国发〔2014〕20号),"三证合一"作为经验和要求被推广到全国。2014年7月1日,湖北省枝江市在安福寺镇率先试点实行工商登记与市场主体登记的"三证合一",并发放全国第一份加挂有组织机构代码证号、税务登记证号的工商营业执照。[15]2014年7月,国家税务总局下发《关于创新税收服务和管理的意见》(税总发〔2014〕85号),就税务部门如何配合和处理"三证合一"提出具体应对思路和明确举措。至2014年年底,全国已有36个省市不同程度地启动"三

---

〔15〕 参见李思辉、张茜:《营业执照加挂组织机构代码、税务登记证号——枝江在全国率先尝鲜"三证合一"》,载《湖北日报》2014年7月16日,第1版。

证合一”工作，其中有28个省市出台“三证合一”的具体实施方案。[16]2014年12月1日起，深圳又在全国率先推行营业执照、组织机构代码、税务登记证和刻章许可证“四证合一”登记新模式。[17]2015年6月，国务院办公厅印发《关于加快推进“三证合一”登记制度改革的意见》(国办发〔2015〕50号)，全面推行工商登记中营业执照、组织机构代码证和税务登记证的三证合一。2015年8月，原国家工商行政管理总局等6部委联合印发《关于贯彻落实〈国务院办公厅关于加快推进“三证合一”登记制度改革的意见〉的通知》(工商企注字〔2015〕121号)，该通知第2条明确提出“一窗受理、互联互通、信息共享”，以确保“三证合一、一照一码”登记模式如期实施和有效落实。在实践中，各地“三证合一”的具体业务模式主要包括两种：第一种，即保留既有传统证照所对应的原业务部门和业务流程，通过不同业务部门和业务流程的整合，实行“三证合办”的业务模式；第二种，即对原有不同业务部门所发证照进行整合，实行“一证三号”的业务模式。具体而言，又可分为“三证(多证)合办”(并联审批)模式[18]、“一证三号(多号)”模式[19]、“三证合一”模式等。[20]

(2)“一照一码”证照发放模式改革的实施。“一照一码”就是通过“一口受理、并联审批、信息共享、结果互认”，将由多个部门(工商、质监、税务、民政、银行等)分别核发不同证照和机构代码，改为通过“一窗受理、互联互通、信息共享”，由工商部门直接核发载有法人和其他组织统一社会信用代码的营业执照，并将办理时限由过去的8天缩短至3天以内；同时，将“一照一码”的适用范围从企业扩大到农民专业合作社、外国(地区)企业常驻代表机构。2015年6月4日，国务院召开常务会议，决定实施法人和其他组织统一社会信用代码制度，为法人和其他组织建立全国统一的“身份证号”，以提升社会运行效率和信用，“一照一码”改革开始启动。2015年6月11日，国务院下发《关于批转发展改革委等部门法人和其他组织统一社会信用代码制度建设总体方案的通知》(国发〔2015〕33号)，并同时公布由发展改革委等部门联合制定的《法人和其他

---

〔16〕 参见张阳：《“三证合一”：改革试点、过渡与全面推开》，载《地方财政研究》2015年第4期。

〔17〕 参见何泳：《深圳将推商事登记“四证合一”》，载《深圳特区报》2014年5月12日，第A3版；何泳、黄威：《我市率先实施商事登记四证合一：网上办妥营业执照、组织机构代码证、税务登记证和刻章许可证》，载《深圳特区报》2014年7月21日，第A1版；武欣中、刘芳：《深圳商事登记实施“四证合一”》，载《中国青年报》2014年12月2日，第1版。

〔18〕 参见蔡珍贵：《石狮行政审批再提速——实行“三证合办”打开方便之门》，载《中国工商报》2014年6月10日，第2版。

〔19〕 参见王彬：《年底前全面推开工商质监税务“一证三号”》，载《济南日报》2015年5月12日，第A1版；周南：《以行政审批制度改革为突破口推进简政放权——访省编办主任岳勇》，载《政策》2015年第7期。

〔20〕 参见赵韵玲：《微观市场主体准入制度功能定位——从“三证合一”改革看》，载《人民论坛》2015年第2期；曾茂盛：《莆田从“一证三号”进入“一照一码”》，载《中国工商报》2015年6月11日，第2版。

组织统一社会信用代码制度建设总体方案》,该方案按照唯一、统一、共享、便民和低成本转换的原则,把传统由“原始码”(由登记管理部门在法人和其他组织注册登记时发放的代码,主要包括工商部门的工商注册号、机构编制部门的机关及事业单位证书号、民政部门的社会组织登记证号等)和“衍生码”(在法人和其他组织注册后,相关部门发放的管理码,如组织机构代码管理部门的组织机构代码、人民银行的机构信用代码、税务总局的纳税人识别号等)所组成的两类机构代码,设计为由登记管理部门代码(第一部分,为第1位)、机构类别代码(第二部分,为第2位)、登记管理机关行政区划码(第三部分,为第3—8位)、主体标识码(组织机构代码,第四部分,为第9—17位)、校验码(第五部分,为第18位)五个部分组成的18位统一代码。该方案自2015年10月1日起在工商部门开始实施,其他登记管理部门在2015年年底前开始实施,“一照一码”在全国铺开。

(3)“五证合一、一照一码”登记制度改革的推行。所谓“五证合一”,即把企业设立、登记和营业执照签发中需由工商、质监、税务、人力社保、统计5部门分别办理的营业执照、组织机构代码证、税务登记证、社会保险登记证和统计登记证等“五证”合为一证,通过统一开设“五证合一综合受理窗口”,建立审批信息共享平台,整合各发证部门的受理窗口、申报表格、材料规范、审批流程、打印发照等,实行统一由工商部门受理,以“一表申请、一窗受理、一次告知、一份证照”,把原来要提交的5份材料简化为1份材料、1个表格、一次申请,在工商、质监、税务、人力社保、统计5部门信息共享、联合审批的前提下,统一由工商部门发放集有“五证”功能、具有统一身份号码的新型营业执照。“五证合一”最初是由浙江、深圳、天津、吉林等地,在2015年起为进一步推行便利工商登记和营业执照审查而采取的超前、深入改革举措,如深圳市原市场和质量监管委在原有营业执照、组织机构代码证、税务登记证和刻章许可证等“四证合一”的基础上,再增加社保登记证,自2015年6月1日起实现商事登记的“五证合一”;〔21〕吉林省自2015年10月1日开始实行的“五证合一”与深圳市基本相同。〔22〕又如浙江省则在原有营业执照、组织机构代码证、税务登记证等“三证合一”的基础上,加入社会保险登记证和统计登记证,自2015年7月1日起全面实行商事登记的“五证合一”改

〔21〕 参见谭玲娟:《深圳商事登记实现五证合一》,载《深圳商报》2015年6月2日,第A12版;孙颖:《深圳商事登记“五证合一”》,载《南方日报》2015年6月2日,第A11版。

〔22〕 参见米韵熹:《为创新创业加速助力》,载《吉林日报》2015年9月28日,第2版;葛优、雷洪涛、何建立:《吉林蛟河市发放首张“五证合一”营业执照》,载《民主与法制时报》2016年1月14日,第4版;李己平:《吉林:“五证合一”增活力》,载《经济日报》2016年1月19日,第11版。

革。[23]再如天津市实施的“五证合一”，则主要指药品零售（连锁）企业原向工商、食药监管部门分别申领的药品经营许可证、药品经营质量管理规范认证证书、医疗器械经营许可证、食品卫生许可证、食品流通许可证之五证合并为药品经营许可证（合证）一证。[24]其中吉林、浙江实行的“五证合一”改革在全国具有典型和示范意义。2016 年 7 月，国务院办公厅下发《关于加快推进“五证合一、一照一码”登记制度改革的通知》（国办发〔2016〕53 号），要求自 2016 年 10 月 1 日起，在全面实施工商营业执照、组织机构代码证、税务登记证“三证合一”登记制度改革的基础上，再整合社会保险登记证和统计登记证，实现“五证合一、一照一码”的深化改革。

（4）个体工商户“两证整合”改革的全面推广。2016 年 8 月原国家工商行政管理总局等四部门联合发布《关于实施个体工商户营业执照和税务登记证“两证整合”的意见》（工商个字〔2016〕167 号），该意见提出通过对既有个体工商户营业执照和税务登记证实行“两证整合”，即申请营业的自然人（公民）或家庭只需填写“一张表”，向“一个窗口”提交“一套材料”，即可办理个体工商户工商登记及税务登记，并由过去工商行政管理、税务部门分别核发的营业执照和税务登记证，改为由工商行政管理部门核发一个加载有法人和其他组织统一社会信用代码的营业执照；同时，实现工商、税务部门对个体工商户数据信息实时共享。也就是说，新的个体户工商登记、证照发放改革，将以往个体工商户登记时依次申请，分别由工商行政管理部门核发营业执照、税务部门核发税务登记证，改为一次申请，由工商行政管理部门核发加载有统一社会信用代码的营业执照。这种新营业执照具有原营业执照和税务登记证的双重功能和效力，各级政府部门、企事业单位及中介机构等均予认可。该意见确定黑龙江、上海、福建、湖北四省（市）为首批试点地区，自 2016 年 10 月 1 日起实施，其他地区自 2016 年 12 月 1 日起全面实施和推广。[25]

（5）“多证合一”改革的全面推开与实施。2017 年 5 月国务院办公厅发布《关于加快推进“多证合一”改革的指导意见》（国办发〔2017〕41 号），要求全国各地方在全面实施企业、农民专业合作社“五证合一、一照一码”登记制度改革和个体工商户“两证整合”的基础上，将涉及企业、个体工商户、农民专业合作社登记、备案等有关事项和各类

---

〔23〕 参见戴睿云、余小平、宋桔丽：《“五证合一”执照两日可取》，载《浙江日报》2015 年 5 月 16 日，第 1 版；王汀：《杭州市高新区实施“五证合一”》，载《中国工商报》2015 年 5 月 20 日，第 1 版；余小平、宋桔丽：《浙江首张“五证合一”营业执照诞生记》，载《今日浙江》2015 年第 11 期；沈雁、施扬：《率先全面实行“五证合一”制度》，载《中国工商报》2015 年 6 月 20 日，第 1 版。

〔24〕 参见苏晓梅、徐杨：《药品零售（连锁）企业“五证合一”》，载《天津日报》2015 年 6 月 6 日，第 1 版；张广艳：《本市颁发首张“五证合一”新证》，载《滨海时报》2015 年 6 月 6 日，第 1 版。

〔25〕 参见李伟锋：《个体工商户“营业执照”和“税务登记证”合二为一：湖南自 12 月 1 日起实施这一新政》，载《湖南日报》2016 年 9 月 6 日，第 14 版。

证照进一步整合到营业执照上，实现“多证合一、一照一码”。该意见下发后，相关部门随即制定或发布更为具体可行的改革举措和实施方案，如2017年8月工商行政管理总局《关于做好“多证合一”改革工作的指导意见》（工商企注字〔2017〕153号）；2017年9月国家税务总局《关于进一步推进“多证合一”工商共享信息运用工作的通知》（税总函〔2017〕402号）；2017年10月工商行政管理总局、商务部、海关总署联合印发《推进“多证合一”改革　加强部门信息共享合作备忘录》（工商企注字〔2017〕192号）；2018年3月工商行政管理总局等十三部门联合发布《关于推进全国统一“多证合一”改革的意见》（工商企注字〔2018〕31号）；2019年1月海关总署、市场监督管理总局《关于〈报关单位注册登记证书〉（进出口货物收发货人）纳入“多证合一”改革的公告》；2019年9月自然资源部《关于以“多规合一”为基础推进规划用地“多审合一、多证合一”改革的通知》（自然资规〔2019〕2号）等，证照“多证合一”的改革得以在全国和不同部门落实、施行。

6. 营业行政审批引入“负面清单管理模式”

所谓“负面清单管理模式”，又称“负面清单管理制度”，或者为营业、投资领域的“黑名单”，与之对应的为正面清单（positive list），相当于企业不能投资的领域和产业，原专指东道国或地区在引进外资审批过程中，基于公共秩序保留、国内产业特殊保护、环境生态保护、国家经济安全等的需要，对与国民待遇不符的领域或产业以清单形式进行公开列明，以供审批时审查的特殊管理措施。凡列入公开清单的领域、产业或项目，则为负面清单（negative list）。负面清单所列事项则为禁止许可或审批事项，相关管理或审批部门不得审批或许可，申请人也不可取得审批或许可；而负面清单所列事项以外，则在可审批、许可范围之内。[26]如在WTO《服务贸易总协定》（GATS）中，负面清单主要用于限定正面清单以外的不属于市场准入或不应享受国民待遇的领域或产业。1994年成立的北美自由贸易区（NAFTA）被认为是最早在外贸、投资等领域采用负面清单的自由贸易区之一；之后，负面清单制被亚洲国家或地区仿效。

由于负面清单管理后来扩大至国内行政审批与许可，故此一管理模式也就泛指政府以负面清单公示不予开放的具体经济领域、产业部门或投资项目，并明确不予行政审批或营业许可，或者必须取得行政审批或营业许可；而负面清单以外的营业事项则均在可行政审批或应营业许可的范围，或者无需取得行政审批或营业许可的新型营业行政管理制度。[27]

---

〔26〕 参见王子约：《“支持目录”或让位“负面清单”高层酝酿改革行业管理思路》，载《第一财经日报》2013年6月5日，第3版；王淼：《引入负面清单管理　创新对外开放模式》，载《中国改革报》2013年8月26日，第9版。

〔27〕 参见田丰：《负面清单管理模式需解决三大问题》，载《经济日报》2014年2月13日，第14版。

我国“负面清单管理模式”始于上海自由贸易试验区对外商投资的准入管理与审批,[28] 2013 年 9 月上海市人民政府公布《中国(上海)自由贸易试验区外商投资准入特别管理措施(负面清单)(2013 年)》(沪府发〔2013〕75 号),列明中国(上海)自由贸易试验区(以下简称自贸试验区)内对外商投资项目和设立外商投资企业采取的与国民待遇等不符的准入措施,该负面清单按照《国民经济行业分类及代码》(2011 年版)分类编制,包括 18 个行业门类。2014 年 6 月,上海市人民政府又发布《中国(上海)自由贸易试验区外商投资准入特别管理措施(负面清单)》(2014 年修订)。2014 年 7 月,上海市人大常委会通过并公布《中国(上海)自由贸易试验区条例》,其中第 13 条规定,“自贸试验区实行外商投资准入前国民待遇加负面清单管理模式”;“负面清单之内的领域,外商投资项目实行核准制,国务院规定对外商投资项目实行备案的除外;外商投资企业设立和变更实行审批管理”。负面清单管理制度不仅由外资准入领域扩大到所有营业准入领域,还上升为地方性法规。

就全国范围而言,早在 2013 年 11 月中共中央《关于全面深化改革若干重大问题的决定》第四部分“加快转变政府职能”第 14 条,就对“企业投资项目”负面清单的市场准入和行政许可模式有原则性规定。2014 年 7 月,国务院发布《关于促进市场公平竞争维护市场正常秩序的若干意见》(国发〔2014〕20 号),在第二部分“放宽市场准入”第 4 条“改革市场准入制度”首提“制定市场准入负面清单”。在全面总结上海自贸试验区负面清单管理经验的基础上,2015 年 4 月,国务院办公厅印发《自由贸易试验区外商投资准入特别管理措施(负面清单)》(国办发〔2015〕23 号),该特别管理措施适用于上海、广东、天津、福建四个自由贸易试验区,在自由贸易试验区内按照内外资一致原则实施准入管理和营业许可,负面清单管理模式扩大到所有自由贸易试验区。2015 年 10 月,国务院发布《关于实行市场准入负面清单制度的意见》(国发〔2015〕55 号),并附《关于开展市场准入负面清单制度改革试点的工作方案》,该方案自 2015 年 12 月 1 日起在全国范围内实施。新的负面清单市场准入与营业许可模式开始在全国范围内推广和普及。

7. 适应信息化、互联网时代需要的电子营业执照制度

在营业信息化、电子化、网络化、即时化的电商、网商、智商时代,如何适应营业新的需求,一直是我国商事登记制度改革必须回应的重大课题;其中,电子营业执照制度的推行以及由此引起的商事登记办理流程的网络化,正是适应这一需要的改革内容之一。在此背景下,2017 年 4 月,时国家工商行政管理总局发布《关于全面推进

---

〔28〕 参见熊晓辉:《放宽外资准入　上海自贸区探索“负面清单”管理模式》,载《中国经营报》2013 年 9 月 2 日,第 A14 版;唐玮婕、傅盛裕:《负面清单公布　共 190 条管理措施》,载《文汇报》2013 年 9 月 30 日,第 2 版。

企业电子营业执照工作的意见》(工商企注字〔2017〕47号),着手建立全国统一的电子营业执照管理制度;随后2017年6月,时国家工商行政管理总局印发《企业登记全程电子化建设技术方案》《电子营业执照管理应用平台技术方案》《企业名称登记管理改革建设技术方案》(工商办字〔2017〕106号),电子营业执照管理制度改革的软硬件正式启动。2018年12月新组建的国家市场监管总局公布《电子营业执照管理办法(试行)》,对电子营业执照的申请、受理、审查、签发、效力、使用、监管作出具体规定,该试行办法第2条明确规定,"电子营业执照,是指由市场监管部门依据国家有关法律法规、按照统一标准规范核发的载有市场主体登记信息的法律电子证件","电子营业执照与纸质营业执照具有同等法律效力,是市场主体取得主体资格的合法凭证"。《电子营业执照管理办法(试行)》的颁行,使电子营业执照制度改革迈出实质性步伐。2019年6月,国家市场监管总局发布《关于电子营业执照亮照系统上线运行的公告》,全国电子营业执照亮照系统于2019年6月10日正式上线运行。2019年8月,国务院办公厅、市场监管总局联合发布《关于依托全国一体化在线政务服务平台做好电子营业执照应用推广工作的通知》(国办电政函〔2019〕175号),要求2019年12月底前实现电子营业执照在一体化平台全面深度应用。至此,电子营业执照制度在全国得以全面推行与应用。

(三)普遍准则主义原则下商事登记制度改革的简要评价

2014年以来的商事登记制度改革在放宽营业准入、激发主体力量、释放投资潜能、促进市场交易、刺激经济发展等方面起到明显的积极效应。根据国家官方统计数据,至2014年12月底,全国共有各类市场主体6932.22万户,同比增长14.35%,增速较上年同期增加4.02个百分点,市场主体中企业为1819.28万户,同比增长19.08%,其中,私营企业1546.37万户,同比增长23.33%;2014年全国新登记注册市场主体1292.5万户,比上年同期增加160.97万户,同比增长14.23%,其中企业365.1万户,同比增长45.88%;特别是在商事制度改革众多措施实施后,3—12月,全国新登记注册的各类市场主体为1146.69万户,同比增长16.82%,其中企业323.51万户,同比增长48.76%,平均每天新登记注册企业1.06万户。〔29〕至2015年9月底,全国各类市场主体达到7511.3万户,比2014年年底增长8.4%;在2015年1月至9月,全国新登记的各类市场主体为1065.5万户,同比增长15.8%,其中新登记的企业为315.87万户,平均每天新登记企业为1.16万户,同比增长19.3%;而新登记的私营企业为299.7万户,同比增长

〔29〕 参见《2014年度全国市场主体发展、工商行政管理市场监管和消费维权有关情况》,载《中国工商报》2015年1月23日,第2版。

19.8%，占新登记市场主体总数的28.1%。[30]很明显，2005年以来特别是2013年以来，以两次《公司法》的修改为契机，普遍准则主义商事登记及相关配套制度的全面、深化、系统改革，对奠定我国自由、宽松、公平、竞争、有序的良好营商环境具有积极的支撑意义与促进效应。

但是，在大规模、大范围的商事登记制度深入改革中，支撑这一改革进程和方向的大多为政策性文件和国务院行政性指导意见，只有极少数情形下，诸如公司登记管理、企业信息公示等，才出台具有规范性、稳定性和具体性的行政法规，商事登记规范文本长期停留于附属立法、一事一法式的分别、分类、分散立法状态。虽然我国2014年启动的商事登记改革计划把原有分别登记的15种执照简化为个体工商户、法人型企业、非法人型企业、企业分支机构等四种营业执照形式，试图彻底改变原有分类登记、分类发照的多元、混乱登记模式，但因缺乏统一立法引领和规范而难以到位。2021年7月国务院公布的《市场主体登记管理条例》，虽一定程度上改变了商事登记或市场主体登记中的分别、分类、分散立法状况；但是，无论立法理念，还是价值取向，抑或调整范围，直至具体制度，尚存在诸多需要改进和完善之处；况且，商事登记乃一国商事制度的基础与市场体制的基石，由行政法规来主导调整存在明显局限。法律作为行政的依据，立法作为改革的先导，按照中共十八大以来中央所确定的重要、重大改革须立法先行之法治原则，在如此牵商事登记之一发而动整体准入制度、经济生态、竞争秩序和营商环境之全身的情况下，如没有统一、规范、稳健的商事登记立法作保障，新一轮商事登记制度改革能否走远、能否成功、能否实现所预设的目标，能否最终实现通过商事登记制度改革以建立支撑我国微观经济制度的核心竞争优势，则关系极大。显然，商事登记制度改革的重要性及基础意义与我国现行商事登记立法的状况形成强烈反差，该问题反映出我国既有商事登记立法已远远不能适应实际营业与商事登记的迫切需要，特别是已不能适应2014年以来新型商事登记制度改革以来的新形势、新状况、新发展、新需要。

综上，为确保我国商事登记制度改革到位与转型成功，就须首先对商事登记之法律定位、制例选择、改革路径作顶层设计和通盘规划，而这一切又有赖于对商事登记之本质属性、价值原则、功能效应、制度模式、主管管辖、审查程序、法律效力、违信救济的正本清源和恰当厘定。在此基础上，需要通过制定一部统一的商事登记法，才能对改革与转型中存在的问题和面临的挑战在顶层规划、整体布局、分类实施的基础上逐步解决。如此，我国统一化商事登记制度改革目标才可如期实现，新的营业进入服务型商事登记理念与体制才可顺利转型。

---

[30]　参见国家工商行政管理总局：《2015年第三季度全国市场主体发展情况显示全国新登记企业保持高位增长》，载国家工商行政管理总局门户网，http://www.saic.gov.cn/ywdt/gsyw/zjyw/xxb/201510/t20151015_162823.html；李晶：《全国新登记企业保持高位增长》，载《中国工商报》2015年10月15日，第1版。

第四章　商事登记的价值原则

第一节　商事登记的价值取向

一、商事登记价值取向的逻辑内涵与制度意义

（一）商事登记价值取向的判断与定位

法的价值即法为满足社会主体需求、欲念所应当具有的效应属性。笔者认为，商事登记立法与制度是商事立法、商事制度当然的子系统和重要组成部分，自然，商事登记的价值取向就必须要从商法价值的定位开始，才可求得正解。商法的价值是法之价值在商法领域的具体表现。商法的价值应是商法为满足商主体营业最基本需求和欲念而应具有的效应属性。商法的价值包括两个层面：一是指商法作为部门法应满足商事主体营业（投资、经营、交易）的特定需求所应具有的效应属性，它涉及商法效应属性因商法的客观特征和人们的主观期望相互结合而形成的不同表现形式和评价标准。由于商法调整对象的营利性特征，决定商法价值的必然是与利益有直接关联的效益、自由、秩序、公平等效应属性，故商法价值是一组与交换利益和财富增进相关联，由效益、自由、秩序、公平等不同效应属性组成的价值体系。二是商法在具体立法设计和制度安排层面中，对具不同效应属性和内在特征的价值形式作功能判断之后，如何进行选择，以建立一个由不同效应属性构成的价值序列，并通过确定具体的目标性价值与工具性价值，使之为商事立法设计、制度安排、行为规范提供价值指引坐标。故在探讨商法价值时，应在分析商法不同价值形态并对其作逻辑排序的基础上，解决商法的价值目标和商法的价值选择这两个最为基本的问题。

商法为调整营业关系的法律，以商事主体之营业行为为规制对象，商事主体营业的功利目的性和行为营利性特征，决定商法应当以促进、保障商事主体营业实现财富增长为主旨。显然，商法价值应是满足商主体对财富追求、欲念而具有的效用属性，即商法应具有能满足商人自由营业、增值财产的基本要求。商法的这种满足商人自由营业、财产增值之基本要求的效用属性，表现为商法对商人营业自由、竞争公平、市场秩序、交易效益的关注和重视。据此，可以这样说，商法价值的基本形态就集中表现为营

业自由、竞争公平、市场秩序、交易效益等几种主要形态。其中，营业自由价值是指商法应具有的满足商事主体自由营业、自由交易、自主治理、自主经营等自由营业之基本要求的效用属性；竞争公平价值是商法应具有的满足商事主体在营业过程中利益归属平衡和权利义务分配合理等基本要求的效用属性；市场秩序是指商法应具有的满足商事主体在营业过程中实现交易稳定化、持续化和利益可预期化等基本要求，保证交易的一致性与安全性的效用属性；交易效益价值则是指商法应具有的满足商事主体在营业过程中实现交易费用最低、交易利益最大而达到财富增值最大化目标等基本要求的效用属性。[1]

商事登记立法和制度作为商事立法和制度的一部分，自然也应满足以投资者、经营者、交易者为具体表现形式的商事主体之基本需求和欲念，而商事主体的基本需求和欲念就是通过营业以实现财富、利润、收益最大化的预期目标，自然商事登记的立法设计和制度安排就应满足商主体的这种基本需求和欲念，作为商法最具基础意义和支撑功能的子法部门，其价值无疑也应体现在营业自由、竞争公平、市场秩序、交易效益这几个方面。

（二）商事登记价值取向的制度意义与逻辑序列

法价值的功能在于对立法者和决策者提供价值向导，它具体表现在法律制度安排过程中的价值取向和具体规范设计中的价值选择与定位。就商事登记立法而言，其诸价值形态因具不同功能而要求立法者和执法者须对商事登记立法应具有的满足商事主体之营业自由、竞争公平、市场秩序、交易效益之需求属性的具体效用作充分权衡和具体考量，并对之作恰当定位和理性选择。

在商事登记的价值体系里，交易效益价值在于主导商事登记立法宗旨和制度创设的目的。它要求商事登记立法应以保护商事主体和投资人的利益为中心，其具体制度的创设和规范条文的制定均应以促进、激发、保证商事主体（投资者、经营者、交易者）实现其最大营业利益为基本出发点和最终归宿点。不难看出，交易效益价值属于商事登记的目的性价值范畴，其作为商事登记立法的主导、核心价值，应居于优先考虑的地位。

营业自由、竞争公平、市场秩序作为服务于交易效益这一目的需要，在商事登记价值体系内充当的是一种工具性价值的作用。其中营业自由属于商主体应然的权利范畴，对商事登记而言，其主旨在于确认主体以适应营业进入、投资经营、市场交易和公平竞争的必要资格、地位和权能，它要求商事登记法应创设一种制度和规范，确定民事主体能自由地进入市场（营业进入自由）转换为商事主体、基于自愿与他人自由地进行

---

〔1〕　参见肖海军：《论营业自由——商法价值的展开》，载范健主编：《商事法律报告》（第1辑），中信出版社2004年版；肖海军：《营业权论》，法律出版社2007年版，第147－174页。

交易(营业意思自由)、在营业中能自主地作出决策(营业行为自由),以期通过自身的努力去实现己身利益的预期化和最大化。故营业自由价值属于原生、基点、初始、基础、权源性价值范畴。

竞争公平与市场秩序的功能在于为商事主体追求利益提供约束和保障,其中竞争公平要求商事主体在追求自身利益最大化时应充分照顾交易对手、交易伙伴、投资合作人以及其他交易相对人、利害关系人的利益,其每次获得的利益和增进的财富,都能归于正当、合理。亦即商事主体获得的利益和增进的财富不仅应与自身的投入、付出等成本以及应承担的义务、责任相对称,而且应与相关利害关系人的利益分配和归属要对价,如此才能保证商人的每一次交易均归于合法、正当、有效,以最终实现交易总效益和全过程利益的最大化。市场秩序是相对于商事主体所处的营业和交易环境而言,它要求商事登记法应创设一套严格、完备、有效的准入登记规则来保证商事主体及营业信息的真实性、可靠性、可信性,从而维持市场交易的一致性、连续性与稳定性,以维护市场交易的安全;同时,它还要求商事登记法应创设一套严格的信息失真、行为违信、登记违法的违信责任和诚信责任机制,督促商事主体积极、主动、及时、全面、真实地履行营业信息的确认与公示义务。通过严格的商事登记规则,确保交易诚信,力戒交易欺诈,以提高商事登记的信用度,保障商事主体及交易相对人每一次基于商事登记所了解或获得已公示的营业信息是真实、合法的,也是可信、可靠的,使每次交易均能建立在可信用、可预见、可实现的真实营业信息保障基础上,以期实现商事主体单次交易效率与交易累积财富的最大化。可见,竞争公平与市场秩序在于对商事主体利益最大化目标的实现,提供利益分配方面的约束和交易过程的保障,属于约束性、保障性价值的范畴。

商事登记价值体系中不同效用属性之价值的不同制度功能,决定商事登记价值的选择位序应当以不同价值的制度功能为基本依据,以价值内在的效用属性为主要标准。据此,笔者认为,作为以促进、保障商事主体营业,实现财富增长为主旨的商事登记法,其价值定位和选择位序应是:以交易效益价值为目标,以营业自由价值为基点,以竞争公平与市场秩序价值为约束、保障条件。

鉴于竞争公平不是商事登记需要重点考虑的因素,以下将从营业自由、市场秩序、交易效益三个方面,对商事登记特别是我国未来商事登记制度改革中相关价值的定位作具体分析。

二、营业自由价值在商事登记中的基础地位与支撑功能

(一)营业自由在商事登记价值序列中的基础地位

营业自由是指一国国民(在私法上表现为民事主体,即自然人、法人与其他非法人组织)可根据自己的主观意愿、自主意志、财产条件、资本基础,自由地选择进入或退出

法律不禁止且不危害他人利益的营业领域，自主设定自己的营业目的范围和预期利益目标，从事以营利为目的之营业行为（具体表现为投资、经营、交易行为）之应然资格、初始机会和原生权利。营业自由具有多方面的法律属性，首先，营业自由是一种主体资格定位的价值取向，即自由地成为投资主体、经营主体、交易主体等商事（营业）主体是民事主体应具有的一种应然资格；其次，营业自由是一种权利性价值取向，即营业自由本身就是商事主体一种基础性的商事权利；再次，营业自由是一种制度性价值取向，是立法者、决策者在进行商事制度安排、规范设计时应遵循的基本宗旨；最后，营业自由是一种社会关系的价值取向，即营业自由是民事主体通过自由投资、自由经营和自由交易并转换为商事主体过程中所形成的一种稳定的社会关系状态。营业自由是确立商事权利的逻辑起点，是确定商事立法本位的基点，是实现交易效益价值目标的权源保障，是构建商事制度和商事关系的价值向导。营业自由作为商事登记应持有的一种价值取向，所赋予民事主体的是一种平等、可自主选择进入营业领域和参与市场交易的资格或机会，这种营业机会分配和营业进入决策方面所享有的平等、可自主选择的资格，是民事主体一种应然、不可剥夺的机会性权利，是安排商事登记制度、实现主体效益最大化目标、构建普遍平等之营业竞争关系的基础。〔2〕

营业自由表现为营业决策自由、营业进入自由、投资自由、商事结社自由、选择营业目的事业范围自由、公平竞争自由、内部经营管理自由、开业自由、营业变更自由、歇业自由等多个方面。其中，与商事登记有关的主要表现为营业进入自由、投资自由、商事结社自由、选择营业目的事业范围自由、开业自由、营业变更自由、歇业自由等，而这些自由方面的欲念与需求恰恰又构成营业自由中最基础、最源头的部分，也正是需要通过商事登记予以确认、宣示、固化、解决、落实、维护、救济的。而在与商事登记存在关联的各种营业自由的欲念与需求中，营业进入自由主要是满足或实现一般民事主体进入营业领域的欲念，而投资自由、商事结社自由、选择营业目的事业范围自由、开业自由、营业变更自由、歇业自由则主要为满足或实现进入营业领域的民事主体并已转换为商事主体之需求。可见，商事登记能否满足民事主体自由进入营业领域的欲念，以及进入营业领域转换为商事主体之自由营业的需求，就成为商事登记最需要具备或实现的效应属性。很明显，营业自由价值在商事登记价值序列中就具有基点价值的支撑功能。

（二）营业自由价值对商事登记的引领与约束

商事登记立法与制度中的自由价值，实质是商法中营业自由价值在商事登记领域立法和制度上的具体化，即商事登记的营业自由，具体包括营业选择自由、营业进入自

〔2〕 参见肖海军：《营业权论》，法律出版社 2007 年版，第 157－172 页。

由、投资形式自由、商事结社自由、企业设立自由、登记申请自由、开业自由、营业变更自由、歇业自由、企业解散自由、营业注销自由等多个方面。商事登记立法与制度中的自由价值，主要是为满足投资者、经营者、交易者之自由出资、自由经营、自由交易之欲念和需求所应具有的效用属性。这是因为，投资者、经营者、交易者之所以要选择商事登记，表象上似乎取决于国家立法和制度的强制性规定，但背后的主要动力是营业当事人或登记申请人的自由营业欲念、冲动和需求，如果没有营业当事人或登记申请人这一自由营业之欲念、冲动和需求，就算最自由或最严厉之极端商事登记模式也不会有商事登记的产生或启动。

商事登记是一个国家或地区所有经济制度最具基础性、初始性、源头性的制度安排，是市场准入环节中最初级的一道门槛，其条件设立、程序安排、效率高低、效力范围等均体现投资者、经营者、交易者在其设定或创造的营商环境中之自由度、宽松度、开放度、竞争度，因而事实上也就构成一国或一地制度竞争力中最基础、核心的环节和部分。而最能体现这一基础、核心竞争力的构成因子，则是自由。正如亚当·斯密所言，“独占乃良好经营的大敌。良好经营，只靠自由和普遍的竞争，才得到普遍的确立。自由和普遍的竞争，势必驱使各个人，为了自卫而采用良好的经营方法”。〔3〕故要建立良好的制度，以期吸引投资、活跃经济、繁荣市场，提高国家竞争力和综合硬实力，就应创建以营业自由为基点的现代商事登记制度。正因如此，在商事登记立法设计与制度构建中，就应把反映并满足营业当事人或申请人的自由营业欲念、冲动和需求作为首要考量因素。具体表现为：

第一，商事登记制度的设计应充分尊重民事主体的营业自由需求。营业自由作为商事登记的价值基点，必然要求商事登记立法与制度应以投资者、经营者、交易者的利益为本位，以民事主体营业机会与商事主体营业资格的平等为原点，通过保障民事主体的营业自由、投资主体的投资自由与企业法人的内部自治，以实现投资效益与营业利润的最大化。营业自由具有赋予主体营业资格、确认主体商事权利、实现效益价值目标、指导商事制度构建、规范商事关系等多种制度功能，要求立法者、决策者在有关商事登记立法设计与制度创建时，应以营业自由为基点，以保护主体营业自由为基本价值取向。就商事登记的立法构架而言，其最基本功能在于创造一种制度机制，使一般民事主体能自由地转换为以投资主体、经营主体、交易主体为具体形式的商事主体，通过主体自主决定或自由选择进入营业领域，以实现营业初始机会在不同民事主体之间的平等无差异分配。

第二，奉行普遍准则主义的商事登记原则以满足人们的自由营业愿望。在营业自

〔3〕［英］亚当·斯密：《国民财富的性质和原因的研究》（下卷），郭大力、王亚南译，商务印书馆 1972 年版，第 141 页。

由价值主导下，商事登记立法的定位和具体商事登记制度的设计，应实现由行政管理本位向当事人自治本位转变。特别是在营业资格的确认、取得和公示这一营业进入的起点环节上，应真正体现营业自由的价值内涵，以有效的商事登记制度机制确保营业初始机会平等地分配给每一个民事主体或商事主体。因为，“无论是工业革命的客观要求，还是社会思想的主要需求，特许制企业均应当为自由企业制度所替代。正是由于这样的前提，十九世纪自由而普遍的注册企业制度方得以不断地兴起”；“自由而普遍的企业注册制度，既为工业革命的效力所追求，亦为自由放任的经济思想所提倡，同时，更为反专制特权的平等观念所欣赏”。[4]为此，商事登记立法设计和具体商事登记制度建构就需要重点考量以下基础性问题：是否选择商事登记应交由民事主体或商事主体自主决定；商事主体登记制度中的许可主义应让位于准则主义；商事登记中应尽量减少对营业性投资设定限制性条件；企业经营范围由行政强制登记注册改为章程自主设定；在弱化商事登记的创设、赋权或生效功能的同时，强化登记本身的确认、公信、对抗效力；等等。就我国而言，以营业自由价值重构商事登记制度的过程，就是由计划经济制度走向以商事主体自由、自主为本位的经济市场化、营业自由化的过程，商事登记立法与制度应超前地、至少应及时地反映这种内在要求。

第三，统一商事登记的标准和程序以推进全国统一、自由大市场的建构。对特定国家或地区的国民而言，其自由营业权能否实现除取决于主观意愿外，在多数情形下取决于自由、宽松的外在营商环境，其中，自由、竞争、开放、统一的国内大市场的形成，更是营业自由进入和营业自由权能实现的基础条件。这是因为，营业的进入、投资的选择、经营的推进和交易的完成必有赖于特定的市场，没有自由、竞争、开放、统一的市场，投资、经营、交易不仅难以启动和展开，而且也难以通过市场交换实现预期效益，故没有全国性的自由、竞争、开放、统一市场，就没有更大范围的营业自由。在历史上，英国之所以在17世纪爆发资产阶级革命、法国之所以成为18—19世纪民主革命最激烈的地方，新兴商人对国内自由、统一大市场的需求、期盼和抗争无疑是最重要的诱因之一；而通过革命和战争，“它们对制度改革所起的作用和由此而产生的长期间接影响却是相当巨大的”，“它们为崭新的全国性统一的市场创造制度上的先决条件。这个市场不但是现在可以以较低费用在地区间更加自由流通商品的市场，而且也是土地、人员和各种思想自由流通的市场”故要建立自由、竞争、开放、统一的大市场，就必须在商事登记上统一条件、统一标准、统一程序、统一公示等，通过建立统一的商事登记制度，以之推动国家统一大市场的创设与运行。

我国是一个事实上采用民商合一立法例的国家，商事登记法是以民法特别法的形式存在。营业初始机会平等分配作为营业自由保护的逻辑起点，必然要求在商事登记

---

〔4〕 虞政平：《股东有限责任》，法律出版社2001年版，第96、98页。

立法设计与制度安排中应重点考量以下几个层面的问题:首先,必须在《民法典》中树立营业自由的价值观。这种价值观具体表现为把营业自由的价值取向转换为《民法典》的基点价值和指导原则,使之成为民商事制度构建的基本价值准则。其次,应依据营业自由原则,建立民事主体向商事主体自由转换的制度机制。即民事主体可依其自主的意思决定是否进入营业领域而转换为商事主体,法律对民事主体转换为商事主体,只宜规定普遍性的准入条件,而不能对某些主体选择营业领域与营业事项进行个别限制;限制或禁止某些民事主体进入特定营业领域,只能具有普遍适用性且必须基于公益需要,而不能进行类别禁止,更不能进行例外歧视或倾斜照顾,这样才能充分体现民事主体与商事主体的自由转换,保证国民营业机会的平等分配、营业资格的自由取得、营业自由权利的充分行使。最后,商事登记法和具体商事登记制度的设计应以统一条件、标准、程序、公示为基本原则,真正在建设自由、竞争、开放、统一大市场中起到基础作用和支撑功效。

第四,基于自由申请、不得拒绝受理原则以建立起新的服务型商事登记体制。自由营业既然是国民应然、不可以剥夺的权利,商事登记立法和制度就必须有切实的措施满足民众的这种欲念与需求,故只要基于营业当事人或登记申请人的自由申请,商事登记机关就应予以受理,不得以任何理由、借口、托词,或设置任何变相不予受理或不予登记注册的条件或程序,或设立不符合法定情形的拒绝受理或不予登记规则。从营业之权源与营业自由理论上讲,民事主体营业本不需要登记,之所以历经登记,一则出于营业当事人的主观、客观需要;二则源于国家法律的强制性或明示性规定。而就营业登记关系构成而言,当事人选择并提出登记申请,实则是委托权威、公共商事登记机关和具公信力的营业信息发布平台,以确认开业意思、公示营业状况,登记机关理应履行积极且及时受理、审查、核准、登记、注册、发证、入库、公示等一系列义务或职责。自然,基于自由申请和不得拒绝受理原则,建立起新型商事登记服务体制,实乃切实尊重、回应、实现并保护国民营业自由的必然和必要之举。

第五,创设商事登记豁免制度以体恤并回应小规模经营者的生存需要、营业欲念与现实需求。目前,对小规模经营者来说,因财产微弱、个人禀赋、边远地理、传统观念等多方面因素的限制,其难以进行规模化经营,但他们又需要且必须通过小规模经营才能维持其基本生存或最起码、有尊严的生活。对这些小规模经营者而言,其营业自由权的行使,已不仅仅是实现财富最大化问题,而是解决其生存权、发展权问题;从国家和社会的角度而言,更是解决劳动就业问题。很显然,对这些特殊类型的小规模经营者,国家就应当且必须在营业自由价值观指导下,在总体采用强制主义登记制例的前提下,通过引入任意主义登记制例的某些合理要素,创设针对特殊对象的商事登记豁免制度,赋予小规模经营者可免予商事登记的特权。豁免其强制登记义务,实则是对所有社会成员营业自由权的尊重和保护。

第六,改变绝对禁止或一概否认的习惯、极端做法,对未登记的事实营业抱宽容态度。"工商自由"早在法国大革命时期就被确认为基本的人权理念和宪法原则,1973 年 12 月 27 日法国"罗瓦耶法案"又重申"工商自由原则"这一宪法理念,且第 1 条明确规定,"经商自由与意愿立业是商业与手工业活动的基础";〔5〕近代资产阶级革命和产业革命以来,营业自由不仅成为一种被普遍接受的主导价值和深入人心的社会理念,而且营业自由或作为公民的基本权利,或作为一项基本法律原则,或作为立国的基本政策或经济方针,已普遍性地被载入宪法或民法典、商法典等国家基本法。〔6〕在我国,一方面营业自由尚未成为政策、立法上的主导价值和社会普遍接受的思想观念;另一方面由于《宪法》《民法典》总则编尚未把营业自由、经商自由等列为国民或自然人的基本权利,特别是我国现行有关商事登记方面的立法和制度,几乎一致性地实行严格、法定的强制主义登记原则,未经登记不得营业,非经登记营业即为非法经营、无证经营、无照经营,属查处、取缔、关闭、捣毁、查封的对象。

诚然,非经登记的事实营业的确存在诸多问题,甚至诱发犯罪,情节严重还会危害国家经济安全和社会公共利益,但这种极端的个案毕竟发生的概率很小,未经登记的无证或无照经营给社会带来的麻烦,就公法方面而言主要为偷漏税或环境卫生问题;就私法方面而言,主要是因产品或服务质量、价格给消费者造成损失,但前者可通过强化管理解决,后者则纯粹是一个民事责任特别是债务责任的追究问题。而事实证明,这两个方面其实均不是采取诸如事前立法禁止或事后行政否认就能实现有效的矫正;实际上,如借助有效的营业自治和严格的民事责任,其解决的实效要远比公法强制积极、彻底得多。

基于以上分析,在我国商事登记法例与制例选择上,在沿袭既有强制主义登记制度模式的同时,可借鉴、参考任意主义登记制例某些富有成效的做法。在具体执行和处理措施上应有所缓和,特别是对未经登记的事实营业行为,登记机关、市场监管机关应改变传统绝对的事前禁止和事后否认之极端态度与行事习惯,尽量通过诸如补充登记、更正登记等有效的补救措施,使其纳入登记注册范围内;如其实在不愿意办理登记,也应尽量通过私法自治的方式去解决;如事实营业没有对国家经济安全和社会公共利益产生负面影响,且无民间纠纷,国家(政府)应对之报以宽容态度。至于税收问题,如查证存在偷漏税行为,自然当罚则罚,但这毕竟是两个不同的问题,不能因此就把其营业事实甚至营业成果进而所形成的营业关系,也一概予以否认。

尽管未经登记的事实营业是一个世界性难题,但由于营业事实的存在,实际上在其创造财富的同时,也在增加社会就业,更因营业的持续与稳定,而形成以事实经营者

〔5〕［法］伊夫·居荣:《法国商法》(第 1 卷),罗结珍、赵海峰译,法律出版社 2004 年版,第 35 页。

〔6〕参见肖海军:《论营业权入宪——比较宪法视野下的营业权》,载《法律科学》2005 年第 2 期。

为中心的合同交易网络，如轻易予以否认甚至取缔，就会造成多方面的消极后果，甚至引发局部的债务危机或经济危机。故在我国未来商事登记制度改革中，对未登记的事实营业应抱宽容态度，改变既有绝对禁止和一概否认的极端做法，实质也是政府对民间营业自由权的尊重。

三、交易效益价值在商事登记中的体现与贯彻

（一）交易效益价值之目的性及对商事登记的指引

商事登记本质上就是营业登记，而营业行为是以营利动机为支撑、以增进财富为目标的行为，具有鲜明的功利色彩；追求财富增进的迅捷和交易效益的最大是营业的原始动机。营业行为这种最大化效益的目的性，决定确认营业关系、记载开业状况、公示营业信息为基本功能的商事登记，无不围绕此特定目的、反映此特定行为的属性。因为长于精打细算的商人与一般民事主体相比较，具有如下显著特征："其一，商人精通和熟悉交易业务，因此对商人应提出更高的要求；其二，商事交易在更高的程度上要求灵活性、快速性、简便性和法律稳定性。"〔7〕自然，尊重营业行为的功利属性和商事主体的逐利动机，应是商事登记立法和商事登记制度设计的基本出发点。

商事登记所具有的营业资格确认、企业设立注册、开业意思宣示和营业信息公告等显著功能，在于通过一系列有效的登记、注册、公示制度或程序，保证商人对财富增值最大化目的的实现。它表明，满足或实现商事主体效益最大化需要之效用属性，亦即交易效益价值在商事登记诸价值形态中的目标性价值地位。

商人在营业行为中的营利属性决定商事登记立法对特定法律制度的安排应有利于实现商事主体在营业、交易过程中的财富增进的需求。因为商人在营业中能否实现其预期利益和财富增进的最大化，除取决于商事主体本身的资本基础和经营能力等内在因素之外，还取决于营业资格的自由获得、对交易行为限制的取消、交易过程中环节的减少、交易成本与费用的降低、交易风险和责任的减轻等外部制度安排，因此商事制度的成本和效益对商人利益最大化的实现具有重大意义。商事登记立法作为调整营业准入关系和规范营业进入行为的商法子部门，正是从制度上为商人实现交易效益最大化提供制度条件和法律保证。在商人追求财富的过程中，最基础的环节就是营业进入这一门槛阶段，而商事登记就是这一门槛的看门人或服务者，其所起到的作用就效益方面而言，主要表现为营业资格确认、企业设立注册、开业意思宣示和营业信息公告。

首先，营业资格确认为，商人自由地获得营业资格提供制度上的支撑条件。在每

〔7〕［德］沃尔夫岗·塞勒特：《从德国商法典编纂历史看德国民商法的关系》，邵建东、焦类华译，载范健等主编：《中德法律继受与法典编纂》，法律出版社2000年版。

个具有竞争性的社会结构中，商人利益的获得必须基于对营业领域的自由进入和交易对象的自由选择，因为自由不仅是市场产生的前提，也是交易进行的条件。正因商事登记法赋予民事主体可通过自由申请登记转换为商事主体，并宣示进入营业领域或退出既有市场，此后的一切营业交易才有可能启动并持续。

其次，企业设立登记为商人以最为经济、最具效率的组织方式营业提供可能。在营业中，从效益上看，组织型营业无疑要优于单一个体或共同体家庭的营业。因为“有效率的经济组织是经济增长的关键因素”，而“有效率的组织需要在制度上做出安排和确立所有权以便造成一种刺激，将个人的经济努力变成私人的收益率接近社会收益率”。〔8〕企业作为最有效率的营业组织因为内部组织的稳定性和管理关系的科层性，使其具备“价格机制的替代物”之特殊功能，〔9〕这不仅大大降低了交易成本，而且具有个体、家庭无法比拟的融资力、生产力和竞争力，因而可产生更大的营利效益。但是，从事实层面讲，企业本为出资人投资、合作、结社的衍生组织，实质是资本、劳动力、技术、管理等多元生产要素的结合体，作为实体自古罗马以来虽一直存在，但真正赋予企业组织以主体资格甚至独立法律人格的，是近代企业（公司）注册登记制度的出现并成型。正如美国制度经济学家康芒斯先生在论及公司由“契约→组织→机构”的演变过程中认为，公司登记“实际的影响是，一个公司，从前由于只是一种无形的依法存在的法人”，只是通过注册，便“在它注册的那一州有一种法律上的存在”。〔10〕足见，商事登记的重要功能就是为使已转换为商事主体的任何民事主体在营业、交易中提供一个能替代市场、价格、合同机制的组织范式和制度形式，并通过有效的注册与公示形式，在法律上正式确认企业等商事组织具有主体资格或法人人格。

再次，开业意思宣示为商人合法、持续、稳定的交易创造基础。营业效益源起于投资，创造于经营，兑现于交易，商人要有交易，就须先处于开业状态，而要使开业为交易相对人所知晓，就须对开业进行宣示，古时商人之所以要举行开业典礼，弄得热热闹闹甚至轰轰烈烈，无非为了告诉世人，本店已正式开张，欢迎各界与本店做生意。现代社会中的商事登记、注册、公告，就相当于登记机关受营业当事人或申请人委托，通过权威且具公信力的登记平台，宣示开业而已。商事登记这一开业宣示功能，实则为私人追求并实现自己预期效益最大化创造了可能。

最后，营业信息公告之招揽生意的功能为商人扩大交易对象营造广告效应。商事登记中所公示的诸如商号、出资人、注册资本、章程、组织机构、营业经理人或执行人、主业或经营范围、营业地址等关键、核心营业信息，对交易相对人来说是最有价值的交

〔8〕［美］道格拉斯·诺斯、［美］罗伯特·托马斯：《西方世界的兴起》，厉以平、蔡磊译，华夏出版社 2014 年版，第 3 页。

〔9〕参见［美］罗纳德·H. 科斯：《企业、市场与法律》，盛洪、陈郁译，上海三联书店 2014 年版，第 30 页。

〔10〕［美］康芒斯：《制度经济学》（上册），于树生译，商务印书馆 1997 年版，第 67－68 页。

易信息，登记机关因依托公共资源，所公示的信息又要比一般信息更具权威性和公信力，无疑具有极大的广告效应，对让更多交易相对人知悉登记注册的营业信息和经营状况有持续、稳定的推广效应，无疑为营业当事人不断拓展市场、增进效益提供了信息支撑。

(二)商事登记对交易效益价值的回应与贯彻

由于交易效益价值对商事登记具有目的性价值的指导与约束功能，故无论商事登记立法设计，还是商事登记制度建构或体制改革，均须对此作出必要回应，并在实际运行中予以贯彻。

1. 准则主义登记原则的普遍适用

经济学上总效益的最大化取决于单一交易效率的最大化，在最大化的各种概算中，时间成本的降低是迅速提高效益的有效手段。商事登记作为一种程序性制度安排，其中每一程序性环节，均存在一定的时间成本。通过对许可主义与准则主义两种立法原则和制度模式的比较，不难发现，准则主义因为没有行政前置审批、许可程序的制约与耽搁，时间成本最小化要明显优于许可主义立法例；很明显，采用准则主义法例或制例的国家或地区，设立、登记、注册企业或公司要更容易一些，因而对投资者而言就更具设立效率。我国2014年以来普遍推行“先照后证”发证制度改革，即把原有登记前置的行政审批、许可程序挪后，全面实现准则主义的登记制度，就是对交易效益价值的适时回应和有效贯彻。

2. 宽松登记注册条件的立法设置

对投资者、经营者和交易者而言，属法定必要注册的情形或事项，如能一次性登记注册成功，自然可大大提高登记效益。而登记或注册成功取决于多方面因素，而宽松、明了的注册条件又是其中最重要的要素。如我国1993年《公司法》虽规定任何自然人、法人或非法人组织均可设立、注册公司，但设立有限责任公司最低注册资本30万元至50万元，设立股份有限公司最低法定注册资本1000万元这一苛刻的资本条件，实质已把绝大多数自然人挡在公司准入门槛之外，进而无法以公司名义进行营业，实现组织化经营的最大化效益目标。此种情况在2005年《公司法》修订案中被大大缓和，2013年《公司法》修正案更取消了一般公司最低法定注册资本的限制，此举无疑使投资者借助公司进行营业、实现组织化经营进而实现效益最大化，提供了公司设立条件上的可能性。可见，宽松、明了的营业注册条件、企业(公司)设立条件和其他特殊营业、企业的注册登记条件，可极大地增加投资者借助特定经营形式或企业组织进行营业的可能性，这对提高交易效益之实现概率，无疑是显著的。

3. 简便易行的申请登记程序

在商事登记的程序设计上，大陆法系国家或地区大多奉行严格、实质的审核或审查制度;而多数英美法系国家或地区,则实行备案登记制。虽然实行严格审核制的国家或地区有着对登记申请文件或材料之真实性、合法性、有效性负责的实质审查方式,但实际上,无论登记主管机关再怎么认真负责或恪尽职守,也难以完全确保经其审核或审查的所有申请文件或材料的真实性、合法性、有效性,这是因为真正知晓申请文件或材料真实性、合法性、有效性的只有当事人或者申请人自己,故实行严格审核登记制的国家或地区,不仅在严格审查程序或实质审查环节上浪费或耽搁大量时间,而且经登记机关严格审核或实质审查的登记申请文件或材料之真实性、合法性、有效性也经常存在大量虚假、欺诈或瑕疵问题。相对而言,奉行备案登记制的国家或地区之所以备案而不审查,是因为其把申请文件或材料之真实性、合法性、有效性的审查责任通过见证制度转移或分流到社会中介机构;而申报人及申报文件中相关人员的声明制,又可把一部分审查责任落实于当事人和申报人,这样对登记机关而言,就只剩下形式审查和备案证明,故在备案登记制中,登记之前,登记申请人须声明对所提交备案文件的真实性负责,登记官仅对提交文件进行备案,并予以证明,因此其申请、登记程序自然就简便、易行。如此,备案登记制不仅可明显提高登记效率,常常是当天提交材料,即时就可备案登记;而且,因声明制与见证制有严格的违信追责与归责机制,申请文件或材料之真实性、合法性、有效性更有保障。足见,备案登记制比审查登记制更具登记效率。正因如此,在英国尚未脱欧之前,英国的公司备案登记制就具有很强的制度吸引力,许多欧陆国家或地区的投资者纷纷远赴英伦去注册公司,再回资本母国营业,其中备案登记制简便易行的申请、审查、登记程序无疑是最重要的诱因。〔11〕

4. 高效快速的登记工作效率

商事登记能通过提高登记效率满足投资者效益最大化需求,而高效、快速的登记工作效率也是最重要的方式之一。在信息化、电子化、网络化时代,远程电子受理、电子注册、电子发照、电子公告等申请、受理、审查、发证方式的引入,无疑可大大提高登记工作的效率。

5. 及时快捷的各种注册方式

商事登记是一种典型的具有外观文义性、格式性、要式性的法律行为,其文义形式包括申请文件、注册登记簿、营业执照、注册登记信息的电子文本及数据库、公告等诸多形式,做到不同文本、形式、方式所载商事登记信息的及时、同步、一致,是提高商事登记效率、更好服务投资者、激发民间资本创业潜能的重要之举。

6. 权威、公信、有效的登记公示

商事登记信息是一种必须公示、公开的营业信息,除非涉及国家经济安全或军事

---

〔11〕　参见崔文玉:《营业自由与公司资本制度的变革——以欧洲国家公司法中的营业自由为研究视角》,载《环球法律评论》2014 年第 1 期;梁君:《欧盟内部的公司法律竞争》,载《德国研究》2016 年第 1 期。

秘密,否则所有经登记注册的商事信息、营业事项均须载簿、存册、给照、入库、上网、公示等。而要保证所有形式公示的营业信息之效率,并能及时为交易第三人和社会公众所知晓,就须确保所有形式公示的登记信息之权威性、公信力和有效性,并通过法律规定,在他们之间发生不一致甚至冲突时,应通过效力适用规则让存在争议的当事人迅速作出判断,以减少不必要的纠纷和讼争,进而赢得营业信息获取或判断时间,最大限度增进营利收益。

四、市场秩序价值赋予商事登记特殊的职能、重任与使命

(一)市场秩序的重要性与商事制度支撑

秩序原于主体对安全的需要,社会需要秩序实乃满足人们对安全需要的主观诉求与客观应对,而法律恰恰是构建社会秩序的重要手段,并被看作秩序的象征;秩序作为人类的终极性目标价值,在其实现过程中,安全价值又是最为核心的。[12]因为,没有安全,就没有自由、权利、公平、效率等一切,秩序价值就是安全价值的代名词,且在所有法律价值中一向居于特别重要的地位,诚如霍布斯所言,"保护生活、财产和契约的安全,构成了法律有序化(legal ordering)的最为重要的任务;自由与平等应当服从这一崇高的政治活动的目标";[13]故"人的安全乃是至高无上的法律";[14]边沁更认为,通过社会控制以维持人们的安全,乃法律"主要而且的确是首要的对象",相对而言,在其面前,自由和平等则从之、次之。[15]

在商法特别是商事登记法所涉的营业领域,市场秩序的建立与维护实质也是为了进入营业领域之主体的交易安全,很明显市场秩序更多又是通过交易安全得以集中反映出来。关于交易安全,学界、业界解释的角度尚有差异,如我国台湾地区学者在解释法的动态安全和静态安全时,就把一般财产上的安全解释为"所有的安全",而把"吾人依自己之活动,取得新利益时,法律上对于该项取得行为加以保护,不使其归于无效"之取得利益的"动态安全"界定为"交易的安全";[16]此处所论"交易的安全"更是指基于物权或合同产生新利益的有效性和法律保护问题。我国大陆学者则更多是基于物权公示所衍生出的交易安全规则进行论述,如有学者认为,交易安全是移转财产权利、

---

〔12〕 参见张文显:《法哲学范畴研究》,中国政法大学出版社 2001 年版,第 195 页。

〔13〕 Thomas Hobbes, *De Cive*, ed . S. P. Lamprecht. (New York, 1949), ch. Ⅰ, 15; ch. Ⅱ, 2. 转引自[美]E . 博登海默:《法理学——法律哲学与法律方法》,邓正来译,中国政法大学出版社 1999 年版,第 256、303 页。

〔14〕 Thomas Hobbes, *De Cive*, ed . S. P. Lamprecht. (New York, 1949), Pt . Ⅱ ⅷ, 2. 转引自[美]E . 博登海默:《法理学——法律哲学与法律方法》,邓正来译,中国政法大学出版社 1999 年版,第 293、314 页。

〔15〕 参见[美]E . 博登海默:《法理学——法律哲学与法律方法》,邓正来译,中国政法大学出版社 1999 年版,第 256 - 266 页。

〔16〕 参见郑玉波:《法的安全论》,载刁荣华主编:《现代民法基本问题》,台北,汉林出版社 1981 年版。

履行财产义务的行为之合法性与确定性，是物权公示主义、公信原则之重要适用规则与措施，其实质系对交易中善意无过失者之保护，具有公正、效益和秩序之价值；〔17〕有学者认为，交易安全旨在保护相信具交易性质的法律行为成立并生效的交易主体之信赖利益，体现民商法的秩序价值，属于法的安全与动态安全之范畴；〔18〕有学者则认为，交易安全保护乃物权法的核心价值，如无因性、善意取得、公示公信原则的重要制度功能均在于保护交易安全。〔19〕

以文义主义效力规则和权利外观主义规则为基本准则的商法，自然把交易安全放在至高无上的地位，因为没有交易安全，商人所预期的任何效益最大化目标均无法实现。有学者甚至认为，维护商事交易安全乃商法的重要任务和最大特征，商法中的公示主义、强制主义、外观主义、严格责任主义等基本原则和相关制度均是出于保护交易安全的需要而设立，其中企业登记公示制度在保护交易安全中又起着重要作用；〔20〕有学者认为，交易安全问题首要的是交易主体的识别问题，也就是说交易主体的真实性确认问题，特别是在线经营主体的身份验证与识别问题，对确保在线交易安全具有基础意义；〔21〕有学者更从股权登记与股权转让协议效力、股权交易安全之间的关系，认为转让登记的强制性公示功能对于交易安全保护具有十分重要的作用；〔22〕等等。这些文献的探讨均说明交易安全在民商法领域，特别在商法领域，是一个十分重要的基础性话题。

确保交易安全是市场秩序形成的基础，没有安全的交易是不成功的交易，同样也是不效益的交易，因而确保交易安全对商事交易的持续性和市场秩序的稳定性具有实质意义。确保交易安全要求商事立法和制度创设应严格商事交易条件，追求商事交易过程的可靠性以保证商事交易的安全，使每一次交易均是有效的、可靠的。具体而言，基于交易安全需要的市场秩序，对包括商事登记在内的商法有更特殊的要求；与此同时，通过商法形成的商事制度也更集中反映或体现市场秩序与交易安全的这种特殊要求，其主要内容包括如下：

第一，商事主体准入资格的法定主义。即为了保证市场交易主体的合格，商法应对参与市场交易主体的形式、条件、类型以及能力进行明确规定，如普通企业、商业银

---

〔17〕　参见孙鹏：《交易安全及其民商法保护论略》，载《法律科学（西北政治学院学报）》1995 年第 5 期。

〔18〕　参见丁南、贺丹青：《民商法交易安全论》，载《深圳大学学报（人文社会科学版）》2003 年第 6 期。

〔19〕　参见赵万忠：《交易安全保护的反思与重构》，载《甘肃政法学院学报》2012 年第 5 期。

〔20〕　参见刘定华、董岚：《论商法对交易安全的维护》，载《财经理论与实践》2002 年第 3 期。

〔21〕　参见高富平：《在线经营主体身份认证——论我国在线交易安全解决方案》，载《河北法学》2007 年第 4 期。

〔22〕　参见邹碧华：《论归一性股权转让协议之效力——兼论股权归一后交易安全之保护》，载《法学》2005 年第 10 期。

行、保险公司、证券公司、上市公司之准入条件等。

第二,行为要素的文义主义和意思表示的外观主义。即为防止商事主体交易中行为要素的不确定性和意思表示的模糊性,法律要求商事主体应以明确的文义、规范的外观来表达意思,为营业行为,如此才能保证商事主体意思表示的真实、明确、具体而不生异议,如合伙协议,公司章程、公司股票与债券、票据、合同中格式条款、提单等合同证据等均体现这一原则。

第三,商事行为效力的公示主义。所谓公示主义,是指商事行为和营业事项须经登记或公告才可发生法律效力并对抗特定当事人(相对人或第三人)。商事行为效力上的公示主义就是为了保障行为的可靠性和效力的可信性。如企业设立登记、股东大会与董事会的会议通知与公告、上市公司信息的真实披露、破产公告等。

第四,义务履行中的通知主义。交易中当事人知情权的实现是确保交易信息对称和交易安全的重要条件,故在交易中赋予特定一方当事人以告知或通知的义务就十分必要。义务履行中的告知主义要求交易当事人一方得将特定的交易事项或真实信息告知或通知对方当事人,否则应承担不利法律后果。如破产债权申请登记,持票人对票据的提示或申请承兑,投保人的如实告知与保险人的如实说明,保险事故发生后投保人、被保险人或受益人的及时通知,货物买卖中对质量瑕疵的及时异议等,均为通知义务的具体表现。

第五,公益事务方面的强制主义。营业的社会性决定营业的正当性和合法性,这事关商业伦理和社会公益,故强制赋予商事主体在社会公益和商业伦理等方面的义务则显属必要。如合伙协议与章程必要记载事项的法定、公司内部组织机构的规范、证券交易违规的禁止、关联交易的排除、商业竞业禁止条款的设置、破产欺诈行为效力的否定、企业违反公序良俗之经营事项的禁止、合同格式条款的基本要求等均体现了强制主义。

第六,特殊主体的严格责任主义。如有限责任虽可有效地降低营业风险,但在特定情况下,严格特定主体的法律责任,更有利于保护相对人的利益。如合伙中的连带责任、公司发起人的连带无限责任、缔约过失责任、票据主债权人的连带责任、破产欺诈中的严格责任、滥用公司人格导致对公司人格的否定以及商事欺诈、不正当行为的惩罚性赔偿责任等均属此种。

(二)市场秩序与商事登记之间的对应关系

商事登记法作为商法一个重要的基础性部门,其在市场秩序的维护与交易安全的保障上具有更为显著的作用和不可替代的功能。在社会交往和市场交易中,信任和信用是通行证,其中社会、市场信任就包括“基于法律的信任和基于信誉的信任”,但“无论是基于法律的或基于信誉的信任,都离不开信息”,“正是基于这样一些信息,我们才会信任别人，才能接受别人的信用"；既然信任、信用及由此而产生的信誉"一定依赖于信息"，那显然"怎么提供这个信息就变得非常重要"；"如果一个社会没有足够的信息提供工具的话，那么这个社会就不可能有信用制度"。〔23〕就此而言，商事登记就扮演着向第三人特别是交易第三人提供近似完全、充分、全面、真实、及时营业信息工具的重要角色。这是因为，在营业环境、交易谈判、邀约缔约过程中，相对于外人地位的第三人而言，营业当事人或商事登记申请人作为与谈判或缔约有关的投资、经营、交易信息之原始创造者、占有者和掌握者，天然居于信息优势者地位，而第三人作为信息劣势方，必然形成明显的信息不对称，在此种情形下，如没有权威、有效的第三者信息登记、公示制度进行必要的平衡，就难以确保作为信息劣势方的第三人与居于信息优势者地位的营业当事人之间谈判或缔约的公平、有效、安全，商事登记实质就起到这样一种权威、中介、有效的第三方营业信息审查、确认、登记、注册、公示的平台地位或机制作用。故从交易相对人或第三人有效营业信息获得的角度，经商事登记审查、确认、记载、注册、公示的营业信息，诸如商业名称、发起人或主要出资人（合伙人或股东）、注册资本、合伙协议、企业章程、企业法定代表人或经营事务执行人、企业内部治理和主要机构、经营范围或主业事项、主要营业住所等核心、关键营业信息，无疑为交易相对人获取必要的影响其作出交易决策的主要信息提供有效途径和初步保障，此举无异于在信息劣势方的交易相对人或与居于信息优势者地位的营业当事人之间契入一套信息平衡机制。

由于商事登记能最大限度地在正式、公开的法律文件中把从事营业者的各种身份或信息记载、固定下来，营业中的经营状况和法律关系可得到具法律效力的公示，使得交易相对人甚至社会公众均周知，并可根据不同情况进行信息取舍或判断，进而作出适当的营业决策，这无疑对确保交易安全起着至关重要的作用。特别是在"陌生人"交易的更大市场环境中，商事登记之信息供给作用与平衡功能就愈加明显；因为，在"陌生人"社会环境中，商事登记的信息公示功能对交易第三人的告知和提醒尤为重要，它"迎合了从熟人社会到陌生人社会的社会需求"，是"一种国家行为满足市场需要的体现"，因之，其"所具有的公示效力以及由此产生的公信力对于交易安全起到了极大的促进作用"。〔24〕

在我国，商事登记具有强制登记的传统，商事登记、注册作为营业当事人或登记申请人的法定强制义务，要求投资者、经营者和交易者须在准备营业之前，应把其主要、核心、关键的经营信息和营业事项进行登记、注册并公示。强制性商事登记的这一要求"在充分肯定私人自由行商的同时，也需要发挥制度应有的功效而对自由行使商权

〔23〕　参见张维迎：《信息、信任与法律》，生活·读书·新知三联书店2003年版，第255－256页。

〔24〕　参见王妍：《商事登记中公权定位与私权保护问题研究》，法律出版社2011年版，第53－60页。

设立了制度性约束，而这种自由边界法律上的限制亦是为了实现社会更大范围内的自由，进而保障市场经济发展的安全和秩序”；因而“关注公共利益的商事安全价值可以涵盖登记法律制度涉及的所有蕴意”。〔25〕不仅如此，商事登记作为国家公权力确认商事主体合规性、保障交易安全的重要手段，市场安全也就理所当然成为商事登记的基本价值追求之一；〔26〕特别是在我国商事登记改革从“先证后照”到“先照再证”的模式转变过程中，对交易自由价值重视的同时，维护交易安全就显得更为重要和突出。〔27〕

(三)市场秩序价值在商事登记中的具体适用

在市场秩序价值约束下，商事登记应在总体尊重国民营业自由、鼓励民间投资创业的前提下，把确保交易安全贯穿到商事登记立法与制度安排的全过程。为此，商事登记应符合以下要求：

1. 商事登记的强制性

强制性登记原则是我国商事登记的既定原则，学界和业界对此虽有诸多批评，但原于我国商事登记的传统、总体受大陆法系强制主义登记制例影响、既有体制本身的巨大惯性、人们的观念和思维定式等因素，继续奉行强制主义登记原则是一种必要且更为可行的选择。特别是在整体放开私人资本、民间经营、国民自由营业的背景下，除法定豁免对象和情形外，强制绝大部分营业从业者及时履行登记注册义务，特别是企业(公司)的设立，对于维护营业信息的普遍、强制公开和确保交易安全起着基础性作用。

2. 登记事项的法定性

交易在一定意义上讲，就是一种基于信息而以信息为交易对象的交易，因而营业信息是否全面、充分对交易第三人能否有效了解营业当事人的相关情况有决定性意义；而营业信息的全面性、充分性又取决于商事登记事项的法定设置和要素的完整齐全。故为交易安全所需，把凡能大致或比较准确反映、体现商事主体基本财产与营业状况的事项列入法定登记、注册和公示的范围，强制性地要求营业当事人进行申报、登记或公示。通过格式化的外观文义所公示的营业信息，就可比较准确地反映投资者、经营者或交易者的基本财产与营业状况，再加上交易第三人通过其他途径获取的相关信息，就能在大致信息对称的情境或比较公平的信息环境中与营业当事人建立各种交易或缔结合同；如此，交易安全才有比较可靠的保障。

---

〔25〕 参见王兰：《管制罅隙下的自治：商事登记制度发展与模式反思》，法律出版社2011年版，第114－117页。

〔26〕 参见刘训智：《商事登记统一立法研究》，中国政法大学出版社2015年版，第120－122页。

〔27〕 参见李道清：《商事登记制度变革下的交易安全》，载《赤子(中上旬)》2015年第13期。

3. 营业信息的真实性

营业信息特别是经登记公示的营业信息之真实性，对确保交易安全至为关键。在信息经济学和博弈论看来，诸如欺诈、受骗、重大误解、显失公平、合同陷阱、公司人格滥用、恶意转移财产、隐性逃债等交易不安全情形，均由信息失真所致，它们无不是在制造不实或虚假信息之信息优势方（违法方、欺诈方、获利方）和对不实或虚假信息全然不知情之信息劣势方（守法方、受骗方、受损方）之间这样一种信息严重不对称条件下进行的，凡在此类信息不对称情形下发生的交易，大概率是一种极不安全的交易。这是因为，无论是熟人环境，还是在"陌生人"环境中，相对于营业当事人特别是企业而言的交易第三人，其获得营业者或企业信息的主要途径，一则商事登记信息；二则广告等其他途径收集的相关信息；三则基于过去交往形成的私人认识、收集的个别信息以及在此基础上建立起来的初步认知，其中最具权威性、正式性、公信力的信息，无疑是商事登记信息。虽然如此，但如果被人们奉为最权威、最正式、最具公信力的商事登记信息也存在失真、虚假，则无疑对交易第三人的交易安全损害极大。基于商事登记信息之基础性、公共性和至关重要性，为确保业经登记、注册、公示的营业信息之真实性，在即使实行严格审核程序和实质审查方式也难以确保商事登记信息真实可靠的情形下，就需要引入诸如第三方认证、见证和商事登记文件所涉当事人保证声明等多种机制，设置严格、严厉的商事登记失真违信追责制度，以确保所申报的商事登记材料、文件、证照、签字的真实性、合法性。唯其如此，商事登记、注册、公示的营业信息之真实性才能得到保障，才具有足够的公信力和可靠性，才值得交易时信赖，交易第三人和社会公众才可根据这些值得信赖的登记信息决定是否与营业当事人进行交易，交易安全才能变为现实。

4. 信息变化的及时性

营业的最大特征是变动性，营业中的各种财产形式、权利、价值和生产要素无时无刻不处在变动之中，这也是营业行为与民事日常生活的最大区别，也是实质表现为营业登记的商事登记与一般民事登记最显著的区别。故把营业中变动且对营业相对人交易决策有关键影响的信息及时公示或反映出来，就须建立严格、完善的营业信息变更、补正、更正等制度，并设置法定时限，创设严格的违法违信责任制度。如此，才可确保登记、注册、公示的营业信息能及时、准确、全面反映营业和营业者的真实状况，其后续的交易安全才有持续的保障。

5. 注册内容的可靠性

商事登记、注册、公示的营业信息，在所有反映营业当事人的各种信息中，应是最权威、最规范、最正式、最具公信力的一种营业信息，也是最值得信赖的一种信息。但在实然状态中，业经登记的信息也不一定具有真实性、可靠性，当事人利用虚假材料进行欺诈性登记的现象并不少见，如存在此种情况，就必然会影响登记、注册、公示信息的公信力，严重损毁商事登记制度本有的制度功能，进而降低人们对商事登记的企望和信任，在人们不信任和没有信用的情状下，交易安全自然也就无法保障。基于此，在商事登记立法设计与制度安排中，除应在申请环节设置必要的认证、见证、声明、保证等程序或制度以确保商事登记信息的真实性外，还应创建严格、严厉的登记信息失真责任追究机制和损害赔偿规则，以期遏止商事登记中的虚假、欺诈行为。

6. 公示效力的对抗性

我国现行商事登记制度比较注重商事登记中的主体资格创设功能、营业资格授予功能、经营权利的取得功能，而不重视登记信息的公示功能及其产生的公信效力、对抗效力，由于长期以来不重视商事登记信息的公共性、公示性和公信力，故法律规定只强调登记的程序，而不注重登记信息公示效力和信用监督的建设。2014 年 8 月，《企业信息公示暂行条例》实施以来，企业信息公示的公信力虽得到一定的重视，但与世界发达国家，特别是与登记备案制国家或地区之完善的商事登记信息效力机制相比，无论从观念、制度、程序、措施上，还是在追责机制的落实上，均有很大差距。因此，我国未来商事登记制度改革就必须强化商事登记信息公示效力的建设和适用，在观念、制度、规则、程序、措施上进行整体性改革和完善。

7. 登记失真的追责性

登记失真必然导致营业信息虚假，进而诱发商业诈骗和交易陷阱，可谓与交易安全背道而驰。为有效遏止商事登记过程中的各种失真行为和虚假现象，就须在对现有行政撤销登记、吊销营业执照、行政罚款等处罚措施加以完善的基础上，建立起诸如补正登记、更正登记、信息登记失真公布、司法登记无效宣告、诚信黑名单等一系列制度，利用社会监督、司法监督、交易相对人监督等有效手段，把错误登记、虚假登记、欺诈登记导致的登记信息失真问题和现象遏制在萌芽状态。

8. 违信损害的救济性

在商事登记立法设计和制度安排中，对基于登记当事人或申请人原因造成的错误、虚假或欺诈登记，除可适用行政或刑事处罚，由违法当事人承担必要的公法责任外，对由此而利益受损的交易第三人之损害赔偿救济，则应作重点考量。营业当事人或登记申请人之所以要为错误、虚假或欺诈登记行为，如故意夸大注册资本、阴阳公司章程、虚构经营住所等，无非是企图利用错误、虚假、欺诈的登记信息，通过交易获取非法或不正当利益，这必然会导致交易第三人或社会利益受损。此时立法设计与制度安排重点关注的应是对因信赖登记而利益受损的交易第三人或社会公众的充分救济。如此，对营业当事人或登记申请人来说，除应足额赔偿因商事登记信息失真而给交易第三人或社会公众造成的损失外，还要承受行政罚款、没收非法所得等行政处罚，情节严重者还须承担刑事责任，可谓得不偿失，其违法登记的动机也就不复存在。可见，违信损害的民事救济与私法责任才是保障交易安全最具震慑力的利益防线。

第二节　商事登记的基本原则

一、商事登记基本原则的本义蕴涵与制度功能

(一)商事登记基本原则的理论分歧与代表性观点

商事登记基本原则,即商事登记立法设计和制度安排中应当遵循的指导准则。对其界定与解释,学界、业界尚存有分歧,归纳起来,有以下几种代表性观点。

1. 程序性立法原则论

此论把商事登记的基本原则表述为商事登记程序性原则或制度模式,即通常所谓的特许主义、自由主义、许可主义、准则主义和严格准则等原则,〔28〕或者把之概括为行政核准原则、准则原则、严格准则原则等几个方面。〔29〕此论混淆了不同国家或地区所特有的商事登记制度模式或范例与基本原则的区别,将制度模式与基本原则混为一谈。

2. 商事登记制度原则论

此论认为商事登记基本原则系立法设计和制度运行中应遵循的一般性规则。有学者把其阐述为强制登记原则、自由登记原则、全面审查原则、准则原则、公开登记原则等多个原则;〔30〕有学者把其概括为准则登记原则、同类商事主体无差别待遇原则、登记自愿原则、登记公开原则、保证竞争原则五个原则;〔31〕也有学者认为商事登记基本原则包括强制登记原则、公开原则、便民原则、形式审查原则四原则;〔32〕而多数学者认为商事登记基本原则应表现为强制登记原则、全面审查原则、登记公开原则三个原则。〔33〕在地方立法中,2012 年《深圳经济特区商事登记若干规定》第 3—11 条就确定为强制登记、全面审查和登记公开三个原则。〔34〕该论虽已涉及基本原则的部分特质,但诸如准则主义原则,实际上仍为制度模式范畴,不属于约束立法或制度的基本原则

---

〔28〕　参见范健主编:《商法》,高等教育出版社、北京大学出版社 2007 年版,第 64 – 65 页。

〔29〕　参见苗延波:《商法通则立法研究》,知识产权出版社 2008 年版,第 165 – 166 页。

〔30〕　参见任先行:《商法原论》(下),知识产权出版社 2015 年版,第 746 – 748 页。

〔31〕　参见哈尔滨市工商局课题组:《现代企业商事登记制度及其原则》,载《中国工商管理研究》1995 年第 5 期。

〔32〕　参见杰文:《商事登记的基本原则》,载《工商行政管理》2003 年第 8 期。

〔33〕　参见叶林、黎建飞主编:《商法学原理与案例教程》,中国人民大学出版社 2006 年版,第 128 – 129 页;赵旭东主编:《商法学》,高等教育出版社 2007 年版,第 56 – 57 页。

〔34〕　参见广东省工商行政管理局编著:《广东省商事登记制度改革探索》,中国工商出版社 2014 年版,第 265 – 271 页。

范畴。

3. 立法原则加制度原则论

此论把立法原则、制度性原则和制度模式等内容糅在一起,并以之定义基本原则的表现形式。如有学者把商事登记一般原则表述为立法原则,并把其分为强制登记主义与任意登记主义、商事登记的立法原则等两个不同层面;〔35〕有学者则把登记效力模式、程序模式、内容模式等不加区别地混用,并模糊地表述为强制登记与任意登记、准则主义或特许主义等;〔36〕更有学者只涉及强制登记和任意登记的模式选择。〔37〕

4. 单一原则论

此论把商事登记基本原则表述为单一基本原则。如有学者把其概括为公示公开原则;〔38〕有学者则认为应确定为司法救济优先原则;〔39〕有学者把其概括为诚实信用原则;〔40〕等等。

上述不同观点之间的分歧,原于学者各自观察、考量的角度差异;此外,对基本原则的特定内涵和独特功能缺乏深究,也是难以统一观点的另一重要原因。

(二) 商事登记基本原则的本义蕴涵

商事登记基本原则,即商事登记立法设计与制度安排所应遵循的基本法律准则,即包含于商事登记立法与制度之内,对商事登记立法设计与制度安排具有指导、约束功能,并为商事登记立法与制度所确立,在其调整特定的商事登记关系时所应当遵循的指导性或约束性法律准则。其基本含义应从以下几个方面作深度理解:(1) 商事登记基本原则是一种属于法律制度层面与状态的规则;(2) 商事登记基本原则是一种具有法律意义的指导性或约束性准则;(3) 商事登记的基本原则必须体现商事登记立法与制度的独特部门法功能。

所谓指导性或约束性准则,其本身是法的一种形态或法的一个组成部分,从广义上讲,法的形态是以理念之法、价值之法、原则之法、规则之法、规范之法等五种形态表现出来的。理念之法是法的最高形态,亦是最高、最抽象层面的法存在形式,是人们对法律现象的认识过程中形成的反映社会应然秩序与理想境界的一种法律精神状态;它

---

〔35〕 参见范健、王建文:《商法基础理论专题研究》,高等教育出版社 2005 年版,第 313 – 316 页;范健、王建文:《商法总论》,法律出版社 2011 年版,第 244 – 247 页。

〔36〕 参见覃有土主编:《商法学》,高等教育出版社 2008 年版,第 59 – 60 页。

〔37〕 参见邹海林、张辉:《商法基础理论研究的新发展》,中国社会科学出版社 2013 年版,第 122 – 123 页。

〔38〕 参见张会嶸:《论商事登记的公示原则——以〈政府信息公开条例〉的实施为契机》,载《福建论坛(社科教育版)》2008 年第 8 期。

〔39〕 参见刘清、郭岳:《对商事虚假登记应当确立司法救济优先原则》,载《工商行政管理》2013 年第 3 期。

〔40〕 参见刘训智:《诚实信用原则在商事登记制度中的法律构造》,载《重庆工商大学学报(社会科学版)》2016 年第 2 期。

寄托着人们以良好的法律安排社会生活的企望和对应然法律秩序的理想追求，是人类追求社会最高理想与执着信念在法域内的必然反映。价值之法，亦即法之价值，是作为客体之法按照主体的需要对主体本身所产生的效应属性以及人们基于这种效应而产生的心理取向和主观评价；价值之法是法律理念的第一具体化，它是理念之法与现实之法、应然之法与实然之法在对主体产生不同效应的前提下，由主体对法本身功能的评价和效力的选择取向，具体表现为人们对法律所负载的安全、自由、正义、公平、平等、秩序、效益等不同功能、效应的满足、评价和取舍，因而价值之法是主体对法寄托的一种心理状态，这一心理状态直接支配着人们对不同类型法律的取向和追求。原则之法是属于具体立法设计与制度安排层面之法的存在形式，它是人们在一定法律理念和法律价值的指导下，在具体规划立法设计或创设某一特定制度时，要求执政者、立法者应达到一种现实可行的合理标准，遵循某一稳定但抽象的指导性或约束性准则，法律原则主要是一种立法性或制度性规则，因而原则之法实为指导或约束立法与制度之法。规则之法主要系在立法和司法过程中，为调整同一社会关系或同类法律行为时，经立法确认或司法遵循而形成的同类事务适用同一法则的约束性准则；规则之法比原则之法要更为具体，但比规范之法调整某一具体社会关系或法律行为不同，它遵循同类事物适用同一准则的处理法则，有一定的普遍性指导与约束功能。规范之法则是人们在创设法律过程中，在对某一特定制度设计之后，为达到这一制度规则所要体现的价值之法的基本要求，体现这一制度所要达到的特定理想精神境界，通过具体权利与义务在不同主体之间的配置和归属，以指导人们具体行为模式和方向的行为规则，故规范之法实为行为之法。

基于以上分析，笔者认为，商事登记基本原则是属于立法与制度过程或状态下的指导性或约束性准则，它是人们（执政者和立法创制者）在进行商事登记立法设计、制度安排、创设程序的过程中，根据商事登记独特的调整功能、制度目标以及在整个商法体系中的特殊作用、地位，而赋予其支撑立法设计、程序构建、制度运行的一种稳定的指导性或约束性调整准则。从这一意义来讲，商事登记基本原则不能归类于抽象层面的法理念或法价值，凡属于商法或其他部门法包括商事登记理念、价值层面的内容，自然不应归类于商事登记基本原则的范畴；同时，商事登记基本原则也不能等同于具体的法律规则和更具体的法律规范（法律条文或行为规则），它须具有抽象、稳定、普遍的指导或约束功能，而非仅对某类或某一具体行为进行指导、约束或规范。

也就是说，是否可归为基本原则，应以如下标准进行衡量：(1)概括性。基本原则应是在商事登记立法设计和制度安排时居于顶层的概括性法律准则，具有高度的抽象性和概括性，它适用于整体性、全局性、贯穿性的商事登记，而非只适用于某一方面或某一阶段。(2)稳定性。基本原则一经确定，就具有相对的稳定性和持续性，对商事登记立法和制度起着经常性、持续性的指导和约束作用。(3)指导性。基本原则对商事登记立法设计和制度安排具有明显的指导意义，是商事登记立法和制度应遵循的基本准则。(4)约束性。基本原则虽是一种比较抽象的法律准则，但对商事登记立法制定和制度运行，有着直接的约束性功效，且具有强制性的约束效果，违反基本原则的商事登记立法或制度，是无效的或可撤销的。

很明显，在前文所列不同主张和观点中，如特许主义、自由主义、许可主义、准则主义和严格准则原则等，就属于不同国家或地区的商事登记程序性制度范例，自然不应列入基本原则的范畴；再如诚实信用、司法救济优先等原则，是所有民商法须遵循的基本原则，似不宜列为商事登记所独有的原则。故从基本原则所应具有的概括性、稳定性、指导性、约束性等基本特征来筛选和判断，笔者认为，商事登记基本原则应包括登记法定原则、自由申请原则、服务商民原则、禁止拒绝原则、程序透明原则、全面审查原则和登记公开原则等方面。

(三)商事登记基本原则的调整功能

商事登记基本原则作为体现商事登记立法与制度理念和精神，稳定地、持续地对商事登记立法、制度安排和法的实施起政策性规范、引导、约束功能的基本准则，在商事登记立法与制度领域具有如下调整功能：(1)对商事登记立法与实施的指导功能；(2)抽象与具体层面对不同主体的约束功能；(3)补充法律的不足，具有催生和转化为具体法律规范的功能。

二、商事登记基本原则的表现形式与具体内容

登记法定、自由申请、服务便民、禁止拒绝、程序透明、全面审查和登记公开等原则，作为商事登记应遵循的基本原则，同时也是我国商事登记制度改革的基本指导准则。

(一)登记法定原则

在商事登记的源流考察中，不难发现，大陆法系国家或地区一般采用商事登记的法定原则，也就是说，关于商事登记的类型、机构、对象、程序、形式、事项等，法律有明确、具体规定。在我国，法定原则也应是我国商事登记遵循的首要原则。商事登记法定原则，要求商事登记立法应对涉及商事登记中的主要条件、适用情形、主管管辖、登记程序、注册内容等事项作出具体、细致、可行的规定；在商事登记制度的具体运行中，应遵循法定条件、适用情形、管辖原则、基本程序、登记形式、记载内容、公示时限等规定，严格履行登记注册义务。

商事登记法定原则主要涉及事项包括但不限于如下内容：(1)强制法定。对适用强制商事登记的范围和对象，法律应有明确或概括性规定；此外，在强制登记之外，对可豁免登记的情形、范围、对象或行业，法律更应有具体、详细、可行的规定。(2)类型

法定。对商事登记对象按照一定标准作适度的划分，如开业登记与资格登记、企业登记与非企业登记、法人企业登记与非法人企业登记、营业登记与营业财产登记等，法律应作比较清晰的划分。作为实行企业形式法定的国家，我国既有的单行企业立法与《民法典》总则编存在不一致的地方，如现行企业和相关企业登记管理的规范性文件，存在企业形式的所有制与责任本位、法人与非法人、公司与非公司等多元标准；而从《民法典》总则编第76条和第102条的规定来看，作为营利组织的企业总体上又分为营利法人（企业法人）和非法人企业，营利法人又分为公司和其他企业法人两类。标准的不统一，必然给商事登记带来不便甚至混乱。笔者认为，我国未来商事登记统一立法，应按《民法典》总则编的原则性规定，在打通、并用营利法人与企业法人这一概念的基础上，统一适用法人企业与非法人企业，法人企业再分为公司法人企业与非公司法人企业两类，进而使企业登记对象规范化和清晰化。(3)管辖法定。法律应对商事登记主管的机构、级别、地域、专属管辖，有明确、具体、清晰的规定。(4)职责法定。对登记机关的地位、职责、义务、权限、禁止性行为、渎职责任、滥权责任等作出明确规定。(5)条件法定。对营业当事人或登记申请人申请登记的条件，需要准备的各种文件、证件、资料，应有明确、清晰、具体、细致的规定。(6)程序法定。法律应对商事登记的申请、声明、受理、审查、核准、记载、注册、给照、入库、上网、公告等一系列程序有具体规定。(7)事项法定。法律应对商事登记需要记载、注册、公示的必要事项和内容有明确规定。(8)形式法定。法律应对商事登记中如登记簿、电子数据库、营业执照、企业法人资格证书、上网、公告等具体、有效形式有明确规定。(9)时限法定。商事登记具有很强的时效性，法律应对受理、补正、审查、发证、给照、入库、上网、公告之具体时限有明确、硬性的规定，以确保商事登记的及时性和快捷性。(10)效力法定。对经商事登记确认、记载、注册、公示的营业事项和经营信息的确认力、公信力、对抗力有具体、明确的规定，且对不同记载或公示形式的内容存在不一致或发生冲突时，应有具体的效力适用规则。(11)责任法定。对违反商事登记规定的民事责任、行政责任和其他法律责任，有具体规定。(12)其他登记事项的法定等。

（二）自由申请原则

营业从宪法视角来讲，为国民的基本权利和自由；从私法角度来看，是否营业乃民事主体自由决定的私权范围；再从行政行为的启动方式来看，在我国，商事登记作为行政行为的一种，属应申请而为的行政行为范畴，其启动方式须由当事人或相对人申请方可启动，登记机关不可依职权而擅自启动或实施。据此，自由申请原则，无疑应成为商事登记的基本原则，并应成为商事登记立法与商事登记制度改革必须遵守的基本指导性原则。自由申请原则，是营业自由价值观在商事登记立法、制度中的具体反映和适用，引入并严遵自由申请原则，实质是国家对私人资本和民间营业自由选择权的尊重。自由申请原则具体表现为如下四个方面。

第一,是否从事营业应完全由当事人自愿决定。营业进入决策的自由是指民事主体可依自主意志决定是否处分其财产进入营业领域、从事营业活动,它是营业自由最基础的一个层面。营业进入决策自由的主要内容包括:其一,是否决定进入营业领域应为民事主体应有的权利,对任何民事主体的营业决策意思,国家和其他民事主体不得加以干涉、限制或强迫。其二,营业决策自由集中表现在民事主体对财产处分至营业领域、选择特定营业领域进行生产经营、资本营运自由等几个方面。其三,法律应确保任何民事主体、不同民事主体之间,在作出营业决策所面对的营业机会选择环境、营业资格取得条件限制的无差异性;对某些特殊领域的营业资格取得,法律应设立普遍、统一的准入标准,而不能因人而异;禁止法律或适法机关把营业资格或从事某一行业、领域营业的资格或机会专属授予一个或为数不多的几个人,从而造成事实上的营业机会分配不平等。其四,除法律设定的限制或禁止情形外,民事主体依营业决策所取得的营业资格不得被任意剥夺。商事登记应创设一种制度机制,确保民事主体之营业资格能平等、自由地获得,对阻挠或侵犯民事主体营业资格获得之法律和行为,应设定并提供有效、可行的救济途径。

第二,是否提出申请应由当事人自主决定。是否取得营业资格是民事主体的自由权利,商事登记自然应尊重民事主体的自由意愿,法律不能加以强迫或限制。即使为了市场秩序与交易安全的需要,也只能对营业资格之获得设定普适性的限制条件,除非基于公共利益或防止利益冲突所必需,不能对特定主体设置营业条件、程序方面的例外或特别限制。

第三,申请选择登记类型自由。申请选择登记类型自由是民事主体行使投资自由权和商事结社自由权的集中体现。就投资自由而言,投资实质是民事主体处分其财产并投向营业领域的一种法律行为,投资自由是财产自由的一种具体形式,因为“凡是具有交换价值的东西都是财产,财产权包括按照所有者的意志自由处置其财产的权利”。〔41〕但与一般财产处分不同的是,投资的目的是使财产在经营和流动中不断增值。投资自由是指民事主体在作出营业进入决策后,可自主地按自己的意愿和兴趣,处分其能支配的财产以用于营业用途而不受他人的干涉或限制。投资自由具体表现为:其一,主体可根据自己的意愿完全自主地处分其可支配的财产用于营业,法律不得加以限制。其二,主体可自主地选择自认为合适的不同财产作为出资形式,并享有对该出资财产进行公平、合理评估的权利。其三,主体可自主地以独资、合伙、合作或合股等方式来决定投资的具体方式。

就商事结社自由而言,营业的核心是以合同治理机制来完成对财产与权利的交

〔41〕［美］约翰·R.康芒斯:《资本主义的法律基础》,寿勉成译,商务印书馆2003年版,第17页。

易，在这种合同治理机制下，“有些缔约方由依照他们自己利益行动的个人组成。另一些缔约方由成对的组织如企业、政府、俱乐部和家庭组成。此外，还有个人和这些组织之间的合同”。〔42〕而通过与他人合资、结社不仅可扩大融资的范围，增强主体的市场竞争力，且能有效地降低市场风险；很明显，合资、结社就成为投资、营业的一种重要方式。从营业自由价值角度来看，商事结社自由是指主体可自主地按利益最大化目标决定是否独资，或与其他投资主体合伙、合资，共同创建企业或其他商事社团，并以之营业的一种组织形式。商事结社权是与投资自由权具同等意义的一项营业自由权利。商事结社自由是商事主体实现效益最大化目标所必需，也是确保市场竞争、交易持续的重要条件，故赋予个人以“结社的自由，即一个人与另一个人为了组建能够与个人或者其他公司进行交易的生产性单位即商业公司的目的而进行联合的自由”是十分必要的。〔43〕商事结社自由包括：其一，主体可自主地决定是否与他人合伙、合作、合资以建立商事组织进行营业。其二，主体可自主地选择合伙、合作、合资伙伴作为商事组织的基本成员。其三，主体可自主地决定以何种类型的商事组织作为商社形式。其四，主体可自主地根据法律或章程决定退出某一商事组织。

综上，尊重并回应民事主体的投资自由和商事结社自由，商事登记立法和制度应把营业当事人或申请人选择商事登记的类型，如是个体工商户还是个人独资企业、是合伙企业还是公司企业、是有限责任公司还是股份有限公司，交由当事人自由选择，登记机关不得干预或强制。

第四，自由、自主决定申请的后续行为。其一，撤回申请自由。撤回申请自由是营业当事人或申请人行使开业自由权的表现。开业是营业活动的启动和交易的开始，是营业活动的重要环节。开业自由是指商主体可自主地决定于何时、以何种方式进行公开营业。开业自由包括开业时间选定的自由和开业方式选择的自由。申请人在提出申请后，如选择不开业，就可在没有注册、公示之前撤回申请，法律和制度应尊重该选择，登记机关应予理解和配合。其二，申请补正、更正、变更登记的自由。申请补正、更正、变更登记的自由实质是营业当事人或申请人行使选择营业目的事业范围自由的表现。营业目的事业范围即营业经营事项，系指主体选择何种行业性质和种类事业作为自己的主营业事项。营业目的事业范围直接关系商事主体效益最大化的实现。由于市场情况瞬息万变，如不赋予商事主体享有根据市场变化调整或改变自己的营业事项的权利，其效益最大化目标则难以实现，故保障商事主体选择营业目的事业范围自由就显得十分必要。选择营业目的事业范围自由包括两个方面，一方面，主体可自主地选择一项或多项特定事业作为自己的主营业事项，法律或适法机关对主体的这种自由

〔42〕［美］Y. 巴泽尔：《产权的经济分析》，费方域、段毅才译，上海三联书店 1997 年版，第 8－9 页。

〔43〕［美］詹姆斯·布坎南：《财产与自由》，韩旭译，中国社会科学出版社 2002 年版，第 31 页。

选择权不应设定限制条件；另一方面，主体可自主地根据市场变化以调整或变更原已设定或选择的经营事项，法律或适法机关对此种变更的权利和自由不应限制或禁止。其三，申请歇业登记自由。歇业自由是与开业自由同等重要的权利。歇业自由是保障商事主体效益最大化所必需；因为，当营业主体意识到继续营业不能取得或实现预期利益，甚至给其带来负利益时，及时歇业不失为一种较为可行的选择。歇业自由包括停止营业的自由和解散企业的自由两个方面，它虽是营业自由的末端环节，但因歇业自由可有效地阻止商事主体营业风险的扩大，因而有了歇业自由，营业自由才能成为完整的权利。其四，申请注销登记自由。其五，其他申请事项撤回或注销的自由等。

（三）服务便民原则

服务型政府是现代法治国家、法治政府、责任政府建设中最核心的内容，是现代治理型、服务型行政与传统管制型行政的根本区别，也是衡量行政文明、执政文明、制度文明甚至政治文明与否的标志性要素。故行政服务宗旨、便民原则已成为当今世界行政发展的新潮流。[44]便民原则作为一项基本的行政法治原则，已融入我国多部行政法律，如《行政许可法》（2019 年修正）第 6 条、《政府信息公开条例》（2019 年修订）第 5 条、《行政复议法》（2017 年修正）第 4 条均有关于应当遵循“便民的原则”“公正、公平、合法、便民的原则”“合法、公正、公开、及时、便民的原则”等明确的义务性规定。其中，《行政许可法》之相对集中许可权、行政许可实施程序制度、行政许可费用、行政许可监督检查、行政许可法律责任等五项制度，就集中体现行政许可中的便民原则；[45]便民原则更是《政府信息公开条例》及政府信息公开制度中的一大亮点。[46]

商事登记在我国是由具有行政机关性质并属行政机关组成部分的工商或市场监管部门负责，无疑属于行政行为的范畴；不仅如此，商事登记之行政确认属性，决定其典型的行政服务特质，更应树立和坚持服务、方便商民并对商民负责的执法与行政理念，故服务便民原则理所当然应成为商事登记的基本原则。

服务便民原则要求商事登记机关在履行商事登记受理、审查、核准、记载、注册、发证、给照、入库、上网、公告等一系列登记义务过程中，应始终、牢固、一贯、持续地树立和坚持服务商民、方便商民、对商民负责的理念，应在服务对象、服务态度、服务方式、服务质量、服务时限等方面，本着服务、方便商民并为商民着想之基本理念和指导思想，以及时、快捷、有效的服务，满足商民的便捷登记需求，为实现效益最大化创造条件。

---

〔44〕 参见莫于川：《行政公开法制与服务型政府建设——略论〈政府信息公开条例〉确立的服务宗旨和便民原则》，载《法学杂志》2009 年第 4 期。

〔45〕 参见李馈：《试论便民原则在行政许可法中的体现》，载《北京社会科学》2006 年第 1 期。

〔46〕 参见肖卫兵：《论便民原则在政府信息公开申请答复中的适用》，载《河北法学》2014 年第 4 期。

我国自2014年以来所实行的诸如“先照后证”“三证合一”“五证合一”“多证合一”“一个窗口受理，多部门集中审查”“一照一码”“多证一码”“负面清单许可审查模式”等一系列改革举措，无疑均体现了便民原则，但这些举措大多仍停留于管制式思维，离真正的服务便民原则要求尚有不少差距。故严格按照服务便民原则，就须对我国商事登记制度作以下实质性改革：(1)建立有效的管辖制度，方便营业当事人和登记申请人提出申请；(2)建立合理的注册登记分类制度，指导营业当事人或登记申请人的有效申请；(3)公开登记的各项条件和需要提交的登记文件、相关证明材料和其他申请文件，方便营业当事人或登记申请人的针对性申请；(4)公开各种登记程序及各程序办理的具体环节，方便营业当事人或登记申请人及时跟踪及监督；(5)在政府机构改革或建立大部制市场监督管理机构的同时，创设相对独立的商事登记注册中心，切实推行集中受理和统一审查；(6)严格规定各种类型登记的时限，杜绝各种拖沓、不作为登记行为，尽量缩短登记时间；(7)适应网络发展需要，全面推行网上申请、网上受理、网上注册和营业执照的电子化、登记信息数据化、登记公示无纸化等新型登记注册方式，方便电商、网商的注册登记；(8)其他服务便民的有效制度和措施。

(四)禁止拒绝原则

1.商事登记引入禁止拒绝登记原则的原由

商事登记属行政确认行为，其行为具有服务性，且具有行政给付性行为的某些特征。所谓行政给付，是指基于法律规定的特定情形，在特定申请人提出申请的前提下，由行政机关依法向符合条件的申请人给付一定财物或赋予一定权益的行政行为，其构成条件包括：(1)以特定当事人或申请人的申请为条件；(2)行政给付通过实施一定的行政行为实现；(3)行政给付的内容具有特定性，既包括给付申请人以一定的财产或物质利益，也包括赋予可给行政相对人带来一定财产或物质帮助的特殊权利；(4)行政给付的对象为法律规定的特殊类主体或居某种特殊状态之下的行政相对人。虽然从立法上，我国《行政诉讼法》(2017年修正)第12条第10项规定的“认为行政机关没有依法支付抚恤金、最低生活保障待遇或者社会保险待遇的”、第76条规定的行政赔偿，《行政复议法》(2017年修正)第6条第10项规定的“申请行政机关依法发放抚恤金、社会保险金或者最低生活保障费……”为典型的行政给付之诉，但学者们一致认为，我国行政给付的范围过于狭窄，有学者就把行政给付分为积极型行政给付与消极型行政给付两大类型，而积极型行政给付则包括财产给付、作出事实行为、颁布规范三个方面；[47]有学者把行政给付分为狭义一般行政给付和广义行政给付，其中广义行政给付包括一般行政给付和履行特定行政义务诉讼，其形式又包括财产给付行为、非财产上

---

〔47〕　参见章志远：《给付行政与行政诉讼法的新发展——以行政给付诉讼为例》，载《法商研究》2008年第4期。

给付行为、禁止有害行政作为、公法契约等多个方面；[48]有学者认为我国现行行政给付制度应在主体、方式、程序等方面有所突破，即要实现从行政主体到多元社会主体之给付主体的转变、从行政行为方式到公私结合方式之给付方式的转变、从行政主导到公众参与之给付程序的转变；[49]也有学者认为应当综合运用公法、私法的法律约束，努力打造"公私合作约束模式"的行政给付模式。[50]尽管学界尚无关于行政给付行为的准确定义，立法上行政给付行为也无清晰的边界；但商事登记行为本身具有预先由法律规定的法定性、需由登记机关登记的行政作为性、基于申请人申请的被动性、由登记机关给照并公告的受益性等几个方面特征，并不妨碍其确实具有某些行政给付属性或比较近似行政给付多方面特质的基本定性或判断。

就法例与制例而言，西方法谚"法官不能拒绝裁判"和孟德斯鸠在《论法的精神》所述"法律明确时，法官遵循法律；法律不明确时，法官则探求法律的精神"[51]之司法原则，由此形成的司法不得拒绝裁判之基本原则，已成为现代社会深信不疑并被广泛认同的法治原则；无疑，禁止行政不作为也应成为现代行政的基本原则。

之所以要讨论商事登记行为与行政给付行为之间的关系，在于商事登记与行政给付一样，均是一种确益性、给益性或授益性行为，商事登记通过实施受理、注册、给照、公示等一系列登记行为，无疑对营业当事人和登记申请人具有极大、潜在的发展利益。如不作出、拖延作出或拒绝作出登记行为，必然会给营业当事人或登记申请人造成损失。我国行政法中尚无禁止行政机关拒绝作出行政行为的约束性原则，行政机关在实施行政行为时，有较大的自由裁量权，自由裁量权的大量存在或不当行使，就必然导致行政机关有权根据实际情况，拒绝作出某一行政行为。但在行政给付行为中，行政机关的这一权利却被法律限制，如我国《行政强制法》(2011 年)第 43 条第 2 款就规定"行政机关不得对居民生活采取停止供水、供电、供热、供燃气等方式迫使当事人履行相关行政决定"，此乃我国法律首次就行政机关禁止实施某一行政行为所作的规定，有学者认为它属于行政机关不得拒绝给付原则和拒绝行政给付制度在行政强制法领域的具体运用。[52]这些规定和相关行政法最新理论，无疑对探讨和规制商事登记行为具有重要参考价值。

商事登记行为对营业当事人或登记申请人之确益性、给益性或授益性，决定该登

[48] 参见喻少如：《论行政给付行为的诉讼救济》，载《中国社会科学院研究生院学报》2010 年第 6 期。

[49] 参见崔卓兰、周隆基：《社会管理创新与行政给付新发展》，载《当代法学》2013 年第 1 期。

[50] 参见王太高、邹焕聪：《论给付行政中行政私法行为的法律约束》，载《南京大学法律评论》2008 年第 Z1 期。

[51] [法]孟德斯鸠：《论法的精神》，张雁深译，商务印书馆 2004 年版，第 91 页。

[52] 参见刘启川：《行政强制执行时间限制与拒绝给付禁止之制度解析——评〈行政强制法〉第 43 条》，载《现代法学》2013 年第 3 期。

记行为具体、正当、合法、合理、适当的实施，对营业当事人或登记申请人当前利益（取得合法营业的资格）和期待利益（营利最大化目标）的关涉和影响极大。如任由登记机关随性行为，拒绝进行登记，不仅会严重损害营业当事人或申请人的切身利益，也会影响商事登记制度所设目标的实现和良好投资制度环境的形成，进而严重损害政府的形象和威信。故在立法设计和制度安排上，比照行政给付行为的规制理念和原则，禁止登记机关拒绝作出登记行为，就应作为一项基本原则确定下来。如此，商事登记中营业当事人或登记申请人的自由营业权利才可实现，商人的交易安全和营业效益，才有切实的法律和制度保障。

2. 商事登记中禁止拒绝登记原则的具体内容

禁止拒绝登记原则，是指在营业当事人或登记申请人提出商事登记申请的情形下，登记机关不得以任何借口、理由、依据或其他情况为由，实施任何拖延、拒绝受理、审查、核准、注册、发证、给照、入库、上网、公告等行为，并不得以任何理由或形式对营业当事人或登记申请人的监督、举报行为进行打击报复。

禁止拒绝登记原则作为一项禁止性法律原则，其设立的基本法由是商事登记行为是一种服务商民的行政服务行为，是以登记机关履行法定登记义务为中心的积极性行政义务行为，目的是防止具行政机构性质的登记机关及工作人员，滥用职权或行政自由裁量权，把一般行政行为中的自由裁量权予以压缩，进而为实现并保障商民的营业自由权创造基础性准入环境。其内容具体包括：（1）禁止拒绝受理；（2）禁止拒绝审查；（3）禁止拒绝注册；（4）禁止拒绝发证或给照；（5）禁止拒绝记载、备案、入库；（6）禁止拒绝公示（包括上网、公告等）；（7）禁止其他经申请而进行的任何拒绝补正、更正、歇业、注销等行为；等等。

（五）程序透明原则

透明原则是服务型行政、法治型行政、责任型行政应遵循的基本原则，也是WTO要求成员或独立关税经济体遵循的一项基本原则；民主、法治的政府必然是负责任的政府，而负责任的政府必然是透明公开的政府，我国作为WTO成员，自然应切实遵守这一基本原则；[53]而且，现代管理学研究结果证明，透明性规则对处理政府与企业之间关系、提高政府干预绩效具有重大意义。[54]《政府信息公开条例》制定并实施以来，行政公开、行政透明作为行政法治的基本原则，被广泛适用到不同领域。

商事登记行为的服务性、授益性和在市场进入环节的基础性、门槛性，决定其透明的重要性，作为现代行政法治基本原则的透明原则，理应广泛适用于商事登记领域。基于此原则，商事登记机关应积极依照行政公开原则，通过一系列程序性、制度性改

---

〔53〕　参见李玮：《WTO透明原则与透明政府的建立》，载《兰州学刊》2003年第6期。

〔54〕　参见张晔：《透明性原则与政府干预绩效》，载《现代管理科学》2002年第3期。

革，诸如进一步清理涉及商事登记的各种规范性文件，规范行政登记执法程序，规范行政登记自由裁量权，登记机关内部行政行为适度透明化，适度公开行政登记执法信息，把握市场规则的边界，注重国家机密、商业秘密与个人隐私的保护等，引入和落实程序透明原则，以促进透明市场规则的建立。[55]

程序透明原则作为商事登记的基本原则，要求商事登记立法设计和制度安排中，必须做到如下几点：(1)商事登记程序的法定性。商事登记行为实施过程中所有的登记行为和登记程序，均应由法律作预先规定，不可由登记机关任意或临时设定；登记机关亦不可任意或临时在法定预先规定的登记程序之外，设立任何临时性的额外程序。(2)商事登记程序的公开性。所有商事登记程序均应由登记机关以醒目形式或在显著位置进行公开，禁止设立任何隐性甚至秘密的登记或审查程序。(3)商事登记程序的透明性。商事登记程序应具有让营业当事人或登记申请人一目了然的特性，如通过图表或流程图，使商事登记的所有要素、程序、环节、步骤、形式、时限向社会公布，让社会公众和所有商民知晓。(4)商事登记程序的可预期性。所有商事登记程序的节奏和流程应具有可预测性，特别是每一环节的时限规定，应具体、明了、肯定，要让营业当事人或登记申请人能准确预测到申请、注册、领照的合理时限。(5)商事登记进程的及时反馈性。在商事登记过程中要让营业当事人或登记申请人及时获得各种登记有关的进展信息，使之能及时采取相应或补救对策。(6)商事登记程序的可监督性。如登记机关及工作人员违反法定登记程序，应设立有效的举报、申诉、复议等机制，及时纠正商事登记中的程序性违法行为，使法律预设的各种商事登记程序能切实运行并落实。

(六)全面审查原则

由于大陆法系多数国家或地区采用审核登记制度，登记机关负有审查申请材料的权利和义务、职权与职责，因而全面审查原则被援用为登记审查的基本规则；相对而言，英美法系的多数国家或地区奉行备案登记，登记机关只对申请人所提交的申报文件进行备案并出具已备案的证明，因而也就不存在审查之说，也无全面审查之严格规定，但近年来，登记机关也开始重视对申请文件的审查。我国一直实行严格的审核注册登记制度，全面审查原则也一直是商事登记程序中的重要原则；学界也认为商事登记机关应当履行审慎审查义务，对审查申请材料“数量上的形式”、“时间上的形式”、“内容上的形式”和“形式上的形式”是否符合法律规定进行全面审查。[56]在2005年

〔55〕 参见江苏省工商局：《浅议行政公开原则与透明市场规则的建立——以工商行政管理为视角》，载《中国工商管理研究》2014年第5期。

〔56〕 参见李孝猛：《公司登记审慎审查原则的法理思考》，载《中国工商管理研究》2007年第8期；李孝猛：《我国公司登记审查的法律原则：新折衷审查标准——基于规范分析的实证视角》，载《中国工商管理研究》2013年第3期。

《公司法》修改前的实质审查时期，全面审查更涉及申请文件的真实性和合法性，而之后，相应的《公司登记管理条例》全面引入了形式审查规则，全面审查的重点自然就在法律所规定文件的相关性、完备性和齐全性，商事登记审查的重点则为"申请材料是否数量齐全，是否符合法定形式"等方面内容。[57]

商事登记的全面审查原则，要求商事登记主管机关对登记申请所提供的申请文件和材料，应就其内容的相关性、法定文件的齐全性、文件之间证明体系或数量上的完备性三个方面，进行全面核对、审查，以决定是否予以登记。商事登记全面审查所审查的中心任务和主要对象，是各种申请文件和文书，审查内容集中表现如下三个方面：(1)文本材料的相关性。申请人所提交的各种申报文件、文书、证明材料和其他文书，是否与所申请的事项存在关联性，如申请公司登记的章程，是否与所成立的公司所有关；又如申请证明材料中所提供的身份证件，是否为设立公司中出资人、拟任公司高管人员有关，等等；如无关，则应提醒当事人予以补正。(2)法定文件的齐全性。应全面审查申请人所提交的申请文件、文书、证明材料和其他材料等，是否符合法定条件所对应的文件要求，如公司设立登记中，申请文件中对出资人、注册资本、章程、组织机构、营业场所等主要事项，是否均有对应的文件支撑；如缺乏或不足，就应及时通知或提醒申请人予以补足、补齐。(3)文件之间证明体系或数量上的完备性。应全面审查不同文件之间的关联性和相互之间的一致性，如应对申请登记文件中所记载的出资人姓名或名称与章程所记载的姓名或名称是否一致进行必要的核对；又如对当事人的签字，在适度引入公证、认证、见证制度后，要查阅是否有当事人签字的真实性声明，是否有对应的公证、认证、见证证明文件等。至于全面审查原则与实质审查、形式审查之间的关系，后文适用程序一章将作进一步讨论。

（七）登记公开原则

商事登记公开原则是商事登记本身公开性、公示性的应有之义；商事登记公开原则是通过商事登记公示制度得以实现的。我国现行商事登记公示制度尚存在登记前的告知不足、只关注登记过程而忽略登记公示的效用、公示方式仍不完善并存在缺陷（如商业登记簿、公告之间常常不一致等）等诸多问题。因之，落实商事登记公开原则，转变公示服务型职能，由被动型公示向主动型公示转变，确保公开信息的及时性，由局部公开转向事前、事中、事后全程信息公开，是完善商事登记簿、公告、登记、公示信息网络平台等立法、制度、改革的必要之举。[58]

商事登记公开原则要求商事登记立法设计和制度安排，应着重注意以下几个问

---

〔57〕　参见孙百昌：《企业登记审查应把握"符合法定形式"原则》，载《中国工商管理研究》2006年第5期。

〔58〕　参见张会嵘：《论商事登记的公示原则——以〈政府信息公开条例〉的实施为契机》，载《福建论坛（社科教育版）》2008年第8期。

题:(1)法定、强制性登记情形及条件应在立法上予以公开;(2)登记程序应在法律和登记注册处所以醒目、显著位置公开;(3)注册登记结果应及时公开;(4)经登记确认的营业信息应以法定形式及时公开;(5)对商事登记公开的形式与载体应有明确规定;(6)对商事登记公开时限应作明确、具体要求;(7)对商事登记公示的效力应作明确规定与宣示;(8)对违反商事登记公开原则和不予以公开的行为应规定相应的法律后果和法律责任;(9)对商事登记信息公示的失真、失信行为,应预先通过立法规定严格的法律责任,特别应对由此给交易第三人造成损失之赔偿责任有明确、具体规定;(10)其他有关落实商事登记公开原则的规定。

第五章 商事登记的功能效应

第一节 商事登记功能效应的本义定位

一、商事登记功能效应的理论分歧

（一）商事登记功能效应的代表性观点举要

关于商事登记的功能效应，比较经典的论述是德国学者罗伯特·霍恩等人的观点，他们认为商事登记及商事登记簿一般发挥着如下功能：(1)使商人身份“通过在商事登记簿登记而取得”；(2)“只有那些已经登记，或者可以登记的商人才能拥有商号”，因为“商号必须在商事登记簿登记”；(3)“商事登记簿由初级法院保存”，其“作用是向其他企业界人士和社会公众提供有关商人的重要的法律和经济事实”；(4)“所有在商事登记簿中登记的事项都推定具有合法性和准确性”，从而获得程序上的保障；(5)“对于商事登记簿中未有记载的事项，第三人有权加以信赖；这种消极的信赖（即信赖消极公示）受到法律的保护”。〔1〕国内学者受此影响，其表述也不外乎这五个方面。有学者认为商事登记的功能包括确认和取得商主体身份、公示商主体的营业信息、实现国家对商主体的监管三个方面；〔2〕有学者认为商事登记具有确认商主体从事营业活动的合法性以维护其合法权益、方便交易相对人识别商主体的信用情况以提高交易效率、便于国家对商主体进行必要的监管、便于国家获取统计资料以实施必要的宏观调控四个方面的功能；〔3〕有学者认为商事登记具体功能表现在确认商事主体的商事活动资格、公示商事主体信息、有利于国家对商事活动的监管三个方面；〔4〕有学者认为商事登记的功能体现在保存传递商主体的营业信息、昭示其商业信用、保护商主体的交易资格和社会公众的合法权益、为国家对商主体进行监管的有效手段等几个方

---

〔1〕 参见[德]罗伯特·霍恩、[德]海因·科茨、[德]汉斯·G. 莱塞：《德国民商法导论》，楚建译，中国大百科全书出版社1996年版，第234、241、245－247页。

〔2〕 参见叶林、黎建飞主编：《商法学原理与案例教程》，中国人民大学出版社2006年版，第126－127页。

〔3〕 参见朱羿锟：《商法学——原理·图解·实例》，北京大学出版社2007年版，第52页。

〔4〕 参见赵旭东主编：《商法学》，高等教育出版社2007年版，第55－56页。

面;[5]有学者从公司登记的角度,认为公司登记的主要功能包括商事主体(公司)商业信息公共服务功能(包括商业信息的收集、整理、公示和查询等)、商事主体(公司)登记程序服务功能、商事主体市场准入和异动监控功能(表现为登记前置行政审批制度、强制申报登记义务、登记机关对登记申请的审核、登记公示)、交易安全保障功能、增进交易效率功能、方便国家税赋征收功能等多个方面[6]。各种观点,众说纷纭。

(二)视角、思路与分析

在讨论与分析商事登记功能效应过程中,学者视角、思路上的差异,也就必然导致所持观点及表述大相径庭。举其要者,可概括如下:

第一,国家本位视角与思路。该论要点在于,既然商事登记是国家设置的法律制度,就理所当然地要实现国家对市场监管的功能和目标。[7]

第二,商人本位视角与思路。该论主要观点建立在商事登记制度对商事主体的作用和影响上,分析和论述的重点放在与商人身份、资格、权利、能力、管理有关的制度功能上。[8]

第三,社会公共利益或交易第三人本位视角与思路。此论主要是从商事登记作用或影响社会公共利益或交易第三人所具有的效应视角来界定商事登记的制度功能。[9]

第四,多元主体本位视角与思路。该论分别从商事主体、国家、社会、交易第三人等多视角和思路来讨论商事登记的制度功能,并把其归纳为多个方面。[10]

第五,综合、混合视角与思路。该论学者不纯粹从特定主体的视角,而是从宏观或微观、公法或私法、历史与现实等多角度、多层面,来讨论商事登记在不同情形下的制度功能。[11]

---

[5] 参见郭富青:《论商事登记制度的若干法律问题——兼论我国商事登记的改革与完善》,载《甘肃政法学院学报》2002 年第 3 期。

[6] 参见李克武:《公司登记法律制度研究》,中国社会科学出版社 2006 年版,第 35 – 47 页。

[7] 参见董安生、王文钦、王艳萍编著:《中国商法总论》,吉林人民出版社 1994 年版,第 160 – 166 页;黎燕主编:《商法》,中央民族大学出版社 1999 年版,第 107 页;覃有土主编:《商法学》,高等教育出版社 2008 年版,第 61 – 62 页。

[8] 参见潘嘉玮:《商法的现代化与商事登记制度》,载《华南师范大学学报(社会科学版)》2005 年第 5 期;刘宏渭:《商法总则基本问题研究》,华中科技大学出版社 2013 年版,第 206 – 207 页。

[9] 参见张民安:《商法总则制度研究》,法律出版社 2007 年版,第 431 – 435 页。

[10] 参见赵旭东:《商事登记的制度价值与法律功能》,载《中国工商管理研究》2013 年第 6 期。

[11] 参见赵万一主编:《商事登记制度法律问题研究》,法律出版社 2013 年版,第 53、56 – 57 页;冯翔:《商事登记效力研究》,法律出版社 2014 年版,第 39 – 54 页。

二、商事登记功能效应的本义内涵

(一)关于商事登记功能效应的近似性表达

在讨论和分析商事登记制度功能时,还有一种常识性误区,就是以商事登记之目的、影响、作用、意义、后果,来代替或直接表达为商事登记的制度功能。主要观点包括:(1)目的论。商事登记制度之设立目的是一种十分近似于商事登记制度功能的表达范式。在立法上,我国澳门特别行政区《商法典》第 61 条就明确规定,商事登记的目的在于"将商业企业主及企业的法律状况公开,以保证受法律保护之交易之安全"。[12]在学理上,也有学者把商事登记的功能表述或解释为立法或制度目的。[13](2)意义论。此说重点在描述商事登记之制度意义,表达也较近似于制度功能的内容。[14](3)意义兼作用论。此论在讨论商事登记的意义和作用时,也旁及商事登记某些制度功能。[15](4)影响论。此论主要关注商事登记通过制度性外溢而影响社会和相关行业,进而涉及商事登记制度功能的某些方面。[16](5)结果论。此论主要讨论商事登记所产生的直接法律效果或法律意义。例如,德国学者在讨论商事登记的功能时,就使用"商事登记的法律后果"之表达范式,认为"商事登记的法律后果"系产生"设权"、"公示"和"正确性的推定"等作用。[17]日本学者也认为商事登记不仅具有"公示企业信息"的功能,且还可作为"权利变更的对抗要件",具有对抗第三人的效力。[18]在法国,理论上也存在公司经当事人签署章程设立成立论和经"商事及公司注册登记簿"注册并"法定公告简报"公告后才成立的两种截然不同观点,[19]且均认为商事登记与商人资格取得有关。

(二)功能效应的本义与内涵

目的、影响、作用、意义、后果、功能这一类词汇,在汉语表达某一事物的评价上经

---

〔12〕 中国政法大学澳门研究中心、澳门政府法律翻译办公室编:《澳门商法典》,中国政法大学出版社 1999 年版,第 20 页。

〔13〕 参见任先行、周林彬:《比较商法导论》,北京大学出版社 2000 年版,第 236 – 239 页;赵中孚主编:《商法总论》,中国人民大学出版社 2007 年版,第 227 – 228 页;谢怀栻:《外国民商法精要》(第 3 版),程啸增订,法律出版社 2014 年版,第 269 页。

〔14〕 参见于新循:《现代商人法纵论——基本理论体系的探寻与构建》,人民法院出版社 2007 年版,第124 – 125 页。

〔15〕 参见苗延波:《商法通则立法研究》,知识产权出版社 2008 年版,第 160 – 162 页。

〔16〕 参见何建堂:《商事登记制度改革对税收征管的影响及对策》,载《税务研究》2014 年第 8 期;杨峰:《我国商事登记法律制度改革对税收征管制度的影响与完善》,载《社会科学家》2015 年第 7 期;林玲:《商事登记制度改革对企业的影响》,载《经济师》2014 年第 7 期。

〔17〕 参见[德]C. W. 卡纳里斯:《德国商法》,杨继译,法律出版社 2006 年版,第 74 – 75 页。

〔18〕 参见[日]近藤光男:《日本商法总则 · 商行为法》,梁爽译,法律出版社 2016 年版,第 28 – 29 页。

〔19〕 参见[法]伊夫 · 居荣:《法国商法》(第 1 卷),罗结珍、赵海峰译,法律出版社 2004 年版,第 138 – 139 页。

常被使用或混用，特别在法律上用以评论立法、法律文本或条文、某一制度所产生的成效时，上述词汇也会经常被使用，但罕见对其所要表达的准确意思进行辨析，特别是在讨论某一立法或制度功能时，又经常性地以目的、影响、作用、意义、后果来表达功能。之所以如此，根本原因在于汉语的词义与语境中，目的、影响、作用、意义、后果与功能之间并无明显的差异。例如，"目的"原意为"想要达到的地点或境地"，引申为"想要得到的结果"，具体到评论立法与制度的目的时，则为某一立法或制度所要达到或实现的预期目标或终极目标。"影响"作名词或动词用时，均为某事物对另一事物所产生或起到的作用，包括正、反两方面所产生的作用。而"作用"作名词或动词用时，均为某事物对另一事物所产生的某种影响；从广义上讲，如某事物对另一事物起到了改变的效果则为起作用，在某种意义上也可说等同于效果。"后果""效果""结果"之间更具相似性，"后果"意为最后的结果（多用于坏的方面）；"效果"意为某种力量、做法或因素而产生的结果（多指好的方面）；而"结果"则为事物发展的阶段性状态或最终结局（好的、坏的均可）。"意义"一般解释为某一事物本身所具有的价值或发挥的作用，有积极意义与消极意义之分，但一般理解为正向的作用。"功能"之汉语定义或本意为事物或方法所能发挥的有利作用或效能。〔20〕仅从汉语本意或释义上，目的、影响、作用、意义、后果、功能诸词汇的含义本无显著差异，故仅依词的本意或释义尚不足以界定功能的真正内涵与外延。

"功能"一词虽古已有之，且经常使用，其含义有技能、效能、功效、才能或有才能的人等多种用法，〔21〕但其在近代以来作白话文首次使用，则是在物理学或力学上，其主要用来表达某一动力所能发挥的最大效能；后哲学、经济学、管理学、法学、社会学均予以援用，概括地称某一事物或对象能够满足另一事物或对象某种需求的一种属性，是比价值更为具体的效用属性范畴；进一步引申，则系指凡某一事物如能满足特定主体或使用者需求的任何一种属性都可归于功能的范畴，这种需求既包括现实需求，也包括潜在需求。由此，"功能"一词本身具有如下几层含义：(1)功能首先是某一事物本身应具有的某一效用属性，即具有某一特定的功效、作用。(2)功能可满足特定事物或主体的某一需求。(3)与价值同样可满足某一主体的需求不同，价值是一种应然性的理想追求，属抽象、理想、指导约束层面的效用属性；〔22〕功能则为实然、实在、自身层面所存在的效用属性，处在更为直接、具体、显性的位置，是一种对特定对象或主体更为具体、可直接感受到的满足或作用。(4)功能一般是正向、积极、具有促进意义的。(5)功能作为某一事物本身的效用属性，系指其原本意义上的属性，而非其属性所产生的影响、

---

〔20〕参见中国社会科学院语言研究所词典编辑室：《现代汉语词典》，商务印书馆2012年版，第923、1563、1746、542、1438、663、1546、453页。

〔21〕参见何九盈、王宁、董琨主编：《辞源》（上册），商务印书馆2015年版，第506页。

〔22〕参见冯翔：《商事登记效力研究》，法律出版社2014年版，第36－37页。

作用或结果。(6)功能既然是一种效用属性,则应是多方面的,而非唯一的。据此,如以之适用于商事登记的制度功能,则系指商事登记所具有的能满足民间营业、市场交易和商事主体需求之制度性效用属性。

以商事登记功能效应的本义内涵来对之上目的、影响、作用、意义、后果等表述和定义,则不难发现,商事登记的目的不是功能,而恰恰因为商事登记所具有的某种特定功能,可实现商事登记制度所预设的目的;商事登记制度的影响、作用或意义,可部分涉及商事登记的制度功能,但由于影响、作用或意义也包括间接影响或作用,自然这一部分就不属于功能的范畴;"后果""效果""结果"三者之间只有"效果"比较接近功能的含义,但由于"效果"集中于客观结果的评判,而无主观判断或主体满足的期望与评论,也不能准确反映商事登记本身所具有的满足民间营业、市场交易和商事主体需求之制度性效用属性的特定内涵。故尽管学界在表达商事登记制度功能时,经常性地使用目的、影响、作用、意义、后果等词汇,试图表达功能的某一含义,但实际上并不能准确反映商事登记制度功能的准确含义与恰当定位。

综上,通过词义分析和内涵分析可以认定,商事登记的制度功能系指其满足民间营业、市场交易和商事主体需求之制度性效用属性,这一定义本身包含:(1)商事登记的制度功能是商事登记本身所具有的实然性效用属性;(2)商事登记的制度功能是指商事登记具有能满足民间营业、市场交易和商事主体需求方面的实然性效用属性,而非为满足国家管理、社会公众某方面需求的效用属性,国家管理、社会公众尽管也有需要,但已不是功能的范畴,而是该制度所要达到的目的或产生的影响、作用、结果等范畴;(3)商事登记的制度功能一般是指商事登记本身对民间营业、市场交易和商事主体需求所能直接产生的最大、正向、积极性效用属性,事实上也会产生各种负面、消极的功效,但一般不列入讨论范畴。

虽然如此,在对商事登记制度功能作为准确定位之前,还需弄清商事登记、营业执照与商事主体资格、法人资格、营业能力之间,究竟是什么关系?这些问题如不解释清楚,商事登记的制度功能就无法恰当表达并自圆其说。

三、商事登记与商事主体之间关系的差异性表达

(一)商事登记与商事主体资格、营业资格取得的关系

1. 不同立法与制度例在商事登记与商人资格关系上的态度

关于商事登记与商事主体之营业资格甚至主体资格之间的关系,大陆法系与英美法系立法及理论上所持态度,具有明显不同。大陆法系的民法典、商法典或商业登记法一般规定,完成注册登记是商人取得商事主体进而取得营业资格的基本条件;而英美法系的立法、登记实务和理论,均认为商事登记与商人本身主体资格、营业资格并无必然联系。在认定或确认商人或商事主体的标准上,不同国家或地区存在如下一些规

定:(1)行为标准。以实施商行为作为认定商人或商事主体的标准,如法国。(2)职业标准。商事主体须以稳定、持续、专业的商事活动为专门职业者,“商事主体应当是持续不断地、反复地从事营利性行为,以从事该类行为为业或谋生”,〔23〕如《德国商法典》中规定的24种商人。(3)名义标准。商事主体应以自己的名义实施商行为,如日本。(4)知识标准。〔24〕例如《美国统一商法典》提供一个示范性的解释版本,即“商人”系指“经营某种货物的人,或者其职业表明他对交易所涉及的惯例或者货物具有专门知识或技能的人,或者因雇佣其职业表明具有此种专门知识或技能的代理人、经纪人或其他中间人而被视为具有此种专门知识或者机能的人”,〔25〕其范围既包括自然人,也包括法人,是否登记在所不问。

2. 关于商事主体认定的标准问题

由于商事登记涉及商人标准的认定,而关于商人的认定标准,国内学者的看法则大不相同。有学者认为,传统商法的主体制度是建立在商人特权基础上,而现代商法界定商主体的方式则从登记注册手续的必要性程序、责任承担方式、经营规模大小等不同标准进行相对分类;不少国家或地区的商法典(《德国商法典》最为典型)按是否需要登记,分为免登记商人、应登记商人和自由登记商人等类型。〔26〕也有学者把商事主体资格的认定分为形式主义(如欧洲中世纪以商事登记簿登记作为商人的形式要件)、实质主义(客观主义标准,以从事商行为为职业者,如《法国商法典》)、二元主义(商人或非商人经登记从事营业者,如《瑞士债法典》)和三元主义(如《德国商法典》结合前述三种标准,把商人分为必登商人与创制商人,创制商人又分免予登记商人、任意登记商人、形式商人等,此外还有小商人等)。〔27〕还有学者认为,认定或确认商事主体的标准应包括营利性(包括目的的营利性、行为的有偿性、分配的营利性)、营业性(职业性)两个方面。〔28〕

3. 关于商事登记与商事主体资格、营业资格取得的关系

商人之主体资格或营业资格的取得,是否需要商事登记予以创设或认定,国内多数学者均持肯定态度,并认为商事登记与商事主体具有对应关联关系。代表性观点如

---

〔23〕 杰文:《商事登记的范围——商事主体的确认标准与类型划分》,载《工商行政管理》2003年第15期。

〔24〕 参见任先行、周林彬:《比较商法导论》,北京大学出版社2000年版,第214-215页。

〔25〕 参见ALI(美国法学会)、NCCUSL(美国统一州法委员会):《美国〈统一商法典〉及其正式评述》(第1卷),孙新强译,中国人民大学出版社2004年版,第43-45页。

〔26〕 参见雷兴虎:《商事主体法基本问题研究》,中国检察出版社2007年版,第9-10页。

〔27〕 参见高在敏、王延川、程淑娟编著:《商法》,法律出版社2006年版,第58-61页。

〔28〕 参见赵万一主编:《商事登记制度法律问题研究》,法律出版社2013年版,第106页。

商事登记具有商事人格权赋予说[29]、商事主体人格与能力取得说[30]、商事主体资格创设说[31]、商事主体资格取得说等。[32]

4. 关于商事登记与商事能力取得或获得的关系

商事登记究竟是否是商人商事能力取得或获得的唯一途径或方式,国内学者的主流观点也持比较相似的肯定看法。有学者认为,商事主体在商法上的特殊资格、地位、权利、能力等,均依商事登记而取得和确认。[33]

(二)营业执照获得、吊销与商人主体资格、营业资格之间的关系

在商事登记中,经登记注册后,由登记机关发给营业当事人或登记申请人的营业执照之性质、功能,特别是有关"营业执照"的给发,吊销与商人主体资格、营业资格取得、消灭,是否构成实质上的对应关系,理论界存在比较大的分歧,立法与规范文本上的规定也不尽一致,甚至产生严重的冲突。理论上,学界主流观点认为,商事登记具有创设商事主体资格、商事主体人格、商事主体能力的功能;当然也有少数学,认为商事登记仅具创设或确认商事主体营业资格的功能。有学者认为,"营业执照彰显的应是商人的经营资格,而非商人的主体资格。商人的主体资格依赖于商事登记及商号制度来体现";[34]故"撤销公司登记属于消灭公司主体资格的行政处罚,吊销营业执照是消灭公司经营资格但不消灭公司法律人格的行政处罚"。[35]也有学者认为,商事登记与营业执照之间,一方面,商事登记是确认商事主体是否具有权利能力的标准;另一方面,营业执照是商事行为能力的核心内容——日常经营能力的证明。[36]还有学者认为,在"先证后照"模式下,商主体资格与经营资格统一于"营业执照",因而商事登记完成,被登记者同时获得商主体资格与经营资格;但在"先照后证"模式改革后,商主体资格和经营资格的登记则是分离的,即工商部门先发"营业执照"确认商主体的主体资格,然后再由其他部门颁发"许可证"赋予商主体以经营资格,以实现"核准登记"和

---

〔29〕 参见程合红:《商事人格权论——人格权的经济利益内涵及其实现与保护》,中国人民大学出版社 2002 年版,第 48 - 54 页。

〔30〕 参见高在敏、王延川、程淑娟编著:《商法》,法律出版社 2006 年版,第 65 页;赵万一主编:《商事登记制度法律问题研究》,法律出版社 2013 年版,第 1094 页。

〔31〕 参见张民安:《商法总则制度研究》,法律出版社 2007 年版,第 464 - 469 页。

〔32〕 参见杨遂全主编:《民商监管机制与法定公证研究》,法律出版社 2011 年版,第 228 页。

〔33〕 参见郑曙光、胡新建:《现代商法:理论基点与规范体系》,中国人民大学出版社 2013 年版,第 133 - 134 页。

〔34〕 曾大鹏:《中国商法通则理论与立法研究》,法律出版社 2013 年版,第 113 页。

〔35〕 王跃龙:《"撤销公司登记"与"吊销营业执照"的适用辨析》,载《法学》2009 年第 6 期。

〔36〕 参见刘宏渭:《商法总则基本问题研究》,华中科技大学出版社 2013 年版,第 224 - 226 页。

“营业执照”的各自功能和监管职责划分。〔37〕更多学者是从商主体资格的形成机制角度，来讨论商事登记与商事主体的对应关系。〔38〕

至于营业执照吊销与商事主体资格、商事主体人格、商事主体能力之间的关系，特别是企业、公司营业执照吊销所产生的法律后果是否与企业、公司的主体资格、经营资格构成必然的对应关系，不仅学界存在严重分歧，〔39〕我国曾施行和现行规范性文件所给出的结果也存在很大差异。仅就现行立法文本而言，如《民法典》（2020 年）第 69 条第 4 项、第 72 条第 3 款、第 73 条，《公司法》（2018 年修正案）第 180 条第 4 项，《合伙企业法》（2006 年修订）第 85 条第 6 项，《个人独资企业法》（1999 年）第 26 条第 3 项均规定，“法人依法被吊销营业执照、登记证书，被责令关闭或者被撤销”“依法被吊销营业执照、责令关闭或者被撤销”“被依法吊销营业执照”的公司、企业，应当解散，并及时组织清算组进行清算，其对公司、合伙企业或个人独资企业的主体资格、法人资格并无明确规定或认定。相对而言，多个国务院部门规章与最高人民法院司法解释，则给出比较明确且完全不同的认定。

1999 年 6 月原国家工商行政管理局《关于企业登记管理若干问题的执行意见》（工商企字〔1999〕第 173 号，2006 年废止）第 10 条就规定：“企业被吊销营业执照的，其法人资格或经营资格终止……”2002 年 5 月原国家工商行政管理总局就原辽宁省工商行政管理局《关于企业法人营业执照被吊销后其法人资格如何确定的请示》（辽工商〔2002〕7 号），以《关于企业法人被吊销营业执照后法人资格问题的答复》（工商企字〔2002〕第 106 号，2004 年废止）认为“企业法人营业执照被登记主管机关吊销，企业法人资格随之消亡”；“吊销营业执照、注销登记是企业法人资格消亡的两种方式，两者的法律后果均导致企业法人资格消亡。注销登记以企业法人申请为前提，是企业法人的主动行为，经登记主管机关核准登记，法人资格消亡；吊销营业执照是登记主管机关依照法律法规的规定，对企业法人违反规定实施的一种行政处罚，对企业法人而言，吊销营业执照就意味着其法人资格被强行剥夺，法人资格也就随之消亡，并由登记主管机关在企业登记档案上予以载明，不需要被吊销执照的企业法人再申请办理注销登记”。

但是，最高人民法院对此的解释却完全不同，如 2000 年 1 月最高人民法院在对辽宁省高级人民法院《关于企业法人营业执照被吊销后，其民事诉讼地位如何确定的请示》的批复函《关于企业法人营业执照被吊销后，其民事诉讼地位如何确定的复函》（法经〔2000〕24 号函）中，认为“吊销企业法人营业执照，是工商行政管理机关依据国家工商行政法规对违法的企业法人作出的一种行政处罚。企业法人被吊销营业执照后，应

〔37〕　参见王丽：《论“先照后证”商事登记模式下核准登记与营业执照各自功能的回归》，载《中国工商管理研究》2013 年第 9 期。

〔38〕　参见季奎明：《商主体资格形成机制的革新》，载《中国法学》2019 年第 3 期。

〔39〕　参见肖海军《商事主体论》第五章的相关论述。

当依法进行清算，清算程序结束并办理工商注销登记后，该企业法人才归于消灭。因此，企业法人被吊销营业执照后至被注销登记前，该企业法人仍应视为存续，可以自己的名义进行诉讼活动”。又如2000年1月最高人民法院经济审判庭对甘肃省高级人民法院〔1999〕甘经终字第193号请示报告的批复《关于人民法院不宜以一方当事人公司营业执照被吊销，已丧失民事诉讼主题资格为由，裁定驳回起诉问题的复函》（法经〔2000〕23号）中，也认为“吊销企业法人营业执照，是工商行政管理局对实施违法行为的企业法人给予的一种行政处罚”；“企业法人营业执照被吊销后，应当由其开办单位（包括股东）或者企业组织清算组依法进行清算，停止清算范围外的活动。清算期间，企业民事诉讼主体资格依然存在”。

在司法实践中，法官的基本态度有一定代表性，2001年11月13日时最高人民法院副院长李国光法官在其《当前民商事审判工作应当注意的主要问题——在全国民商事审判工作会议上的讲话》中，鉴于各地对企业歇业、被撤销或被吊销营业执照后之诉讼主体确认问题的认识不一，做法各异，就指出“企业被吊销营业执照”并不影响企业作为诉讼主体的资格问题，因为诉讼主体主要目的“在于明确民事诉讼权利义务的承担者”，故“无论在企业歇业、被撤销或被吊销营业执照情形中”，企业“均应成为共同诉讼主体”。〔40〕

立法、制度例对商事登记与商人标准认定上的不同态度，国内学者、规范文本在商事登记与商事主体、营业资格之间实质性关系之不同规定、态度与主张，均说明对商事登记之制度功能作正本清源式的梳理和恰当适度的厘定，实有必要。

四、商事登记功能效应的考量因素与恰当定位

（一）商事登记功能效应的考量因素

如前所述，商事登记的制度功能系指其满足民间营业、市场交易和商事主体需求之实然性、制度性效用属性，也就是说商事登记本身所具有的满足民间营业、市场交易和商事主体某种特别需求的功效。那么，在确定商事登记的制度功能之前，就必须弄清楚，民间营业、市场交易和商事主体究竟有什么需求，这些需求为什么商事登记能够予以满足，而其他制度不能？

众所周知，人们之所以要选择营业，无非就是为了实现财富增进的迅捷和最大化，而这一切均需通过交易才可获得，而为了具备交易能开始、进行并得以持续的基础性条件，就必须弄清楚与谁交易、交易什么、以什么方式进行交易，也就须获得有关交易相对人的身份、能力、主业、信用等足以确保交易能够开始并能持续的各种相关信息，

---

〔40〕　参见李国光：《当前民商事审判工作应当注意的主要问题——在全国民商事审判工作会议上的讲话（摘要）》，载《最高人民法院公报》2001年第6期。

也就是营业信息,且要充分、真实。但是,营业信息也就是市场信息本身又具有不完全、不对称、不均衡等固有缺陷,占有信息较多的一方往往有可能利用信息优势剥削、损害占有信息较少的一方。〔41〕市场交易在本质上讲就是营业信息的交易,或者说是交易双方依据所掌握营业信息的多少而作出交易决策或实施交易行为。科斯定律说明,交易需要成本,在交易中所产生的交易成本,主要是由信息搜寻成本构成,还有谈判成本、缔约成本、监督履约成本、可能发生处理违约行为的成本等;〔42〕其中获得信息更需要大量甚至高昂的成本,如果所有信息均须通过私人自己去获得,则无疑会大大增加获取信息的费用,进而提高交易成本。由于营业信息具有一定准公共物品属性,其建设、收集、整理、发布的成本极高,而获取它的社会消费又不具有排他性,是一般私人无力投资或不愿投资的领域,自然营业信息的大规模持续供给不可通过市场竞争方式由私人资本营业来解决,也就是说市场信息不完全、不对称、不均衡的固有缺陷不能通过市场本身来解决,就必须在市场力量之外寻找良好、可靠的市场信息供应源,而商事登记制度恰恰就能扮演这一角色。商事登记制度通过立法的强制性规定,除法律规定可豁免登记的情形外,要求所有从事营业的主体和营业事项均须办理登记注册并予以公示,从而通过政府所设立的公共、权威、稳定的营业信息公示平台,无偿且持续地向处于信息劣势的交易第三人和社会公众提供各种所需要的绝大部分营业信息,自然就可大大减少他们获取营业信息的费用,显著地提高交易效益。故从经济学特别是从信息经济学角度看,商事登记制度的设置显然是一种解决营业信息具有不完全、不对称、不均衡之固有缺陷的最优选择方案;相应地,登记机关之确认权的行使也必然会最大限度实现商事登记制度的公共信息供给功能,而不可能去追求商事登记制度功能本身所不具有的赋权或确权等次要效果。可见,商事登记的公共营业信息供给效用属性,才是需要考量其制度功能的基点。除此之外,考量的视角还应取决以下几个方面:

第一,民间营业视角。在确定商事登记制度功能时,民间营业应是需要考量的重点或中心,这是因为国家投资或经营具有先天的公权优势,其资格确认和营业信息获得具有特殊性,且大多处于垄断经营行业,与民间营业不可相提并论。故商事登记制度功能的考量,不能把国家营业甚至政府管理纳入考量重点。

第二,民事主体视角。商事登记中设立登记或开业登记所调整的主体对象,其原始形式其实都是民事主体,而非立法所规定或学理上所长期误读的商事主体。商事登记所要解决的一个问题就是民事主体进入营业领域后的身份、角色、地位、关系、功能转换问题,而这一问题就是通过登记、注册、公示向世人告之完成的,实际上商事登记

---

〔41〕 参见霍振宇:《论行政登记的性质》,载《北京科技大学学报(社会科学版)》2008 年第 4 期。

〔42〕 参见[德]柯武刚、[德]史漫飞:《制度经济学——社会秩序和公共政策》,韩朝华译,商务印书馆 2000 年版,第 239 页。

所充当的正是一种把一般民事主体切换为商事主体的程序流程与制度机制。已从民事主体经登记而切换为商事主体，就不再存在商事主体的开业（自然人、非营利组织）或设立（专指企业或公司）登记，而只存在补正、更正、变更、歇业、注销等登记问题。可见，商事登记本身并无主体创设功能，而只有主体身份的转换功能，如不弄清楚这一源头性问题，就会只见表象而不识本质。关于这一点，后文拟作进一步分析。

第三，营业自由视角。自由营业本为国民的基本权利，具体到私法领域而言，就是民事主体的自由投资、经营、交易权利。对民事主体而言，自由营业具有应然性、原始性、源头性、基础性，作为民事主体本身而言，自由营业的权利可选择行使，也可选择不行使而放弃；但就国家立法和行政层面而言，因为自由营业具有不可剥夺的应然或固有属性，国家或法律只可基于国家经济安全、公共利益、社会公序良俗作适度限制。可见，民事主体自由营业的权利原本就应然存在，其与商事登记与否，本无任何关系。民事主体在进入营业领域时，之所以要选择登记，一则原于国家法律的强制；二则也是更重要的，是特定民事主体通过登记，向世人宣示自己正式营业，意味着他们把自己过去尚处于休眠状态的应然、法定营业权利宣布正式行使，进而使之变现为实然的投资、经营和交易等具体权利。就此而言，商事登记本无创设营业权利的功能，而只有基于申请、受托确认或宣示当事人正式行使营业权利的功能。至于其中原由，后文拟作细论。

第四，市场交易角度。市场交易不是单方的独自决定，而是必须有双方或多方参与的交互行为，特别从营业信息的供给视角来看，对营业当事人或申请人来说，交易第三人才是真正的信息劣势方。商事登记的创设，就公共性营业信息的供给而言，主要满足的对象恰恰也是交易第三人，当然也旁及或惠及社会公众。如果不充分考虑这一点，商事登记制度的法定性和强制性，就难以得到合理的解释。

（二）商事登记功能效应的恰当定位

基于以上分析，笔者认为，只有营业进入宣示、营业资格确认和营业信息公开等三个方面，才能称得上商事登记的制度功能，其他或者不能列入功能只能表述为目的、影响、作用、意义、后果之类，或者根本就不具备这样的功能，如创设商事主体资格、授予营业权利等。

1. 营业进入宣示

营业进入宣示是商事登记最基础的制度功能。营业进入宣示有两重意义，一则营业进入宣示，在于某特定民事主体对世宣告，自己已决定行使营业权利，并已实质地进入营业领域；二则营业开业宣示，即宣布从登记开始正式营业，意在对世招揽生意，进而产生实质性广告效应。

2. 营业资格确认

对一般民事主体而言，通过商事登记宣示营业后，其首要工作就是主体身份的即时转换，即通过登记由民事主体转换为商事主体，在随后的投资、经营、交易中，正式、公开地以商事主体的身份出现；又如对非营利组织从事经营性活动而言，登记注册的完成，也在于其商事主体角色的转换。而对特殊类民事主体而言，典型的如企业，企业作为出资人或设立人基于商事结社契合的组织类民事主体，在登记之前就因章程或发起协议的签署而事实上成立，出资人或发起人才是企业的原始创设主体，之所以要进行登记并完成注册，其主要目的就是通过注册向世人宣布并得到法律的正式确认，故企业登记的主要功能，在于确认而非创设已事实上契合存在的企业之主体资格或法人资格。

3. 营业信息公开

营业信息公开功能意在提醒交易相对人，以促进经营效益，确保交易安全。通过商事登记，把宣示进入营业的当事人及其相关的营业信息，借助于登记机关的公共信息平台予以公示公开，包括交易第三人在内的所有社会公众，在商事登记机关创设的营业信息公开平台上，可无偿而持续地获取其所需要的主要营业信息，进而可填补因市场信息不完全、不对称、不均衡而导致的交易不能、交易不公或交易失败等系列问题。

以上仅作总结性列举陈述，其原由与要点，后文拟作具体分析。

五、功能效应视角下商事登记的目标定位

（一）服务型商事登记关系的厘定与登记服务理念的引入

基于商事登记制度功能的定位，商事登记本不具有创设主体、赋予资格、授予权利等表象功能，更不载负国家公共管理或政府调控市场的职能。无论是营业进入宣示，还是营业资格确认，或者营业信息公开，商事登记机关均不具有本义意义上的管理职能，其与营业当事人或登记申请人之间的关系，是一种委托与受托、申请与服务的关系。严格来说，商事登记注册只是申请者进入市场行使自由营业权的一道法律程序而已，“政府对企业的登记主要是提供一种权威而统一的程序性服务，而不是行政权力的运用和控制”；〔43〕故商事登记本质上就是一种基于民事信任，但形式上却以行政行为表现出来的委托与受托的登记服务关系。据此，我国正在推进和未来仍将持续的商事登记制度改革，就必须以新型受托型商事登记关系为基点，本着为商民营利、民间营业、市场交易和商事主体进行商事登记服务的新理念，以创建新的服务型商事登记制度。

---

〔43〕 段仁元：《安全与效率的平衡抉择——试论我国企业登记审查制度及其完善》，载《社会科学》2000 年第 5 期。

（二）以公共性营业信用信息平台与供给体系建设为重点

在营业进入宣示、营业资格确认和营业信息公开这三大商事登记制度功能中，营业信息公开功能又是重中之重，一方面，在这三大功能中，营业进入宣示、营业资格确认的功能实质需要营业信息公开予以实现；另一方面，营业信息公开功能对商事信用与市场信用的建设，具有至关重要的意义。在深入市场化改革和市场信用制度建设过程中，商事主体信用法律制度建设是最为重要也最为关键的一环，其中商事人格（资格）取得信用，即"商事主体在取得商事人格（资格）的过程中所应当负有的责任和所应承担的义务"，就与商事登记制度直接关联。〔44〕商事登记中的信息公开与市场交易存在密切关系，诚实信用作为市场交易的前提与基础，而为了维护营业或市场信用，解决违信、失信最有效的方法之一，就是建立有效的公共性营业信息供给机制，使所有参与交易的信息弱势者，能获得充分、真实的营业或市场信息。〔45〕商事登记的信息公示功能，实际上就能有效地解决这一公共性营业或市场信息的供给问题；而且通过商事登记所公示的营业信息，一则便于政府实施管理与监督，维护公共利益；二则使公众知悉商事主体营业内容，确保交易安全；三则登记人以登记事项对抗交易相对人或主张权利，可有效保障登记人合法权益。〔46〕

我国商事登记制度历来只注重强化对民间营业、市场交易、商事主体的国家管理或行政控制，单一的管理或控制功能一直是商事登记立法设计与制度安排的考量重点。〔47〕鉴于此，我国未来商事登记制度改革的落脚点，首先，必须从传统的管理本位功能转型为服务本位功能；其次，要高度重视商事登记在公共营业信息供给和市场信用机制建设方面的效用功能；最后，要通过切实的改革与建设，努力把商事登记公示平台打造成为市场信用体系中的公共性营业信息供给平台，以整体推动市场信用信息体制建设。

第二节　商事登记功能效应的四维视角

自由营业既然为民事主体应有、正当的私权利，按此逻辑民事主体无须登记就直接进入营业领域，从事营业活动，如此岂不更为自由、更为简便、更能省事、更有效率？

---

〔44〕　参见赵万一、王煜宇：《中国商事信用法律制度基本问题研究》，载王保树主编：《中国商法年刊》（第2卷），吉林大学出版社2002年版。

〔45〕　参见张兴祥：《中国行政许可法的理论和实务》，北京大学出版社2003年版，第23－30页。

〔46〕　参见刘清波编著：《商事法》，台北，台湾商务印书馆1986年版，第19－20页。

〔47〕　参见路艳娥：《我国商事登记的功能回归与制度完善》，载《科学经济社会》2015年第1期。

而如这样,那么为什么还要有商事登记?况且,商事登记原本属民间(行会、商会)自发、自主的注册行为,只因近代自1673年法国颁发《陆上商事条例》后才逐渐上升为国家行为,至当代国家对商事登记的干预和重视又日趋强化。这其中的原由和内因又是什么?要回答这一问题,就需基于营业自由视角,分别从营业当事人、国家(政府)、相对第三人、社会公众等几个层面细加考察和分析。

一、营业当事人或登记申请人的角度

对商人而言,为什么要办理登记,有学者从法经济学角度,认为商事登记原于"市场信息传递"需要和"基于宏观交易的贴现",一则基于"市场交易秩序与信息对称"需要"主体确认";二则基于"承受对象的信息披露和追索"而形成的"商主体交易救济基础"。[48]也有学者认为,营业本为民事主体之自由权利,"基于营业自由的考虑,商人并非必须登记",但"在商事登记与主体资格的关系上",又认为公司、个体工商户、合伙企业和个人独资企业、外资企业、中外合资经营企业和中外合作经营企业等主体,"都需要经过登记后方能获得商人资格"。[49]上述观点在解释大陆法系强制主义登记法例或制例时,无疑有一定的针对性;但在英美法系任意主义登记法例或制例下,是否办理注册登记则完全由营业当事人自主选择。那么,无论是强制主义登记法例或制例,还是任意主义登记法例或制例,对进入营业领域的民事主体而言,为什么在通常情况下,均会比较自觉地选择主动申请办理商事登记?

从权利行使与实现角度看,自由营业虽为民事主体应有、正当的权利,但对所有民事主体而言,无论属性或形式如何,其进入营业领域进行投资、经营和交易,目的均是追究财富增长的迅捷和营业效益的最大,而要达到此一目的,就须投资并通过经营生产出更多的产品或提供尽量多的服务,并把之推销到市场让其他交易者或消费者购买、接受;唯其如此,投资才有回报,经营才有所得,交易才有效益。而要达此目的,就须通过各种方式、手段、途径、平台、形式,尽最大可能让社会特别是与所营主业有实质性利害关系的交易相对第三人知悉,使自己的营业状况和产品、服务特色能为交易相对人或社会广泛知晓。也就是说,通过宣传、广告让交易相对人或社会认知直至识别自己,从交易角度看,是需要费用和成本的。[50]营业的目的就是追求利润、效益的最大

〔48〕 参见赵万一:《减少贴现:商事登记制度的法律经济分析》,载《东方法学》2007年第3期;赵万一:《商法独立与独立的商法——商法精神与商法制度管窥》,法律出版社2013年版,第172-186页。

〔49〕 参见曾大鹏:《中国商法通则理论与立法研究》,法律出版社2013年版,第122-123页;杰文:《商事登记的范围——商事主体的确认标准与类型划分》,载《工商行政管理》2003年第15期;杰文:《登记证明文件——兼议主体资格与营业资格的区分与证明》,载《工商行政管理》2003年第20期。

〔50〕 参见[美]罗纳德·H.科斯:《企业、市场与法律》,盛洪、陈郁译,上海三联书店2014年版,第28-46、78-123页。

化,利润、效益最大化一方面可通过生产、交易的最大化来实现;而另一方面也可通过降低成本、减少费用、控制风险来实现。实际上,商事登记一方面具有明显地促进交易效益的功能;另一方面又能显著地发挥着降低成本的效应,其对营业当事人或登记申请人所具有的制度功能,主要表现在营业确认、组织建构、开业宣告、信息公示、生意招揽等几个方面。

(一)营业确认

营业包括投资、经营和交易等不同形态的营利性活动,且须在有交易对象并为社会所认知的环境中,才有可能持续进行下去;而要使交易对象和社会公众对特定主体的营业事实有所了解或认知,投资者、经营者和交易者就须以适当方式进行确认、宣示或告之。正如康芒斯所认为的那样,"交易"作为"经济研究的基本单位",是"一种合法控制权的转移的单位",人类社会的种种关系均可用"交易"加以解释,而交易又总是借助于契约来完成;〔51〕而使营业交易、关系性契约确认的最重要方式又首推商事登记。商事登记与一般信息供给或发布机制的最大不同,在于其利用国家或准国家的公共信息平台,通过该公共信息平台特定权威性、公信力所形成的广泛、对世效力,对与特定主体营业有关的信息进行确认、固化,能进一步使民事主体的营业意思和营业状态起到确定化、稳定化、定型化和实在化的效应。如康芒斯在解释公司注册登记的意义时就认为,实际上公司原本就是一种既有的、"无形的依法存在的法人",但一经登记注册确认,不仅"在它注册的那一州有一种法律上的存在",而且"变成了一种经济上的运行中的机构(going concern),不管在什么地方进行业务,都在它的买卖交易中存在,从而获得利润使它的股票和证券在证券交易所里能有价值"。也就是说,通过公司的注册登记,使公司最终"从一个只在法律上存在的法人公司改变到一个经济上的运行中的机构,存在于一切它做生意的地方"。〔52〕而所有这一切,正是公司登记申请人和营业当事人所亟力追求的。足见,对营业当事人和登记申请人而言,谋求并启动商事登记申请的重要意义,在于对其决意进入营业领域进行投资、经营、交易之意思的公开确认,它既是对其财产进入营业领域之法律处分的确认,更是对其决意进入营业领域进行实质意义上之营业状态的确认,还是对其投资、经营、交易之权利与义务、效益与风险、利益与责任之范围的确认与界定。

(二)组织建构

基于营利目的的最大化,对投资者和交易者而言,企业只是其营业和交易的平台,投资者和经营者之所以要组建企业(公司),仅仅因为企业作为组织型营业方式,相比

〔51〕 参见[美]康芒斯:《制度经济学》(上册),于树生译,商务印书馆1997年版,第11页。

〔52〕 参见[美]康芒斯:《制度经济学》(上册),于树生译,商务印书馆1997年版,第67－68、70页。

于单一个体(自然人)或家庭共同体(以血缘关系为纽带的自然人共居联合体)的营业,具有更广泛的融资能力、更大规模的生产力、更有效的市场竞争力和更持续的抗风险能力。关于企业产生和存在的原因,奈特在《风险、不确定性和利润》一书中认为,通过一系列契约和各种制度安排,以克服生产、经营和交易中的各种不确定性与风险,是企业存在的根本原因;〔53〕科斯从交易费用与价格机制的替代理论,来解释企业产生和存在的内在机理,认为"企业的显著特征就是作为价格机制的替代物","设立企业有利可图的主要原因似乎是,利用价格机制是有成本的";〔54〕新古典经济学则从专业化合作的角度,把企业描述为"一个专业化的生产单位"。〔55〕但无论持何种学说,较具共识的看法是,企业(公司)不同于个体营业、家庭营业的本质性特征,在于建立一种组织架构,把人们的各种交易、交易中形成的契约和"各种企业治理结构联系起来";〔56〕也就是说,企业(公司)的核心是"生产和(或)销售活动",而"达到生产——销售目标显然需要利用特定的投入";"但是投入必须加以组织","这种为了促进生产——销售目标而对人力和非人力投入进行的组织,乃是任何公司的特征"。〔57〕很明显,投资者、经营者和交易者之间相约结成或设立企业这一种新型商社,以之作为营业平台,可契合并聚合资本、劳力、技术、管理等生产要素,并由其集中代表各生产要素所有者、支配者进行对外交易,无疑可产生单一资本、生产要素所不能产生的聚合效应和规模效益。

就营业的内容而言,营业实质就是对财产的利用和处分,以期获得比投资、经营、交易财产本身更大的价值,故动态意义上的财产(不同于财产的权利)不仅仅指某一具体、恒定的"东西","而是指获得、使用和销售东西时的预期活动的自由,那么,财产的重要性就在于这种东西的预期行为,而东西的价值则在于与它有关的预期的合意的行为。换句话说,价值存在于预期的意志行动中,而预期意志行动就是指它的预期行为和交易",即所谓"继续经营的机构",它具体包括如下两个不可分割的组成部分,"一个是产生着使用价值的生产组织,另一个是带来交换价值的继续经营企业"。〔58〕因此,从契约论看来,企业仅仅是投资者(资本家)、劳动者(劳动力)、技能者(技术发明者)、管理者(企业家)等生产要素契合的结果,民事主体进入营业领域以后,其任何投资、经营和交易,无不是在各种契约框架或机构下去设定或实现各自的经济目标。从本义上

---

〔53〕 参见[美]富兰克·H. 奈特:《风险、不确定性和利润》,安佳译,商务印书馆2006年版,第238－261页。

〔54〕 [美]罗纳德·H. 科斯:《企业、市场与法律》,盛洪、陈郁译,上海三联书店2014年版,第30－32、91－92页。

〔55〕 参见[美]哈罗德·德姆塞茨:《企业经济学》,梁小民译,中国社会科学出版社1999年版,第1－17页。

〔56〕 参见[美]奥利弗·E. 威廉姆森:《经济组织的逻辑》,载[美]奥利弗·E. 威廉姆森、[美]西德尼·G. 温特编:《企业的性质》,姚海鑫、邢源源译,商务印书馆2011年版。

〔57〕 参见[美]迈克尔·迪屈奇:《交易成本经济学——关于公司的新的经济意义》,王铁生、葛立成译,经济科学出版社1999年版,第42－43页。

〔58〕 参见[美]约翰·R. 康芒斯:《资本主义的法律基础》,寿勉成译,商务印书馆2003年版,第29页。

讲,"市场与企业只不过是两种不同的契约机构"而已,所不同的是设立企业乃"用一个契约代替一系列契约";"用一个长期的契约代替若干短期契约";用一个合作之间的"固定契约"代替市场一般交易者的"临时契约";用"生产要素"所有者或支配者之间的契约代替普通交易中"中间产品市场"的契约;用"一体化内部契约结构代替企业间市场契约结构"。[59]

既然作为营业组织和平台的企业(公司)具有如此不可替代、不可复制的制度功能,就决定商事登记中有关企业设立登记的重要目的之一,就是把投资者、经营者、交易者之间基于发起、出资、设立契约而设立、组织的企业(公司),借助于权威性的商事登记机关,通过国家商事登记系统这一最具公信力的信息平台,确认该组织体的正式成立并予以公开宣示;无疑商事登记这一重要机制、程序和环节,对投资者、经营者、交易者而言,是构建营业组织所必需。

(三)开业宣告

民事主体进入营业领域从事营利性活动,需要实施一定的行为,才能为交易第三人和社会公众所知晓或识别,而这些行为则包括:(1)以投资为核心的财产或财产性权利的处分行为,即营业性投资行为,这一行为的本质意义是民事主体把其所有或支配的物权(动产或不动产)、债权、知识产权及其他财产性权益作法律上、事实上处分,使之进入营业领域,作为营业的财产基础和投入企业(公司)的原始资本;(2)通过发起、出资、设立契约组建企业(公司)等营业组织和经营平台的商事结社行为;(3)以适当的仪式或形式作出开业的意思表示,把正式营业行为、开业时间、实际经营之意思或状态,以比较正式的方式告知交易第三人和社会公众。

上述系列行为,均系开业宣告之意思表示,在近代商事登记制度产生以前的传统社会里,由于交通条件的制约(中世纪以前的马车和木制船)和营业活动半径的有限(以血缘、地缘为中心活动区域),商人的开业宣告一般是通过举办开业典礼、宴会或企业成立大会之类的仪式性、要式性活动,就足以完成这一系列开业宣告的要式行为。但到中世纪晚期,特别是近代社会,随着交通条件、科学技术的发展(铁制船、火车、汽车至后来的飞机,甚至20世纪中叶以来计算机、网络技术的发展与广泛应用等)和营业活动半径的扩大(统一的国内市场、被新型交通工具连通的国际市场、融为一体的全球市场、以网络互联互通的电商市场与虚拟市场等),仅仅局限于血缘、地缘的传统仪式性开业宣告行为,已经起不到面向范围更广泛、距离更遥远、受者更众多、对象更复杂、时间更迅捷、空间更重叠的告知或广告效应。在此情形下,以国家公共权力、信息平台、信用、权威为支撑的商事登记,恰恰就可起到传统仪式性开业典礼所起不到的功

[59] 参见伍山林:《企业性质解释》,上海财经大学出版社2001年版,第57-67页。

效。易言之,商事登记在形式上,就是将营业当事人或登记申请人之正式开业的意思,以最权威、最有效、最信用的方式向交易第三人和社会公众进行宣告,其原本或实质意义就等同于一般意义上的开业公告。

既然商事登记具有开业宣示的功能和效应,对投资者、经营者和交易者来讲,如尽快进入营业的各种角色,尽力地多缔结营业交易关系,就需以最有效的方式把其开业意思和开业状态告知交易第三人和社会公众。显然,与传统仪式化的开业典礼或开业告示相比较,商事登记具有明显的优势和更显著的放大效应,这对诚实信用、合法经营的民事主体而言,如意欲使营业做得更大、更远、更久、更深、更专业,选择商事登记无疑是不二方案。

(四)信息公示

信息在营业中极为重要,这是因为营业信息的对称与经营效益、交易安全具有关联性、对应性,因而信息在营业中具有基础意义。微观经济学的一个基本理论前提是市场交易是当事人在完全信息条件下之理性决策的结果。故交易的核心在于信息的占有与交换,也即当事人所占有不同信息的交换。无疑,最有效的交易或市场是基于完全信息和完全理性形成的交易或市场。然而,从营业决策和交易过程来看,建立于完全信息基础上的理性市场在现实经济生活中并不存在,具有不完全信息的交易环境才是普遍现象。一般而言,每一个别行为者所掌握的与某一交易行为和交易结果有关的信息都可分为两个部分,一部分是所有行为者或当事人双方都了解的信息,即公共信息;另一部分则是只有某个别行为者自己知道、其他行为者或对方当事人所不了解的信息,即私人信息。例如,商品交易行为中的买方知道自己的消费偏好、支付能力和意愿给定的价格等,但不了解商品的质量、性能和成本;而卖方则恰好相反。这种当事人各自拥有自己私人信息的不一致、不充分状况,即为信息不对称现象。其中,持有较多私人信息的一方具有信息优势,在交易中处于相对有利地位,而对方则居于信息劣势。

在市场交易中,营业决策的作出和营业行为的选择,须依赖主体所掌握的有限信息。然而,信息不对称则对参与交易双方或多方产生如下影响:(1)影响交易的达成。在一个信息不对称的交易环境中,为达到信息对称与平衡,信息劣势方就有必要通过各种途径或方式,以收集或获取支撑其作出交易决策所需的各种营业信息;但是,任何信息的获取与占有都是要支出成本的,[60]如此,对信息劣势方而言,其收集或获取各种营业信息的成本将趋于无穷大。在此情形下,交易的达成显然要比在信息对称条件下困难得多,甚至最终导致交易的取消;因为信息劣势方试图使交易更加“公平”的努力

---

〔60〕［美］罗纳德·H. 科斯:《企业、市场与法律》,盛洪、陈郁译,上海三联书店2014年版,第91－92页。

变得更加困难。(2)在交易即使达成的情况下也可能对当事人的履约产生重大影响。如信息劣势方因交易所获利益少或利益受损,就会启动合同变更、撤销、解除、无效宣告程序,或直接违约,进而使原缔结的契约无法如期履行。在现实经济活动中,信息不对称分布的发生概率要比理想状态高得多;这样,信息不对称的存在可能使好的产品被挤出市场,并摧毁消费者对市场的信任或信赖,导致市场萎缩,最终降低整个社会的经济发展和福利水平。可见,在营业信息不对称的条件下,交易常常受阻,交易成果也屡屡被怀疑甚至被否定,交易安全尚不能保障,营业所追求的交易效益自然也就难以实现。故在信息不对称交易环境或过程中,为有效降低信息劣势方收集或获取信息的成本,要求相对信息优势方的企业等营业者充分披露必要、相关的营业信息,同时赋予处信息劣势方的相对交易人以知悉营业信息的请求权,是确保交易安全,促进营业效益所必需。[61]

商事登记在形式上就是把营业当事人或登记申请人最主要的营业信息进行注册、登记并公告,所涉及的有关信息,诸如出资人、出资形式、注册资本、经营事项、主业范围、特殊资质(如建筑类企业须取得特殊的资质)、许可证件(如金融类企业须取得金融业许可证)、组织形式(个人独资企业、合伙企业、公司企业或其他非公司法人型企业等)、企业章程、治理结构、法定代表人、营业处所等能影响或制约交易相对第三人作出签约、交易决定的营业信息,实质就是把营业当事人或登记申请人主要、核心、真实、完整的营业信息,通过国家商事登记的信息平台,向交易第三人和全社会进行公示。

(五)生意招揽

商事登记的效力,在不以登记作为营业开始、企业成立要件的英美法系和部分大陆法系国家或地区,一般表现为公示的对抗效力;而在以登记作为营业开始和企业成立要件的绝大部分大陆法系国家或地区,登记则意味着营业的正式开始和企业的正式成立。我国有关个体工商户、企业登记、公司登记和其他营业类登记,均采登记成立要件主义,也意味着商事登记的完成,企业则为正式成立,合法、正当的营业就可进行,亦即经正式登记、取得营业执照的个体工商户、各类企业或公司,就可正式、合法地成为其他相对第三人的合作、交易对象,进而签约或缔结营业交易。换言之,营业当事人或登记申请人经申请并完成商事登记,就等于向所有不特定第三人广而告之自己的投资意向、经营领域、主营事项、交易规模、履行能力等,旨在吸引、招揽任何与其经营业务有关联、合作可能的第三人向自己发出缔约、交易意向。其实质意义无异于举行开业典礼,重在吸引其他生意合作伙伴和交易对象的眼球,引起同行的注意,具有明显的商业广告和生意招揽之功能与实效。在传统农耕社会里,由于营业地域范围的狭窄和交

---

〔61〕 参见肖海军:《企业法原论》,湖南大学出版社2006年版,第162-166页。

易所处的熟人环境，有所谓"酒香不怕巷子深"，只要有可靠的产品质量和良好口碑，不必有广而告之的生意招揽行为，也无损营业的进行和交易的持续；但在工业社会特别是在信息社会，作为信息公示核心内容的商事登记之广告效应和生意招揽功能则越来越明显，商事登记所能取得的广告效应和生意招揽功效，远比不登记更为便利、更为快捷、更有效益、更为持久。

二、国家（政府）的角度

营业尽管从本质而言，属于民间社会的私人事务，营业是否需要登记，应由投资者、经营者或交易者等营业当事人自己作出决定，国家（政府）原本不需要也没有必要进行干预。在新古典或自由主义经济学家看来，注册、证明、发给执照实质是"政府对人们从事经济活动"的普遍性限制，是中世纪商业等级特权的现代延续，其"最明显的社会代价是：不管它是注册、发给证明还是发给执照，这些措施的任何一个几乎不可避免地要成为牺牲其他公众利益而取得垄断地位的特殊生产者集团手中的工具"。[62]虽然如此，但是，营业不仅具有私人性，更具有社会性，这是因为投资的起始条件、经营的支撑环境、交易的最终完成、产品或服务的市场影响、生产或经营的外部效应等，均具有对世性、社会性和公共性。这些特性虽在前工业社会尚不十分明显，但自工业革命特别是19世纪中叶以来，随着石油化工、电力通信、内燃动力、汽车制造、交通运输、金融服务等以传统化石能源为支撑的大规模制造业、社会网络型服务业的兴起，营业的社会性特征已越来越明显；至20世纪中叶，又因计算机、互联网的兴起及在商业上的广泛运用，营业的触角和商业的互联互通，把整个社会和世界紧密地联系在一起，营业的社会性和公共性特征，则更加显著。正因营业的社会性和公共性，国家通过政府予以适度的干预与监督，不仅反映社会、公众、市场对国家（政府）积极作为的切实需求，同时也是作为社会利益、公共利益拟制代表者的国家（政府）职能所赋予的必要使命；[63]而商事登记作为营业进入的事前审查程序和必要准入环节，则是国家（政府）履行营业监督、适度干预的重要方式和主要手段，这一必要性又主要表现为如下方面。

（一）条件与资格甄别

营业是一种特殊的民事行为，与一般性、普通性、日常性、非营利性民事行为无须财产等附加性条件限制不同，营业因其主旨在于谋求营利的最大化，而须附加财产等限制性条件方可启动、进行或完成，故要实现营利最大化、达到预设的经营目的或完成主营目的事项，必有赖于特定的商号名称、一定的财产投入、确定的经营关系、稳定的治理结构、具体的代理授权、固定的经营场地等基本要素或条件，即通常要具备立法文

〔62〕　参见［美］米尔顿·弗里德曼：《资本主义与自由》，张瑞玉译，商务印书馆2004年版，第163页。

〔63〕　参见《马克思恩格斯选集》（第3卷），中共中央编译局译，人民出版社2012年版，第668页。

本所要求的商业名称、注册资本、投资协议或企业章程、组织机构、法定代表人、经营场所等主要条件，这些也是营业进行的基本条件。从营业的实际需要而言，法律或行政法规之所以要设定这些基本条件，不是国家（政府）对民间投资或私人营业的限制，而恰恰是营业的实在需要所使然；法律、行政法规以正式文本、条款、规范等形式规定下来，只是通过立法文本反映营业进行所需的基础性条件而已。事实上，在营业过程中，如欠缺商业名称、注册资本、投资协议或企业章程、组织机构、法定代表人、经营场所等基础性营业条件中的任何一项或多项，投资、经营和交易就无法启动，或难以进行、完成。既然法律、行政法规设立营业进入或准入一系列门槛性或限制性条件，一般民事主体进入营业领域之时，是否具备这些条件，就需要一个中立性的机构来进行审查和甄别，国家通过商事登记机关实施登记受理、审查、登记、注册，实质就扮演着条件审查中立者的角色，履行着营业条件甄别的具体职能。从国家（政府）角度来看，之所以要设置商事登记制度和机构，并安排一系列商事登记程序，主旨之一在于借助特定商事登记机关和登记审查程序，对将进入营业领域的民事主体是否具备法定或契合约定的基础性、必要性、支撑性营业条件，从形式、外观上作必要审查或甄别，并对这一审查或甄别的条件及事实予以确认。故营业条件的审查或甄别，乃国家（政府）设立商事登记制度和程序的主要动因之一。

（二）营业进入的无害性审查

营业既然具有对世性、社会性和公共性，且因其外部性而存在不利于甚至危害社会利益、公共利益的可能性，而这些不利条件或潜在危害因素，有相当部分原生于营业进入阶段或准入环节。国家（政府）设立商事登记制度的一个重要目的，就是通过预设营业登记条件和审查程序，在对营业当事人或登记申请人进行营业条件审查、甄别的同时，对其明显违反法律、行政法规强制性特别是禁止性规定，有悖社会公序良俗，危害国家安全、经济安全、市场秩序、社会稳定和公共利益的投资、经营或交易，适当地行使登记材料的形式审查权，在严格、规范的审查程序约束下，可一定程度上把违法、不良、不当等存在社会危害可能性的营业，抑制在营业进入的门槛或营业启动尚未正式开始的萌芽状态。如根据我国《民法典》第 86 条、《公司法》第 5 条第 1 款、《合伙企业法》第 7 条、《个人独资企业法》第 4 条第 1 款等法律的相关规定，个体工商户、企业、公司从事任何经营活动，均必须遵守法律、行政法规；应当遵守社会公德、商业道德、诚实守信；应当主动接受政府和社会公众的监督；不得损害国家利益、社会利益和公共利益；应当承担必要的社会责任；不得以任何经营的名义从事危害国家安全、市场秩序、社会稳定和公共利益的违法行为。不仅如此，原《公司登记管理条例》（2016 年修订）第 78 条、《个体工商户条例》（2016 年修订）第 5 条第 2 款等与公司、企业、企业法人、个体工商户登记有关的行政法规和其他商事登记类部门规章，也有相同或类似的规定。

上述这些规定,从表象来看,似乎是赋予政府通过商事登记机关以审查权、监督权,但这种审查、监督实际上是基于国家安全、社会稳定、市场秩序和公共利益的需要;因为营业只有在追逐私利,同时又不损害国家利益、社会利益和公共利益的情形下,其最大化的利益才有可能实现并持续进而长久。因此,在一定意义上讲,国家设置商事登记制度,通过特定商事登记机构对营业进入作条件审查和资格甄别的同时,进行无害性审查和准入程序控制,无疑可从营业源头上抑制投资、经营、交易中给国家、社会、市场、公众、外部带来的负面效应和潜在危害。

(三)市场信息的必要过滤

传统、古典微观经济学存在完全市场、完全理性和完全信息三个基本假设,其中完全信息是假设处在市场自由交易环境中的供需双方,可在任何时间、任何地点不受限制地获得市场供需的充分、完全、真实信息,人们基于完全信息的占有与判断,理性地作出最大化决策,一切社会经济活动由价格机制内在驱动的市场调节才有可能完成。然而,在实际市场交易中,与前述不完全、不对称信息环境或情状几乎同时存在的另一种常态,是各种不真实、不充分、不完整营业信息的经常性出现,而这些不完全的信息如同噪声一样,时刻影响着实际投资者、经营者和交易者的决策,进行形成所谓的噪声交易。[64]

噪声原指相对于证券有效市场假说中价格与价值之间均值为零的随机扰动项而言,本质上反映证券价格信息与价值信息之间存在偏差。与传统证券有效市场假说不同,噪声交易理论(noise deal)认为,基于证券价格与价值之间存在信息偏差即噪声,人们一般会依靠此种信息偏差的噪声而非依据所谓完全的证券信息作出价格判断并进行交易,由于信息不对称和金融市场的不确定性,决定着噪声的长期存在,从而使证券市场价格可能长期偏离其基础价值。[65]

噪声交易特别在证券市场相当普遍,类似内幕信息、虚假陈述、不完全信息披露、非强制信息的选择性披露等不完全、不真实、不充分信息,不仅会导致证券交易严重不公平,而且还会导致受噪声类信息影响者的判断丧失理性和交易决策错误。[66]在噪声交易环境里,由于真实信息与虚假信息、市场价格与真实价值之间存在信息偏差的噪声干扰,必然严重影响交易双方的交易公平和政府对经济实情的判断。足见,在投资、

---

〔64〕参见贺学会:《证券市场中的噪声交易研究》,湖南人民出版社2005年版,第13–19页。

〔65〕参见张乐编著:《行为金融与中国证券市场的噪声交易研究》,中国社会科学出版社2013年版,第5页。

〔66〕参见张建伟:《噪声交易、金融泡沫与金融市场多重均衡理论》,载《当代经济科学》1999年第4期;张俊生、卢贤义、杨熠:《噪声理论能解释我国封闭式基金折价交易现象吗》,载《财经研究》2001年第5期;杨胜刚、刘昊拓:《金融噪声交易理论对传统金融理论的挑战》,载《经济学动态》2001年第5期;卞学字、范爱军:《噪声交易、贸易开放与滞后汇率超调——基于PTM–NOEM模型的理论研究》,载《南开经济研究》2015年第4期。

经营、交易中，虽然是否公示或披露营业信息，确实是民事主体自己的私事，国家（政府）不必进行干预，但从信息过滤的角度，国家可通过设置一定的审查程序，对民事主体进入营业领域所要具备的基本条件和需要公示的主要信息进行必要的规范，则更有利于市场信息接近于真实、充分、完整，进而更有利于人们根据这些真实、充分、完整的营业信息，作出各种理性的交易决策，政府也可因之获得比较完整的经济统计数据。推而论之，商事登记所要登记的主要事项，如出资人、出资形式、注册资本、经营事项、主业范围、特殊资质、许可证件、组织形式、企业章程、治理结构、法定代表人、营业处所等，均为事关投资、经营、交易等营业的基本条件和核心要素。国家（政府）设置商事登记制度，就是要通过程序约束和形式审查的方式，对行将公示的主要营业信息进行必要过滤，使经登记、注册的各种营业信息能大致接近于真实、充分、完整，从而为市场竞争公平和交易安全奠定信息基础。

（四）经济数据的初步统计

经济发展和社会转型的顶层设计在决策层面上需要宏观的市场数据，但这些宏观的市场数据不可由自发的市场本身来提供。由于市场调节的微观性、滞后性、盲目性和局部性，作为个体、家庭、企业的营业，虽可在每一会计年度终了时出具各自的年度经营状况和损益清单，但就社会的宏观数据和国家的整体经济状况而言，除国家统一、规模化的经济统计和年度统计外，商事登记的存量数据和新设登记能给出比较准确的经营主体、企业规模、营业进退状况的初步统计信息，这些初步的商事登记数据无疑可为国家的宏观经济决策和政府调控市场提供参考依据。

但是，在商事登记中，由于传统许可式登记或变相许可式登记无形中抬高了商事登记的门槛，拉高了商事登记的成本，促使部分民事主体进入营业领域而不选择登记。此外，在实际经济运行过程中，由于商事登记也成为国家实施征税征费和营业监管的直接依据，这也导致部分投资者、经营者和交易者，为规避国家税费征收和营业监管，也选择不登记或不注册，由此形成所谓的地下经济现象。地下经济（underground economy），又称影子经济（shadow economy），本质上属于未经登记或不实登记的事实营业行为或状态，是指营业性投资者、经营者和交易者通过规避国家法律或行政法规，以不登记、部分登记或虚假登记的手段，逃避政府的税费征收和营业监管，使国家对其不能实行税收管理与营业监控的经济形态。地下经济包括未登记的非法经营和不实登记的违法经营两种形式，其体量、规模在我国虽未有准确数据，甚至存在分歧。有学者认为1980—2002年我国地下经济占GDP的平均值为10%，而其中1989—1993年地下经济占GDP的平均值则高达20%，1994年地下经济规模达到最大值，占当年正式统计GDP的29.43%，1995年以后增长幅度虽比较缓慢，但1997年地下经济仍占到当年统计 GDP 的 15.70%；2002 年仍然达到 5%—10%；〔67〕有学者基于交易分析法，认为 1991—2000 年我国地下经济规模平均占到 GDP 的 19.66%，2001—2004 年的平均规模甚至已达到 27.28%；〔68〕有学者应用 MIMIC 模型认为 1979 年中国地下经济规模比例仅为 0.78%，而 2009 年则高达 19.93%；〔69〕多数学者认为，我国地下经济规模一直有比较高的比例，占 GDP 比例的 10%—20%，其中 2000—2014 年，我国地下经济规模介于 0.29%—17.54%。〔70〕由于地下经济难以为国家经济统计数据所覆盖，除导致大量国家税收流失和影响国家正常财政收入外，〔71〕地下经济还通过腐败寻租等活动，以扭曲真实的经济统计数据、加剧税收漏出和流失、引发资源不平衡配置等方式严重干扰政府的经济决策，危害国家的政治安全和经济安全。〔72〕同时，地下经济的偷税避税，也严重破坏市场经济的公平竞争规则，加剧分配不公和败坏社会风气。〔73〕故应对和治理地下经济是不同国家或地区均须面临的一个世界性难题和全球性治理课题。〔74〕治理地下经济存在如税收、财政、行政处罚、会计制度等多种路径，〔75〕而在众多应对手段和具体措施中，完善商事登记制度，强化信息统计意识，赋予其以更为准确、全面的营业信息收集、统计功能，是最为有效的途径。

之所以如此，是因为商事登记与国家其他经济管理活动相比较，在涉及经济信息统计方面，具有如下不容替代的制度功能：(1)通过商事登记注册，提供营业进入中个体工商户、企业等经营者的初步登记信息和统计数据；(2)通过对不同经营者的分类登记注册和营业执照的分类发放，提供个体工商户、法人型企业(公司企业与全民所有制企业、集体所有制企业、合作社企业、股份合作企业、外商投资企业等)、非法人型企业(个人独资企业、合伙企业、非法人外资企业等)不同类型经营者的具体信息和分类统计数据；(3)通过商事登记中有关企业注册资本的登记与确认，获得企业进入资本或经营规模的初步信息和统计数据；(4)通过商事登记和后续的企业信息公示，以确认企业等经营者的经营范围、主业类型、登记注册地等，进而形成有关产业结构、地区分布、行

---

〔67〕 参见朱小斌、杨缅昆：《中国地下经济实证研究：1979—1997》，载《统计研究》2000 年第 4 期；夏南新：《地下经济估测模型及敏感度分析》，载《统计研究》2000 年第 8 期；罗磊：《中国地下经济规模基本估计和实证分析》，载《经济科学》2005 年第 6 期。

〔68〕 参见赵黎：《中国地下经济研究与估计(1990—2004)》，载《统计研究》2006 年第 9 期。

〔69〕 参见苏飞、胡艳：《1979—2009 年中国地下经济规模测算及影响分析》，载《统计与信息论坛》2012 年第 4 期。

〔70〕 参见朱敏：《我国地下经济现状及对收入分配的影响》，载《中国经贸导刊》2013 年第 10 期。

〔71〕 参见罗美娟、黄丽君：《宏观税负与我国地下经济的关系研究》，载《财政研究》2014 年第 1 期。

〔72〕 参见王永兴、景维民：《"地下经济"诸种表现触发的国家安全》，载《改革》2014 年第 5 期。

〔73〕 参见朱敏：《地下经济对经济社会的影响及治理对策》，载《中国经济时报》2013 年 8 月 14 日，第 6 版。

〔74〕 参见王永兴、景维民：《全球视角的地下经济：比较及治理》，载《经济社会体制比较》2017 年第 1 期。

〔75〕 参见王永兴、景维民：《中国地下经济治理的应用政策分析》，载《经济与管理》2016 年第 5 期。

业布局等初步的经济结构信息和统计数据等；（5）通过商事登记年度的新设登记、变更登记或注销登记，获得年度或一定时期的微观经营数据和宏观经济走向等信息、数据。

自2013年《公司法》修正案中一般类公司全面引入注册登记制以来，国家一再采取登记制度便捷化改革，登记条件一再宽松，登记程序进一步简化，商事登记本身的制度性成本已基本趋于最小化，由此，规避登记成本而选择不登记的原由已基本不复存在；另外，2013年以来以流转税和增值税为核心的新型税制改革，也使商事登记与税费征收难以构成对应关系，不登记或虚假登记的地下经济所依据的法律、制度环境已彻底改变，人们进入营业领域选择商事登记的意愿与可能性也必定发生逆转，自然商事登记所能反映经济信息和初步统计数据的作用也会越来越全面、真实、及时。在此情形下，特别是在原有企业年检制度修改为企业信息年报制度，商事登记机构如充分依据法律、行政法规，通过合法、合理、必要的登记手段和审查程序，对商事登记所能体现的经济户口及存在的虚数经营主体进行必要、及时清理，从而为政府经济决策提供可靠的工商经营户统计数据。〔76〕例如，广东省珠海市横琴新区就在全国率先试点开展商事制度改革，通过“宽进＋严管”的一体化监管服务和制度衔接，创建商事登记大数据信息中心，加强商事登记注册信息和核心数据的分析与应用，逐步构建起以信用为核心的新型商事登记信息统计与市场监管模式，〔77〕显示出商事登记在国家经济统计和市场宏观信息收集方面的基础性效用。

（五）营业监督的法定依据

营业因其具有社会性、公共性和效应的外部性，使对其监管变得必要。为维持基本的市场秩序和竞争公平，国家（政府）对营业的监管就是应有之义。但是，营业监管之首要前提是需要知悉监管的对象，而恰恰商事登记就为营业监管提供全面、真实、具体、准确的监管对象。其一，商事登记所取得的个体工商户、企业等商事主体资格确认和营业执照发放情况，为国家（政府）的营业监管提供具体的监督对象。其二，商事登记注册地等信息，为国家（政府）不同地区、级别的营业监管，提供地域管辖、级别管辖的直接依据。其三，商事登记的具体、分类信息，为不同国家（政府）机关、部门实施营业监管提供具体的信息指引。例如，有关企业（公司）的经营范围及主业事项等信息，就为不同行业主管部门的许可型营业监督，提供初步信息路径指引；再如，商事登记的注册信息、发起人或主要股东信息，为商事登记部门和其他相关部门的后续抽检监管，提供直接的原始依据。其四，商事登记信息的权威性、公开性和有效性，所产生的对世

〔76〕参见郑艳霞：《清理经济户口虚数规范处理初探》，载《中国市场监管研究》2016年第4期。

〔77〕参见广东省工商行政管理局编著：《广东省商事登记制度改革探索》，中国工商出版社2014年版，第139－145页。

效力和对抗效力，使商事登记信息具有优先的证据效力，在各种行政营业监督和法院审理裁判中，商事登记所记载的各种信息和颁发的各种资格证书、执照等之优先证明效力，应得到必要的尊重和维护。

三、营业相对第三人的角度

对第三人而言，商事登记本属营业当事人或登记申请人的私人事务，与其原本没有任何关系。但是，商事登记所记载的营业信息与一般信息不同，具有明显的财产性、营利性，并因其对世性和对抗效力，而必然作用、影响第三人，特别是与商事登记记载信息有关的商事主体、营业当事人存在合作、合同或竞争关系的相对交易第三人、利益关联第三人。商事登记所确定、记载、公示的各种营业信息，所颁发的各种有效资格证书、营业执照或其他各种证件，基于商事登记所记载的信息、保存的文本、颁发的证件，无形中在营业当事人或登记申请人与第三人之间形成一种利益信赖关系。在早期营业尚受血缘、地域、行业、国别限制的情况下，由于交易、合作或竞争更多是在熟人之间进行，第三人获取有关商事主体或营业当事人的信息，大多是靠实际的交易、合作或其他熟人的介绍、推销。但自近代世界市场的开辟，特别是自工业革命以来营业全面突破狭小的血缘、地域、行业、国别限制之后，营业性投资、经营和交易在多数情况下是在陌生人之间进行，而陌生人要获取有关商事主体或营业当事人的相关信息，就不能仅依靠实际交易、合作或其他熟人的介绍、推销等传统途径。在此情形下，商事登记所记载的信息、保存的文本、颁发的证件，就成为第三人特别是与商事主体或营业当事人存在或预期缔约关系的相对交易第三人获取信息、产生利益信赖的主要途径或方式。不仅如此，中世纪末叶以降，营业进一步世俗化，资本殖民带来市场在世界范围的不断扩张，产业革命使传统营业从纯粹的商业深入传统农业、手工业、制造业，特别是 19 世纪中叶以来随着电力、交通运输、航空等第二次工业革命带来的经济全球化，直至 20 世纪中叶计算机与信息技术革命带来营业的网络化、电子化、虚拟化，第三人获得商事主体或营业当事人核心、关键信息，除借助于商事登记之外，尚无其他更为有效的替代手段和有效路径。自然，商事登记对第三人特别是交易相对第三人而言，也是必要的、不可或缺的。对第三人而言，商事登记能起到如下一些显著作用，发挥更为明显的功效。

（一）有效营业信息的获得

在人类社会的日常交往和经济活动中，每一个体的交易决策表面上看是一种纯粹的行为，但其实起决定、约束、关键作用的是各个主体占有、掌握信息的多少。这是因为任何法律行为均是基于一定意识（对行为性质与法律后果的充分认识，即所谓认识到或还没有认识到）、意志（基于相对行为性质与法律后果的认识而作出是否实施某一行为的决定，即选择为或不为）的外在意思表示、具体行动，其中对行为性质与法律后果认识的意识又起到关键作用。要有正确的认识或者说有正确的意识,就必须对行为、结果相关信息有充分占有、全面掌握和深入了解,基于此作出理性、合理的决策,进而根据法律的指引作出合适的判断和合法的选择。由此可见,占有、掌握、了解特定信息是人们作出各种理性、合理、合法交往、交易决策的前提性条件。在一定意义上讲,社会成员之间的日常交往、民事主体之间达成的各种交易,实质就是信息的交流、交往、交换和交易,没有特定的信息作基础,人们的交往、主体之间的交易无法发生,更难以完成。古典经济学、微观经济学在讨论市场调节时,在完全市场(完全竞争和市场出清)、完全理性(任何人均为理性的经济人)和完全信息的三重假设中,〔78〕就有完全信息的前提性条件,即任何市场参与者(作为社会产品、服务供给者厂商与消费者居民)可在任何时间、任何地点无代价地获得充分、全面、真实、及时的市场供求信息。也就是说,作为市场供给者厂商能知道什么消费群体在什么地方、什么时候以什么样的价格需要其生产的产品或提供的服务;而作为消费者居民也知道什么厂商在什么地方、什么时候以什么样的价格为其提供所需要的产品或服务。易言之,在完全信息环境或状态下,社会与市场参与者,所获得的信息是免费、零成本、充分的,且不同主体之间是对称而无差异的。然而,这种近乎极端的假设,在现实生活和真实交易环境中是根本不存在的。这是因为,对特定个体而言,其获得的任何信息特别是与交易有关的营业信息,都是有代价、有成本且须支出费用的。这一成本包括发现价格的成本和谈判、签约成本,即"为了进行市场交易,有必要发现谁希望进行交易,有必要告诉人们交易的愿望和方式,以及通过讨价还价的谈判缔结契约,督促契约条款的严格履行,等等";〔79〕而对不同主体之间而言,他们之间又因天然禀赋、条件、手段等方面因素的制约,其所获得、占有、掌握的信息也存在明显差异。因而"现实中市场参与者之间的信息一般是不对称的,比如,卖者对产品质量的了解通常比买者多",也就是说,社会交往和市场交易中非对称信息(asymmetric information),即"某些参与人拥有但另一些参与人不拥有的信息"是一种比较客观的社会存在和常见的市场现象;〔80〕而所谓的信息完全或信息对称倒恰恰是一种例外。

正因如此,在博弈论与信息经济学看来,在非对称信息条件下所发生的交易,信息优势方与信息劣势方相比,信息优势方要居于更为有利的谈判地位和定价能力,在这一情形下所发生的交易,就有可能是一项损害一方预期、应有效益因而注定很不公平(信息优势方获得的利益多,而信息劣势方获得的利益少)同时也很不安全的交易(信

---

〔78〕 参见刘小燕:《微观经济学的基本假设》,载《经济评论》1994 年第 1 期;张延:《对西方经济学基本前提假设的研究》,载《北京大学学报(哲学社会科学版)》1998 年第 5 期;孙鳌、陈雪梅:《新古典经济学的假设与演变》,载《江苏社会科学》2005 年第 5 期。

〔79〕 [美]罗纳德·H. 科斯:《企业、市场与法律》,盛洪、陈郁译,上海三联书店 2014 年版,第 91 – 92 页。

〔80〕 参见张维迎:《博弈论与信息经济学》,上海三联书店、上海人民出版社 2004 年版,第 2、235 页。

息劣势方因为获得的利益少就会事后违约或启动交易撤销的法律程序，这样的交易之效率和效果就具有不确定性）。为弥补信息不对称环境或情形下不同参与主体信息占有或获得上的个体差异和明显不公，通过创设公共性营业信息供给机制（如商事登记、信息公开、信息披露、如实说明等）或公示平台，设定信息优势方的特定营业信息供给义务和赋予信息劣势方以营业知情权，则成为解决信息不对称环境或情形下营业效益、竞争公平与交易安全的有效路径。故商事登记不仅是应对信息优势方之特定营业信息供给义务所必需，更是保障信息劣势方营业知情权的要求所使然。

营业知情权之产生，正是源于营业交易中的信息不对称，特别是在企业与交易第三人之间，企业作为信息优势方和第三人作为信息劣势方要确保谈判、缔约的公平和安全，就必须保证信息劣势方的第三人在谈判、缔约之先占有、掌握相对而言比较完全、充分、全面、真实、及时的营业信息，借以缩小信息优势方企业和信息劣势方第三人之间在占有、掌握营业信息方面的显著差距，以平衡缔约双方的权利与义务。在此情形下，赋予信息劣势方第三人以营业知情权就显得十分必要。〔81〕由于营业“知情权的实现结果主要表现在权利主体获得某些信息”，虽然“并不能直接为权利主体产生利益”，但对权利主体人身权、财产权、经济社会文化权等一系列权利的实现，具有基础性意义。〔82〕因此，满足交易第三人营业知情权，乃商事制度设计过程中的应有之义，而商事登记制度的设置，在一定程度上就是为了满足、实现交易第三人营业知情权的需要。这是因为，营业知情权的实现一则有赖于交易第三人的被动请求，二则取决于企业、营业当事人等信息优势方的主动披露和公示。商事登记制度从表象来看，体现的是国家（政府）对营业当事人或登记申请人的强制，是投资者、经营者、交易者等对国家（政府）所尽的公法义务，但实质却是营业当事人或登记申请人等信息优势方为满足、实现交易第三人营业知情权，而须履行特定营业信息公示或披露之私法义务。故商事登记就营业信息公示和相对交易第三人营业信息获得的意义而言，作为商法对营利性主体的营业行为实施私法和公法控制的前提，通过登记公示，有利于加强对交易相对人及社会公众利益的保护；有利于保障商人权益，确定经营信誉，昭示其营业信用基础和状况；便于商事登记机关实施监管。〔83〕也就是说，就相对交易第三人营业知情权的实现和营业信息的获得而言，商事登记不仅是一种主要的营业信息供给机制和公示形式，更是相对交易第三人获得有效营业信息的重要手段。

（二）适格交易对象的选择

由于社会交往与市场交易源于信任，赖于信用，而信任、信用又具体存在于一定的

〔81〕　参见肖海军：《企业法原论》，湖南大学出版社 2006 年版，第 162 – 166 页。

〔82〕　参见刘杰：《知情权与信息公开法》，清华大学出版社 2005 年版，第 61 – 78 页。

〔83〕　参见于新循：《现代商人法纵论——基本理论体系的探寻与构建》，人民法院出版社 2007 年版，第124 – 125 页。

社会关系网络之中,如果社会成员之间缺乏最基本的信任,由各联结点成员构成的社会网络关系也必将是松散、不完整和难以正常运行的。从本质上讲,网络无非是由处于特定、稳定、既定环境中“一组个人、阶层、集团或组织之上的一种社会关系”,在这一特定的社会环境里,“互动双方彼此交往产生关系”,“社会关系构建了非随机的网络”,进而产生“网络群、网络界限和交互关系”;由于“网络提供信息来源和有效信息分发,在对双方同样重要的问题上,非网络成员拥有的信息要比网络成员少”,〔84〕这就决定在交易对象的选择上,基于网络而形成的信息优势者要比处在网络之外的信息劣势者更具有天然、自发地达成各种交易的可能性。因为,在营业信息作为稀缺资源且对交易决策又具有基础性、决定性影响的前提下,“社会资源通过关系和网络得以流动,网络产生了行动者以获取稀缺资源为目的的集体行为和竞争行为,行动者个人生活在很大程度上依赖于他如何与广泛的社会关系网络相连”;〔85〕在此情形下,人们往往是根据自己所处的交易网络、依据所获得的可靠营业信息,来选择自己认为适格的交易对象。但是,“在商业社会,交易一方对交易另一方的了解是非常有限的,许多交易活动是在不认识的人之间进行的”;如果“交易只在相互之间非常了解的当事人中进行,交易的范围将是非常有限的,大量有利可图的交易都不可能发生”;如此,“一个没有信誉机制的社会不可能有真正的市场经济”。〔86〕而商事登记因其所确认、记载和公示的营业信息,是反映该商事主体出资人、注册资本、企业章程、主业或经营范围、组织机构及法定代表人、营业地址等最为核心的信息,这些信息就打破了传统需要通过熟人社会关系或特定网络才可获得的专有信息范畴。这样,对交易第三人而言,就无须通过加入特定社会交际圈、融入一定网络环境或支付额外费用,就可方便而无代价地获得其所需要的营业信息,特别是诸如出资人、注册资本、企业章程、主业或经营范围、组织机构及法定代表人、营业地址等核心信息的无偿获得,无疑为其选择合适、对口、可靠的交易对象,创造了必要的信息条件。

(三)同业竞争与商务合作

市场经济在本质上是自由竞争经济,而竞争的前提是参与市场交易的同业或异业竞争者,必须对市场供求信息进行收集、整理、占有和了解,特别是关于竞争对手营业信息的收集、整理、占有和了解;故从某种意义上讲,市场经济就是信息自由的经济,即以投资、经营、交易等形式参与市场的主体,在收集、整理、占有和了解营业信息方面享

〔84〕 参见[美]R. E. 安德森、[美]I. 卡特:《社会环境中的人类行为》,王吉胜等译,国际文化出版公司 1988 年版,第 86 页。

〔85〕 张缨:《信任、契约及其规制》,经济管理出版社 2004 年版,第 102 页。

〔86〕 参见张维迎:《法律制度的信誉基础》,载《经济研究》2002 年第 1 期;张维迎:《信息、信任与法律》,三联书店 2003 年版,第 29、31 页。

有充分的自由，没有充分的信息自由，就不存在本质意义上的自由竞争经济。在不存在自由竞争的情形中，"不仅那些最懂得如何生产因而能以最低成本生产某些不同产品的人不可能去生产那些产品，即使是消费者最喜欢的所有那些产品（如果他们有选择权的话）也绝对不可能有人去生产"。[87]

自然，要实现真正意义上的自由竞争，就必须创造一个人人自由获得基本营业信息的营商环境，以决定是否进入营业领域，与其同业或异业经营者、对手展开自由竞争，进而增进其财富，扩大其私有财产权益。正如约翰·穆勒在《政治经济学原理》一书中指出的那样："私有制原则从未在任何国家作过公正的实验"；"现代欧洲社会制度的开始，并非由于作为公平分配或勤劳所得的结果的财产分配，而是由于作为征服或暴力行为的结果的财产分配"；"固然，所有的人都在完全平等的条件下参加比赛，这是和任何私有财产法规不相符的。但是，如果肯像扩大私有财产原则的自然作用所造成的机会不均等那样，努力采用一切不破坏原则的办法来缓和不平等；如果立法的趋向有利于财产的分散，而不是集中，就会发现私有财产原则与自然和社会灾难之间并无必然的联系。"故"在私有制的支配下，产品的分配是两个决定性力量——竞争和习惯所造成的结果"。[88]如此看来，要实现对私有财产权的切实保护，维护公正的私有财产权，问题的切入点恰恰不在于其本身，而在支撑实现权利或维护权益之公正性环境的创设，对自由竞争环境而言，没有比自由获得真实、核心营业信息更为重要、更为基础的事情了。

从自由获得营业信息的社会大背景来讨论，商事登记通过国家机关或社会服务组织创建的公共信息平台，把参与市场竞争的投资者、经营者、交易者的主要营业信息以确定、规范的形式，持续地向社会公开。这些信息涉及营业当事人或登记申请人的核心营业信息和具体经营内容，能比较全面、准确、集中反映投资者、经营者、交易者营业的资本来源、财产基础、主营行业、经营规模、对外代理人的个人禀赋与信任状况、地域限制等基础要件。通过对这些核心营业信息的了解和由这些营业信息反映的行业地位、竞争实力，特定投资者、经营者、交易者就可作出有针对性的营业决策，提出具体可行的竞争策略，进而作出某种适合自己特点的竞争或合作举措。足见，商事登记作为供给公平、自由营业信息的主源，对引导市场中的同业竞争与商务合作，具有基础性的向导功能。

（四）商业风险的防范

在社会关系视角来看，一般性日常交往和营业性的市场交易，均有赖于参与者

---

〔87〕［英］F. A. 冯·哈耶克：《个人主义与经济秩序》，邓正来译，三联书店2003年版，第148页。

〔88〕［英］约翰·穆勒：《政治经济学原理——及其在社会哲学上的若干应用》（上卷），赵荣潜等译，商务印书馆1991年版，第235－236、271页。

之间的相互信赖,并因信赖而结成一定的信任关系。在近代商事登记制度尚未有效建立起来以前,社会交往和市场交易之间的信任关系,仅凭熟人之间的经验积累或值得信赖的第三人举荐而结成,这种信赖、信任关系是个别、单向、地域性的,因而也是极不稳定的。鉴于信任具有一定的主观性和不确定性,常常会因为被信赖、信任的对方主观诚信的缺失或客观信任基础的丧失,而使原有或期待的信赖、信任落空,故"信任关系是一种风险性关系",而"契约是人类在长期经济生活实践中,设计出的一种规制交换交易风险性的制度性保证",实际上"契约对交换交易风险性的规制,实质是对交易双方给予对方信任,转移资源控制权或使用权,完成交易的风险性的规制"。[89]

信任关系之所以具有不确定性,因而具有风险性,是因为导致信用、信任、信赖产生的信息源存在失真,在传统以熟人、血缘、地域为基础的小交往或交易圈内,信用的丧失常常是因为支撑对方值得信任、信赖的情况发生了变化,而这种关键信息变化却没有准确、全面、及时地通过一种有效的方式传导到信任、信赖方,自然造成信任、信赖双方占有真实、准确、有效信息的不对称。在此情形下,如能嵌入一种中介机制,把赖以信任、信赖的交往、交易双方或多方之核心信息和信息变化状况,以一种最有效的形式予以及时公示或变更,就能有效地起到提醒、警示交往者或交易者的作用,从而可避免不必要的交往欺诈和交易陷阱。实际上,就市场交易而言,商事登记就能起到这样的作用和功能。

商事登记作为一整套公示商事主体营业信息的机制,不仅需要对进入营业领域的投资者、经营者、交易者开业信息的核心内容,进行全面、系统、准确、及时的公示,而且商事登记的法定性、程序性、对抗性,决定后续补正、变更、注销登记的重要性、必要性和有效性,法律要求特定商事主体的营业信息如存在错误或发生变化,就须履行法定的补正、变更、注销登记程序,否则未经法定程序而原有登记信息存在虚假、不实或发生变化,营业当事人或登记申请人就应对此承担违信责任,赔偿相对交易方基于信赖商事登记信息而产生的利益损失。商事登记制度的这一鲜明特点,与建立在个别、熟人、血缘、地域信任基础上的传统信任体系相比,具有显著的信任保证功能,一方面,经商事登记机关公示的营业信息,因具权威性和有效性,可给所有市场参与者提供可靠的信任保证;另一方面,商事登记信息虚假不实或未经法定程序而发生变化的强制性对抗效力和惩罚机制,为市场参与者提供了强有力的信任保障。商事登记所体现的这种信任保证和保障功能,对所有参与市场交易的主体而言,能有效地根据商事登记信息变化的提示,来判断特定商事主体的市场信誉、经营状况、履约能力等,进而制定有针对性的对应方案,以期防范或控制因不必要信赖而导致的商业风险。

---

〔89〕 参见张缨:《信任、契约及其规制》,经济管理出版社2004年版,第107页。

四、社会公众的角度

营业的社会性特质决定营业不仅仅是商事主体的纯粹私事,营业需要特定的社会环境才可启动;营业成果(产品或服务)需要社会消费者购买,且只有在被消费者购买或被社会所接受后,营业才算成功;营业成果(产品或服务)因具有广泛性,产品质量、服务价格、消费效应本身具有公共性;营业的各种要素变动,如扩大规模需要招工或压缩产量而大量裁员,企业解散或破产引发的清算,企业变更经营范围等,又会直接或间接影响当地甚至国家的经济运行、居民收入;营业还可能会产生外部负效应,如环境污染、生态破坏、社会结构失衡、经济收入分配不公等。足见,营业同时也是一个社会性、公共性问题,与社会利益、公众利益、区域利益息息相关。

但是,相对于企业等商事主体而言,社会公众属于营业信息严重不对称环境下的信息劣势方,而企业等商事主体的营业信息,又与社会公众的行为与利益高度关联。在此情形下,企业等商事主体的信息,如何全面、准确、及时地传达给社会公众,则需必要的立法设计和良好的制度安排,商事登记制度就起到这样一种良好的供给功能和传导效应。

(一)正式营业与信息共享

商事登记中的开业登记、设立登记,实质在于告诉社会公众,某些经登记的投资者、经营者或交易者已经正式从日常民事生活领域进入营业领域,就等于告知社会公众,这些主体属于商事主体。商事登记所确认、记载和公示的相关信息,为社会公众创造一种营业信息的共享机制,使任何社会公众均可凭借商事登记的文本、证照和公告系统,无偿、无差异、无障碍地(涉及国家安全、军事秘密的除外)查阅、了解、获得与其生活、交往、交易相关的各种营业信息。就此而言,商事登记的确具有社会信息共享机制的供给功能和传导效应。

(二)经济风向标

鉴于商事登记具有提供经济统计数据的初步功能,其中商事登记中的营业开业、企业设立登记,能反映新生经济和社会创业的初步状况;而补正、变更登记则反映经济存量的变动情况,包括投资者、资本规模、行业布局、营业地变化导致的经济结构变化等,均可表明各种经济发展的变化趋势;而歇业、注销登记,则可反映市场退出的各种变化或经济走向;等等。换言之,商事登记所反映的各种营业信息,能预示个体、地域、国家或地区的经济走向和结构性变动情况,是测试或判断特定国家或地区微观经济结构和宏观经济发展趋势的风向标。对社会公众而言,商事登记之经济风向标功能,足可指导其投资或消费,进而减少经济决策上的盲目性和滞后性。

(三)产品与服务信息

就社会公众而言,所关注的焦点当数与自己生产、生活息息相关的产品、服务品种、质量和价格，商事登记中有关商事主体的主导行业和经营范围等营业信息，实质隐含有关产品、服务的品种、质量等核心信息，在对商事主体有公示宣传、招揽生意等广告效应同时，也实质在向社会公众提供有效的产品、服务等供给信息，潜在发挥着引导、促进甚至刺激消费的功能和效应。

（四）投资导向

资本来源的社会化是当代营业最显著的特征，特别是近代以来股份有限公司、有限责任公司、有限合伙公司的兴起和发展，通过公开资本市场的股票买卖或股权的协议转让，社会资本可实现在不同企业、产业、行业、地域、国家或地区之间的自由进入或退出。对投资者而言，在作出投资决策前，对其最具实质和关键意义的重要事项，当数有关投资对象相关营业信息的获得，其中商事登记就可给社会投资者提供最初步的投资信息。例如，商事登记中有关出资人、注册资本、主营业事项或经营范围、营业地址等，对社会投资者具有初始的参考、引导价值。社会投资者可根据商事登记所公示的初步营业信息，再加上投资对象所披露的其他相关信息，通过其他途径所收集、了解的补充信息，最后作出各种投资决策。其中，商事登记初步信息的参考功能与指引效应，无疑是其他信息所难以替代的。

（五）商业诚信

任何交往或交易的进行和完成均需要信用保障，对支撑营业基础的商业诚信，就更为重要，但在实际生活和营业中，基于信息不对称情形下的不信任却大量存在和经常出现。在交易成本经济学看来，“因为有机会主义倾向的代理人将不会有责任心地自觉公开承诺，因此，有效的交易将只能在依赖性受到可靠约束支持的条件下实现。”〔90〕的确，在社会交往和商事交易中，信任与不信任是一组难以消除的矛盾。首先，“不信任也许是问题所在，但是信任并不总是解决问题的办法”。其次，“不信任并不总是个问题，也许它事实上可能是允许我们合作和交易的那些制度安排的根源”。由于“不信任，以及信任缺乏，提高了合作的交易成本”，尽管一定的“信任在减少这些交易成本以及提供一种远离‘不合作均衡’的手段上能够发挥作用”，但“并不总是解决那些由信任缺乏和不信任造成的问题的最佳办法”。故“信任缺乏和实际的不信任尽管会提高交易成本，但是他们都可能刺激制度的创造，从而有助于从交易中获益”；在“信任缺乏或不信任造成的交易成本的提高可能会在短期内提高合作的经济成本”的情况下，如果没有一定的“制度安排”，“某些很有生产率的交易和合作方式也许根本就不会发生”。正是基于人们交往和交易的需要，在信任与不信任难以权衡和决断的环

---

〔90〕 Oliver E. Williamson, *Calculativeness, Trust, and Economic Organization*, Journal of Law and Economics, Vol. 36:1, p. 469(453－500).

境中,就需要通过信息的披露和公示,也就是说,在不信任的环境中,"恰当的防范可以产生好的邻居"。[91]

商事登记的本质是进入营业领域的投资者、经营者、交易者之基础营业信息的公开与披露,且登记机关的形式审查原则决定登记申请人和营业当事人须对经登记确认、公示的营业信息之真实性负责。商事登记信息之推定真实原则、真实性保证原则、强制性对抗效力和严格违信惩罚规则,决定商事登记具有确保并引导商业诚信的重要功能和制度效应。我国自 2014 年开始的商事登记制度改革,就把登记中的商业诚信放在一个很高位置予以看待,结合 2014 年 10 月开始实施的企业信息公示制度,以商事登记为基础,以企业信息公示为补充,建设由传统外部干预、行政处罚转型为主体主动、行政监督的新型商业信任体系,商事登记无疑应被纳入整个信用经济体系的重要环节予以考量。[92]

(六)就业指引

对社会公众而言,商事登记所隐含的营业信息,更具就业指引的效应。就业需要劳动力需求信息为引导,质言之,就是需要什么类型的劳动力与专业人才。这些信息主要涉及产业领域、行业部门、经济规模、营业处所等方面,而这些恰恰是商事登记必须确认、记载、注册、公示的法定内容。商事登记簿注册和公示的相关信息,可为社会就业提供初步的信息指引,人们可通过查阅或收集到的有关主营业事项、主营业处所等商事登记信息,作出求职、应聘的就业决定。

总之,进行商事登记不仅只出于民事主体进入营业领域的逐利需要,还有国家、政府基于公共管理的需要,以及相对交易第三人基于自身信任、竞争的需要和社会公众出于消费、投资、就业的需求,均需要商事登记这一权威、无偿、有效的信息供给机制和公示平台。

第三节　商事登记功能效应的正本清源

一、民事主体、商事主体与商事登记关系的理论界说

(一)传统私法理论:民事主体与商事主体相互独立的二元构造

在商事主体立法例上,特别是采用民商分立法例的国家或地区,商人的特殊地位

[91] 参见[美]玛格丽特·利瓦伊:《恰当防范促进好邻居关系:对信任、信任缺乏和不信任的交易成本分析方法》,载[法]克劳德·梅纳尔编:《制度、契约与组织——从新制度经济学角度的透视》,刘刚等译,经济科学出版社 2003 年版。

[92] 参见杨茜麟:《信用,开启监管新时代——商事制度改革一周年看监管理念变革》,载《工商行政管理》2015 年第 6 期。

和独立身份被立法一再强调或放大,并使之成为商法典和支撑整个商法的概念基石。正如德国学者在评论《德国商法典》时所言:"《德国商法典》的制定者以'商人'的概念作为出发点,是因为他们持有一种十分陈旧的观点,即一个社会中的不同职业构成了相互独立的身份集团,而每一个集团都有其专门的法律";〔93〕英国学者施米托夫也指出:"商法应编撰为单独法典的思想,归根到底建立在商人构成单独一个社会阶层的概念的基础上。"〔94〕如《法国商法典》第一编"商人"所认定的"商人"为"实施商事行为并以其为经常性职业的人";〔95〕又如《德国商法典》本来对商事主体采用主观主义的列举方式,但1998年《商法改革法》颁行之后,《德国商法典》第一编"商人身份"新创设了一个"经营营业的人"之统一商人概念;〔96〕再如《日本商法典》第一编"总则"也构建以"以自己名义实施商行为"这一商人范畴。〔97〕

在学理上,无论是传统民法还是传统商法,在基本理论前提中,商事主体似乎是一个独立于民事主体存在的主体体系。就民法学界而言,商事主体往往被定义为民事主体的特殊形式。有学者认为,"民事主体从非全部自然人到全部自然人再到自然人和法人并存,又有现在第三民事主体——非法人团体的出现,其范围的扩展是在漫长的历史中逐步形成的",民事主体的发展过程,并"不是漫无目的的任意设计,法律对社会上活动实体的主体承认是有条件的";理论上,判断民事主体的标准主要有抽象人格论、民事权利能力论、财产载体论、社会作用论等。〔98〕在商法学界,商事主体则多被定义为独立于民事主体之外的职业群体,虽有商事法律关系主体说〔99〕、商行为主体说〔100〕、法定主体(企业)说等不同主张,〔101〕但总体而言,既有理论与立法条文均是把民事主体与商事主体视为两类不同的主体,各自根据不同部门法或独自的理解,对其进

---

〔93〕[德]罗伯特·霍恩、[德]海茵·科茨、[德]汉斯·G. 莱塞:《德国民商法导论》,楚建译,中国大百科全书出版社1996年版,第232页。

〔94〕[英]施米托夫:《国际贸易法文选》,赵秀文译,中国大百科全书出版社1993年版,第113页。

〔95〕参见《法国商法典》,金邦贵译,中国法制出版社2000年版,第1页;《法国商法典》(上册),罗结珍译,北京大学出版社2015年版,第15页。

〔96〕参见《德国商法典》,杜景林、卢谌译,中国政法大学出版社2000年版,第3页;《德国商法典》,杜景林、卢谌译,法律出版社2010年版,第3页。

〔97〕参见《日本商法典》,王书江、殷建平译,中国法制出版社2000年版,第3页;刘成杰译注:《日本最新商法典译注》,中国政法大学出版社2012年版,第13页。

〔98〕参见赵万一主编:《商事登记制度法律问题研究》,法律出版社2013年版,第102-104页。

〔99〕参见赵万一:《商法基本问题研究》,法律出版社2002年版,第283-289页。

〔100〕参见王保树:《商法总论》,清华大学出版社2007年版,第91页;徐学鹿、梁鹏:《商法总论》,中国人民大学出版社2009年版,第296页;谢怀栻:《外国民商法精要》(第3版),程啸增订,法律出版社2014年版,第249页。

〔101〕参见董安生、王文钦、王艳萍编著:《中国商法总论》,吉林大学出版社1994年版,第85页;范健、王建文:《商法基础理论专题研究》,高等教育出版社2005年版,第142页。

行学理或立法分类。足见,无论应然、理论层面,还是从实然、立法层面,民事主体与商事主体均被定义为完全独立的两类不同私法主体,进而形成民事主体与商事主体这一相互独立的二元私法主体结构体系。

(二)既有主流观点:商事登记与商事主体的对应关系

关于商事登记与商事主体的关系,就不同国家或地区的法例与制例而言,存在如下三种模式:(1)商事登记是商法人取得法人资格的必备条件,如德国、法国、瑞士等。(2)商事登记仅取得特殊权利,与商事主体资格取得无关,如荷兰等。(3)商事登记为一切商事主体取得合法身份的要件,如我国既有工商登记制度。〔102〕

学理上,传统理论、主流观点和多数学者均认为,通过商事登记确认商人的主体资格和营业资格是各国立法的通例,按不少国家的法律从事非营业性营利活动者也不属于商人。有学者认为,"值得说明的是,以营利性营业行为作为商主体的实质构成要件,并不意味着商法取消了对商主体的商业登记要求";恰恰相反,按照多数国家的法律规定,"无论是自然人还是社团组织,凡欲取得商事能力者,首先须履行特定的商业登记程序以明确其具体的营业范围;另有些国家(如法国)的法律虽然原则上认可非商人亦不妨从事某些商行为,但这些国家的法律同样也规定:从事持续性商事营业者,须履行商业登记程序",可见,"现代各国所奉行的商行为法立场不过是赋予一切民事主体以选择从事商行为的自由,并且以商业登记的核准制度取代了等级社会中的特许制度"。〔103〕有学者认为,商事主体究其实质乃"商事登记在产生之初即为昭示商主体"。〔104〕当然也有学者从我国现有立法文本分析,认为商人的主体资格(权利能力)、营业资格(营业能力)、独立的责任能力以及诉讼主体资格这四个范畴的意义并不完全相同。〔105〕也有学者认为,对商人的主体资格(权利能力)与营业资格(营业能力)之间的关系,我国立法尚存在规定错位、涵义冲突,理论仍出现将二者等量齐观、合二为一等断层现象,故商事主体营业资格应当与其主体资格相分离,商事登记、企业登记的效力应从现有统一主义走向分离主义。〔106〕还有部分学者认为,商事登记仅仅是商事权利能力取得与消灭的唯一标准,而营业执照则为商事行为能力中日常经营能力的

---

〔102〕 参见范健主编:《商法》,高等教育出版社、北京大学出版社 2007 年版,第 71 – 72 页;朱羿锟:《商法学——原理·图解·实例》,北京大学出版社 2007 年版,第 67 页。

〔103〕 王瑞:《商法总论》,法律出版社 2010 年版,第 167 页。

〔104〕 参见刘宏渭:《商法总则基本问题研究》,华中科技大学出版社 2013 年版,第 200 页。

〔105〕 参见曾大鹏:《中国商法通则理论与立法研究》,法律出版社 2013 年版,第 132 页。

〔106〕 参见蒋大兴、章琦:《从统一主义走向分离主义:企业登记效力立法改革研究》,载《南京大学法律评论》2000 年第 2 期;顾功耘:《商主体营业资格应与主体资格相分离》,载《扬州大学学报(人文社会科学版)》2011 年第 2 期。

证明。[107]

很明显,无论是在法例或制例的表述上,还是在学理的解读上,商事主体与商事登记似乎构成对应关系。也就是说,无论从因果关系的外在表象,还是从商事登记的程序流程,均近乎一致地得出商事主体是商事登记的结果,或者说商事登记扮演着创设、衍生或派生商事主体的角色。这样一种表面上看起来具逻辑自洽性的对应关系,在传统商法理论和既有主流教科书中,被视为常识,一直以来未被质疑过。然而,事实逻辑与实际情形果真如此吗?笔者认为,要解决这一疑问,就需要回答以下基础性、常识性、关键性的问题。

二、商事登记与商事主体关系的多重拷问

(一)商事主体之主体资格和营业资格是否因登记而创设

既有文献均比较一致地认为,商事主体的主体资格、营业资格是由商事登记创设,也就是说,在商事登记之前,本无所谓商事主体,自然也就没有商事主体的主体资格,更无所谓的营业资格。事实上是这样吗?

笔者认为,商事主体经登记而取得主体或营业资格,仅仅是表象,其实质只是民事主体(一般私法主体,下同)进入营业领域的一种宣示或确认形式。这是因为,商事主体从表象看似乎是与民事主体平行的另类主体;殊不知,商事主体的原生形式就是民事主体,从现有商事主体的具体形式来看,按组织化程度高低,可分商个人、家庭、企业、国家;按自然属性,商事主体不外乎自然人、社会组织两大类,其中社会组织又包括国家组织与民间组织,民间组织按是否具有法人资格,可分为法人组织(公司、非公司类法人型企业)和非法人组织(非法人型企业、家庭等),而国家组织中的国家及机关,一般属公法人范畴,如进入营业领域作为特殊投资者或经营者,也应以特殊类法人对待。也就是说,商事主体的类型不管如何划分和复杂,其原生形式只有自然人、法人组织、非法人组织三种形式。自然,在转换为商事主体身份之前,民事主体的私法身份、主体资格就已经存在(特别如某特定自然人)。在此情形下,何来时序上、程序上处于下位或后位的商事登记,反过来创设本已先前具备民事主体资格之商事主体的主体资格呢?

商事主体之主体资格、营业资格之所以被误认为因商事登记而生,是因为在中世纪以前,以营利为目的的商人作为一个特殊社会阶层,因其具有封闭性、垄断性、专有性的行会制度、商会制度、商业特许制度、商业专利许可制度等作特殊保护和制度阻隔,使作为商人之资格的取得、权利的享受、法律的适用、纠纷的管辖,与世俗的民事主

[107]　参见陈英:《商事登记与营业执照法律关系之检讨——以商事能力为视角》,载《甘肃政法学院学报》2009年第4期。

体隔绝开来，形成世俗民事主体与特殊商人阶层各自独立的二元私法主体社会结构。在此特殊时期、制度安排和社会结构的情势下，要取得商人资格，自然须取得行会、商会、城市政府的特许，甚至极端时期还须国王颁发特许令。因此，在营业特权、商业垄断权时代的中世纪，具有许可、特许程序门槛和制度功能的行会、商会、城市自治政府的商事登记，自然就具有创设商事主体并赋予其以特殊营业特权、商业垄断权、专有经营权等营业资格、权能之制度效能。但这一切被西方近代资产阶级革命特别是天赋人权、营业平等的产业革命所打破和否定，自从法国1789年《人权宣言》和1791年《法国宪法》把“自由、财产、安全和反抗压迫”以及“一切公民，除德行上或才能上的差别外，都得无差别地担任各种职业和职务”宣示为自然人、公民的基本权利之后，[108]一般自然人和民事主体进入营业领域，从事以营利为目的的事业、职业，乃应然、法定的权利。自然民事主体的主体资格、进而其从事以营利为目的事业之营业资格，就已经清清楚楚地写在宪法和其他基本法等法律文献里，成为法定、不可剥夺的权利和资格，而无须由商事登记程序予以创设或赋予。特别是1807年《法国商法典》奉行以商行为中心主义的法律适用原则，规定“凡实现商行为者不论是否是商人，都适用商法”，[109]以商行为法主义取代商人法主义，彻底破除商人与非商人之间的法律壁垒与差别待遇。此外，传统商事法院与民事法院的裁并，商事仲裁机构对民事案件的开放，均表明商事主体与民事主体的同质化和无差异化，商事主体独立于民事主体的二元私法主体结构已不复存在。

在民事主体与商事主体二元结构已不复存在的今天，商事主体只是民事主体进入营业领域的特殊存在形式和角色身份转换，其主体资格和营业权利早在商事登记之前就已经存在，故认为商事登记与商事主体的主体资格、营业资格的取得构成对应关系甚至因果关系，或者认为商事登记具有创设商事主体的功能、效力与效应，是一种只见表象而不识本质、只见外在程序形式而不见主体、权利逻辑的误读，其理由难以成立。

(二)商事主体之营业权利究竟是应然固有还是因登记赋予

从营业自由视角来分析，自由营业、自由处分其财产进入营业领域进行投资、经营、交易等活动，乃民事主体追求幸福生活、实现财富增值的应然权利，[110]自然民事主体享有营业自由的权利、取得营业的资格，并非取决于商事登记，而是源起于其应然享有的权利。也就是说，不是因为商事登记创设了民事主体的营业权利、营业资格，而恰

---

[108] 参见姜士林、陈玮主编：《世界宪法大全》(上卷)，中国广播电视出版社1989年版，第761－763页。

[109] 参见《法国商法典》，金邦贵译，中国法制出版社2000年版，第1页；何勤华、李秀清主编：《外国民商法导论》，复旦大学出版社2000年版，第269页；何勤华、魏琼主编：《西方商法史》，北京大学出版社2007年版，第285－286页。

[110] 参见肖海军：《营业权论》，法律出版社2007年版，第41－59页。

恰因为民事主体应当享有的营业自由权利，促使其为实现营业权利而自主地启动商事登记申请程序，并经商事登记的确认、记载、注册、发证、公示，使该应然性营业权利转为法定、实然、具体的营业权能而已。足见，商事登记在这一过程中仅仅充当着权利外在形式的程序性机制而已，其作用与功能仅在于程序上的确认与宣示，而非实体上的创设或赋权。很明显，民事主体转换为商事主体所享有的营业权利，并非因商事登记才获得或享有，而是在民事主体进入营业领域前、转换或切入为商事主体之先，就应当享有的一种应然权利，它并非因商事登记而产生，更非由商事登记而授予或赋能，商事登记只是把民事主体应然、法定的营业权利，按当事人的意愿在程序上予以确认和宣示而已。

（三）企业是因投资者结社契合而衍生还是由商事登记所创设

在商事登记中，企业设立登记既是登记最主要的类型，也是企业登记中的必备事项。就世界范围的企业设立登记法例或制例来考察，目前主要存在大陆法系为代表的登记成立要件主义和英美法系为代表的登记公示对抗主义两种模式。在登记成立要件主义法例或制例下，经设立登记并由登记机关签发营业执照，企业始得成立，且营业执照签发之日，为企业正式成立之日。而在登记公示对抗主义法例与制例下，企业设立登记仅意味着企业已正式注册，但该企业设立注册与企业的实际成立无关，实际成立之日由企业（公司）章程规定，企业登记仅具对抗效力，经登记的企业或当事人仅就登记记载信息或营业执照所列事项对相对第三人承担信赖义务和责任。无疑，在登记公示对抗主义法例或制例下，企业注册登记之日并非企业成立之日，企业登记并不具有创设企业主体的功能。存在争议的是在登记成立要件主义法例或制例下，企业设立登记是否具有创设企业组织的法律意义与制度功能？从表象来看，确认企业设立注册登记，意味着企业的正式成立，且我国涉及企业登记的法律、行政法规及部门规章，均规定未经登记、注册、领证，不得以企业名义从事经营性活动。也就是说，在营业执照签发之日前，企业并未有效成立，作为主体的企业并不存在。自然就不难得出企业是由企业设立登记和营业执照签发所产生或创设。果真如此否，以下分论之。

第一，从企业存在与产生原由来看，科斯所发现的交易费用说明，企业作为“价格机制的替代物”，具有替代、降低和减少交易费用的成本效应，[111] 因为企业的存在，使原有必须通过外部契约和市场交易才能完成的大部分交易，转化为企业内部的管理性活动，而企业内部的管理性活动之费用和成本则可大大减少。在威廉姆森看来，每一种经济制度都可还原为一种特殊的交易或合同，从而形成一个由“形形色色的‘合同’组成的大千世界”，其中合同订立与实现的过程就包括计划、承诺、竞争和治理（或私下

[111]　参见［美］罗纳德·H. 科斯：《企业、市场与法律》，盛洪、陈郁译，上海三联书店 2014 年版，第 30 页。

解决）等不同阶段，在合同签订之前所从事的经济活动是交易，而合同签订之后的履约性经济活动则需要依靠治理。由于“刻画交易的主要尺度是资产专用性、不确定性和交易频率”，其中，“资产专用性”是促进交易能否启动和进行的关键性、前提性条件；而任何签约均因有限理性、投机思想、资产专用性等因素制约而具有不确定性，在理性有限、存在投机、资产专有等任何一种情形出现的情况下，交易的“计划当然不可能十全十美（因为理性有限），承诺也不可能不折不扣地遵守（由于投机思想），这时就要看签约双方是否同样聪明了（原因在于资产是专用的）”；原于此由，“这时的世界就成为治理结构的世界”，在这种情况下，“合同能否得到有效的履行，也就全靠私下解决能建立的”治理结构和由此衍生的组织了；而“之所以迫切需要建立组织，原因就在于：把各种交易组织起来，才能经济合理地运用有限的理性，同时又能保护他们免受投机行为之苦”。基于此，威廉姆森还把这种治理按照其组织化程度，划分为纯粹的市场治理（市场调节）、三方治理（借助法院或仲裁）、双方治理（包括双方结构和统一的组织结构）、统一治理（纵向一体化的组织）等多种形式，而唯有纵向一体化组织的统一治理模式，才可适用特殊、复杂、连续、不确定交易的持续和实现。〔112〕威廉姆森所描述、分析和论证的双方治理中的统一组织结构、统一治理下的纵向一体化组织结构，实质就是现代企业组织，它进一步说明企业的产生是替代市场交易和减少成本的需要。

第二，从企业设立目的来看，企业作为经济组织，人们设立它的主要目的不仅是防范交易风险，更重要的在于显著提高营业效益。实践证明，单一的资本、劳力、技术、管理之效益，远不如资本、劳力、技术、管理联合、集合特别是契合而产生的效益；就此而言，“团队、企业和其他经济组织主要是为了节约频繁或有风险的市场交易的成本而创造出来的”，也就是说，人们为了节省市场交易成本，降低营业风险，“将生产要素投入存续期不等的、合作性、以目的为导向的安排”，而“这样的安排”就“被称为组织”或“企业”；而政府在经济上最基本的职能则是保护性，即“必须建立和实施一套规则，它同等地适用于所有公民（法治），它不允许公民用暴力、欺骗或其他非法的暴力方式来实现自己的目的”，契此以“抵御外来强制，保护公民们眼前的和将来的自由（安全）”，“增进着秩序，并使个人、私人厂商和民间团体在面对无知时的协调任务变得较容易而建立起他们的信心（秩序政策）”。〔113〕自然，投资者设立企业，比单一资本的营业效益更高，抗交易风险的能力更强，此举才是营业当事人或登记申请人设立企业的原始动机和主要目的。

第三，从企业组织的本质来看，企业实质是资本、劳动力、技术、管理等生产要素的

---

〔112〕参见［美］奥利弗·E. 威廉姆森：《资本主义经济制度——论企业签约与市场签约》，段毅才、王伟译，商务印书馆2002年版，第47-48、50-51、104-113页。

〔113〕参见［德］柯武刚、［德］史漫飞：《制度经济学——社会秩序与公共政策》，韩朝华译，商务印书馆2000年版，第312、357-359页。

组合,是由企业生产要素所有者、支配者契合的产物。正如新社会契约论者麦克尼尔所认为的那样,企业实则是由出资人之间的第一性(层)契约,出资人与劳动者、技术发明人、经营者(管理者)之间的第二性(层)契约契合而成的社会组织,是传统个别性契约走向近现代关系性契约的产物。[114]正是由于生产要素最主要是资本要素所有者——出资人之间的发起、约定,才有公司等现代企业的产生和出现。故从本质上看,企业只是生产要素所有者、支配者契合的产物,而不是商事登记创设的结果。

第四,从企业治理的权源来看,作为商事社团,企业权利与权力源于内部成员的自由结社权。[115]自由结社权特别是民事主体的商事结社自由,是其应然享有的营业自由,更是营业权利的主要内容。这是因为,营业的核心是以合同治理机制来完成对财产与权利的交易,在这种合同治理机制下,"有些缔约方由依照他们自己利益行动的个人组成。另一些缔约方由成对的组织如企业、政府、俱乐部和家庭组成。此外,还有个人和这些组织之间的合同"。[116]而通过与他人合资、结社不仅可以扩大融资的范围,增强主体的市场竞争力,而且能有效地降低市场风险。很显然,合资、结社就成为投资、营业的一种重要方式。从营业自由价值角度来看,商事结社自由是指民事主体以投资主体的身份或角色,可自主地按自己的利益最大化目标以决定是否与其他投资主体合伙、合作、合资,共同创建企业或其他商事社团,并以之作为营业的一种组织形式。商事结社权是与投资自由具有同等意义的一项营业自由权利。商事结社自由是商主体实现效益最大化目标所必需,也是使市场竞争、市场交易能够持续的一个重要条件。因此,赋予个人以"结社的自由,即一个人与另一个人为了组建能够与个人或者其他公司进行交易的生产性单位即商业公司的目的而进行联合的自由"是十分必要的。[117]商事结社自由包括:其一,主体可自主地决定是否与他人合伙、合作、合资以建立商事组织进行营业。其二,主体可自主地选择合伙、合作或合资伙伴作为商事组织的内部成员。其三,主体可自主地决定以何种形式的商事组织作为自己结社的形式。其四,主体可自主地根据法律或章程决定退出某一商事组织。[118]正是诸如出资人等资本所有者的商事自由结社权,才成为现代企业、公司产生的权源基础,进而如出资人——股东的出资协议、公司发起人协议才使公司得以设立并成立;同样,如合伙企业的设立与成立也缘起于合伙人之间的合伙协议,合作社企业的设立与成立也启动于合作社社员之

---

[114] 参见[美]麦克尼尔:《新社会契约论》,雷喜宁、潘勤译,中国政法大学出版社 2004 年版,第10－32 页。

[115] 参见肖海军:《企业法原论》,湖南大学出版社 2006 年版,第 171－180 页。

[116] [美]Y. 巴泽尔:《产权的经济分析》,费方域、段毅才译,上海三联书店、上海人民出版社 1997 年版,第 8－9 页。

[117] 参见[美]詹姆斯·布坎南:《财产与自由》,韩旭译,中国社会科学出版社 2002 年版,第 31 页。

[118] 参见肖海军:《论营业自由——商法价值的展开》,载范健主编:《商事法律报告》(第 1 卷),中信出版社 2004 年版。

间的发起协议;同理,其他企业的设立与成立也同样源于出资人和其他生产要素所有者之间的协议。质言之,企业的创设,主要源于企业出资人之间的合伙、合作、合资意愿而形成的合意,是企业出资人自由结社的具体形式,是企业出资人合伙、合作、合资衍生的组织体,是企业出资人共同发起设立的直接产物。故企业原始、事实、真正意义上的创立者应为出资人,而不是其他主体或机制。商事登记的注册与营业执照的签发,只是把企业出资人之自由商事结社的愿意、发起设立企业的合意和对世开业的营业行为予以确认、公示而已,无论是要素、权利、合意还是行为,均无形式、内容上的实质性添加。足见,企业只是出资人之间寻求彼此合伙、合作、合资的自由结社产物和衍生组织类商事主体,这一主体恰恰不是商事登记和营业执照所创设的。

第五,从因果关系和流程来看,商事登记的注册与营业执照的发放,为典型的应申请而为的行政确认行为,它由申请、受理、审查、决定、记载、注册、发证、公告等一系列行为和程序构成,其中申请行为是由营业当事人或登记申请人完成的,而受理、审查、决定、记载、注册、发证、公告等行为或程序则是由登记机关完成的。虽然如此,但在整个登记行为中,中心任务是围绕登记申请人的申请事项和内容展开的,登记机关之受理、审查、决定、记载、注册、发证、公告,无论就其内容,还是就其形式,均为对登记申请人在申请文件中的事项、内容,在程序、形式上予以审查并确认。除登记申请人所提交的申请事项和内容外,登记机关在确认和公示的所有文本、证照中,并无任何内容、形式上的实质性创设。不仅如此,单就申请的事项与内容本身而言,本着前述先有出资人的共同发起与相关协议的签订、履行,申请文件的真实性由登记申请人负责,实际上商事登记过程中围绕申请事项与内容的事实,在提交申请之前就已实然存在,更不用说后于登记申请的一系列受理、审查、决定、记载、注册、发证、公告行为。足见,从实然事实角度,实际上登记机关在商事登记簿、营业执照、法人资格证书、各种公告性文本以及记载、保存在商事登记数据系统中所确认、公示的各类事项、内容,早在登记申请提起之前就已存在或形成。

综上所述,很显然,企业的产生源于出资人自由商事结社权的有效行使,是出资人基于合伙、合作、合资的需要与意愿而共同发起、协议设立的衍生组织体,其在登记申请之先就已经事实上成立和存在,商事登记注册和营业执照签发仅仅是对这一主体、权利、资格之事实的确认和公示而已,本身并无创设企业主体的任何行为或法律功能。

(四)企业法人主体资格是否由企业法人营业执照创设或赋予

与前述企业是否由商事登记与营业执照创设具同质性的另一个问题,就是在企业设立登记中,登记机关签发的营业执照或企业法人营业执照,是否具有创设企业的主体资格或法人资格之功能。对此,现有研究文献大多认为,对非法人型企业而言,营业执照的签发除授予其营业资格外，还授予其商事主体资格身份；而对法人企业而言，其取得的企业法人营业执照则不仅因此取得营业资格，而且该企业还由此取得商事主体资格与法人资格。的确，企业与一般商自然人不同，乃出资人通过发起协议或出资协议设立的组织类衍生主体，且这一主体经商事登记确认、公示就具有商事主体的身份。从表象来看，企业从产生之日（以登记为准）就归入商事主体的范畴，似乎其主体资格和法人资格，是由商事登记所创设或赋予，但如基于事实逻辑作学理阐释，实际情况远非表象所显示的那样简单。

企业的主体资格究竟是如何取得的？通过前述分析，不难看出，企业作为出资人自由结社的衍生组织体，本身是由出资人因合伙、合作、合资和自由结社而设立，其原始、事实、真正的创设主体不是登记机关，而是订立发起协议或出资协议的企业出资人或发起人，是出资人或发起人的共同法律行为才赋予新设立的企业具有独立的主体资格。而商事登记只是对发起人这一合意、设立企业之事实、发起人共同赋予新设企业以主体资格所作的权威性、有效性确认和宣示而已。足见，企业的主体资格虽作为法律拟制的产物，但法律之所以作如此拟制或规定，实质在于现实生活中先前存在出资人和营业当事人已通过发起合意、出资协议，并就设立企业形成一致意思，且该企业已事实上成立。实质成立的企业就必然要作为主体参与民事活动，就应当具有主体资格，法律的确认或认定只是对现实的追认而已。故企业的主体资格源于企业出资人、发起人、设立人的设立合意和设立行为，而不源于商事登记的完成与营业执照的签发。

企业所取得的最原始主体资格是否就是商事主体？尽管从表象看，企业一经成立就是一个纯粹的商事主体，传统的商个人、商合伙、商法人概念，我国原《民法通则》和企业法中有关个体工商户、企业或企业法人的概念，我国《民法典》引入的营利法人概念等，都属于实质意义上的商事主体概念或范畴。然而，如从主体的身份转换和角色切入的角度来考察，除国家及国家机关的特殊公法意义和地位外，自然人和社会组织作为主体参与社会活动，首先要解决的问题是其基本的生活（自然人）和生存（社会组织）问题，即所谓的衣、食、住、行等基本问题，而这些问题必须通过民事交往、民事活动并缔结民事法律关系才可解决，这就必然要求自然人、社会组织首先须以一般私法主体（民事主体，下同）身份出现。以自然人为例：首先，在当今，自然人只要活着出生，就当然获得民事主体资格和身份，其是否具有特定国家的国籍或公民身份不构成先决条件，如《法国民法典》第7条就规定“民事权利的行使不以按照宪法取得并保持的公民资格为条件”。〔119〕其次，自然人只是与特定国家发生法律关系，获得特定国家国籍时，其公法意义上就可获得公民（或国民）的资格或身份，如因国籍法的冲突，就有可能没有特定国家的国籍，而成为无国籍的人。无国籍的人虽然没有公法上的公民身份，不

---

〔119〕《拿破仑法典》，李浩培等译，商务印书馆1979年版，第2页。

能享有公法意义的某些权利，但其作为自然人的一般民事主体之资格、身份或地位则不可否认、不可剥夺；最后，该自然人如进入营业领域，作为投资者、经营者、交易者出现，则他或她就由一般民事主体转换为商事主体；进而当该自然人以特定身份参与到行政法律关系中，就有可能成为行政执法主体或行政管理相对人等。自然人如此，作为社会组织之一的企业也是如此，企业作为组织类、拟制类主体，只要事实上存在或依法成立，就必然要开展民事活动，在其事实上存在、设立或成立时，所获得的第一个主体身份是一般私法主体即一般民事主体身份，其进入营业领域从事营利性活动，当然就是以商事主体的身份出现；只是因为企业所从事的活动主要处于营业领域的商事活动，才被人们误认为企业自产生、存在或成立之时，就是与民事主体并行的二元类商事主体而已。可见，与所有自然人和其他社会组织一样，企业所取得的最原始主体资格、身份或角色恰恰不是商事主体，而是一般私法主体即一般民事主体，只是因设立、成立或登记之后，随即进入营业领域才转换为商事主体；它与其他社会组织有所不同的是，企业自产生、存在或成立后，其主要活动领域均发生在营业领域，因而被人们甚至被法律误认为是天然、原生的商事主体而已。

企业法人的法人资格到底是怎么取得的？准确来说，企业法人即为法人类企业，我国《民法典》第 76 条又称为营利法人，法人类企业与非法人类企业的实质性区别，不在于是否具有主体资格，它们只要产生、存在或成立，就必然具有主体资格，进而就有资格参与各种不同的民事活动，缔结不同的民事法律关系；它们之间的差异只是作为组织类主体在法律地位和团体人格上是否具有独立性，即其名称、财产、意思（行为）、责任是否与出资人、设立人、内部管理人之间存在独立性，是否具有独立行使权利、承担义务和债务责任的能力，如具有法律地位、团体独立性人格，就属于法人类企业。在实践中，法人企业与非法人企业在缔结合同、对外交易、参与竞争等方面，其实没有实质性区别和差异，如是否具有法人资格跟企业内部的治理、管理并无本质上联系；又如在对外签约的效力认定上，也不因是否具有法人资格而影响合同的有效性；甚至是否具有法人资格跟该企业是否具有履约能力、是否有足够的市场信誉，也不存在实质上的对应关系。[120]实际上，法人企业与非法人企业之间的根本不同在于债务责任的承担，如能或只能由企业独立承担责任，这样的企业则为法人企业，其交易、经营中所生债务，应由该法人企业独立承担，而无须其出资人、发起人或设立人承担；当其全部财产不足以清偿对外债务时，也无须出资人、发起人或设立人承担，不能清偿的部分，该责任就得以豁免；易言之，法人企业适用法人独立责任和债务有限清偿原则。而对非法人企业，因企业名称、财产、意思（行为）、责任与其出资人、设立人、内部管理人没有独立性，其对外债务则适用无限或连带清偿原则。法人企业与非法人企业的分类与不

---

〔120〕　参见肖海军：《民法典编纂中非法人组织主体定位的技术进路》，载《法学》2016 年第 5 期。

同债务清偿规则，是由法律预先明确规定，法律对两种不同类型的企业之设立条件、设立程序、注册登记、营业执照内容，均有不同规定。法律规定及预设的不同法律后果，对营业当事人或登记申请人无疑具有指导、参考意义。对营业当事人或登记申请人而言，究竟选择设立法人企业还是非法人企业，除存在一定条件限制外，全凭自己基于各方面因素的考量和选择。故登记为法人企业还是非法人企业，实质是营业当事人或登记申请人自主选择的结果，登记机关经形式意义的审查后，在商事登记簿所作记载、营业执照签发事项的列举、法人资格证书中所作的标注，也只是基于营业当事人或登记申请人合意、选择的确认和宣示而已，登记机关并无例外主体的创设、营业资格的授予、额外权利的添加和法律人格的赋予。可见，企业是否登记为法人企业或非法人企业，表面看是由企业法人营业执照或非法人企业营业执照两类不同的营业执照所确定的结果，其实只是登记申请人或营业当事人自主选择的产物。

（五）营业执照的颁发是否意味着国家授予登记申请人以营业资格

商事登记一个重要的环节就是登记机关颁发给营业当事人或登记申请人以特定形式的营业执照，此营业执照是作为个体类商事主体（自然人商人或商个人，在我国如个体工商户）或组织类商事主体（主要为企业）正式开展合法营业的法定凭证。且我国有关公司法、企业法及登记管理条例，如我国《公司法》（2018 年修正）第 210 条、《合伙企业法》（2006 年修订）第 11 条第 2 款、《个人独资企业法》（1999 年）第 13 条第 2 款等法律，国务院《市场主体登记管理条例》（2021 年）第 3 条第 1 款以及之前的《企业法人登记管理条例》（2019 年修订）第 3 条第 2 款、《公司登记管理条例》（2016 年修订）第 3 条第 2 款、《合伙企业登记管理办法》（2019 年修订）第 3 条、《农民专业合作社登记管理条例》（2014 年修订）第 3 条、《个体工商户条例》（2016 年修订）等行政法规，《市场主体登记管理条例实施细则》（2022 年）第 68 条以及之前的《个人独资企业登记管理办法》（2019 年修订）、《个体工商户登记管理办法》（2019 年修订）第 2 条等部门规章类登记管理性规范文本，均一致性地规定未经工商或企业设立登记，不得以个体工商户、公司、企业的名义从事经营活动，否则，应承担不利法律后果。足见，现有法律、行政法规或部门规章等规范性文本，对未经登记而以个体工商户、企业、公司名义从事营业的，均予以禁止。那么，是否意味着，未经商事登记，民事主体就不能营业呢？也就是说，经登记机关登记注册并颁发营业执照，是否就意味着商事登记机关授予营业当事人或登记申请人以营业资格呢？要回答这一问题，须明确营业执照的制度效应与表征功能。

关于营业执照的法律意义与制度功能，目前学者存在如下几种代表性学说：(1) 主体资格或法人资格授予说。该说认为营业执照具有授予商事主体之民事主体资格或法人资格的法律意义与制度效力。[121](2)商事主体资格成立要件说。该说认为，基于登记成立要件主义的立法原则，营业执照的颁发在于宣告商事主体的正式成立，营业执照签发日即为商事主体正式成立之日；但吊销公司营业执照之法律效力应仅限定于公司的行政强制解散而已，并不意味着终止公司的主体资格或法人资格，[122]也不导致企业或企业法人主体资格的当然灭失。[123](3)商事主体人格授予说。该说认为营业执照意在授予商事主体的独立人格，不仅具有营业资格授予功能，更在于授予商事主体以独立人格。故吊销企业（公司）营业执照，实际就等于企业（公司）的终止，应适用企业（公司）人格否认制度，否认该企业（公司）之法人人格；[124]或者属于消灭或否认企业（公司）法人资格的行政处罚行为，且这种人格的消灭或否认属于绝对的消灭或否认；[125]或者认为企业（公司）之独立人格被全面、永久否认或剥夺，该企业（公司）自营业执照被吊销之日起作为一个独立民事主体已不复存在；[126]或者认为不仅使该企业法人丧失其经营资格，同时也丧失其法人资格。[127](4)商事主体经营能力证明说。此说认为，营业执照是证明经登记的商事主体具有经营能力或资格的法律文件。[128](5)商事主体经营资格认定说。该说认为营业执照只是证明商事主体具有经营资格的法律文件，而非证明其主体资格的法律文书。故吊销营业执照旨在消灭公司经营资格或剥夺其营业能力，而并不消灭公司主体资格或独立人格的行政处罚；[129]或者只是取消了该企业法人进行或从事营业活动的资格，但不能直接剥夺或取消该企业的主体资格或法人资格；[130]或者并不导致企业或公司本身的终止，只是引发公司清算的事由之一。[131](6)商事主体之主体资格核准登记说。该说认为在“先照后证”登记模式下，核发营业执照只是确认商事主体的主体资格，而营业资格则由其他行政机关通过其他许

---

[121] 参见林玉辉：《试论现行中国营业执照制度的弊端》，载《福建论坛（人文社会科学版）》2006年第S1期。

[122] 参见虞政平：《吊销营业执照的法律效力》，载《法律适用（国家法官学院学报）》2003年第10期。

[123] 参见徐彦冰：《吊销营业执照的法律问题探析》，载《河北法学》2004年第10期。

[124] 参见李克武、刘凤：《公司被吊销营业执照与公司人格否认之适用》，载《华中师范大学学报（人文社会科学版）》2005年第6期。

[125] 参见郭富青：《论公司人格否认原则的理论基础及适用条件》，载《中央政法干部管理学院学报》1999年第1期。

[126] 参见马强：《公司被吊销营业执照与公司人格否认》，载《法律适用（国家法官学院学报）》2001年第3期。

[127] 参见孙效敏：《论吊销营业执照的法律后果》，载《现代法学》2004年第4期。

[128] 参见陈英：《商事登记与营业执照法律关系之检讨——以商事能力为视角》，载《甘肃政法学院学报》2009年第3期。

[129] 参见王跃龙：《“撤销公司登记”与“吊销营业执照”的适用辨析》，载《法学》2009年第6期。

[130] 参见刘铭凯、李兰花：《企业法人营业执照被吊销后的法律问题探讨——兼评国家工商行政管理局工商企字［2002］第106号文》，载《河北法学》2004年第6期。

[131] 参见朱晓喆、孙琨：《吊销公司营业执照与清算义务人之侵权责任——对有关公司法实务经验的探讨》，载《上海财经大学学报》2008年第6期。

可证照的发放赋予,商事主体应根据不同的许可证照而取得相关领域或行业的经营资格。[132]

笔者认为,从营业自由视角来考察,登记机关办理营业执照的行为,只是对特定民事主体进入营业领域之实然事实的确认和宣示,本身既不存在主体资格的创设或授予,也不存在营业资格的赋予或许可,更不必然创设或授予独立人格或法人人格。究其原由,在于以下六个方面。

第一,就商事主体的主体资格产生而言,如前文所述,企业等组织类商事主体,其主体资格原于出资人、发起人或设立人的结社行为,只要以该组织名义实际从事私法活动,就实质取得民事主体资格,而无论它登记注册与否;至于自然人类商事主体,其主体资格更原于出生,而非登记。总之,无论是自然人类商事主体,还是组织类商事主体,其作为私法主体的资格早在商事登记之先就已实际存在,与商事登记无关,更与营业执照的颁发无任何实质关系。

第二,就商事主体的营业权利而言,营业本为民事主体应然的权利,该权利享有的正当性、应然性和必要性,原本无须法定程序的确认就先前存在,且该权利是否实际行使也属民事主体的自由意志范畴,是否行使、实际享有与否、何时享受、何地申请行使,应完全取决于民事主体自己的需要与意思,与商事登记的注册和营业执照的颁发并不构成对应关系。

第三,就商事登记的启动目的和需要而言,营业当事人或登记申请人之所以需要商事登记,最主要的目的在于营业确认和开业宣示,重在把自己的营业信息和开业事实告知交易第三人和社会公众。对国家(政府)和登记机关而言,有关商事登记本身的要素、信息、事实,均由营业当事人或登记申请人所提供,国家(政府)及登记机关本身并不具有创设这些登记要素、信息、事实的职责和义务,所有登记信息的真实性均应由营业当事人或登记申请人承担信赖责任。而就交易第三人、社会公众而言,商事登记的法律意义在于公示、披露行将或已经处于营业状态的商事主体之营业信息。足见,商事登记之制度设立目的和制度供给需求,要解决的核心问题并非主体资格、营业资格的授予问题,而是民事主体进入营业领域转换为商事主体之后的营业信息确认和开业宣示问题。

第四,就商事登记的功能而言,基于前文的分析,商事登记本身并不具有创设主体、授予权利、赋予资格的功能,其主要或核心要点,在于营业的社会性、公共性、外部性决定营业信息的社会性、公共性、外部性,试图通过国家、社会提供的正式确认程序、公共信息平台与信息共享机制,把关涉国家利益、社会利益、公共利益、交易第三人利

〔132〕　参见王丽:《论"先照后证"商事登记模式下核准登记与营业执照各自功能的回归》,载《中国工商管理研究》2013年第9期。

益以及影响营业效益、交易安全、市场秩序、竞争环境的主要营业信息，作权威性确认、正式性发布和有效性公示，故商事登记的主要功能是其信息确认与公示功能，而非主体、权利、资格的创设、授予或赋予功能。

第五，就商事登记的内容而言，无论是登记机关记载登记要素的商事登记簿，还是对外公开发布或社会公众可自由查询的登记数据系统，抑或登记机关颁发的营业执照、法人资格证书等，其内容无论涉及营业中出资人、注册资本、企业（公司）章程或协议、内部治理或组织机构、法定代表人、主营事项或经营范围、营业地址等哪类营业要素与事项，本身并不涉及主体、权利、资格问题，而仅仅表征已进入营业领域并转换为商事主体的民事主体之相关、主要、核心的营业信息，仅从这些登记事项和营业信息，是难以全面、准确和及时地对该民事主体的主体资格、营业权利和法人地位加以判断。很明显，从商事登记的具体内容来看，商事登记及营业执照的记载，并无明确主体、权利、资格的创设、授予或赋予意向。〔133〕

第六，就商事登记的形式而言，商事登记的外在形式主要包括商事登记簿、准予登记决定书、商事登记信息公示数据系统、企业法人资格证书、营业执照等，而单就营业执照而言，世界目前存在以大陆法系为代表的登记成立要件主义和英美法系为代表的登记公示对抗主义两种模式，在登记成立要件主义立法原则和制度模式下，经登记注册并取得营业执照，商事主体特别是企业始得成立，且营业执照签发之日为企业（公司）的正式成立之日，我国是奉行登记成立要件主义最为典型的国家。而在登记公示对抗主义立法原则和制度模式下，营业执照的颁发仅仅意味着该商事主体已经正式注册，但该商事主体特别如企业（公司）的成立，则并不以该营业执照的颁发或拥有为前提条件；典型的如美国，营业执照签发所起的作用，只是证明业经登记机关的权威注册和正式公示，其所载信息具有足够的权威性、真实性和有效性，具有不容置疑的信赖价值，因而具有对抗效力，第三人得充分相信并信赖该营业执照所记载或列举的任何营业信息。足见，在登记公示对抗主义立法原则和制度模式下，营业执照毫无疑问只具有信息对抗效力的法律意义和制度功能，而无主体、权利、资格的创设、授予或赋予之意义与功能。那么，在登记成立要件主义立法原则和制度模式下，营业执照的签发，是否意味着就具有主体、权利、资格的创设、授予或赋予之意义与功能？笔者认为，也没有。如前所述，以我国企业设立登记为例，营业执照的颁发意味着企业在法律上的正式成立，从表象看，似乎是登记机关的许可和营业执照的签发，赋予企业以正式的主体资格或营业权利，但企业的创设本身并非登记的产物，而是出资人契合的结晶，营业执照的签发只是确认并证明该登记的企业已正式成立，仅仅意味着国家（政府）把企业成

〔133〕 参见肖海军：《论商主体的营业能力——以投资主体与营业主体的二重结构为视角》，载《法学评论》2011 年第 5 期。

立的宣告之权、成立之日集中收归公权力而已,其本身并不具有创设企业的法律意义和制度功能。可见,登记成立要件主义与登记公示对抗主义所不同的,只是对商事主体特别如企业的成立时间认定上存在差异,并不存在主体、权利、资格的创设、授予或赋予的本质性差异。故即使在登记成立要件主义的立法原则和制度模式下,营业执照也不具有创设主体、授予权利、赋予资格的法律意义与制度功能,仅仅负载着商事主体特别是企业成立的正式确认与宣示功能。〔134〕

综前所述,营业执照的颁发并不意味着国家授予营业当事人或登记申请人以主体资格、营业资格或法律人格(包括自然人人格与法人人格),而只是对民事主体进入营业领域并转换为商事主体后的主要或核心营业信息(包括企业设立)予以权威性确认和正式性公示而已。

三、作为民事主体与商事主体转换机制的商事登记

(一)民事主体与商事主体的实然关系

第一,剥离表象的真实:民事主体与商事主体均为私法学理与规范文本对主体的抽象。法主体作为法律对人与社会组织进行抽象的概称。同理,民事主体仅仅是民法学理与民法规范对从事民事活动的人或人之集合的概称。商事主体与民事主体一样,也是人们借助于商法概念对具体同质主体的概括和抽象。

第二,营业自由视角:商事主体乃民事主体进入营业领域的身份、角色和功能转换形式。鉴于商事主体与民事主体均属私法主体范畴,其具体形式又具有同质性甚至同一性,即均以具体的自然人、法人或非法人组织等形式出现。在一定意义上讲,所谓的商事主体,只不过是以自己的名义从事营业活动的民事主体而已。其一,商事主体在进入营业领域之前均为普通民事主体。其二,商事主体只是民事主体进入营业领域之后的身份或角色转换。其三,商事主体实则是民事主体在营业领域发挥着另一特定社会功能。

很明显,民事主体与商事主体之间并非传统、主流理论或立法上所阐释或定义的二元、平行或独立关系,其真正符合实然事实与内在逻辑的关系,具体表现如下两个层面:(1)一般与特殊的关系。民事主体是一般意义上、更为抽象的概念,商事主体是特殊意义上、更为具体的概念。民事主体中有关自然人、法人、非法人组织等概念、范畴或类型,显然具有一般性、抽象性;而其进入营业领域受商事特别法调整时,就转换为投资主体、经营主体、交易主体等特殊形式的商事主体,并表现为商个人(从事营业活动的自然人,如个体工商户、家庭经营户、自然人股东、自然人合伙人、个人独资企业投

---

〔134〕 参见肖海军:《论公司设立登记撤销制度——以〈公司法〉第199条的适用展开》,载《中国法学》2011年第2期。

资者等)、商法人(从事营业活动的法人组织,既包括如公司型企业法人与非公司型企业法人等营利法人,也包括经登记从事营业活动或不经登记实施营业性投资行为的非营利法人)和非法人商事组织(从事营业活动的非法人组织,如个人独资企业、合伙企业、其他非法人商事组织等)等具体形式,则是一个更特殊、更具体的概念、范畴或类型。(2)上位与下位的关系。民事主体是上位概念,商事主体是下位概念。商事主体与民事主体虽然同为私法主体的概念、范畴或类型,但相对于民事主体而言,商事主体是一个更明显的下位概念、范畴或类型。无论是传统大陆法系有关自然人的定义和法人的分类,还是英美法系一般对私法领域的主体不加区分,抑或我国原《民法通则》、《民法典》关于法人的分类,均可看出,诸如商自然人、企业法人或营利法人、商合伙或合伙企业等商事主体的概念、范畴或类型,其对应的上位概念、范畴和类型,无疑是自然人、法人、非法人组织。很明显,商事主体与民事主体的关系就是一个下位概念、范畴、类型与上位概念、范畴、类型的关系。[135]

(二)表征民事主体转换为商事主体之程序机制功能的商事登记

综上,民事主体也好,商事主体也好,均以人或人之结合的社会组织(法人型和非法人型)为其具体存在形式。[136]无论从商事主体的变迁历史,还是从营业自由的广域视角,商事主体与民事主体均是人们借助于私法概念对具体同质主体的高度概括和法律抽象。商事主体不是与民事主体相对应的独立类型,只不过是民事主体进入营业领域的身份、角色或功能转换形式,其与民事主体的关系是一个概念、范畴、类型上的特殊与一般、具体与抽象、下位与上位关系,所涉本质问题仍然是自然人、法人和非法人组织在营业领域、市场交易场景中的身份、角色或功能转换问题。而商事登记恰恰就在民事主体进入营业领域转换为商事主体过程中,发挥着宣示、确认、公开等重要程序性制度中介功能,它集中表现为以下两个方面。

1. 商事登记在“自然人→商自然人”之间的制度转换功能

从一般自然人转换为商自然人,大致可分为如下两种情形:

(1)在不需要登记或豁免登记情形下,一般自然人通过自由选择投资、经营、交易活动,就可实际进入营业领域,进而自由地切换为商自然人。典型的如自然人的纯粹性投资行为,从事农林牧副、家庭手工业、小规模经营、流动商贩和其他不需要登记的经营或交易活动等。在此情形下,从一般自然人到商自然人之间的转换,完全是由自然人自由选择的结果,它与商事登记无关;在此情形下,一般自然人转换为商自然人,并不需要商事登记发挥程序性的制度转换功能。

(2)在自然人营业需要登记的情形下,由于该自然人之私法主体资格、独立法律人

[135] 参见肖海军:《民法典编纂中商事主体立法定位的路径选择》,载《中国法学》2016年第4期。

[136] 参见汪青松:《主体制度民商合一的中国路径》,载《法学研究》2016年第2期。

格早已基于出生而取得,商事登记对某特定自然人转换为商自然人的法律意义与制度功能,仅在于通过商事登记,宣示、确认、公开该自然人的营业进入、开业、信息等意思表示,进而基于营业意愿而确认其营业资格,使该自然人正式转换为商自然人,并因登记公示而具有对世效力。

2. 商事登记在"民事组织→商事组织"之间的制度转换功能

商事登记对民事组织(组织类民事主体,下同)转换为商事组织(组织类商事主体,下同)所发挥的程序性制度功能,也分为两种情形:

(1)企业等营利组织的设立登记。鉴于企业的民事主体资格、法律人格原于出资人、发起人、设立人的发起、结社、设立行为,其于登记之前已事实上产生、成立并存在,故企业设立登记所要解决的实质或核心问题,乃企业之主体资格、法律人格、营业资格的宣示、确认、公开问题。其中,对企业法人(营利法人或法人型企业)而言,企业法人设立登记的完成,标志着该已设立并事实成立的企业法人之主体资格、法律人格在法律上获得正式宣示、确认、公开。不仅如此,该企业法人还因营业执照的颁发,被宣示、确认、公开并取得营业资格,具有一般营业能力。而对非法人企业(非法人营利组织)而言,企业设立登记的完成,该企业之主体资格、营业资格在法律上被正式宣示、确认、公开;而与企业法人相比,因无法人资格证书,该企业组织体的独立人格即法人资格未被法律正式确认。

(2)非营利组织的开业登记。在传统民商法理论与立法架构中,国家、非营利组织是不被列入商事主体范畴的,但实际上只要国家或非营利组织进入营业领域、从事营业活动,就应纳入商事主体的范畴。只是国家营业需依特别法规定,非营利组织须取得许可并进行营业登记而已。仅就非营利组织的营业登记而言,鉴于非营利组织在其办理营业或开业登记之前,已通过其他发起、许可、登记程序,取得民事主体或法人资格,办理商事登记实际只是宣示某特定非营利组织进入营业领域、确认其营业资格、公开其营业信息而已。在此过程中,商事登记仅解决非营利组织之营业资格的宣示、确认、公开,也即由一般民事主体转换为商事主体(主要为经营者)的身份、角色、功能转换问题,而并不具有解决其主体资格或法人资格的宣示、确认、公开功能。

很明显,即使是在企业设立登记中,商事登记所发挥的制度功能与法律效应,也只是企业之主体资格、法人资格、营业资格的宣示、确认、公开之功能或效应;而在自然人的开业登记、非营利组织的营业登记中,商事登记则只具有自然人、非营利组织之营业资格的宣示、确认、公开功能或效应,甚至连主体资格、法律人格之确认、宣示、公开功能或效应也不具备。可见,商事登记最为主要的制度功能和法律效应,就是代表国家(政府)在程序上为民事主体进入营业领域后转换为商事主体身份、角色或功能,提供一种法律上的宣示、确认、公开之中介服务机制,并不具有传统、既有主流理论与立法所主张的创设商事主体、授予法律人格、赋予营业权能的功能与效应。更何况,商事登记除营业开业、企业设立登记之外，还包括补正、变更、歇业、注销和其他营业权利登记等更多元丰富的内容。而且，无论是营业开业、企业设立登记，还是开业、设立登记之后的补正、变更、歇业、注销和其他营业权利登记，商事登记之制度功能均集中表现为营业进入宣示、营业资格确认、营业信息公开三个方面。其中，尤以登记事项为主要或核心内容的公共营业信息之供给（宣示、确认、公开）功能最具代表性，也最为基础、最为重要。据此，商事登记之立法设计与制度安排，首先，应从传统的管理本位功能转型为服务本位功能，为绝大部分民事主体进入营业领域转换为商事主体提供高效、便捷、透明的程序性制度机制；其次，要高度重视商事登记在公共营业信息供给和市场信用机制建设方面的效用功能；最后，要努力把商事登记公示平台打造成为市场信用体系中的公共性营业信息供给平台，以整体支撑并持续推动市场信用信息体制建设。

第六章　商事登记的制度模式

第一节　商事登记制度模式的比较分析

一、商事登记效力原则与制度模式中的强制主义与任意主义

在商事登记的源起、产生、演变、转型和当代发展过程中,因历史传统、国家结构、法律制度和政策偏向等原因,商事登记呈现不同法系、立法原则、主导模式等方面的特征或差异,其中商事登记的效力性立法原则,对各国商事登记制度模式、登记范围、登记对象、登记对营业当事人效力的形成与确立,有重要的基础性、决定性影响。

所谓商事登记制度的效力性立法原则,又可称商事登记的适用对象或商事登记对当事人效力原则,系指法律规定商事登记是否必须为营业当事人的法定、强制性义务,也就是说法律是否规定从事营业活动的当事人必须履行登记,不登记则不能营业,或非经登记则以非法营业或无证(照)营业视之,根据不同国家或地区的法例与制例,商事登记制度有所谓的强制主义与任意主义之别。

(一)强制主义登记原则与法定强制登记制度例

强制主义登记原则,又称强制登记主义,即法律规定从事营业的主体均负有商事登记的强制性义务,未经登记,不得营业;未经登记而事实营业者,以非法营业或无证(照)营业视之。由于此一原则要求营业的主体须进行强制登记,登记注册乃营业当事人之法定强制性义务,由此对应产生法律强制要求营业当事人履行登记、注册义务的强制商事登记制度范式。

在强制登记主义立法例与制度例的国家或地区,商事登记是营业当事人必须履行的法定强制性义务;从事营业之前得申请商事登记,业经登记、注册并公告后,方可取得主体资格或营业资格,才可正式营业;非经登记,不得营业,否则即为非法营业,国家和主管机关有权予以取缔或责令歇业。一般而言,传统大陆法系国家或地区,一般采用强制登记主义。

强制登记主义立法与制度范式中的强制性,主要体现在如下几个方面:(1)申报登记义务的强制性。即法律规定从事营业的当事人必须履行法定的申报登记义务,不履

行即为违法。(2)登记注册的强制性。在强制登记主义立法与制度范式下,商事登记为国家设立的一项强制性营业监管制度,有营业就须登记;凡欲从事营业,必先办理登记;从事营业的主体是否登记、是否需要登记、是否申报登记,不取决于当事人的意愿,而取决于法律的强制性规定,营业当事人没有选择的余地。(3)登记效力的强制性。在强制登记主义立法与制度范式下,从事营业的主体之商事主体资格的取得和营业权利的获得,与是否完成商事登记构成对应关系,即只有经过正式的商事登记并注册,领取登记机关发给的营业执照,才可获得国家承认的商事主体资格身份和享有合法从事营业的权利;而未经登记注册,则其商事主体资格进而从事营业的权利,国家不予以承认。自然,是否完成商事登记就成为从事营业者获得商事主体资格和营业权利的必要条件与法定程序。(4)未经登记处罚的强制性。在强制登记主义立法与制度范式下,未经登记,不得擅自营业;非经登记,如事实营业者,则以非法、无证、无照营业对待,有关主管机关有权予以惩罚,未登记的事实营业当事人应承受的不利法律后果往往是公法上的处罚,而非私法上的损害赔偿。

强制登记主义立法与制度范式具有登记义务的法定性、履行方式的强制性、营业之先的前置性、资格与权利取得的关联性、不登记法律后果的公法(否认)性等多方面特征。

一般认为,大陆法系多数国家或地区如欧陆国家的法国、德国、瑞士、意大利、西班牙等,商事登记制度属于强制登记主义立法与制度范式。如《法国商法典》在"商事及公司注册登记簿"一节中,就对"应当进行注册登记的人"有具体规定;〔1〕《德国商法典》规定,凡"经营商事营利事业(营业)"的商人和在营业中使用的商号,除法律特别规定外,均应办理登记,经登记才具有法律效力;〔2〕《瑞士债务法典》第934条、第935条、第939条规定,对应当履行商事登记的义务人有详细的列举;〔3〕《意大利民法典》第2195条等对应当履行登记义务的企业主之范围有原则性规定;〔4〕《西班牙商法典》第16条、第22条对须履行登记的独资商人和非独资商人有具体规定。〔5〕又如受葡萄牙法传统影响的《巴西民法典》第1150条对必须进行企业登记的各种情形有具体列举。〔6〕再如受大陆法系影响的日本和韩国,《日本商法典》第5—22条、《日本公司法

〔1〕参见[法]伊夫·居荣:《法国商法》(第1卷),罗结珍、赵海峰译,法律出版社2004年版,第45-68页;《法国商法典》(上册),罗结珍译,北京大学出版社2015年版,第20-29页。

〔2〕参见《德国商法典》,杜景林、卢谌译,法律出版社2010年版,第1-23页;[德]C. W. 卡纳里斯:《德国商法》,杨继译,法律出版社2006年版,第70-78页。

〔3〕参见《瑞士债法典》,吴兆祥等译,法律出版社2002年版,第273-274页;《瑞士债务法》,戴永盛译,中国政法大学出版社2016年版,第412-415页。

〔4〕参见《意大利民法典》,费安玲等译,中国政法大学出版社2004年版,第511-514页。

〔5〕参见《西班牙商法典》,潘灯、高远译,中国政法大学出版社2009年版,第7-11页。

〔6〕参见《巴西新民法典》,齐云译,中国法制出版社2009年版,第171-174页。

典》第907—937条和《日本商业登记法》对必须登记于商业登记簿的各种主体和情形有详细列举和具体规定；[7]《韩国商法典》对必须进行登记的主体和事项也有具体规定。[8]足见，多数大陆法系国家或地区采用强制登记主义的立法原则和制度范式，是基本成立的。

（二）任意主义登记原则与任意自由登记制度例

任意主义登记原则，又称任意登记主义，或称自由选择登记主义，指商事登记并非营业当事人的法定强制性义务，是否申请商事登记，应由营业当事人自由选择；未经登记，当事人也可以营业，甚至可以设立如公司等企业组织进行营业，只是因其没有登记，不能产生如登记机关登记的法律效果而已。但基于法律规定，未经登记，其营业事项不可对抗第三人；由于登记与不登记所产生的公信力和对抗法律效果存在巨大差异，立法的目的并非强制营业当事人进行登记，而是引导投资者、经营者、交易者尽可能地选择登记，因为不登记可能产生对营业当事人很不利的法律后果，甚至要承担很重的法律责任，特别是债务责任。基于法律规定，绝大多数选择或决意营业的民事主体，会自觉地办理登记。

相对于强制登记主义而言，任意登记主义立法与制度范式中的任意性，主要体现在如下几个方面：(1)申报登记义务的任意性。法律并不规定从事营业的当事人必须履行法定的申报登记义务，是否办理登记由当事人自己决定或选择，不登记并不构成违法。(2)登记注册的任意性。在任意登记主义立法与制度范式下，商事登记为国家或登记机关接受营业当事人委托而设立的服务性营业信息公示制度；凡欲从事营业，也不必先办理登记；从事营业的主体是否登记、是否需要登记、是否申报登记，完全取决于当事人的意愿，而不取决于法律的强制性规定，营业当事人对是否申报登记有选择权。(3)登记效力的任意性。在任意登记主义立法与制度范式下，从事营业的主体之商事主体资格取得和营业权利获得，与是否完成商事登记并不构成对应关系，即经过正式的商事登记并注册，领取登记机关发给的登记证明书或营业执照，只说明该登记申请人的主体资格或营业权利获得国家或登记机关的确认；而未经登记注册，只是不能产生登记公示所产生的效果而已，是否完成商事登记与从事营业者之实际主体资格、营业权利无关。(4)未经登记后果的任意性。在任意登记主义立法与制度范式下，未经登记，仍可营业；非经登记，如事实营业者，不属于

---

〔7〕 参见刘成杰译注：《日本最新商法典译注》，中国政法大学出版社2012年版，第13－73页；王保树主编：《最新日本公司法》，于敏、杨东译，法律出版社2006年版，第480－499页；《日本商业登记法》，庄玉友译，载王保树主编：《商事法论集》2012年第2期，中国社会科学文献出版社2012年版。

〔8〕 参见《韩国商法》，吴日焕译，中国政法大学出版社1999年版，第1－11页；周玉华主编：《韩国民商事法律汇编》，金万红、郑才荣译，人民法院出版社2008年版，第279－286页；王延川、刘卫锋编译：《最新韩国公司法及施行令》，法律出版社2014年版，第2、4－7、21、24－25、40－41、155－156页。

非法营业的范畴,更不存在无证、无照营业之说;如未登记就先行营业,也只是不能产生登记公示的法律效力,即不能享有登记公示后所产生的一系列权利和法律提供的特殊保护而已,未登记的事实营业当事人所承受的不利法律后果往往是私法上的连带债务责任。

与强制登记主义相比,任意登记主义立法与制度范式具有登记义务的任意性、履行方式的自觉性、营业之先的选择性、资格与权利取得的无关性、不登记法律后果的私法(债务)性等多方面特征。

一般而言,英美法系多数国家或地区,所奉行的为任意登记主义。相对于大陆法系国家或地区,英美法系国家或地区由于没有严格的商事登记概念和独立的商事登记制度,其登记一般融入有关社团登记、公司登记和其他营业登记之中。是否申报或进行商事登记完全取决于当事人的需要。以英国、美国为例,其商事组织包括个体经营者、合伙和注册公司,其中只有公司要求注册,个体经营者、合伙是否登记或注册,法无明文规定,如公司设立人选择注册公司,则该公司就是法人或拟制的人,其注册的意义在于对世公示该公司作为法人已被有效确认,进而为其出资成员提供有限责任的法律保护。而未经注册,则不产生此等法律效果。至于个体经营者、合伙,则完全通过判例来认定其债务责任,未经注册的任何个体经营者、合伙,均不可能产生独立法人的法律效果。〔9〕

如《英国公司法》并无对设立公司的强制性登记要求,只是对公司的组建方式(第7条)、备忘录(第8条)、登记文件(第9条)、资本和最初持股声明(第10条)、保证声明(第11条)、被提议高级人员声明(第12条)、遵守声明(第13条)等公司申请文件的规范性,提出法律上的参考标准和具体要求。〔10〕

如《美国统一有限责任公司法》(1996年)只第107条对"注册名称"有规定,且无关于注册的强制性规定,只是非经注册,不能获得"注册名称"的专有权和法律的强制性保护而已;《美国统一合伙法》(1997年修订)第105条规定,合伙协议和基于合伙协议的各种声明,"可在州务卿办事处进行注册申报";但是否申报注册,由合伙人自己决定。〔11〕又如《美国标准公司法》第1—20条规定,只有"为在州务卿处备案"的文件,才适用本公司法的有关规定。〔12〕再如《美国特拉华州普通公司法》第103条规定,公司设立各种文书,向州务卿提交备案后,在备案当日生效;未提交备案申请或未备案者,当

---

〔9〕 参见[美]斯蒂芬·加奇:《商法》,屈广清、陈小云译,中国政法大学出版社2004年版,第187-205页。

〔10〕 参见《英国2006年公司法》,葛伟军译,法律出版社2008年版,第5-9页;林少伟:《英国现代公司法》,中国法制出版社2015年版,第84-93页。

〔11〕 参见虞政平编译:《美国公司法规精选》,商务印书馆2004年版,第178、555-556页。

〔12〕 参见沈四宝编译:《最新美国标准公司法》,法律出版社2006年版,第5-8、26-27页。

然对第三人不产生对抗效力。[13]

以上举例，不难看出，在英、美等普通法系国家，不仅诸如自然人营业、个人独资企业、合伙企业等，不需要经营者、业主、合伙人强制登记，就连公司的设立，也由当事人决定是否申请登记。只是法律明确规定，未经登记所产生的任何交易，均不产生公司法上的效果。如《英国公司法》(2006年)第51条第1款规定，"在公司未被组建之时(未被登记官登记证明，笔者注)，意图被或代表公司签订的合同，除非另有任何相反协议，具有如同与意图为公司或作为其代理人而行事的人签订的合同的效力，并且他据此对合同负个人责任"；[14]又如《美国标准公司法》(2002年)第2—4条规定，"任何声称以公司名义或者代表公司行为的人，如果明知依照本法公司尚未成立(未备案或备案载明成立日尚未生效，笔者注)，应对该行为所产生的一切债务承担无限连带责任"。[15]也就是说，法律明确规定，登记和不登记会产生完全不同的民事法律后果，但登记不登记则由营业当事人自己决定和选择，这是任意登记主义立法与制度范式的核心。

二、强制主义与任意主义商事登记制度的优劣比较与晚近趋势

(一)强制主义与任意主义商事登记制度的优劣比较

无论是强制登记主义还是任意登记主义，其登记的强制性对抗效力是基本相同的，不同的只是登记行为的完成对营业当事人先前营业行为效力的评价。对此，采用强制登记主义的国家或地区，一般持禁止和否认态度；而奉行任意登记主义的国家或地区，则持宽容和默许的态度。但是，无论国家、政府或立法持什么样的态度，营业最终能否完成取决于交易，而交易则必定会产生债务，故只要对营业的债务规则有基本、原则、清晰的规定，就可确保交易第三人利益和市场秩序。就此而言，强制登记主义采用简单、粗暴的事前禁止和事后否定，所产生的效果仅限于公法上的处罚效果，其效力对交易第三人的法律意义不太；因为对他们而言，所要解决的核心、关键问题是非法经营者如何尽快、足额清偿其债务问题。因此，强制登记主义即使采取类似取缔、清理、关闭等高压、硬性否定方式，逼迫营业当事人去登记，也并没有把因不登记或非法营业而导致的民间债务问题作有效处理，或者说只注重对非法营业当事人的处罚，而不重视对非法营业受害人的法律保护和有效救济，结果反而导致民间机会主义盛行，不经登记而营业的情形屡禁不止。

相反，选择任意登记主义的国家或地区，虽然表面上把是否申请商事登记之权赋

---

〔13〕　参见《特拉华州普通公司法》，徐文彬等译，中国法制出版社2010年版，第10－16页。

〔14〕　参见《英国2006年公司法》，葛伟军译，法律出版社2008年版，第28页。

〔15〕　参见沈四宝编译：《最新美国标准公司法》，法律出版社2006年版，第27页。

予营业当事人自由决定，且对未经登记的事实营业行为予以容忍和默许，但立法的重点不在于惩罚非法营业的当事人，而在切实保护因不登记就事实营业而造成损害的受害人。因为不经登记就不能产生登记的法律后果，即使事实上成立公司并开展营业，但因没有登记，就当然不能产生国家承认的公司法律后果，由此在实际营业中所生债务，则一律按无限责任或合伙中的连带清偿规则予以处理，此时最有利的当然是因未经登记营业受损的交易第三人，而非事实营业当事人自己。法律如此规定，体现对民间营业自由的尊重和投资经营的鼓励，因为即使未经登记就营业，只要在实际交易中没有形成债务纠纷，国家就完全没有必要作过多干预；而如果发生债务纠纷，既定的规则和强有力的司法必然会使未登记的事实营业当事人处于十分不利的地位。既然不登记比登记对自己的债务责任和交易风险更大，那为什么不选择登记呢？如此，就能产生督促营业当事人自愿、自觉选择登记的良好法律效果。

（二）强制主义与任意主义商事登记制度的晚近趋势

不难看出，强制登记主义、任意登记主义虽各有优缺点，但任意登记主义的实际效果要比强制登记主义效果好。正因如此，世界上有些采用强制登记主义的国家或地区，在一般营业领域引入任意登记主义原则，如法国、德国、瑞士、西班牙、意大利、巴西、日本、韩国和我国台湾地区等不少大陆法系国家或地区，在总体规定强制登记的前提下，又豁免特定对象或行业的商事登记强制义务，实则是对任意主义的借鉴。

而奉行任意登记主义的部分国家或地区，如英国、美国等，在涉及金融等特别重要的领域，也参考或借鉴强制登记主义的某些规则，规定矿产业、金融业、邮政业、交通业、烟草业、证券业等行业类企业的设立人和出资人的强制性登记义务。

足见，强制登记主义和任意登记主义的两大立法与制度例也并非绝对的泾渭分明、不可兼容，而是完全可以相互借鉴、彼此互补，这对我国未来商事登记制度改革无疑是有裨益的。[16]

三、我国商事登记制度改革的模式选择

（一）在总体坚持强制主义登记原则下适度引入任意主义的某些合理要素

我国是一个实行典型、完全、严格、绝对强制登记主义的国家，如我国《公司法》（2018 年修正）第 210 条规定，未依法登记为公司或分公司，而以公司或分公司的名义从事经营的，“由公司登记机关责令改正或者予以取缔，可以并处十万元以下的罚款”；《合伙企业法》（2006 年修订）第 11 条第 2 款规定：“合伙企业领取营业执照前，合伙人不得以合伙企业名义从事合伙业务”；《个人独资企业法》（1999 年）第 13 条第 2 款规

〔16〕　参见肖海军：《我国商事登记豁免制度的构建》，载《法学》2018 年第 4 期。

定:“在领取个人独资企业营业执照前,投资人不得以个人独资企业名义从事经营活动。”此外,如原《企业法人登记管理条例》《公司登记管理条例》《合伙企业登记管理办法》《农民专业合作社登记管理条例》《个体工商户条例》《个人独资企业登记管理办法》《个体工商户登记管理办法》等行政法规、部门规章,均规定未经主管机关登记注册,不得从事经营活动。又如 2021 年 7 月国务院公布的《市场主体登记管理条例》第 3 条第 1 款规定“……未经登记,不得以市场主体名义从事经营活动……”该法第 43 条规定“未经设立登记从事经营活动的,由登记机关责令改正,没收违法所得;拒不改正的,处 1 万元以上 10 万元以下的罚款;情节严重的,依法责令关闭停业,并处 10 万元以上 50 万元以下的罚款”。上述一系列规定均是严格强制主义登记原则和制度的集中体现,非经登记营业均属非法经营、无证经营、无照经营范畴,应属主管机关查处、取缔、关闭、捣毁的对象,这已成为我国商事登记立法制度中的一种习惯性规范和习以为常的思维定式。

未经登记属非法营业,对非登记的营业持一概的事前禁止和事后否认态度,有其深刻的传统观念、思想基础和政制背景,短时期内予以完全摈弃而改采任意登记主义并不现实,在人们的传统观念、制度惯性、商事司法尚存在诸多问题的情况下,如贸然选择任意登记主义原则,还会造成一定的社会混乱。但是,现行严格强制主义登记原则与制度模式日益明显的弊端已备受业界和民间诟病,对其进行适度的调整实属必要。其中,应逐步和有选择性地引入任意登记主义的某些有益做法,即在总体坚持既有的强制主义登记原则与制度模式的前提下,适度引入任意主义的某些合理因素。

1. 尊重民间营业自由、契约自愿、企业自治原则。立法和司法不应轻易否认民间营业、合同、企业的效力,要让对事实营业当事人不利而对交易第三人有利的各种合同、协议、契约,产生强制性法律约束力,以民间合同和契约自治来有效约束事实营业当事人的机会主义行为。

2. 以民事责任与债务救济为中心。立足于切实保护交易第三人的利益,对不登记、未经登记进行的事实营业行为所生债务,应一律适用无限责任和连带责任的清偿规则进行处理。

3. 对事实营业持宽容态度。对不登记、未经登记进行的事实营业行为,只要未对国家安全、社会利益或公共利益造成损害,国家应持宽容和默许的态度。例如,自发性网商行为,部分就未经登记,但它确实是一种于己、于民、于社、于国都有利的营业行为,国家就没有必要禁止或取缔。当然,如事实营业确实对国家安全、社会利益或公共利益造成损害,无疑应坚决禁止或取缔;至于对他人造成损害,则属民间纠纷,应通过行政、刑罚或民事责任的追究予以解决,不可笼统以责令停业、取缔、清理、关闭、捣毁等方式作简单处理。

4. 应注重对交易第三人的保护。在商事登记立法和司法中应引入并树立保护交易第三人的理念和规则，特别是在商事裁判中，应尊重民间契约的有效性和权利外观主义的判断规则，在司法有效保护交易第三人利益上有实质性进展和飞跃。只要在立法上确立保护交易第三人的法律原则，并在商事裁判中得到切实的执行和贯彻，就可有效抑制不登记、未经登记之事实营业行为的发生概率，进而逆向督促营业当事人的自愿、自觉登记申请。

通过各种配套性改革，在人们商事观念和政府职能转换到位、政制环境比较清明、商事裁判规则已确立并制度化运行等情形下，就可在更大范围内选择或推行任意登记主义法例或制例。

（二）商事登记制度改革模式选择的可行路径

基于以上分析，笔者认为，我国未来商事登记改革的制度模式，应在总体坚持既有强制主义登记原则与制度模式的前提下，适度引入任意主义的某些合理因素，在以下几个方面作统筹规划、顶层设计、分步实施和整体推动。

1. 坚持尊重民间自由营业和确保社会交易安全、鼓励经营和适度监管、促进经济发展和维护市场秩序并重的原则，并以之为指导方针，全面廓清商事登记制度的应然功能和法律定位。

2. 通过立法划分适用强制登记的基本范围与具体边界，对强制登记进行科学、合理、适度的分类，有效地规范强制登记的对象，严格确保强制登记制度到位。

3. 适当引入任意登记主义原则。建立对特定对象、特定行业、特定规模、特定形式的商事登记豁免制度，给社会底层自然人营业、传统营业、小规模营业、流动性营业适当的自由空间，尽量避免产生不切实际、不合民意的消极影响。

4. 改变既有对未登记之事实营业持一概事前禁止和事后否认的做法。将严厉的公法干预、行政处罚为主导的管治思路，转型为柔性的民事救济、损害赔偿为中心的私法自治进路。

5. 强化对未经登记而事实营业中交易第三人权益的保护。转变商事登记的效力观念，建立以登记公信效力和对抗效力为中心的商事登记效力体系，淡化商事登记的主体创设与权利授予功能，严格规定凡未经登记，一律不产生登记的法律效果，如因此产生债务纠纷，一律准用自然人、合伙、合同规则，以无限或连带责任追究其民事责任，切实维护交易安全和第三人利益，借助于损害赔偿与利益罚则，以逆向遏止未经登记之事实营业行为的发生概率。

第二节 商事登记范围与边界的厘定

一、商事登记范围与边界的理论分歧与立法现状

(一)学界关于商事登记范围与边界的代表性观点与评价

在商事登记中,究竟哪些营业主体、营业类型或营业权利应纳入登记范围,商事登记适用的具体边界应如何确定,既有研究文献较少涉及,多数学者均从登记对象予以讨论,其研究视角存在概括法、列举法、分类法、排除法、列举加排除法等。

1. 概括法。该论认为商事登记的对象为概括性的商人或商业。凡商事主体即商人均为商事登记的范围,至于商事主体的认定或确认标准,又有行为标准、职业标准、名义标准、知识标准之别;[17]或者认为,按照商人习惯法以及各国商法典或商业登记法规定,商业登记的对象应是商业,即"实施市场行为的各类企业或个人"。[18]

2. 列举法。该论以列举方式来确定商事登记的对象或范围。有学者基于营利性和营业性之双重标准,认为应把公司、合伙企业、个人独资企业、中外合资经营企业、中外合作经营企业、外资企业、个体工商户、合作企业、企业的分支机构、分支机构的分支机构、外国企业的分支机构等不同主体纳入到工商登记范畴;[19]或者提出"商事登记的确认分类技术"之设想。[20]

3. 分类法。该论基于我国工商登记的立法分类来讨论商事登记的范围,代表性观点又有二分法、三分法等。(1)二分法。有学者认为,商事登记的对象主要为企业,而企业登记又包括法人企业登记和非法人企业登记两类。[21](2)三分法。有学者认为,商事登记主要包括企业登记,而企业登记又可分为公司登记、非公司企业登记、外商投资企业登记三类。[22]

4. 排除法。该论认为,除把小商人列入豁免登记对象之外,其他凡具有营利性的

---

〔17〕 参见任先行、周林彬:《比较商法导论》,北京大学出版社2000年版,第214-215页。

〔18〕 参见徐学鹿、梁鹏:《商法总论》,中国人民大学出版社2009年版,第321页。

〔19〕 参见杰文:《商事登记的范围——商事主体的确认标准与类型划分》,载《工商行政管理》2003年第15期;杰文:《登记证明文件——兼议主体资格与营业资格的区分与证明》,载《工商行政管理》2003年第20期。

〔20〕 参见王兰:《管制罅隙下的自治:商事登记制度发展与模式反思》,法律出版社2011年版,第222-225页。

〔21〕 参见范健主编:《商法》,高等教育出版社、北京大学出版社2007年版,第66-67页。

〔22〕 参见赵旭东主编:《商法学》,高等教育出版社2007年版,第57-58页。

经营性行为,均应纳入商事登记的范围。[23]

5. 列举加排除法。有学者认为"基于营业自由的考虑,商人并非必须登记",故"应将流商认定为免登记的商人,而将农村承包经营户认定为自由登记商人,即登记者则为商人,非登记者则不为商人";除此之外,应将"公司、个体工商户、合伙企业、个人独资企业、外资企业、中外合资经营企业、中外合作经营企业、合作企业、分支机构、分支机构的分支机构、外国企业的分支机构"等纳入商事登记的对象。[24]也有学者主张应"排除个体工商户、流动摊贩类小商人的强制登记""将网络经营主体纳入商事登记的主体范围""改变企业集团备案登记为一般商事登记";此外,还应将破产、企业承包或租赁经营、查封、信托纳入广义商事登记的范畴。[25]

上述不同观点和主张,一个最基本的前提就是把商事主体资格、营业权利的获得与商事登记作必要关联。受传统商人本位立法观和商法有关商人登记制度的影响,既有研究文献和理论观点尚没有脱离民商二元主体构架的理论、立法和制度框架,没有认识到商事登记之本质乃营业登记,故在确认商事登记对象、范围、边界时,总是难以跳出商事登记创设商事主体资格、授予营业权能之传统思路,未从民事主体进入营业领域转换为商事主体之宣示、确认、公开功能和公共性营业信息之供给功能的视域或角度,来讨论商事登记的范围与边界。

(二)现行立法关于商事登记范围与边界的具体规定与评价

我国现行立法文本对商事登记范围与边界虽未有具体规定,但从商事登记的法定性、强制性、禁止性等规定来看,我国所奉行的是普遍主义登记原则,即凡从事营业者或与营业有关的事项,均应办理登记,登记覆盖的营业范围是广泛的,同时登记所涉营业边界又是模糊的。如《公司法》、《合伙企业法》、《个人独资企业法》、原《企业法人登记管理条例》、《公司登记管理条例》、《个体工商户条例》、《合伙企业登记管理办法》、《个人独资企业登记管理办法》、《个体工商户登记管理办法》等法律、行政法规、部门规章,均有未经登记,不得以公司、合伙企业、个人独资企业、个体工商户的名义从事经营活动之相关规定;而 2003 年国务院《无照经营查处取缔办法》(2011 年修订,已失效),则规定得更为明确,即"任何单位和个人不得违反法律、法规的规定,从事无照经营";凡未取得工商行政管理部门颁发的"营业执照",就从事经营活动的,除"农民在集贸市场或者地方人民政府指定区域内销售自产的农副产品"外,一律以"无照经营"论处,有管辖权的工商行政管理部门应对其予以查处、取缔。[26]

---

[23] 参见王妍:《商事登记中公权定位与私权保护问题研究》,法律出版社 2011 年版,第 241 – 255 页。

[24] 参见曾大鹏:《中国商法通则理论与立法研究》,法律出版社 2013 年版,第 122 – 123 页。

[25] 参见赵万一主编:《商事登记制度法律问题研究》,法律出版社 2013 年版,第 295 – 301、319 – 321 页。

[26] 参见国务院:《无照经营查处取缔办法》(2003 年,2011 年修订,已失效)第 2、3、21 条。

2017年8月国务院发布新的《无证无照经营查处办法》,该办法在废止2003年《无照经营查处取缔办法》的基础上规定,除"在县级以上地方人民政府指定的场所和时间,销售农副产品、日常生活用品,或者个人利用自己的技能从事依法无须取得许可的便民劳务活动""依照法律、行政法规、国务院决定的规定,从事无须取得许可或者办理注册登记的经营活动"这两种情形,不属于无证无照经营外,"任何单位或者个人不得违反法律、法规、国务院决定的规定,从事无证无照经营";〔27〕根据这一新规定,除某些临时性经营活动或特殊类型经营活动外,法律、行政法规均一致地规定,从事任何经营活动,均须办理工商登记。又如国务院《市场主体登记管理条例》(2021年)第3条规定,市场主体应当依照规定办理登记,而据该条例第2条规定,市场主体范围包括公司、非公司企业法人及其分支机构;个人独资企业、合伙企业及其分支机构;农民专业合作社(联合社)及其分支机构;个体工商户;外国公司分支机构;法律、行政法规规定的其他市场主体。很明显,该条例所针对的登记范围与对象为实质意义的商事主体。

可见,无论是学理上,还是立法上,或者在具体登记实务中,商事登记的范围与边界,并未有清晰认识与明确界定。鉴于此,笔者认为,适度厘清商事登记范围与边界实有必要。

二、商事登记范围与边界的制度变迁

(一)不同国家或地区商事登记范围与边界的确定

关于商事登记的范围与边界,大陆法系和英美法系的认定标准存在较大差异,大陆法系一般是从商主体或商行为来限定,而英美法系则更多是从营业的视角来确定。

1. 大陆法系国家或地区商事登记范围与边界的确定

大陆法系国家或地区一般在商法典、民法典和其他商事登记施行法、商业登记法等法律,对商事登记的范围和对象,或商人,或企业,或商人与商号等,作有明确规定。

《法国商法典》虽奉行商行中心主义,但该原则主要为商法适用原则,而在需要商事登记适用对象的确定上,法国则选择商人标准,如现行《法国商法典》第L110—1条、第L110—2条虽对商事行为有比较详尽的列举,但并没有规定必须进行登记;而相反,在第2编商人第3章"商人的一般义务"第1节"商事及公司注册登记簿"中,就对"应当进行注册登记的人"有具体列举。根据《法国商法典》第L123—1条规定,下列人应负有提出申请、在"商事及公司注册登记簿"进行注册登记的义务:(1)具有商人身份的自然人,即使其应当在"手工业职业目录"上进行注册登记;(2)注册住所在法国的一省内,按照《法国民法典》第1842条或者《法国商法典》第L251—4条的规定,享有法人资格的公司和共同经济利益联合组织;(3)注册住所虽不在法国但在其一省内设有一个

---

〔27〕 参见国务院:《无证无照经营查处办法》(2017年)第2、3条。

机构的商事公司;(4)具有工商性质的法国公立机构;(5)立法或条例规定应当进行注册登记的其他法人;(6)在法国一省内设立机构的外国国家、外国地方行政部门或公立机构的商务代表机构或商务代表处。〔28〕法国不仅在立法上,在理论上也坚持以商人为商事登记的当然对象,并认为只要完成商事行为、亲自或独立地完成商事行为、作为习惯性职业而完成商事行为,均应以商人视之,而负有注册登记义务,就应纳入商事登记的范围。〔29〕

德国商事登记以商人与商号为对象,如《德国商法典》规定,凡"经营商事营利事业(营业)的人"即为商人(第1条),并把商人分依照商营业而产生的当然商人、任意商人(第2—3条,自由登记商人,包括小营业的任意商人和农林业任意商人)、小商人(第4条,已删除)、拟制商人(第5条,其商号在商事登记簿中已登记)、法定要式的商人(第6条,企业,包括资合公司和商事合伙)等几种类型。另《德国商法典》第3章对商号的登记有更具体的规定,包括自然人商号、独资企业商号、合伙(普通合伙和有限合伙)的商号和商事公司的商号等,且应经登记才具有法律效力。总体说来,德国商事登记的对象为商人和商号,且商人登记时必登记商号;而商号经登记后,其主体则推定或拟制为商人。〔30〕

《瑞士债务法典》第934—935条规定,应履行商事登记的义务人包括:(1)以商事营业方式,从事贸易、加工制造或其他营业活动的人;(2)虽非必须登记,但有商号的营业人;(3)主营业所在瑞士的商事组织设立分营业所;(4)主营业所在国外的商事组织在瑞士设立分营业所。〔31〕

《意大利民法典》第5编"劳动"第2章"企业劳动"第3节,对"商事企业与其他应当登记的企业"有具体规定,如该法第2195条规定,从事下列经营活动的企业主,应履行登记义务:(1)直接从事产品或服务生产的活动的;(2)从事物的流通的居间活动的;(3)从事陆上、水上或者航空运输的;(4)从事银行或者保险业的;(5)从事上述行业的其他辅助性活动;(6)其他从事经营性活动或商业企业从事设计上述经营性活动。又如该法第2202条规定,"小企业主不必在企业登记簿登记"。〔32〕

西班牙是对商事登记范围规定比较清晰的一个国家,如《西班牙商法典》第16条规定,商业登记包括:(1)独资商人;(2)公司;(3)信贷、保险公司,以及相互保险公司;(4)集体投资机构及退休金基金会;(5)法律规定的自然人和法人;(6)经济团体;

---

〔28〕《法国商法典》(上册),罗结珍译,北京大学出版社2015年版,第20-29页。

〔29〕参见[法]伊夫·居荣:《法国商法》(第1卷),罗结珍、赵海峰译,法律出版社2004年版,第45-68页。

〔30〕参见《德国商法典》,杜景林、卢谌译,法律出版社2010年版,第1-23页;[德]C. W. 卡纳里斯:《德国商法》,杨继译,法律出版社2006年版,第70-78页。

〔31〕参见《瑞士债务法》,戴永盛译,中国政法大学出版社2016年版,第412-413页。

〔32〕参见《意大利民法典》,费安玲等译,中国政法大学出版社2004年版,第511-514页。

(7)法律规定的协议和合同。此外,商业登记处同时需要企业主的合法资料,负责公证企业主的档案、存款、公开的财务账单,以及法律规定的其他相关资讯,均属登记的范围。〔33〕

受葡萄牙法传统影响的巴西虽在2002年之后改采民商合一体例,但商事登记仍维持独立性。《巴西民法典》第2编"企业法"对企业登记有原则性规定,该法第1150条规定商事登记包括商事公共登记和一般民事登记,其中:(1)企业主和企业性公司应登记于商务委员会管辖的商业企业公共登记簿;(2)普通合伙应登记于法人民事登记簿,但如普通合伙转化为某种类型的企业性公司,则它应登记于该种公司设立的登记簿;(3)《巴西民法典》第1163条还规定企业名称的登记。〔34〕

日本对商事登记规定比较细致,并实行强制登记与任意登记相结合的原则。如《日本商法典》规定,"本编所规定之应登记事项。通过当事人的申请,依商业登记法规定,登记于商业登记簿",属必须登记的情形包括:(1)"未成年人"进行营业时(第5条);(2)"监护人为被监护人"从事营业者(第6条);(3)公司(《日本公司法典》第907条规定,"依本法规定应当登记的事项,根据当事人的申请或法院书记官的委托,依照商业登记法的规定,在商业登记簿上予以登记"包括总公司登记、分公司登记、外国公司登记、法院书记官委托的登记等几个方面);(4)"商人可以办理商号登记"(第11条);(5)营业转让(第17条);(6)商人选任经理或经理代理权消灭时(第22条);(7)登记事项发生变更或该事项已消失时(第10条);(8)其他情形。〔35〕

韩国商事登记法例与制例基本沿袭日制,如《韩国商法典》规定,"依照本法必须进行登记的事项,根据当事人的申请,应在其营业所在地的管辖法院的商业登记簿上进行登记",同日本一样,属须登记的情形包括:(1)"无行为能力人"营业时(第6条);(2)"法定代理人为未成年3年或者被监护人无行为能力人"代理营业者(第8条);(3)公司(第35条的公司登记一般性规定、第179条的公司章程、第180条的公司设立、第181条的分公司设立、第182条总公司与分公司的迁移、第183条的变更、第183条之2的业务停止执行与假处分等、第192条的设立无效与撤销等登记);〔36〕(4)经理的选任及其代理权的消灭(第13条);(5)商号的登记、预先登记、转让、注销等(第22条、第25条、第27条);(6)营业转让(第41条);(7)变更、消灭登记(第40条);(8)其

---

〔33〕 参见《西班牙商法典》,潘灯、高远译,中国政法大学出版社2009年版,第7-11页。

〔34〕 参见《巴西新民法典》,齐云译,中国法制出版社2009年版,第171-174页。

〔35〕 参见刘成杰译注:《日本最新商法典译注》,中国政法大学出版社2012年版,第13-73页;王保树主编:《最新日本公司法》,于敏、杨东译,法律出版社2006年版,第480-499页;吴建斌编译:《日本公司法》,法律出版社2017年版,第474-502页。

〔36〕 参见王延川、刘卫锋编译:《最新韩国公司法及施行令》,法律出版社2014年版,第4-7页。

他情形;等等。[37]

2. 英美法系国家或地区商事登记范围与边界的确定与分类

英美法系国家或地区由于大多奉行任意主义的登记原则,是否进行商事登记完全取决于当事人的需要,故法律并未规定商事登记的明确范围和具体对象。以英国、美国为例,其商事组织包括个体经营者、合伙和注册公司,其中只有公司被要求注册,个体经营者、合伙是否登记或注册,法无明文规定,如公司设立人选择注册公司,则该公司就是法人或拟制的人,其注册的意义在于对世公示其公司作为法人已被有效确认,进而为其出资成员提供有限责任的法律保护。而没有注册,则不产生此法律效果。至于个体经营者、合伙,则完全通过判例来认定其债务责任,未经注册的任何个体经营者、合伙,均不可能导致独立法人的法律效果。[38]

通过以上分析不难看出,无论是大陆法系,还是英美法系,不同国家或地区对商事登记的范围和对象规定虽不尽相同,但仍存在不少共同点。其中,主要共同点包括:(1)登记的基本范围是具有明确营利性、经营性的营业活动。(2)登记的具体对象是进入营业领域从事营业活动、且已转换为商事主体(商人)身份的民事主体或商号。(3)并非所有从事营业活动的人都必须进行登记,大陆法系许多国家或地区就存在小商人或特定商人可免予登记的制度例;而英美法系多数国家或地区基于任意登记主义,其商事登记与否完全取决于当事人自己,个体经营者、合伙一般不需要登记。

(二)我国近代以来商事登记范围与边界的确定

我国近代以前采用强制登记制度,所有具交易性、流动性或营利性的商业和手工业都须进行登记,处在国家的控制和监管之下。晚清变法修律中,《商律》中的《商人通例》、《公司律》和《公司注册试办章程》对商事登记的对象有比较详细的规定,但仍坚持强制登记原则,所有商事活动均应申报登记。

民国初年,北京政府奉行强制与任意相结合的登记原则。如《商人通例》第1条第2款规定的各种营业,均为应当申报登记的范围;但第3条所规定的“小商人”则不纳入必须申报登记的范围,由当事人自己决定。[39]

南京政府时期基本延续北京政府时期的商事登记立法原则,亦采强制主义与任意主义相结合的原则,对商事登记的对象,1937年《商业登记法》第3条和第4条采“列举+推定”方式,对应当申报登记的范围有比较明确的规定,但该法第5条却对摊贩、

---

〔37〕 参见《韩国商法》,吴日焕译,中国政法大学出版社1999年版,第1-11页;周玉华主编:《韩国民商事法律汇编》,金万红、郑才荣译,人民法院出版社2008年版,第279-286页。

〔38〕 参见[美]斯蒂芬·加奇:《商法》,屈广清、陈小云译,中国政法大学出版社2004年版,第187-205页。

〔39〕 工商行政管理史料编写组编:《工商行政管理史料》(上卷),中国工商出版社2008年版,第188-191页。

小规模商人持比较宽容态度，不列入强制登记的范围，其登记与否由其自己决定。[40]

1949年以来，我国基本实行严格的强制主义法定登记制度。20世纪50年代的工商业登记，范围几乎涉及一切经营性活动，具体表现为：(1)所有工商业经营活动，都须办理登记，否则以非法营业对待。1950年《私营企业暂行条例》和《私营企业暂行条例施行办法》制定之时，纳入工商业登记的范围尚只包括企业；但自1951年11月中央贸易部颁行《行商管理暂行通则》后，"凡在当地有正式户籍而无固定营业地址，经常从事城乡埠际间流动性商品贩运者"即"行商"，也被严令纳入工商业登记的范围；[41]自1956年4月商业部下发《关于城市私营服务性行业的社会主义改造的意见》(修正稿)后，城市摊贩作为被社会主义改造的范围，也被正式列入登记管理的对象。(2)不得超出核准、登记范围的事项外营业，即经核准的企业不得经营核准范围以外的业务，否则以非法经营对待。(3)必须按照核准执照和企业登记证及时开业或营业。《私营企业暂行条例施行办法》规定，企业设立登记后满6个月尚未开始营业者，应由原登记机关依职权或经利害关系人申请，经查明确实后注销其登记，并吊销其原领证照。[42]

改革开放时期的商事登记，是从1980年国务院发布《中外合资经营企业登记管理办法》开始的，随后1982年8月国务院颁发《工商企业登记管理条例》，依然实行严格、普遍的法定强制主义登记原则，如该条例确立的所有企业均须登记、未经核准登记的任何企业一律不准筹建或者开业、企业只能在登记注册的经营范围内从事生产经营等立法原则和制度性规则，[43]被嗣后一系列法律、行政法规和部门规章延续下来。直到现在，所有营业行为和经营活动一律须进行登记，否则即为非法营业之强制主义登记原则，仍被奉为圭臬；特别是2003年《无照经营查处取缔办法》(已失效)所确定的"任何单位和个人不得违反法律、法规的规定，从事无照经营"(第2条)和对"无照经营行为"一律查处、取缔并处罚(第4、5、14条)之基本原则，在后续各种不同效力等级的立法文本和制度运行中得到贯彻、执行；甚至国务院2011年颁发《个体工商户条例》时，也试图把所有个体经营全部纳入工商登记的管辖范围；2017年《无证无照经营查处办法》，包括前述的《商事主体登记管理条例(草案)》第3条第2款和《市场主体登记管理条例》(2021年)第3条第1款，实际上仍然延续着这一惯性思维。故到目前为止，在我国立法文本、制度设计和规则执行中，仍然奉行严格、普遍的法定强制主义登记原则，即所有营业行为、经营活动、市场主体、营业事项等，均应申报登记，纳入工商登记或市场主体注册的范围。

---

〔40〕工商行政管理史料编写组编：《工商行政管理史料》(上卷)，中国工商出版社2008年版，第250－252页。

〔41〕参见原中央贸易部：《行商管理暂行通则》(1951年)第2条。

〔42〕参见原政务院财政经济委员会：《私营企业暂行条例施行办法》(1951年)第11、13条。

〔43〕参见国务院：《工商企业登记管理条例》(1982年)第2、10、17条。

三、商事登记范围与边界的确定依据和考量因素

基于前述分析不难看出，无论是大陆法系，还是英美法系，绝大多数国家或地区，在确立商事登记的范围或厘定商事登记注册的边界时，一般是以营业作为主要依据，并综合考量营业的规模、持续、稳定和登记的必要性、可行性等多方面因素。

（一）营业性

营业性是商事登记的基本依据，也是商事登记的首要考量因素，这是因为商事登记本质属于营业登记。但在确定营业性标准时，应以行为的营利目的性为核心标准，更兼近代营业已突破传统的商业领域，制造业被纳入营业的范畴；而在当今，营业特别是企业的经营方式已向传统非营业领域全面渗透，举凡农林牧副渔等传统不认为存在营利性的领域，因生产目的和经营形式已发生深刻变化，以企业、公司化运行的大农业领域，已具备营业的特质；此外，如文化、教育、体育、医疗、卫生、律师、会计、审计、艺术、幼托、养老、婚喜、丧葬甚至家政等不存在营利性的传统服务业领域，也因快速的社会化、商品化、营利化和企业化等，而成为不断涌现的新业态营业形式。故以营利性为基本判断标准，全面审视当今营业所涉领域、基本形式和主要业态，是确定并界定新时期商事登记范围与边界的基础。

（二）规模性

商事登记的核心功能乃营业信息的宣示、确认、公开，便于国家的营业监管，抑制营业的负面效益，维护国家安全利益、社会公共利益和他人合法权益，这也是营业的社会性所决定的。但营业须达到一定规模，才可产生社会效应，好比山村米酒酿造作坊的小规模买卖和设立一个酒厂进行规模化经营，两者虽同具营业性，但从规模性进而社会性而言，山村米酒小作坊与规模化酒厂自然就不可相提并论。因为规模涉及社会效应、约束方式和税收征纳三个核心问题。

山村米酒小作坊因规模小，其社会性进而社会影响效应也就小，且因规模小，就只能在熟人环境中买卖或交易，熟人之间的经常照面和伦理道德约束，使其社会负面效应可降至最低，甚至可忽略不计，因而从社会效应角度，就没有对其监管之必要。而如从税收角度，山村米酒小作坊虽也以营利为目的并存在盈利，但这种盈利又是比较微小的，通常达不到税收起征的限点，自然对其登记并将登记作为税收征管的依据，也无实质意义。

相对而言，规模化的酒厂性质就完全不一样了，因其规模大，所以销售范围就广，社会影响也就必然大，如酒的品质、价格存在问题，其损害的受众也就更多；且由于销售量大，就必然要突破传统的熟人关系圈与本地域局限，向更大、更广的陌生人群中拓展，此时仅以出资人、生产者、经营者和销售者的伦理道德自律，已不能解决问题，以法

律为主的他律就显得必要。再者,规模经营后,效率因而效益就更为明显,利润和收益也就更高,必然就存在税收的征纳问题,如对其不进行登记,国家税收就有可能流失。

足见,营业达到一定的规模,应是履行商事登记必要义务的重要判断依据。如不分规模,只要存在营业,就须登记,不仅发挥不了营业登记所应有的功能与效应,反而可能适得其反。

(三)持续性

当下,民事行为的商事化和营业行为的普遍化是最显著的特点,营业除了我们常见的设立企业进行持续性经营外,偶尔、间或、临时、短暂的营业行为也经常发生。例如,自然人的炒股行为、偶尔临时起意的贩运或贩卖行为、利用空闲时间临时性的摆摊设点、农民季节性售卖自己种植的蔬菜或其他农产品等,就属于典型的非持续性经营行为,学理上有所谓持续性经营行为才能视为商行为的论断,实际上是与现实生活大相径庭的,理论上根本不能自圆其说。非持续性营业行为,由于其临时性、非长期性,其对第三人、对社会的影响也十分有限,无论从登记的必要性,还是从登记的可行性而言,均存在问题。至于诸如在城市、公共场所占道、占地经营或摆摊设点,严重影响市容、环境或社会秩序,这不是登记或证照问题,而是城市管理问题。而持续性经营则完全不一样,因其持续,交易的对象就可能处于不特定、不稳定状态,此时其营业信息的公示就显得特别必要;因其持续,有可能对社会产生更大、更持久的影响,对其监管就不能空缺;更因其持续,大量地占用各种生产要素、社会资源和管治力量,对其进行税收征管就势在必行。故是否持续营业,往往是商事登记必要性的重要考量因素。

(四)稳定性

商事登记的存在原由,就当事人而言,主要为公示营业信息;而对第三人而言,是为获得交易信息和确保交易安全;于国家而言,是为获得经济初步统计数据和监管对象;于社会而言,是为获得消费、就业信息和市场秩序保障。各方考量重点虽有不同,但均围绕登记之营业信息的宣示、确认、公开而展开,则又是基本一致的。业经登记的营业信息之所以基础、重要、关键且有价值,是因为该营业信息是真实、稳定因而是可信赖的,否则如经登记的信息与实际的信息存在巨大差异,或者始终处在不断的变动之中,则必然会导致人们对登记信息的怀疑甚至抵触。如此,商事登记就完全失去其应有的功能和价值,就无存在的必要。而要确保登记的营业信息之真实、稳定,就必须首先做到营业的稳定,而营业的稳定又取决于营业主体或营业要素的稳定,且也只有营业主体或营业要素的稳定,商事登记才有确定的对象,商事登记的事项才可清楚、明晰、确定并可信。故纳入登记的营业,除持续性外,还须具稳定性,才有登记、管理、监督之必要。

（五）必要性

就社会自律自治限度和人类良知底线而言，如无商事登记制度，社会同样可以运转，经济照样可以发展，人们交易依旧可以进行，只是可能速度要慢一点、问题要多一点、麻烦要大一点而已。当事人之所以要选择登记，国家之所以要设立登记，交易第三人和社会公众之所以渴望登记，正是因为认识到登记比不登记要好、效率要高、麻烦更少，即使出现登记瑕疵或失真问题也更容易依法律、依约定、依登记进行处理。特别对营业当事人而言，之所以要选择登记，不仅基于自身营利的需要，而且也出于通过登记可获得特殊的制度约束和法律保障。如英美法系多数国家或地区，之所以不强制营业当事人进行登记，是因为法律给出的预期结果是不经登记就不能产生登记公示的法律效果，就不能享有公示后的法律特殊保护；如不进行公司登记，投资者、经营者就不能享有公司的权利和有限责任的债务豁免，这对当事人可能是最致命的。故法律虽不强制登记，但立法、制度和判例在时刻告诉人们，只有积极、主动、及时、如实地进行商事登记，才可避免经营中更大麻烦和风险的存在，进而起到督促当事人登记的实际效果。

不仅如此，营业"原于自由，始于投资，形于经营，成于交易"，具体表现为投资、经营、交易等不同形式、业态、阶段或环节，相对于经营或交易具有明显的相对性或社会性，有相当部分投资行为特别是间接投资行为，如资本证券、投资产品、营业租赁等，常常是通过公开市场买卖完成的，由于不需要特别的经营治理或管理控制，而只需通过交易或交割就可完成或实现，此种形式或业态的营业，就完全没有登记的必要。

据此，商事登记立法设计和制度构造，一定要考虑到营业当事人、国家管理、交易第三人和社会公众的实际需要，特别要让营业当事人意识到办理商事登记的必要性和重要性，进而积极、主动、及时、如实地选择商事登记，只有这样的立法设计和制度安排，才是良好的法例与制例。

（六）可行性

商事登记范围、对象的确定和边界的划定须切实可行，即具有可操作性。它对营业当事人而言，是简便易行；对登记主管机关而言，是能达到立法和制度所要实现的预期效果。

首先，对营业当事人而言。如果一切营业行为和经营活动均须进行登记，否则国家就会以非法经营对待，那么就有可能面临查处、取缔、关闭、捣毁、查封和其他公法处罚后果的风险。如此，对未形成规模、且不持续的营业当事人而言，其选择的路径主要有两个：一是放弃经营。显然因为商事登记制度的强制而使其放弃营业，说明这种制度是消极的，对营业具有抑制效应。二是地下经营。不经登记作事实经营，在此情形下，如被国家（政府）查处，则与情形一效果一样，即商事登记制度事实上抑制了营业；

但如未被查处，则必然又会助长民间的机会主义倾向，导致更多模仿者选择不登记或规避登记。而不管哪一种路径或情形发生，其运行结果或实际效应无论对营业当事人，还是对交易第三人、国家（政府）、社会公众，均有百害而无一利。正因如此，虽然我国立法和制度对无照经营一直秉持严格严厉禁止态度，在实际执行中也一直采取高压态势，但为什么无照经营却屡禁不止，甚至还愈演愈烈。其真正原因在于这种制度在民间不具有可操作性，特别是小规模、不稳定、不持续或个体家庭经营，更多的人会选择不登记而处于无照经营状态，选择先登记再营业的概率很小。即使有人选择了登记，也因经营没有形成规模，效益不佳，产生不了预期的效益，最后放弃营业；反而是未经登记的经营者，不受登记的约束，可自由进退。

其次，对登记主管机关而言。立法规定与制度安排要求对一切营业行为和经营活动进行登记，实际上也是一个根本不可能完成的任务。在现有机构设置、人员构成和硬件配备的情况下，仅就快速增长的企业与公司注册都忙不过来，更别说处于海量数据的民间小规模、非持续、不稳定的个体或家庭营业了。在此情形下，政府的习惯性做法是抽调大量本应为民服务的人员，组成无照经营行为稽查队，进行运动式而非常规化的查处，多年的运行历史已经充分证明，这一立法规定、制度安排和执行模式，是不可行的。

基于以上分析，笔者认为，商事登记制度模式的选择，应改革既有严格、法定的强制主义登记法例与制例，取法定强制主义与任意主义相结合的原则，在整体把具规模、持续、稳定的营业（包括新型业态的营业）纳入法定商事登记范围的同时，把小规模、不持续、不稳定的民间营业之商事登记选择权交予营业当事人自己决定，由他们自主根据营业意愿、预期目标、利益权衡进行自由选择。如此，才可放开一片、管住一方、突出重点，使商事登记达到预期的制度效应。

四、新型业态纳入商事登记的法律分析

根据前述分析，从营业性、规模性、持续性、稳定性、必要性、可行性等方面来考量，笔者认为，非营利组织的营业、专业职业（如律师、医师、艺术家、会计师、建筑师、设计师等）的事实营业、网上交易达到一定规模的营业，均应纳入强制商事登记的范畴。以下重点分析非营利组织营业、网商营业交易的登记问题。

（一）非营利组织的营业登记

1. 非营利组织营业的理论分歧与立法规定

关于非营利组织是否可以从事经营性活动，理论上一直有争议，过去人们仅从非营利的角度去思考，认为从事营利活动与其组织属性不相符，故理论上一直持否定态度。有学者就认为，非营利组织的商业化经营对该类组织的价值观、治理结构、经营能

力以及发展环境会产生多方面的负面影响,需要政府进行有效监管;[44]有学者认为,经营性行为已经偏离非营利组织的宗旨和目标,进而有可能完全改变非营利组织的性质,故规范甚至限制非营利组织的营利行为,使其更好地为社会公益目标服务,实有必要。[45]但也有学者从非营利组织的本质属性出发,认为非营利组织与营利组织的根本区分,是其所得收益、财产或利益不能在出资人、设立人、管理者之间进行分配,故法律不应持禁止态度,但应予以有效监管。如有学者认为,非营利组织只是从事经营活动赚取的利润不能进行分配而已,并非不能开展经营活动,法律对与其组织性质相关的经营活动不应加以过多管制;[46]有学者认为,在非营利性组织营利行为日渐普遍的情况之下,从平衡利弊这一角度,可从主体、内容、目的三个层次对非营利性组织营利行为的有效性进行判断;[47]但更多学者是从管理学、经济学去探讨如何提供经营效益,[48]或者从税收、税负的角度方面探讨加强对非营利组织的监管等,[49]但鲜有从商事登记制度对其进行思考和探讨。

在政策和立法上,20世纪80年代之前因国营化和集体化,营业与非营业并无实质性区分,就不存在此类问题;20世纪80年代以来,有关政策性文件和法律规范总体对非营利组织营业持限制或禁止态度。但是,与政策性文件不同的是,在我国行政立法层面,对事业单位和科技性社会团体的经营性活动,则持一种许可态度。1988年制定的《企业法人登记管理条例》第9章就专章规定事业单位、科技性社会团体等非营利组织从事经营活动的工商登记管理;[50]其中,"事业单位、科技性社会团体,如从事经营活动或者设立不具备法人条件的企业,应由该单位申请登记,经核准、领取《营业执照》,在核准登记的经营范围内从事经营活动"之情形,属事业单位、科技性社会团体在整体不改变该组织非营利属性的前提下,利用自己的优势和条件,从事营业行为和经营性活动,属典型的非营利组织营利性经营活动,实质为非营利组织的营业登记问题。

---

〔44〕 参见李广安:《论非营利组织商业化经营的利弊》,载《现代商贸工业》2008年第2期。

〔45〕 参见谢颖宁:《浅析我国非营利组织的营利行为》,载《企业导报》2011年第13期。

〔46〕 参见吕来明、刘娜:《非营利组织经营活动的法律调整》,载《环球法律评论》2005年第6期。

〔47〕 参见曾军、梁琴:《非营利性组织的营利行为有效性判断》,载《西南政法大学学报》2009年第6期。

〔48〕 参见陈晓春、颜克高:《非营利组织多元化经营探析》,载《财经理论与实践》2004年第2期;舒文芳、孙伟:《非营利组织经营活动管理探究》,载《中国社会组织》2013年第2期。

〔49〕 参见国家税务总局政策法规司课题组:《非营利组织税收制度研究》,载《税务研究》2004年第12期;徐旭川:《非营利组织营利行为及其税收政策定位》,载《中央财经大学学报》2005年第10期;于凌云:《完善中国非营利组织税收制度研究》,载《财政研究》2006年第6期;许捷:《我国非营利组织税收制度分析与建议》,载《税务研究》2007年第6期;刘汉霞:《我国非营利组织营利活动的税收优惠问题》,载《税务研究》2014年第3期。

〔50〕 参见国务院:《企业法人登记管理条例》(1988年,2019年修订,已失效)第26、27、34条。

2. 非营利组织营业的事实逻辑与法理依据

笔者认为，非营利组织与营利组织（企业）的根本区别在于设立目的、分配机制和解散后的财产归属。（1）非营利组织的设立目的是为社会提供公共或公益服务，服务对象为不特定的社会公众或特定范围的社会公众。而企业等营利组织设立的目的是为追求出资人、设立人的营利最大化，谋取企业和企业背后出资人、设立人或实际控制人的个体、私人利益。（2）非营利组织所取得的财产、收入和利益，只能用于组织设立所预定的公共或公益目的，不能分配给出资人、设立人、管理人或其他内部成员。而企业等营利组织所取得的利润和收入，却不是为了公共或公益利益，而恰恰是为了最大化分配给出资人、设立人、实际控制人或其他内部成员。（3）非营利组织因设立目的的公益性，如解散或清算，其财产、收入或利益在清偿完债务后若有剩余，则按章程规定的方式处理；如章程未作规定，应移交于同一区域的相同或相近似的非营利组织；且剩余财产不能分配给出资人、设立人、管理人或其他内部成员，章程也不可作如此规定，如有此规定则该章程此一条款无效。而企业等营利组织如解散或组织清算，财产在清偿债务后有剩余，则应按章程或出资比例分配出资人、设立人、实际控制人或其他内部成员。

足见，非营利组织“为公益目的或者其他非营利目的成立”，虽因组织属性不追求以营利为目的，且“不向出资人、设立人或者会员分配所取得利润”，〔51〕但并不意味着其不可从事营业活动，特别是为了实现其所有或管领财产或资产的最大化，通过获取更多财富或价值更好地实现其“公益目的或者其他非营利目的”。正如我国《民法典》总则编第 87 条第 1 款所规定的，可否营业或实际营业，并不是非营利组织与营利组织的区分标准，基于组织设立的“公益目的或者其他非营利目”，遵循“不分配”原则或坚守“禁止分配”底线，即不以组织之既有、取得财产以及经营所得收入、利润用于分配给“出资人、设立人或者会员”，才是区分非营利组织与营利组织的实质标准。同一般民事主体进入营业领域、从事营业活动一样，非营利组织从事营业行为具体又包括如下两种方式：（1）营利性投资行为。如大学、医院等非营利组织设立企业，利用社保基金购买政府债券等，在进行营利性投资或设立企业的情形下，作为营利性投资主体或企业出资人时，无疑应认定为商事主体。只因在传统民商二元理论中，均没有把营利性投资活动，视为营业行为或商事活动而已。（2）直接从事营利性经营或交易活动。如非营利医院、社会服务机构等直接开展与其组织属性、设立目的、主营业务有关的经营性活动等。如前文所述，非营利组织纯粹性的间接投资行为，就无须办理商事登记；但非营利组织从事营利性经营或交易活动，则无疑应办理商事登记。

---

〔51〕 参见《民法典》（2020 年）第 87 条第 1 款。

3. 非营利组织营业登记的必要性与紧迫性

不难看出，是否从事营业（表现为营利性投资、经营、交易）活动，并不是非营利组织与营利组织（企业）的本质区别，非营利组织从事营业活动，从营业获得收入或利润只是其更好地实现该组织设定的公共或公益目的的一种有效方式。故20世纪60年代以来，西方发达市场经济国家，出现一种以企业形式运行的新型非营利组织，如社会企业等。[52]据此，笔者认为，为解决非营利组织的经费问题，更好地利用其自身的专业优势，发挥特定的社会公益或互益功能，政策和法律对其营业行为和经营活动应持宽容态度。尽管如此，非营利组织营业毕竟属于组织类主体的营业，其营业的形式、规模、影响与一般自然人营业、个体营业不可等同；况且，非营利组织本质仍属社会公益或互益类组织，为遵循“不分配”原则或坚守“禁止分配”底线，其营业行为理所当然要受到国家、社会的严格有效监督，而商事登记不仅是监督的开始，更是后续监督的依据。因此，为规范其运行，特别是要严格约束非营利组织“不向出资人、设立人或者会员分配所取得利润”，有效维护竞争公平、市场秩序和交易安全，保留原《企业法人登记管理条例》第34条第2款的规定，把其作为新型业态，纳入营业登记一类进行登记，实有必要。

把非营利组织营业纳入商事登记，在《民法典》出台后，已经不存在法律上的障碍，《民法典》总则编第87条只规定非营利法人“为公益目的或者其他非营利目的成立，不向出资人、设立人或者会员分配所取得利润”，其范围包括“事业单位、社会团体、基金会、社会服务机构”等组织，但对非营利法人取得财产、收入或利润的方式与途径，并无限制性和禁止性规定，这就为非营利法人通过营业行为或经营活动，取得财产、收入或利润提供可能。故把非营利组织营业登记纳入统一商事登记范畴，《民法典》已预留足够的法律空间，在立法上也具可行性。2021年7月国务院公布的《市场主体登记管理条例》，因受“市场主体登记管理”的调整对象与范围所限，对此未作回应，诚为缺憾。

（二）网商营业交易的登记

1. 网商营业交易的普遍性与经常性

网络交易和网络购物已经成为当今最主要的营业形式、交易方式和消费方式。2020年，在全国电子商务交易额的37.21万亿元中，商品类电商交易额为27.95万亿元；服务类电商交易额为8.08万亿元；合约类电商交易额为1.18万亿元。另外，2020年中国网络视频市场规模达到2412亿元，同比增长44%，数字音乐产业市场规模达

---

〔52〕 参见沙勇：《中国社会企业研究》，中央编译出版社2013年版，第27－31页；徐彤武等：《美国公民社会的治理——美国非营利组织研究》，中国社会科学出版社2016年版，第6－10页；［美］玛丽恩·R. 弗莱蒙特·史密斯：《非营利组织的治理——联邦与州的法律与规制》，金锦萍译，社会科学文献出版社2016年版，第4－13页。

732 亿元,同比增长 10%;网络视频活跃用户规模达到 10.01 亿、网络音频娱乐市场活跃用户规模达到 8.17 亿,同比分别增长 2.14%、7.22%。[53]网络经济和网络交易如此迅猛发展,使得网商登记刻不容缓,“将网络经营主体纳入商事登记的主体范围”也成为学界共同的呼声。[54]

把网商纳入监管特别是纳入工商登记范畴,一直是我国政府努力的方向,2000 年以来,我国立法机关、政府和政府有关部门作了许多有益的探索。2004 年《电子签名法》(2019 年修正)就为网上实名制提供直接的法律依据和法律保障。国务院《互联网信息服务管理办法》(2000 年、2011 年修订)、《互联网上网服务营业场所管理条例》(2011 年、2022 年修订),对互联网信息、互联网上网服务的规范运作有具体规定,其中《互联网上网服务营业场所管理条例》第 4 条就明确规定,互联网上网服务营业场所经营单位应当进行工商登记、注册,并取得营业执照,并授权工商行政管理部门负责对“登记注册和营业执照”进行管理,并依法查处无照经营活动。

就政府部门而言,2006 年 5 月商务部《关于网上交易的指导意见》(商信司函〔2006〕第 53 号)(征求意见稿)在网上向全国公开征求意见,2007 年 3 月商务部正式公布《关于网上交易的指导意见(暂行)》(公告 2007 年第 19 号),该指导意见对网上交易参与方作出界定,其类型包括网上交易方、网上交易服务提供商。该指导意见第 3 条还规定,服务提供者“需要办理相关审批和登记注册手续的,应依法办理”;但一般的网上交易者是否需要办理注册登记,则无具体规定。此后商务部出台《关于促进电子商务规范发展的意见》(商改发〔2007〕490 号)、《关于加快流通领域电子商务发展的意见》(商贸发〔2009〕540 号)、《关于促进网络购物健康发展的指导意见》(商贸发〔2010〕239 号)等多部指导性意见,发布《电子商务模式规范》(2009 年)、《网络交易服务规范》(2009 年)等网上交易行业标准,试图推行网上交易实名制,对从事网络销售的网站或卖家在“具备条件时”逐步纳入工商登记,把网上交易纳入规范化管理的范围。[55]但因缺乏具体、可行的措施,登记方面的效果不是很明显。

关于网商的工商登记与注册,原国家工商行政管理总局先后于 2010 年 5 月、2014 年 1 月发布《网络商品交易及有关服务行为管理暂行办法》(已失效)和《网络交易管理办法》(已失效)等两个规范性文本;其中,《网络交易管理办法》第 7 条、第 8 条、第 22 条,对网络交易的工商登记注册作有明确、具体规定。(1)从事网络商品交易及营业服务的经营者,应当依法办理工商登记。(2)自然人通过第三方交易平台从事网络交

〔53〕 参见中国互联网协会:《2021 年中国互联网发展报告》(2021 年 7 月 13 日),载《中国经济导报》2021 年 7 月 20 日,第 5 版。

〔54〕 参见孙建新、冯会新:《网络经济主体的登记与规范》,载《中国工商管理研究》2009 年第 9 期;赵万一主编:《商事登记制度法律问题研究》,法律出版社 2013 年版,第 296 - 297 页。

〔55〕 参见吴文治:《个人网商将择时执行工商登记》,载《北京商报》2010 年 6 月 30 日,第 4 版。

易或经营活动，应向第三方交易平台提交姓名、地址、有效身份证明、有效联系方式等真实身份信息；如具备登记注册条件的，应依法办理工商登记。（3）已经工商登记、注册并领取营业执照的法人、其他经济组织或者个体工商户，从事网络交易的，应当在其网站首页或主页面醒目位置公开营业执照登载的信息或者其营业执照的电子链接标识。（4）综合性、服务性的第三方交易平台经营者应当是经工商登记、注册并取得营业执照的企业法人。

各地在网商交易监管和注册方面出台一系列探索方案，如2000年9月原北京市工商局就《网站名称注册管理暂行办法》和《经营性网站备案登记管理暂行办法》向社会征求意见；[56]2001年1月沈阳市就尝试对本市网络经济和电子商务进行规范化监督管理；[57]福建省泉州市更致力探索对网商引导、服务、监管一体化新思路，截至2015年12月，平均每天就有12家电商企业入驻虚拟网商产业园，并办理工商登记，网商注册在泉州虚拟网商产业园得到较好的落实。[58]

2. 网商营业交易登记的必要性与可行性

笔者认为，尽管我国不同效力层面的规范文本对网商登记注册，有明文和具体规定，但鉴于网商登记的现状仍然不尽如人意，故构建一整套完善的网商登记注册监督制度，甚为迫切。

（1）严格实行网商交易的实名制。目前，商家和卖方一般是先申请域名或在既有网络经营平台、经营性网站上申请注册、开店经营，即网上交易主体；若独立申请购物网站，则需办理营业执照和ICP备案。[59]我国2018年《电子商务法》第9条把网络交易者称为“电子商务经营者”，并分为电子商务平台经营者、平台内经营者、其他电子商务经营者（通过自建网站、其他网络服务销售商品或者提供服务的电子商务经营者）三大类；而依托综合性、服务性的网络平台进行交易，又是我国网商交易特别是自然人网商交易的主要形式。为确保信息的真实和交易的可靠，网名的真实性和其他相关信息的真实性就很有必要。

（2）对综合性和平台性服务商或网络企业（电子商务平台商）设定受托管理与审查义务。鉴于依托电子商务平台经营者进行网上交易已成为我国网络交易的主流形态，在此过程中，要确保小规模网商、零散网商、自然人网商信息的真实性、可靠性，电子商

---

〔56〕 参见杜剑波：《网站经营要登记》，载《北京工商管理》2000年第9期。

〔57〕 参见叶尤刚、张宏伟：《沈阳市工商局进军电子商务监管》，载《中国工商报》2000年12月19日，第1版。

〔58〕 参见苏晓晖、彭健锋：《泉州实施网商（虚拟）产业园集群注册登记》，载《中国工商报》2015年7月2日，第2版；徐志南、俞凤琼：《泉州网商（虚拟）产业园：集群注册登记激荡创业热情》，载《中华工商时报》2015年12月25日，第5版。

〔59〕 参见葛纯纯：《加强网络经营主体登记管理 促进创业与就业》，载《工商行政管理》2014年第23期。

务平台商的准入监管和接入审查就尤为重要、关键。为督促平台商尽到谨慎的审查义务，履行的准入监管和接入审查职责，法律应作出规定，通过引入代理规则，凡平台商未尽真实性审查义务，导致其接入的网上交易者信息虚假，给消费者造成损失的，应负连带赔偿责任，平台商应对其是否已尽到充分审查义务负举证责任。

(3)对设立独立购物网站实行法定、强制注册制度。独立购物网站具有专有性和独立性，相当于网络市场的独立商人，它与接入网商不同，对其监管必须从准入环节入手。对独立购物网站的登记与注册，包括两个方面：第一，独立购物网站应作为一个企业或个体经营者进行登记、注册；第二，已进行工商登记、注册并取得营业执照的经营者，利用独立购物网站作为网上销售的平台，仍应办理网商登记、注册，并在经登记、注册的独立购物网站首页或醒目位置，公开营业执照登载的信息或者其营业执照的电子链接标识。

(4)放宽网商的登记准入条件。网商是新的交易形式和交易主体，也是未来营业的主要形式，国家应持鼓励、支持、促进态度，应放宽网商的登记准入条件，即只要具备真实的姓名或名称、有效的身份证件、固定的联系方式、确定的地址、申明注册资本、确定银行付款或其他网上支付方式等，就可以注册为网上经营者，获得注册网商资格。

(5)简化网商登记注册的程序。应全面推行网上申请、网上受理、网上审查、电子注册、电子执照；尽快制定《电子商务经营者登记实施办法》，使网商登记注册程序有规可循。[60]

(6)创设网商的信息公示平台。建立"一网一库一平台"；[61]通过共享的公共网络信息平台，特别是应把国家网商的信息平台与国家商事登记信息系统、国家企业信用信息公示系统进行融通，真正落实网商的登记、注册和公示制度。

2018 年 8 月全国人大常委会通过《电子商务法》，该法第 10 条明确规定"电子商务经营者应当依法办理市场主体登记"；但是，"个人销售自产农副产品、家庭手工业产品，个人利用自己的技能从事依法无须取得许可的便民劳务活动和零星小额交易活动，以及依照法律、行政法规不需要进行登记的除外"。《电子商务法》的通过与实施，无疑为网商登记的常态化与规范化，提供上位法依据。2021 年 3 月国家市场监督管理总局依据《电子商务法》的规定，在原《网络交易管理办法》的基础上，颁发新的《网络交易监督管理办法》，其中第 8—12 条对网络交易的注册登记，如强制登记、豁免登记、场所登记、信息公示等，作出更具针对性的规定。

---

〔60〕 参见刘肃、陶利军：《网络经济与工商行政管理（三）——网络经营主体准入登记的理论与实践》，载《中国工商管理研究》2007 年第 1 期。

〔61〕 参见全国工商系统网络市场监管专家型人才培训班第三课题组：《网络经营主体商事登记研究》，载《中国工商报》2014 年 3 月 4 日，第 3 版。

第三节　商事登记的豁免对象与除外规定

在法定强制登记主义法例与制例下,如兼采任意登记主义法例与制例的某些合理或成熟做法,就应对商事登记的豁免对象作除外规定,如此,商事登记的范围与边界才可作清晰厘定。

一、商事登记豁免的理论逻辑与法权依据

笔者认为,创立商事登记豁免制度,是强制主义登记原则的合理边界、自然人营业自由权的正当需求、开放经济政策的必要态度、法定商事登记制度的内在逻辑。

(一)强制主义登记原则的合理边界

从理论上而言,严格、绝对、法定的强制主义登记原则,是一种建立在理想、乌托邦基础的制度性安排。但是,此一制度因为缺乏张性,导致其理论预设、立法规定、制度安排与客观事实之间存在严重不符,从而使原本理想、完美的立法、制度落空。

1. 绝对强制主义登记原则违反了任何事物均具相对性的客观规律。虽然在理论上讲,要求所有进入营业领域的主体和行为,均须进行商事登记,但实际上,由于民事行为商事化和营业行为普遍化已成为现代社会不能回避的事实,就必然导致民事行为与商事行为原有边界的模糊。在此情形下,绝对强制主义登记原则之下的营业范围和边界在哪里？恐怕是精明的专家和权威的统计也难以判断的事情,更何况对此情况并不完全熟悉的登记机关及工作人员呢？因此,营业与非营业之间的模糊边界和不清晰地带,恰恰也是绝对强制主义登记原则所难以发挥作用的地方,在此情形,就需要商事登记豁免制度作出模糊处理。

2. 法定强制情形往往与真实的营业事实不符。一般而言,法定强制登记,只适用于规模化、持续化、稳定化的营业,而对不具规模、不持续经营、不具有稳定性的营业,因其不具有显著识别性,导致法定列举的强制登记情形难以发生,不能作出准确的认定。

3. 严格强制主义的实际运行效果不太理想。在严格且极端的强制主义登记原则下,其产生的后果,要么会明显地抑制营业,要么产生大量的地下经济,而无论哪一种情况的发生,均是严格强制主义失败的表现。我国近 70 年所实行的强制主义登记制度,其结果不尽如人意已是公认的事实,它早已证明绝对强制主义登记制度的不可行性。

4. 绝对强制登记产生绝对的机会主义。由于绝对强制主义登记制度违反经济客观规律及本身难以得到不折不扣地的实施,就必然导致民间机会主义盛行。自然,在绝对强制主义登记制度下,私人资本和民间营业总会通过各种手段和方法,绕过严格

的登记制度,最终使法律预设的制度落空。

5. 法定强制登记只注重准入而不重视责任。法定的严格、绝对强制登记制度最重要的特点,是只注重营业的准入和经营的入口,形象地讲就是“把住大门”,带有明显的抑制性和保守性。由于把过多的执法资源放在市场的入口和用来“把门”,导致在市场中、经营中、交易中的监管明显不足;且受传统行政本位监管迷信的影响,此制度只注重对非法、无证、无照经营者进行处罚,而恰恰忽略了对非法、无证、无照经营甚至合法、有证、有照经营给交易第三人或社会公众造成损失的民事救济,因此,所解决的问题终归只是营业的限制问题,而非营业的促进甚至营业的救济问题,因而制度本身具有极大的局限性。

6. 原采强制主义登记制例国家或地区的改革启示。从世界经济发展和商事登记演变的历史来看,严格、绝对甚至极端的强制主义登记制度,几乎没有成功的先例,其运行结果不是实际上阻碍着经济的发展,就是事实上给市场带来更大的混乱,苏联、“二战”之下的德、日、意等国家,实践已经证明其制度是十分失败的。因此,“二战”以后,这些国家纷纷摈弃此一绝对化的制度,特别如日本2005年公司法修改后,其强制主义登记倾向明显有所缓和。

(二)自然人营业自由权的正当需求

从营业自由角度来看,商事登记所反映的是享有营业自由权的个体与掌管商事登记权的国家之间的博弈关系。但是,从自然人的角度来看,营业乃自然人追求更多财富和更幸福生活的当然权利,此一权利原本不因政府的干预就先前享有,而机会的平等享有和资格的自由取得又是这一权利最核心、最基础的部分;〔62〕在更为具体的层面上讲,自然人的营业自由权还是其求得生存最基本的权利保障。而这一权利在中国特定场景下,又集中反映出城管执法者与小商贩之间的各种博弈、管理者与所谓“非法经营者”之间的“追逐与抵抗”等持久性游戏甚至闹剧。〔63〕

当然,占道经营、摆摊设点、随处经营,确实给城市管理带来不利,甚至影响城市的观瞻和他人的正常出行,但是,这是两个完全不同的问题。从权利的性质与重要性位序来说,自然人自由营业所解决的问题,是通过营业来实现生存、发展,是财产经营所蕴含的发展权、生存权问题;而占道经营、摆摊设点、随处经营只是损害了人们的出行、通行、卫生、环境甚至观瞻,笔者认为此种权利比起事实营业当事人的生存权、发展权,其重要性显然要次之。更何况,各种摊贩、小经营者屡屡占道经营、摆摊设点、随处经营,这恐怕更多的是一个城市的规划问题,规划的不人性和管理方式的僵化,应是更为

---

〔62〕　参见肖海军:《营业权论》,法律出版社2007年版,第43-44页。

〔63〕　参见王妍:《小商人豁免登记及其法理基础——为小商人无照经营提供的辩护》,载《学习与探索》2010年第5期。

深层次的原因。

因此，从尊重自然人的营业自由权利这一基点出发，充分考虑到小规模且不具持续性、稳定性的自然人营业之特质，特别要考虑到较大规模个体工商户、微小规模个体工商户的禀赋差异和境遇不同，应豁免小微规模的个体工商户或城市摊贩的商事登记义务。〔64〕

（三）开放经济政策的必要态度

对小规模商人的态度，实际上更反映一种经济政策和执政者的施政主旨，对于一个国家、政府而言，经济政策愈开放，其对民间经济和底层社会就应持更宽容的态度。

现阶段我国奉行积极、开放、自由、共享的经济政策，这是总结1949年以来近70余年发展，特别是改革开放40多年经济发展所形成的宝贵经验。而深入贯彻这一经济政策，就必须对小规模经营者持更加宽容的态度。对于城市摊贩、农村自由经营者和其他临时经营者大多营业本是他们求得自身生存和发展的一种重要手段，其在解决自己生活困难和满足家庭需要的前提下，也满足了社会的需求和解决了自身的就业问题，进而有效地减轻了国家和社会的负担。为改善小规模经营者这一特殊群体的生存权利，以维持其最起码的生活发展需要，应当赋予自然人经营者、小商人、流动摊贩以商事登记的豁免权。〔65〕

（四）法定商事登记制度的内在逻辑

任何制度的制定，首先必须考虑其可执行性、可操作性。姑且不说，我国农村人口及与农村人口有关联的人口近9亿，长期的农业经济和自由散漫的生产、生活方式，在城市户口和住房尚不能完全容纳流动居民和流动摊贩的情况下，市场监管机关想把这一具有海量对象且不稳定的主体，纳入其登记管辖的范围，是一件不可能完成的事情；就连现有迅速增长的公司设立和网商登记，也使得市场监管机关难以承受。与其制度规定不应管而又没有办法管住，且还连累当管又必须切实管理到位的登记对象和登记事项，还不如对难以管到位的部分，不作硬性、强制性规定，任由营业当事人自由选择；然后政府集中力量，解决诸如企业登记、非营利组织营业登记、新型专业职业营业登记这些需要重点解决的登记问题。

二、商事登记豁免法例或制例的考察与比较

（一）国外商事登记豁免立法与制度例的考察

商事登记豁免制度是强制主义登记立法原则与制度模式的副产物，这是因为，在

〔64〕　参见石少侠、李镇：《论个体工商户商事登记义务之豁免》，载《经济纵横》2012年第1期。

〔65〕　参见陶滢滢：《流动摊贩与商事登记豁免权》，载《国际商报》2006年7月24日，第4版。

任意主义登记原则和制度模式下，商事登记与否完全由营业当事人自己决定，也就不存在豁免问题。又由于采用强制主义登记原则和制度例的绝大部分为大陆法系国家或地区，故国外商事登记豁免法例与制例的考察对象即为部分大陆法系国家或地区。经初步统计，笔者发现，绝大多数大陆法系国家或地区，在采用强制主义登记原则和制度的同时，均又规定一定范围的豁免登记制度。

在欧陆，如法国，手工业者、农业经营者、自由职业者等传统产业是否需要登记，可由手工业者、农户、自由职业者自己决定，实际上为强制登记的例外豁免。〔66〕又如《德国商法典》虽经1998年改革，废除第4条关于小商人的概念和制度，〔67〕但是，依然保留了当然商人（第1条，可免予登记的商人）、任意商人（第2—3条，自由登记商人，包括小营业的任意商人和农林业任意商人）的概念，而任意商人是否登记，则取决于当事人的决定。〔68〕再如《西班牙商法典》第19条第1款规定，"不得强制独资商人在商业登记中心登记，但海事公司除外"；只是规定"未在商业登记中心登记的独资商人无权要求商业登记中心将其记入任何文书，亦无权通过商业登记中心获取相关法律文件"；〔69〕显然，独资商人属于强制登记的豁免对象。此外，《意大利民法典》第2202条也规定，"小企业主不必在企业登记簿登记"。〔70〕

在亚洲，如《日本商法典》第7条有关商事登记的规定，"不适用于小商人（商人中，法务省令中规定的其营业中所使用的财产价值总额不超过法务省相关省令所规定之金额者）"；〔71〕关于小规模商人营业额的金额标准，1938年日本商法修改时确定为500日元，但随着日元的贬值，2005年《商法施行规则》所规定的数额限值为50万日元；营业财产在50万日元以上为完全商人，以下则为小商人。〔72〕又如《韩国商法典》第9条规定，"本法中有关经理、商号、商业账簿及商业登记的规定，不适用于小商人"。〔73〕

（二）我国近代以来商事豁免登记制度的建立与延续

我国商事登记在清代以前实行绝对强制主义，晚清变法修律后，仍实行严格但比之以前大大缓和的强制主义登记原则和制度；近代商事豁免登记制度正式建立于民国初年的北京政府时期。如1914年《商人通例》第3条明确规定，"凡沿门或在道旁买卖

〔66〕 参见［法］伊夫·居荣：《法国商法》（第1卷），罗结珍、赵海峰译，法律出版社2004年版，第52－59页。

〔67〕 参见［德］C. W. 卡纳里斯：《德国商法》，杨继译，法律出版社2006年版，第46－58页。

〔68〕 参见《德国商法典》，杜景林、卢谌译，法律出版社2010年版，第1－4页。

〔69〕 参见《西班牙商法典》，潘灯、高远译，中国政法大学出版社2009年版，第8页。

〔70〕 参见《意大利民法典》，费安玲等译，中国政法大学出版社2004年版，第514页。

〔71〕 参见刘成杰译注：《日本最新商法典译注》，中国政法大学出版社2012年版，第13－73页；王保树主编：《最新日本公司法》，于敏、杨东译，法律出版社2006年版，第480－499页；吴建斌编译：《日本公司法》，法律出版社2017年版，第474－502页。

〔72〕 参见［日］近藤光男：《日本商法总则·商行为法》，梁爽译，法律出版社2016年版，第17页。

〔73〕 参见《韩国商法》，吴日焕译，中国政法大学出版社1999年版，第4页。

物品之商人,或手工范围内之制造人,或加工人及其他小商人,不适用本条例商号、商业注册、商业账簿各条例之规定”;又如1914年《商人通例施行细则》第3条规定,“商人营业资本总额不满五百元者”,[74]以小商人论,均属于豁免登记的范围,是否登记完全由“小商人”自己决定。

1927年后,南京政府时期延续了1914年建立起来的商事豁免登记制度。1937年《商业登记法》仍采北京政府时期《商人通例》的两分法,按是否必须登记注册,把商人分为必须注册和不需要注册两类,如该法第5条规定,“凡沿门、沿路及临时买卖物品或营手工范围内之制造业、加工业及其他小规模营业者,不适用本法关于登记及商业账簿之规定”,基本上沿袭《商人通例》第3条之规定。[75]

民国时期所建立和实施的商事豁免登记制度,1949年以后在我国台湾地区得以保留,[76]例如,我国台湾地区现行的“商业登记法”第5条及“商业登记法施行细则”第2条就有类似、更为具体的规定。根据我国台湾地区现行“商业登记法”(2016年修订)第5条和“商业登记法施行细则”(2016年修订)第2条之规定,下列营业:(1)摊贩;(2)家庭农、林、渔、牧业者(以自任操作或虽雇用员工而仍以自己操作为主者为限);(3)家庭手工业者(以自任操作或虽雇用员工而仍以自己操作为主者为限);(4)民宿经营者;(5)每月销售额未达营业税起征点者,等五类小规模商业(以自任操作或虽雇用员工而仍以自己操作为主者为限),可不依照“商业登记法”,豁免其强制性申请登记义务。[77]

通过以上考察不难看出,实行强制主义商事登记立法与制度例的国家或地区,为缓和法定强制登记与自然人、小规模商人营业自由之间的矛盾,一般均选择适度引入一定范围的登记任意主义,规定对特定对象适用豁免登记制度。

三、我国商事登记豁免制度的沿革与评析

(一)20世纪50年代以来我国商事登记豁免制度的源流考察

1950年政务院颁发《私营企业暂行条例》,其登记对象只及于企业类经营主体,并没有把诸如流动商人(行商)、摊贩纳入工商业登记的视野。1951年11月14日原中央贸易部制定《行商管理暂行通则》后,“凡在当地有正式户籍而无固定营业地址,经常从事城乡埠际间流动性的商品贩运者”即“行商”,就被严令纳入工商业登记的范围;但是“农民、渔民、猎夫、牧民及家庭副业生产者,出售其自产品或城市住户以非营利为目的

---

[74] 工商行政管理史料编写组编:《工商行政管理史料》(上卷),中国工商出版社2008年版,第189-191页。

[75] 工商行政管理史料编写组编:《工商行政管理史料》(上卷),中国工商出版社2008年版,第251页。

[76] 梁宇贤:《商事法论》,中国人民大学出版社2003年版,第31页。

[77] 参见黄昭元等主编:《综合小六法》,台北,新学林出版股份有限公司2017年版,第D-1页。

而出售其自身使用或旧有物品者，不以行商论”，〔78〕“农民、渔民、猎夫、牧民及家庭副业生产者”仍列入豁免登记的范围。但自1956年4月9日，商业部下发《关于城市私营服务性行业的社会主义改造的意见》（修正稿）后，城市摊贩作为社会主义改造的范围，也被正式列入登记管理的对象，商事登记豁免从此中断，不复存在。此后的20世纪60—70年代，个体营业和民间经营处于政策不允许和法律禁止的范围，就更谈不上登记或豁免登记问题了。

1981年7月7日，国务院发布《关于城镇非农业个体经济若干政策性规定》，在部分允许城镇非农业个体经济经营的同时，却规定“个体经营”应由本人申请、街道居民委员会签署同意后，经当地工商行政管理部门批准，发给营业执照；未经批准，一律不得营业。〔79〕1981年6月22日，时工商行政管理总局、商业部、粮食部、全国供销合作总社、国家物资总局、国家劳动总局联合下发《关于对城镇个体工商业户货源供应等问题的通知》（〔81〕工商总字第86号），明确规定货源供应的对象只能面对“有城镇正式户口”且“领有《营业执照》”的城镇个体工商业户。〔80〕1983年4月13日，国务院颁发《关于城镇劳动者合作经营的若干规定》（国发〔1983〕64号），规定“城镇个体工商业者或待业青年、社会闲散人员”，可以个体经营，也可申请合作经营，但申请开业，向当地工商行政管理机关申请登记，经批准发给营业执照后方可营业。〔81〕同日国务院发布的《关于城镇非农业个体经济若干政策性规定的补充规定》（国发〔1983〕64号），只规定工商行政管理机关在核定个体工商业户经营范围时，可作适当放宽，但并无可免予工商登记的规定。〔82〕1984年2月27日，国务院发布新的《关于农村个体工商业的若干规定》，对“农村居民经营个体工商业”仍然坚持须经“工商行政管理机关审查核准，发给营业执照后，方可营业”的规定，且规定“常年经营的，发给营业执照；临时或季节性经营的，发给临时营业执照”。〔83〕

1987年8月5日，国务院发布《城乡个体工商户管理暂行条例》第2条规定，有经营能力的城镇待业人员、农村村民以及国家政策允许的其他人员，可以申请从事个体工商业经营，依法经核准登记后为个体工商户；该条所规定选择的是“可以”，而非之前的“应当”，实乃立法态度的重要转变。仅从此一立法条文的规定来看，1987年《城乡个体工商户管理暂行条例》对城乡个体工商户的工商登记，所奉行的应该是任意登记原则，城乡个体工商户可被视为强制主义原则之外的豁免登记范围。但实际上情况并

---

〔78〕　参见原中央贸易部《行商管理暂行通则》（1951年）第2、3条。

〔79〕　参见国务院《关于城镇非农业个体经济若干政策性规定》（1981年）第1—4条。

〔80〕　参见工商行政管理总局等《关于对城镇个体工商业户货源供应等问题的通知》（1981年）第2条。

〔81〕　参见国务院《关于城镇劳动者合作经营的若干规定》（1983年）第1、9条。

〔82〕　参见国务院《关于城镇非农业个体经济若干政策性规定的补充规定》（1983年）第2条。

〔83〕　参见国务院《关于农村个体工商业的若干规定》（1984年）第2条。

非如此，该条例第26条又规定，自然人个人或家庭经营营利性的文化教育、体育娱乐、信息传播、科技交流、咨询服务、各种技术培训等专业职业类业务，也要参照该条例进行登记注册，这就说明该条例第2条规定虽是选择性，但实际上其覆盖范围却是全面性的，甚至包括自然人个人或家庭的专业职业类经营行为；而且，在该条例的具体执行中，往往是对城乡个体工商户采用必须登记，如未经登记而营业，一律以非法营业、无照经营看待，这集中体现在2003年1月6日国务院发布的《无照经营查处取缔办法》（2011年修订，已失效）等规定中。但是，恰恰是2003年的《无照经营查处取缔办法》，却首次规定了类似商事登记豁免条款的内容。该办法第21条规定"农民在集贸市场或者地方人民政府指定区域内销售自产的农副产品"，不属于无照经营行为，不应列入无照经营查处、取缔的范围；但这只是不列入查处和取缔的范围，其与严格意义上的商事登记豁免制度尚不可等同。2017年8月6日，国务院发布新的《无证无照经营查处办法》（国务院令第684号），该办法第3条规定，"在县级以上地方人民政府指定的场所和时间，销售农副产品、日常生活用品"；或者"个人利用自己的技能从事依法无须取得许可的便民劳务活动"，或者"依照法律、行政法规、国务院决定的规定，从事无须取得许可或者办理注册登记的经营活动"这几种情形，没有办理工商登记从事经营的，不属于无证无照经营，这可理解为较为明确的豁免登记规定，但其范围和对象仍具有模糊性。

（二）2011年《个体工商户条例》的评析

2011年4月16日，国务院发布《个体工商户条例》（国务院令第596号），后经2014年、2016年两次小幅度的修改施行至今，它的制定和颁布在我国营业准入领域和商事登记历史上具有划时代意义。此条例基本放松了对个体工商户的准入管制，全面放宽了对个体工商户经营范围的限制，更重要的是为"无固定经营场所摊贩"的豁免登记预留法律空间。本条例的亮点之一是学界、业界呼声已久的"无固定经营场所摊贩""小规模商人"的豁免登记问题，由于各派意见大相径庭，如主张适用豁免登记的建议者，就质疑"流动商贩""流动摊贩"本身是否需要通过商事登记才合法，提出应给予"流动摊贩"以豁免登记的自由；〔84〕或者从法律特别保护某一特殊群体维持最起码生活需要的生存权，认为流动摊贩应当享有商事登记的豁免权。〔85〕而主张必须进行登记的建言者却认为，商事登记制度是现代商业社会高度发展的必然结果，也是国家公共权力干预私法领域活动，本质上是一种带有公法性质的法律行为或制度，既维护着商事主体与社会公众的利益，也有效提高着国家的行政管理，因此，"流动摊贩"应予登记、注册

〔84〕 参见吕来明：《流动摊贩的法律地位及其商事登记考量分析》，载《商业时代》2010年第24期。

〔85〕 参见陶滢滢：《流动摊贩与商事登记豁免权》，载《国际商报》2006年7月24日，第4版。

和监管。[86]当然也有主张认为,“流动摊贩”无疑应当登记,但应简化其登记程序,即只需在辖区内进行简易登记即可,并可免除其账簿设置义务,强化有关销售凭证的发放责任。[87]《个体工商户条例》最后虽然没有把豁免登记制度载入具体的法条,但该条例第29条所作“无固定经营场所摊贩的管理办法,由省、自治区、直辖市人民政府根据当地实际情况规定”的模糊处理,实际上回避了矛盾,由各地根据实际情况来决定是否纳入登记或纳入登记是否可行。此条例颁布后,全国除广东省人大常委会于2015年7月31日通过的《广东省食品生产加工小作坊和食品摊贩管理条例》外,截至2017年6月,全国共有15省、自治区、直辖市制定有关于“无固定经营场所摊贩”的管理办法,但均集中于“食品生产加工小作坊和食品摊贩”的管理,且只涉及食品卫生的管理,而没有涉及工商登记的问题。足见,此举无疑为今后立法修改,建立以“无固定经营场所摊贩”“小规模商人”为主要对象的商事登记豁免制度,预留了足够的法律空间,提供了极大的可能性。

(三)2021年《市场主体登记管理条例》的进步与不足

2020年6月国家市场监管总局公布的《商事主体登记管理条例(草案)》第5条曾对“豁免登记”有原则性规定,即“在县级以上地方人民政府指定的场所和时间,销售农副产品、日常生活用品,或者个人利用自己的技能从事依法无须取得许可的便民劳务活动以及其他依照法律、行政法规不需要进行登记的,免于商事主体登记”。“豁免登记”制度被引入行政法规草案,无疑是我国商事登记立法理念的一大进步。但这一必要性与可行性条款,在随后的审议中,因存在分歧而被删除。2021年7月国务院公布的《市场主体登记管理条例》第3条第1款,在沿袭传统严格强制主义登记原则,规定“市场主体应当依照本条例办理登记”和“未经登记,不得以市场主体名义从事经营活动”的同时,又引入“法律、行政法规规定无需办理登记的除外”这一例外规定。对照国务院《无证无照经营查处办法》(2017年)第3条规定,无疑也为部分商事主体豁免登记,提供了直接的规范依据;仅就这一点而言,《市场主体登记管理条例》相对于传统严格、绝对的强制主义登记法例或制例,表现出一些例外的照顾与松动。但相比之前《商事主体登记管理条例(草案)》明确对“豁免登记”作原则性规定,此处的除外条款范围十分模糊,无论是登记主管机构,还是登记申请人,均难以准确认定和把握。这说明《市场主体登记管理条例》在有关“豁免登记”法例或制例的选择上,仍然纠缠于传统的把门式管制思维与许可式行事惯性,未能在强制主义与任意主义登记法例或制例的结合上迈出更大的步伐,其局限性也是明显的。

---

〔86〕　参见陈艳:《对流动摊贩今后可登记为个体工商户的几点思考》,载《中国工商报》2009年9月2日,第3版。

〔87〕　参见陈琳玲:《论流动摊贩的登记制度》,载《东方企业文化》2012年第7期。

四、我国商事登记豁免制度的构建及除外规定的范围

（一）我国商事登记豁免制度的构建

通过以上分析，笔者认为，我国未来统一商事登记制度的构建，在总体延续并坚持现有法定强制主义登记原则和制度的同时，应适度引入任意主义登记原则和制度，创设商事登记豁免制度。目前我国统一商事登记制度尚未在全国建立起来，地方先行先试主要为广东、福建等经济特区，其中以《深圳经济特区商事登记若干规定》（2012 年，2020 年修订）、《珠海经济特区商事登记条例》（2012 年）、《厦门经济特区商事登记条例》（2013 年）、《广东省商事登记条例》（2015 年，2019 年修订）、《中国（海南）自由贸易试验区商事登记管理条例》（2018 年）等几个地方规范性文件，最具有代表性，它们一个共同点就是通过探索，初步建立起统一商事登记的基本制度框架。但在这些地方性商事登记规范性文件中，真正建立商事登记豁免制度的只有广东省第十二届人大常委会于 2015 年 12 月 3 日通过的《广东省商事登记条例》（2019 年修正），该条例第 65 条第 1 款规定，"法律、法规规定食品摊贩经营、农民销售自产或者未经加工的农副产品等无需办理商事登记的，从其规定"，此一规定，是我国自 1949 年以来，除 1951 年原中央贸易部的《行商管理暂行通则》之外，另一部对可以适用豁免登记作出明确规定的法律文件，具有一定的标志性意义。

创设商事登记豁免制度，应从以下四个方面入手。

1. 商事登记豁免制度的总体原则应是适度引入商事登记的任意主义原则，豁免特定范围或类型的经营者之强制登记义务，而非绝对的不登记和登记机关拒绝登记。也就是说，商事登记豁免制度的实质是强制主义登记制度的必要、有限的补充或缓和，它把是否登记的决定权、选择权交由特定范围、类型的营业当事人自己，而非由法律强制规定其必须进行登记。如营业当事人选择登记，法律应予鼓励，并应切实保护。

2. 确定适度的范围。根据主要国家或地区的立法经验和制度范例，商事登记豁免的对象不可太宽，太宽、太泛就实质上变为英美法系国家或地区所奉行的任意主义原则，这与我国的法制传统、制度惯性和人们观念尚不相符；但是，范围也不能太窄，太窄了就无实质意义。就既有存在豁免登记制的国家或地区的经验而言，商事登记豁免的对象一般为自然人商人、小规模商人、家庭经营者、传统手工业经营者、无固定场所经营者等几类，我国未来商事登记豁免对象也可参考这几个方面。

3. 在创设商事登记豁免制度时，应对没有履行登记之事实经营的债务处理原则作出明确规定。豁免登记的对象，通常属于经营规模、交易效益、营业收入不是很高的特殊商人群体，其承受市场风险和债务履约的能力一般不是很强。因此，在经营过程中就必须强化对交易相对人和债权人的保护，如此才能在鼓励营业、促进生产、保障底层商民生存权与发展权的同时，又能做到维护市场秩序、交易安全和相对人的利益。基

于此，立法在创设商登记豁免制度时，还须明文规定，未经商事登记，不产生相应登记所产生的所有法律后果，投资者、经营者或交易者，应对其在营业中所生债务，负无限连带责任；如以家庭经营的，应以全体家庭财产及家庭成员之个人财产予以清偿。如此规定，才可通过任意登记、豁免登记以收强制登记之效果，进而起到督促营业当事人积极申请登记的预期、良好制度效应。

4. 创设商事登记豁免制度，必须在法律上切实、有效地保护属商事登记豁免对象及没有登记的投资者、经营者或交易者的经营财产和营业收益。不能在法律上豁免其强制登记义务，而在行政执法或诉讼中，对其经营财产和营业收益进行否认甚至剥夺。如果这样，商事登记豁免制度的创设就没有实质意义。

以上四个方面，是创设商事登记豁免制度必须把握的，缺少或遗漏任何一个方面或环节，这一制度都无法达到预期目的。

（二）我国商事登记豁免除外规定的范围

关于商事登记豁免的具体对象和范围，国内学者有不同看法，有学者认为固定、连续地从事经营活动的企业和个人可适用强制登记，但主要用于自己基本生活需要的家庭农、林、牧业经营者和商场外临时性设摊经营者、沿门沿街叫卖者、农村承包经营户等小规模经营者则不必纳入强制登记的范围。〔88〕但有学者认为应包括农村承包经营户和小商人；〔89〕有学者认为应包括商摊商贩、个体工商户、农村承包经营户等几个方面；〔90〕有学者认为应包括个体工商户、流动摊贩类小商人等；〔91〕有学者认为参考国际上的通行做法，可把商事登记豁免的对象列举如下：在集贸市场或者地方人民政府指定区域内销售自产农副产品的农民；合法经营的无固定经营场所摊贩；直接以个人名义、不需名称的农、林、渔、牧业者和家庭手工业者；经营规模小、以个人名义经营的谋生型的与居民生活息息相关的小餐饮、缝纫、修理等服务行业的个体工商户等。〔92〕还有学者认为，商事登记豁免的范围包括：无固定经营场所的摊贩；家庭农、林、渔、牧业者；家庭手工业者；月销售额未达营业税起征点者。〔93〕

笔者认为，根据以上分析，基于国务院2017年颁发的《无证无照经营查处办法》第

---

〔88〕　参见冯果、柴瑞娟：《我国商事登记制度的反思与重构——兼论我国的商事登记统一立法》，载《甘肃社会科学》2005年第4期；施天涛：《商法学》，法律出版社2006年版，第73页；邹海林、张辉：《商法基础理论研究的新发展》，中国社会科学出版社2013年版，第122－123页。

〔89〕　参见任尔昕、石旭雯：《商法理论探索与制度创新》，法律出版社2005年版，第162页；苗延波：《商法通则立法研究》，知识产权出版社2008年版，第176页。

〔90〕　参见王妍：《商事登记中公权定位与私权保护问题研究》，法律出版社2011年版，第253－255页。

〔91〕　参见赵万一主编：《商事登记制度法律问题研究》，法律出版社2013年版，第296－297页。

〔92〕　参见冯炬文：《个体工商户豁免登记问题的思考》，载《珠海特区报》2013年12月9日，第6版。

〔93〕　参见刘训智：《商事登记统一立法研究》，中国政法大学出版社2015年版，第303－304页。

3条规定,参考不同国家或地区的立法例和制度例,更重要的是从商事登记豁免制度为法定强制主义登记原则之补充和鼓励营业之特殊功能来分析,建议未来我国商事登记豁免制度的除外对象,可作以下考虑:(1)无固定经营场所的摊贩经营者;(2)家庭农、林、渔、牧业经营者;(3)家庭手工业经营者;(4)利用自有房屋的小规模民宿或餐饮经营者;(5)个体投资者;(6)临时性贩卖者或经营者;(7)小规模网商;(8)每月销售额未达我国营业税起征点者。对此,我国未来的"商事登记法"应作出明确规定。〔94〕

---

〔94〕 参见肖海军:《我国商事登记豁免制度的构建》,载《法学》2018年第4期。

中编　要 素 论

□商事登记的主管机构

□商事登记的审查程序

□商事登记的注册事项

第七章　商事登记的主管机构

第一节　商事登记主管模式的制例考察与现状省思

商事登记因营业当事人或登记申请人申请而启动，涉及的相关主体包括登记机关和商事登记义务人（申请人）等类型；[1]鉴于不同国家或地区的法律传统和制度范例存在较大差异，相应地，商事登记的主管模式、登记机关的地位属性和登记管辖的原则也就存在很大不同。

一、不同国家或地区商事登记主管模式的比较与启示

在讨论商事登记主管模式与考察不同商事登记主管机构范例时，一个最基础的问题，即商事登记究竟是由国家机关来主管，还是由民间自治组织来主导，根据主管或主导的权力来源与机关或组织属性地位的不同，可分为民间主导模式和国家主导模式两种。

（一）民间主导模式

民间主导模式，又称社会自治主导模式，系指由民间自治或社会自治力量所设立的组织或机构，来主持、办理有关商事登记事务的制度模式。民间主导模式是中世纪行会许可登记模式在近代的延续、改造和发展，一般是由具商人自治性、服务性的共同体组织如商会来负责。目前全世界以荷兰最为典型。在荷兰，“商业登记仅为公众提供信息来源”，据《荷兰商事注册法》规定，具非官方性质或地位的荷兰总商会下设的商事登记注册服务中心，负责商事登记、注册事务；地方商会也设立相应的商事注册登记机构，隶属于当地商会，负责地方商事登记事务；经商业注册的相关法律文件和登记档案，则由当地商会负责保管。[2]德国历史上在讨论商业登记管辖权和制定《商事登记

〔1〕 参见张民安：《商法总则制度研究》，法律出版社2007年版，第441－443页。

〔2〕 参见周林彬、任先行：《比较商法导论》，北京大学出版社2000年版，第239页；范健主编：《商法》，高等教育出版社、北京大学出版社2007年版，第67页；曾大鹏：《中国商法通则理论与立法研究》，法律出版社2013年版，第116－117页。

施行法》《商事登记建立和管理规定》时，就有人曾提出过由商会或行会负责注册的方案，但后来被放弃；德国的商事登记虽由法院主管，但规则仍受中世纪行会登记制的影响较大。[3]此外，瑞士的商事登记虽由地方州政府负责，但实际上其登记注册机构是独立运行的，也有某些民间主导的痕迹。[4]

（二）国家主导模式

国家主导模式，即由国家利用公共性、权威性、管辖性等公权优势，由特定、具体的国家机关来负责主管、办理有关商事登记事务的制度模式。目前世界绝大多数国家或地区，均选择此一模式。国家主导模式又因主管机关性质或地位的不同，可分为行政主管型、法院主管型、行政兼法院主管型等不同模式。

1. 行政主管型商事登记模式

行政主管型商事登记，即由国家某特定行政机关具体负责主管商事登记、注册、管理事务的商事登记模式。行政机关主管模式主要被绝大多数英美法系国家或地区如英国、美国、加拿大、澳大利亚、新西兰、新加坡等所采用；而相反，大陆法系中只有西班牙、瑞士、巴西、泰国、中国等少数国家或地区采用此模式。

第一，主要英美法系国家或地区的商事登记主管机构。《英国公司法》规定，公司组建的各种申请文件，在作真实性声明并提交申请的情况下，由公司注册署的登记官负责登记（第 13 条）；公司或企业的登记官由国务大臣任命，分英格兰、威尔士、苏格兰、北爱尔兰和特定地区的公司登记官或登记官（第 1060 条）；登记官负责履行公司、合伙、破产财产、产业和商业社团、土地、住房等领域设立、变更、注销登记事务与登记管理职责（第 1061 条），并掌握和管理登记官的公章（第 1062 条），签发并出具设立证明文件等（第 1064 条）；登记官认为法律对登记的要求得到遵守，则“应当登记被提交的文件”（第 14 条）。[5]英国公司注册署成立于 1844 年，隶属于政府贸工部，北爱尔兰公司登记工作则由北爱尔兰自治政府的经济发展部负责；公司注册署虽为政府机构，但 1991 年英国政府机构改革后，公司注册署经费由政府财政拨款转变为自收自支，成为隶属于政府的非营利性政府服务机构。公司注册署和登记官的主要职责为：(1)负责公司或企业的登记；(2)接受公司的年报、季报等文件；(3)负责督促已登记的公司履行相关信息披露义务；(4)负责对登记、注册文件、材料的整理、归档和备案；(5)记录公

---

〔3〕 参见[德]罗尔夫·施托贝尔：《商事登记簿与行会》，卜元石译，载范健等主编：《中德商法研究》，法律出版社 1999 年版；[德]C. W. 卡纳里斯：《德国商法》，杨继译，法律出版社 2006 年版，第 72、76 页；冯翔：《论公信力与商事登记机关》，载《宁夏大学学报（人文社会科学版）》2013 年第 3 期。

〔4〕 参见《瑞士债法典》，吴兆祥等译，法律出版社 2002 年版，第 272－274 页；《瑞士债务法》，戴永盛译，中国政法大学出版社 2016 年版，第 409－410 页。

〔5〕 参见《英国 2006 年公司法》（第 3 版），葛伟军译注，法律出版社 2017 年版，第 10－16、883－924 页；林少伟：《英国现代公司法》，中国法制出版社 2015 年版，第 84－93 页。

司担保、破产等重大事项;(6)为公众提供商事注册、登记信息公示与查询服务等。[6]

在美国,公司、合伙等企业设立和其他商事登记由各州的州务卿办事处负责主管和登记;州务卿办事处或办公室为美国州政府内设主管公司、合伙登记的专门机构,负责公司、合伙等企业的登记注册;州务卿则为具体办理公司、合伙登记、备案的责任人员。例如,《美国统一合伙法》(1997 年修订)第 105 条规定,合伙协议和基于合伙协议的各种声明,“可在州务卿办事处进行注册申报”。[7]又如《美国标准公司法》第 1 - 30 条规定,公司登记由州务卿负责办理,“州务卿具有合理及必要的权力以履行本法要求其履行的责任”,其登记职责包括公司文件备案、行政解散、司法解散、公司授权证书的撤回等备案登记等;其第 1 - 20 条规定,只有“为在州务卿处备案”的文件,才适用本公司法的有关规定;其第 2 - 03 条规定,州务卿将公司章程备案是证明发起人已满足成立公司所有先决条件的决定性证据,除非该州取消或撤销成立公司的程序或者强制公司解散。[8]再如《特拉华州普通公司法》第 101 条规定,“任何个人、合伙、社团或者公司,不论居所、住所或注册地所处州别,都可以按照本编第 103 条的规定签署、确认并提交章程大纲于州务院公司处备案,从而单独或者与他人共同设立或者组建本章规定的公司”;其第 103 条规定,公司设立各种文书,向州务卿提交备案后,在备案当日生效。[9]由于各州的法律和规定有所不同,因此,美国各州公司注册登记的程序也有较大差异,多数州的公司注册通用程序为:(1)向州务卿递交公司章程或其他注册文件;(2)公司章程或其他注册文件经州务卿审查后,即予以备案,注册宣告完成,州务卿备案登记之日即为公司成立之日;(3)州务卿代表州政府向登记申请人颁发备案注册证书或营业执照,或者由州务卿在公司注册文件的副本上盖章后退回,或者仅以盖有州政府或州务卿签章的收据作为注册凭证;(4)公司章程和其他注册文件的原件由各州的州务卿备案、保管、公示;(5)公司章程、注册文件和其他相关信息存入电脑数据库,以供公众查阅。[10]

在加拿大,公司、合伙注册由政府下设的公司注册局主管和负责,加拿大公司注册机构分中央注册局及地方分局、地方注册局两部分组成。[11]在魁北克,负责公司设立注册的机构即为魁北克公司注册管理局;任何想要在魁北克设立公司的发起人,均须向魁北克公司注册管理局提交公司设立申请;公司注册管理局负责审查申请材料是否

---

〔6〕 参见国家工商行政管理总局赴德国、英国考察团:《德国、英国企业登记管理制度考察报告》,载《工商行政管理》2005 年第 9 期。

〔7〕 参见虞政平编译:《美国公司法规精选》,商务印书馆 2004 年版,第 178、555 - 556 页。

〔8〕 参见沈四宝编译:《最新美国标准公司法》,法律出版社 2006 年版,第 5、16、26 - 27 页。

〔9〕 参见《特拉华州普通公司法》,徐文彬等译,中国法制出版社 2010 年版,第 3、10 - 23 页。

〔10〕 参见胡果威:《美国公司法》,法律出版社 1999 年版,第 32 - 33 页。

〔11〕 参见刘艺工主编:《加拿大民商法》,民族出版社 2003 年版,第 124 - 125 页。

完备,审查申请表填写是否完整;如申请文件和处理符合形式要求,则由公司注册管理局颁发设立证书;公司注册后,所有设立公司准备或制作的各种文书及材料,均须由公司制作档案,并妥善保管。〔12〕

澳大利亚、新西兰、新加坡等也循英美法系商事登记制度,如在澳大利亚,公司登记是由澳大利亚中央政府主管,具体登记机关为隶属于联邦财政部的证券与投资委员会负责;而各州与地方政府则负责合伙企业、独资企业的注册、登记。〔13〕在新西兰,公司是由隶属于中央经济发展部的公司注册署负责主管、登记;合伙企业、独资企业则由各地方政府的税务部门主管并负责登记。〔14〕在新加坡,政府下设的会计与企业管制局(原为公司商行登记注册局,以下简称企业管制局),为新加坡的唯一公司、企业注册与管理机构;企业、公司注册一般都通过专业的秘书公司或中介机构向企业管制局提交注册申请;企业管制局经审查,如不具备法人资格的一般商行,企业管制局受理之后只需一天就可注册;如涉及公司或商号的注册、登记,则需约4个工作日;特殊行业还需政府监管部门批准、取得许可(牌照)后方可营业;企业管制局定期与行会举行协商座谈会听取行会的各种意见。〔15〕

第二,代表性大陆法系国家或地区的商事登记主管机构。《西班牙商法典》第17条规定,省会城市和有必要的城市,依法设立商业登记中心,负责管辖、受理并注册各地方的商事登记,其中设立分公司时,除总公司须登记外,还须在该省登记中心对分公司另行登记;首都马德里设立中央商业登记中心,仅负责商事登记信息的交换和发布,而不负责具体商事登记业务。商业登记处和商业登记中心的人事受政府司法部监督。〔16〕

根据《瑞士债务法典》第927—931条规定,瑞士的商事登记由各州行政机关设置专门的登记注册机构或中心主管和负责,并设监督机关予以监督;负责登记职责的商事登记官接受当事人及监督机关的监督。瑞士联邦委员会则负责:(1)对商事登记簿的设置、保管和监督,登记程序,登记申请,应提交的文件及审核,登记内容,登记费用和登记异议的提出进行相关立法工作;(2)商事登记簿和商事登记机关之间的信息交

〔12〕 参见焦杰等:《魁北克商法》,中国政法大学出版社2014年版,第50、54-55页。

〔13〕 参见国家工商行政管理总局赴澳大利亚、新西兰考察团:《关于澳大利亚、新西兰商事登记和个体商贩登记管理的考察报告》,载《中国工商管理研究》2003年第4期。

〔14〕 参见国家工商行政管理总局赴澳大利亚、新西兰考察团:《关于澳大利亚、新西兰商事登记和个体商贩登记管理的考察报告》,载《中国工商管理研究》2003年第4期。

〔15〕 参见樊亦军:《从新加坡企业登记注册制度看我国企业登记注册制度与国际惯例接轨——关于我国企业法人登记的改革设想》,载《中国工商管理研究》1994年第4期。

〔16〕 参见《西班牙商法典》,潘灯、高远译,中国政法大学出版社2009年版,第7-8页。

换和管理;(3)设立"瑞士商事公报",为商事登记机关提供公告平台。[17]

《巴西民法典》第1150条规定,企业主和企业性公司由其所在地的联邦或州的办公机构负责主管和登记,并在有很大流通量的日报上发布登记公告;企业主和企业性公司的分支机构、子公司或代理处登记,则由分支机构、子公司或代理处所在地联邦或州的办公机构负责主管和登记,并负责发布登记公告;外国企业的分支机构、子公司或代理处登记同此。[18]

2. 法院主管型商事登记模式

法院主管型商事登记,即由国家特定司法机关或准司法部门负责主管商事登记、注册的商事登记模式。此一商事登记主管模式为多数大陆法系国家或地区所采用,如德国、意大利、日本、韩国等。

《德国商法典》第8条规定,商事登记簿由法院管辖并以电子方式管理;其第29条规定,商号和商事登记,由义务人"向营业所在地辖区的法院申请"。[19]《德国股份法》规定,"以无其他规定为限",股份公司设立应向公司住所地所在辖区的法院申报商业登记(第14条);《德国有限责任公司法》规定,"公司应向其住所所在辖区的法院申报商业登记"(第7条);[20]而依照《德国非诉案件法》第125条规定,由基层法院行使商事登记职责。[21]德国商事登记管辖权的确立虽一直存有争议,[22]但就法律的原则性规定来看,一般认为,商事登记是由营业所在地辖区的基层法院负责主管。具体而言,为有效履行商事登记职责,德国地方法院内设专门的企业注册部,分设5名法官和其他辅助工作人员,并置商业登记簿办理商业登记;企业注册部包括负责有限责任公司、股份有限公司的注册事宜和负责无限公司、合伙的注册事宜两个部门;除办理商主体登记外,在德国还有一种"根据德国公共秩序法规定的营业资格登记",由德国负责公共秩序管理的工商管理局进行登记。[23]

《意大利民法典》对商事登记有如下规定:(1)企业主与企业登记由隶属于法院的

---

[17] 参见《瑞士债法典》,吴兆祥等译,法律出版社2002年版,第272-274页;《瑞士债务法》,戴永盛译,中国政法大学出版社2016年版,第409-410页。

[18] 参见《巴西新民法典》,齐云译,中国法制出版社2009年版,第171-172页。

[19] 参见《德国商法典》,杜景林、卢谌译,法律出版社2010年版,第5、20-21页。

[20] 参见《德国股份法·德国有限责任公司法·德国公司改组法·德国参与决定法》,杜景林、卢谌译,中国政法大学出版社2000年版,第5、177页;《德国商事公司法》,胡晓静、杨代雄译,法律出版社2014年版,第28、69页。

[21] 参见[德]C. W. 卡纳里斯:《德国商法》,杨继译,法律出版社2006年版,第75-78页。

[22] 参见[德]罗尔夫·施托贝尔:《商事登记簿与行会》,卜元石译,载范健主编:《中德商法研究》,法律出版社1999年版;李克武:《公司登记法律制度研究》,中国社会科学出版社2006年版,第93-97页。

[23] 参见国家工商行政管理总局赴德国、英国考察团:《德国、英国企业登记管理制度考察报告》,载《工商行政管理》2005年第9期;王令浚:《商事登记法律制度研究》,对外经济贸易大学2007年博士学位论文,第78页。

企业登记机构负责主管(第 2192 条),企业登记簿由企业登记机构保管并由法院院长任命的法官监管(第 2188 条)。(2)登记应当根据利害关系人的申请进行;在进行登记前,企业登记机构引导对署名的真实性以及申请是否符合法律规定的登记条件进行审查;如登记申请被驳回,企业登记机构应当用挂号信通知申请人;申请人可在 8 日内向负责登记事务的法官提起诉讼,由其作出裁决(第 2189 条)。(3)应强制登记而企业主又未提出申请的,企业登记机构用挂号信通知企业主在一定期限内提出登记申请;逾期仍不申请者,负责登记事务的法官可以作出裁定(第 2190 条)。(4)已经完成的登记如不具备法定要件的,在听取利害关系人的意见后,负责登记事务的法官可以裁定撤销登记;当事人可自接到裁定通知起 15 日内提起诉讼;对诉讼作出裁决,企业登记机构应当依职权记录在登记册上(第 2191 条、第 2192 条)。(5)法律规定必须登记而未登记的企业行为,不得对抗第三人,但能够证明第三人知道的除外;自完成登记之时起,第三人不得再以不知道依法必须进行登记的事项为由提出异议(第 2193 条)。〔24〕

《日本商法典》商事登记部分对商事登记的机构、主管和管辖虽无具体规定,但有关商号、公司法编的规定,则明确由法院主管商事登记的体制;〔25〕《日本商业登记法》更对商事登记主管和机构有具体、明确的规定,即商事登记事务由当事人营业所所在地的法务局或地方法务局、其分局或派出机构负责办理(第 1 条之 3);日本法务局为设置于法院但独立运行的管理国籍、户籍、登记等专门机构,受中央法务大臣管辖;法务大臣可将某一登记处所管辖的事务委托给其他登记处(第 2 条);商事登记事务由登记官(包括法务局长或地方法务局长从登记处从事公务的法律事务官中指定的人员)负责办理(第 4 条);并应当按照规定,进行回避(第 5 条)。〔26〕《日本公司法典》第 7 编杂编第 4 章"登记"规定,公司设立、变更、注销中依法规定应当登记的事项,根据当事人的申请或法院书记官的委托,依照商业登记法的规定,在商业登记簿上予以记载(第 907 条);股份公司、持股公司在其总公司所在地进行设立登记后成立(第 49 条、第 579 条),〔27〕等等,这些规定均确立司法机构对商事登记的主管权。

韩国商事登记基本沿袭日制,如《韩国商法典》规定,"依照本法必须进行登记的事项,根据当事人的申请,应在其营业所在地的管辖法院的商业登记簿上进行登记"。〔28〕

---

〔24〕 参见《意大利民法典》,费安玲等译,中国政法大学出版社 2004 年版,第 511 – 512 页。

〔25〕 参见《日本最新商法典译注》,刘成杰译注,中国政法大学出版社 2012 年版,第 21 – 25 页;[日]近藤光男:《日本商法总则·商行为法》,梁爽译,法律出版社 2016 年版,第 30 页;[日]近藤光男:《最新日本公司法》,梁爽译,法律出版社 2016 年版,第 16 – 17 页。

〔26〕 参见《日本商业登记法》,庄玉友译,载王保树主编:《商事法论集》(第 22 卷),法律出版社 2012 年版。

〔27〕 参见王保树主编:《最新日本公司法》,于敏、杨东译,法律出版社 2006 年版,第 76、310、480 页;吴建斌编译:《日本公司法》,法律出版社 2017 年版,第 24、301、474 页。

〔28〕 参见《韩国商法》,吴日焕译,中国政法大学出版社 1999 年版,第 9 页;周玉华主编:《韩国民商事法律汇编》,金万红、郑才荣译,人民法院出版社 2008 年版,第 284 页。

3. 行政兼法院主管型商事登记模式

行政兼法院主管型商事登记,即由国家某特定行政机关和司法机关共同或分别负责、具体分工商事登记与管理事务的商事登记模式。在法国,地方商事登记是由地方法院主管商事登记注册的书记官负责,而中央则由内设于工业产权保护局内的中央商业登记簿机关负责。

法国行政兼法院型商事登记模式是特殊的历史原因和法律传统演化的结果。1807 年之后《法国商法典》主要延续 1673 年《陆上商事条例》和 1681 年《海事条例》所规定的商事许可登记程序。其中《法国商法典》第 2 条规定,欲为商业,需以父母许诺之书或亲族主会议承诺书,并登记于欲为住所之地的商法裁判所之簿册,同时贴附经营之事项;《法国商法典》第 3 卷"公司编"第 37 条规定,成立股份公司须经皇帝允许方得设立。1867 年 7 月 24 日,法国国会通过新的法案,为股份公司设立提供法律上的便利条件,新法案规定,所有股份公司的设立须经行政许可。〔29〕此外,1919 年 3 月 18 日,法国国会以特别法令的形式,规定在地方商事法院增设"地方商业登记书记官"(greffier du tribunal de commerce)和"地方商业登记簿";1935 年 10 月 30 日,又以特别法令的形式,增加国家工业产权局(institut national de la propriété industrielle,又译为国家无形财产管理局)的"中央商业登记"职能,赋予其以履行国家商事登记机关(registre national du commerce)的职能,并增设"中央商业登记簿",〔30〕进而形成中央与地方分域、行政与法院兼理的双层、双轨制商事登记模式。

(三)不同国家或地区商事登记主管模式的启示

上述不同商事登记主管模式,其形成均有其特殊的历史原因、法律传统和社会背景,如荷兰之所以选择商会主管登记模式,是因为荷兰的商事登记直接沿袭中世纪的行会登记制度;鉴于荷兰是中世纪商会比较发达的地区,又是近代公司、股票、商事登记、交易所等主要制度的发源地,也是最早跨入近代工商文明和制度的国家,故在近代转型过程中就没有像其他国家或地区经历过那样多的磨难和曲折,也就没有必要对中世纪延续下来的制度进行大幅度改造;更因荷兰是一个典型的袖珍型国家,由属民间性质的商会来主导商事登记,无论在理论上,还是在实践上,均具合理性与可行性。如此,世界上也就只有荷兰等极少数国家或地区采用此模式。

英美法系国家或地区,之所以绝大多数选择国家公权机关,而没有选择民间自治机关,是因为英美法系国家或地区具有高度发达的工商业自治文化和制度体系。但相对而言,尚没有一种让所有企业、公司和社会认可的社会自治机构或中介力量,足以赢

---

〔29〕 参见[法]伊夫·居荣:《法国商法》(第 1 卷),罗结珍、赵海峰译,法律出版社 2004 年版,第 18 页。

〔30〕 参见任先行:《商法原论》(下册),知识产权出版社 2015 年版,第 740 页;张民安:《法国商事登记制度研究》,载王保树主编:《商事法论集》(第 11 卷),法律出版社 2006 年版。

得所有市场主体的认可,因而转而求之国家公权的代言和中介。然而,在国家公共权力中,之所以要选择行政机关而非法院,一则英美法系的行政机关本来就是服务型的,与大陆法系的管制性有很大差异;二则法院的职能是解决争讼和事后救济,商事登记不具有这样的属性;三则法院之审查与裁定效率比较低下,相对而言,政府之行政办事效率更高;四则在政府登记机关与申请人之间形成矛盾、争讼时,法院还可进行裁判与救济,给予有效的监督。正因如此,英美法系多数国家或地区就选择行政机关主导主管的商事登记模式。至于部分大陆法系国家或地区亦采此模式,据笔者考察,也跟这些国家或地区的历史、法律与制度传统有关,在此不再赘述。

多数大陆法系国家或地区之所以选择由法院或准司法机构来主管商事登记,而非选择行政机构,一个很大的原因就是受法国的影响。法国为欧陆近代成文法典特别是成文的民法、商法的创始作俑者,因其独特原因在近代商事登记制度转型过程中,采用法院主管登记有很大偶然性,但该制一经形成就具有极大的示范效应。除此之外,还有诸多原因,导致部分国家或地区选择法院而非行政机关,一则因为大陆法系国家或地区的行政机关,具有很强的管控意识,而商事登记仅为事实性、确认性或公示性登记,与其行政理念和行事方式格格不入;二则大陆法系的行政机关没有英美法系的服务意识,许可式的办事思维和各种复杂的行政程序,导致其与商民的意识严重冲突,故总体登记效率不高;三则在行政登记机关与申请人之间发生冲突、纠纷,行政机关的公权强势与先入为主的证据观念,使律师、法院难以取证和质证。相对而言,如登记主管机关为法院,问题就迎刃而解。

以上比较考察与初步分析,无疑对我国商事登记主管机构的职能定位与改革有一定启示。

二、我国商事登记机构的源流考察与现状分析

(一)从古代户部到近代工商部、实业部

中国古代没有具近代实质意义的商事登记制度,自然也无对应、专门的商事登记机关。总体上,工商业管理中绝大部分事务属中央户部、极少部分属于工部的主管范畴,其中,户部之下的关厘、课程等,属商事交易的范畴。至于管理机关,基本上处兼理状态,如管理城市集市贸易的官职,就有西周春秋时的“司市”“市令”“贾正”等,秦时的“列伍长”,唐代的“市令”,宋之“都市易司”,元之“税课”,明之“兵马司”,清之“提督”等;专卖制度下的管理机关,也有秦时“田啬夫”“部佐”,汉之“盐官”“铁官”,唐以后的各种“盐运使”“转运使”“市舶使”“市舶提举司”等。古代工商业管理机关,有三大特点:(1)均为行政机关;(2)均为兼理状态,如城市“市令”之类机构或官员,既负责城市治安,又负责集市贸易的管理;(3)根据需要随时设定,特别是有关专卖制度方面的机构设置,有很强的针对性。

清末变法修律、引入近代商事登记制度的同时，也启动官制改革，1903 年 7 月清政府正式设立商部；同年 9 月，工商两部合并，改为农工商部，分设农务、工务、商务、庶务等四司，其中商务司负责商政、商务、学堂、公司、局、厂等职责，分设工艺局、商律馆、商标局、度量衡局等机关，主管工商业、企业的登记、注册；1907 年 5 月各省分设劝业道，分掌中央、地方农工商业及交通事务，其中劝业道中的商务科，负责商务及商事登记事宜。

孙中山建立南京临时政府之后，为鼓励、促进和保护民族工商业的发展，专设实业部以振兴实业，并负责注册给照。北京政府时期，改实业部为工商部；1914 年更为农商部，各省陆续设立实业厅或建设厅，主管商事登记。

南京国民政府时期，1928 年的工商部、1931 年的实业部、1937 年的经济部，均为各个时期商事登记的中央主管机关。不仅如此，由于南京国民政府奉行分层、分类的商事登记，把商事登记区分为营业登记和公司登记两大类：（1）根据《商业登记法》（1937 年）规定，一般性的商业登记由县府、市府管辖，在直辖市为社会局，在省为建设厅，在中央为经济部；（2）根据《公司法》（1929 年）规定，公司登记则由省、直辖市管辖，一般市、县无管辖登记权，主管官署在省为实业厅，隶属于台湾地区行政管理机构的直辖市为社会局，在中央为实业部。〔31〕这种分类、分层主管、管辖制度，融合当时大陆法系与英美法系某些国家或地区的优点，有一定的代表性和参考性。〔32〕

（二）20 世纪 50 年代以来工商登记机构的体制变迁

1949 年 10 月，中华人民共和国成立以后，内设有财政经济委员会和中央私营企业局，以负责全国的私营工商业企业的管理和登记工作，各省、市则分别有工商局、商业厅、工业厅等机构负责。1952 年 11 月，政务院财政经济委员会下发通知，决定把中央私营企业局更名为中央工商行政管理局，各大区及省市之财政经济委员会内仍设私营企业专管机构，与政府工商行政管理局取得联系。〔33〕1954 年第一届全国人大常委会第二次会议决定，在国务院下设中央工商行政管理局作为直属机构，受负责管理全国的工商业和工商业的登记工作。从中央私营企业局到中央工商行政管理局，反映政府促进、服务、保护私营企业，向限制、整顿、管理私营工商业理念、政策、态度的转变。

工商行政管理机关在 1962—1964 年之工商业登记过程中，是审批机关，采用的登记形式是审批式的许可主义和实质审查方式，工商行政管理机关也面临转型或者被裁

〔31〕　工商行政管理史料编写组编：《工商行政管理史料》（上卷），中国工商出版社 2008 年版，第 250 - 252 页。

〔32〕　参见韦浩：《民国时期商事登记法律制度研究》，中国工商出版社 2006 年版，第 138 - 139 页。

〔33〕　参见原政务院财政经济委员会：《关于"中央私营企业局"更名为"中央工商行政管理局"的通知》，载《工商行政通报》1953 年第 1 期。

并的困境。1959年6月，国务院调整办公机构中决定撤销负责资本主义工商业改造的第八办公室，其属下的中央工商行政管理局也改由国务院财贸办公室掌管，主要职责是与负责购销调配的商业部配合，强化对市场的管理；1970年6月，中央批准将中央工商行政管理局并入商业部。工商行政管理机构的境况，实际折射出此一时期商事登记制度的境况，在没有私人资本、民间营业、民营企业特别是没有营利性市场交易作前提的情况下，不仅商事登记制度不可能产生，也无执掌工商业登记的工商行政管理机构存在的必要。

1978年9月经中央批准，决定恢复成立工商行政管理总局，直属国务院，由国务院财贸小组代管，主要职责为"维护国家计划，保护正当的经营活动"。1982年8月，全国人大常委会批准《关于批准国务院直属机构改革实施方案的决议》决定组建新的国家工商行政管理局，其主要职责为"拟定有关工商行政管理的法律、法令和规章制度，对工商企业实行经济监督，保护合法经营"。1988年4月全国人大通过《国务院确定行政机构设置》，国家工商行政管理局的主要职责确定为"依法确定各类工商企业和个体工商业的合法地位"。1993年3月全国人大批准《关于国务院机构改革方案的决定》和《关于国务院机构设置的通知》，国家工商行政管理局为国务院直属机构。1998年3月依据《关于国务院机构改革方案的决定》(1998年)和《国务院关于机构设置的通知》(国发〔1998〕5号)，国家工商行政管理局的主要职能为"组织管理工商企业和从事经营活动的单位、个人的注册，依法核定注册单位名称，审定、批准、颁发有关证照，实行监督管理"。2001年4月根据国务院《关于国家工商行政管理局、新闻出版署、国家质量技术监督局、国家出入境检验检疫局机构调整的通知》(国发〔2001〕13号)，设立新的国家工商行政管理总局。2003年3月根据国务院《关于机构设置的通知》(国发〔2003〕8号)，国家工商行政管理总局作为国务院主管市场监督管理和工商行政执法的直属机构，既是经济监督机关，也是行政执法机关。2008年3月十一届全国人大一次会议通过《关于国务院机构改革方案的决定》，国家工商行政管理总局得以继续保留。2013年3月十二届全国人大一次会议通过《关于国务院机构改革和职能转变方案的决定》，国家工商行政管理总局仍然延续原制，但根据"改革工商登记制度"这一总的目标要求，赋予了工商行政管理部门以新的职责，即"将注册资本实缴登记制改为认缴登记制，并放宽工商登记其他条件"。这一机构设置和运行体制一直延续至2018年。

除中国内地(大陆)外，我国香港特别行政区、澳门特别行政区和台湾地区，也采用商事登记的行政主管制。在我国香港特别行政区，商事登记机关为特区政府之下的公司登记处；〔34〕《香港公司条例》规定，公司设立须把设立的各种资料及申请文件，备存于公司登记处并予以登记、纪录，由处长继续备存并予以公告(第27条)；公司注册处

---

〔34〕 参见朱大明：《香港公司法研究》，法律出版社2015年版，第23-24页。

为特区政府之下专门办理公司、企业、不动产登记的行政服务机构,公司注册处处长由特别行政区行政长官委任,行政长官还可为登记事务需要委任其他人员(第21条)。在我国澳门特别行政区,商事登记机关为特区政府法务局下的商业及不动产登记局;〔35〕《澳门商法典》规定,设立公司,须向有权限的登记局局长提交公司数据申请和公司所有设立文件,经登记注册,始可产生公司法上的效果(第186—190条)。〔36〕在我国台湾地区,商事登记机关为"经济部"及县、市政府。〔37〕

(三)我国商事登记机构及运行体制的主要问题

1.行政本位

行政本位是我国现行商事登记管理体制最为明显的特征,这一特征虽在总体贯彻国家政策、法律和具体方针上,有明显的制度优势,具有较高的执行力和贯彻力,但在登记申请人服务方面则存在明显不足:(1)行政本位观念中的政府本位、管理本位、管辖地域本位,决定管理机构在总体上对市场、商民、营业、交易存在滞后性,对营业当事人或登记申请人的真实需求缺乏应有的了解和必要的宽容。(2)行政本位导致国家本位、政府本位的先入为主,对民间营业有一种天然的警惕和防范心态,缺乏商事登记服务中应当秉持的客观、中立、体恤心态。(3)机构设置本着管理需要而非真正围绕营业的需要,如现行各级市场监管局下设的登记注册机构,完全按照行政区划、实行双重领导,就是一种按公共权力来分配登记管辖的体制,缺乏应有的专业性和独立性。而作为国家市场监管总局的服务、监督、协调、复决之地位、作用和功能,又往往被具体的登记事务所冲淡。(4)市场监管机构本身所载负职能和任务太多,诸如市场监管、商标监管、非法经营的查处、价格的查处等,而商事登记仅是其中一小块,管理性事务的繁重和复杂,使其难以集中力量关注商事登记。(5)公权属性和以监管、查处市场为主要任务,易忽视商事登记本应具有的服务意识、职能和功效。

2.管控模式

受古代管控思维和理念的影响,我国商事登记机构尚没有建立起有效的现代行政服务理念与价值观念。登记管控模式的形成,存在如下明显消极影响:(1)受管控思维和管控体制的影响,长期以来工商登记管理机关未完全形成营业当事人或登记申请人应作为其服务对象。(2)因为有先前的管控心理,进而导致后续登记注册程序的不顺和不畅,登记主管机关难以保证快捷、高效的服务。(3)管控模式导致政府和登记机关对民间营业特别是无证、无照营业缺乏必要的宽容,事前一律禁止和事后一概否认正是这一管控思维的集中折射。

---

〔35〕 参见冷铁勋:《澳门公司法论》,社会科学文献出版社2012年版,第195-197页。

〔36〕 参见赵秉志主编:《澳门商法典》,中国人民大学出版社1999年版,第61-62页。

〔37〕 参见黄昭元等主编:《综合小六法》,台北,新学林出版股份有限公司2017年版,第D-1页。

3. 许可观念

由于传统工商业管控模式、对民间营业秉持不应有的防范心态，加上现行《行政许可法》第12条第1款第5项规定，造成商事登记中仍然存在许可观念，把本应属于确认、备案性质的商事登记，看作商事行政许可，甚至错误地把其理解为政府市场准入的控制手段或管治措施，因为这一不恰当、不正确的许可观念存在，进而导致：(1)通过法律设置不合理的商事登记条件或程序，以增加商事登记成功的难度。(2)在法律规定之外任意附加额外的条件或程序，加重登记申请人的义务和登记申请的不确定性。(3)在登记程序中临时增加或附添一些条件或程序，拒绝受理登记申请或拒绝准予登记。(4)把各种登记行为的作出不视为登记机关应当履行的义务，却认为是行使管控的权力。在许可观念的影响下，影响商事登记应有制度功能的正常发挥。

4. 父爱主义

父爱主义是行政本位和家长制管理模式的必然现象，即管理者以家长甚至以父亲关注小孩的心态来对待所管理的社会成员和行政相对人；在商事登记中，此现象尤为经常和普遍。典型的就是登记机关秉持一种父爱心态，为营业当事人或登记申请人过分操心。例如，我国原《公司登记管理条例》(2016年修订)第2条第2款已明确规定，"申请办理公司登记，申请人应当对申请文件、材料的真实性负责"；也就是说，在申请公司登记过程中，登记人必须对其申请时所提交的所有材料之真实性，承担信用保证责任；如因申报材料存在失真或虚假，应由申请人或相关当事人承担失真、失信责任，登记机关自然概不负责；既然有此明确规定，登记机关就只应负责申请材料的形式审查就够了。然而，《公司登记管理条例》(2016年修订)第51条第1款第2项又规定，"申请文件、材料齐全，符合法定形式，但公司登记机关认为申请文件、材料需要核实的，应当决定予以受理，同时书面告知申请人需要核实的事项、理由以及时间"。2005年以来原《公司登记管理条例》虽经多次修改，但此一条款却一直保留下来，说明政府和登记机关仍然持有明显的家长制之父爱心态。

除此之外，类似这样的父爱主义条文还有不少。如登记申请人业经登记注册并领取营业执照之后如何营业，完全属营业当事人的私事，政府和登记机关本应尊重他们的自主、自为、自治、自律；即使营业当事人不能自治、自律，给国家、社会或他人造成损害，也只须依法承担法律责任即可。如此，对登记机关而言，只要履行注册、给照、公示(包括确保第三人可随时查询)等一系列登记义务，登记程序就已完成，登记工作就已终结，进而也就没有后续的其他额外义务。但原《企业法人登记管理条例》(2019年修订)第28条赋予登记主管机关对已登记注册的企业法人是否"按照规定办理开业、变更、注销登记"、是否"按照登记注册事项和章程、合同从事经营活动"、企业法人和法定代表人是否"遵守国家法律、法规和政策"、企业法人是否存在"违法经营活动"履行"监督管理职责"；这些规定也明显反映典型的父爱主义立法思维，如登记机关把主要精力和执法力量都耗在登记之后的事后监督，必然影响或制约登记机关登记注册主业职能的正常发挥。

5. 惯性思维

惯性思维是受行政本位、管控模式、许可观念、父爱主义等综合影响而形成一种在商事登记机关及所属工作人员的既有思维定式、办事模式、行事习惯或工作作风，其中最重要是管理式、防范式的办事方式，与现代行政服务理念可谓大相径庭。

综上所述，我国原有商事登记管理机构及因历史原因形成的以管理、控制、防范、监督型商事登记体制，对其作深入、系统完善，已十分必要。

第二节　商事登记主管机构的职能转型与组织重构

一、商事登记主管模式的方案选择

（一）商事登记主管模式的各种改革方案

我国现行商事登记机构及运行机制所存在的问题，说明对其改革的必要性和重要性，但如何改革，学界、业界尚有分歧，所提代表性方案有如下三种。

1. 法院主管登记方案。持此方案的学者，鉴于商事登记由行政机关主管，存在诸如行政机关滥用职权、行政登记办事效率拖沓低下、发生登记纠纷难以取证等弊端，建议借鉴多数大陆法系国家的做法，确定法院作为商事登记机关。[38]

2. 商会或工商联主管登记方案。持此方案的学者，基于商事主体对快捷、合理商事登记的需要，认为应借鉴国外成功做法，将现行行政机关对商事主体的监管式注册，改由商事主体自主组建"商会组织"进行自治式的注册管理，赋予非官方的中间组织或商会组织对商事登记实体条件的审查权和动态监管权。[39]有学者认为，鉴于民间草根商会难以承担公共职能、工商联的组织角色较易植入登记职能、工商联的组织体系便于登记管辖等深层次原因，进而提出以"构建商会成员制与登记准入制相融合的民间登记模式"的改革路径；具体而言是选择具有民间商会性质的工商联作为商事登记机关，赋予或植入工商联以商事登记职能；建立全国工商联→省级工商联→市级工商联等三级登记组织体系，县、区工商联也可设商事登记机构；借鉴或按照现行级别、地域

〔38〕 参见张民安：《商法总则制度研究》，法律出版社2007年版，第441－443页。

〔39〕 参见樊涛：《我国商业登记法的完善——兼论我国信用机制的构建》，载《中国商法年刊》（第2卷）2002年卷。

管辖以确定不同工商联的商事登记管辖。[40]

3. 延续行政机关主管登记方案。延续现有商事登记行政主管体制，是多数学者所主张的方案，[41]但如何对具体行政管理机关进行选择、设置与改革，学者所提建议又存有较大差异。

（二）整体延续与局部调整方案的可行性分析

1. 既有各种改革方案的评析。笔者认为，在既有各种所涉商事登记机关选择与定位的改革方案中，由商会主管登记和法院主管登记这两种方案，因过于理想或不切实际，均不具有可行性。

首先，由商会主管商事登记属不切实际的设想不具可行性。这是因为：(1)我国尚无严格意义的民间商会，现行具商会性质的类商会组织主要形成了兼具人民团体与中国民间商会性质的中国工商业联合会、具贸易促进与国际商会双重职能的中国国际贸易促进委员会、由行政性行业管理部门转制而来的全国性行业协会这一三足分立、多元多层之官方商会的主体组织格局，这些准商会组织的主要形式，真正勉强称得上民间商会的只有依附于官方并处于官方保护之下的由中国个体劳动者协会组织、民营企业商会。[42]在民间商会力量尚缺乏独立性、确定性、稳定性的情形下，商事登记的社会自治或民间主管方案，自然就丧失必要的组织基础。(2)中国工商业联合会即工商联，其地位介于群团组织、民主党派、民间组织之间，职能十分模糊，本身尚存在诸多的历史问题和体制弊端，还需要进行改革和转型，也实难堪此主管大任。(3)商事登记涉及多种经济成分、多元资本来源、多种企业形式，登记主管机关须具一定的中立性或超然性，而工商联本身就是标榜私营企业或民营经济的代言人，由其主管商事登记也存在有失公允、公正之嫌。(4)在历史上，商会登记只适用于中世纪行会或商会共同体内部和现代袖珍型国家，我国是一个大型国家，无论是现在的工商联，还是今后新出现的其他商会，均无法获得这样的权威资源和经济支撑。(5)在工商联或其他商会毫无自治业绩和登记经验的情形下，就贸然由其主管登记，只会带来更大的混乱。足见，商事登记由工商联或商会主管之方案明显不具可行性。

其次，由法院主管登记同样不合国情，亦不具可行性。由法院主管商事登记貌似比较中立、公平、高效，但也是一种不切实际的理想。原因在于：(1)基层法院的受案与审判任务已满负荷，如再赋之以商事登记重任，就更难胜任。(2)商事登记属于管理性

---

〔40〕参见王兰：《管制罅隙下的自治——商事登记制度发展与模式反思》，法律出版社2011年版，第174－233页。

〔41〕参见苗延波：《商法通则立法研究》，知识产权出版社2008年版，第176－179、257页；党海娟：《商事登记制度基本问题研究》，法律出版社2017年版，第300－312页。

〔42〕参见肖海军：《商会法律制度研究》，中国人民大学出版社2010年版，第135－139页。

或行政性事务，司法机关的主要职能是审判与救济，如参与到具体登记事务，与其职能定位不符。[43]（3）如由法院主管商事登记，则势必要增加编制和机构，其人员定性和机关定位也存在诸多难以迅即解决的困惑。（4）我国没有法院主管商事登记的任何先例和法律传统，商事登记制度在晚清至民国转型过程中，也是顺势选择行政主管，而没有借鉴或仿行法、德、日由法院主管；除内地（大陆）外，我国香港特别行政区、澳门特别行政区和台湾地区，均实行商事登记的行政主管，自然实行法院登记主管制，在我国没有经验可参考。可见，改由法院主管商事登记也不可行。

2. 现行商事登记行政主管体制是一种延续历史和照顾现实的有效做法。我国现行商事登记行政主管体制，虽然存在诸多问题，但鉴于历史、现实、属性等多方面原因，贸然废止商事登记行政主管体制，而另起炉灶的做法更不可取。

（1）历史惯性。我国之所以选择商事登记行政主管体制，有深刻的历史传统和制度惯性。从古代的户部之下的关市、厘津、课程，到近代清末改制修律选用商部或农工商部，到民国时期的工商部、实业部、经济部等，均为行政主管。清末民初之所以没有选择当时大陆法系比较流行的法院主管登记制，特别是对晚清有重大影响的日本也采用司法机关登记的情况下，以日、俄、德为师行改制修律的晚清，没有采用法院主管登记制而是延续行政主管登记制，一方面是我国有几千年的行政管制工商业的传统和经验；另一方面，一个最重要的考量因素是当时我国尚没有建立起一套相对独立于行政机关的法院组织系统和人才队伍。而民间商会尚在探索之中，晚至1914年才有我国第一部《商会法》，由尚没有发育或成长的民间商会主持商事登记更不现实，最后选择商部或由农工商部主管登记，应该来说是当时一种最为可行的方案，也可以说是当时官民的共识；民国时期也如此，现在这样的情况依然没有什么实质性变化。1949年以后，我国之所以选择由工商行政管理部门来主管工商登记，有深厚的历史渊源、制度逻辑和传统惯性，而这渊源、逻辑、惯性，本身就具有中国特色。

（2）现实条件。如前所述，就目前而言，除大部制市场监管部门下设的登记注册机构外，能列为备选或进入人们视野、存在可能性的机构，有工商联商会方案、基层法院方案、商务部门方案等多种制度预案。前面的分析已说明工商联或商会方案、基层法院方案的不可行性，而商务部门本身是一个招商或促商部门，2018年政府机构改革后，原负责反垄断审查的部分市场监管功能也被调整归并至大部制市场监管部门；如由其来主管，事实上也只是换一个行政部门而已，并不能因此改变商事登记本身的行政属性和功能实质；况且，不同行政部门之间的职权、职责的移交与转接，还会出现诸多意想不到的新问题。而从另一个方面来说，原工商行政管理机构和现大部制市场监管部门下设的登记注册机构虽存在这样或那样的问题，但几十年的运行历史也从一个侧面

〔43〕 参见冯翔：《商事登记效力研究》，法律出版社2014年版，第141－142页。

说明，专门行政机构在商事登记主管上是称职的，加上2014年以来大幅度、全方位、深层次的改革，新服务理念的引入，审查方式的改革，办事程序的优化，人员素质的普遍提高，已基本适应自由、开放型经济和民间营业的基本需要，为在后续阶段的深入、系统改革创造了必要条件，故在此基础上进行改革，有比较可靠的现实基础。

(3)部门职责。由于目前我国尚不具备由民间商会、地方法院主管商事的基本条件和绝对可能性，因而商事登记主管就只能在行政机构中进行选择。而在政府行政职能划分中，只有原工商行政管理部门和现大部制市场监管部门下设的登记注册机构具有商事登记的专有职能、职权和职责，而如商务、税务、城市管理、质量与技术监督管理、食品药品监督管理等其他部门，均不具有近似于工商登记的商事登记职能。故就目前而言，由大部制市场监管部门下设的登记注册机构主管商事登记，也由现行政府机构设置和行政分工决定。

(4)行政本位。我国具有几千年的行政本位传统和根深蒂固的政府本位理念，这一体制虽然存在明显的缺陷和不足，但也因行政权力的高度统一、集中，且执行力较强，如对机构作适度改革，引入新的理念，转变部门职能，革新管辖体制，仍然能发挥较好的行政监管与服务效应。

基于以上分析，笔者认为，在诸多可供选择的改革方案中，延续现有商事登记行政主管体制，是一种更为踏实、可行的选择。

3. 现有商事登记行政主管体制需要作适度调整和改革。虽然延续现有商事登记行政主管体制，与多种其他方案比较而言，是一种更为踏实、可行的选择，但也不能由此就否认甚至漠视既有商事登记行政主管体制所存在的问题和弊端。故应根据经济发展和社会的需求，本着商事登记制度的性质、目的和价值取向，对登记机关在商事登记制度中的地位和职能进行重新定位。〔44〕鉴于公信力在商事登记的诸多效力中处于核心地位，在登记机关的定位与改革中，须从强化和重建商事登记公信力入手，把商事登记机关的设置模式与商事登记公信力的重建结合起来；〔45〕以此为目标，就需要对现行商事登记管理部门的内设机构、管辖原则、登记程序、具体运行等方面，进行全面、深入、系统的改革。

二、商事登记主管机构的职能转型

笔者认为，我国商事登记机构的改革与定位，首先必须明确机构要实现什么样的制度性目的，然后再根据这一改革的制度性目的，赋予商事登记机关以特定职能，随即

〔44〕 参见杨丽：《商事登记制度中登记机关的应然定位——以商事登记制度的完善为向度》，载《新学术》2007年第2期。

〔45〕 参见冯翔：《论公信力与商事登记机关》，载《宁夏大学学报(人文社会科学版)》2013年第3期。

才是机构的改革和定位问题。如此,商事登记机构改革才能目标明确、职能清晰、定位准确、设置合理。

前述分析旨在充分说明,商事登记实际上要解决的核心问题就是为营业当事人或登记申请人的营业进入服务问题,而非对之进行准入管制,它集中表现为:(1)解决民事主体进入营业领域的身份转换、资格确认、权利宣示、信息公开问题;(2)解决民事主体进入营业领域之后交易第三人和社会公众所期待的营业公示问题;(3)集中进行商事登记服务而非在市场监督管理过程中提供辅助性登记服务问题。正是因为营业进入服务这一最基本的制度性目的的约束和要求,无论是处在改革转型中的原工商行政管理部门内的登记机构,还是大部制市场监管部门下新设的登记注册机构,均须具备行政登记服务、营业进入服务、公共营业信息供给、专业登记等四项最基本的职能。

(一)由行政管制职能向登记服务职能转型

既有商事登记行政主管体制历来只注重强化对民间营业、市场交易、商事主体的国家监管或行政控制,单一的管理或控制功能一直是我国商事登记制度功能的重要特点。[46]商事登记行政主管体制改革,首先必须从传统的管理本位功能转型为服务本位功能。

"现代行政法的主要内容是服务与授益","现代行政法学的重心是服务行政",也就是说,"现代行政法实质上是服务行政法,它的价值取向在于维护社会正义,增进社会福利,实现法治社会";现代行政的"基本功能仍然是保障民权,但同时兼具服务与授益功能"。[47]鉴于现代行政管理已经由传统的管理、控制型行政向服务、治理型行政转变,服务型行政已成为现代行政的主流观念和核心原则;而商事登记的特质,使其更具鲜明的服务性,很明显在既有商事登记行政主管体制改革过程中,应把对商民的登记服务职能放在首位。

商事登记主管机构由现有的以行政管制为主的职能,向以登记服务为主的职能转变,在"私法自治理念下登记机关的重新定位",在某种意义上也契合了宪制改革所倡导的服务型政府的内在需求,故"将我国工商登记机关的职能确定为对商主体申请注册登记行为的确认性服务,并在登记程序上对商主体的自由意志选择以及相应的责任意识给予更充分的重视,在权责分工清晰的基础上将有助于我国工商登记形式审查机制的有效落实"。[48]

---

〔46〕参见路艳娥:《我国商事登记的功能回归与制度完善》,载《科学经济社会》2015 年第 1 期。

〔47〕陈泉生:《论现代行政法学的理论基础》,载《法制与社会发展》1995 年第 5 期;崔卓兰:《行政法观念更新试论》,载《吉林大学社会科学学报》1995 年第 5 期;邓蔚:《行政权的正当性证成——控权—服务论理论合理性》,载《行政法学研究》2008 年第 1 期。

〔48〕赵万一主编:《商事登记制度法律问题研究》,法律出版社 2013 年版,第 142 - 143 页。

（二）由准入许可管理职能向营业进入服务职能转型

现有主流观点、立法规定和制度安排均把商事登记定位为市场准入管理，这其实是一种只注重表象而未深究实质的误读。在前述商事登记制度功能一章，通过分析发现，商事登记本身并不具有创设主体、授予权利、赋予资格的准入管理功能，其最基本的功能是使进入营业领域的民事主体之身份转换、资格确认和权利宣示。自由营业本为民事主体应当享有的基本权利，其进入营业领域时需要登记机关解决的问题，仅是营业进入时的身份转换、资格确认和权利宣示问题，登记、注册、发证、给照、公示，所有的登记程序和登记行为，一切均是围绕民事主体进入营业领域时的身份转换、资格确认和权利宣示问题，即通过登记注册，实现由民事主体转换为商事主体的身份切换；通过注册和公示，使民事主体潜在的营业权利变现为现实的营业资格；通过注册并公示，其应当享有的自由营业权利被正式确认、实际享有与实然行使；先前筹备的开业与经营经登记确认使之更具公开性、对世化；业经出资人、发起人或设立人契合成立的企业或公司之主体资格或法人资格在法律上被正式确认；等等。这些才是营业当事人或登记申请人最需要登记机关解决、服务和完成的。质言之，商事登记程序的设置和登记机关实施的商事登记行为，不是对私人资本、民间营业和民营经济进行准入、许可管理，而恰恰只是为他们提供营业进入时基于身份转换、资格确认和权利宣示需要的各种特定服务。故提供民事主体营业进入服务，就是登记机关及工作人员应当履行的主要义务和法定职责。

以营业当事人或登记申请人为具体表现形式的商民之特定的营业进入需求，作为商事登记机关本应履行的当然义务和法定职责，就必然要求对既有法律或行政法规进行修改，把商事登记管理机构的准入许可管理职能转型为营业进入服务职能。

（三）由资格权利授予职能向公共营业信息供给职能转型

商事登记的制度功能显示，在民事主体进入营业领域转型为商事主体并开展营业后，对交易第三人、社会公众甚至国家（政府）而言，其最需要了解或获得的，是营业者真实的财产、经营状况，而这些均是通过诸如企业名称、出资人、注册资本、公司章程、组织机构、法定代表人或营业事务执行人、经营住所、经营范围、许可证有效性、特定资格资质等基础、核心、关键营业信息的确认、公示表现出来；很明显，营业信息的供给和公示，就理所应当成为商事登记必须提供或完成的任务。故商事登记中公共性营业信息平台的建设、发布与公示等供给功能，就成为商事登记应当实现的职能目标，自然也应成为登记机关及工作人员履行的基本义务。

由此，在商事主管登记机构的职能定位上，须高度重视商事登记在公共营业信息供给和市场信用机制建设方面的功能效用；要通过切实的改革，努力把商事登记公示平台打造成为市场信用体系中的公共性营业信息供给平台，以其整体推动市场信用信息体制建设。为此,就要尽快实现商事登记主管机构之商事主体资格权利授予职能向公共营业信息供给职能的转型。

（四）由辅助登记职能向专业登记职能转型

以营业登记为实质内容的商事登记,具有很强的专业性和职业性,经营更不是一般意义的做生意,而是资本、劳力、技术、管理诸要素的高度契合和融合,是一项高度专业化、职业化的社会经济活动。传统工商登记管理奉行以市场监督管理为主,工商登记只是作为市场入口的"把门式"管理环节,政府或商事登记主管机构实质上充当售票员的角色。因而,无论就商事登记主管机构本身的重要性,还是对登记职员的素养要求,均无严格要求。但经济发展、社会演进特别是互联网的普及化,给商事登记提出更高的要求,商事登记不仅需要给商民提供营业进入时的身份转换、资格确认和权利宣示等方面的服务,更重要的是通过营业信息的确认、注册、入库、上网、公示,并把其建设成为统一、集中、互联互通、公开的公共性营业信息共享系统和分享平台,进而创设一种能为所有交易第三人、社会公众当然也包括国家（政府）无偿、任意、无差异使用、分享的公共性营业信息供给系统和机制,从而为营业交易、市场监管、社会治理和国家管理,提供公共信用信息最基础的初始数据和原始依据。而要实现商事登记主管机构及职员之专业职能的转型,一方面要求商事登记主管机构必须走专门化、专业化、职业化的道路,要强化其专业职能,保持其机构设置或职能上的相对独立性,以发挥其集中、专业的职业化功能和优势,集中精力和智慧,把商事登记作为主业而非副业抓好并落实。另一方面,要实现商事登记职员的专业化和职业化。日本是商事登记人员职业化做得比较成功的国家,如《日本商业登记法》就规定,商事事务登记官（包括法务局长或地方法务局长从登记处从事公务的法律事务官中指定的人员）必须具备一定的资格或资质,方可上岗就职;为保证登记的公正和公平,如登记申请人属登记官本人、登记官之配偶或四亲等以内的亲属等情形,该登记官就不得从事该登记工作,应按规定进行回避（第5条）。[49]关于商事登记职员的职业化、同质化及保障机制问题,有学者认为应通过创设登记人员的选拔机制、培训机制、责任追究机制,以确保商事登记职员达到专业化、职业化、均衡化、趋同化的要求,从而适用现代商事登记专业化和职业化的要求。[50]也有学者建议,商事登记职员职业化应当:（1）借鉴《法国关于商事登记及公司登记的法令》第30条规定,确定商事登记人员个人负责制;（2）仿行法官制,实施"注册官"制;（3）确立过错责任原则。[51]

---

〔49〕　参见《日本商业登记法》,庄玉友译,载王保树主编:《商事法论集》（第22卷）,法律出版社2012年版。

〔50〕　参见李克武:《公司登记法律制度研究》,中国社会科学出版社2006年版,第113－116页。

〔51〕　参见苗延波:《商法通则立法研究》,知识产权出版社2008年版,第179－180页。

三、商事登记主管机构的组织重构

虽然延续既有商事登记行政主管体制，在此基础上加以适度改革，是一种比较可行、也是多数学者主张的方案，但具体的商事登记主管机构如何定位、改革或组建，学界、业界观点仍不尽一致。如在2018年大部制市场监管部门改革方案出台前，有学者从公司登记制度改革的角度，认为应延续现行的行政机关主管模式，但在坚持公司登记机关独立性前提下，淡化其行政管理色彩，对企业登记机关设置作如下改革：(1)在原国家行政管理总局、省级工商行政管理局设立企业注册登记中心，省会市及地级市工商行政管理机构下设立省级企业注册登记中心派出机构；(2)各级企业注册登记中心业务上独立运行，接受同级工商行政管理机关业务上的监督；(3)国家企业注册登记中心只负责业务培训、业务指导、政策协调和规范性文件的起草等，不负责企业登记注册业务；(4)各级企业注册登记中心的费用由国家财政统一拨付，适当时可自收自支，保持财政独立；(5)明确各级企业注册登记中心的职责。[52]有学者提出，把原设置于工商行政管理部门的工商登记机构独立出来，成为具有行政职能的事业单位，独立行使商事登记管理职能，其职能由行政管制职能向公共服务职能转变。[53]有学者针对原工商行政之中央和地方分级管理体制的缺陷，提出将工商登记总体分为法人企业、非法人企业和外商投资企业三类登记，在此基础上，将商事登记注册管辖体制改革为以"县(区)域管辖为主、县市级别管辖为辅"的体制模式，基层县(区)登记机关负责法人企业、非法人企业的登记注册；市(地)级登记机关专门负责外商投资企业的登记注册；省级工商行政管理机构对国家工商行政管理总局负责，对本辖区工商登记注册进行督促指导；国家工商行政管理总局主要负责全国工商行政管理系统总体政策安排、业务指导。[54]有学者认为在总体延续原工商行政登记机关主管的前提下，在国家工商行政管理总局及省级行政区、省会城市、省辖市、直管市工商行政管理局下设立独立的商事登记局，市辖区、县及县级行政区工商行政管理局可根据需要设立商事登记局，并报国家商事登记局备案，按现有地域和级别管辖，独立行使商事登记的管辖权，独立进行商事登记。[55]

笔者认为，对既有商事登记主管机构的定位或重组，不能局限于商事登记主管机构本身的改革，而须着眼于商事登记主管机构所在政府机构改革和未来商事登记主管机构在整个政府、市场的定位来作总体考量，并应遵循以下基本原则：(1)统一原则。应由统一的商事登记机构来主管。(2)权威原则。商事登记主管机构应具有权威性。

---

〔52〕 参见李克武：《公司登记法律制度研究》，中国社会科学出版社2006年版，第97－103页。

〔53〕 参见冯翔：《商事登记效力研究》，法律出版社2014年版，第141－142页。

〔54〕 参见杨峥嵘：《改革现行商事登记制度之浅见》，载《中国工商管理研究》2011年第12期。

〔55〕 参见刘训智：《商事登记统一立法研究》，中国政法大学出版社2015年版，第304－305页。

(3)方便原则。商事登记主管机构的设置或组建,应便于操作,便于服务具广泛意义的商事主体或营业事务。(4)服务原则。要突出商事登记主管机构的服务性而非管理性。(5)专业原则。应当以有足够的专业人员和专业设备为基础。[56]其基本的制度设想和改革内容包括如下几个方面:

(一)在大部制市场监管体制下来定位商事登记机构

基于行政服务对象的综合性、多元性和复杂性,大部制机构设置已成为现代行政的一大发展趋势。在我国,行政大部制概念是2006年以后才被学者关注并深入研究的,[57]2007—2008年前后,学界关于大部制的研究成果和相关建议,开始被中央关注。[58]2007年10月中共十七大政治报告,首次提出"要加大机构整合力度,探索实行职能有机统一的大部门体制,健全部门间协调配合机制"。2012年11月中共十八大政治报告,"稳步推进大部门制改革,健全部门职责体系"被列入改革的具体议程。中共十八大召开后不久,《国务院机构改革和职能转变方案(草案)》就有"将工商总局、质监总局、安监总局与卫生部下属的药监局合并,组建国家市场秩序监督管理总局"的大部制初定方案;此方案经中共十八届二中全会审议后形成正式的《国务院机构改革和职能转变方案》,提交十二届全国人大一次会议审议。[59]尽管正式建议方案和后来通过的决议案中,并无草案中的大部制市场监管机构;但大部制改革在中央的批准和指导下,在地方稳步推进,特别是以广东深圳、佛山顺德的改革最具代表性。[60]

以深圳为例,2009年前后,深圳市本着"实行统一的市场监管""完善统一权威的食品药品安全监管机构"这一宗旨,开始进行大部制改革;2009年整合工商、质监、知识产权三局职能,创建新的市场监管局,引领全国市场监督大部制改革风气;2014年5月又通过整合原有工商、质监、知识产权、食药品监管等职能,设立新的大部制深圳市市场和质量监督管理委员会,市场监督大部制在深圳市得以正式实施。[61]深圳市大部制的市场和质量监督管理委员会内设市场监管局、食品药品监管局,另设市场稽查局、企

---

〔56〕 参见李克武:《公司登记法律制度研究》,中国社会科学出版社2006年版,第88-91页。

〔57〕 参见张弥、周天勇:《行政体制改革的问题和教训及进一步改革的思考》,载《科学社会主义》2006年第6期;熊文钊:《政府机构改革的基本思路》,载《瞭望》2007年第41期。

〔58〕 参见迟福林:《大部门制需要配套改革》,载《江苏经济报》2008年1月12日,第1版;汪玉凯:《大部制改革最大阻力来自部门利益》,载《农村工作通讯》2008年第3期;陈天祥:《大部门制:政府机构改革的新思路》,载《学术研究》2008年第2期。

〔59〕 参见《马凯作关于国务院机构改革和职能转变方案的说明》,载《人民日报》2013年3月11日,第2版。

〔60〕 参见魏红英:《深圳大部制改革与地方政府体制创新》,载《特区实践与理论》2011年第5期;陈家喜、刘王裔:《综合配套改革试验区的大部制改革:模式与趋势——深圳、浦东、滨海的比较研究》,载《深圳大学学报(人文社会科学版)》2013年第3期;毛永天:《地方政府大部制改革新探——以佛山顺德区为例》,载《广西民族大学学报(哲学社会科学版)》2015年第3期。

〔61〕 参见彭琰:《推进大部制 监管大市场》,载《深圳商报》2014年5月15日,第A2版。

业注册局、价格监督检查局等直属机构，另设派出机构、事业单位、挂靠单位若干。其中直属机构之一的深圳市企业注册局，则为新的商事登记注册机构，独立、专门、全权办理商事登记的注册业务。

2018 年 3 月十三届全国人大一次会议通过《关于国务院机构改革方案的决定》，批准国务院机构改革与调整方案，决定组建大部制的"国家市场监督管理总局"。2018 年 7 月中共中央办公厅、国务院办公厅联合发布《国家市场监督管理总局职能配置、内设机构和人员编制规定》，其中第 3 条第 1 款第 2 项明确赋予国家市场监督管理总局"负责市场主体统一登记注册"，即"指导各类企业、农民专业合作社和从事经营活动的单位、个体工商户以及外国（地区）企业常驻代表机构等市场主体的登记注册工作。建立市场主体信息公示和共享机制，依法公示和共享有关信息，加强信用监管，推动市场主体信用体系建设"的特定、专有职责。该规定第 4 条第 1 款第 5 项规定，国家市场监督管理总局下设"登记注册局（小微企业个体工商户专业市场党建工作办公室"，专门负责"拟订市场主体统一登记注册和营业执照核发的制度措施并指导实施。承担指导登记注册全程电子化工作。承担登记注册信息的分析公开工作。指导市场监督管理方面的行政许可。扶持个体私营经济发展，承担建立完善小微企业名录工作。在中央组织部指导下，指导各地市场监督管理部门配合党委组织部门开展小微企业、个体工商户、专业市场的党建工作"。学界、业界期盼已久的市场监管大部制改革，终于尘埃落定。

2018 年下半年开始，随着国家市场监督管理总局及内设登记注册局的正式挂牌运行，地方政府的大部制市场监督管理部门及内设登记注册机构也陆续改革组建到位。在大部制市场监督管理体制下，登记注册机构作为大部制市场监督管理部门下设的相对独立机构，专职、独立行使商事登记主管服务职能，无疑有利于商事登记主管机构之营业进入服务职能的定位与转型。

（二）设立独立的行政服务型商事登记注册机构

在大部制市场监督管理机构的基础上，把原有各级工商行政管理机构之下的企业注册机构或工商注册机构剥离出来，组建并设立独立的商事登记注册机构，由其统一、集中、公开、便捷地行使商事登记的主管和管辖。新的商事登记注册机构之法律地位和具体职责，在现有职能与地位的基础上，应作如下改革与完善：

1. 新的商事登记注册机构为大部制市场监督管理机构之下独立运行的专职行使商事登记主管和管辖的商事登记注册服务机构，其地位独立于大部制市场监督管理机构的其他机构和部门，业务上接受大部制市场监督管理机构分管领导的指导和节制。

2. 新的商事登记注册机构为市场监督管理机构之下的行政服务机构，而非管理机构，主要职能为：(1) 为营业当事人或登记申请人提供各种形式的商事登记服务，负责并履行商事登记申请的受理、审查、核准、登记、注册、发证、给照、入库、上网、公示等一系列服务性义务和行为;(2)以登记注册的申请人文件和相关信息为基础,建立商事登记信息大数据库;(3)建立完整的商事登记信息的公共发布系统和快捷查询系统,方便交易第三人和社会公众查询;(4)负责企业信息公示的录入与发布;(5)负责对登记注册的商事信息的保管、整档、监督等工作;(6)与商事登记有关的其他职责等。

3. 新的商事登记注册机构为市场监督管理机构之下相对独立运行的专业化职能机构,在初期由财政拨款,运行一段时间后,通过自收自支,转制为完全的行政类公共服务机构。

4. 新的商事登记注册机构全面实现社会化、职业化管理,除正职领导人由市场监督管理机构任命产生外,其他所有副职、专业办事人员,一律实行职业资格认证上岗制、业务培训制、申请回避制等专业化管理,使新的商事注册机构在人员或财务上保持相对的独立性。

5. 新的商事登记注册机构接受市场监督管理机构和国家专门监察机构的监督,上下级商事注册机构不构成隶属关系,只构成业务上的监督关系。

(三)取消现有级别管辖,全面实行地域管辖

在总体建立大部制市场监督管理机构之下的商事登记注册机构的前提下,国家市场监督管理总局设立国家商事注册信息与监督中心,省级为本辖区大部制市场监督管理机构之下的商事注册信息与监督中心,市级与县级辖区大部制市场监督管理机构之下不再设立独立的商事登记注册机构,只设立省级商事登记注册机构分支机构。名称确定后,其主管或管辖作如下安排:

1. 全面取消级别管辖。现有国家、省级、地市级、县(区)级别管辖是行政本位的产物,其认定标准不科学,也不具有操作性,应予废止。

2. 统一实行地域管辖。所有商事登记本着便民、高效原则,一律以营业住所为认定标准,采用就地登记注册原则,向其营业住所所在地的市、县商事登记注册机构申请登记、注册。

(四)建立省级大行政区为中心的商事登记管辖体制

在全面取消级别管辖、实行地域管辖之后,新的商事注册登记实行重心下移、登记确权集中行使,具体规划如下:

1. 国家市场监督管理总局下设登记注册局,设置国家商事注册信息与监督中心,不承担商事登记注册的具体工作,其职能定为:(1)负责全国商事登记公共营业信息维护、交换、集中发布;(2)负责全国商事登记业务指导与培训;(3)负责商事登记行业规范与规则起草、制定;(4)负责各省级商事登记纠纷的协调与处理;(5)承担省级涉及商事登记注册方面的行政复议;(6)其他与商事登记监督有关的事务。

2. 各省级大部制市场监督管理机构下设商事登记注册机构及新的商事注册信息与监督中心，并按一级行政区设立市、县商事登记注册分支机构，各市、县不再设立独立的商事登记注册机构。之所以作如此考量和设置，是因为：(1)以大行政区为中心设立商事登记注册机构，是各国的通例，这样有利于在大行政区内统一、集中、有效行使商事登记主管或管辖；(2)可克服既有大行政区内因市、县甚至同一市内的不同市辖区出现同地不同政，同城不同制的乱象；(3)有利于统一省级大行政区内的商事登记制度、条件、标准、程序、规则和办事方式，更有利于维护营业当事人或登记申请人的合法权益；(4)通过省级大行政区内统一调配资源或人员，可有效克服同一省级区域内不同市县、县区登记服务质量和标准存在的巨大差异，有效地提高商事登记服务质量和水准，更有利于克服同一省级行政大区内不同地方商事登记服务不均衡的现象。

3. 同一城市、县只设立一个省级商事登记注册分支机构。鉴于现行同城、同地因为级别管辖而导致同一城市设立多层(如直辖市就存在三级)、多区等多个不同商事登记机构并存的局面，而每个不同的登记机构又有一套办事的流程和要求，再加上财政的分属收支、人员的固化，造成同一城市不同分区商事登记的明显差异甚至冲突。为坚决避免这一现象发生，本着商事登记的无差异化服务理念，遵循申请、登记公平的基本原则，有效而集中地行使登记管辖权，在省级大行政区设立市、县商事登记注册分支机构时，要坚决贯彻同一城市或县域均不得设立两个或两个以上的登记分支机构，全面废止现有的同一城市尤其是设区的城市设立多级多区的商事登记机构的习惯性做法和运行体制。

4. 所有商事登记均采用自由申请、就近注册的登记原则。任何登记申请人均可自由地选择离营业住所最近的省级商事登记注册机构或分支机构申请并注册；如登记机关或登记工作人员，与营业当事人或登记申请人本人或其配偶存在三代以内直系或旁系血亲关系或者其他利害关系者，应主动回避或经其他利害关系人申请回避。

总之，在大部制市场监管机构之下设立独立的商事登记注册机构，把其定位为行政确权性质的商事登记注册服务机构，以统一、集中、公开、便捷地主管商事登记；全面实行地域管辖，取消现有级别管辖；建立以省级大行政区为中心的商事登记管辖新体制，在同一城市、县域只设立一个省级商事登记注册机构或分支机构，采用自由申请、就近注册的登记原则，可最大限度地克服既有商事登记行政主管体制中的诸多不足和缺陷，有效地实现商事登记应有的制度功能，达到商事登记制度改革所预期的目标。

第八章　商事登记的审查程序

第一节　商事登记程序的范例选择

一、准则主义、许可主义或折中主义

(一)商事登记程序性立法原则的比较分析

在商事登记的程序设计中,按照登记是否存在前置的特许、许可或其他程序性控制环节,形成不同的商事登记程序范例,反映在立法上,就形成有关程序性制度安排的立法原则,即所谓的商事登记程序性立法原则,它是指在商事登记立法设计和制度安排中,对商事登记程序的步骤、位次、环节、作用、功能所确定的带有宏观性、总体性、全局性、方向性的指导准则。通论认为,按商事登记的发展历史和现行不同国家或地区所选择的范式不同,商事登记的程序性立法原则及制度范例存在特许、自由、许可、准则之别。

1. 特许主义

特许主义即取得商事主体资格或申请商事登记,应先行取得国王或议会的特别许可,这种登记的程序中心是特许令或特许状的颁发。获得特许方可从事特许范围内的经营,或者获得特许方可申请商事登记。特许主义是中世纪晚期封建国王为控制特殊领域或垄断海外贸易所实施的特殊商事准入制度。[1]近代以来随着封建国王权力的被限和营业领域的开放,目前已很少有国家或地区完全采用此一原则。但特许在某些国家或某些领域仍有保留,且特许主体已由过去的封建国王转移至国家议会或国家元首,如英国广播公司(BBC)虽成立于1922年,但其真正成为特殊公司是从1927年获得皇家特许状开始的。[2]

2. 自由主义

自由主义又称自由放任主义,是指17—18世纪,盛于荷兰、英国等西欧国家的商事

---

〔1〕 参见虞政平:《论早期特许公司——现代股份公司之渊源》,载《政法论坛》2000年第5期。

〔2〕 参见王军:《比较视野下的英国特许公司——以四个特许公司为中心的考察》,载《学习与探索》2011年第5期。

登记原则,即是否登记、登记与否,全由营业当事人自己决定,国家不予干预,听任当事人之间通过契约来确定。自由主义是在特许主义极端化之下的另一极端商事登记原则,其产生背景是由于民间很难以通过国王的特许设立公司,进而由出资者通过彼此的出资契约或设立合同,仿效特许公司的形式,绕过国王的特许程序设立事实上的公司之法律规避行为,由于后来模仿和规避的人太多,进而使民间私设公司大为流行,前文所提南海公司泡沫案中的南海公司,就是未经特许的私设公司。虽然后来英国国会通过泡沫公司法案,禁止民间绕过国会特许私自设立公司,但此令已阻挡不住民间私设公司的狂潮,进而引发南海公司泡沫案。南海公司泡沫案严重地摧毁人们对私设公司的信心,之后民间私设公司进入低潮。在此背景下,英国为提振民间资本的投资信心,基于已确定的自由放任经济国策,在不断修改公司法案的过程中,逐步放开直至放任民间设立公司。〔3〕自由登记主义主要反映在公司登记领域,曾被多数英美法系国家或地区采用,由于国家对营业特别是设立公司的营业采用不管不问的放任态度,在有效调动民间资本活力、促进工商业发展的同时,也导致公司的滥设和公司人格被滥用的现象,最终被准则登记主义原则所取代。

3. 许可主义

商事登记许可主义是以法国为代表的商事登记立法原则,该原则所创设的商事登记前置审批或许可程序是其最大特色,即商事登记申请人在提出商事登记申请时,应先行就其营业的事项取得具业务主管权、审批权或许可权的行政机关许可,在获得特定许可证后,方可提出商事登记申请。法国近代商事登记制度的转型,是在直接改造原有国王的特许制度下进行的,带有浓厚的行政本位和管理本位特征,此一制度被许多欧陆国家所借鉴、吸纳,东亚的日本以及受日本影响的中国、韩国,也多选择此制。许可主义在防止公司滥设、维护市场秩序方面,有一定的功效;但所设立的行政前置审批或许可程序,因受行政机关的行政效率、工作态度、行业经验、市场判断、工作人员的个人禀赋与操守等因素制约,必然影响甚至延误营业当事人的商机,其对交易效益的约束或损害比较明显。〔4〕故凡过去采用许可主义登记例的国家或地区,在 20 世纪 70 年代以来,不得不进行改革,或改采准则主义;或部分地保留许可主义,部分改为准则主义。

4. 准则主义

准则主义又称登记核准主义,是对自由放任主义的改造和升级,即法律严格规定营业或设立企业(公司)的基本条件,凡符合条件者,则可申请登记并公示;登记机关在

〔3〕　参见葛伟军:《英国公司法要义》,法律出版社 2014 年版,第 7 - 11 页。

〔4〕　参见章剑生:《行政许可审查标准:形式抑或实质——以工商企业登记为例》,载《法商研究》2009 年第 1 期;王妍:《公司登记行政许可性质的法理探究》,载《法学论坛》2009 年第 3 期。

经审查后,如认为申请符合条件,则予以登记;业经登记机关登记并公示,则产生正式法律效力。准则主义是在坚持严格营业或商人标准的前提下,赋予登记机关以形式上的审查权,它克服了自由主义的人性弱点,又避免了许可主义的行政滞延,在追求交易效益和维护交易安全上,找到了平衡点,因而被绝大多数英美法系和部分大陆法系国家或地区所认同、采用。

除以上比较典型的几种程序性原则外,还有一种所谓的严格准则原则,即在准则主义原则的基础上,规定商主体设立的严格条件和严格责任。〔5〕笔者认为,这不是一项新的程序性立法原则,只是准则主义原则的严格执行而已,由于登记的对抗效力,业经登记的事项必然对商主体及企业设立人产生强制约束力,严格予以执行只是法律原则的基本要求而已。

(二)我国商事登记程序性立法原则的变迁与现状

我国自1949年以来,在相当长时期内执行许可主义的工商登记原则,直到1993年12月《公司法》的制定,才在部分有限责任公司设立登记上引入准则主义,即"一般情形下的许可主义和例外情形下的准则主义";2005年10月《公司法》修订后,我国在一般商事登记和绝大部分公司登记中引入准则主义,但仍保留部分公司的登记前许可,即"一般准则主义和例外许可主义"的结合;2013年12月《公司法》的修订和随之在全国推行的"先照后证"商事登记制度改革,打破行政许可证与商事登记挂钩的惯例,把行政许可前置程序完全从商事登记程序中剥离出来,实行全面、彻底的"准则主义登记原则"。

毋庸置疑,2013年以后选择普遍"准则主义登记原则",乃民间呼唤和政府改革的必然产物,是符合时代和世界潮流的适时之举,但这一原则在行政服务和司法适用中尚存在如下问题。

第一,登记行政化。2014年以来的商事登记改革,实乃行政主导、国务院直接推动下的改革,而非立法主导下的改革。在立法上2013年《公司法》修改只涉及资本制度,并未对涉及公司设立程序性原则的第6条第2款进行修改,该款关于"法律、行政法规规定设立公司必须报经批准的,应当在公司登记前依法办理批准手续"之规定,实际上仍保留部分公司登记的行政许可前置程序。在法律未作明确修改和大量营业行政许可尚未取消或废止的情况下,就全面推广"先照后证"的准则主义改革,无疑具有行政色彩。虽然改革总体方向应予肯定,但如能从立法入手,改革则有法可依,有章可循,这样的改革才具确定性、稳定性和持续性。

第二,登记许可化。受传统的思维惯性、行政理念和行事习惯影响,加之《行政许

---

〔5〕 参见范健、王建文:《商法基础理论专题研究》,高等教育出版社2005年版,第316页。

可法》第12条第1款第5项把“企业或者其他组织的设立等,需要确定主体资格的事项”设定为行政许可事项,故商事登记主管机构一直把商事登记视为营业行政许可;尽管2013年特别是2018年开始的政府机构改革,大部制市场监管部门下的登记注册机构作为行政服务类机构改革试点的典型,在向登记服务职能转型中迈出很大的步伐,但登记机关与人员的习惯性许可思维定式并未改变。登记许可观念与行事习惯的存在,无疑使登记机关的服务理念与效果大打折扣。

第三,登记虚置化。“先照后证”的准则主义改革固然可迅速提高商事登记效益,对部分不需要行政许可的普通营业事项,无疑可极大地提高开业或设立登记的绩效,对鼓励营业交易、推动民间投资、促进经济发展有明显的积极效应。然而,除特殊类公司或企业的设立须有审批或许可外,那些需要履行行政审批或许可的特殊营业事项,完成商事登记并不意味着就可实际营业,如未取得特定经营许可,就不能从事特定许可证内的生产、经营,就属非法经营,审查、颁发许可证的行政机关就有权予以处罚;故对经营特定营业许可事项的申请人而言,取得登记、获得执照的实质意义并不明显,登记后漫长的行政许可仍然阻却着交易,导致他们丧失某些稍纵即逝的商机。可见,要使准则主义商事登记制度改革全面到位并真正发挥效应,就须有赖于营业行政审批或许可制度的彻底改革;除涉及国家安全、公共安全、环境卫生、食品安全、金融安全等领域外,其他一般性营业许可事项应尽行废止或取消。

第四,登记程式化。在实际登记中,往往只重表面程序或证照等程式性环节,而不细究登记事项、证照记载、备存系统、公示内容是否全面、准确和一致。至于对不同登记记载文本或形式内容发生冲突时,效力如何判定、责任如何归属,现行立法更无明文规定。故准则主义商事登记改革能否到位,实有赖于登记机关职员服务理念的转变程度和工作态度的改善程度。

第五,登记失信化。就民间而言,因有登记机关作背书,私人资本和民营企业对登记事项本身的全面性、真实性、合法性、妥当性、合理性,往往不予重视。2015年北京金电兴旺能源技术有限公司的天价资本变更案,〔6〕多起注册资本为1元的公司登记现象,充分说明民间尚没有树立起登记事项的信息公示功能和信赖利益对抗功能意识。因之,要使准则主义商事登记改革到位,就须建立起“签字如铁、登记即真”的商事登记信用意识与失真违信追责机制。

(三)我国商事登记程序立法原则的改革路径

2014年以来,我国全面推行的商事登记准则主义改革,已取得明显成效,自然人依法登记就可自由经营,企业、公司依法注册就可开张营业,准则主义的登记注册观念已

〔6〕参见北京市昌平区人民法院行政判决书,(2015)昌行初字第121号;北京市第一中级人民法院行政判决书,(2015)一中行终字第2022号。

深入人心,正在成为人们普遍接受的社会理念和行事习惯。然而,要使准则主义登记原则作为我国商事登记一项最基本的制度确定下来,就须对现行立法作必要修改和调整。这是因为,2014 年以来全面推行的"先照后证"准则主义商事登记改革,总体不是在修改法律的前提下,而是在政策的推动下进行的,而直接促使这一进程的政策性文件有:(1)2013 年 3 月全国人大《关于国务院机构改革和职能转变方案的决定》,在"改革工商登记制度"这一具体目标下,要求国务院和工商行政管理部门"除涉及国家安全、公民生命财产安全等"需要依法取得前置许可事项外,一般性的经营事项,"不再实行先主管部门审批、再工商登记的制度,商事主体向工商部门申请登记,取得营业执照后即可从事一般生产经营活动;对从事需要许可的生产经营活动,持营业执照和有关材料向主管部门申请许可";(2)2013 年 11 月《中共中央关于全面深化改革若干重大问题的决定》,其在第 9 条"建立公平开放透明的市场规则"中,明确提出要"推进工商注册制度便利化,削减资质认定项目,由先证后照改为先照后证,把注册资本实缴登记制逐步改为认缴登记制";(3)在 2013 年 12 月《公司法》对公司资本制度作出修改后,2014 年 2 月国务院《注册资本登记制度改革方案》(国发〔2014〕7 号)本着"改革工商登记制度,推进工商注册制度便利化"的原则,对工商登记中的一系列问题作出具体的部署。随后就有 2014—2015 年在全国全面推广的"先照后证"商事登记改革。

但是,相对而言,现行法律和行政法规,却仍然延续 2005 年《公司法》修订案中"一般准则主义和例外行政许可"的登记原则,如我国《公司法》(2018 年修正)第 6 条第 2 款仍然规定"法律、行政法规规定设立公司必须报经批准的,应当在公司登记前依法办理批准手续";又如《合伙企业法》(2006 年修订)第 9 条第 2 款规定,须经报批的合伙企业或其经营事项须经报批的合伙,应在登记时提交批准文件;再如《个人独资企业法》第 9 条第 2 款也有须经报批的个人独资企业或其经营事项须经报批的个人独资企业,应当在申请设立登记时提交有关部门的批准文件的规定。行政法规中,如原《公司登记管理条例》(2016 年修订)第 17 条第 2 款规定,须经报批的公司或其经营事项须经报批的公司,应当在报送批准前办理公司名称预先核准,并以公司登记机关核准的公司名称报送批准;该条例第 20 条规定,须经报批的公司或其经营事项须经报批的公司,必须先报批准,并应当自批准之日起 90 日内向公司登记机关申请设立登记;逾期申请设立登记的,申请人应当报批准机关确认原批准文件的效力或者另行报批;又如原《企业法人登记管理条例》(2019 年修订)第 14 条,须经报批的企业法人或其经营事项须经报批的企业法人,办理开业登记,应当在主管部门或者审批机关批准后 30 日内,向登记主管机关提出申请;等等。2021 年 7 月国务院发布的《市场主体登记管理条例》第 21 条第 2 款仍保留了类似的规定。上述这一系列规定,表明我国商事登记尚未奉行彻底的准则主义程序原则,为此,要巩固既有"先照后证"准则主义商事登记改革成果,就须适时对上述法条作必要的修改或调整,删除有关登记前的行政许可或行政审批条款，或者明确限制商事登记行政前置许可、审批的范围和对象，使准则主义商事登记改革既紧跟政策形势，又吻合法律规定，做到有法可依、持续推进。

二、统一主义还是分离主义

（一）统一主义与分离主义之争

商事登记既包括营业开业或营业事项登记，也包括诸如企业设立、公司设立登记，前者通称为营业登记，后者则为主体登记或资格登记。学理上，如营业登记与主体登记统一在一个机构或适用一个程序进行登记，是谓统一主义登记模式；如营业登记与主体登记分别在不同机构或适用不同程序进行登记，则谓分离主义登记模式。〔7〕

严格说来，"统一主义"与"分离主义"只是学者们概括的一种商事登记程序或发证模式，查阅两大法系不同国家或地区的商法典、民法典、公司法或其他有关商事登记的专门性法律如《日本商业登记法》《德国商事登记施行法》等，并无明确关于营业资格或主体资格是统一登记还是分离登记的规定，只是在奉行强制登记主义的部分大陆法系国家或地区，如法国、德国、西班牙、瑞士、意大利、巴西、日本、韩国和我国台湾地区等，存在诸如自然人营业登记、小商人豁免登记等情况，特别如日本、韩国等关于自然人营业的特殊登记，有营业登记或开业登记的性质；另外，大陆法系国家或地区对于合伙是否登记以及登记的效力，并无强制性规定，如登记也无明显的主体资格与经营资格之分，只有企业设立登记才涉及主体资格或营业资格问题。至于英美法系国家或地区的自然人营业、合伙企业是否登记，完全取决于当事人的自愿与需要；只有公司设立法律才有明确规定，非经登记不产生公司法上的法律效果。

足见，从域外视角考察，只有企业设立登记，才存在主体资格与营业资格的确认问题，多数国家或地区并无法律明文规定对两者究竟是统一、混合登记，还是分离、分别登记，在企业登记实践中，企业的主体资格确认与营业资格取得，也并无实质性区分。故所谓"统一主义"与"分离主义"之法例或制例，并不是一种事实上的存在，仅是学者在分析我国营业执照本身缺陷时而引发的一种论争。虽然如此，鉴于营业执照问题确实涉及人们所关心的企业主体资格、法人资格与营业资格问题，故此一问题的提出与争论的展开，对恰当定位营业执照的表征功能，推进企业设立登记程序、营业执照签发方式的改革，仍有着重大的理论意义和实践价值。

（二）现行统一主义制例的流弊分析

从理论上讲，"统一主义"在一张营业执照上表征商事主体之主体资格和营业资格

---

〔7〕　参见蒋大兴、章琦：《从统一主义走向分离主义：企业登记效力立法改革研究》，载《南京大学法律评论》2000年第2期；蒋大兴：《公司法的展开与评判——方法·判例·制度》，法律出版社2001年版，第342、364-371页。

功能，混淆了主体资格与营业资格之间的区别。特别是在企业法人营业执照被吊销后，同一营业执照既表征该企业法人之主体资格、法人资格被吊销，又表征该企业的营业资格被宣告无效，无疑就给营业执照被吊销后企业之主体资格或法人资格的确定，带来不确定性。相对而言，“分离主义”因把商事主体注册登记分为核准注册的主体资格取得和登记机关签发营业执照的营业资格取得这两个阶段、两种行为、两种资格、两种证照，所以能更清晰地分清主体资格或营业资格。就企业而言，即使营业执照被吊销，也仅仅丧失营业资格，因企业还拥有注册登记证书，其主体资格或法人资格丝毫不受影响。正因如此，自“统一主义”与“分离主义”这一概念提出之后，“统一主义”之商事登记程序和营业执照发放模式，遭到国内学者一致的抨击。

有学者认为，把商事主体登记与营业许可登记统一起来，反映我国立法与制度总体对营业持限制态度，是商事立法中“家长主义”和强国家干预色彩的具体表现。〔8〕有学者认为我国商事登记将“主体资格与经营资格合二为一”，由于营业执照不仅证明企业的主体资格也证明企业的经营资格，依此思维，如企业被吊销营业执照，则难以解释甚至判断企业主体资格是存在还是消灭。〔9〕有学者认为，现行商事登记制度所持的商事主体资格与营业资格的混同登记，实际上是一种“不完全统一”的变异立法模式，特别是企业营业执照被吊销的情况，不利于企业主体资格的判断和法律纠纷的处理。〔10〕有学者从许可制度来看待商事登记中的注册登记与营业登记，认为注册登记是赋予商事主体资格合法性的登记确认注册程序，至于营业登记，又叫营业许可，则是企业获得商事主体资格后，由主管机关许可营业的特定程序，而营业执照显然不具有证明企业主体资格的功能，而只具有证明企业等经营者经营资格的功能，故将注册登记与营业登记混为一体，有悖法理，对债务相对人的保护明显不利。〔11〕

由于“统一主义”之商事登记程序和营业执照发放模式，遭到包括概念提出者在内所有学者的反对和否认，故主张“分离主义”的商事登记程序和营业执照发放模式就成为学界、业界的主流观点。有学者认为，随着市场经济体制建设的推进，“有限政府”观念已深入人心，“统一主义”程序立法模式已丧失生存基础，商事登记自应抛弃“统一主义”而改采“分离主义”。〔12〕但是，主张“分离主义”论者，又有全面“分离主义”和部分

---

〔8〕参见朱慈蕴：《对我国商事登记立法的一些思考》，载王保树主编：《中国商法年刊》（2004 年卷），黑龙江人民出版社 2005 年版。

〔9〕参见冯果、柴瑞娟：《我国商事登记制度的反思与重构——兼论我国的商事登记统一立法》，载《甘肃社会科学》2005 年第 4 期。

〔10〕参见刘沛佩：《从准统一到分离：商事主体资格的回归路径——对商事登记行为的公私法性质解构》，载《中国工商管理研究》2009 年第 6 期。

〔11〕参见任万兴等：《我国商事登记法的立法思考》，载王保树主编：《中国商法年刊》（2004 年卷），黑龙江人民出版社 2005 年版。

〔12〕参见范健、王建文：《商法论》，高等教育出版社 2003 年版，第 595 – 596 页。

“分离主义”之别。

1. 全面“分离主义”论

该论主张将核准登记与营业执照签发完全、全面分开，即企业经核准登记取得主体资格，登记机关签发营业执照后企业取得营业资格。有学者认为，对任何主体而言，有主体资格并不必然具备营业资格，而丧失营业资格并不当然丧失主体资格，主体资格和营业资格的分离具有不完全相同的法律意义和必要性，故全面“分离主义”商事登记模式应更具合理性，也更易为社会所接受。〔13〕有学者认为，应将核准登记与营业执照签发完全分开，建立两个相对独立的证明体系，即核准登记作为商主体资格的证明，营业执照颁发为特定主体营业资格和营业权利的证明。〔14〕

2. 部分“分离主义”论

该论基于商事登记本身就具有主体资格与一般营业资格的确认功能，不宜分离，只主张把商事登记中主体资格、一般营业资格的确认与商事主体特殊营业资格的确认予以分离。故全面分离主义强调国家对企业经营范围的严格管制，企业超越经营范围的行为绝对无效，于善意第三人利益保护不利；而部分分离主义模式反映现代商法侧重于保护善意第三人利益、维护交易安全的趋势，应为我国商事登记立法所采纳。〔15〕有学者认为，企业等只要经过登记即可取得主体资格，此登记本身已包含对企业一般经营资格和能力的认可，无须单独颁发营业执照以证明其营业资格或营业能力，如欲经营国家管制的营业事项，则应经政府特定部门的许可或审批，由其颁发特定事项的营业许可证。〔16〕有学者认为，营业执照即“经营许可证”，它是商事主体经营国家管制事项而获得的许可凭证，本无证明企业主体资格的作用，但在没有其他主体资格证书的情况下，它又附加企业主体资格的证明功能；但商事登记不同于营业许可，企业营业执照所载“经营范围”并不具有限制企业权利能力的效力。〔17〕

当然，也有学者以小商贩的登记为例，认为小商贩如办理登记，自然就取得营业资格，也无须再取得主体资格。故从方便小商贩营业而言，将小商贩的主体资格登记与

〔13〕 参见冯果、柴瑞娟：《我国商事登记制度的反思与重构——兼论我国的商事登记统一立法》，载《甘肃社会科学》2005 年第 4 期。

〔14〕 参见刘沛佩：《从准统一到分离：商事主体资格的回归路径——对商事登记行为的公私法性质解构》，载《中国工商管理研究》2009 年第 6 期。

〔15〕 参见李琛：《商事设立登记立法刍议》，载王保树主编：《中国商法年刊》（2004 年卷），黑龙江人民出版社 2005 年版。

〔16〕 参见蒋大兴：《公司法的展开与评判——方法 · 判例 · 制度》，法律出版社 2001 年版，第 342、364 – 371 页。

〔17〕 参见郭富青：《论商事登记制度的若干法律问题——兼论我国商事登记的改革与完善》，载《甘肃政法学院学报》2002 年第 3 期。

营业登记合二为一进行登记,反而更便于他们尽快获得经营的资格。[18]

(三)现行统一主义登记的制度性根源

笔者认为,导致"统一主义"与"分离主义"概念的提出和论争的产生,在于对营业执照之制度功能的不恰当定位和我国不合理的营业执照发放制度。就学者而言,对营业执照的表征功能与法律意义一直未有清晰认识。就商事登记对特定主体而言,究竟有什么样的法律意义,有学者认为,商人特别对于商个人而言,登记的目的就在于取得并确认营业资格,其作用在于排除由于身份等原因不得从事营业活动的人,向公众公示其经营信息,为交易第三人和社会提供交易安全的最低法律保护。[19]而对于主体资格和营业资格,不同学者的看法则存在明显差异,如有学者认为,商主体资格的取得表明该商主体享有权利能力,以及除营业能力之外的一般行为能力;而营业资格的取得则标志着特定商主体具有从事特定商行为的资格或能力;取得商主体资格是取得营业资格的基础和前提,取得营业资格是具备主体资格的目的所在。[20]

前文已阐明,商事登记本身并不具有创设主体、授予权利、赋予资格的特殊效应,而只有营业进入宣示、营业资格确认、营业信息公开等基本功能,因之,营业执照只是承载着营业进入宣示、营业资格确认、营业信息公开这三大基本功能而已;换言之,营业执照仅具表征特定主体的营业经法律正式确认而已。以企业设立登记为例,由于企业的产生源于出资人自由商事结社权的有效行使,乃出资人基于合资、合伙、合作营业需要而共同发起、协议设立的衍生组织体,其在登记申请之先就已经事实上成立并存在,商事登记注册和营业执照签发只是对这一主体、权利、资格之事实的确认和公示而已,营业执照本身并无创设企业主体的任何行为和法律功能,因而也就不存在营业执照授予主体营业资格问题,它只是营业确认的外在宣示和公开形式而已。

之所以产生人们所争论的问题,一方面在于我国现行不合理的营业执照发放制度;另一方面,学者、业者对吊销企业营业执照缺乏正确认识和合理解释。前文对之已有深入分析,在此仅讨论吊销企业营业执照的法律意义和法律后果。

吊销企业营业执照是指商事登记主管机关(企业登记管理机关)对违反法律、行政法规从事经营的企业或其他商事主体依法剥夺其营业执照、宣布其不能再从事营业活动的行政处罚行为。吊销企业营业执照的直接法律效力是取消、剥夺或终止企业或其他商事主体的营业资格,使该企业或其他商事主体丧失继续营业的资格、权利。故企

---

[18] 参见李建伟:《从小商贩的合法化途径看我国商个人体系的建构》,载《中国政法大学学报》2009年第6期。

[19] 参见张民安:《商法总则制度研究》,法律出版社2007年版,第431页。

[20] 参见刘沛佩:《从准统一到分离:商事主体资格的回归路径——对商事登记行为的公私法性质解构》,载《中国工商管理研究》2009年第6期。

业或其他商事主体营业执照被吊销后，已不具备营业资格或营业能力，如继续从事营业活动，则属非法营业；但丧失营业资格的企业，其主体资格或法人资格并未当然丧失。〔21〕通常意义上的企业终止必须是在完成企业清算并进行注销登记后的法律事实状态，从吊销企业营业执照到宣示企业终止，其间尚存在须以企业名义了结的一系列权利与义务、债权与债务关系，如此时就认定企业主体资格已消灭，则以企业名义产生的各种债权债务也因企业已不复存在而无清算之必要，这无疑对交易秩序的构建与交易安全的维护、相对人合法权益的保护极为不利。很明显，吊销企业营业执照只是消灭了企业的营业资格或营业能力，而非当然地注销了企业的主体资格或法人资格（非法人企业本无法人资格，自然也不存在法人资格消灭问题），它只是引起企业终止的法定事由之一，而不是企业终止本身，故企业之主体资格或法人资格不受营业执照吊销的任何影响。至于对自然人商事主体而言，其营业执照被吊销，也只是限制其继续从事营业执照所载经营事项的权能，但该自然人本有的主体资格并未因营业执照的吊销而当然丧失。可见，自然人的民事主体资格与营业执照的取得、吊销、失效更无任何关系。〔22〕

不难看出，只有弄清楚以上问题的实质所在，才能解决问题。

（四）现行“统一主义”登记模式下的改革路径

基于以上分析，笔者认为，将商事登记程序模式截然分为“统一主义”与“分离主义”之观点或做法，值得商榷。这是因为：(1)世界上尚无典型的“统一主义”与“分离主义”法例或制例。既然要成为一种理论或制度，就应有典型法例或制例予以支撑。细察不同法系的国家或地区之商事登记程序及所发证照就会发现，实行登记注册和发证、给照的统一是一种主流的做法，即所谓的“统一主义”；很少有国家或地区先进行所谓的主体登记而后进行所谓的营业注册，即所谓的“分离主义”。故所谓“统一主义”与“分离主义”在域外商事登记立法或制度运行中，并不存在对应的成例，特别是有关“分离主义”成例很少，或极不典型。(2)在商事登记中，事实上很难以分清营业登记与资格登记。例如，对自然人登记，初看起来好像只有营业登记，而无主体资格登记；但实际上作为一般民事主体的自然人进入营业领域后，必须进行身份切换，转换为商事主体后，其营业身份才能被国家、社会、第三人所承认或接受，其经营才可持续、稳定。对企业登记而言，企业设立登记固然是为确认主体资格，但也同时具有确认其营业资格

〔21〕参见肖海军：《企业法原论》，湖南大学出版社2006年版，第122－123页；杜万华、王艳彬：《被吊销营业执照后的法人主体资格——兼论公司被吊销营业执照后的民事主体和诉讼主体资格》，载《人民司法》2000年第7期。

〔22〕参见肖海军：《论商主体的营业能力——以投资主体与营业主体的二重结构为视角》，载《法学评论》2011年第5期。

的功效。(3)企业登记不只是纯粹的资格登记。企业设立登记主要为资格登记,但也存在开业登记;企业设立以后,如营业事项发生变更,自然又需进行营业登记,故营业登记与资格登记在企业登记中并不能截然分开。(4)我国尚无专业的主体资格确认或登记机关。目前我国有关主体登记包括三大系统:一为工商登记,是为民事主体转换为商事主体或为已事实成立的企业之主体资格进行确认;二为民政系统对非营利社团组织和其他组织进行社会组织登记,获得其颁发的社会组织代码证书;三为特殊专业服务类机构如律师事务所等,由其主管部门进行登记。至于自然人,我国户口、户籍、身份证制度,本身只是证明公民身份,而不是来证明其民事主体身份,因为自然人的民事主体身份无须证明,自出生至死亡,只要活着,就是当然的民事主体,无须任何机关登记、认定或授权。因之,目前全国尚没有形成有效的所谓民事主体登记机关或登记制度,尽管有学者提过倡议,〔23〕但因不具可行性且分歧大、可操作性不强,而未见有明显进展。(5)将两者分开登记会严重影响登记效率。由于营业登记与资格登记不能截然分开,如硬性规定把之分开,反而会影响登记的效率,甚至造成不必要的混乱。

但是,延续现行的所谓"统一主义"登记程序模式,并不意味着就不需要对其进行任何改革。鉴于学者所批评和讨论的问题,原于我国现行不合理的营业执照发放制度和对吊销企业营业执照性质不恰当的功能定位,故改革须从这两个方面切入,才可收到良效。

在我国目前商事登记立法与制度模式下,所奉行的主体资格认定与营业资格确认合一的统一主义模式,特别对法人企业而言,登记机关根据现行法规定,往往把营业执照与法人资格证书合二为一即企业法人营业执照。如此操作具有节省成本、减少环节、控制程序等明显效应,问题是如企业因违法或不当营业而被吊销企业法人营业执照,由于该企业法人营业执照负载着营业执照、主体资格确认书、法人资格证书等多重资格确认、宣示效力和功能,登记机关之本意仅为吊销该企业法人的营业资格,而非注销其法人资格,更非消灭其主体资格;但被吊销的企业法人营业执照中营业资格、主体资格、法人资格是合三为一。尽管在2014年前法人的组织代码与企业法人营业执照的代码尚不一致,但证照只有一张。而按照2014年以后新款营业执照的样式与编码规则,企业法人营业执照的编码与法人的组织代码等实行完全融合,此后"多证合一"之改革举措陆续出台,更使多证合一下多重资格的表征功能趋于模糊甚至混同。例如,2015年6月开始的工商营业执照、组织机构代码证和税务登记证"三证合一"工商登记

〔23〕 参见吕海宁:《论确认民事主体的标准——权利能力亦或法律人格》,载《黑龙江省政法管理干部学院学报》2009年第5期。

改革;[24]2015 年 6 月在全国推行的“一证一码”证照改革;[25]2016 年 10 月起全面实施工商营业执照、组织机构代码证、税务登记证、社会保险登记证、统计登记证等“五证合一、一照一码”的改革。[26]由于“多证合一”的实施与推广,就更看不到工商营业执照、组织机构代码证、税务登记证、社会保险登记证和统计登记证等之间的区别,统一主义登记模式越来越明显。这样一来,本意仅为剥夺企业法人营业资格之吊销企业法人营业执照的行政处罚,就被误认为附载于该同一张执照之上的企业法人资格甚至主体资格(当然还包括多证合一下的其他各种资格)也被剥夺、否认、取消了,因而也就存在各种有关吊销企业营业执照或法人营业执照,属于国家全面取消或剥夺企业主体资格或否认法人人格的学说或论调。有鉴于此,笔者认为,改革之策有三:

第一,继续保留现有企业登记中主体资格认定与营业资格确认合一的统一主义模式,甚至也可延续现有非法人企业营业执照或企业法人营业执照的两种不同模式,特别是法人企业,把企业的营业资格确认与法人资格认定合并在一张执照上,并执行新的法人营业执照编码与法人组织代码的合一与融合;但立法应作特别说明或解释,即如登记机关适用吊销非法人企业营业执照或企业法人营业执照以处罚企业的违法或不当营业时,其效力只及于剥夺或取消该被处罚企业的营业资格或营业能力,而不影响该企业的主体资格或法人资格。

第二,在继续保留现有企业登记中主体资格认定与营业资格确认合一的统一主义模式、同时延续现有非法人企业营业执照或企业法人营业执照两种不同模式的前提下,实现营业执照上营业资格与组织主体资格确认的分离原则,即在同一张营业执照上,分别列明该企业的营业执照编码和组织代码编码;然后在立法或有关管理性规定中特别说明,如登记机关适用吊销非法人企业营业执照或企业法人营业执照以处罚企业的违法或不当营业时,应具体说明被吊销的营业执照中营业执照编码,借以区别于该营业执照中的组织代码编码,避免因吊销企业营业执照影响该企业作为组织类主体的主体资格或法人资格。

第三,改革现有企业登记中主体资格认定与营业资格确认合一的统一主义模式,把企业的营业执照与组织资格证书进行彻底分离,甚至还可延续现有非法人企业营业执照或企业法人营业执照的两种不同模式,但在企业营业执照之外,由登记机关另行颁发确认或证明该企业的组织资格证书,如属非法人类企业,则颁发非法人组织资格证书;如属法人企业,则颁发法人组织资格证书;其编码规则与号码也可与营业执照完

---

〔24〕 参见国务院《关于促进市场公平竞争维护市场正常秩序的若干意见》(国发〔2014〕20 号)第 4 条。

〔25〕 参见国务院《关于批转发展改革委等部门法人和其他组织统一社会信用代码制度建设总体方案的通知》(国发〔2015〕33 号)第 1、2 条。

〔26〕 参见国务院办公厅《关于加快推进“五证合一、一照一码”登记制度改革的通知》(国办发〔2016〕53 号)第 1 条。

全一致,只是多发一张组织资格证书而已。

笔者认为,对比三种不同方案,第三种属登记机关的统一主义、证照颁发的有限分离主义,即奉行统一的编码规则、统一的号码,但对同一企业在登记时实行营业执照与组织资格证书相互独立、分别颁发,可有效克服目前企业营业执照签发中所存在的问题以及避免引起的不必要争议。

三、审查登记制还是备案登记制

(一)审查登记制、备案登记制的界定与比较

所谓审查登记制与备案登记制,系指根据登记机关是否主动对申请人所提交的申请文件和其他文件进行审查而划分的商事登记类型。其中审查登记制,系指在登记申请人提交登记申请后,登记机关要主动对其提交的申请书、申请文件、附件材料进行逐份审查、核对,如符合法律规定的条件,则决定予以登记、注册;如申请文件欠缺或文件材料不符合法律规定的条件,则决定不予以登记、注册。而备案登记制,系指在登记申请人提交登记申请后,登记机关一般不会主动对其提交的申请书、申请文件、附件材料进行逐份审查、核对,只是对由申请人所提交的申请文件之形式、份数、声明,予以事实上的确认并给予已登记备案的证明,登记机关一般不会主动对其是否符合设立条件和申请人所提供的文件是否符合或达到法律规定的条件进行审查,一般情形下不会作出不予登记的决定。

笔者在考察大陆法系商事登记制度和英美法系商事登记制度时,发现审查登记制与备案登记制有比较明显的差异,其主要表现为以下几个方面:(1)条件法定上的差异。在审查登记制下,法律不仅规定申请书的文本要符合形式的要求,而且还须符合法定的条件;而备案登记制则往往只规定申请文件应符合形式上的要求,但是否符合法定条件,则取决于当事人和申请人的声明,法律不作明确或硬性规定。(2)文件法定上的差异。在审查登记制下,法律一般会对登记申请所要提交的申请文本类型、数量、相关性等有明确规定;而备案登记制则只对需要提交登记确认、备案的文件、主要内容、基本要求作出尽可能详细的列举,但提交哪些文件或是否符合要求,则完全取决于当事人或登记申请人的声明,法律不作硬性、具体规定。(3)审查法定上的差异。在审查登记制下,登记机关可依法或依职权进行主动审查,而法律也规定登记官有审查义务,一般情形下,登记机构或登记官会对申请人所提交的申请文件和所有材料的法定形式、数量、相关性进行仔细审查;而在备案登记制下,登记机关及登记官一般不会主动去审查申请文件,更不会对申请文件和提交材料之法定形式、数量、相关性进行审查,登记官一般是重点审查当事人、申请人的声明和核对已提交的文件类型,然后作出确认、备案登记并予以证明。(4)职权主义上的差异。在审查登记制下,对属强制登记范围的申请登记义务人未及时进行申报或提出申请,登记机关或登记官可责令其履行

申报或提出申请；而在备案登记制下，登记机关或登记官则无此权。（5）自由裁量上的差异。在审查登记制下，登记机关与登记官一般有自由裁量权，登记机关与登记官对申请文件、提交材料之法定形式、数量、相关性进行审查，对其是否符合法律规定的条件作出判断，并作出是否予以登记注册的决定；而在备案登记制下，登记机关与登记官一般没有自由裁量权，登记机关与登记官只可根据对申请文件、提交材料之法定形式、数量进行初步审查，要求申请人补交有关材料，而对其是否符合法律规定的条件一般不进行审查，也不作出任何主观上的判断，只要提交的申请文本有法律所列举的情形，就予以确认登记并出具备案证明，一般不会作出不予登记的决定。（6）登记处罚上的差异。在审查登记制下，申请义务人不履行申请义务或履行申请义务不符合要求，登记机关可责令其履行义务，并可给予处罚；而在备案登记制下，申请义务人不履行申请义务或履行申请义务不符合要求，登记机关一般不会依职权责令其履行义务，一般也不会给予处罚，其所产生的不利法律后果一般适用违信赔偿责任和民事救济程序予以处理。

（二）审查登记制与备案登记制国家或地区举例

一般而言，大陆法系绝大多数国家或地区是实行审查登记制，如欧陆国家的法国、德国、瑞士、意大利、西班牙等；而英美法系多数国家或地区选择备案登记制，如英国、美国等。

1. 审查登记制国家或地区举例

《法国商法典》在“商事及公司注册登记簿”一节中，规定“自然人商人在规定的期限内不申请进行注册登记的，委任法官依职权，或者依共和国检察官或任何证明有利益关系的人提出请求而委任的法官，作出一项裁定，责令该人申请进行注册登记”；已经在“商事及公司注册登记簿”上进行注册登记的人，“在其申报的情况不准确或者不完备的情况下，没有在规定的时间内申请补充登记或者变更登记的，法官得按照相同条件，责令其进行补充登记或变更登记，或者注销登记”，相应情况下，处逾期罚款（第L123－3条）。〔27〕

《德国商法典》对申请人申请文件的种类、提交方式、登记法院审查范围有详细、具体规定（第12条至第14条），“对于不履行自己登记申请义务，或者不履行提交文件进行商事登记义务的人，登记法院应当通过判处罚款而督促其履行义务”（第14条）；〔28〕登记法院并非“盲目地”将所有申报都进行登记，而是有义务进行审查；如果商人在申报时有违反义务的情形，法院不得依职权进行登记，而是尽可能利用《商法典》第14条

〔27〕　参见《法国商法典》（上册），罗结珍译，北京大学出版社2015年版，第21页。

〔28〕　参见《德国商法典》，杜景林、卢谌译，法律出版社2010年版，第15页。

和《非诉案件法》第 132 条以下的规定，通过对其处以罚款以敦促其履行申报义务。[29]

《瑞士债务法典》规定，联邦委员会“应就商事登记簿的设置、保管和监督，以及登记的程序、登记的申请、应提交的文件及其审核、登记的内容、登记的费用和登记异议的提出，作出规定”（第 929 条）；又“商事登记官对于声请登记的事项，应审查其是否具备登记的法定要件”，“在办理法人登记时，商事登记官应特别注意审查，法人章程是否违反强行法，是否具备法律规定的必要内容”（第 940 条）；再如“商事登记官因催告有登记义务的当事人履行声请登记的义务，必要时，商事登记官得依职权办理法律所规定的登记”（第 941 条）；等等。[30]

《意大利民法典》规定，“在进行登记前，企业登记机构应当对署名的真实性以及申请是否符合法律规定的登记条件进行审查”（第 2189 条第 2 款）；又如，“应强制登记而企业主又未提出申请的，企业登记机构用挂号信通知企业主在一定期限内提出申请。超过指定期限仍未提出申请的，负责登记事务的法官可以裁定责令登记”（第 2190 条）；再如“已经完成的登记不具备法定要件的，在听取了利害关系人的意见后，负责登记事务的法官可以裁定撤销登记”（第 2191 条）等。[31]

《西班牙商法典》第 18 条第 2 款规定，“登记中心工作人员应依照职权证明各类申请文件的合法性，其授权或同意的文件以及递交或签署该文件的主体的有效性和合法性，以及登记内容和记载内容的真实性”。[32]

又如受葡萄牙法传统影响的《巴西民法典》第 1152 条规定“受托为登记的机构负责按本条各款的规定核查法律确定的公告是否合乎法度”；第 1153 条规定“在实施登记前，主管机关有权核实申请上的签名者的真实性与合法性，还有权监察提交的文件或证件是否遵守了法律的规定”，如“发现不符合规定的申请的，应通知申请人，在可补救的情形，此申请人可遵照法律规定的手续进行补正”；等等。[33]

再如受大陆法系影响的日本和韩国也为此制，如《日本商业登记法》第 23 条之 2 就规定，登记官收到登记申请后，如有充足理由怀疑申请人以外的人提出申请，除根据法定情形驳回该申请外，“应当通过要求申请人或其代表人或代理人出席接受质询或提交文书及提供其他必要信息的方法，对该申请人是否有申请权限进行调查”；登记官认为前述“规定的申请人或其代表人或代理人居住于外地或者有其他合理情形时，可以委托其他登记处的登记官进行同项的调查”；《日本商业登记法》第 24 条规定，如果

---

〔29〕 参见［德］C. W. 卡纳里斯：《德国商法》，杨继译，法律出版社 2006 年版，第 76－78 页。

〔30〕 参见《瑞士债法典》，吴兆祥等译，法律出版社 2002 年版，第 272－274 页；《瑞士债务法》，戴永盛译，中国政法大学出版社 2016 年版，第 409－416 页。

〔31〕 参见《意大利民法典》，费安玲等译，中国政法大学出版社 2004 年版，第 511－512 页。

〔32〕 参见《西班牙商法典》，潘灯、高远译，中国政法大学出版社 2009 年版，第 8 页。

〔33〕 参见《巴西新民法典》，齐云译，中国法制出版社 2009 年版，第 171－172 页。

存在法定所列的理由，“登记官应当决定驳回登记申请，并说明理由。但如果该申请不完善而又能补正，在登记官规定的合理期间，申请人对此作了补正时除外”。〔34〕

足见，多数大陆法系国家或地区采用审查登记法例和制式，是基本成立的。

2. 备案登记制国家或地区举例

在英美等国家或地区，一般而言，个体经营者、合伙，法律对其是否登记不作要求，只是未经注册的任何个体经营者、合伙，均不可能导致独立法人的法律效果而已；而注册也仅仅意味着，备案者只是产生对外宣示其营业或以合伙形式营业的效果而已。〔35〕故商事登记的主要对象是公司注册与设立文件的备案。

如《英国公司法》第7条至第13条虽对公司组建的方式、备忘录、登记文件、资本和最初持股声明、被提议高级人员声明、遵守声明、保证声明等公司设立形式、公司申请文件有具体的指导性、规范性要求，但此要求仅具法律上的指导性，其真实性、合法性与否，完全取决于当事人和申请人自己的行为，且通过当事人和申请人的声明、保证等法律文件进行确保，登记机关与登记官不对其进行任何是否具备法律条件或要求的审查。申请人提交申请及各种公司设立文件后，如登记官认为法律关于登记的要求得到遵守，则“应当登记被提交的文件”（第14条）；也就是说登记官的职责只是对“被提交的文件”，即申报人所提交的申请书及各种设立公司的文件进行登记、确认、公示而已。换言之，基于法律的要求，申请人提交什么设立文件，登记机关和登记官就确认、登记和备案什么文件，登记官并不会主动审查，进而提出文件是否符合法律要求或是否需要补正材料的任何要求，登记官所进行的确认、登记、备案，只是对当事人已经设立并组建公司之事实予以确认、证明而已。然后，基于公司设立登记，由登记官“提供公司被设立的证明”（第15条第1款）。〔36〕

《美国统一合伙法》（1997年修订）第105条规定，合伙协议和基于合伙协议的各种声明，“可在州务卿办事处进行注册申报”。〔37〕又如《美国标准公司法》第1—20条规定，只有“为在州务卿处备案”的文件，才适用本公司法的有关规定。〔38〕再如《美国特拉华州普通公司法》第103条规定，公司设立各种文书，向州务卿提交备案后，在备案当日生效。〔39〕

以上举例，不难看出，在英、美等普通法系国家，公司登记机关的职责只对当事人

---

〔34〕 参见《日本商业登记法》，庄玉友译，载王保树主编：《商事法论集》（第22卷），法律出版社2012年版。

〔35〕 参见［美］斯蒂芬·加奇：《商法》，屈广清、陈小云译，中国政法大学出版社2004年版，第187-205页。

〔36〕 参见《英国2006年公司法》，葛伟军译，法律出版社2008年版，第7-9页；《英国2006年公司法》（第3版），葛伟军译注，法律出版社2017年版，第9-16页。

〔37〕 参见虞政平编译：《美国公司法规精选》，商务印书馆2004年版，第178、555-556页。

〔38〕 参见沈四宝编译：《最新美国标准公司法》，法律出版社2006年版，第5、26-27页。

〔39〕 参见《特拉华州普通公司法》，徐文彬等译，中国法制出版社2010年版，第10-23页。

或申请人提交的申请书及公司设立文件进行确认、备案而已，所谓的注册也只是登记官确认当事人或申请人已向公司登记机关提交大量设立文件，该已经成立的公司经登记机关确认并备案，所发证明文件也非正式意义所谓的营业执照，而是经确认登记备案的证明书。当然此证明书由于经公示，具有对世的对抗效力，将产生正式的公司法效力。足见，以英国、美国为代表的多数英美法系国家或地区选择备案登记制度，基本可以成立。

（三）审查登记制与备案登记制的取舍

通过以上比较与举例，不难发现，审查登记制带有典型的职权主义特征，而备案登记制则带有鲜明的当事人中心特色，两者各有优点和不足。审查登记制奉行严格的法定主义和职权主义，有利于通过登记机关的职权审查，把不具备条件特别是不具备企业设立条件的主体，排除在营业进入之先；且通过登记机关的审查，尽管审查方式尚有实质主义与形式主义之别，但无论哪一种，登记机关均具有职权主义的主动性，法律规定严格的审查，是登记机关和登记官应尽的法定义务，通过必要的审查，还可起到一定的信息过滤作用，可有效减少虚假公司登记或虚假营业信息。但是，正因登记机关的审查，特别是如公司设立审查，所需要的文件比较繁杂，登记官又须通过人工而不可通过其他方式进行替代，必然耗费时日，造成不必要的时间浪费，因而大大制约登记效率，进而影响商人对商机的把握，此乃审查登记制的明显不足。

相对而言，审查登记制的不足正是备案登记制的优点。备案登记制把商事登记（主要是公司设立登记）所需文件的真实性、合法性、关联性、完备性、齐全性和是否符合法律的形式与内容等，所产生的一切义务和责任全交由当事人、申请人及其他相关义务人（包括见证人、认证官、公证官、注册会计师、律师等），而登记机关和登记官的任务和职责，就是接收文件、材料，清理数目后予以确认、登记、注册、备案。由于大量的文件审查准备工作已在申请之先由当事人、申请人和其他相关专业人士完成，因而登记机关不再审查，也无必要进行审查，自然就可大大节省审查的时间，从而产生迅捷而高效的登记效率。因此，一般情形下，如公司登记当天申请就可当天拿到注册证明书，这在多数大陆法系国家或地区，是难以想象或企及的。当然，在备案登记制下，登记机关和登记官未尽审查，就免不了鱼龙混杂、泥沙俱下，也就可能产生登记、注册不实等为人诟病的公司陷阱问题。

虽然如此，但实际情况却并非理论所描述或人们所预计的那样。究其根本原因，在于英美法系的备案登记制，登记程序、形式虽十分简便，但在申请之前，其公司设立文件、申请文件和其他相关材料，已经当事人、申请人严格审查，且这种审查还得到了诸如律师见证、专业服务机关认证、公证机关公证、律师事务所法律论证、会计师事务所专业评估等，一环扣一环，一方作假，就无他方见证；他方如有对作假进行见证、认证、公证、律师论证、会计评估等,一旦将来东窗事发,则须承担连带赔偿责任,进而就可形成真实性、合法性担保链条,从而可确保每次公司设立申请人提交材料的真实性、合法性、关联性、完备性、齐全性及符合法律的形式与内容等要求。自然,登记机关或登记官之所以不管不审,是因为有社会中介去管去审,而不必由登记机关或登记官再管再审。

我国商事登记程序是实行典型的审查登记制,笔者认为,受各种因素制约,短时期内不可贸然选择备案登记制;但比较分析的结果充分说明,备案登记制有明显的制度优势和逻辑理性。故我国商事登记程序的改革与完善,在整体延续现有审查登记制的同时,应引入英美备案登记制的某些合理做法逐步推进;待到时机成熟时,可改采备案登记制。

四、实质审查方式还是形式审查方式

(一)实质审查方式与形式审查方式之优劣比较

1. 实质审查方式与形式审查方式之意义厘定

在商事登记申请受理后,如何对申请人提交的申请文件和其他申报材料进行审查,按审查之目的、对象、侧重点、方式等模式特点,有实质审查方式与形式审查方式之分。也有学者认为,世界不同国家或地区存在形式审查主义、实质审查主义、折中审查主义三种制度模式;[40]还有学者从公司登记角度,认为存在形式审查、实质审查和折中审查等不同学说、立法、制度例。[41]

实质审查方式与形式审查方式,学者虽多有提起,但对其具体含义及差异并无明确、清晰的解释。笔者认为,实质审查与形式审查之差异,主要表现在如下几个方面:(1)审查目的。实质审查的目的是防止申请文件或材料出现失真、失实、违法等情形;而形式审查的目的则为甄别申请文件或材料是否符合法律规定的条件、程序或形式。(2)启动理由。实质审查一般是基于登记机关或登记官对申请文件、材料之真实性、合法性的合理怀疑;而形式审查则基于对申请文件或材料的简略、遗漏、残缺、凌乱等外观判断。(3)审查对象。实质审查之对象为申请文件或材料所记载的内容;而形式审查之对象则为申请文件或材料的外在形式。(4)审查重点。实质审查之审查重点为申请文件或材料记载的真实性、取得程序的合法性、内容的合理性等;而形式审查之审查重点为申请文件、材料形式的相关性、齐全性、完备性。(5)审查方式。实质审查之方式为文字校对、内容订正、签字鉴定、情节调查、程序考证等;而形式审查之方式主要为书面外观审查。如学者所认为的那样,实质审查是登记机关基于对申请人提交的申请

---

〔40〕 参见覃有土主编:《商法学》,高等教育出版社2008年版,第64-65页。

〔41〕 参见李孝猛:《公司登记审查的裁量》,法律出版社2011年版,第14-21页。

材料存在合理怀疑，进而对其真实性、合法性进行核实的申请文件审查方式；形式审查是指商事登记机关对申请人所提交的申请材料之“数量上的形式”、“时间上的形式”、“内容上的形式”和“形式上的形式”进行审查，以判断其是否符合法律规定的要求之审查方式；〔42〕也有学者以企业登记为例，认为企业登记审查为形式审查，即重点审查申请材料是否数量齐全，是否符合法定形式。〔43〕在前述审查登记制与备案登记制的比较与举例中，多数大陆法系国家或地区援用实质审查原则；而绝大多数英美法系国家或地区则奉行形式审查原则，选择形式审查方式。

2. 实质审查方式与形式审查方式的评析

关于实质审查原则与形式审查原则以及由此引申出来的实质审查方式与形式审查方式，究竟何优何劣，学界看法不一。对实质审查持批评态度的学者认为，实质审查模式的理论与现实依据，一则基于政府万能论或政府无限理性论，认为“政府是父爱主义的仁慈的政府，它都是为全体大众的利益，没有自己的私心”；二则出于对市场经济安全价值的过度考量，以期望行政主管部门设立苛刻、较高的登记准入门槛并行使严格审查职责。〔44〕故“实质审查主义的目的，是希图借助政府之力来确保商事登记信息的真实性，及时制止可能危及其他商事主体和市场主体的进入”。〔45〕还有学者鉴于“实质审查模式下的商事登记准入体制似乎已偏离了商事自治理念的市场一般准入之规则”，主张奉行完全的形式审查主义，认为商事登记“原则上均应取决于当事人的自由意志，国家不应过多干预”，即实行“谁申请，谁负责”“谁受益，谁负责”，以“划清登记申请者与登记机关的责任界限”。〔46〕更有学者主张，把现有的登记管理引入以提高登记服务、登记信用为第一职能的行政服务轨道上，着力提高民事权利登记和商事主体登记对社会的公信力。〔47〕

也有学者基于形式审查的局限性，而认为实质审查具有必要性；或者认为实质审查在某些情形下具有补充性；或者认为可把形式审查与实质审查结合起来，形成新的折中审查或审慎审查原则或方式。有学者基于商事登记功能和法律并未免除登记机关实质审查义务之原由，认为“对于商事登记的事项，登记机关应有实质审查义务——借此才能保护商人自身的合法权益，保护交易相对人和社会公众的利益并便于国家的

〔42〕　参见李孝猛：《公司登记审慎审查原则的法理思考》，载《中国工商管理研究》2007 年第 8 期。

〔43〕　参见孙百昌：《企业登记审查应把握“符合法定形式”原则》，载《中国工商管理研究》2006 年第 5 期。

〔44〕　参见赵万一主编：《商事登记制度法律问题研究》，法律出版社 2013 年版，第 117－121 页。

〔45〕　参见王金根：《实质审查主义批判》，载《企业改革与管理》2006 年第 1 期。

〔46〕　参见赵万一主编：《商事登记制度法律问题研究》，法律出版社 2013 年版，第 121－124 页。

〔47〕　参见杨遂全：《民商事登记改革与法定公证》，载《法学研究》2006 年第 2 期；陈巍：《公证与物权登记制度的衔接》，载《法学家》2006 年第 2 期。

监督管理;维护社会良好的经济秩序",否则,"商事登记制度的功能名存实亡"。[48]有学者认为,形式审查与实质审查的区别在于审查范围的不同,奉行形式审查主义的,即登记机关只审查申请登记的事项是否由合法的申请人提出;而实质审查则须审查登记内容的合法性和真实性,两者各有侧重。[49]有学者从市场交易安全的角度,主张"重形式又兼顾实质",即"对有疑问的事项予以审查,如果发现有不实之处得依职权拒绝登记"。[50]有学者则认为我国现行商事登记或公司登记的审查原则为新折中审查原则,所谓审慎审查原则,登记机关原则上只对申请文件或材料作形式审查,只在特定情形下才进行实质审查。[51]有学者基于注重效率、兼顾安全的审查理念,认为应明确形式标准和实质标准的适用关系,对实质审查的适用条件和方法予以规范。[52]还有学者认为企业登记形式审查制虽有降低登记成本、提高登记效率的效应,但也增加市场交易中的不确定性,从而增加交易成本,造成社会福利损失,故须通过妥当的制度安排来消解形式审查制的负外部性。[53]

基于实质审查原则(方式)与形式审查原则(方式)的比较分析,不难看出实质审查需要登记机关对申请文件内容的真实性、合法性、合理性进行审查,进而登记机关与登记官就须承担极重的审查义务和法定职责,在登记机关与登记官严格、尽职审查下,当然可确保大部分申请文件及材料的真实性、合法性、合理性,从而确保经登记注册的营业信息之真实性、合法性、合理性,进而有利于维护交易安全和社会公益。但是,这只是一种假设,真实的情况并非如此,因为,申请文件或其他登记申请材料比较庞杂、种类繁多、内容专业,特别如企业、公司设立等十分专业的事务,无论就文件与材料的数量,还是内容的专业性、复杂性,均是登记机关及登记官难以胜任的。由此,即使所谓的严格、认真之实质审查,最终受专业、能力、时间所限事实上却是形式审查,在当事人、申请人或其他相关义务人员不承担声明、保证义务的前提下,却把申请文件或材料的真实性、合法性、合理性之审查义务、保证义务,甚至失真责任,转移到登记机关及登记官的身上,就必然助长营业当事人、登记申请人及其他相关义务人的投机心态,最终反而导致失真登记、虚假登记、欺诈登记层出不穷。更何况实质审查要耗费大量时间和精力,必然有损登记效率,进而有损交易效益的实现。

---

〔48〕 参见曾大鹏:《中国商法通则理论与立法研究》,法律出版社 2013 年版,第 127 页。

〔49〕 参见谢怀栻:《外国民商法精要》(第 3 版),程啸增订,法律出版社 2014 年版,第 270 页。

〔50〕 参见段仁元:《安全与效率的平衡抉择——试论我国企业登记审查制度及其完善》,载《社会科学》2000 年第 5 期。

〔51〕 参见李孝猛:《公司登记审查的裁量》,法律出版社 2011 年版,第 39 – 49 页。

〔52〕 参见华德波:《商事登记二元化审查标准的困境与出路》,载《河南省政法管理干部学院学报》2011 年第 1 期。

〔53〕 参见王妍:《我国企业登记形式审查制的社会福利损失》,载《当代法学》2020 年第 1 期。

相对而言,形式审查虽貌似表面、外观、文书、形式审查,却因营业当事人、登记申请人及相关义务人(如上文提到的见证人、认证官、公证官、注册会计师、律师等)在登记申请之前的严格审查及见证、认证、公证、律师论证、会计评估等工作,所有与申请文件或登记材料有关的人均应对其真实性、合法性、合理性负声明、保证之义务和责任,登记机关与登记官无需审查,只就其申请文件或材料的相关性、齐全性和完备性进行审查即可,这样就大大提高审查、登记的效率,进而也就为交易效益的实现创造条件。不仅如此,正如备案登记制一样,由于私人、民间、社会在申请之先已完成或履行对申请文件或材料的严格审查和充分担保,不仅有效地确保申请文件或材料的真实性、合法性、合理性,而且专业化的服务也确保材料的相关性、齐全性和完备性,更有利于提高登记机关与登记官的审查效率。况且,此一原则、方式、制度还可以充分调动民间的自治、自律,进而培植民间自治精神和诚信意识。故无论是从促进登记、经营效益,还是在确保信息、交易安全,或者是养成国民良好的诚信品质等诸方面,形式审查原则与对应的形式审查方式之制度优越性,是不言而喻的。

(二)形式审查方式的具体贯彻

我国工商登记在2005年以前实行严格的实质审查制,如《公司登记管理条例》(1994年)第20条就规定,"公司章程有违反法律、行政法规的内容的,公司登记机关有权要求公司作相应修改"。2005年《公司法》修改后,国务院随即修改《公司登记管理条例》,该条例第2条第2款明确规定,"申请办理公司登记,申请人应当对申请文件、材料的真实性负责",第52条第1款第1项引入"申请文件、材料齐全,符合法定形式的",作为准予登记的基本条件,正式建立起我国公司登记的形式审查制;但是,《公司登记管理条例》(2005年)第52条第1款第2项却又规定,在同样"申请文件、材料齐全,符合法定形式"的情况下,如"公司登记机关认为申请文件、材料需要核实的,应当决定予以受理,同时书面告知申请人需要核实的事项、理由以及时间"之但书规定,使我国形式审查制大打折扣。虽然《公司登记管理条例》(2005年)历经2014年、2016年两次修改,但原条例第52条第1款第2项之规定仍然被保留如旧,并成为《公司登记管理条例》(2016年修订)第51条第1款第2项之规定。有学者甚至依此认为我国商事登记或公司登记的审查原则为新折中审慎审查原则。[54]

笔者认为,原《公司登记管理条例》(2005年)第52条第1款第2项、《公司登记管理条例》(2016年修订)第51条第1款第2项之规定具有消极性和负面效应。相对而言,《市场主体登记管理条例》(2021年)第19条则明确规定,登记机关应对"申请材料齐全、符合法定形式"进行审查,更多地体现对"形式审查原则"的贯彻。

---

〔54〕 参见李孝猛:《公司登记审查的裁量》,法律出版社2011年版,第39－49页;李孝猛:《公司登记审慎审查原则的法理思考》,载《中国工商管理研究》2007年第8期。

在彻底引入形式审查方式、实行形式审查制后，登记机关在作形式审查时应遵行以下基本原则：(1)相关性原则。登记机关或登记工作人员，在对申请人所提交的申请文件或材料进行形式审查时，一定要从相关性入手，即其申请的文件或材料是否与申请的登记事项有关，如有关则予以核准、登记；无关则不予核准、登记。(2)齐全性原则。要审查申请文件或材料是否符合法律规定的需要提交的所有材料，在数量上是否齐、全、够，如材料齐全，则予以核准、登记；如材料不齐不全，则不予核准、登记。(3)完备性原则。要审查申请文件或材料是否完整、详备，如材料完备，则予以核准、登记；如材料不完备，则须由申请人补正。(4)一致性原则。要审查申请文件或材料之间在形式上是否一致，章程或协议与主要登记申请事项是否一致，章程或协议与核准登记的事项是否一致；准予登记决定书、注册登记簿、留存登记信息公示数据系统、营业执照列举事项、登记公告事项等所载内容是否一致等；如所有材料记载内容一致，则予以核准、登记；如不一致，则须校正或交申请人补正。

第二节　商事登记程序的拾遗补缺

一、商事登记程序拾遗补缺的基本思路

(一)商事登记具体程序的理论分歧与主要观点

关于商事登记的具体程序，也就是说究竟包括哪些主要程序环节，学界与业界的看法不尽相同，归纳起来，有以下几种代表性观点：(1)二阶段说。此说认为商事登记的具体程序包括申请与审查两大阶段。有学者认为商业登记包括申请(所谓的申请主义，应由登记义务人先行申请，除非登记事项经法院裁判而发生变化，登记机关可依法院嘱托而登记)与审查(形式审查或实质审查)两个程序或环节。[55](2)三阶段说。此说把商事登记的具体程序划分为程序启动、审查、登记三大环节。有学者把商事登记分为商事登记程序的开始、申请的审查与决定、登记的公示(包括当然公示或法定公示的信息、基于请求而公示的信息两种)三个方面。[56](3)四阶段说。有学者把商事登记的具体程序分为申请、审查、核准、公告四个阶段；[57]也有学者把其分为申请与受

〔55〕　参见谢怀栻：《外国民商法精要》(第3版)，程啸增订，法律出版社2014年版，第269－270页。

〔56〕　参见张民安：《商法总则制度研究》，法律出版社2007年版，第443－452页。

〔57〕　参见覃有土主编：《商法学》，高等教育出版社2008年版，第63－65页。

理、审查、登记（或核准发照）、公告四个阶段；[58]或者认为包括申请和受理、审查、核准发照（登记）、公告四个阶段；[59]或者认为包括登记申请（登记申请主体、登记申请期限）、登记受理审查、登记注册确认、登记公示公告四个阶段。[60]还有学者从公司登记的角度，认为商事登记的主要程序包括申请、受理、审查、注册四个阶段或环节，而登记证照的颁发、换领、收缴和公告不属于主要程序，仅仅是补充或加强程序，[61]等等。（4）五阶段说。有学者认为商事登记程序可分为申请、受理、审查、核准发照、公告五个阶段；[62]也有学者把其分为名称预先核准登记、申请与受理、审查、核准发照、公告五个阶段；[63]等等。

笔者认为，从程序所具功能的独立性、运行的阶段性、任务的侧重性、过程的环节性和外在方式的显著性（可识别性）等几个方面来认定、判断，五阶段说更具合理性，但名称可作如下调整：（1）申请与启动。商事登记程序一般情形下依营业当事人或登记申请人的申请启动，但特殊情况下也存在登记机关依职权、基于他人要求等方式启动。关于商事登记的启动方式，有学者认为存在基于义务人的自愿申请而开始的商事登记、基于义务人以外的其他人的请求开始的商事登记、基于法院的命令而开始的商事登记三种形式。[64]（2）受理。即登记机关及工作人员对登记申请文件或材料予以接收并决定立案的程序与阶段。（3）审查与核准。即登记机关及工作人员对收到的申请文件或材料进行形式审查，并对其相关性、齐全性、完备性、一致性进行核对以确保其准确的独立环节或阶段。（4）登记注册。即登记机关或工作人员经过对申请文件或材料的形式审查，作出准予登记并以各种形式进行记载、确认、存档的登记行为或独立环节、阶段，包括准予登记决定、把登记事项记载于商事登记簿、把登记信息录入商事登记信息数据库、纸质申请文件与材料归类与存档、发证、给照等一系列行为和环节。（5）公示。即登记机关及工作人员对业经登记的营业事项以法律规定的方式（如政府主办的报刊、专门的商事登记公报、全国或区域性的商事登记或企业信用信息公示网等）或人们公认的方式（官网上公告、数据库上网供公众查询等）向社会公开。

---

〔58〕 参见叶林、黎建飞主编：《商法学原理与案例教程》，中国人民大学出版社2006年版，第134－135页；赵中孚主编：《商法总论》，中国人民大学出版社2007年版，第238－242页；徐学鹿、梁鹏：《商法总论》，中国人民大学出版社2009年版，第323－326页。

〔59〕 参见于新循：《现代商人法纵论——基本理论体系的探寻与构建》，人民法院出版社2007年版，第151－163页；刘宏渭：《商法总则基本问题研究》，华中科技大学出版社2013年版，第220－222页。

〔60〕 参见赵万一主编：《商事登记制度法律问题研究》，法律出版社2013年版，第110－117页。

〔61〕 参见李克武：《公司登记法律制度研究》，中国社会科学出版社2006年版，第173－174页。

〔62〕 参见范健主编：《商法》，高等教育出版社、北京大学出版社2007年版，第70－71页。

〔63〕 参见赵旭东主编：《商法学》，高等教育出版社2007年版，第59－60页。

〔64〕 参见张民安：《商法总则制度研究》，法律出版社2007年版，第443－447页。

（二）商事登记具体程序完善的若干建议

我国现行商事登记程序尚存在程序或环节有欠缺（如欠缺申请前的准备与保证程序、补正或更正登记程序、歇业或停业登记程序、复业登记程序等）、程序要素不健全（如登记环节没有明确规定多类登记行为与环节的同步进行）、登记程序不规范（如公示阶段很不规范等）、不同程序或环节之间不协调（登记与公示之间、不同登记行为之间缺乏统一性、协调性与一致性）等方面的明显不足，须在上述几个方面进行综合、整体改革，对其进行完善。其中以下三个方面的改革与完善，尤显重要：（1）构建申请前的准备与申请文件或材料的保证程序；（2）新型登记种类的引入与完善；（3）具体登记行为的规范与协调，等等。以下分述之。

二、申请前准备、保证程序的构建

（一）申请前准备、保证程序构建的必要性与具体功能

前文已提到，多数英美法系国家或地区之所以采用备案登记制，奉行形式审查原则并选择形式审查方式，且在确保登记高效的同时，又能有效地确保交易安全和维持社会诚信，是有其深刻的法律背景和制度支撑，如所有申请文件或材料签字的声明制度、个人签字真实性与否的普遍见证制度、专业性事务的认证或公证制度等。正是这些申请前相关制度的有效安排与良好运行，确保了其申请文件与材料的真实性、合法性和合理性，进而大大减轻登记机关的审查工作量，分担审查责任和职务风险，在显著提高登记效益的同时，也能实现确保交易安全和维持社会诚信双重目的。因此，从商事登记制度设计的立法理念、程序安排、过程分工、责任分流和运行效果等方面来评判，英美法系之程序性制度应更为有效，无疑值得借鉴。

我国现行商事登记制度尚无严格、独立、有效的申请前准备程序。这与我国对商事登记长期奉行行政本位、管理本位的理念有关，一般认为商事登记只是工商行政或市场监管机关的事情，除有关的当事人与申请人之外，与社会其他机构或组织无关，最终导致政府及办事机构包办一切的局面；政府也不信任民间、社会，不愿意把某些事务或职责分流给民间或社会承担，这造成商事登记申请前准备程序的欠缺。

基于以上分析，笔者建议我国在商事登记程序改革中，应高度重视申请前准备阶段的配套制度建设和相关程序完善，构建独立、有效、可行的申请前准备、保证程序：（1）创建独立的商事登记前检索制度与程序；（2）全面引入登记文件签字的声明、见证、认证、公证制。

构建独立、有效、可行的申请前准备、保证程序之基本目的和程序功能在于：（1）创建独立的商事登记前检索制度与程序，是为确保字号、企业名称等商号的可识别性、新颖性、唯一性和排他性，以减少申请阶段因为商号纠纷或其他问题，而影响登记的进

程。(2)全面引入登记文件签字的声明、见证、认证、公证制,是为通过登记申请前之申请文件、材料和其他资料准备过程,确保每一份文件的签字是当事人或其代理人的本人真实签字,进而保证所有申请文件、材料的真实性、合法性、合理性,从而为彻底实现登记中的形式审查制奠定可靠的程序性保障。

(二)创建独立的商事登记前置检索制度与程序

英美法系公司登记中广泛存在公司登记前名称检索或名称备案制度,如《英国公司法》第66条有关"公司名称索引"的规定;〔65〕又如《美国标准公司法》第4－02条有关"保留名称"的规定;〔66〕再如美国《特拉华州普通公司法》第134条第2款关于公司名称登记的有关规定;〔67〕等等。部分大陆法系国家或地区也存在公司名称检索或名称备案制度,如《法国商法典》之《实施法令》第一章"商事总则"第三节"其他规定"对"全国企业及机构的识别与查询检索系统"有详细、具体的规定(第R123－220条至第R123－234条);〔68〕《德国商法典》第30条有关商号"可区分性"的规定;〔69〕等等。

我国现行商事登记制度中,也存在企业名称筹备登记或预先登记制度,如原《公司登记管理条例》(2016年修订)第17—19条就对公司名称的预先核准登记有具体规定。又如《企业名称登记管理规定》(2020年修订)第16条第2款规定,"申请人可以通过企业名称申报系统或者在企业登记机关服务窗口提交有关信息和材料,对拟定的企业名称进行查询、比对和筛选,选取符合本规定要求的企业名称";该规定第18条,"企业登记机关对通过企业名称申报系统提交完成的企业名称予以保留,保留期为2个月。设立企业依法应当报经批准或者企业经营范围中有在登记前须经批准的项目的,保留期为1年","申请人应当在保留期届满前办理企业登记"。但是,我国现有名称预先登记制度尚存在如下问题:(1)名称预先登记适用的范围主要为企业,而对一般商号不适用;(2)大部分为强制性名称预先登记,如公司名称预先登记就具强制性;(3)名称预先登记没有与商号的预先检索制度联系和对接起来;(4)名称预先登记制度的临时性保护措施不够,没有规定严格的预先登记、注册、公示程序。

基于以上分析,笔者认为,应在我国现有企业名称预先登记制度的基础上,借鉴域外部分国家或地区的商号名称检索制度,创设独立的商事登记商号检索、预先登记制度。(1)在现有商事登记信息数据库或企业名称申报系统的基础上,增加商号的查新检索功能,建立独立的商号检索制度与检索程序;(2)把经申请并查新检索、具有可识

---

〔65〕 参见《英国2006年公司法》,葛伟军译,法律出版社2008年版,第37页;林少伟:《英国现代公司法》,中国法制出版社2015年版,第93－98页。

〔66〕 参见沈四宝编译:《最新美国标准公司法》,法律出版社2006年版,第37页。

〔67〕 参见《特拉华州普通公司法》,徐文彬等译,中国法制出版社2010年版,第36页。

〔68〕 参见《法国商法典》(下册),罗结珍译,北京大学出版社2015年版,第1140－1144页。

〔69〕 参见《德国商法典》,杜景林、卢谌译,法律出版社2010年版,第21页。

别性、新颖性、唯一性和排他性的商号列入预先登记适用的范围;(3)废止既有的强制性企业名称预先登记制度,全面引入自由申请商号查新、检索、预先登记制度;(4)把申请商号的查新检索与商号预先登记结合、对接,使其成为一项基本制度和必要程序;(5)对经查新检索与预先登记的商号,应规定严格的预先登记、注册、公示程序,给予1年期限的专有申请使用权。

(三)全面引入登记申请文件签字的声明、见证、认证、公证制

如前所述,为确保商事登记申请文件或材料的真实性、合法性、合理性,同时有效地减轻登记机关及工作人员的审查工作量和业务负担,进而为彻底实现登记中的形式审查制奠定可靠的申请文本和程序性基础,可借鉴多数英美法系国家或地区成熟的声明、见证、认证、公证制,建立独立、完善的商事登记申请文件签字声明、见证、认证、公证制。

1. 全面推行商事登记申请文件签字的见证制

在商事登记,特别是各种委托代理登记情形下的企业、公司设立登记中,存在五花八门的文书签字冒签或代签现象,〔70〕申请文书或材料签字本身的真实性、合法性都难以确保,由申请文书或材料支撑的登记信息之真实性、合法性就更难以识别和信赖。可见,确保商事登记事项的真实性、合法性,维持商事登记信息的有效性、公信力,就须从确保申请文书或材料的真实性、合法性入手。很明显,各种申请文书或材料签字的真实性、合法性又是最基础的环节,而签字见证即为支撑申请文书或材料真实性、合法性的有效制度安排。

我国在20世纪80年代末,在上海、福建等外资开放区曾尝试过外商投资申请文件的律师见证制,《上海市外商投资项目法律见证办法》、福建省人民政府《关于报批合资、合作企业项目必须做好见证工作的通知》(闽政〔1985〕77号,已失效)等,就正式确立并尝试律师对外商投资项目的法律见证;〔71〕但此种律师见证虽属法律见证范畴,尚不具有签字见证的特别属性。1993年6月,上海市淮海律师事务所对购方上海申浦花卉有限公司与供方上海申龙经贸发展公司所订三夹板经济合同的见证,〔72〕就具有法律见证与签字见证的双重性质。1992年10月,司法部曾在《关于基层法律服务所有限制地开展见证工作的通知》(司发通〔1992〕100号,2013年被司法部公告第143号文废止)中,规定基层法律服务所"可以对一些内容单一、权责明确、标的额小、履行期短的协议或合同办理见证",其业务范围主要包括"农村各业承包合同、农村社会化服务组

---

〔70〕 参见傅斌:《代签字材料属于虚假证明材料吗?》,载《中国工商报》2008年11月11日,第A3版;王淑英:《登记机关如何面对假签字背后的真实意思表示》,载《工商行政管理》2013年第5期。

〔71〕 参见易少佩:《试论外商投资项目法律见证》,载《法学》1989年第7期。

〔72〕 参见茆荣华:《律师见证的性质及法律责任》,载《律师世界》1994年第4期。

织与农户签订的各种合同、简单的民事和经济合同以及其他需要服务的项目”。随后1999年10月江苏省司法厅《关于进一步规范基层法律服务所见证工作的通知》等地方性规章,把基层法律服务所开展的法律见证业务,限制在对部分合同见证的极小范围,涉及签字方面的见证未纳入视野。学界对律师见证虽有关注,但所论皆为泛义上的法律见证,对签字等事实见证则鲜有涉及;〔73〕个别学者甚至反对律师见证,质疑律师见证的客观性和有效性等。〔74〕在实务上,外商投资律师见证制仅在上海、福建等地尝试过一段时间,并未在全国推广。之后,律师见证业务虽仍在个别领域得以存在,个别地方甚至还组织过律师见证业务的培训活动,出台过一些有关律师见证的指导意见,如2004年4月深圳国际高新技术产权交易所《关于办理股权转让见证业务的公告》、2010年1月深圳市律师协会《关于举办律师见证业务风险防范及制定律师见证业务操作指引研讨会的通知》、2019年4月深圳市律师协会《关于举办“规范律师从事遗嘱代书、见证业务”研讨会的通知》等。但总体而言,律师见证业务受到严格规范或限制,个别领域甚至被禁止,如2009年9月深圳市司法局办公室《关于严禁为违法建筑销售行为提供公证和律师见证服务的通知》(深司〔2009〕221号)、2016年2月深圳市司法局《关于禁止为违法建设提供公证、见证的通知》(深司〔2016〕30号)就一再禁止律师涉足建筑类见证活动。关于法律见证业务的定位与范围,目前只有2008年12月上海市律师协会《上海市律师见证业务操作指引》有所涉及,该指引第1.2条明确把律师见证界定为“律师根据客户(即委托人)的委托,以律师事务所和律师的名义,对律师本人亲身所见的、具体的法律行为或其他法律事实的真实性作出证明的业务活动”,其中第2.1条第1项就把“委托人亲自在律师面前签名、盖章”作为律师承办见证业务的首项。尽管如此,由于法律见证业务的不普遍与欠发达,特别是各种文书签字见证的重要价值与支撑意义未受到学界、业界应有的重视,严重制约专业与事实见证制度在我国的应用与推广,学界关于律师见证特别是文书签字见证的探讨与研究,尚为一片空白。

笔者认为,律师见证,特别是对文书签字等事实方面的见证,具有专业性(法律背景)、职业性(律师职业)、合法性(律师有权利且有义务进行法律和其他方面的见证)、有效性(律师有特有的职业规范、执业纪律、法律伦理约束)、可监督性(律师见证如有虚假不仅会影响其执业生命,且须承担连带赔偿责任)等诸多特点,特别是有效性和可监督性,使其在所有见证中具有独特的证明效力和公信力,故为英美法系国家或地区广泛采用。为确保各种申请文书或材料签字的真实性、合法性,防止或避免商事登记

---

〔73〕参见王祺国:《略论律师见证》,载《政治与法律》1986年第2期;李儒灿:《律师见证的特征和程序》,载《中南政法学院学报》1989年第3期;叶杭生:《律师见证存在的问题和改进建议》,载《法学》1989年第11期;沈福俊:《律师见证的几个问题探讨》,载《法学》1993年第1期。

〔74〕参见赵霄洛:《律师见证不宜提倡》,载《法学》1987年第3期;薛维石:《也论律师见证的客观公正性》,载《法学》1990年第3期。

申请中各种形式的冒签或代签等虚假签字现象的发生或存在，就须在商事登记申请前的登记文件准备阶段，广泛引入和推行申请文书签字的律师见证或其他专业见证；特别是应在企业设立或公司设立登记中尽快率先予以尝试，在取得一定经验或基础后，再把其推广到其他登记领域或门类。

全面引入、推行商事登记申请文件签字的见证制，可确保商事登记申请文件的真实性。商事登记申请文件签字见证制的具体内容和制度设计如下：(1)对申请人所起草、签署、通过、拟订的所有申请文件或其他书面材料，凡涉及当事人或申请人及其代理人之本人签字的部分，为确保该签字确为本人亲自签字，应在申请文书或材料上预留见证人处或栏，并提供签字现场见证证明书。(2)该签字现场见证证明书应由正式注册的律师事务所指派注册律师或由其他具有见证资质业务的中介服务机构指派注册的见证人员担任，见证律师或其他专职见证人员应当亲自出席签字现场，见证签字。(3)见证律师或其他专职见证人员对签字作现场见证，并在申请文书或材料中的见证人处作附注见证签字后，应立即制作具有格式化(有律师事务所的公章或其他签章等)、规范化的见证确认书，并由见证律师或其他专职见证人员在现场签字，交予当事人或申请人或其他代理人。(4)现场签字见证确认书应作为附件证明材料，连同有见证人签字的申请文件或其他书面材料，一起提交给登记机关，由登记机关进行审核。(5)如当事人或申请人在申请时，未提交现场签字见证确认书，或者申请文件或其他书面材料中见证人处未有见证人的签字，应当在登记注册时予以特别记载，以起到提醒或警示交易第三人或社会公众的作用。(6)应规定见证律师或其他专职见证人员对其在申请文件或其他书面材料中见证人处的见证签字、制作的现场签字见证确认书之见证签字的真实性承担保证责任，如作虚假见证或其他不实见证，由此给善意第三人造成信赖利益损失，应与虚假签字的当事人或申请人等一起承担连带赔偿责任。

2. 引入申请文件所涉及专业问题的认证制

在形式审查原则与方式下，商事登记文件及材料的合法性问题，应由营业当事人或登记申请人自己解决、承担和负责，登记机关及工作人员不再对其进行实质审查，也不再对其所提交文件合法性承担任何责任。要确保商事登记申请文件或材料的合法性，就应当引入申请文件及材料所涉及专业问题的认证制度，诸如注册资本、公司设立的法律意见书、公司合并的可行性报告等。在英、美等国，公司设立的章程等专业性文件需要律师出具法律意见书等；涉及其他专业性问题时，依然需要专业机构进行认证并出具专业认证报告。在我国商事登记全面推行形式审查制情形下，适度引入专业认证制度很有必要。

申请文件或材料的专业认证应包括如下内容：(1)需要认证的对象是申请文件或材料内容中所涉专业问题，如法律问题、技术问题、反垄断问题、安全问题、环境问题、卫生问题、质量问题等。(2)申请文件或材料的专业认证应实行自由原则，如其提供认证，则应记载于商事登记的任意性登记事项；如未提供认证，则应在任意性事项上记载否，以此增加业经认证登记的营业当事人或登记申请人的市场竞争力或市场公信度。(3)专业认证机构应对申请人所提交的已认证事项，出具格式性、规范性专业认证报告，报告应有完整、有效的签章。(4)法律应明确规定，如专业认证机构出具虚假专业认证报告，给交易第三人造成信赖利益损失的，应与当事人一起承担连带赔偿责任。

3. 实行申请文件所涉事实问题的公证制

在企业设立特别是公司设立时，就申请文件或材料所涉包括签字在内的事实问题，如何确认其真实性，除前文所述的签字见证制外，域外比较多的是通过民商事公证制度予以解决。有学者认为在商事登记中，商事主体资格是否符合法定的构成要件及应具备的客观事实，不少国家把公证作为工商登记的前置程序，需要公证的事实包括公司创立大会是否确实召开的法定公证，股东大会或董事会召开的法定公证，公司章程的法定公证，其他商事权利方面的法定公证等。〔75〕在立法上，2000 年 7 月国务院办公厅转发的《关于经济鉴证类社会中介机构与政府部门实行脱钩改制意见的通知》(国办发〔2000〕51 号)第 5 条就明确指出，“中介机构依据国家有关法律和规定，民主协商改制形式，产生发起人或合伙人、出资人，制定章程和出资人协议、合伙人协议并进行公证”；此处的公证就是公证机关对由鉴证类中介机关的“发起人或合伙人、出资人”所制定的“章程、出资人协议或合伙人协议”进行公证。基于我国现行民商事登记证明制度所存在的不足，有学者主张本着“权利外观自证优先”原则，对现行民商事权利证明公示机制进行改造，引入民商事法定公证制和公证生效登记备案制；〔76〕也有学者认为，与《公司法》修改废除最低注册资本限额相适应，为确保发起人以及股东出资真实性，应通过法定公证制度予以补正，其中公司章程应当成为法定公证事项。〔77〕

笔者认为，企业、公司设立登记，特别是发起设立，企业、公司实际上在登记之前就已事实成立，登记仅是对已实际成立的公司之确认而已，但这些事实是否真实、确定，在形式审查方式下，登记机关不负有审查义务与责任，这就需要有一种前置性法定或任意公证制予以保障。足见选择性引入并实行登记申请文件或材料所涉事实问题的公证制度无疑有必要。

申请文件或材料所涉事实的公证应包括如下内容：(1)需要公证的对象是申请文件或材料内容中所涉事实的真实性问题，如章程是否经全体出资人讨论，公司创立大会是否已经实际召开，出资人的国籍及住所等事实问题。(2)申请文件或材料所涉事实的公证应坚持法定原则与自由原则相结合。出资人的身份、住所事实就应属于法定

〔75〕　参见杨遂全主编：《民商监管机制与法定公证研究》，法律出版社 2011 年版，第 227 – 232 页。

〔76〕　参见杨遂全：《民商事登记改革与法定公证》，载《法学研究》2006 年第 2 期。

〔77〕　参见刘训智：《法定公证制度与公司登记改革》，载《成都理工大学学报(社会科学版)》2015 年第 3 期。

公证的范围,其他则可列入任意公证范围;业经公证的事实则应记载于商事登记的任意登记事项;如属法定登记事项而没有公证,应要求申请人提供补充公证证明,以此增加业经公证登记的营业当事人或登记申请人的市场竞争力或市场公信度;如属法定登记事项而没有公证,或属任意公证范围的任意事项未经公证,则均应予以记载或附注,以此提醒或警示交易第三人或社会公众。(3)公证机构应对由申请人所提交的申请文件或材料中所涉事实的公证事项,出具格式性、规范性公证报告,并应有完整、有效的签章。(4)法律应明确规定,公证机构出具虚假的公证报告,由此给交易第三人造成信赖利益损失的,应与当事人一起承担连带赔偿责任。

三、新型商事登记种类的补漏与添加

(一)新型登记种类引入与添加的必要性

关于商事登记的类型,我国学界通说为,商事登记包括开业登记(或称设立登记)、变更登记、注销登记三类。[78]当然也有学者认为商事登记包括开业登记(设立登记)、变更登记、注销登记、名称预先核准登记四类;[79]也有学者认为商事登记包括开业登记、变更登记、注销登记、企业分支机构登记四类。[80]在立法上,我国原《公司登记管理条例》(2016 年修订)把公司登记分为设立登记、变更登记、注销登记和分公司登记四类;《企业法人登记管理条例》(2019 年修订)把企业法人登记分为开业登记、变更登记、注销登记及事业单位、科技性的社会团体从事经营活动的登记四类;《合伙企业登记管理办法》(2019 年修订)把合伙企业登记分为设立登记、变更登记、注销登记和分支机构登记四类;《个人独资企业登记管理办法》(2019 年修订)把个人独资企业登记分为设立登记、变更登记、注销登记和分支机构登记四类;《农民专业合作社登记管理条例》(2014 年修订)把合作社登记分为设立登记、变更登记和注销登记三类。而新的《市场主体登记管理条例》(2021 年)第 3 条第 2 款则统一把市场主体登记分为设立登记、变更登记、注销登记三类。足见,无论是学理上,还是立法上,对商事登记的分类尚

---

〔78〕 参见樊涛、王延川:《商法总论》,知识产权出版社 2006 年版,第 242－245 页;范健主编:《商法》,高等教育出版社、北京大学出版社 2007 年版,第 68－70 页;赵旭东主编:《商法学》,高等教育出版社 2007 年版,第 58－60 页;覃有土主编:《商法学》,高等教育出版社 2008 年版,第 62－63 页;曾大鹏:《中国商法通则理论与立法研究》,法律出版社 2013 年版,第 120－124 页;任先行:《商法原论》(下册),知识产权出版社 2015 年版,第 749－750 页。

〔79〕 参见赵万一主编:《商法学》,中国法制出版社 2002 年版,第 66－71 页。

〔80〕 参见范健、王建文:《商法论》,高等教育出版社 2003 年版,第 563－568 页;叶林、黎建飞主编:《商法学原理与案例教程》,中国人民大学出版社 2006 年版,第 132－133 页;朱羿锟:《商法学——原理·图解·实例》,北京大学出版社 2007 年版,第 55－58 页;赵中孚主编:《商法总论》,中国人民大学出版社 2007 年版,第 242－245 页;刘宏渭:《商法总则基本问题研究》,华中科技大学出版社 2013 年版,第 217－218 页。

不一致。其中,以组织结构与责任形式为本位的公司、合伙企业、个人独资企业登记的基本分类比较一致,即均分为设立登记、变更登记、注销登记和分支机构登记四类;但在市场主体、企业法人和合作社登记中,并无分支机构登记的规定。

除存在分类标准与登记类型不统一外,我国商事登记还存在登记类型不全甚至遗漏的情况,如我国《公司法》《合伙企业法》《个人独资企业法》等企业法中均规定出现错误登记、虚假登记等情形的,登记机关可科以"责令改正"的处罚,但相关企业登记的规范文本中,却并无更正或补正登记等类型或规定;再如行政处罚特别是环境行政处罚中,有"责令停产"或"责令停业"等规定,但实际登记中也无"停业登记""歇业登记""复业登记"等类别。可见,在我国商事登记程序改革和完善中,还须查遗补漏,创设补正、更正登记制度,增加歇业、停业、复业登记等类别,以完善我国商事登记的程序体系。

(二)创设补正、更正登记制度

补正、更正登记,系基于原商事登记存在遗漏或错误,通过营业当事人或登记申请人的申请,或通过其他方式启动,由登记机关对原有之遗漏登记予以补充或对错误登记予以更正的商事登记类型。在域外,《日本商业登记法》第132条、第133条就明确规定有更正登记制度,即"登记有错误或遗漏时,当事人可以申请更正登记";"登记官发现登记错误或遗漏时,应当及时通知登记申请人;但错误或遗漏是由登记官的失误而造成时除外"。〔81〕我国台湾地区"商业登记法"第22条和第24条也分别对"程序补正"和"登记更正"有原则性规定,即"商业所在地主管机关对于商业登记之申请,认有违反法令或不合法定程序者,应自收文之日起五日内通知补正,其应行补正事项,应一次通知之",如"商业登记后,申请人发现其登记事项有错误或遗漏时,得申请更正;必要时并应检具证明文件"。〔82〕目前我国有关补正登记的研究文献均与婚姻登记有关,〔83〕而更正登记的研究文献则均集中于不动产、房地产登记领域。〔84〕有学者从公司登记角度,认为公司登记之更正,系指对已完成的公司登记,因存在登记事项的错误或遗漏,登记机关根据登记申请人的申请或依职权,将错漏的登记事项予以更改或补充登记;它与公司登记改正是完全不同的两个概念,公司登记改正是指在登记申请人申

---

〔81〕 参见《日本商业登记法》,庄玉友译,载王保树主编:《商事法论集》(第22卷),法律出版社2012年版。

〔82〕 参见黄昭元等主编:《综合小六法》,台北,新学林出版股份有限公司2017年版,第D-3页。

〔83〕 参见焦淑敏:《登记离婚瑕疵补正的理论检视》,载《社会科学辑刊》2011年第4期;黄丹敏:《试论婚姻登记机关对婚姻登记瑕疵的补正》,载《中国民政》2013年第8期。

〔84〕 参见高建新、严志凌:《抵押权设立对更正登记之诉的影响》,载《法学》2000年第9期;崔巍:《房产更正登记之诉与抵押权确认之诉冲突后的法律思考》,载《行政法学研究》2000年第4期;程啸:《不动产登记簿错误之类型与更正登记》,载《法律科学(西北政法大学学报)》2011年第4期;吴光荣:《更正登记制度的实体价值与程序意义》,载《法律适用》2017年第21期。

报登记时,登记机关发现申报文件及申报登记事项存在不符合要求、不合法之处,责令登记申请人予以改正。〔85〕也有学者从公司冒名登记之行政救济失灵角度,论及补正登记的必要性。〔86〕而专门研究与商事登记有关之更正登记制度的相关文献,则只有笔者2012年指导的研究生论文《公司登记更正制度》一篇。〔87〕

根据我国现行《公司法》(2018年修正)第198—200条规定,公司在登记中如存在"虚报注册资本、提交虚假材料或者采取其他欺诈手段隐瞒重要事实取得公司登记"、"公司的发起人、股东虚假出资,未交付或者未按期交付作为出资的货币或者非货币财产"和"公司的发起人、股东在公司成立后,抽逃其出资"等情形,公司登记机关均可给予"责令改正"的处罚。《合伙企业法》(2006年修订)第93—95条规定,合伙企业登记中如存在"提交虚假文件或者采取其他欺骗手段,取得合伙企业登记"、"合伙企业未在其名称中标明'普通合伙'、'特殊普通合伙'或者'有限合伙'字样"和"未领取营业执照,而以合伙企业或者合伙企业分支机构名义从事合伙业务"等情形,企业登记机关可给予"责令改正""责令停止""责令限期登记"等处罚。《个人独资企业法》(1999年)第33、37条规定,个人独资企业登记中如存在"提交虚假文件或采取其他欺骗手段,取得企业登记"、"个人独资企业使用的名称与其在登记机关登记的名称不相符合"和"未领取营业执照,以个人独资企业名义从事经营活动"等情形,企业登记机关可给予"责令改正""责令停止"等处罚。此外,原《公司登记管理条例》(2016年修订)、《企业法人登记管理条例》(2019年修订)和《市场主体登记管理条例》(2021年)等也有类似规定。既然存在虚假登记或错误登记,而且登记机关又可作出"责令改正""责令限期登记"等处罚,就得有配套的登记制度与之对应。如原《公司登记管理条例》(2016年修订)第51条第1款第3项有关于"申请文件、材料存在可以当场更正的错误的,应当允许申请人当场予以更正"之规定,但此处更正属准予登记前的申请文件或材料的更正,与登记之后的补正登记或更正登记完全不是一回事。因此,为对应我国现行法律、行政法规的有关规定,解决存在明显遗漏、错误或虚假登记产生的登记不真实、不适当、不合法或不诚信问题,维护商事登记信息的真实性、权威性和公信力,进而确保交易安全,就须在现行登记类别之外,创设补正、更正登记制度。

在没有创设补正、更正登记制度之前,现有遗漏、错误或虚假登记是通过变更登记予以解决的,但补正、更正登记与变更登记具有明显不同的制度功能。(1)适用情形不同。补正、更正登记适用的情形是原有商事登记中存在明显遗漏、错误或虚假等情形;而变更登记则只适用于原登记没有遗漏、错误或虚假,但公司在经营过程中,各种登记

〔85〕 参见李克武:《公司登记法律制度研究》,中国社会科学出版社2006年版,第213页。

〔86〕 参见屠珊珊:《公司冒名登记的法律救济失灵及补正》,载《经济法论坛》2019年第1期。

〔87〕 参见丁琼:《公司登记更正制度》,湖南大学2012年硕士学位论文,第1页以下。

事项发生正常、合法、有效变化的情况。(2)启动程序不尽相同。补正、更正登记多数情形是因登记机关处罚、督促或因第三人举报而启动,也可因当事人申请而启动;变更登记则只能由当事人申请而启动。(3)产生的法律后果不同。补正、更正登记是使登记恢复至本应有的真实状态;而变更登记则可产生多重法律后果。足见补正、更正登记之制度功能是不能由现有的变更登记所取代的。

补正、更正登记的主要适用情形为原有商事登记存在明显遗漏、错误或虚假等情形,具体包括:(1)企业或公司名称存在遗漏、错误或虚假;(2)企业或公司性质存在遗漏、错误或虚假,如把合伙企业登记为有限责任公司,把有限责任公司登记为股份有限公司,把个体户登记为个人独资企业等;(3)出资人或股东存在遗漏、错误或虚假;(4)注册资本存在遗漏、错误或虚假;(5)章程存在遗漏、错误或虚假;(6)组织机构存在遗漏、错误或虚假;(7)法定代表人或主要负责人存在遗漏、错误或虚假;(8)营业住所存在遗漏、错误或虚假;(9)其他实质性遗漏、错误或虚假等情形;等等。

补正、更正登记既可依营业当事人或登记申请人申请而启动,也可因登记机关作出诸如"责令改正""责令限期登记"等处罚而启动。

(三)增加歇业、停业、复业登记类别

1.增加歇业、停业登记

歇业和停业,在文义上均有营业停止的意思,且是非永久性的营业停止,仅为暂时性的营业中止行为或状态。但歇业一般系指经营者主观、主动意义的营业中止行为或状态;而停业则更多指在外在因素影响或作用下被动的营业中止行为或状态。有学者从市场主体退出机制的视角来看待歇业和停业,主张建立统一的注销登记制度,以解决市场主体退出登记和公示制度。〔88〕

关于停业,我国现有法律多从行政处罚角度,由主管行政机关对违反法律、行政法规定的经营者所实施的勒令其停止生产、经营,其无疑属于被动停止营业的情形。如我国《环境保护法》(2014 年修订)第 60 条规定,对违反环境保护法、"超过污染物排放标准或者超过重点污染物排放总量控制指标排放污染物"的生产经营者,县级以上人民政府环境保护主管部门可以作出"责令其采取限制生产、停产整治"等措施,如情节严重的,报经有批准权的人民政府批准,可以"责令停业、关闭"。《海洋环境保护法》(2017 年修正)第 73 条、第 80 条也规定,对违反法律、行政法规,破坏海洋环境的生产经营者,行使海洋环境监督管理权的部门可以采取责令其"停止违法行为、限期改正或者责令采取限制生产、停产整治""停止生产或者使用"等措施。《食品安全法》(2021 年修正)第 126 条、第 128 条也规定,对违反食品安全法律、行政法规的生产经营者,县

〔88〕 参见郑曙光、汪海军:《市场管理法新论》,中国检察出版社 2005 年版,第 156－157 页。

级以上人民政府食品药品监督管理部门可以作出“责令停产停业……直至吊销许可证”的处罚。《安全生产法》(2021 年修正)第 93—98 条规定,生产经营单位不具备安全生产条件的,安全主管部门在责令其“限期改正”时而“逾期未改正”时,可作出“责令生产经营单位停产停业整顿”的处罚;《消防法》(2021 年修正)第 58 条、第 61 条也有关于“责令停止施工、停止使用或者停产停业”的行政处罚规定;等等。仅举数例就可以看出,在我国涉及法律责任,特别是有关行政处罚的法律责任语境里,停业系指因生产经营者违反强制性、禁止性法律规定,而由特定主管行政机关作出的勒令其停止生产、经营的被动式营业停止行为或状态。

相对而言,我国法律对歇业规定得比较少,且歇业也系指主观、主动意义上的营业中止行为或状态。但法律对歇业行为的处理,或把其视为注销登记的适用情形,或把其作为吊销营业执照的基本事由,如原《企业法人登记管理条例》(2019 年修订)第 20 条、第 22 条就把企业法人的“歇业”与“被撤销、宣告破产或者因其他原因终止营业”的情形等同,且企业法人“满 6 个月尚未开展经营活动或者停止经营活动满 1 年”的,也“视同歇业”,均应当办理注销登记;《公司法》等其他法律,则把歇业情形的发生作为吊销营业执照的法定事由之一,如《公司法》(2018 年修正)第 211 条、《个人独资企业法》(1999 年)第 36 条、原《公司登记管理条例》(2016 年修订)第 67 条等均规定,公司、个人独资企业如存在“成立后无正当理由超过 6 个月未开业的,或者开业后自行停业连续 6 个月以上”等情形,登记机关就可以作出“吊销营业执照”的行政处罚。

正因我国现行法律、行政法规对经营者主动、主观的歇业行为,秉持严格限制甚至禁止态度,所以尽管存在注销登记与吊销营业执照两种不同规定,但最后的法律效果基本相同。为此,有学者认为我国台湾地区将歇业登记作为企业终止的最后程序,[89]建议大陆也把歇业登记视同注销登记。[90]但也有学者认为,歇业是一种营业中止行为而非终止行为,不应办理注销登记,把它列为企业终止的原因之一是不正确的。[91]

笔者认为,歇业系因经营者自主意愿或主观因素而引起的暂时性营业停止行为或状态,是一种主观、主动的营业中止行为或状态;而歇业本为商事主体自由营业的必要内容和实质形式之一,[92]商事主体经登记后,是否营业,以什么方式营业,营业是否持续,完全应由自己决定。自然,登记以后没有按时开业或中止营业达一定时限,国家就要对其营业登记进行否认,进而强制性地要求经营者办理注销登记或由登记机关吊销营业执照,此举存在明显不妥。故“成立后无正当理由超过 6 个月未开业的,或者开业

---

〔89〕 参见黄昭元等主编:《综合小六法》,台北,新学林出版股份有限公司 2017 年版,第 D-2 页。

〔90〕 参见刘训智:《商事登记统一立法研究》,中国政法大学出版社 2015 年版,第 280 页。

〔91〕 参见王群贵:《试论企业歇业行为的登记管理》,载《工商行政管理》1996 年第 21 期。

〔92〕 参见肖海军:《论营业自由——商法价值的展开》,载范健主编:《商事法律报告》(第 1 辑),中信出版社 2004 年版;肖海军:《营业权论》,法律出版社 2007 年版,第 147-174 页。

后自行停业连续6个月以上”等情形,不应作为强制办理注销登记或由登记机关吊销营业执照处理;但为及时提醒交易第三人和社会公众,应作为歇业登记之情形予以处理。

综上所述,对因前述法律强制性规定和行政处罚而导致的被动式停业,营业当事人应当自停业处罚决定作出之日起5日内,持停业行政处罚决定到登记机关办理停业登记。而有下列情形之一者,营业当事人应于期满之日起5日内及时办理歇业登记:(1)业经登记后无正当理由超过6个月未开业的,或者开业后自行停业连续6个月以上;(2)因特定原因需要暂时停止营业的;(3)其他当事人认为应当办理歇业登记的情形。2021年7月公布的《市场主体登记管理条例》第30条和2022年3月实施的《市场主体登记管理条例实施细则》第六章虽有关于市场主体“歇业”备案的规定,但适用情形仅限于“因自然灾害、事故灾难、公共卫生事件、社会安全事件等原因造成经营困难”和“市场主体可以自主决定在一定时期内歇业”两种情况,对歇业的规定仍不是很全面。

2. 增加复业登记

既然存在歇业登记或停业登记,那也应该有复业登记。如歇业之情形中止,或经由经营者努力,导致停业的情形不再存在,就应当由营业当事人申请,进行复业登记。在税务征收实务中,税务部门依据国家税务总局《关于完善税务登记管理若干问题的通知》(国税发〔2006〕37号,2018年修改)第7条的规定,对“纳税人停业期满不向税务机关申报办理复业登记而复业的”进行处罚;〔93〕可见,在税收实务中存在复业登记。基于此,在我国商事登记程序改革中,应把复业登记作为歇业登记或停业登记的对应性登记,纳入整体性的商事登记程序体系中。

四、严格规范具体的登记行为

在商事登记程序改革和完善中,具体的登记注册、登记公示行为,不仅是整个商事登记程序运行的最终成果,也是商事登记外在形式和效力的集中展示,其规范化、严格化运行对保证商事登记制度功能与改革目标的实现有重要意义。因之,商事登记程序改革就应把商事登记的具体行为纳入改革和规范的对象范围。以下集中讨论登记注册与登记公示两个方面。

(一)规范商事登记注册行为

商事登记注册行为是指登记机关及工作人员在对商事登记申请文件或材料进行形式审查后,对与登记申请有关的法定登记事项或任意登记事项以特定形式予以记载

---

〔93〕 参见马金安:《不办理复业登记应受处罚》,载《财会信报》2006年10月30日,第B3版。

并固化的登记行为，它具体包括记载、注册、入库、存档、制证、作照等一系列行为。注册行为是商事登记的核心，既是对审查的登记申请文件或材料内容和形式的确认，也是后面登记信息公示的基础和依据。因此，其行为的规范化、严格化、程式化、要式化就很有必要。

第一，注册方式的多样化。商事登记注册的方式，已从传统的只记载于商事登记簿的纸质记载方式向现代化的多元记载方式转变，故商事登记注册的方式就应采取多种形式。它包括：记载，把商事登记的法定登记事项和任意登记事项记载于专门的商事登记簿；注册，为商事主体编制统一的注册号和编码；制证，为企业、公司制作法人企业资格证书或非法人企业资格证书；作照，为营业当事人或申请人制作营业执照；入库，把所有的商事登记事项及相关信息录入全国性或区域性的商事登记信息数据库；存档，所有商事登记文件或材料应分类归档，并予以永久保存、备案、备查。

第二，注册形式的格式化。记载、注册、制证、作照、入库、存档等所有的登记注册形式和文本形式均必须严格规范化、格式化、标准化。如2014年商事登记改革以来，有关企业资格证书和营业执照的统一化格式与编码就须符合严格标准化要求。[94]

第三，注册要素的健全性。记载、注册、制证、作照、入库、存档等所有登记注册的要素均要符合法律或行政法规规定的要求，要全面、周到、齐备，不得有任何空缺或遗漏。

第四，注册时效的同步化。记载、注册、制证、作照、入库、存档等所有登记注册行为要同步进行，在法律规定的时限内统一完成、同步登记、同步入册、同步发放、同步入库、同步存档。我国商事登记档案的制作、保管制度尚存在分散、凌乱、不规范、不全面等缺陷，亟须进行集中化、网络化改革与管理。[95]

第五，注册内容的一致性。要确保记载、注册、制证、作照、入库、存档等所有载体文本、数据形式中所载的营业信息具有一致性和同质性，相互之间不能有所不同甚至发生冲突。

（二）严格商事登记公示行为

所谓商事登记公示行为，是指业经登记注册的商事登记信息，以特定方式公开，让交易第三人和社会公众知晓的商事登记行为，它具体包括发证、给照、上网、公示等一系列具体的登记行为。公示是商事登记的意义所在，更是商事登记的生命和象征。正

---

〔94〕 参见王志勇、王孝有：《组织机构代码工作配合商事登记制度改革的探索和思考》，载《标准科学》2014年第3期；梁文晖等：《组织机构数字证书在全流程网上商事登记的应用》，载《信息安全与技术》2015年第2期。

〔95〕 参见孙军：《公示视角下商事登记档案查询制度的完善》，载《档案学通讯》2012年第5期；孙军：《政府商事登记档案公开获取制度研究》，上海世界图书出版公司2016年版，第110－112页。

因商事登记信息公示具有如此重要的意义，故2014年以来，我国先后在广东深圳和珠海、中国(上海)自由贸易试验区、厦门经济特区推行的商事登记制度改革，商事登记公示制度改革就是其中最为重要的一项内容。如广东深圳、珠海通过诸如企业联系地址申报制度、商事主体年报备案制度、全程电子注册登记制度等方面的改革，建立并全面推行企业信用信息公示制度；[96]上海自由贸易试验区在商事登记信息公开的价值取向上，就实现从安全优先向效率优先的转变，以实行年度报告公示制为突破口，革新商事登记信息公开的新形式；[97]厦门经济特区也把企业信用信息公开列为商事登记制度改革的重点。[98]在司法实务中，如山东淄博东源实业总公司诉淄博市张店区原工商局收回已登记的私营营业执照案、[99]于某某诉东营市原工商行政管理局对公司股权错误变更案，[100]当事人基于商事登记信息公示而产生的对抗效力和信赖利益均得到法院的支持。由于商事登记信息公示的重要性决定严格、规范商事登记公示行为的基础性，故商事登记信息公示行为或程序应从完善商业登记簿、公告制度、公告程序、搭建公示信息网络平台多角度入手，进行综合改革与治理。[101]

2014年8月国务院《企业信息公示暂行条例》第6—10条规定，企业应将工商管理信息、行政许可或行政处罚信息、企业年度报告及企业内部经营变更或变动信息等，在国家企业信用信息公示系统上公示。其中，“企业注册登记、备案信息”就属于企业的商事登记信息。《企业信息公示暂行条例》对商事登记信息公示提出新的明确要求。2014年，在国务院的直接领导和组织下，正式建设企业信用信息公示系统与其他部门企业信息系统、各地企业信用信息系统等能共享、融通的国家企业信用信息公示系统和全国信用信息共享交换平台。[102]2015年年底，国家企业信用信息公示系统、全国信用信息共享交换平台建成；2016年5月，正式启用并指导各地之国家企业信用信息公示系统的建设与联调联试；[103]截至2016年年底，全国共有19个省、自治区、直辖市的

[96] 参见艾琳、王刚：《商事登记制度改革的行政审批视角解析——兼评广东省及深圳市商事登记制度改革的实践》，载《中国行政管理》2014年第1期。

[97] 参见杨峰：《上海自贸试验区商事登记制度的改革与完善》，载《法学》2014年第3期。

[98] 参见陈海疆：《厦门商事登记制度改革的实践与思考》，载《中国行政管理》2014年第9期。

[99] 参见李志胜、苗波：《对一起工商行政登记案件的法律分析》，载《山东审判》1999年第6期。

[100] 参见张晓丽：《工商登记的行政审查和司法审查——对一起工商登记案件的法律思考》，载《山东审判》2008年第1期。

[101] 参见张会嵘：《论商事登记的公示原则——以〈政府信息公开条例〉的实施为契机》，载《福建论坛(社科教育版)》2008年第8期。

[102] 参见袁瑞丰：《国家企业信用信息公示系统与全国信用信息共享交换平台关联研究》，载《中国市场监管研究》2016年第7期。

[103] 参见王国明：《总局举办国家企业信用信息公示系统建设工作会议暨培训班》，载《中国工商报》2016年5月14日，第1版。

国家企业信用信息公示系统通过国家验收。〔104〕2017年6月原国家工商行政管理总局发布《国家企业信用信息公示系统使用运行管理办法(试行)》(工商办字〔2017〕104号),对国家企业信用信息公示系统的使用、运行、管理作出具体规定,国家企业信用信息公示系统使用、运行、管理进入规范化运作阶段。根据原国家工商行政管理总局于2017年7月中旬公布的数据显示,截至2017年6月底,国家企业信用信息公示系统访问量累计达354.84亿人次,查询量累计达163.67亿人次,访问量日均达1833.22万人次,查询量日均达308.23万人次。国家企业信用信息公示系统已经成为社会各界了解企业信用状况、查询企业信用信息、判断企业经营效绩的重要窗口和主要途径,〔105〕企业信息公示制度的制度效应和信用警示作用开始得到发挥。随着2018年2月原国家工商行政管理总局《关于加强国家企业信用信息公示系统应用和管理的通知》(工商企监字〔2018〕25号)、2019年7月国家市场监管总局《关于进一步优化国家企业信用信息公示系统的通知》(国市监信〔2019〕142号)的颁发与施行,国家企业信用信息公示系统的商事登记信息公示功能得到进一步强化。

企业信息公示制度的实施与推行对商事登记信息的公开提出新要求,更提出新挑战。但企业信息公示制度所涵盖的商事登记信息部分只是企业的商事登记信息,而没有包括个体工商户等其他类型的商事登记信息。故商事登记信息的公开在总体适用企业信息公示制度的同时,也须对商事登记信息的公开提出更全面、更严格、更规范的要求。笔者认为,要真正做到商事登记公示的严格、规范、权威、有效、可信,就须从如下几个方面入手:

第一,公示时间的法定性。法律应对商事登记的时间与时限有明确、具体的规定。其中须保证商事登记注册行为与商事登记公示的同步。

第二,公示形式的多样性。关于商事登记公示的方式,有学者认为存在当然的公示(或法定的公示方式)、基于社会公众请求的公示等两种方式;〔106〕有学者认为登记的电子化是未来登记公示发展的基本趋势。〔107〕笔者认为,商事登记公示的形式应包括发证、给照、上网、公示等多种形式。其一,发证,给申请人颁发法人企业资格证书或非法人企业资格证书等。其二,给照,发给营业当事人营业执照。其三,上网,已录入商事登记信息数据库的登记信息通过特定方式发布在全国性或区域性的商事登记信息公示网或国家企业信用信息公示系统。其四,公告,通过法律规定的媒体或专门的商事

---

〔104〕 参见王国明:《新增7省(区)国家企业信用信息公示系统通过总局验收》,载《中国工商报》2016年12月31日,第1版。

〔105〕 参见许婷:《国家企业信用信息公示系统累计查询量达163.67亿人次》,载《金融时报》2017年7月17日,第2版。

〔106〕 参见张民安:《商法总则制度研究》,法律出版社2007年版,第450-452页。

〔107〕 参见李克武:《公司登记法律制度研究》,中国社会科学出版社2006年版,第231-237页。

登记公报对已登记注册的商事登记信息予以公开，或将其发布在国家企业信用信息公示系统上。我国原《公司登记管理条例》（2016 年修订）第 56 条就明确规定，吊销企业法人营业执照和营业执照的公告由公司登记机关发布。《市场主体登记管理条例》（2021 年）第 40 条、第 42 条规定，撤销市场主体登记或恢复原登记的决定，登记机关应当通过国家企业信用信息公示系统予以公示。

第三，公示平台的对接性。自 2014 年我国推行企业信息公示制度以来，我国已初步建成全国性的国家企业信用信息公示网和国家企业信用信息公示系统。根据《企业信息公示暂行条例》的规定，商事登记信息公示网必须与国家企业信用信息公示系统实现融通和共享，特别是企业类的商事登记信息必须在法律规定的 20 日内上网公示并与国家企业信用信息公示系统接入、联通。我国原《公司登记管理条例》（2016 年修订）第 55 条明确规定，公司登记机关应当及时"将公司登记、备案信息通过企业信用信息公示系统向社会公示"。相对而言，《市场主体登记管理条例》（2021 年）第 7 条只有"国务院市场监督管理部门和国务院有关部门应当推动市场主体登记信息与其他政府信息的共享和运用，提升政府服务效能"的原则性指引，并无具体的可操作性规定。

第四，公示内容的完整性。从信息经济学视角，基于"市场秩序与信息对称""信任机制下的登记信息传递"规律，因商事登记所确认与公示的信息具有公信力、对抗力，故登记信息的公示除应包括商事主体的名称、住所、注册资本、股东、法定代表人等要素外，还应对登记责任证据进行公开披露。[108]商事登记所要公示的信息内容，应包括前述商事登记注册的所有内容与信息，除不能有所空缺或遗漏外，还应保持高度的一致性与同质性。

第五，不同载体的一致性。商事登记信息公示的形式与载体具有多元性和多样性，如法人企业资格证书、营业执照、商事登记信息公示网、政府商事登记公报、国家企业信用信息公示系统等，只要某种形式能为不特定的交易第三人或社会公众所知晓，就属公开或公示范畴。无疑，商事登记信息的公示，无论选择何种形式或载体，其所公示信息的内容、事项、要素、形式等，不仅应与前述商事登记的注册信息保持高度一致、同质；而且不同形式或载体所登载的内容、事项、要素、形式也须具有高度的一致性、同质性。如此，才能充分显示商事登记信息公示的严谨性、规范性、权威性和有效性，商事登记信息公示的功能和意义才得以实现。

---

〔108〕　参见赵万一主编：《商事登记制度法律问题研究》，法律出版社 2013 年版，第 126－132 页。

第九章　商事登记的注册事项

第一节　商事登记事项的适度分类

一、商事登记事项分类的学理解释与法例考察

（一）商事登记事项分类的学理解释

关于商事登记事项的分类，学界看法不一。有学者把商事登记事项分为学理分类与实践分类，其中学理分类包括强制登记与任意登记、企业登记与营业登记、单项登记、授权登记等类别，而实践分类则包括设立登记、变更登记、注销登记三类。[1]有学者以商事登记的重要性、法定性和强制性与否，把其划分为主要登记（包括商自然人登记和公司等法人登记）、次要登记和补充登记（包括姓名或名称、所从事的活动、代理人、营业开始时间、营业资产来源、商事授权、分支机构等）、变更登记、注销登记四种类型；[2]还有学者从公司登记角度，把公司登记分为本国公司登记与外国公司的认许登记，本公司登记与分公司登记，有限责任公司登记、股份有限公司登记、无限公司登记、两合公司登记，强制公司登记与任意公司登记，中央公司登记与地方公司登记，设立登记、变更登记和注销登记等多个类型。[3]

从以上学理分类来看，多数学者把商事登记事项分类与商事登记程序分类混在一起，如个体工商户登记与企业登记应属商事登记事项分类范畴，但诸如设立登记、变更登记、注销登记，则属商事登记总体程序设计或不同阶段的商事登记分类，两者的功能和意义不可等同。商事登记事项分类所要解决的问题是某一项独立的商事登记需要确认、记载哪些具体的内容和事项，属于商事登记具体事项、实质内容的分类范畴；而商事登记程序的分类所要解决的问题则是商事登记在不同阶段的程序性分工和所要承担的主要任务。当然这两者之间也非绝对分离或分立，商事登记每一阶段的程序性

---

〔1〕 参见赵万一主编：《商事登记制度法律问题研究》，法律出版社 2013 年版，第 75 – 84 页。

〔2〕 参见张民安：《商法总则制度研究》，法律出版社 2007 年版，第 452 – 463 页。

〔3〕 参见李克武：《公司登记法律制度研究》，中国社会科学出版社 2006 年版，第 6 – 9 页。

分类,如设立或开业、补正或更正、变更、歇业或停业、注销登记中,均会涉及商事登记的实质内容和具体事项;而商事登记的实质内容和具体事项分类除在设立或开业登记中表现更为明显外,在其他不同登记阶段的不同程序中也会有所反映。

(二)域外不同国家或地区商事登记事项的分类

关于商事登记事项的分类,大陆法系和英美法系的认定标准存在较大差异。大陆法系一般是从商主体或商行为来限定,而英美法系则更多是从营业的视角来确定。

1. 大陆法系国家或地区商事登记事项的分类

大陆法系国家或地区一般在商法典、民法典和其他商事登记施行法、商业登记法等单行法律中对商事登记事项及分类作明确规定。

在欧陆国家或地区,《法国商法典》第 L123 - 1 条对“应当进行注册登记的人”之分类有具体规定,主要为:(1)具有商人身份的自然人;(2)公司和共同经济利益联合组织;(3)商事公司;(4)具有工商性质的法国公立机构;(5)注册登记的其他法人;(6)外国国家、外国地方行政部门或公立机构的商务代表机构或商务代表处。[4]也就是说,基本可分为自然人商人、商法人及其分支机构、外国公司和政府的商务机构三大类。[5]德国商事登记以商人为对象,《德国商法典》把商事登记分为商人登记和商号登记,且规定商人登记时必须登记商号;而商号经登记后,其主体则推定或拟制为商人。此外,德国商事登记簿分为一般商事登记簿和企业登记簿,两类登记簿虽具同等法律效力,但一般商事登记簿主要记载除企业之外的营业信息,而企业登记簿主要为企业类营业信息。[6]另外,德国还有一种基于公法(公共秩序法)规定的营业登记,又称经营资格登记,由地方工商管理局负责,登记事项主要记载于工商业登记簿。[7]《瑞士债务法典》第 936a 条规定,登记于商事登记簿的主体包括独资企业、普通合伙、有限合伙、公司、合作社、社团、财团、分营业所和公法团体等。[8]《意大利民法典》规定,商事登记可分为公司登记(第 2200 条)、企业登记(第 2196 条)、分支机构登记(第 2197 条)、特殊经营者登记(第 2198 条,包括未成年人、禁治产人和准禁治产人的经营性活动)、公共机构经营性活动登记(第 2201 条)等种类。[9]《西班牙商法典》第 22 条把商

---

〔4〕 参见《法国商法典》(上册),罗结珍译,北京大学出版社 2015 年版,第 20 - 29 页。

〔5〕 参见[法]伊夫·居荣:《法国商法》(第 1 卷),罗结珍、赵海峰译,法律出版社 2004 年版,第 45 - 68 页。

〔6〕 参见《德国商法典》,杜景林、卢谌译,法律出版社 2010 年版,第 1 - 23 页;[德]C. W. 卡纳里斯:《德国商法》,杨继译,法律出版社 2006 年版,第 70 - 78 页。

〔7〕 参见国家工商行政管理总局赴德国、英国考察团:《德国、英国企业登记管理制度考察报告》,载《工商行政管理》2005 年第 9 期。

〔8〕 参见《瑞士债务法》,戴永盛译,中国政法大学出版社 2016 年版,第 412 - 413 页。

〔9〕 参见《意大利民法典》,费安玲等译,中国政法大学出版社 2004 年版,第 511 - 514 页。

事登记划分为独资商人登记和非独资商人登记两大类。[10]

在拉丁美洲，《巴西民法典》第1150条规定，商事登记包括商事公共登记（包括企业主和企业性公司登记）和一般民事登记（包括普通合伙登记等），但如普通合伙转化为某种类型的企业性公司，则它应登记于商事公共登记簿上；此外，该法典第1163条规定企业名称登记，但也属于商事公共登记的范畴。[11]

在亚洲地区，日本对商事登记事项的分类，除《日本商法典》《日本公司法典》有零散规定外，[12]《日本商业登记法》第6条有比较具体的规定与列举，包括商号登记、未成年人营业登记、监护人营业登记、经理登记、股份有限公司登记、普通合伙公司登记、有限合伙公司登记、有限责任公司登记、外国公司登记等9类。[13]韩国商事登记分类基本沿袭日制，如《韩国商法典》就把商事登记分为：（1）"无行为能力人"营业登记（第6条）；（2）"法定代理人"代理营业登记（第8条）；（3）公司登记（包括公司设立登记、分公司设立登记、总公司与分公司迁移登记、公司变更登记、业务停止执行与假处分登记、设立无效与撤销登记等）；[14]（4）"经理"登记（第13条）；（5）"商号登记"等（第22条、第25条、第27条）；（6）营业转让登记（第41条）；（7）变更、消灭登记（第40条）；（8）其他情形；等等。[15]

2. 英美法系国家或地区商事登记事项的分类

相对于大陆法系国家或地区，英美法系多数国家或地区因无严格意义的商事登记概念和独立的商事登记制度，商事登记主要表现为公司登记，偶尔也涉及合伙或有限合伙的登记，严格说来，一般只有公司登记或合伙登记两类。[16]

通过以上考察可以看出，无论是大陆法系，还是英美法系，对商事登记的分类并无统一标准。如何分类，完全取决于不同国家或地区的各自国情和制度习惯。故试图借鉴域外某一国家或地区的立法成例，不顾及自己的国情和传统习惯，贸然对商事登记分类作大幅度调整，其路径依赖是不可取的。

（三）我国近代以来商事登记事项的分类

我国近代以前，工商登记一般对商人和工匠、行商与坐商、集市商与专卖商、内地

---

〔10〕 参见《西班牙商法典》，潘灯、高远译，中国政法大学出版社2009年版，第7-11页。

〔11〕 参见《巴西新民法典》，齐云译，中国法制出版社2009年版，第171-174页。

〔12〕 参见《日本最新商法典译注》，刘成杰译注，中国政法大学出版社2012年版，第13-73页；王保树主编：《最新日本公司法》，于敏、杨东译，法律出版社2006年版，第480-499页。

〔13〕 参见《日本商业登记法》，庄玉友译，载王保树主编：《商事法论集》（第22卷），法律出版社2012年版。

〔14〕 参见王延川、刘卫锋编译：《最新韩国公司法及施行令》，法律出版社2014年版，第4-7页。

〔15〕 参见《韩国商法》，吴日焕译，中国政法大学出版社1999年版，第1-11页；周玉华主编：《韩国民商事法律汇编》，金万红、郑才荣译，人民法院出版社2008年版，第279-286页。

〔16〕 参见[美]斯蒂芬·加奇：《商法》，屈广清、陈小云译，中国政法大学出版社2004年版，第187-205页。

商与外贸商执行不同的法律标准和管理制度。晚清变法修律时,《商律》中的《商人通例》、《公司律》和《公司注册试办章程》对商事登记的类型有比较详细的规定,商事登记总体分为独商登记和公司登记两类。

民国初年北京政府颁布的《商人通例》把商事登记分为一般商事登记和公司登记两大类。〔17〕南京国民政府时期《商业登记法》和其他商事登记规定对商事登记有比较细致的划分,把商事登记大体分为一般商事登记和特殊商事登记(矿业登记、工厂登记)、营业登记与公司登记,并分别设置一般商事登记簿和公司登记簿。其中一般商事登记簿为营业登记,主要登记个体、独商、合伙和其他营业事项,对其实行就地管辖;公司登记簿则记载公司登记事项,只能由省、直辖市管辖。〔18〕

1949 年以来,我国工商登记以 1950 年《私营企业暂行条例》和 1962 年《工商企业登记管理试行办法》为标准,基本表现为工商业企业登记。直到 1982 年《工商企业登记管理条例》、1987 年《城乡个体工商户管理暂行条例》先后颁布,才建立起企业登记与个体工商户登记两大登记类别。

二、商事登记事项分类的立法现状与问题分析

(一)商事登记事项分类的立法现状

我国现行商事登记大体分为两大类,主要包括作为自然人经营形态的个体工商户登记和作为企业经营形态的企业登记,其中企业登记又派生出诸如企业名称、企业分支机构登记。除此之外,还出现非企业类组织营业登记、其他营业登记等个别类型。

1. 个体工商户登记

个体工商户本质上属自然人营业范畴,其名称以前为小商人或摊贩,首次出现在 1984 年 8 月原商业部等联合发布的《关于放手发动、组织集体经济单位和个体户经营茶馆、茶摊的通知》(〔84〕商茶联字第 11 号)中,该通知规定,为"解决群众喝茶难"问题,各地"放手发动、组织集体和个体户"经营茶馆和茶摊。1986 年《民法通则》(已失效)正式确定"个体工商户"这一名称,第 26 条规定,"公民在法律允许的范围内,依法经核准登记,从事工商业经营的,为个体工商户",个体工商户可以起字号。之后,国务院于 1987 年 8 月、2011 年 4 月先后颁发的《城乡个体工商户管理暂行条例》《个体工商户条例》两个条例,对个体工商户登记作出明确规定。除此之外,原国家工商行政管理局于 1987 年 9 月发布的《城乡个体工商户管理暂行条例实施细则》(已失效)、原国家

〔17〕 参见工商行政管理史料编写组编:《工商行政管理史料》(上卷),中国工商出版社 2008 年版,第 188 - 191 页。

〔18〕 参见工商行政管理史料编写组编:《工商行政管理史料》(上卷),中国工商出版社 2008 年版,第 250 - 252 页。

工商行政管理总局于2011年9月发布的《个体工商户登记管理办法》(已失效),对个体工商户的登记有更具体、细致的规定。自此,个体工商户登记是我国商事登记中最主要的对象和类别。

2. 企业登记

1949年以来,我国企业登记始于1950年12月时政务院《私营企业暂行条例》,该条例第3条规定,企业登记的范围和类型分为两大类,即独资及合伙(包括独资企业、合伙企业)、公司(包括无限公司、有限公司、两合公司、股份有限公司、股份两合公司等五种形式),且规定公司名称应标明其种类、企业非系公司组织者不得使用公司名称。1954年9月时政务院《公私合营工业企业暂行条例》(已失效)第2条也规定,公私合营的企业应由人民政府核准,并进行登记。1962年12月国务院《工商企业登记管理试行办法》(已失效)第2条对登记企业的范围和类型有详细的规定,包括:(1)国营、地方国营、公私合营的工商企业;(2)合作社营和其他集体所有制的工商企业;(3)外地的工商企业派驻的推销、采购机构;(4)工商企业的附属工厂、门市部等;(5)个体工商业者。除国防工业、国营交通运输业和公用事业以外,上述所列的企业和工商业经营,均须办理登记;其中个体工商业者也被视为企业,列入企业登记的范畴。1982年8月国务院《工商企业登记管理条例》(已失效),对该办法中所列登记企业的范围作了调整,其中第2条规定国营工商企业,合作社营和其他集体所有制的工商企业,联营、合营的工商企业,铁道、民航、邮电通信部门及其他公用事业单位所属的工商企业等4类企业应办理登记,删除"国防工业、国营交通运输业和公用事业"不纳入登记范围的规定,同时该条例不再把"个体工商业者"列入企业登记范畴。

1983年以后,随着经济体制改革和私营经济的发展,我国企业类型不断增多,企业登记立法和相关规定也相继出台,截至2020年12月相关立法和规定有100余件。这些代表性规范文本中,法律类的有《民法通则》(1986年,已失效)、《民法典》(2020年)、《中外合资经营企业法》(1979年,2016年修订,已失效)、《外资企业法》(1986年,2016年修订,已失效)、《中外合作经营企业法》(1988年,2000年、2016年修订,已失效)、《全民所有制工业企业法》(1988年,2009年修正)、《公司法》(1993年,2018年修正)、《台湾同胞投资保护法》(1994年,2016年修订,2019年修正)、《乡镇企业法》(1996年)、《合伙企业法》(1997年,2006年修订)、《个人独资企业法》(1999年)、《中小企业促进法》(2002年,2017年修订)、《农民专业合作社法》(2006年,2017年修订)、《外商投资法》(2019年)等;行政法规类单行企业条例或登记条例有原《企业法人登记管理条例》(1988年,2019年修订)、《公司登记管理条例》(1994年,2016年修订)、《企业信息公示暂行条例》(2014年)、《企业投资项目核准和备案管理条例》(2016年)和新的《市场主体登记管理条例》(2021年)等;国务院部门规章管理性规定如原《合伙企业登记管理办法》(1997年,2019年修订)、《个人独资企业登记管理办法》(2000年,

2019 年修订）和新的《市场主体登记管理条例实施细则》（2022 年）等，均对企业登记有明确、具体规定。

总体而言，我国现行立法在初步建立起比较健全、完善的企业登记制度的同时，也呈现零、散、乱等特点。从时间先后、立法体系、资本来源和企业性质来看，企业登记制度包括所有制本位的企业登记和现代企业制度登记、法人企业登记与非法人企业登记、内资企业登记和外资企业登记等。

企业登记除总体上可分为企业设立、补正或更正、变更、歇业或停业、注销登记等不同程序类型外，还因企业登记而派生出企业名称、企业分支机构登记等两大相对独立的登记子类。（1）企业名称登记。企业名称登记是我国商事登记中具有相对独立性的一项登记制度。企业类法律、行政法规和《企业名称登记管理规定》（1991 年发布，2020 年修订）对此有比较详细的规定。企业名称登记包括预先登记、设立登记、变更登记和注销登记等几种类型。保持企业名称登记的相对独立性，固然可以确保名称登记的准确性和工作效率，如国家市场监督管理总局登记注册局网站的“企业办事”指南就把名称登记列为单独的类型；但是，企业名称实际上属于商号的范畴，应与企业登记融为一体，这样才能充分发挥其制度功能。更何况，商号除企业的名称外，还应包括个体工商户所取的字号，而个体工商户的字号登记则与个体工商户登记连为一体。笔者认为，企业名称登记中除了预先登记具有一定的独立性之外，其他设立登记、变更登记和注销登记中的名称登记，实际上是与企业登记完全同步的。这一问题可通过建立企业名称或商号检索中心来解决。检索和企业筹备登记结合起来，可把企业登记和企业名称登记真正融为一体，从而简化程序，提高登记效率。（2）企业分支机构登记。我国企业类法律、行政法规或部门规章均有关于企业分支机构登记的规定。鉴于企业分支机构登记既在营业地具有相对独立性，又与企业本体具有关联性，故其登记则采营业地新设立登记与企业注册地备案登记相结合的原则。以公司登记为例，根据原《公司登记管理条例》（2016 年修订）第 47—49 条规定，公司设立分公司，应当自决定作出之日或依规定自批准之日起 30 日内，向分公司所在地的公司登记机关申请登记；分公司的公司登记机关准予登记的，发给营业执照，公司应当自分公司登记之日起 30 日内，持分公司的营业执照到公司登记机关办理备案；分公司如发生变更或注销事由，亦应按照法定程序办理变更、注销登记以及相应的备案登记。

3. 非企业类组织的营业登记

非企业类组织的营业登记是原《企业法人登记管理条例》第九章所规定的一种特殊登记类型，主要涉及事业单位、科技性的社会团体等非营利组织从事经营活动的工商登记管理。根据规定，事业单位、科技性的社会团体等非营利组织从事经营活动的营业登记包括三大情形或类型：（1）设立具备法人条件的企业，须办理企业法人新设登记。（2）整体改制或转型为企业法人，须办理企业法人开业登记。实行企业化经营、国家不再核拨经费的事业单位和从事经营活动的科技性的社会团体，具备企业法人条件的，均应由该企业申请登记或该单位申请登记，经登记主管机关核准，领取企业法人营业执照，方可从事经营活动。（3）直接从事营业或设立不具备法人条件的企业，须办理营业开业登记或非法人企业新设登记。事业单位、科技性的社会团体从事经营活动，或者设立不具备法人条件的企业，由该单位申请登记，经登记主管机关核准，领取营业执照，并在核准登记的经营范围内从事经营活动。[19]这些规定严格说来均属于非企业类组织的营业登记范畴，尽管《民法典》对营利法人与非营利法人之概念作了原则性规定，但我国尚没有建立起有效的非营利组织营业登记制度。

4. 其他营业事项登记

股权出质登记、信托登记、托管登记、承包登记、租赁登记等，均为具体的营业事项或经营形式的登记，此类登记因具营利性，自然也属商事登记范畴。

（二）现行商事登记事项分类的问题分析

我国现行商事登记事项的分类，从立法上包括前述的个体工商户登记、企业登记（包括企业名称、分支机构登记）、非营利组织营业登记和其他营业事项登记等多类。很显然，这种分类从科学性、合理性、妥当性而言，均存在一些值得商榷和改进之处。仅以企业登记分类为例，名称登记原本附属于营业或企业登记，把其单独作为一类，自然不妥；公司登记、非公司企业登记、企业备案登记、企业集团登记本质上都属于企业登记，把其人为分离，明显不科学；其他事务登记，也属于企业登记的范畴，把其独立列类，也不合理。除此之外，我国商事登记分类体系尚存在如下混乱与无序问题。

1. 所有制本位企业登记与现代企业登记并存

在确定社会市场经济体制和《公司法》出台之前，我国企业登记基本上遵循所有制本位中心和参照体系，即按照全民所有制企业、集体所有制企业（又分乡村和城镇两类）、私营企业、股份合作制企业、中外合资经营企业、中外合作经营企业、外资企业等进行分类登记，只有极少数登记为公司。1993 年以来，《公司法》《合伙企业法》《个人独资企业法》相继出台，建立起以企业出资、组织、责任形式为本位的现代企业登记体系，新设企业大多登记为公司、合伙企业、个人独资企业等。此外，随着 2006 年《农民专业合作社法》的制定，合作社企业也纳入企业登记的范畴。

2. 法人企业登记与非法人企业登记并无严格区分

在 1986 年《民法通则》确定企业法人概念并对企业法人以专节作出规定后，企业法人登记制度在我国产生。但对企业法人概念，学界一直存在模糊认识，立法也无严格界定，特别是 1988 年《私营企业暂行条例》（已失效）、1997 年《合伙企业法》（2006

---

〔19〕 参见国务院《企业法人登记管理条例》（2019 年修订，已失效）第 26、27、34 条。

年修订)、1999 年《个人独资企业法》等企业法中的企业,相当一部分不具备法人资格,企业法人概念的局限性就凸显出来。实际上,企业法人的准确提法应是法人型企业,所对应的概念是非法人型企业,而不是立法和目前通称的企业法人与非企业法人,而非企业法人的对应概念应是除企业之外的其他类法人,如国家机关法人、事业单位法人和我国《民法典》所规定的非营利法人、特殊法人等。正因如此,原《企业法人登记管理条例》(2019 年修订)第 2 条规定登记所适用的企业范围只包括全民所有制企业、集体所有制企业、联营企业、在我国境内设立的三资企业、私营企业、依法需要办理企业法人登记的其他企业等 6 类企业,其范围就相当模糊。又如原《农民专业合作社登记管理条例》(2014 年修订)第 3 条规定,农民专业合作社经登记机关依法登记,领取农民专业合作社法人营业执照,取得法人资格。也就是说,农民专业合作社只要依法取得登记,就具有法人资格;但是,农民专业合作社是否只能以法人的形式存在,能否设立非法人形式的农民专业合作社,立法没有明确规定。可见,由于企业登记没有严格区分法人型企业与非法人型企业的概念和范畴,导致既有不同层级立法文本和同类企业在不同规范文本中规定得不一致,甚至存在冲突。

3. 公司企业登记与非公司法人企业登记不加区分

自 1979 年《中外合资经营企业法》(已失效)允许设立有限责任公司类中外合资企业、1988 年《私营企业暂行条例》(已失效)允许私人资本设立公司以后,公司企业在我国尚未保持活跃状态近 30 年的情况下,又开始活跃起来;特别是在 1993 年《公司法》通过后,公司更是以迅猛的速度发展成为我国企业的主要类别。但由于我国理论、立法和实务对公司这一企业的标准没有深入了解,特别是对公司所具有的资本本位特质,既没厘清,也没重视,致使在定义公司这类企业时,依然套用流行的“公司是企业法人,有独立的法人财产,享有法人财产权”及“公司以其全部财产对公司的债务承担责任”这样与其他企业法人没有任何实质区分的概念和论断,[20] 导致社会、民众对公司这类企业与非公司企业、公司企业法人与非公司企业法人之间的模糊认识,致使登记机关所发的公司型企业法人营业执照与非公司型企业法人营业执照无实质性区分。

4. 内资企业登记与非内资企业登记执行不同的标准

1979 年《中外合资经营企业法》(已失效)的出台,有外资成分的三资企业被纳入企业登记的范畴,并作为一种类别,长期与内资企业执行不同,甚至特别优惠的超国民待遇标准。内资企业与非内资企业分别登记、差异待遇,不仅违反 WTO 的国民待遇原则,更损害内资企业的合法权益。以歧视本国国民或企业来换取外商投资的进入,是一种扭曲的计划经济思维,无疑应予摒弃。值得欣慰的是,随着 2019 年《外商投资法》的出台、原三资企业法的废止、外商投资准入负面清单制度的推行,内资企业与外资企

---

〔20〕 参见《中华人民共和国公司法》(1993 年,2018 年修正)第 3 条。

业的差别待遇与分类登记情况，有望得到一定程度的解决。

上述问题或缺陷的存在，导致我国企业登记出现法无定制、政出多门、种类繁杂、执照重叠等乱象，至2011年9月原国家统计局、原国家工商行政管理总局发布《关于划分企业登记注册类型的规定调整的通知》（国统字〔2011〕86号）时，仅企业营业执照就达35种。2014年2月国务院印发《注册资本登记制度改革方案》（国发〔2014〕7号），按照改革的设想，计划把当时15种工商执照简化为企业法人营业执照、非法人企业营业执照、分支机构营业执照、个体工商户营业执照4种。之后，原国家工商行政管理总局发布《关于〈营业执照修改方案（征求意见稿）〉公开征求意见的公告》，就《营业执照修改方案（征求意见稿）》向全国公开征求意见，该方案按照统一版式、减并事项、统一"类型"、加二维码、增加"日期"及"期限"等五个子项改革，其中对营业执照的种类，把原有20种大类调整为公司法人（A）、非公司企业法人（B）、合伙企业（C）、农民专业合作社法人（D）、个人独资企业（E）、个体工商户（F）、分支机构（G，包含内资非法人企业、内资非公司企业分支机构、内资分公司、外商投资企业分支机构、合伙企业分支机构、个人独资企业分支机构等）、农民专业合作社分支机构（H）8种格式的新版营业执照。2014年2月原国家工商行政管理总局发布《关于启用新版营业执照有关问题的通知》（工商企字〔2014〕30号，已失效），正式启用公司法人、非公司企业法人、合伙企业、农民专业合作社法人、个人独资企业、个体工商户、企业分支机构、农民专业合作社分支机构等8种新型新式营业执照。〔21〕2018年12月国家市场监管总局发布《关于启用新版营业执照的通知》（国市监注〔2018〕253号），除执照版式统一调整为横版、并增加二维码功能外，新版营业执照仍保持前述8种格式。经多次调整，尽管对原有登记及执照类型有大幅度并减，但种类仍然较多，且分类也不科学，如公司法人、非公司企业法人、农民专业合作社法人均为法人型企业，却分为不同类型，而合伙企业、个人独资企业则为典型的非法人企业，也分为不同种类，相比前述广东深圳、珠海的商事登记改革，尚有巨大的精简和完善空间。

2021年7月国务院公布的《市场主体登记管理条例》，虽从行政法规层面解决了不同类型登记规范的统一问题，但商事登记的科学、适当分类问题并没解决。典型的如该条例第2条有关登记范围的界定，一方面，为"市场主体登记管理"调整对象所限，登记范围只包括市场主体类的登记，对非营利组织等特殊主体的开业登记、营业财产登记等，无法做到一体纳入；另一方面，该条纯粹是对市场主体类型的罗列，本身不具有登记事项分类的立法指导意义。可见，关于商事登记事项的分类问题，《市场主体登记管理条例》并未给出圆满和可行的方案。

由上分析可知，商事登记事项的基本分类，并没有引起学界、立法界、业界的足够

〔21〕 参见原国家工商行政管理总局《关于启用新版营业执照有关问题的通知》（2014年）第2条。

重视，因而在现行商事登记立法设计和制度安排中，分类标准不一、逻辑混乱，进而导致商事登记种类繁杂、证照颇多、运行无序。有鉴于此，笔者认为，在前文已厘清商事登记范围、边界的基础上，制定科学、合理、可行的登记事项分类制度，对商事登记事项进行适当的分类，是十分必要的。

三、商事登记事项分类完善的改革路径

（一）商事登记事项适度分类的基本原则

基于以上分析，笔者认为，我国商事登记在总体遵循法定强制主义与例外任意主义相结合之登记原则和制度模式的前提下，对需要登记的商事事项，应遵循如下基本原则。

1. 开业登记与主体登记分离原则

在所有的商事登记中，对自然人、已取得法人资格或其他民事主体资格的主体，其商事登记已不再需要进行主体登记，只需进行开业或营业登记，此一部分商事登记所要解决的核心问题，就是开业的确认和宣示。而对企业登记而言，由于我国尚未建立起独立的组织类民事主体资格确认制度和机构，且此类制度和机构的设置需要对现行立法和制度作重大调整，自然把企业的主体资格与营业资格分离，由不同机构来完成分离登记的模式之可行性、可能性极小，故我国企业登记仍可实行主体资格与营业资格统一登记的模式，企业登记要肩负主体资格与营业资格确认、宣示的双重功能。基于此，笔者认为，我国商事登记可分为一般开业登记性质的营业登记和兼具企业主体资格与营业资格确认、宣示双重任务的企业登记两大类。

2. 营业资格登记与营业财产事项分开原则

在我国，除开业登记、企业登记等营业资格登记外，近年来涌现出股权质押、财产信托、企业托管、企业承包、企业租赁、资产租赁等具典型营业财产属性的登记，此类登记严格来说属于财产登记范畴。但我国尚未建立起独立的财产登记制度，特殊动产、集合财产、浮动财产等概括性财产登记，试图独立为一种类似于统一不动产登记的制度，其难度无疑极大。但是，基于这类财产的营利性或经营性，把其纳入商事登记，作为营业信息公示的一种方式或手段，既有必要，且也可行。只是这类登记既不属于营业开业登记，也不属于主体资格确认登记，更不属于营业中的变更登记，而是独立于开业登记和企业登记的另一大类。故在对商事登记作分类调整时，应把营业财产登记与营业资格登记适度分开。

3. 同类归属与细化分类原则

在商事登记总体分为开业登记、企业登记、营业财产登记三大类的基础上，凡属每一大类的子项，就不再独立分类，只在大类之下进行细化分工。以企业登记为例，所有法人企业与非法人企业、公司企业与非公司法人企业、内资企业与外资企业、企业分支

机构、企业集团等,均应归入此口。这样就可改变现有分类的混乱和模糊,使商事登记范围、对象、分类更为清晰。

4. 科学、简约、易行、便民原则

商事登记对象的分类调整,不能弄得太复杂,分类应科学,不能违反登记对象的自然规律和同一属性;要简约,不能太繁杂;要容易操作,使申请人和登记机关工作人员容易掌握;要便于营业当事人和申请人进行自主选择。

5. 与既有立法、制度衔接原则

商事登记分类的适度调整,须照顾到与既有立法、制度的衔接或对接。现行立法和制度总体上尚为可行,只是在分类和具体分工上,缺乏科学性和可操作性。把分属不同类别的非法人企业登记、法人企业登记、公司登记、外资企业登记、分支机构登记,统一到企业登记门下,难度应不是很大,并没有完全打破现有立法和制度格局。

(二)商事登记事项的基本类型

通过以上分析,笔者认为,我国商事登记事项应本着以上原则,调整为开业登记、企业登记、营业财产登记三大类型,然后在此基础上,再细化其他次级分类。

1. 开业登记

开业登记主要适用于不需要进行主体资格确认、宣示而只需就营业的开业、变更、终止等事项进行登记的事项。其登记对象有如下特征:(1)主体已先前存在或依法成立。如个体工商户,其自然人主体资格出生就已自然产生;非营利组织在进行营业登记前,其主体资格就已依法取得,如某科研机构等。(2)不需要进行主体确认登记。(3)营业资格已经取得。如自然人的营业资格乃基于营业自由权,当然取得自由营业、经商的资格;如会计师事务所的执业资格或非营利组织,在商事登记之前,就已经取得行政许可。(4)只需进行营业的开业、变更、终止登记。

开业登记次级类型主要包括:(1)自然人开业登记,如个体工商户登记等;(2)非营利组织开业登记;(3)专业职业的开业登记;(4)已取得传统工商登记注册再申请网商登记的开业登记;(5)其他类型的开业登记等。

2. 企业登记

企业登记是指围绕企业的设立、变更、终止而发生的登记。企业登记具有如下特征:(1)企业作为新型衍生主体,虽经企业出资人契合、设立之后已事实上成立,但在法律上要为交易第三人、国家和社会公众所认知或识别,则需要登记。故企业登记第一要务是企业的民事主体或者法人资格,进而营业资格(商事主体资格)之确认问题。(2)企业登记包括所有与企业有关的登记,如其设立、变更、终止等事项。(3)企业登记的实质是组织类民事主体作为营业主体的确认问题,但登记的企业依其是否具有法人资格、是否为公司、是否具有独立性、是否为单一主体、是否为外资或内资等,又可细分为许多子类。(4)企业登记具有综合性和复合性。其既包括主体资格登记,又包括营业事项登记;既包括企业的开业登记,也包括企业的财产登记等。企业登记具有专业性、复杂性和严格性,是当代商事登记的重点,我国民国时期公司登记的管辖权与一般开业登记之所以分开,就是这个原因。故企业登记应列为商事登记的重点。

企业登记包括的主要子类包括:(1)公司登记;(2)非公司企业法人登记(包括全民所有制企业、集体所有制企业、合作社企业、股份合作制企业等企业法人);(3)非法人类企业登记(包括个人独资企业、合伙企业等);(4)企业分支机构登记;(5)企业集团登记;(6)外商投资企业及分支机构登记;(7)外国企业及分支机构登记;(8)其他类型的企业登记;等等。

3. 营业财产登记

在学理上,商事登记有广义与狭义之说。广义商事登记涉及一切营业要素的登记,包括商事主体(企业、合伙、个体户)、保险、银行、证券,或者包括船舶登记、不动产登记、企业担保登记等;狭义商事登记,一般为传统商法典总则部分规定的营业登记(或称商人登记)。[22] 但当今商事登记越来越由传统狭义商事登记向广义商事登记转型。就此而言,营业财产登记就属于广义商事登记的范畴。

营业财产登记,是指既不需要进行开业登记,也不需要进行主体资格确认登记,仅需对营业财产的归属主体、权利限制、营运状态进行登记确认的商事登记类型。营业财产登记具有如下特点:(1)财产性。所登记的对象属于财产或财产性权利。(2)营业性。此类财产或财产性权利,正处于经营或营运状态。(3)变动性。营业财产登记,是对营业中财产之归属、权限、营运之变动状态进行确认,以产生对抗效力。(4)自主性。营业财产登记原于当事人已形成的合意,即应遵循当事人的意愿,奉行任意登记原则。

营业财产登记主要包括但不限于如下几类:(1)信托财产登记;(2)企业托管经营登记;(3)企业承包经营登记;(4)企业租赁经营登记;(5)财产租赁经营登记;(6)股权质押登记;(7)其他营业财产登记;等等。

第二节　商事登记事项的范式选择

一、现状分析与问题症结

商事登记是支撑营商环境的重要微观制度形式,近代以降的商事登记定型于17

〔22〕 参见王保树:《商法总论》,清华大学出版社2007年版,第103页;徐学鹿、梁鹏:《商法总论》,中国人民大学出版社2009年版,第319页。

世纪的《法国陆上商事条例》;〔23〕1904 年清末变法修律时所订《钦定大清商律》,近代意义的商事登记制度始被引入中国。〔24〕改革开放以来,我国虽已建立起初具体系化的工商或企业登记制度,但因规范文本尚停留于一事一法或一类一法的分别、分类、分散立法状态,致使商事登记立法仍陷于零、散、乱的现实困境。

(一)我国商事登记事项立法的现状考察与缺陷分析

我国现行商事登记立法总体上的零、散、乱,决定了商事登记事项立法也必然处于分别、分类、分散状态。商事登记事项立法存在如下明显缺陷:

1. 一事一规的零散乱状态。由于没有统一的商事登记立法,我国现有商事登记事项的规定,由不同效力等级和不同法律性质的企业法、公司法等及配套的登记管理条例予以分别规定。登记事项的一事一规立法体制及零散乱的实然状态,不仅使登记申请人难以了解这些规定,就是登记机关及其工作人员,也难以准确分清这些规定之间的异同,从而带来操作上不适应。

2. 规范性文本效力级别普遍比较低。现有规范性文本中,对登记事项有规定的均为国务院所颁发的行政法规或下属部门发布的行政规章,缺乏权威、统一且具法律级别的规范文本。

3. 不同规范性文本之间规定不一致。如公司登记,《公司法》第 7 条、第 8 条所规定的内容与原《公司登记管理条例》第 9 条规定的内容就不一致。至于不同类型的企业、营业登记事项出现不一致,就更是司空见惯;如关于“经营期限”“经营方式”,原《企业法人登记管理条例》《公司登记管理条例》《合伙企业登记管理办法》《个人独资企业登记管理办法》《农民专业合作社登记管理条例》《个体工商户登记管理办法》之间的规定,就存在很大差异。

4. 同一类型企业出现于不同的规范性文本中。如公司企业和企业法人,本都属于法人类企业,却分别由原《企业法人登记管理条例》和《公司登记管理条例》两个不同的行政法规调整。《企业法人登记管理条例》只适用于具备法人条件的全民所有制企业、集体所有制企业、联营企业、在中国境内设立的中外合资经营企业及中外合作经营企业和外资企业、私营企业、依法需要办理企业法人登记的其他企业等;公司登记只适用独立的《公司登记管理条例》。且两者规定的登记事项存在明显不一致,如原《企业法人登记管理条例》中有关于“经营场所、经济性质、经营方式、从业人数、分支机构”的规定,而原《公司登记管理条例》却没有这些规定;同样原《公司登记管理条例》中的“公司类型”规定,原《企业法人登记管理条例》则没有;至于两者之间用语表述不一致,如“注册资金”与“注册资本”、“经营期限”与“营业期限”、

---

〔23〕 参见何勤华、魏琼主编:《西方商法史》,北京大学出版社 2007 年版,第 279 – 280 页。

〔24〕 参见怀效锋主编:《清末法制变革史料》(下卷),中国政法大学出版社 2010 年版,第 865 页。

"法定代表人"与"法定代表人姓名"等，出现在同一级别的行政法规中，充分反映了立法的粗略和不严谨。

5. 登记事项设置不尽合理。在既有的规范性文本中，很多事项的设置和规定具有不合理性，如原《企业法人登记管理条例》中关于"经营场所、经济性质、经营方式、从业人数、分支机构"的规定，所反映的还是先前的某些观念或管理性做法，具有很大的不合理性。此外，公司或企业章程、合伙协议等重要的企业设立文件，却均没有纳入法定登记事项范围。

以上仅涉及一般企业登记事项或营业登记事项的规范文本，如再细化到特殊类企业的登记事项，问题更大。为更清楚明白地了解不同法律、行政法规、部门规章规定的共同点和差异，特列表 9－1、表 9－2 如下：

表 9－1　我国不同法律或行政法规对商事登记事项的不同规定

序号	法律或行政法规名称	法定登记事项	备注
1	《公司法》（2018 年修订）	公司营业执照记载事项：公司名称；住所；注册资本；经营范围；法定代表人姓名；公司类型等	第 7 条、第 8 条
2	《合伙企业法》（2006 年修订）	无明确规定，但第 9 条对提交的申请文件（登记申请书、合伙协议书、合伙人身份证明等）、第 14 条对设立条件、第 18 条对合伙协议记载事项有具体规定	第 9 条、第 14 条、第 18 条
3	《个人独资企业法》（1999 年）	无明确规定，但第 10 条对个人独资企业设立申请书应当载明的事项（企业的名称和住所；投资人的姓名和居所；投资人的出资额和出资方式；经营范围）有具体规定	第 10 条
4	《农民专业合作社法》（2017 年修订）	无明确规定，但第 12 条对农民专业合作社的设立条件（5 名以上合作社成员；章程；组织机构；住所；成员出资）、第 15 条对农民专业合作社章程、第 16 条对设立农民专业合作社的申请文件有具体规定	第 12 条、第 15 条、第 16 条
5	《个体工商户条例》（2016 年修订）	个体工商户登记事项：经营者姓名和住所、组成形式、经营范围、经营场所。个体工商户使用名称的，名称作为登记事项	第 8 条

表 9－2　我国不同行政法规或规章对商事登记事项的不同规定

序号	行政法规或规章名称	法定登记事项	备注
1	《企业法人登记管理条例》（2019 年修订）	企业法人登记注册主要事项：企业法人名称、住所、经营场所、法定代表人、经济性质、经营范围、经营方式、注册资金、从业人数、经营期限、分支机构	第 9 条
2	《公司登记管理条例》（2016 年修订）	公司登记事项：名称；住所；法定代表人姓名；注册资本；公司类型；经营范围；营业期限；有限责任公司股东或者股份有限公司发起人的姓名或者名称	第 9 条
3	《合伙企业登记管理办法》（2019 年修订）	合伙企业登记事项：名称；主要经营场所；执行事务合伙人；经营范围；合伙企业类型（“普通合伙”、“特殊普通合伙”或“有限合伙”）；合伙人姓名或者名称及住所、承担责任方式、认缴或者实际缴付的出资数额、缴付期限、出资方式和评估方式；合伙期限；执行事务合伙人为法人或者其他组织委派代表	第 6 条、第 7 条
4	《个人独资企业登记管理办法》（2019 年修订）	个人独资企业登记事项：企业名称；企业住所；投资人姓名和居所；出资额和出资方式；经营范围	第 8 条
5	《农民专业合作社登记管理条例》（2014 年修订）	农民专业合作社登记事项：名称；住所；成员出资总额；业务范围；法定代表人姓名	第 5 条
6	《个体工商户登记管理办法》（2019 年修订）	个体工商户登记事项：经营者姓名和住所；组成形式；经营范围；经营场所；名称	第 6 条

足见制定统一的商事登记法，克服既有一事一规、分别立法的零散乱状态，至少对同类营业或企业的登记事项作出集中、统一规定，对商事登记事项是十分必要的。

（二）《市场主体登记管理条例》的积极意义及局限性

2020 年 6 月国家市场监管总局公布的《商事主体登记管理条例（草案）》，其中第二章第 9—20 条采用分类列举方式，对不同类型商事主体登记事项作出原则性规定。2021 年 7 月国务院公布的《市场主体登记管理条例》第 8 条、第 9 条则改采概括方式，对市场主体登记的一般登记事项和备案事项，作出统一的原则性规定。这些规定既有可圈可点之处，也存在值得商榷、改进的地方。如《市场主体登记管理条例》以统一立法方式，把之前分散在不同效力等级规范中的各种商事登记类型的有关登记事项，集中于第 8 条、第 9 条作出概括性规定，克服了之前商事登记事项中的分类立法、分别规定、分散管理等零、散、乱现象，此举至少在行政法规层面上，对统一不同类型商事登记事项，厘定商事登记一般事项范围，无疑具有十分重大的时代意义。又如《市场主体登记管理条例》第 2 条基于制度的继承性和稳定性，照顾到不同类型企业、主体要素和人格属性的差异性，对不同市场主体分别作列举，此举比较符合国情和实际，具有一定的可操作性。上述关于登记事项的统一立法和集中规定、照顾差异与分别列举等方面的处理，无疑值得肯定。

总体而言，《市场主体登记管理条例》是对之前商事登记分类立法、分别规定、分散管理的集成，因而许多条文实则是对原有同类条款的移植或糅合，如《市场主体登记管理条例》第 8 条所列"名称；主体类型；经营范围；住所或者主要经营场所；注册资本或者出资额；法定代表人、执行事务合伙人或者负责人姓名"等所有市场主体的一般登记事项和"有限责任公司股东、股份有限公司发起人、非公司企业法人出资人的姓名或者名称；个人独资企业的投资人姓名及居所；合伙企业的合伙人名称或者姓名、住所、承担责任方式；个体工商户的经营者姓名、住所、经营场所；法律、行政法规规定的其他事项"等特殊市场主体类型的登记事项，就是对先前各种登记管理条例或办法的移植或糅合。当然，为达到立法的连贯性和制度的承继性，对既有成熟、妥当条款作适度保留是完全必要的；但在既有立法、规定或条款存在缺陷的情形下，这种不加价值定位和谨慎考量的移植或糅合，无疑就会把既有立法、规定或条款中所存在的制度性或技术性缺陷及不足，不妥当地延续到新法、新规之中。立法中这样一种看似简单方便的处理方式，实则是把之前商事登记事项中所存在或值得商榷的一系列需要改革或改进的问题，仍然遗留下来。其中，最典型的有：

1. 只有主体登记，而无营业开业、营业财产登记。《市场主体登记管理条例》囿于"市场主体登记管理"，不当地赋予商事登记以创设主体的法律效力，因而只有商事主体的创设登记，而对《民法典》中关于非营利法人（如社会服务机构法人）与特别法人（如集体经济组织法人、合作经济组织法人）的营业问题，则未予以足够重视。事实上，非营利法人与特别法人也存在大量营业问题，在经营中也以追求效益最大化为目的，它与企业（公司）等营利法人所不同的，仅仅是该类法人"不向出资人、设立人或者会员分配所取得利润"以及终止时"不得向出资人、设立人或者会员分配剩余财产"。〔25〕由于《市场主体登记管理条例》中只有商事主体创设登记，而没有营业开业登记、营业财产登记，我国普遍、大量存在的非营利法人与特别法人的经营问题，就难以纳入该条例进行统筹调整。

---

〔25〕 参见《民法典》第 76、87、95、99、100 条。

2. 把登记事项不恰当地区分为一般登记事项和备案登记事项。《市场主体登记管理条例》第 8 条对一般登记事项有原则性规定，第 9 条又对备案登记事项作出具体规定。鉴于《市场主体登记管理条例》仍沿袭商事登记的行政许可式思路，故依立法主旨，就存在第 8 条之许可式一般登记事项和第 9 条之非许可式备案登记事项之分。但从该条例第 9 条所列市场主体之"章程或者合伙协议；经营期限或者合伙期限；有限责任公司股东或者股份有限公司发起人认缴的出资数额，合伙企业合伙人认缴或者实际缴付的出资数额、缴付期限和出资方式；公司董事、监事、高级管理人员；农民专业合作社（联合社）成员；参加经营的个体工商户家庭成员姓名；市场主体登记联络员、外商投资企业法律文件送达接受人；公司、合伙企业等市场主体受益所有人相关信息；法律、行政法规规定的其他事项"等内容来看，它们实质均属市场主体的核心营业信息，对交易第三人作出交易决策甚至比第 8 条所列的一般登记事项，要更为重要和关键。而该条例把原本属于核心、关键营业信息作不适当的拆分处理，是欠妥的。

3. 登记事项类型不太完整。《市场主体登记管理条例》仍然沿袭商事登记事项的绝对法定主义思路，只规定不同类型商事主体的法定登记事项，而无任意性或选择性登记事项，更无禁止性登记事项的排除性规定。此外，在已广泛推行企业信息公示制度的基础上，如何实现商事登记事项与企业信息公示事项的对接，尽量使商事登记事项范围与企业信息公示事项在立法与制度上贯通，《市场主体登记管理条例》也未作出妥当、可行的立法设计与制度安排。

4. 法定登记事项中欠缺设立或申请登记文件。商事登记是一种典型的应申请而为的行政确认行为，登记申请人提交的登记申请文件，既是登记机关受理、审查的主要对象，也是据以作出是否登记决定的前提性条件，更是登记公示的核心内容。大陆法系的绝大多数国家或地区，均把公司或企业章程等登记文件作为法定必要登记事项；英美法系国家或地区更是把所有公司设立或申请文件列为登记备案的目录。特别是公司、企业章程或合伙协议，因涉及企业类商事主体的核心营业信息，更应成为法定必要登记事项。比较遗憾的是，由于《市场主体登记管理条例》总体是采取移植加糅合的立法路径，也沿袭之前规范文本的缺陷，对如公司、企业章程或合伙协议这样重要的设立或申请文件，并未将其列为法定必要登记事项，而只有《市场主体登记管理条例》第 9 条将其作备案登记处理。

《市场主体登记管理条例》所存在的上述局限与不足，无疑是值得研讨或需要改进之处。那么，具更高效力等级的《商事登记法》，应基于何种原由，依据怎样的思路，选择适当的制例，进而确定商事登记的具体事项。基于此，下文拟作具体分析。

二、商事登记事项立法确定的基本原由

为什么要进行商事登记，商事登记究竟需要登记哪些事项，这涉及商事登记功能

和效力的定位。只有弄清商事登记的制度功能和法律效力，商事登记的必要性，进而登记事项的确定性，才有正当性、合法性和有效性基础。

（一）商事登记制度功能的本然要求

关于商事登记的制度功能，学界、业界有各种看法和不同观点，可谓林林总总，因受主题所限，此处不宜也无意去深究此问题，只想从营业当事人、交易相对人、国家、社会等四维视角，简要概括一下为什么有必要进行商事登记。现代信息经济学认为，信息是支撑决策的基础和依据。就营业当事人而言，之所以要选择商事登记，无非是出于民事主体进入营业领域逐利的需要，通过登记，把自己的营业意愿、信息、状态，依托登记公共平台广而告之，其功能就类似于古代、传统的开业仪式，所起的作用主要为营业宣示效应。对交易相对第三人而言，原于陌生交易环境和信息不对称情形，其迫切需要与拟交易的营业当事人尽量披露充分、真实、更多的有限信息，而经登记、公示的营业信息则恰恰具有高度的权威性、充分的真实性和法定的有效性，之所以仰仗商事登记，实乃基于交易信赖、公平竞争的需要。就国家、政府而言，通过商事登记，可全面、及时、充分地收集营业当事人的各种营业信息，进而了解其营业状况，为国家经济决策和宏观调控等公共管理，提供必要的决策依据。对社会公众而言，商事登记更类似于公共广告与信息平台，可满足社会公众的消费、投资、就业等各种需求。足见，在营业领域，营业当事人作为营业信息产生的源泉和中心，无论是营业当事人或交易相对人，还是国家或社会，均需要商事登记这一权威、无偿、有效的信息公示平台和供给机制。基于此，商事登记的制度功能，可概括为前述的三个方面：(1)营业进入宣示，即通过商事登记，正式表征某一私法主体已进入营业领域。正如科斯在《社会成本问题》一文中所言，“为了进行市场交易，有必要发现谁希望进行交易，有必要告诉人们交易的愿望和方式，以及通过讨价还价的谈判缔结契约，督促契约条款的严格履行，等等”。〔26〕而通过商事登记这种权威形式的正式告知，就是一种更为有效的营业宣示。(2)营业资格确认，即特定自然人、企业、非营利组织之营业资格得到法律（官方、社会和相对人）的有效确认。康芒斯就认为，通过注册登记，使公司最终“从一个只在法律上存在的法人公司改变到一个经济上的运行中的机构，存在于一切它做生意的地方”。〔27〕(3)营业信息公开，即商事登记实乃一种特殊形式的信息披露，可产生信息公示和商业广告的双重效应，它有助于克服或缓和市场交易中的信息非对称现象。〔28〕质言之，商事登记只是从古代、传统的最初开业仪式，转型升级为现代公共的营业信息公示、公信平台而已，其中最核心的功能就是通过公开的程序机制，使普通民事主体切

〔26〕 参见[美]罗纳德·H.科斯：《企业、市场与法律》，盛洪、陈郁译，格致出版社2014年版，第91－92页。

〔27〕 参见[美]康芒斯：《制度经济学》（上册），于树生译，商务印书馆1997年版，第70页。

〔28〕 参见张维迎：《博弈论与信息经济学》，上海三联书店、上海人民出版社2004年版，第2页。

换、转型并确认为商事主体,并借以公示其各种营业信息。

(二)商事登记法律效力的应然定位

受前述商事登记基本功能的影响和制约,无论是民事主体的营业进入宣示,还是其营业资格确认,或者是营业当事人的营业信息公开,其核心元素和中心任务,就是通过商事登记注册并公示各种营业信息。尽管学界或业界汲汲于论争商事登记的效力,特别是其创设商事主体的效力。但不管依何学说、持何观点,也不论是选择大陆法系之登记成立要件主义,还是奉行英美法系之登记公示对抗主义,一个最基本且不可否认的事实逻辑,就是在启动(以申请为起点)商事登记之前,被登记确认为商事主体的自然人也好,还是经出资人发起、契合成立的企业也好,均已实质地、先前地存在着。仅这一点,就足以说明,商事登记并不具有创设主体,进而也不具有创设商事主体的功能。而基于商事登记机构或制度平台的公共性、权威性、公开性、对世性等特质,决定营业信息一经登记公示,必然具有如下衍生法律效力:(1)确认效力,即确认某一私法主体正式进入营业领域、并对营业信息已作有效公示的法律效力。(2)公信效力,即经商事登记公示的信息,是以国家公权力(如登记机关为特定法院或行政机关等国家机关)或准公权力(登记机关为商会等社会自治组织)作背书或担保的,代表公权力的公信力,具有业经登记公示的营业信息均应推定为真实之法律效力。(3)对抗效力,即交易相对人、国家、社会均得信赖经商事登记公示的营业事项或信息之真实性,经登记确认的权利人即应为真实的权利人,并可以该登记记载之外观对抗任何第三人。足见,商事登记之核心效力并不在于创设商事主体之效力,而在于营业信息之确认、公信、对抗效力而已。

基于以上分析,商事登记之所以必要,原于营业中的信息、信赖、信任、信用的需要,营业当事人即商事主体的营业信息之公示、公开、公信,才是商事登记存在的正当性、合法性进而有效性之基础。因此,以制度功能、法律效力为基本依据,哪些营业信息对营业当事人、交易相对人、国家、社会是重要的,进而对其作出各种交易或公共决策具有实质影响或制约效应,这样的营业信息就应当确定为商事登记的事项并纳入其范围。

三、商事登记事项立法确定的范围厘定

(一)信息对称在交易安全与营业效益中的基础意义

1. 信息对称是建立市场信用的基础条件。营业活动和市场交易是一种主体之间高度信任和相互依赖的网络关系,这种网络关系实质就是一种信用关系。“信任是行动者之间发生的一种关系,发生信任关系的行动者不是脱离具体情境和社会关系网络

的行动者,它依存于社会网络之中",[29]而这种高度信任的依存关系之基础,就是各自对相对方信息的占有、了解、认识、判断。这是因为,市场信用源于信任与信赖,而信任与信赖又依赖信息。就个人之间的关系而言,有相互了解,才有信任或信赖;就社会交往而言,基于过去信息的占有或现状的判断,才有对未来的信任或信赖,进而产生社会信用。"无论是基于法律的或基于信誉的信任,都离不开信息","因为我们相信,过去的信息包含着未来,是未来行动选择的一个良好预期";故"信用一定依赖于信息,所以怎么提供这个信息就变得非常重要"。[30]在传统熟人社会里,基于人们相互了解,信息均储藏于每个人的记忆中,但在现代多数情形下与陌生人交易的营业环境中,信息获得特别是营业信息的获得,就有赖于强制的法律机制(如强制信息披露)、信息的专业化生产(如商事登记、各种征信机构与信用评估机构)和必要的法律权利(如质询权、查账权、知情权等)。

2. 信息完全是营业理性决策的预设前提。信息在营业中具有极为重要的作用,这是因为营业信息的对称与交易的效益、安全因其关联性、对应性而具有基础性意义。在市场交易中,营业决策的作出和营业行为的选择,必须依赖主体所掌握的有限信息,即"信息与决策是不可分的,只要存在决策就需要信息"。[31]

交易的核心在于信息的占有与交换,即当事人所占有的不同信息的交换。在传统经济学看来,最有效的市场是完全理性和完全信息的市场。其中完全信息意味着:(1)所有的信息都必须是公开和透明的,即将信息无偿地提供给所有市场参与者,所有市场参与者对信息的理解和判断不存在任何分歧;信息传递渠道畅通,不存在任何阻隔。(2)价格已经反映了所有可以得到的信息,并且具有高度的灵敏性和传导性。(3)价格是既定的量,所有市场参与者只能根据给定的价格作出自己的选择,谁也不能支配和影响价格的形成,价格是唯一的调节信号。完全信息在这里起着非常重要的作用。没有完全信息,市场不可能自动恢复均衡;没有完全信息,市场交易不可能瞬间完成,从而产生搜寻信息的成本。

然而,从营业决策和交易过程来看,建立在完全信息基础上的理性市场在现实经济生活中并不存在,具有不完全信息的交易环境才是普遍现象。一般而言,每一个个别行为者所掌握的与某一交易行为和交易结果有关的信息都可分为两个部分:一部分是所有行为者或当事人双方都了解的信息,即公共信息;另一部分则是只有某个行为者自己知道,其他行为者或对方当事人所不了解的信息,即私人信息。例如,商品交易行为中的买方知道自己的消费偏好、支付能力和意愿给定的价格等,但不了解商品的

---

〔29〕 参见张缨:《信任、契约及其规制——转型期中国企业间信任关系及结构重组研究》,经济管理出版社2004年版,第101页。

〔30〕 参见张维迎:《信息、信任与法律》,三联书店2003年版,第255-256页。

〔31〕 参见应飞虎:《信息、权利与交易安全:消费者保护研究》,北京大学出版社2008年版,第7页。

质量、性能和成本,而卖方则恰好相反。这种当事人各自拥有自己私人信息的不一致、不充分状况,即为信息不对称。其中,持有较多私人信息的一方具有信息优势,在交易中处于比较有利的地位,而对方则居于信息劣势。

3. 信息真实是交易安全与经营效益的基本保障。在市场交易中,信息不仅是营业决策的主要依据,也是"个人行为受到监督的基础"。〔32〕因为既然任何人均基于所占有、掌握的信息作出各种决策,自然也就必须对自己所提供、披露、公开的各种信息之真实性负责。因此,信息的真实性就成为信息对称最主要的形式和最核心的内容。虽然如此,但在实际营业中,各种交易往往是在营业信息占有、掌握不充分、不完全、不全面、不真实、不及时的不对称环境或情形下进行的,而且这几乎是一种普遍现象,特别是在投资、经营、交易不同营业形态、阶段、环节发生必要分离和相对独立的情形下,营业信息在交易当事人之间不对称状况更为突出。

信息不对称的普遍存在,特别是营业信息的不对称性,对决定交易或正在交易的当事人双方或多方,可能产生如下影响,(1)影响交易的达成。在一个信息不对称的交易环境中,交易的达成显然要比在信息对称条件下困难得多,甚至最终导致交易的取消。因为信息劣势方试图使交易更加"公平"变得十分困难。(2)信息不对称在交易即使达成的情况下,也可能对当事人的决策产生重大影响。在现实的经济活动中,信息不对称分布的发生概率要比理想状态高得多。这样,信息不对称的存在可能使好的产品被挤出市场,并摧毁消费者对市场的信任,导致市场的萎缩,从而最终降低整个社会的福利水平。

可见,在营业信息不对称的条件下,交易常常受阻,交易成果也屡屡被怀疑甚至被否定,交易安全尚不能保障,营业所追求的最大化效益自然也就难以实现。因此,在营业交易过程中,要求拥有相对信息优势的企业、其他经营者或信息优势方及时公示或充分披露必要的、相关的营业信息,同时赋予交易相对人以知悉营业信息的请求权,是确保交易安全,促进营业效益所必需。

(二)信息对称视角下营业信息的类型化分析

由于营业决策与交易的作出,在某种意义上受制于特定主体所获营业信息的多少,因此,对不同类型营业信息的获得、掌握与判断,就成为影响营业当事人和交易相对人作出交易决策,进而决定其交易安全或经营效益的前提性、基础性条件。而这些要素或条件,对交易安全或经营效益的影响程度有所差异,可将其析分为如下类型:

1. 关涉交易安全并对交易决策的作出具有基础性约束力的核心营业信息。在商事主体的实际营业中,究竟哪些信息对交易安全并对相对人交易决策的作出具有基础

---

〔32〕 参见张维迎:《产权、政府与信誉》,三联书店 2001 年版,第 6 页。

性、初始性、实质性影响力或约束力，进而需要通过商事登记予以确认或公示，这需要从营业成就要素的不可或缺性、企业设立的实质条件、相对人交易决策的决定等作全面分析。

营业成就的基本要素，在经济学的语境里，被称为生产要素或市场要素。任何生产或经营均必须有一定的资本、劳动、土地、技术、管理等投入，[33]这些投入与消耗就构成了生产与经营中的成本。[34]因此，无论是持资本、土地、劳动三要素论者，[35]还是持资本、劳力、技术、管理四要素论者，[36]均认为只要存在生产或经营，就必然存在生产要素及基于生产要素的成本。

在法学上，营业的进入与实质的开展，首先需要营业当事人，如出资人、经营者、交易者等。其次，营业须具备诸如一定资本、经营形式、主业范围、营业场所等基本要素。不仅如此，企业作为营业的主要形式和组织载体，更是当今最重要的商事主体，其设立必须具备一定的基础要素和实质条件。虽然不同国家或地区立法对企业设立、注册、登记所定要素或条件，有明显的差异性，但纵观不同法系、国家或地区的法例或制例，设立企业不外乎包括特定的企业名称、一定数量的发起人或出资人（单一业主、合伙人、股东、社员等）、确定的注册资本、章程或协议、组织机构及任职成员、营业住所或经营场地等。我国《公司法》《合伙企业法》《个人独资企业法》《农民专业合作社法》等法律、行政法规，对公司、企业的设立，均规定有明确的初始条件。

生产、营业、经营、交易的构成要素和企业设立的基本条件，是营业开展和企业经营的基础性、支撑性条件，而以这些要素与条件为核心内容的营业信息，影响并制约相对人作出交易判断或决策，从而其对交易安全具有实质性约束力与决定力。这些最主要、基础的营业信息，就是构成关涉交易安全的核心营业信息。

综合营业开展的基础要素和企业设立的基本条件，具有实质影响交易安全效应的核心营业信息，主要包括：（1）商号与名称。商号与名称是区分、识别不同营业的核心要素和形式要件。商号或名称的混用或混同，不仅会导致不同商事主体的营业难以实质区分开来，而且也会影响营业责任和风险的划分。故商号或名称对从事营业的商事主体自身重要，对交易相对人更为关键。（2）特定的出资者、经营者、交易者。没有出资人的出资与投入、经营者的生产与经营、交易者的中介与交易，营业就谈不上启动。（3）经营形式。营业需借助特定的经营形式，即究竟是以个体、家庭为载体，还是选择企业或国家等形式；或者是以个体、独资经营，还是以合伙、合股或合作等形式经营等，

---

〔33〕 参见[美]保罗·萨缪尔森、[美]威廉·诺德豪斯：《经济学》（第17版），萧琛主译，人民邮电出版社2004年版，第86－87页。

〔34〕 参见[美]曼昆：《经济学原理》（上册），梁小民译，机械工业出版社2005年版，第226－229页。

〔35〕 参见[英]马歇尔：《经济学原理》，朱志泰、陈良璧译，商务印书馆2019年版，第181页。

〔36〕 参见张维迎：《经济学原理》，西北大学出版社2015年版，第193页。

是营业中不可回避或必须解决的问题。(4)注册资本。资本"是财富的主要资料","是生产的一个要素"。[37]营业必须有适度的初始投入和一定的基础财产,这些又集中表现为营业财产或注册资本;无资本,营业就缺乏物质基础。(5)机构及成员。无论是个体、家庭形式的营业,还是企业、国家形式的营业,在达到一定的营业规模和市场空间时,就需要有必要的组织架构、科层管理和组成人员,这些实质充当营业代表或代理职能的机构与成员,自然也就关乎营业当事人与交易相对人的交易安全。(6)法定代表人。法定代表人具有对内总揽经营管理权、对外表见代表或代理的制度功能。这类信息的确立与变化,直接决定经营权的行使与对外交易的效力,无疑对交易安全具有基础性约束效力。(7)经营范围。又称营业范围,或称目的事业范围,为由公司或企业章程规定,并经依法登记确认的从事经营活动的主要范围,其法律属性,学理上尚存在权利能力限制说[38]、行为能力限制说[39]、目的限制或越权限制说等不同观点。[40]前述《市场主体登记管理条例》(2021 年)第 14 条把市场主体的经营范围分为一般经营项目和许可经营项目。虽然囿于学界、业界对经营范围定性的分歧与模糊,该条例并没有明确把商事主体的经营范围与营业资格、营业能力等作有效对接和制度贯通,未从营业资格、营业能力的视角,完全廓清一般经营范围与特殊经营范围的关系;但毕竟能把商事登记的完成与商事主体的一般经营资格、一般经营项目连接起来,从而更好地理顺了商事登记与一般经营资格(一般经营范围或一般经营项目)、行政许可与特殊经营资格(特殊经营范围或特殊经营项目)之间的关系。这一规定既是对自 2014 年以来商事登记中"先照后证"准则主义改革的总结和肯定,也是一种基于改革思维、开放意识的观念革新和价值飞跃,无疑具有里程碑式的意义。营业在本质上是一种互通有无的市场行为,营业当事人在不同行业或经营事项中比较优势的存在,是其进入营业领域和获得利润的必要条件,而经营范围的确定恰恰就是为了彰显或宣示其营业优势和主业范围,无论对营业当事人自己,还是对相对交易第三人,均有助于经营风险的控制。(8)营业住所或经营场所。基于营业住所或经营场所在确定主体活动范围、交易地点、合同履约、属地国籍、诉讼管辖、法律适用等方面的重要意义,世界上绝大多数国家或地区均把其列入法定登记或登记指引的范围。营业场地是营业不可或缺的因素,也是支撑或实施营业的地理条件,没有营业地址或具体场地,经营与交易就难以成就其确定性和稳定性。《市场主体登记管理条例》(2021 年)首次以专条(第 11 条)特别列举住所或主要经营场所,一改既有规范文本对营业住所大多不作规定的做法,无疑

---

[37] 参见[英]马歇尔:《经济学原理》,朱志泰、陈良璧译,商务印书馆 2019 年版,第 181 页。

[38] 参见冯果:《公司法要论》,武汉大学出版社 2003 年版,第 68 页。

[39] 参见李克武:《公司登记法律制度研究》,中国社会科学出版社 2006 年版,第 144 页。

[40] 参见郭富青:《论商事登记制度的若干法律问题——兼论我国商事登记的改革与完善》,载《甘肃政法学院学报》2002 年第 3 期。

值得肯定。(9)其他影响交易安全的核心营业信息。如载明前述各种营业或企业要素的企业章程或协议等。

2. 影响交易效益并对交易决策具实质影响力的重要营业信息。商事登记具有公示营业信息的核心制度功能。对营业当事人而言,具有明显特征和竞争优势的营业信息,通过一定的登记机制与公示平台向社会公开,使其经营特色和营业优势为尽量多的相对人所知晓,实乃营业当事人或登记申请人自觉、积极选择登记的内在动因。就此而论,商事登记本质上属于一种商业招揽行为,可产生明显的广告效应。而对特定交易第三人而言,其通过商事登记与信息公示平台,可迅速获得与营业当事人有关的特定投资、经营、交易信息,寻到需要合作的对象或伙伴,进而为进入实质邀约或商业谈判创造信息条件。这类对交易具有招揽或促进效应的营业信息,就属足以影响交易效益并对交易决策具实质影响力的重要营业信息。

影响交易效益并对交易决策具有实质影响力的重要营业信息,主要包括如下几个方面:(1)经营主业。主业是不同商事主体显示经营或竞争优势的具体领域或事项,此类信息的公示、披露、传播,无疑有助于吸引与主业相关的消费者、合作者或竞争者。(2)主要出资人、大股东或控制股东。对企业商主体而言,主要出资人、大股东或控制股东,决定该企业的经营背景、资本来源、竞争优势。具有优秀业绩或良好口碑的企业主要出资人、大股东或控制股东等信息,无疑可增进企业交易机会和提高市场信誉。(3)资本缴付。资本具有支撑营业、担保信用的基础功能,尽管以资本为核心构筑的传统公司或企业信用体系已不能完全胜任对债权人利益和社会交易安全的保护,企业、市场、交易信用已由传统资本信用逐渐过渡到资产信用;〔41〕但资本,特别是资本的缴付期限、实收资本等信息,对特定企业、公司的实际经营或履约能力,仍然产生实质影响,它同时也是交易相对人决定是否与其交易的重要参考条件。(4)特殊营业资质、专业资质或许可证。此类信息事关特定商事主体的特殊营业能力和竞争优势,对吸引合作伙伴或招揽专业交易,具有明显的广告效应。(5)签字见证、专业认证、事实公证与否等情形。该类信息的主要功能在于证明营业信息,特别是与签字或文书有关的营业信息的真实性、合法性和有效性。特定商事主体的相关营业信息,如果有足够的见证、认证、公证予以证明性支撑,自然具有更高的公信力,其对吸引交易相对人自然具有正向效应。(6)经营方式(如承包、托管、信托、租赁等)。此类信息在于表征实际经营者与专业经营者的事实状况,有助于交易相对人对经营效益、商业风险、交易责任的判断,无疑具有影响交易决策的效应价值。(7)其他影响交易效益的重要营业信息。

3. 对合法或正当交易具有误导性的不良营业信息。营业首先必须合法且正当,故商事登记所记载或公示之内容或信息,均应为合法、正当之营业事项,或合法、正当之

〔41〕 参见赵旭东:《从资本信用到资产信用》,载《法学研究》2003 年第 5 期。

营业信息，这就决定商事登记所记载的事项或公示的信息必须达到合法、正当的基本要求；而且，登记推定真实原则必然要求当事人实际营业状况应与营业登记所载内容一致，必须达到并维持合法、正当的基本要求。基于此，我国《公司法》第5条第1款、《合伙企业法》第7条、《个人独资企业法》第4条第1款、《个体工商户条例》第5条第2款几乎都一致地规定，公司、合伙企业、个人独资企业、个体工商户"从事经营活动，必须遵守法律、行政法规，遵守社会公德、商业道德，诚实守信"，"不得损害社会公共利益"，"接受政府和社会公众的监督，承担社会责任"。我国《民法典》第86条也有类似规定，即"营利法人从事经营活动，应当遵守商业道德，维护交易安全，接受政府和社会的监督，承担社会责任"。可见，凡属违反法律、行政法规的强行性或禁止性规定，或违反社会公序良俗的相关事项或营业信息，均为对合法或正当交易具有误导性的不良营业信息。

基于前述分析，从信息传播、营业决策与交易控制的角度，在信息不对称条件下，与商事主体相关的营业信息，可划分为决定交易安全的核心信息、影响交易效益的重要信息、误导交易合法或正当的不良信息等几种情形，具宣示、确认、公开营业信息功能的商事登记，就应选择适当的制例与形式，对其加以妥当规范或处理。

四、商事登记事项立法确定的制例选择

如何确定商事登记的具体事项，目前存在法定主义与任意主义之不同立法与制度例。

（一）商事登记事项的法定主义制例

法定主义法例或制例，为商事登记应登记、注册、记载的具体事项，是由法律预先作明确规定，营业当事人或登记申请人须依照法律规定的事项，对应提交相关申请文件或材料，登记机关则对申请文件和材料进行逐项审查，并予以登记的法例或制例。大陆法系国家或地区多适用此例，如法国、德国、西班牙、意大利等；或者主要登记事项采法定，少数事项可意定，如日本等。

根据《法国商法典》的规定，商人身份（自然人、法人、企业等）、商号、住所属必须登记的事项。〔42〕《法国商法典》之《实施法令》对自然人、法人之申报事项则有详细的规定，自然人应当申报的事项包括注册登记事项和设立机构的事项，其中，自然人注册登记应申报的事项包括姓名、出生日期与出生地、国籍、经营财产、职业动向、设立企业及注册号、合作配偶或其他合作者、商人资格、住所等（第R123－37条）；自然人设立机构应申报的事项包括从事行业、机构地址、企业住所、开始从事活动的日期、商业名称或

〔42〕　参见《法国商法典》（上册），罗结珍译，北京大学出版社2015年版，第20－29页。

商号、营业资产、共有财产人、租赁经营关系人、责任人及姓名、委托经营状况、营业转让等事项(第 R123 – 38 条)。法人应当申报的事项特别多,仅为注册登记而须申报的事项就包括商号或名称、公司形式、公司注册资本、公司注册住所地址、法定代表人或负责人及住所、从事的主要活动、章程确定的期限、会计账目、附属登记、其他共享或支持企业的方案等(第 R123 – 53 条);此外还包括连带责任股东、董事与经理等公司高管、分公司等事项(第 R123 – 54 条至第 R123 – 76 条);等等。〔43〕

在德国,"商事登记是法律事实的名单记录",《德国商法典》虽对记载的事实没有集中表述,只是将其分散在法典的不同章节和条文,但概括起来包括商号、商人营业地点、经理权的授予与消灭、合伙协议、公司章程、财产总额或注册资本、申请人的出生信息等事项。〔44〕

《西班牙商法典》第 22 条规定,独资商人需要登记的公开事项包括商号、公司名称、营业所总部名称、分支机构的名称、公司的业务范围、开始营业的时间、准予的权限、有关婚姻及财产的信息(包括对婚姻关系及财产的同意、反对和反悔的声明;婚姻经济关系的约定;关于无效婚姻、分居或离异的判决等)、法律或法规规定需要注明的其他内容等个人身份信息。非独资商人和其他经济组织需要登记的公开事项包括:(1)企业的创建、变更、废止、解散、重组、合并和分离等企业一般信息;(2)分公司的设立;(3)管理者、清算人或审计人的任命、停职和权限;(4)依法发行的债券和注册之后可依法发行的企业有价证券;(5)法律、法规规定需要注明的其他内容;等等。〔45〕

《意大利民法典》第 2195 条规定,企业登记的申请书和登记簿册上应记载如下内容:(1)企业主的姓名、出生地点和日期、国籍;(2)商号;(3)企业经营范围;(4)企业的住所;(5)经营管理人或者代理人的姓名。上列事项发生变化或企业终止,应办理变更或注销登记。〔46〕

2005 年前的《日本商法典》把商事登记事项分为"必须登记的绝对登记事项"(第 9 条,若未登记,将产生因未登记而无法对抗第三人的不利法律后果)和"由当事人决定是否进行登记的相对登记事项"(第 10 条,若经登记将产生相关事项变更或消灭的法律效力)两类。〔47〕但 2005 年《日本公司法典》制定后,经对原有《日本商法典》的修改,原"绝对必要登记事项"和"任意相对登记事项"之两分法被取消;而《日本公司法典》对公司设立登记、总公司登记、分公司登记、外国公司登记之登记事项有更为详细规

〔43〕 参见《法国商法典》(下册),罗结珍译,北京大学出版社 2015 年版,第 1085 – 1099 页。

〔44〕 参见[德]C. W. 卡纳里斯:《德国商法》,杨继译,法律出版社 2006 年版,第 72 – 74 页。

〔45〕 参见《西班牙商法典》,潘灯、高远译,中国政法大学出版社 2009 年版,第 9 – 10 页。

〔46〕 参见《意大利民法典》,费安玲等译,中国政法大学出版社 2004 年版,第 513 页。

〔47〕 参见[日]近藤光男:《日本商法总则 · 商行为法》,梁爽译,法律出版社 2016 年版,第 29 页。

定。〔48〕此外,《日本商业登记法》对九大不同类型的商事登记之必要事项都有具体规定与详细列举,如商号登记就包括商号、营业种类、营业所、商号使用人的姓名及住所等事项(第28条);未成年人营业登记就包括未成年人(姓名、出生日期及住所)、营业种类、营业所等事项(第35条);经理登记包括经理的姓名及住所、商人的姓名及住所、经理代理的营业及其使用的商号(商人使用数个商号从事数种营业时)、经理所在的营业所等事项(第43条);股份有限公司登记则包括《日本公司法》规定公司设立、变更、分公司设立等需要提交的所有文件(第46条)等。〔49〕可见日本对商事登记事项规定之精细。

(二)商事登记事项的任意主义制例

任意主义法例或制例,为商事登记应登记、注册、记载的具体事项,不由法律预先规定,或者虽由法律预先进行详细的列举,但仅对营业当事人或登记申请人具参考意义,营业当事人或登记申请人可根据自己的意愿或参照法律的规定,有选择地提交申请文件或材料,登记机关在仅对提交的申请文件或材料进行清点、核查、确认后,予以登记确认并发给备案证明的法例或制例。英美法系国家或地区一般多采此例。

以英国、美国为代表的多数英美法系国家或地区,其公司法或合伙法虽对申请登记所要提交的文件有列举,但这种列举仅具有供当事人或申请人选择的参考意义。公司设立人或申请人,可根据法律规定的申请文件种类和要求,有选择地(虽然法律不作强制性规定,但当事人一般会比较自觉地准备并提交法律所列举的全部文件或材料)提交申请文件或材料,登记机关经清点、查对后确认登记,并出具经注册或备案的登记证明书。

《英国公司法》对设立公司的登记事项并无强制性要求,只对需提交的备忘录(第8条)、登记文件(第9条)、资本和最初持股声明(第10条)、保证声明(第11条)、被提议高级人员声明(第12条)、遵守声明(第13条)等公司申请文件提出具体的法律要求,特别是对公司章程有具体的要求与细致的规定(第17—38条)。公司章程是公司登记的主要文件和事项。公司设立登记的证明所确认的主要事项包括:(1)公司名称和登记号;(2)设立的时间;(3)公司类型,即为有限公司抑或无限公司,如为有限公司,则是股份有限公司抑或保证有限公司;(4)公司为私人公司抑或公众公司;(5)公司登记住所(英格兰、威尔士、苏格兰或北爱尔兰);(6)登记官的签字或经登记官的公章确

〔48〕　参见《日本最新商法典译注》,刘成杰译注,中国政法大学出版社2012年版,第13－73页;王保树主编:《最新日本公司法》,于敏、杨东译,法律出版社2006年版,第480－499页;吴建斌编译:《日本公司法——附经典判例》,法律出版社2017年版,第474－502页。

〔49〕　参见《日本商业登记法》,庄玉友译,载王保树主编:《商事法论集》(第22卷),法律出版社2012年版。

证;(7)其他附属的各种证据(含公证或见证文书)等(第15条第2款)。[50]

《美国标准公司法》第1－20条只对"在州务卿处备案"的各种文件的要求、内容、事项、外部事实有具体规定;第1－21条对公司登记申请文件的格式有规定;另外,第2－01条对公司发起人及发起文件、第2－02条对公司章程及记载内容、第2－05条对公司组织及相关文本、第2－06条对公司内部细则、第2－07条对公司紧急内部细则等相关文件也有比较详细的规定,而这些文件也属于公司登记及确认的对象;第1－25条规定,州务卿的职责仅是对符合第1－20条要求的提交文件予以备案而已,除此之外,对公司登记事项无另外规定。[51]再如《美国特拉华州普通公司法》第103条规定,公司设立各种文书(包括第104条规定的章程大纲、第105条所规定的章程大纲和其他证明书等相关证据、第106条规定的公司成立日期、第107条规定的设立人的权力、第108条规定的设立人或者章程大纲指定的董事召开组建会议、第109条规定的章程细则、第110条规定的紧急章程细则和紧急情况下的其他权力、第111条规定的所有公司文书效力的解释、第112条规定的投票代理征集材料中的股东提名等),向州务卿提交备案后,在备案当日生效;此外,第131—136条规定,公司的办事处和代理人,也应当列为注册事项。[52]

(三)商事登记事项法定主义与任意主义制例的优劣比较

应该说,商事登记事项的法定主义、任意主义各有其特点和优点。法定主义登记事项制例之价值取向在于安全与秩序,重在保护交易安全与社会秩序,其法律规定须登记记载的事项,绝大部分为对交易安全产生影响或具有潜在影响的营业事项;而且,法律预先对必须登记的事项作详细列举,也有利于营业当事人或登记申请人有针对性地准备申请文件或材料。但是,又因法律对登记事项作强制性规定,而强制性规定的某些事项,对营业当事人或登记申请人而言,却并非必须具备的因素,如法国自然人登记中规定的家庭财产、财产共有人、自然人设立的机构等,就过于细化,并非所有自然人营业时均须具备。在此情形下,法定主义的登记事项就显得缺乏灵活性。不仅如此,法定主义登记事项增加了登记机关的审查义务和审查时间,不利于登记效率的提高。因此,法定主义登记事项法例或制例在维护交易安全与社会秩序的同时,其在营业自由的尊重和经营效益的促进上明显不足。

相对而言,任意主义登记事项制例之价值取向在于自由与效益,重在尊重营业当事人或登记申请人的营业自由和追求登记效率,进而实现促进经营效益的目的,因而在登记事项的选择上,秉承法律指导性规定与当事人自由选择相结合的方式。此举无

〔50〕 参见《英国2006年公司法》,葛伟军译,法律出版社2008年版,第7－20页。

〔51〕 参见沈四宝编译:《最新美国标准公司法》,法律出版社2006年版,第5－16、24－29页。

〔52〕 参见《特拉华州普通公司法》,徐文彬等译,中国法制出版社2010年版,第10－23、31－37页。

疑有利于营业当事人或登记申请人决定其愿意登记的事项，可迅速提高登记效率，进而促进经营效益的实现。但是，这种登记事项任凭营业当事人或登记申请人选择的方式，也容易导致公司设立人或出资人的机会主义倾向，即公司设立人或出资人只选择对其有利的事项进行登记，而对其不利的事项选择回避，这样无疑对交易安全和社会秩序，产生明显不利影响。自然，任意主义登记事项制例展现出在自由、效益方面优越性的同时，对交易安全和社会秩序也存在一定负面影响。

可见，法定主义与任意主义登记事项法例或制例各有优劣，不可将其绝对化。但总体而言，因遵循当事人自愿和自律原则，且有申请人对登记事项真实性负责；因登记公信力、对抗力所产生的严格责任，使违反登记事项的真实性、合法性和有效性有对应的违信责任追究机制，使信赖登记事项的交易相对人之信赖利益受登记法有效保护和救济，任意主义登记事项制例在实际的运行效果上，比法定主义要更好。

（四）我国应采法定主义与任意主义结合的制度范式

由于法定主义更侧重于对商事登记事项影响交易安全和市场秩序的考量，更兼我国又是一个具有鲜明法定主义制例传统的国度，既有法律、行政法规均采严格的法定主义事项制例模式。考虑到制度的传统惯性，照顾法律与制度的必要连贯性，以及维持商事登记制度改革中开拓创新与平稳过渡的统一，基于关涉交易安全与市场秩序的营业事项及相关信息的重要性和基础性，选择法定主义的制例，把前述决定交易安全与市场秩序的核心类营业信息及相关事项，列为商事登记的法定必要登记事项是必要的。

但是，法定主义登记事项制例在强调交易安全与市场秩序方面有余，而在尊重营业自由及当事人意愿、促进交易效益等方面，则表现出明显不足。特别是对营业当事人或登记申请人一方而言，那些具有显著营业或竞争优势的事项、信息，则因法定主义的强制性而被锁定，不能通过商事登记这一特定确认机制或信息公示平台，公开、披露、传递、展示给交易相对人，严重制约其促进经营效益和彰显商业招揽之功能效应的发挥。相对而言，任意主义登记事项制例，因尊重营业自由和当事人自主意愿，恰恰在促进经营效益和彰显商业招揽这一方面，有更为显著的制度优势。

因此，我国商事登记事项立法确定的制例选择，比较理想的模式应是：对影响交易安全或社会秩序的营业事项或核心信息，采法定主义；而对交易安全或社会秩序虽有一定影响，但重在经营效益促进的特定营业事项或重要营业信息，则可采任意主义。如此才可在交易安全与经营效益、社会秩序与营业自由之间寻求平衡。

五、商事登记事项立法确定的范式设计

（一）商事登记事项改革可行方案确定的基本原则

关于商事登记事项的确定及主要事项，学界尚未达成一致的意见。归纳起来，存

在法定主义的平面方案、法定主义与任意主义相结合的分类方案。(1)法定主义的平面方案。此方案主要是从我国立法应当规定的商事登记事项出发,对应当列入法定登记范围的事项提出的建议。如有学者认为,商事登记事项包括商业名称、住所、法定代表人、注册资本、主体类型、经营范围、经营期限七个方面;〔53〕还有学者认为应包括名称、商事主体类型、投资人、住所、经营范围、经营方式(无店铺直销、网上销售、委托经营和特许经营)、经营期限、法定代表人(负责人)、经营场所、分支机构十个方面;〔54〕还有学者认为商事登记应包括商号、经营范围、注册资本、住所等主要事项;〔55〕有学者从公司登记角度,认为应包括商业名称(公司名称)、经营范围、注册资本、住所等必要登记事项;〔56〕等等。(2)法定主义与任意主义结合的分类方案。持此方案者认为,我国未来商事登记事项的设立,应结合法定主义与任意主义各自的优点。如有学者认为,商业登记一般可分为绝对登记事项和相对登记事项、创立法律关系的登记事项和免责登记事项等类型;〔57〕有学者把商事登记分为绝对登记事项与相对登记事项、设立登记与营业登记;〔58〕等等。

笔者认为,基于决定交易安全的核心信息、影响交易效益的重要信息、误导交易合法或正当的不良信息的不同制度功能与登记效应,根据前述法定主义与任意主义登记事项立法与制度例的比较,结合法定主义与任意主义各自的优势,克服其固有不足,选择法定主义与任意主义相结合的分类方案要更为可取、更为可行。即我国商事登记事项改革方案,特别是未来可能制定的"商事登记法",在设计商事登记事项时,应遵循如下基本原则:

1. 法定主义与任意主义相结合原则。延续我国既有的法定主义登记事项制度,适度引入任意主义登记事项法例或制例中某些合理因素和成功做法,选择法定主义与任意主义相结合的分类方案,以确定我国未来商事登记事项的法定登记事项范围和选择登记事项的范围。基于前述不同营业事项和营业信息对交易安全或经营效益的影响、制约效应,把决定交易决策作出和制约交易安全或市场秩序的核心营业事项及相关信息,列入法定登记范围;把可实质影响交易对象选择并可促进经营效益的重要营业事项及相关信息,作为营业当事人或登记申请人可任意选择的登记事项;把足以误导交易合法或正当的违法、不当营业事项及相关信息,列入禁止登记范围。如此,商事登记事项的立法确定,就可做到尽可能的周到、完善。

---

〔53〕　参见赵中孚主编:《商法总论》,中国人民大学出版社2007年版,第233－238页。

〔54〕　参见杰文:《商事登记事项》,载《工商行政管理》2003年第19期。

〔55〕　参见刘训智:《商事登记统一立法研究》,中国政法大学出版社2015年版,第154－161页。

〔56〕　参见李克武:《公司登记法律制度研究》,中国社会科学出版社2006年版,第117－172页。

〔57〕　参见徐学鹿、梁鹏:《商法总论》,中国人民大学出版社2009年版,第320－321页。

〔58〕　参见谢怀栻:《外国民商法精要》(第3版),程啸增订,法律出版社2014年版,第269、288页。

2. 营业自由、登记效率与交易安全、公共秩序综合考量原则。法定登记事项与任意登记事项的判断标准,应在尊重营业自由、提高登记效率的前提下,以对交易安全、市场秩序的直接或间接影响为考量因素。凡将对交易安全、市场秩序产生直接影响,且在交易中不可或缺的事项,应列为必要、绝对、法定登记事项;如其次之,则可列入任意、选择、非法定登记事项。

3. 提取现有规范文本公因式原则。应尊重立法与制度的稳定与衔接,在现有效力等级不同的规范文本中,提取基本相同的规定,把其作为未来商事登记必要、绝对、法定登记事项的参考选项。

4. 参考先进法例、与时俱进原则。考量我国未来商事登记必要、绝对、法定登记事项时,一定要把世界不同国家或地区的基本发展趋势和互联网营业活动的基本特征等作为重要的参考因素,对其予以高度重视和充分权衡,使我国未来商事登记必要、绝对、法定登记事项,能做到必要、周致、实际、可行。

(二)我国商事登记具体注册事项的立法建议

根据以上原则,笔者认为,行将出台的《商事主体登记管理条例》,或未来的"商事登记法",在总体选择法定主义与任意主义相结合方案的同时,把现有纯粹的法定登记事项修改为"法定必要登记事项""选择性或任意性登记事项""禁止登记事项"三个方面。

1. 法定必要登记事项。对营业交易安全与市场秩序将产生重要、直接影响的主要登记事项或核心营业信息,应通过法律规定,要求营业当事人或登记申请人必须申请,登记机关必须审查并予以登记、注册、公示。根据我国目前具有不同效力等级规范性文本所作的比较统一的规定,下列事项可列为必要、绝对、法定的登记事项:(1)商号或企业名称;(2)出资人或主要发起人、经营者、交易者;(3)具体的营业或出资形式,如个体、家庭、企业等;企业中如独资、合伙、合股、合作等形式等;(4)注册资本;(5)企业或公司章程或者合伙协议;(6)营业或企业的组织机构(机关)及其主要成员;(7)法定代表人、负责人或营业事务执行人;(8)经营范围;(9)营业住所;(10)其他影响交易安全或公共、市场秩序的核心营业信息或事项。法定必要登记事项为商事登记中必须登记的事项,非经登记不产生登记效力,登记义务人应承担不登记或登记不实的违信责任。

2. 选择性或任意性登记事项。把对营业交易安全与公共秩序将产生一定或间接影响、可实质影响交易对象选择并可促进经营效益的重要营业事项及相关信息,列为可由营业当事人或登记申请人自主选择的登记事项,它可由当事人自己决定和设定。选择性或任意性登记事项可包括如下一些基本事项:(1)经营主业;(2)企业的主要出资人、大股东或控制股东;(3)资本缴付期限;(4)企业的实收或实缴资本;(5)特殊营业资质或专业资质;(6)特殊经营许可证;(7)签字见证、专业认证、事实公证与否等情况记载与附注情形;(8)具体经营方式(承包、托管、信托、租赁等);(9)其他列入《企业信息公示暂行条例》公示范围,但不属于前述必要、绝对、法定登记事项范围的营业事项。需要说明的是,确定选择性或任意性登记事项的范围,一定要与现有的企业信息公示制度对接起来,鼓励营业当事人或登记申请人,把已列入《企业信息公示暂行条例》公示范围,但不属于前述必要、绝对、法定登记事项范围的营业事项或相关重要信息,作为商事登记中的任意性登记事项进行登记。任意性登记事项,不登记不产生效力;但一经登记,则产生法定的信息确认、推定真实、对抗第三人效力,登记义务人应承担登记不实的违信责任。

3. 禁止登记事项。禁止登记事项是指不得登记或记载的营业事项。为了防止营业当事人或登记申请人滥用任意性登记事项的权利,危害公共安全和善良风俗,必须对某些不能登记或记载的营业事项,设置禁止性条款。禁止登记的事项一般应包括:(1)违反宪法、法律、行政法规禁止性规定的营业事项;(2)危害国家安全、破坏民族团结、违反社会公序良俗的营业事项;(3)违反公司法、企业法等基础价值或基本规则的营业事项;等等。对禁止登记的事项,营业当事人或登记申请人不得以任何理由将其作为任意性登记事项申请登记,如具有此类情形,登记机关可予驳回,不予以登记。

通过“法定必要登记事项”“选择性或任意性登记事项”“禁止登记事项”三个层面的规定,在商事登记事项的设定上,就既可做到法定主义的稳定性、规范性和持续性,又可充分照顾特定营业当事人或登记申请人的经营需求和宣示效应,从而维持商事登记中交易安全与经营效益的制度功能平衡。[59]

---

〔59〕 参见肖海军:《论商事登记事项的立法确定——兼评〈商事主体登记管理条例(草案)〉》,载《法学论坛》2021年第4期。

下编　实 效 论

□商事登记的法律效力

□商事登记的违信责任

□商事登记的立法体例

第十章 商事登记的法律效力

第一节 商事登记法律效力的规则选择

一、商事登记效力的理论分歧与学说论争

(一)各种商事登记效力学说举要

商事登记的效力,是学界、业界分歧最大和论争最激烈的一个领域,尚存在两效力说、三效力说、四效力说、其他学说等不同观点。以下分述之。

第一,商事登记两效力说。该说一般把商事登记的效力分为两个方面,但也因分类标准和视角不同,商事登记的效力又分为内部与外部效力、一般与特殊效力、私法与公法效力等。其一,内部与外部效力说。此说总体把商事登记的效力划分为对营业当事人或登记申请人的内部效力和对交易第三人或社会公众的外部效力两个方面。有学者认为商事登记之外部效力主要为宣告效力、〔1〕创设效力两个方面,〔2〕而内部效力主要为内部拘束力;〔3〕也有学者认为商事登记的效力不外乎对内部确认效力和外部公信效力两个方面。〔4〕其二,一般与特殊效力说。该说把商事登记效力划分为一般效力和特殊效力两个方面。有学者把商事登记效力分为一般商事事项登记的效力和商业名称登记的效力,其中,一般商事事项登记的效力表现为创设效力、公信效力、对抗效力三个方面,而商业名称登记的效力则主要为创设效力、排他效力、救

---

〔1〕 参见范健:《论商事登记之公示对第三人的法律效力》,载《南京大学法律评论》1995年第1期。

〔2〕 参见谢怀栻:《外国民商法精要》,法律出版社2002年版,第250-251、270页;[德]罗伯特·霍恩、[德]海因·科茨、[德]汉斯·G.莱塞:《德国民商法导论》,楚建译,中国大百科全书出版社1996年版,第246页。

〔3〕 参见张义华:《企业登记法律效力制度的比较分析——兼论我国企业登记效力制度的完善》,载《法学杂志》2004年第3期。

〔4〕 参见刘宏渭:《商法总则基本问题研究》,华中科技大学出版社2013年版,第222-223页。

济效力;〔5〕也有学者认为商事登记的一般效力为公信力与对抗力;而特殊效力则为创设效力与免责效力。〔6〕其三,私法与公法效力说。有学者认为商事登记的私法效力表现为公信效力与对抗效力,公法效力则因登记的行政程序属性而产生程序法上的效力。〔7〕

第二,商事登记三效力说。此说把商事登记效力划分为三个方面,其中,按有无创设商事主体资格或权利的论点,可分为创设商事主体效力说和无创设商事主体效力说两种不同观点。其一,创设商事主体效力说。此说中最明显的一点,就是认为商事登记具有创设商事主体的功能与价值,因而也就具有商事主体的创设效力。如或者表述为一般效力(对抗效力)、特殊效力(创设效力)、不实登记效力,或表述为创设效力、免责效力、公示效力。〔8〕 其二,无创设商事主体效力说。此论中最显著之处,是未论及商事登记具有创设商事主体的功能或效力,或者明确地提出商事登记不具有创设商事主体的效力,其观点大多是从证明、确认、公示效力的角度展开。〔9〕

第三,商事登记四效力说。该说把商事登记效力分为四个方面,但表述各异。有学者认为商事登记效力包括确认效力、权利证明效力、对抗效力、公信效力四个方面;〔10〕有学者把商事登记效力分为积极效力、消极效力、特殊效力、情况不实效力四个方面;〔11〕还有学者从公司登记角度,认为公司登记具有一般效力、特殊效力、效力发生的时间、瑕疵登记的效力四个方面。其中,一般效力包括公信力、对抗力、证明力等,而特殊效力表现为设立登记的确权效力、其他登记的免责效力等。〔12〕

第四,商事登记效力其他学说。此说只是一般性地论及商事登记效力,没有确定

---

〔5〕 参见叶林、黎建飞主编:《商法学原理与案例教程》,中国人民大学出版社 2006 年版,第 136 - 138、149 页;赵旭东主编:《商法学》,高等教育出版社 2007 年版,第 60 - 62、74 页;覃有土主编:《商法学》,高等教育出版社 2008 年版,第 63、70 - 71 页;赵中孚主编:《商法总论》,中国人民大学出版社 2007 年版,第 246 - 247、262 - 263 页;刘宏渭:《商法总则基本问题研究》,华中科技大学出版社 2013 年版,第222 页。

〔6〕 参见赵万一主编:《商事登记制度法律问题研究》,法律出版社 2013 年版,第 88 - 99 页;于新循:《现代商人法纵论——基本理论体系的探寻与构建》,人民法院出版社 2007 年版,第 143 - 150 页。

〔7〕 参见党海娟:《商事登记制度基本问题研究》,法律出版社 2017 年版,第 197 - 201 页。

〔8〕 参见柳经纬主编:《商法》(上册),厦门大学出版社 2002 年版,第 60 - 62 页;赵中孚主编:《商法总论》,中国人民大学出版社 2007 年版,第 246 - 247 页;谢怀栻:《外国民商法精要》(第 3 版),程啸增订,法律出版社 2014 年版,第 270 - 271、288 页。

〔9〕 参见王远明、唐英:《公司登记效力探讨》,载《中国法学》2003 年第 2 期;曾大鹏:《中国商法通则理论与立法研究》,法律出版社 2013 年版,第 124 - 132 页;冯翔:《商事登记效力研究》,法律出版社 2014 年版,第 30 - 35、80 - 202 页;张学文:《商事制度改革背景下商事登记效力的变迁》,载《福建论坛(人文社会科学版)》2016 年第 12 期。

〔10〕 参见高宇:《商事登记效力的法律构造与立法选择》,载王保树主编:《中国商法年刊》(2004 年卷),黑龙江人民出版社 2005 年版。

〔11〕 参见任先行、周林彬:《比较商法导论》,北京大学出版社 2000 年版,第 243 - 245 页。

〔12〕 参见李克武:《公司登记法律制度研究》,中国社会科学出版社 2006 年版,第 61 - 83 页。

严格的标准和对其作出典型的归纳。有学者只论及商事登记对商事主体人格或资格取得效力;[13]也有学者认为商事登记对自然人、法人可产生商事主体资格确认效力;[14]有学者把商事登记的法律效力具体表述为一般效果、业经登记事项产生的法律效果、应登记事项而没有登记所产生的法律效果、违法登记而产生的法律责任等几个方面;[15]还有学者把商事登记的效力等同于商事登记的创立价值、免责效力等价值与功能。[16]

(二)简要评述

通过对前列商事登记效力代表性观点的简要分析,不难看出:(1)学者对商事登记效力的分析视角和判断标准尚存在较大差异。(2)有多数学者论及商事登记具有创设商事主体的功能与效力,特别是把商事登记与商事主体的资格取得、营业权利的获得关联起来。(3)无论持何种观点和学说,商事登记的确认效力、公示效力进而因其所产生的对抗效力,是所有学者都支持和主张的观点,这说明商事登记的确认效力、公示效力以及对抗效力,已成为共识。(4)学界对商事登记效力的研究与立法文本尚有脱节之处,未把商事登记效力与我国现行立法特别是有关企业法人资格证书、营业执照的制度功能、法律效力等问题联系起来讨论。总体而言,既有学说或观点并未给商事登记制度改革中的效力体系建设,提供较合理的解释路径和切实可行的立法方案。

二、商事登记效力的域外视野与法例比较

学理上通说认为,商事登记效力在立法上存在登记要件主义(生效主义)、登记对抗主义(公示主义)、登记折中主义(分别主义)等不同法例,其中奉行商事登记要件主义的国家或地区有德国、英国等;选择商事登记对抗主义的国家或地区有比利时、日本等;[17]采用商事登记折中主义的有我国台湾地区,其"对于公司之设立,系采登记要件主义","至于设立登记以外的其他登记,采取对抗主义"。[18]那么,实际情况是否如此呢?由于商事登记存在大陆法系与英美法系之两大不同法例或制例,下文考察与讨论基于这两大法系展开。

(一)大陆法系国家或地区关于商事登记效力的一般性规定

在既有学理语境与理论常识里,多数大陆法系国家或地区商事登记似乎均有商自

〔13〕 参见范健主编:《商法》,高等教育出版社、北京大学出版社2007年版,第71-72页。

〔14〕 参见张民安:《商法总则制度研究》,法律出版社2007年版,第434-435页。

〔15〕 参见张民安:《商法总则制度研究》,法律出版社2007年版,第463-476页。

〔16〕 参见徐学鹿、梁鹏:《商法总论》,中国人民大学出版社2009年版,第322-323页。

〔17〕 参见张国健:《商事法论》,台北,三民书局1980年版,第131页。

〔18〕 参见陈连顺编著:《公司法精义》,台北,元照出版有限公司2002年版,第51页。

然人商事主体资格确定或企业、公司成立要件主义的功效，进而由此推断大陆法系国家或地区的商事登记奉行登记生效要件主义，具有创设商事主体的制度功能和法律效力。然而，笔者考察后得出的结论，可能与这一常识性结论有较大出入。无论是持民商分立例国家或地区之商法典或专门的商事登记法律、商事登记施行法令，还是持民商合一例国家或地区的民法典及单行的商事登记法或相关类似规定，均无商事登记创设商事主体之明确规定，只有自然人商人资格或企业、公司成立时间的推定性规定或规则。对此推定性规定或规则的解释，其国内无论是立法、司法上还是学理上，本身就存有巨大争议。故主要依据部分大陆法系国家或地区之商事登记生效或要件主义，认定商事登记具有创设商事主体之效力，理由并不充分。试以诸例阐释之。

《法国商法典》第 L123－7 条规定，"凡是在'商事及公司注册登记簿'上进行了注册登记的自然人，推定具有商人资格"，但"对于提出相反证据的第三人与行政部门，此种推定不具有对抗效力"，"第三人与行政部门如知道进行了注册登记的人不是商人，不准许主张此种推定"。该法典第 L123－8 条第 1 款规定，"需要进行注册登记的人，在其开始从事活动起 15 日内不申请办理注册登记手续的，至其注册登记前，不得对抗第三人与公共行政部门主张其具有商人身份"，但"该人也不得援引其没有进行注册登记之事实来摆脱与商人身份相关联而应当承担的责任和义务"。该法典第 L123－9 条规定，"应当记载于'商事及公司注册登记簿'上的各事项和所有文书，只有在该登记簿上进行了公示，应当进行注册登记的人才能在其从事活动时援引这些事项与文书对抗第三人与公共行政部门"，但"第三人及公共行政部门则可以援引这些尚未公示的事实与文书"，其他附件的规定亦同。〔19〕这说明，在法国，商事登记最基本的效力为公示效力所产生的对抗效力，而《法国商法典》第 L123－7 条所确定的商人资格推定规则，并没有否定未经登记之事实商人的存在意义和所缔结的商事权利与义务关系。在法国，立法和理论对公司等商事组织之设立登记效力的规定与学界的看法存在较大分歧，《法国商事公司法》第 285 条规定，公司章程一经签署公司就宣告成立，但该法第 286 条又规定，所有公司均须在"商事及公司注册登记簿"上注册登记；〔20〕法国新修订的《公司法实施令》第 R210－1 条第 2 款规定，"注册登记申请在完成公司设立手续之后提出"，第 R210－2 条第 1 款又规定，"公司的存续期限自其在'商事及公司注册登记簿'上注册之日起开始计算"；〔21〕等等。这些均说明《法国商法典》并未否认未经登记的公司之事实成立，且奉行先事实成立后进行登记之立法与制例，自然，其公司注册登记仅为对公司先前成立之事实予以确认而已。至于理论上，法国本身也存在公司经当

〔19〕 参见《法国商法典》（上册），罗结珍译，北京大学出版社 2015 年版，第 22－23 页。

〔20〕 参见《法国公司法典》，罗结珍译，中国法制出版社 2007 年版，第 573－374 页。

〔21〕 参见《法国商法典》（下册），罗结珍译，北京大学出版社 2015 年版，第 1181 页。

事人签署章程设立成立论和公司经“商事及公司注册登记簿”注册并于“法定公告简报”公告后才成立论两种不同的观点。〔22〕

在1998年《德国商法典》修改之前，商事登记奉行登记生效主义，之后商事登记不再具创设效力，而只具公示效力。〔23〕《德国商法典》第15条对商事登记之公示效力有较详尽的规定，(1)未经登记之事项不具对抗效力。即“在一个应被登入商事登记簿的事实未被登记和公告期间，在其事务上应当对此项事实登记的人，不得以此项事实对抗第三人，但此项事实为第三人所知悉的，不在此限”。(2)经登记之事项即具对抗效力。即“此项事实已经被登记和公告的，第三人必须承受此项事实的效力。对于在公告之后15日之内实施的法律行为，以第三人能够证明其既不明知亦不应知此项事实为限，不适用此种规定”。(3)不正确公告亦具对抗效力。即“一项应登记的事实不正确地被公告的，对于在其事务上应当对此项事实登记的人，第三人可以援用所公告的事实，但其知悉不正确的，不在此限”。(4)外国企业分支机构登记公告的效力作特殊处理。即“对于与已经被登入商事登记簿、并且住所或者主营业所在外国的企业的分营业所进行的交易，在此种规定的意义上，登记和公告由该分营业所所在地的法院进行决定”。〔24〕《德国商法典》第15条的上述规定，说明德国对商事登记奉行完全的登记对抗主义原则。但德国商事公司法的规定与《德国商法典》第15条规定的商事登记对抗主义效力原则又存有差异。

《德国有限责任公司法》第11条规定“在登记于公司住所地的商事登记簿之前，有限责任公司并不存在”，其“在登记前以公司名义行为的，行为人承担个人连带责任”。另外，虽然《德国股份法》第29条规定“公司随设立人认购全部股份而告设立”；但该法第41条第1款、第4款随即又对登记前以公司名义实施之行为作出近乎否认性的规定，即“在登记于商事登记簿之前，股份有限公司本身并不存在。在公司登记前以公司名义行为的人，承担个人责任；数人行为的，作为连带债务人承担责任”；“在公司登记前，不得转让股权，不得发行股票或者临时股票。事前发行的股票或者临时股票无效。对于因发行造成的损失，发行人作为连带债务人对股票或者临时股票的持有人负责”。〔25〕

对德国商事公司法的规定与《德国商法典》第15条效力原则之间的冲突，德国学界也存在较大争议。有学者就认为，《德国商法典》第15条关于商事登记效力的规定，

---

〔22〕 参见[法]伊夫·居荣：《法国商法》(第1卷)，罗结珍、赵海峰译，法律出版社2004年版，第138－139页。

〔23〕 参见[德]卡斯滕·施密特：《德国商法改革法》，王彦明、涂长风译，载《法制与社会发展》1999年第6期；高在敏、王延川、程淑娟编著：《商法》，法律出版社2006年版，第114页。

〔24〕 参见《德国商法典》，杜景林、卢谌译，法律出版社2010年版，第15页。

〔25〕 参见《德国商事公司法》，胡晓静、杨代雄译，法律出版社2014年版，第31、75、82－83页。

是“整个商法典中最重要同时也是最复杂的条款之一”；该学者在讨论商事登记的功能和效力时，甚至还使用“商事登记的法律后果”，认为商事登记产生“设权作用”、“公示作用”和“正确性的推定”作用等几个方面的效果。〔26〕还有学者认为，商事登记簿所载事项的法律效力不尽相同，其中“有很多登记事项具有创设效力，即它们可以实际上改变原有的法律地位”，如农业企业、公司的设立登记等；“还有一些登记事项则只有宣告效力，即它们只是证明某种已经存在的法律状况”，如商人身份、代理登记等；商事登记具有对抗效力，“法律保护信赖登记事项的第三人”，甚至“对于商事登记簿中未有记载的事项，第三人有权加以信赖；这种消极的信赖（即信赖消极公示）受到法律的保护”。〔27〕但也有学者认为，在德国设立人合公司的效力起点与资合公司是不一样的，对于无限公司等人合公司，就内部关系而言，公司合同缔结公司就已经成立；但对外部关系而言，“在商事登记簿上登记，始终是一个对外宣告”，即“无限公司最迟成立于登记之时”。于资合公司而言，“通过商事登记簿上的生效性的登记，作为法人的有限责任公司就成立了”。〔28〕可见，具典型商事登记生效主义的德国，1998 年商法改革后，除有限责任类公司设立尚遗留登记生效要件主义外，其他效力规则已基本上适用登记对抗主义。

《西班牙商法典》第 20 条规定，经登记的内容与事项有确定的法律效力，即法律“推定经登记的内容准确而有效，受法律保护”；“未被司法裁决为不准确或无效前，登记内容具有合法效力”；但合同登记效力无论是否被宣布不准确或无效，均不影响善意第三人（善意第三人是指无法证明明确实知“应登记但未登记的文件、已登记但未公开的文件、公布内容与登记内容不一致的文件”等信息的人）依法取得的权利。《西班牙商法典》第 21 条对商事登记的对抗效力有明确规定，即“商业登记中心的官方公报公开后，所登记内容不能用于对抗善意第三人，但登记行为本身造成的结果除外”；“所登记内容在公开后 15 日内不能用于对抗可证明无法得知此信息的第三人”；“若认为公布内容对自己更为有利，可援引公布内容，但造成分歧的一方承担造成损失的责任”。有关商事公司的设立，《西班牙商法典》第 119 条规定，“商事公司在开展业务之前，应将其章程、协议和事项”依法律规定“公开载入商业中心的登记书”。〔29〕《西班牙商法典》中的上述规定，也说明西班牙在一般商事登记效力上是采效力对抗主义；在公司设立上，则采登记要件主义，即登记乃正式开业的要件，要求公司在正式开业前须办理登

〔26〕 参见［德］C. W. 卡纳里斯：《德国商法》，杨继译，法律出版社 2006 年版，第 74－75、80 页。

〔27〕 参见［德］罗伯特·霍恩、［德］海因·科茨、［德］汉斯·G. 莱塞：《德国民商法导论》，楚建译，中国大百科全书出版社 1996 年版，第 246－247 页。

〔28〕 参见［德］格茨·怀克、［德］克里斯蒂娜·温德比西勒：《德国公司法》（第 21 版），殷盛译，法律出版社 2010 年版，第 151－153、301 页。

〔29〕 参见《西班牙商法典》，潘灯、高远译，中国政法大学出版社 2009 年版，第 9、49 页。

记，虽然公司在登记前已实际成立。

《瑞士债务法典》第932条规定，“登记于商事登记簿的日期，以日记簿中所记载的登记日为准；商事登记簿的登记，仅自公告该登记的《瑞士商事公报》发行日之后的第一个工作日起，对第三人发生效力”；“但特别法中关于一经登记就发生法律效力或对第三人发生法律效力的规定或一经登记及起算限期的规定，不受前述规定影响”。该法典第933条规定，“商事登记发生对第三人的效力后，任何人不得以不知该登记为由，而为抗辩”；“依规定应为登记的事项而未登记于商事登记簿者，不得以之对抗第三人，但能证明该第三人明知其事项者，不在此限”。关于公司的成立，《瑞士债务法典》第629条第1款、第640—641条、第643条、第777条第1款、第778条、第779条规定，股份有限公司、有限责任公司均“因发起人以公证书声明设立股份有限公司而成立，公证书中应包括已制定的章程和组织机构的设置”；其应“登记于其住所所在地的商事登记簿”，并“在其登记于商事登记簿时，取得法律人格”。〔30〕不难看出，在瑞士，商事登记也是采用登记效力的对抗主义原则；而在公司成立与公司登记之间的关系上，则采登记生效主义，公司于公司登记之先成立，尽管登记只是对世确认并宣示其具有独立“法律人格”而已。

《意大利民法典》第2193条规定，法律规定必须登记而未登记的企业行为，不得对抗第三人，但能够证明第三人知道的除外；自完成登记之时起，第三人不得再以不知道依法必须进行登记的事项为由提出异议。《意大利民法典》第2328条、第2331条、第2463条规定，股份有限公司、有限责任公司“应当以契约或者单方文件设立”；该设立文件应为公证文件；“公司自登记之日起取得法人资格”；“公司登记前以公司名义完成的行为，由行为人向第三人承担无限连带责任”。〔31〕无疑，意大利也实行一般商事登记效力对抗主义原则和企业登记生效主义。

在拉丁美洲地区，《巴西民法典》第1154条对商事登记效力有特别规定，该条第1款规定，“除非法律有特别规定，应登记的文件在完成相应的手续前不能对抗第三人，但证明此第三人对此知道的，不在此限”；该条第2款规定，在完成法定登记手续后，“此等第三人不可主张自己不知”。〔32〕除《巴西民法典》第1154条对登记效力有一般性规定外，对合伙、有限责任公司、股份有限公司的设立，再无特别规定。可见，巴西对商事登记效力也遵循一般登记效力对抗主义和企业登记生效主义规则。

在亚洲，以日本、韩国为代表。《日本商法典》规定，(1)法律规定之“应登记事项，未经登记不能对抗善意第三人”；“即使已做登记，当第三人因正当事由而未能知悉登

〔30〕参见《瑞士债法典》，吴兆祥等译，法律出版社2002年版，第273、182－186、234－237页；《瑞士债务法》，戴永盛译，中国政法大学出版社2016年版，第411－412、272－275、353－355页。

〔31〕参见《意大利民法典》，费安玲等译，中国政法大学出版社2004年版，第512、542－544、626－627页。

〔32〕参见《巴西新民法典》，齐云译，中国法制出版社2009年版，第172页。

记事项时，登记同样不具有对抗效力”；“故意或过失登记不实事项者，不能以此事项乃不实事项为由对抗善意第三人”（第 9 条）。（2）法律规定“登记之事项发生变更或该事项已消失时，当事人应立即办理变更登记或注销登记”（第 10 条）。〔33〕又《日本公司法典》规定，股份公司、持股公司在其总公司所在地进行设立登记后成立（第 49 条、第 579 条）。〔34〕《日本商业登记法》第 1 条规定，制定商业登记法的目的就是“通过规定登记制度来公示应当登记的事项，以实现维持商号、公司等的信用，并且促进交易安全和便利”。〔35〕《韩国商法典》第 37—39 条对商事登记的对抗效力有明确规定，即（1）自然人商人、公司、分公司“须经登记的事项，若未经登记，则不得以此对抗善意的第三人”；（2）“虽已登记，但是第三人有正当理由未知晓时，亦同”；（3）虚假登记之效力，即“因故意或者过失进行不符事实的事项的登记者，不得以此对抗善意的第三人”。〔36〕另外，《韩国商法典》之公司法编第 172 条规定，公司在总公司所在地经设立登记而成立。〔37〕可见，日、韩之商法典均遵循商事登记效力对抗主义；但在公司法领域，则实行登记成立要件主义。至于学界，对公司设立登记的解释，未达成共识。在日本，有学者认为商事登记不仅具有“公示企业信息”的功能，而且还可作为“权利变更的对抗要件”，具有对抗第三人的效力。〔38〕

（二）英美法系国家或地区关于商事登记效力的原则性规定

在多数英美法系国家或地区，公司、合伙登记仅仅起到确认、证明的功效，只是经登记的公司、合伙，才可产生法律上所规定的公司、合伙之法律效果。

《英国公司法》第 15 条第 1 款规定，公司设立登记，由登记官“提供公司被设立的证明”。该法第 16 条规定，该设立登记的证明自登记确认的设立之日起产生如下效力：（1）备忘录认购人连同随时成为公司成员的其他人，构成设立证明所载明名称的法人；（2）该公司法人有能力行使法人公司的所有职责；（3）如果是具有股本的公司，备忘录认购人成为资本和最初持股声明所指定的股份持有人；（4）记载于证明或登记簿上的董事、公司秘书或联合秘书，视为已经被任命该职务的公司高级人员。〔39〕也就是说，公司注册证书的签发，只是标志着公司设立在政府登记处获得法律上的正式认可，也意味着该公司可产生法律上规定对公司的一系列法律后果，如公司就在法律上被政府

---

〔33〕 参见刘成杰译注：《日本最新商法典译注》，中国政法大学出版社 2012 年版，第 21－25 页。

〔34〕 参见王保树主编：《最新日本公司法》，于敏、杨东译，法律出版社 2006 年版，第 76、310 页。

〔35〕 参见《日本商业登记法》，庄玉友译，载王保树主编：《商事法论集》（第 22 卷），法律出版社 2012 年版。

〔36〕 参见《韩国商法》，吴日焕译，中国政法大学出版社 1999 年版，第 10 页；周玉华主编：《韩国民商事法律汇编》，金万红、郑才荣译，人民法院出版社 2008 年版，第 284－285 页。

〔37〕 参见王延川、刘卫锋编译：《最新韩国公司法及施行令》，法律出版社 2014 年版，第 2 页。

〔38〕 参见［日］近藤光男：《日本商法总则 · 商行为法》，梁爽译，法律出版社 2016 年版，第 28－29 页。

〔39〕 参见《英国 2006 年公司法》，葛伟军译，法律出版社 2008 年版，第 9 页。

确认并宣告为具有独立人格的法人。[40]

《美国统一有限责任公司法》(1996 年)第 107 条、《统一合伙法》(1997 年修订)第 105 条均对有限责任公司、合伙协议和基于合伙协议的各种声明注册有原则性规定,即通过“在州务卿办事处进行注册”、备案,就可产生有限责任公司、合伙的一系列法律后果。[41]《美国标准公司法》第 1 - 23 条规定,公司备案文件的生效时间为:(1)州务卿备案的日期和时间(以州务卿为记录备案日期和时间之目的而使用的方式加以证明);(2)在提交备案之日该文件中载明推迟的时间或日期(不得迟于该文件提交备案之日后 90 日)。在认定公司成立上,第 2 - 03 条规定,公司章程备案之时公司即开始存在,除非另行确定一个推迟的生效日期;州务卿将公司章程备案是证明发起人已满足成立公司的所有先决条件的决定性证据,除非该州取消或者撤销成立公司的程序或者强制公司解散。[42]《美国特拉华州普通公司法》第 103 条规定,公司设立各种文书,向州务卿提交备案后,在备案当日生效;“文书可以规定生效日期为备案后的特定日期,但该特定日期不得迟于备案后 90 日的某个时间”;“未提交备案申请或未备案者,当然对第三人不产生对抗效力”。该法第 103 条第 7 款规定,“根据本编规定被授权向州务卿备案的文书,尽管备案时签署、盖章或者确认不准确、有瑕疵或者错误,或者在其他方面有任何瑕疵,州务卿对任何人都没有在备案前消除缺陷、接受文书以待备案或者将文书备案并编制索引的责任”。[43]

不难看出,在英、美两国,公司设立注册,仅仅是证明公司成立得到政府之下的登记机关之确认并公示而已,其法律效力在于对世宣告其正式成立,并自依照登记文件所载的时间(登记备案日或文件中指定的迟后某日)起,就对世产生公司法所规定的法律后果。因此,英国、美国公司法、合伙法有关设立登记效力的规定,为典型的登记效力对抗主义原则。

(三)简要总结与评析

通过对两大法系主要国家或地区关于商事登记效力规则的法例或制例考察,不难发现,商事登记效力的对抗主义规则,已成为两大法系多数国家或地区共同选择的基本原则。

在英美法系中,公司登记与不登记的不同在于法律后果。公司登记,其在经营中所生债务则可依照公司法原则与规则处理,不登记则不能按照公司法原则或规则处理。自然,登记不在于创设主体或法人,而在于登记就可产生公司主体、独立法人的法

〔40〕 参见林少伟:《英国现代公司法》,中国法制出版社 2015 年版,第 84 - 88 页。

〔41〕 参见虞政平编译:《美国公司法规精选》,商务印书馆 2004 年版,第 178、555 - 556 页。

〔42〕 参见沈四宝编译:《最新美国标准公司法》,法律出版社 2006 年版,第 11、26 - 27 页。

〔43〕 参见《特拉华州普通公司法》,徐文彬等译,中国法制出版社 2010 年版,第 14 - 15 页。

律后果，且此种法律意义与债务责任规则，因其登记、注册、备案并公示，而具有对抗世人的法律效力。

在大陆法系中，虽然早期大多普遍采用商事登记效力的成立或生效要件主义，但晚近以来，法国、德国、西班牙、瑞士、意大利、巴西、日本、韩国等国家或地区，其商法典或民法典奉行商事登记效力的对抗主义规则，在一般商事登记上现已均采完全的商事登记对抗主义。尽管在涉及企业（公司）设立或登记的编章或单行法里，仍把公司登记与公司成立、公司登记与法人资格等对应起来，保留企业（公司）登记效力的成立或生效要件主义原则。但是，在有关企业（公司）的设立登记中，无论是作为企业（公司）成立要件（如德国、日本、韩国），还是作为企业（公司）生效要件（如法国、西班牙、瑞士、意大利、巴西）等，其最大的区别在于，采登记成立要件主义法例或制例者，是把公司正式成立与公司登记关联，登记作为公司成立的法定条件或必要程序，不登记则公司并未成立；而持登记生效要件主义法例或制例者，则把公司事实成立与公司正式登记分开，法律尊重民间公司成立之事实，只是经正式登记，才可产生公司法上也就是公司之独立责任、法人责任进而有限责任的法律后果，未经登记所订交易或所生债务，国家并不否认或取缔，只是不能按照公司法的原则或规则来处理而已。其实，两种法例或制例所产生的法律后果，即只有业经登记才具有对抗世人的法律效力，又是完全一样的。故无论是德国、日本、韩国等所实行的企业（公司）登记成立要件主义，还是法国、西班牙、瑞士、意大利、巴西等奉行企业（公司）登记生效要件主义，实际上与英美法系国家或地区的公司登记对抗主义，均无本质意义上的区别，即未经登记的公司不视为有效成立，不产生公司法上的效果；不产生公司法上的效果，当然就会且必然会产生非公司法上的效果，即合伙连带责任、自然人无限责任等法律后果。很明显，尽管大陆法系国家或地区企业（公司）登记效力尚存有成立要件主义与生效要件主义之别，但所生法律效果与英美法系国家或地区的登记对抗主义，并无任何实质性区别。

由此可见，商事登记效力的公示对抗主义原则或规则，已成为当今世界两大法系多数国家或地区共同选择的基本原则；即使德国、日本、韩国等在公司登记效力上仍然坚持登记成立要件主义，但其产生的最终法律效果与登记公示生效主义、登记公示对抗主义没有什么本质性差异。故在商事登记效力原则或规则的选择上，应摒弃既有基于登记成立要件主义，进而认定商事登记具有创设效力的思维定式，改采登记公示对抗主义立法原则与制度模式，乃符合各国商事登记效力认定的总体趋势。

三、商事登记效力的应然状态

通过前述分析，笔者认为，商事登记效力的确定应以商事登记所应当具备的制度功能为参照对象。在前文对商事登记制度功能的分析中，笔者提出商事登记制度功能的本然状态应是营业进入宣示、营业资格确认、营业信息公开三个方面，自然，商事登记的基本效力就是实现商事登记这三大功能，即营业的进入宣示、资格确认、信息公开等对应的确认、公信、对抗三大效力。其中确认效力是前提，公信效力是本质，对抗效力是结果，三者构成一个完整的效力体系和链条，共同实现着商事登记之应然的制度功能。以下分述之。

（一）商事登记的确认效力

商事登记的确认效力，是指商事登记对业经登记的记载事实、事项所产生的法律上确认、认可、固化及证明之法律效力形式。确认效力是商事登记应然、基础、原始的效力，是整个商事登记效力的基础和前提。商事登记的确认效力也是所有国家或地区商事登记立法中所规定的基本效力形式，也是前述不同观点的学者或学说所持比较一致的看法。但是，对于确认什么，怎样确认，确认的形式，国内尚无专门、深入研究。

1. 商事登记确认的对象

关于商事登记确认的对象，学者对此有所探讨，如有学者认为商事登记所确认的对象主要包括商主体资格的确认和营业登记方面的确认这两个方面。[44]笔者认为，商事登记所确定的对象，就是登记申请人提交的申请文件所要求确认的事项。这些事项包括前述的法定、必要、绝对记载事项，也包括当事人选择的任意记载事项，但总体而言，其包括如下几个方面：(1)确认主体资格。即对进入营业领域的民事主体之身份的转换、已组建的组织类民事主体资格的确认、非营利组织等营业资格的确认等。第一，自然人商人身份的转换。如个体工商户登记，实际上就是作为民事主体身份的自然人，通过营业登记或开业登记，转换为商事主体身份的自然人即商个人的过程。虽然该商个人与原来是同一个自然人，但其主体身份已经转换，该自然人在营业领域是作为投资者、经营者或交易者的身份出现，而非以一般民事领域中的交易者或消费者身份出现。第二，企业或公司之组织类民事主体资格的确认。如前所述，企业、公司等经济组织，显然不是登记创设的结果，而是出资人、设立人或发起人基于商事结社自由而契合的结果，故作为组织类民事主体的企业、公司或者其他组织，实际上在企业设立登记前就事实上已经成立，企业登记实际上就是对已事实成立的企业、公司或其他组织之民事主体资格，进而对营业资格进行确认和认定。第三，对非营利组织之营业资格的确认或认定。非营利组织本不属于商事组织的范畴，但因需要进入营业领域从事经营活动，为对营业事实进而对其商事主体资格之身份进行确认并作出认定，就需通过营业登记的形式把其确认下来。第四，其他特殊类组织进入营业领域身份与资格的确认。典型如国家机关进入营业领域，就需要办理营业登记。(2)确认法人型企业的法

---

〔44〕　参见冯翔：《商事登记效力研究》，法律出版社2014年版，第82－84页。

人资格。某企业在设立过程中,基于其名称、财产、意思、机构、责任的独立,具有能独立承担民事责任的主体资格和独立法律人格,对其具备的基本条件或法人资格就需在企业法人设立登记时,通过颁发企业法人资格证书予以认定。(3)确认营业进入。对前述进入营业领域的个体工商户、企业(公司)、非营利组织、特定组织而言,其正式从事经营活动即开业活动,商事登记意味着对之进行确认并作出正式认定。(4)确认营业信息。对营业当事人或登记申请人所提交的申请文件或材料所反映的一切营业信息之实质内容的真实性、合法性、合理性及形式上的相关性、齐全性、完备性、一致性进行法律上的确认并认可。

2. 商事登记确认的方式

商事登记确认的方式,又称商事登记、注册、记载,即通过具体的文字载体、规范格式、固定形式、可长期保存的方式,把营业当事人或登记申请人所提交并经审查的申请文件或材料所反映的有关主体资格、法人资格、营业资格、开业状况和其他主要的营业信息,记录、记载并固定下来,使之能从外观上识别、认读和知晓。商事登记确认的方式有准予登记决定书、登录行为、注册行为、编码行为、制证行为、做照行为、入簿载册、录入商事登记信息数据库、上网、公告、接入国家企业信用信息公示网等,凡此种种,均属确认行为的具体表现。

3. 商事登记确认的载体

商事登记确认的载体,也就是具体形式,即把已确认的主体资格、营业资格、法人资格、开业状况和其他主要营业信息,通过特定文字记载于特定物质之上的商事登记确认形式。商事登记确认的具体载体包括:(1)商事登记簿;(2)商事登记名册;(3)非法人企业资格证书或企业法人资格证书;(4)营业执照;(5)商事登记信息数据库;(6)政府商事登记公报或法律规定的媒体所载商事登记公告;(7)商事登记机关官网的商事登记公告;(8)国家企业信用信息公示网;(9)其他法律规定或商事登记指定的各种载体;等等。

(二)商事登记的公信效力

商事登记的公信效力是商事登记效力的本质属性,系指基于营业当事人的声明、保证和登记机关的权威、中立,业经登记机关确认的商事登记信息具有推定真实、合法、有效,进而具有绝对可信、可靠、可赖之法律效力。商事登记公信效力是一般登记公信效力在商事登记领域的集中反映,按照一般登记的公信效力,其含义有二:就内部而言,登记内容具有真实性、合法性、正确性、合理性,因而具有绝对的可信性;对外部第三人而言,因登记的强制性、权威性、公示性使其产生强制性效力,即使登记不实也推定为登记真实、可靠。[45]

商事登记公信力的具体表现为:(1)业经商事登记确认、记载并公示的登记事项和营业信息具有绝对真实、合法、有效的可信性;(2)经商事登记确认、记载并公示的登记事项和营业信息具有推定的不容置疑的真实性和可信赖性;(3)即使商事登记公示的事项、信息与实际情况有所不符,也应推定登记公示的事项、信息是真实的,当事人或申请人不得以实际情况与登记不符为由而否认登记公示的事项、信息之真实性和有效性;(4)第三人得毫不迟疑地相信并信赖登记公示的事项、信息的真实性、合法性、有效性,并得根据登记公示的事项、信息与营业当事人或登记申请人缔结合同、达成交易,营业当事人或登记申请人不得以登记不实为由予以拒绝;(5)善意第三人如因信赖登记公示的事项、信息而致损失,营业当事人或登记申请人应当予以赔偿。

通论认为,商事登记之所以能产生公信效力,一方面是商事登记之营业进入宣示制度功能所必然的结果;另一方面是当事人声明保证、商事外观主义、国家法定强制力信用保障、行政行为公定力等多方面因素综合的结果。[46]故以保护交易安全为主要功能的外观主义、行政行为本身的公定力、行政信赖保护原则,又必然要求商事登记的事项与信息具有可信赖性。[47]而商事外观主义规则、登记申请人信用、国家信用、公证效力、社会中介组织的信用担保等多方面制度保障,也是商事登记值得信赖的制度性基础。[48]

但是,表面上看起来,商事登记之所以值得信赖,是因国家强制法定、商事外观主义、登记机关权威、行政行为公定力等因素在起主导作用,其实根本原因在于,商事登记之实质是一种就商事登记事项与信息之真实性、合法性、有效性的保证关系,法律已明确规定当事人应对申请的文件、材料之真实性负责,此种负责就是法律上的保证责任,就如同英美法系国家公司登记文件中的声明保证。由于法律赋予营业当事人或登记申请人之保证义务进而产生保证责任,它使登记的事项或信息建立在有营业当事人或登记申请人充分信用、信赖保证的基础上,而登记机关本身只是扮演受托人的角色而已,就和交易第三人为什么愿意并敢于跟商事主体的代理人缔结合同或达成交易一样,这并不是因为代理人行为的背后存在什么行政权力公定,也非登记机关的权威,更非法律强制规定,而是代理人背后有商事主体本人信用、信誉、财产的担保,正因有了这种基础性的担保,交易才可信赖,安全才有保障,责任才能追究。其实商事登记也是

---

〔45〕 参见马栩生:《登记公信力研究》,人民法院出版社 2006 年版,第 20 页。

〔46〕 参见叶金强:《公信力的法律构造》,北京大学出版社 2004 年版,第 43 - 45 页;冯翔:《商事登记效力研究》,法律出版社 2014 年版,第 127 - 133 页。

〔47〕 参见柴瑞娟:《商事登记公信力研究》,载《华侨大学学报(哲学社会科学版)》2008 年第 4 期。

〔48〕 参见刘训智:《商事登记统一立法研究》,中国政法大学出版社 2015 年版,第 166 - 169 页;刘训智:《商事登记公信力的法律结构与制度保障》,载《无锡商业职业技术学院学报》2016 年第 2 期。

如此，之所以商事登记的事项与信息具有推定真实和不容置疑的可信、可靠、可赖之法律效力，这一切均原于营业当事人或登记申请人的信用、信誉、信赖担保。没有这样的基础性担保，无论国家如何强制性地规定，也无论登记机关有多权威，登记事项与信息的真实性也难以保证。

基于以上分析，要确保商事登记的公信效力，就必须建立起以营业当事人或登记申请人的信用、信誉、信赖担保为基础的新型信用登记制度保证体系，这一商事登记事项与信息的信用、信誉、信赖保证体系包括：

第一，科以营业当事人或登记申请人对申请文件或材料的真实性、合法性、有效性之声明与保证义务。借鉴多数英美法系国家或地区的做法，普遍建立商事申请文件或材料的声明制度、保证制度，形成新型商事登记申请文件或材料的信用保证关系。

第二，全面引入商事登记申请文件或材料签字的见证制、专业问题的认证制、基本事实的公证制，为商事登记申请文件或材料的真实性、合法性、有效性提供专业监督和社会监督保证。

第三，全面落实商事登记的形式审查规则，建立以营业当事人或登记申请人真实保证责任为中心的商事登记文件或材料的审查新理念、新规则、新方式，增强营业当事人或登记申请人的自觉与自律，克服商事登记文件或材料提交过程中的机会主义倾向和侥幸投机心态。

第四，严格信用责任，保护第三人信赖利益。建立起新的商事登记事项或信息失真、不实、失信责任，通过引入信赖利益损害的赔偿规则，为司法上追究营业当事人或登记申请人的失信、违信责任提供法律依据和认定标准。

（三）商事登记的对抗效力

商事登记的对抗效力即业经商事登记确认并公示的营业事项、营业权利、营业信息具有对世宣示并可抗辩他人主张之法律效力。对抗效力，是商事登记确认效力、公信效力的当然要求和必然归宿，也是商事登记效力最集中的表现。商事登记对抗效力也是不同法系、不同国家或地区比较一致的效力规则。关于对抗效力，学理上一般解释为“对于某种权利之内容，得向特定人或不特定人有法律上主张之效力”。〔49〕有学者把商事登记的对抗效力解释为免责效力，即商事事项一经登记，登记申请人可以该登记事项对抗第三人的主张。〔50〕

商事登记对抗效力的基本内涵包括：（1）业经登记的营业事项、资格、权利、信息，具有对抗任何第三人的法律效力；（2）第三人不得以登记不实为由，向经商事登记确权的当事人主张权利，除非有效力更高的相反证据推翻商事登记所确认的事项、资格、权

〔49〕　参见张国建：《商事法论》，台北，三民书局1980年版，第94页。

〔50〕　参见冯翔：《商事登记效力研究》，法律出版社2014年版，第182页。

利、信息;(3)未经登记的营业事项、资格、权利、信息,当事人不得以实际情况为由对抗第三人;(4)商事登记应作为法定证据,其证据力与证明力应为司法机关所采信,除非有效力更高的证据推翻商事登记确认的事项、资格、权利、信息,否则法官不得拒绝采信商事登记证据。

就商事登记对抗效力的本质而言,商事登记对抗效力是商事登记确认效力、公信效力的必然要求,是对确认效力、公信效力的强化和扩张。就商事登记对抗效力的对象而言,它包括如下几个方面:(1)对抗第三人。业经登记确认并公示的商事登记事项、资格、权利、信息,可对抗任意第三人,第三人不得主张经登记而确认的资格、权利或其他营业利益。(2)对抗登记机关及其他国家机关。登记权利人得以经登记、确认并公示为由,抗辩登记机关的不合理撤销或其他国家机关的非法剥夺、限制。(3)对抗内部人。当与商事登记有关的事项、资格、权利、信息或所生利益发生纠纷或冲突时,经商事登记确认记载并公示的当事人或权利人,得抗辩其他任何权利主张人,并进而享有法律的优先保护权。正因商事登记之对抗效力,才有所谓权利保护上的外观主义规则之产生与适用。

商事登记对抗效力还因登记事项不同,具有不同、特殊的对抗效力。(1)对法定、强制、必要、绝对记载的登记事项,经登记产生法定的强制性对抗效力。(2)对任意记载事项,如记载,则产生强制性对抗效力;如未登记记载,则不产生对抗效力。(3)对不实登记、错误登记或虚假登记,如登记有利于信赖的善意第三人,则产生强制对抗效力,当事人不得以登记不实、错误或虚假为由,拒绝承担责任,法律应本着保护信任该登记的第三人信赖利益原则,由营业当事人或登记申请人承担不实登记、错误登记或虚假登记的不利法律责任。

第二节 商事登记法律效力的体系重构

一、现行商事登记效力规则的审视

(一)从实质意思主义到外观文义主义

2005年《公司法》修订前,我国商事登记一直奉行实质意思真实主义,如1993年《公司法》和1994年《公司登记管理条例》就没有关于公司登记对抗效力的规定,其他有关工商登记、房地产登记等规范文本中,也无关于登记对抗效力的规定。

2005年《公司法》修订案,在公司登记中首次引入登记对抗主义法例,1993年《公司法》原第31条经修改变为第33条(2013年《公司法》修订后又变为第32条),该条在原有"股东名册"记载和登记的基础上增加了两个条款,其中第3款有关"股东名册"如

“未经登记或者变更登记的,不得对抗第三人”之规定,即为典型的登记效力对抗主义规则。不仅如此,2005 年修订的《公司登记管理条例》第 2 条在原有内容的基础上,增加第 2 款关于“申请办理公司登记,申请人应当对申请文件、材料的真实性负责”之规定,主旨乃申请人须对申请文件或材料的真实性负保证责任,此乃对《公司法》引入登记效力对抗主义规则所作的对应性、配套性调整和修改。此后,商事登记效力对抗主义规则,被逐渐推广到其他商事主体法及配套的登记管理性规定,如《合伙企业法》(2006 年修订)第 37 条就有“合伙企业对合伙人执行合伙事务以及对外代表合伙企业权利的限制,不得对抗善意第三人”之规定;而不久后修订的《合伙企业登记管理办法》第 6 条将“执行事务合伙人”列为合伙企业应当登记的法定、必要事项,说明合伙企业登记也引入并适用登记效力对抗主义规则。2007 年《物权法》更在物权法领域首次引入登记效力对抗主义原则,第 17 条规定中“不动产权属证书是权利人享有该不动产物权的证明”,即为“不动产权属证书”权利外观主义与效力对抗主义的表现;而“不动产权属证书记载的事项,应当与不动产登记簿一致;记载不一致的,除有证据证明不动产登记簿确有错误外,以不动产登记簿为准”之规定,更进一步明确物权登记的对抗效力。

但是,无论是《公司法》《合伙企业法》,还是《物权法》,对登记效力对抗主义之适用范围和适用规则,均表现出不完整性和不彻底性。如《公司法》(2018 年修正)第 32 条第 3 款的规定,按条文设计只适用于股东资格确认与股权变动登记,其他事项是否适用则不明确;而《合伙企业法》的登记对抗效力也仅及于登记的合伙事务执行人权限方面。以 2011 年最高人民法院《关于适用〈中华人民共和国公司法〉若干问题的规定(三)》(2020 年修正)为例,该规定中第 24 条关于有限责任公司实际出资人与名义出资人的股权代持合同效力、第 25 条关于名义股东处分股权行为的效力、第 26 条关于公司债权人诉名义股东履行出资义务的诉求、第 27 条关于未办理变动登记的股权转让之效力、第 28 条关于公司冒名登记行为效力等规定,均在一定程度贯彻公司登记效力的对抗主义规则。但在处理与第三人关系或效力上,适用原《物权法》第 106 条和《民法典》第 311 条有关善意取得规则之规定,则明显使登记效力对抗主义规则在此大打折扣。

在司法实践中,股东与股权登记的对抗效力,在近几年的公司诉讼案件判决中,得到一定的遵守和援引。其中通过援引《公司法》第 33 条或第 32 条第 3 款规定以裁决有关争议,[51]这样的案例近年来越来越多,说明司法实践对登记效力对抗主义规则还是比较认可的。

---

〔51〕　参见最高人民法院民事判决书,(2012)民提字第 122 号。

（二）《民法典》第 65 条的意义与不足

在商事登记效力对抗主义作为普遍性规则的建立与适用中，《民法典》第 65 条无疑具有划时代的标志意义，该条关于“法人的实际情况与登记的事项不一致的，不得对抗善意相对人”之规定，体现着如下鲜明内涵：(1)此为私法领域的基本法、《民法典》对登记效力对抗主义所作的肯定性回应，对整个私法领域，特别是对作为私法特别法之商事登记法具有普遍性、统摄性的指导意义与约束功能。《民法典》第 65 条关于法人登记对第三人效力的指导性、原则性规定，如通过商事登记形成对内确权和对外扩权且公示的双层结构，则可作为商事登记对第三人效力之基础，进而形成可区分积极第三人对抗效力和消极第三人对抗效力的商事登记效力对抗主义规则体系，[52]无疑为建立商事登记效力对抗主义的统一、普遍适用规则，创造私法基本法、上位法依据。(2)该规定突破现行《公司法》第 32 条第 3 款的范围，适用于整个法人登记领域，其调整范围得以扩大，对法人登记、企业登记、公司登记具有重要的指导意义和直接的约束效力。(3)该条对法人登记对抗效力的规定比较明确、具体，既没有但书，也无除外规定，这说明登记效力对抗主义规则已成为我国私法领域比较坚实的立法依据和制度基础。《民法典》第 65 条之规定如适用于商事登记的公示效力，其规范目的重在保护“两种信赖”，其本质是“谁得以登记事实对抗另一方”；故依据得主张效力的主体不同，可分为公信效力（善意相对人得以登记事实对抗登记义务人，将登记事实拟制为客观真实存乎于当事人之间，并据此使相关法律事实发生相应法律后果的效力）和对抗效力（登记义务人得以登记事实对抗善意相对人，推定其知悉登记事实的效力）。[53]足见，《民法典》第 65 条所建立起来的普遍、统一的登记效力对抗主义规则，虽只及于法人登记领域的效力认定，但对以企业登记为重心的商事登记效力对抗主义规则的建立与适用，具有毋庸置疑的普遍指导意义与约束功能。

但是，《民法典》第 65 条的规定也存在明显不足。(1)此条只规定在法人登记上，而没有被作为一项私法的基本原则和主要制度放在《民法典》第一章基本规定里，适用范围仅及于法人，虽然第四章有关非法人组织也可适用法人章节的有关规定，但对自然人和其他类型的登记，则适用范围仍然受到制约和局限，这说明登记效力的对抗主义尚没有上升为我国私法的基本原则和主要制度。(2)此条不是从积极效力进行宣示，而是从消极效力进行规定。也就说，业经登记之效力，是否适用效力对抗主义，显然《民法典》第 65 条并无具体规定。

尽管如此，《民法典》第 65 条仍然不失时代意义，其所确立的登记效力对抗主义规则，既是对我国商事登记实践，特别是公司股东和股权登记实践中对抗主义规则的肯

〔52〕　参见石一峰：《论商事登记第三人效力》，载《法商研究》2018 年第 6 期。

〔53〕　参见邹学庚：《〈民法典〉第 65 条商事登记公示效力研究》，载《国家检察官学院学报》2021 年第 1 期。

定和总结,也是商事外观文义效力判断规则在《民法典》中的反映和实现。其对我国建立以登记效力对抗主义为中心的新型商事登记效力规则体系,无疑具有重要的立法指导价值和制度风向标意义。

二、对抗主义视野下商事登记效力体系的三重境界

关于商事登记效力体系的创设与建立,有学者主张以"生效效力 + 公示效力"构建我国商事登记效力体系。其中,生效效力是指相关法律事实须经登记才能生效的效力,可区分为创设效力与其他生效效力;公示效力是指登记后产生的"谁得以登记事实对抗另一方"的效力,可区分为公信效力和对抗效力。公示效力居于原则地位,相关事项一经登记即获公示效力;生效效力居于例外地位,除非有充分理据否则登记不具有生效效力。〔54〕笔者认为,商事登记本无创设效力,其生效效力与公示效力之外在效力形式和最终法律效果,均集中体现于对抗效力。故新型商事登记效力体系的创设与建立,就须遵循登记效力对抗主义原则,全面构建起对不同类型商事登记状况的效力认定规则和效力适用准则。考虑到商事登记事实上存在已登记事项、未登记事项、不实登记事项等不同情形,故商事登记效力体系构建应从已登记事项、未登记事项、不实登记事项三个方面进行整体规划、同步设计,贯彻登记效力对抗主义原则。

(一)业经登记事项的对抗效力

商事登记事项可分为法定、强制、必要、绝对登记事项,任意性、选择性登记事项,禁止性登记事项三类,而不同类型登记事项所产生的对抗效力存在明显差异。

1. 已登记的法定、强制、必要、绝对记载事项之对抗效力。已登记的法定、强制、必要、绝对记载事项,应具有绝对、强制的对抗效力,登记当事人得以登记事项为由抗辩任何第三人对其主张权利或索取利益。(1)已登记的法定、强制、必要、绝对记载事项,法律应推定当然的真实性。(2)第三人得毫不迟疑地相信已登记的法定、强制、必要、绝对记载事项之真实性,并对其产生信赖。(3)登记当事人不得以真实情况与已登记事项存在出入、不符而对抗任何第三人,第三人得以业经登记的法定、强制、必要、绝对记载事项,对抗、否认当事人之真实情况的抗辩。(4)除非有效力等级高于登记的证据推翻或否认,业经登记确认并公示的法定、强制、必要、绝对记载事项具有法定证据之优先证明效力,法院应予采信;除非有其他效力等级更高的证据推翻或否认业经确认并公示的登记记载效力,法官不得拒绝采信商事登记之证据。(5)登记当事人应对其经登记确认并公示的法定、强制、必要、绝对记载事项之真实性、合法性、有效性承担保证责任,在推定真实、合法、有效的前提下,如存在不实、错误、虚假,应对由此给善意第

〔54〕 参见赵旭东、邹学庚:《商事登记效力体系的反思与重构》,载《法学论坛》2021年第4期。

三人造成的一切信赖利益损失,即积极性信赖利益,[55]承担赔偿责任。(6)在推定已经登记之法定、强制、必要、绝对记载事项真实、合法、有效的前提下,如第三人已确知真实情况与登记情况存在不符,登记当事人可免责,但登记当事人应就第三人已确知真实情况与登记情况存在不符承担举证责任,且该举证证明的证据效力要高于登记证据的效力,法官才可采信。

2. 已登记的任意性、选择性记载事项之对抗效力。由于任意性、选择性事项,非法律规定的强制、必要记载事项,是由登记当事人自愿选择、申请记载的,2005年《日本商法典》就明确规定有任意性、选择性登记事项。任意性、选择性记载事项,虽不属于法定、强制、必要、绝对记载事项,但该事项一经记载于商事登记簿或其他载体上,则仍然产生与法定、强制、必要、绝对记载事项同样的法律效果,其效力适用规则可参照前述已登记的法定、强制、必要、绝对记载事项之对抗效力规则内容。也就是说,除非登记当事人选择不登记记载,否则,业经登记确认并公示的任意性、选择性记载事项,也将产生法律推定其真实、合法、有效,产生对抗第三人的效力,第三人可基于登记的确认效力和公信效力,相信并信赖该任意性、选择性记载事项的绝对真实性、合法性、有效性,并依该任意性、选择性记载事项的承诺、指引与登记当事人缔结合同、达成交易,如因确信此任意性、选择性记载事项而导致其信赖利益受损,登记当事人应负赔偿责任。

3. 已登记的禁止性记载事项之对抗效力。禁止性记载事项一般情形下不会列入登记的范围,但登记申请文件或材料的形式审查制,决定了有极少数禁止性的登记事项难以被形式审查过滤,也就难以避免此情形不会发生。如发生此类登记,则应适用禁止性记载事项的效力规则,认定该项记载无效。如作无效认定,则自始就属无效,就不存在有效登记问题,因而也不具有通常意义的对抗效力。自然,已登记的禁止性记载事项,应认定该登记无效,并裁定该禁止性记载事项不具有对抗效力。但已登记的禁止性记载事项因无效而不具有对抗效力,并不说明登记当事人就可免责。对于登记当事人由此导致第三人利益受损,因登记当事人的违法行为属于明显过错,法律仍要强制性地规定,业经登记的禁止性记载事项虽因其无效而不具有对抗效力,但由此给第三人造成实际损失(而非信赖利益损失)的,违法的登记当事人应负赔偿责任。

(二)未经登记事项不具对抗效力

一般而言,未经登记的事项不具有对抗效力,是各国各地区的普遍适用规则。故对未经登记的事项,登记当事人不得以之对抗第三人;他人亦不可以之对当事人之权利或利益提出抗辩。未经登记的事项包括法定记载事项与任意记载事项两种情形,虽其对第三人的对抗效力没有实质性影响,但对登记当事人之法律责任而言,则存在明

---

〔55〕 参见王焜:《积极的信赖保护——权利外观责任研究》,法律出版社2010年版,第118－128页。

显差异。对任意性、选择性登记记载事项，登记当事人选择不登记、不记载，当然不产生任何对抗效力，即使存在真实情况与第三人所知晓的情况有不一致的情形，第三人亦不可主张其未履行登记义务而提起赔偿请求。

但法定、强制、必要、绝对记载事项则不一样，由于登记、确认并公示法定、强制、必要、绝对记载事项，是登记当事人的法定义务，登记当事人因其没有申请登记记载，导致第三人对此项主要营业信息缺乏必要的了解和知悉，由此造成的实际利益损失（而非信赖利益损失），登记当事人应负赔偿责任。需要注意的是，登记当事人因未履行申请登记、确认并公示法定、强制、必要、绝对记载事项的法定义务而产生的赔偿责任，与前述因法定事项记载不实失真而产生的信赖利益赔偿责任不是同一层面、同一类型的民事责任，未履行登记义务所产生的责任是违反法定义务责任，所赔偿的是实际利益损失；而登记不实失真的赔偿责任，为信用保证责任，所赔偿的是信赖利益损失，两者适用的情形、范围和结果是不一样的。引入未履行法定登记记载事项的赔偿责任，有利于督促登记当事人及时、认真办理法定记载事项的申请登记，有助于确保商事登记信息的真实性、全面性和完整性，进而保护交易安全。

（三）登记不实事项的对抗效力

关于登记不实事项，各国均规定登记当事人不得以实际情况与登记事项不符而抗辩第三人，即基于对登记事项与信息的推定真实、合法、有效之效力规则，即使登记不实，该不实登记仍被推定为真实有效，进而产生对抗效力；第三人得援引不实登记，向登记当事人主张权利或索取利益，登记当事人不得以登记不实进行抗辩。对商事登记不实的效力认定及责任规则，有学者认为应借鉴国外立法，区分不同情形或原因下的不实登记适用不同的责任追究规则；〔56〕有学者从交易安全、商事登记信息披露的可信赖性、第三人行使知情权等角度，认为应强化不实登记的损害赔偿责任，以保护善意第三人的知情权和信赖利益；〔57〕有学者认为不实登记有别于虚假登记，应遵循外观主义与公示主义原则，区分不同情形下不实登记的效力与责任。〔58〕

笔者认为，商事登记中的不实登记之对抗效力与登记当事人是否应承担责任，是完全不同层面的两个问题；故在效力认定与责任归属上，也应从两个层面解决。首先，登记不实因法律推定真实规则约束和商事登记绝对可信赖原则，仍具有与真实登记同等的对抗效力；其次，如登记不实导致善意第三人信赖利益受损，登记当事人应负赔偿责任。为更有利于处理不实登记的对抗效力与损害赔偿之间的关系，应严格遵循以下

---

〔56〕　参见张瑞：《商事登记中的不实登记》，载《西南政法大学学报》2009 年第 1 期。

〔57〕　参见胡大武：《商事主体不实登记情形下善意第三人知情权保护》，载《河北法学》2010 年第 11 期。

〔58〕　参见张丹丹：《论我国商事登记中不实登记效力制度的建立》，载《太原师范学院学报（社会科学版）》2004 年第 4 期。

原则:

1. 推定真实原则。不实登记在法律上被推定为真实,产生与真实登记同等的对抗效力。

2. 登记当事人不可抗辩原则。商事登记推定真实原则决定,登记即使存在不实,亦被推定为真实而产生法定的确认效力、公信效力和对抗效力,登记当事人不得以登记事项与实际情况不符为由,对任何第三人进行抗辩。

3. 有利于善意第三人原则。因登记不实造成善意第三人利益受损,在发生争议时,应本着推定不实登记为真实登记、有利于善意第三人而不利于登记当事人的原则,认定双方责任归属。

4. 赔偿善意第三人信赖利益损失原则。信赖保护原则,是现代私法最基本的价值追求和法律原则,也是现代行政法最基本的价值追求和基本原则,它契合实质正义与形式正义,重构公权力控制下的私法自由,体现行政民主与私法民主,实现交易的平等,有效地保护着交易安全和社会效益。[59]所谓信赖利益赔偿,就一般民事领域而言,是指对善意第三人受损的信赖利益所给予的一种法律救济,其目的是使因信赖的受害人恢复在缔约未曾发生时之地位,或者恢复到前磋商地位;[60]但在商事领域,这一损失还应包括预期利益损失。由于不实登记被推定为真实登记,善意第三人得信赖该不实登记,并产生因依据不实登记缔结合同或达成交易的信赖利益,且因确信该不实登记而致其信赖利益受损,登记当事人无疑应负赔偿责任。

5. 例外情况豁免之举证责任分配规则。登记当事人主张第三人确实知晓登记不实的情形进行抗辩,应负举证责任,并提供比商事登记效力更高的证据以证明或推翻之;第三人如在确知其真实情况与登记事项不符,而以真实情况与登记当事人缔约或交易且依此主张权利者,亦应承担举证责任。

三、不同商事登记载体内容不一致的效力认定

商事登记因记载或确认的载体不同,存在诸如文字、证照、网络等多种形式。在一般情形下,不同商事登记形式与载体之间所记载或确认的内容、事项、信息应具有一致性、同一性、同质性。但在实际登记工作中,时常又会出现不同登记形式之内容(注册、登记、发证、公告)发生矛盾或冲突,如商事登记注册簿与发证、公告之内容不一致,营业执照与登记公告之内容不一致,其效力判断、选择与优先等问题,对商事登记之对抗效力的实现,具有重要意义。以下集中讨论登记与公告、登记与执照、公告与执照等存在不一致时,其效力的认定、判断与选择问题。

---

[59] 参见曾坚:《信赖保护——以法律文化与制度构建为视角》,法律出版社 2010 年版,第 139 – 180 页。

[60] 参见朱广新:《信赖责任研究——以契约之缔结为分析对象》,法律出版社 2007 年版,第 237 页。

（一）注册记载与登记公告不一致的效力认定

目前，关于商事登记中注册记载与登记公告的关系，有两种立法与制度例：一为将登记与公示连同规定，如德、日即采此例；二为将登记与公示分别规定，如我国大陆各种工商、企业登记规范文本及我国台湾地区"商业登记法"。有学者从公司登记角度，建议采用网络电子技术的方式公告登记事项，而将股东名册及营业执照之类的公共信息由私人保管转向公共托管。〔61〕

但是，注册记载与登记公告如果存在不一致，如何处理，国内文献尚无详细涉及。笔者认为，在注册记载与登记公告存在不一致的情况下，应优先适用注册记载事项或信息的效力。这是因为：(1)从信息的依据与来源来看，注册记载是最原始、最基础的记载事项和信息，是登记公告的法定依据和信息源头，登记公告只能根据原始注册记载事项或信息来制作或发布，而不可根据其他来源的信息来制作。(2)从信息生效的时间来看，往往是注册记载在先，而登记公告在后，多数国家或地区规定是在登记信息载入商事登记簿之后的一定时限(15日至20日)进行公告，而在公告之前，注册记载的事项与信息因确认而即刻产生法律效力。(3)注册记载本身也是一种公示形式，且这种公示形式比所有其他公示形式如公告、上网、证照等，具有内容上更全面、更真实、更完整和形式上更持续、更固化、更规范等特点，更便于第三人和社会公众进行长期、持续、经常的查询和检索。而公告更多是暂时性、临时性、一次性行为，难以长久为第三人或社会公众所知晓。(4)从公示的形式看，注册记载的载体包括商事登记簿、企业注册簿和商事登记信息数据库等，具有内容全面、要素齐全、事项完整、信息全面等特点；而登记公告往往仅就其最主要部分或结论性要件，通过公告、上网等形式刊载，内容与形式均不如注册记载那样有效和持续。

基于以上分析可以认定，在注册记载与登记公告两者出现不一致甚至发生冲突时，应优先适用注册记载；除非有比注册记载更高效力的证据推翻或否认之，才可以登记公告为准。

（二）注册记载与营业执照不一致的效力认定

营业执照也是商事登记公示的一种形式。在注册记载与营业执照不一致的情形下，如何认定其效力，学界存在不同看法。有学者认为，商事登记仅仅是商事权利能力取得与消灭的唯一标准，而营业执照则为商事行为能力中日常经营能力的证明；营业执照作为最常见的公示手段，其效力应优先于商事登记簿记载。〔62〕也有学者认为，法

〔61〕 参见蒋大兴：《公司法的观念与解释Ⅰ——法律哲学 & 碎片思想》，法律出版社2009年版，第174－177页。

〔62〕 参见陈英：《商事登记与营业执照法律关系之检讨——以商事能力为视角》，载《甘肃政法学院学报》2009年第4期。

律、行政法规要求经营者应把营业执照置于营业场所的醒目位置，表明营业执照承载着商主体营业状况的公示功能，从商事外观主义角度推论，如营业执照记载的事项与商事登记簿中所记载的内容存在差异或冲突，则应基于保护善意第三人利益出发，优先以营业执照的信赖对善意交易第三人的利益给予保护。[63]

笔者认为，上述观点与看法值得商榷。在注册记载与营业执照之间存在不一致的情况下，应优先适用注册记载的内容与事项。这是因为：(1)从信息的依据与来源来看，注册记载是最原始、最基础的记载事项和信息，是营业执照制作的法定依据和信息源头，营业执照只能根据原始注册记载事项或信息来制作或发放，而不可根据其他来源的信息来制作或发放。(2)从信息生效的时间来看，往往是注册记载在先，而营业执照制作或发放在后，而在营业执照制作与发放之前，注册记载的事项与信息因登记确认力而即刻产生法律效力。(3)注册记载本身也是一种公示形式，且这种公示形式比公告、上网、证照等所有其他形式公示，具有内容上更全面、更真实、更完整和形式上更持续、更固化、更规范等特点，更便于第三人和社会公众进行长期、持续、经常、间或的查询和检索。而营业执照虽也具有形式上的规范性和公示性，但毕竟记载内容与事项十分有限，只包括商事登记中的主要营业事项或核心营业信息。(4)从公示形式的确定性来，注册记载的载体包括商事登记簿、企业注册簿和商事登记信息数据库等，具有内容全面、要素齐全、事项完整、信息全面等特点，特别是纸质原始档案和商事登记簿册，一经记载和固化，就很难以篡改或变造。相对而言，营业执照往往只记载最主要登记事项或结论性要件，虽具有外观特征，但也存在篡改、变造甚至伪造的可能性。基于以上分析，在注册记载与营业执照两者出现不一致甚至发生冲突时，应优先适用注册记载；除非有比注册记载更高效力的证据推翻或否认之，才可以营业执照为准。

之所以学者认为营业执照之法律效力应优先于注册记载，是因为在多数人的眼里，注册记载不是一种公示形式。而恰恰注册记载才能真实地反映登记当事人最全面、最完整的营业状况。故实行注册记载法律效力优先于营业执照，可以培养人们的商事登记注册观，转变人们对注册记载与营业执照不合理、不妥当的习惯性看法。

(三)登记公告与营业执照不一致的效力认定

登记公告与营业执照均属商事登记正式公示的有效形式，如两者之间不一致甚至发生冲突，其效力应如何认定或判断，国内学者鲜有涉及。国外一般是哪一种公示形式更为固化、稳定、持久，就优先认定其效力，依此规则，笔者认为应优先适用营业执照。

之所以在登记公告与营业执照不一致的情形下，优先认定营业执照的效力，这是因为：(1)从信息的依据与来源来看，虽登记公告与营业执照的信息源都来自注册记载

---

〔63〕 参见刘宏渭：《商法总则基本问题研究》，华中科技大学出版社2013年版，第226页。

事项和信息,但营业执照制作阶段与原始注册记载事项或信息基本同步;相对而言,公告虽也是根据注册记载事项或信息确定,但一般时间要晚于营业执照的制作或发放时间,就同步性而言,远不如营业执照。(2)从信息生效的时间来看,往往是营业执照制作或发放在先,登记公告在后,营业执照的制作、发放往往与注册记载同步产生,并因注册事项与信息的确认、营业执照的发放而即刻产生法律效力;而登记公告只是登记信息公示的一种形式,并不意味着登记生效时间的产生和效力的开始,世界上绝大多数国家或地区均规定商事登记自登记之日开始生效,而非公告之日起生效。(3)从公示的载体与有效性而言,与登记公告相比,营业执照在记载内容上更全面、更真实、更完整,形式上也更持续、更固化、更规范,且营业执照一般应悬挂于其营业住所或经营场所,便于第三人和社会公众更为直观、持续、经常地观摩和查看;而登记公告则具有暂时性、时限性,诸如政府商事登记公报或其他媒体登载的公告,往往都具有过时性,即登记公告为登载的期刊或媒体的期卷所限,不能经常性地、现时地展现在交易第三人或社会公众面前。基于以上分析,在登记公告与营业执照两者出现不一致甚至发生冲突时,应优先适用营业执照;除非有比营业执照更高效力的证据推翻或否认之,才可以登记公告为准。

需要特别说明的是,在网络时代,公告更多是以上网公示的形式进行,这样就彻底摆脱传统纸质公告的暂时性和局限性。由于上网公示的数据来源于注册记载事项与信息所形成的原始数据库,且营业执照的制作与发放也大量采用电子形式,除非存在技术问题,否则一般情形下,上网公示与注册记载、营业执照之间所记载或确认的营业事项、信息之间,一般不会出现差错或不一致的地方;如存在差错或不一致的地方,也应按上述规则处理。

四、瑕疵商事登记效力的认定规则

(一)瑕疵商事登记的学理与立法界定

瑕疵商事登记(以下简称瑕疵登记),又称商事登记瑕疵,系指业经登记注册的营业事项或营业信息,存在明显不实、错误或虚假等情形,而使外观登记所载事项、信息与客观真实事项、信息存在不一致的商事登记情形。

在立法上,我国《公司法》第 198 条与原《公司登记管理条例》第 63 条、第 64 条,原《企业法人登记管理条例》第 29 条第 1 款第 1 项,《合伙企业法》第 93 条和原《合伙企业登记管理办法》第 38 条,《个人独资企业法》第 33 条和原《个人独资企业登记管理办法》第 34 条,《个体工商户条例》第 22 条与原《个体工商户登记管理办法》第 35 条,均规定有诸如“虚报注册资本、提交虚假材料或者采取其他欺诈手段隐瞒重要事实”“登记中隐瞒真实情况、弄虚作假”“提交虚假文件或者采取其他欺骗手段”“提交虚假材料”,取得公司登记、企业登记或骗取注册登记等情形,由登记机关责令改正,并处行政罚款;情节严重的,撤销公司登记、企业登记、注册登记或者吊销营业执照。这说明我国现行立法只规定有虚假登记,并无瑕疵登记之概念,且立法的基本态度是否定性的,即在“责令改正”而登记申请人无法做到或情节比较严重的情况下,一律按照撤销登记或吊销营业执照处理。显然,立法文本对瑕疵登记的规定尚存在如下明显缺陷:(1)规定范围明显过窄。既有立法文本只对虚假登记有规定,而对错误登记、遗漏登记、一般不实登记等缺乏明确规定,而在商事登记实践中,恰恰这些没有纳入法律规定范畴的情形构成瑕疵登记的主要类型。(2)对虚假类的瑕疵登记之效力一概持法律上的否认态度。既有立法未从商事登记效力对抗主义视角来审视瑕疵登记本身之法律效力和对登记申请人、交易第三人、社会公众之约束力,仅因其给市场经济、行政管理带来负面效应给予否定性评价,立法态度过于生硬与武断。(3)只规定行政处罚责任,而未对其所生民事责任与信赖利益提供有效的救济方案。如对虚假登记类瑕疵登记,只规定“责令改正”、“行政罚款”和“撤销登记或者吊销营业执照”三类行政处罚,但这些处罚措施均与因信赖商事登记所致第三人利益受损没有任何关系。也就是说,善意第三人根据业经登记确认并公示的营业事项或营业信息,已与登记当事人缔结合同或达成交易并产生预期的信赖利益,但因登记存在瑕疵而使其预期的信赖利益落空,自然应按信赖利益规则给予及时、全面、足额、彻底、有效的赔偿,如此才能有效地救济信赖商事登记的善意第三人利益,交易安全才有保障,也才可通过民事责任进而债务责任的反推规则,抑制瑕疵登记的发生概率。很显然,既有规范文本中,尚没有这样的立法设计和制度安排。

在学理上,学者更多是从公司设立登记瑕疵的角度,研究公司设立登记瑕疵的原因、属性、处理方式、与公司人格维持之间的关系等问题;相对而言,有关瑕疵登记的效力认定问题,讨论较少。(1)关于公司设立登记瑕疵的原因。有学者认为存在发起人在公司设立时违反法律的强制性规定、不具备法律所规定的条件或不履行法律所规定的程序等情形。〔64〕(2)关于公司设立登记瑕疵的性质。有学者认为登记瑕疵是由登记机关所致,其给登记申请人和交易第三人造成损害,属于国家赔偿责任即特殊侵权责任的范畴,登记机关应适用过错归责原则和限制赔偿原则,负损害赔偿责任。〔65〕(3)关于公司设立登记瑕疵的处理。有学者认为,《公司法》授权行政机关适用撤销登记或者吊销营业执照,既不符合行政法的基本原理,也与《行政许可法》规定直接冲突,更不符合公司登记中的公司维持原则。〔66〕(4)关于公司设立登记瑕疵与公司人格维持之间的关系。有学者从两大法系中有关法人人格维持原则出发,认为公司法人人格免受公司

〔64〕 参见张宗卿:《公司设立瑕疵法律问题研究》,中国政法大学出版社 2015 年版,第 16 - 20 页。

〔65〕 参见李克武:《登记机关瑕疵公司登记之损害赔偿责任初探》,载《法学杂志》2011 年第 6 期。

〔66〕 参见王太高:《公司登记瑕疵制度研究——基于行政法的视角》,载《政治与法律》2012 年第 10 期。

设立瑕疵影响的原则,已经得到现代立法的有效确立,故即便公司设立登记存在瑕疵,只要公司获得设立证书,公司独立人格就会受到尊重,因而应严格限制公司撤销登记或设立无效的适用范围,防止其给社会带来灾难性后果;〔67〕有学者则从各国对公司设立登记瑕疵所选择适用的公司法人格维持、公司法人格否认与公司法人格扩张之法人格规制模式的比较出发,认为我国在公司设立登记瑕疵的法人格规制上,应当遵循"原则维持、尽量补正、例外否认"的立法原则;〔68〕有学者从公司设立登记瑕疵时在公司法律人格处理态度上存在的英美法系之原则承认主义和大陆法系之普遍否定主义这一差异出发,认为我国《公司法》所确定的公司撤销登记制度,属以行政处罚性制度功能取代民事补救性制度功能的立法安排,存在价值与功能缺陷;〔69〕有学者也从因公司设立登记瑕疵所存在的公司人格维持机制、否认机制和扩张机制三种不同的瑕疵公司之救济模式的比较中,认为我国所选择的扩张机制恰恰属法律成本较高的一种,建议实行以维持机制为主、否认机制为辅的"双轨制",明确公司设立登记瑕疵的可撤销范围。〔70〕(5)关于公司设立登记瑕疵的效力判断。只有少数学者有所涉及。有学者从民事行为意思真实角度,认为公司登记瑕疵因设立人主观性瑕疵,可按部分设立行为无效进行处理,并根据意思表示之真实程度,分别作出无效、可撤销或效力待定等认定处理;〔71〕有学者从股权转让与股权登记的关系视角,认为应充分尊重转让双方当事人的契约自由,即使股东变更登记存在瑕疵,也应依诚实信用原则和登记效力的对抗性,确认股权转让合同、股权变动的合法性与有效性;〔72〕有学者认为我国《公司法》关于公司瑕疵设立撤销制度的规定和相关司法解释背离了两大法系关于公司设立登记瑕疵之一般有效性原则和人格维持原则的逐步融合趋势,应规定公司撤销诉讼和瑕疵补正制度,完善公司设立行政撤销程序,明确公司设立登记瑕疵民事责任。〔73〕

通过以上考察与分析,无论在立法上,还是在学理上,有关瑕疵登记的效力认定并未引起学界、业界的关注与重视,因而有关瑕疵登记的效力认定原则与规则,仍是一个未竟的议题。

---

〔67〕 参见张民安:《公司瑕疵设立效力研究》,载《比较法研究》2004 年第 4 期。

〔68〕 参见房绍坤、王洪平:《公司瑕疵设立的法人格规制》,载《中国法学》2005 年第 2 期。

〔69〕 参见王建文:《公司瑕疵设立制度理念比较研究——我国公司瑕疵设立制度批判与理论建构》,载《商业经济与管理》2007 年第 1 期。

〔70〕 参见孙效敏、翁孙哲:《公司瑕疵设立救济机制选择的法经济分析》,载《法学家》2007 年第 3 期。

〔71〕 参见朱一飞:《公司设立主观性瑕疵的处理模式——民事法律行为的研究进路》,载《政治与法律》2008 年第 6 期。

〔72〕 参见宋国良、臧峻月:《股权变动登记程序存在瑕疵的不影响股权转让合同的效力》,载《人民司法》2009 年第 20 期。

〔73〕 参见刘蔚文:《反思与完善:我国公司瑕疵设立的制度构建》,载《深圳大学学报(人文社会科学版)》2012 年第 2 期。

（二）瑕疵商事登记效力认定的原则

笔者认为，瑕疵登记，实质为不实登记或登记不实，应从商事登记真实性推定效力和对抗效力之基本原则出发，认定其与真实登记具有同等的确认效力、公信效力和对抗效力。也就是说，即使商事登记存在诸如错误登记、遗漏登记、不实登记甚至虚假登记等情形，登记当事人仍应按业已登记确认并公示的事项或信息，对善意交易第三人和社会公众负信赖保证责任，如因此给善意交易第三人或社会公众造成信赖利益损失，则应负赔偿责任。在认定疵瑕登记的法律效力过程中，应严格遵循如下原则。

1. 推定真实原则。依凡经登记就推定真实、合法、有效之原则，即使业经登记并确认的商事登记事项或信息存在诸如错误、遗漏、不实甚至虚假等瑕疵情形，法律上也应推定该瑕疵登记是真实、合法和有效的，不能因其登记内容与真实情况有所不符，而否认其法定、强制意义上的外观真实性、合法性和有效性。

2. 不可轻易认定无效原则。遵循推定真实原则，也就不存在否认瑕疵登记之外观证明效力、公信效力和对抗效力问题，登记当事人仍应按业已登记的内容承担信赖保证责任。故瑕疵登记本身的确认、公信、对抗效力应得到法律切实的维护和尊重，不能轻易否认或撤销；即使存在需否认或撤销的法定情形，也须有严格的法定程序予以控制和约束。

3. 登记当事人不可抗辩原则。商事登记之对抗效力，也具有对抗营业当事人或登记申请人（登记当事人）之本人的效力，即善意交易第三人得以业经登记的事项与信息，对抗登记当事人之实际情况。也就是说，只要商事登记的事项与信息经确认并公示，就对登记当事人本人产生保证性的法律约束力，即使该登记所载内容与登记当事人之实际情况不符，登记当事人也不得援引实际情况以对抗善意第三人基于登记所载内容的诉请。在司法实践中，登记当事人的此类抗辩瑕疵登记所载内容的主张，法院应予以驳回。

4. 有利于善意第三人而不利于登记当事人原则。商事登记即使存在瑕疵，应本着登记之确认、公信与对抗之基础效力，维护登记效力的权威性、公信力和有效性，切实保护善意第三人的信赖利益和交易安全。如因瑕疵登记而导致善意第三人与登记当事人之间发生纠纷，或对登记所载内容与实际事实之间的解释、选择、援用产生分歧，此时应本着瑕疵登记当事人存在明显过错之推定规则，以有利于善意第三人而不利于登记当事人之原则，作出判断和选择。

5. 信赖利益赔偿原则。在认定疵瑕登记法律效力过程中，一定要坚持民事救济优先、行政处罚谦抑的原则，要确保信赖瑕疵商事登记事项或信息的善意第三人的利益，对基于瑕疵登记在善意第三人与登记当事人之间缔结的合同或达成的交易，应维护其有效性，除非有法定情形，不可轻易裁定无效或予以撤销。对因瑕疵登记在善意第三人与登记当事人之间形成的对善意第三人明显有利的预期利益和信赖利益，法律应予以切实和有效的保护。立法上应改变既有以行政处罚或行政救济取代民事责任或民事救济，甚至否认民事救济的习惯做法，通过强化瑕疵登记当事人的保证责任、违信责任和对善意第三人预期利益、信赖利益的救济，才可有效地抑制瑕疵登记产生的概率。

第十一章　商事登记的违信责任

第一节　商事登记的信赖利益与违信责任

一、商事登记的公示效应与信赖利益的产生

（一）信赖利益的私法之维

在私法上，信赖利益的首倡者为德国学者耶林先生，其于1861年所发《缔约上的过失、契约无效与不成立时的损害赔偿》一文，首提信赖利益损害赔偿理论；之后美国学者富勒和帕迪尤于1936年合作发表的《合同损害赔偿中的信赖利益》，颇具轰动效应，更将信赖利益的讨论推向高潮，自此信赖利益从契约法开始，进而涉及整个私法领域，且逐渐向行政法领域拓展，特别是行政行为信赖原则作为现代行政法的基本原则，其理论所涉广度和深度，大陆法系与英美法系难得出现前所未有的一致。〔1〕尽管在有关信赖利益的解释上，理论上一直存在有损失说（因信赖而遭受的损失，所谓“信赖利益者，指当事人相信法律行为有效成立，而因某事实的发生，该法律行为尤其是契约不成立或无效而生损失，又称消极利益损失”〔2〕）和所益说（基于某一信赖所产生的可期待利益，即基于对被信赖人许诺的信赖，信赖该许诺的人改变了原有的处境所产生的应受法律保护的“期待利益”；〔3〕或者另一方当事人“信赖合同有效成立所带来的利益”〔4〕）等两种不同观点，但学界一般把其分为广义的信赖利益和狭义的信赖利益。广义的信赖利益泛指对赋予信赖的当事人的利益依法应当予以保护，以避免因信赖而发生损害；狭义的信赖利益则专指法律行为领域发生的信赖利益，即对表意人的意思表示或权利外观赋予合理信赖的一方当事人所固有的、因信赖极易损失的、需要法律

---

〔1〕 参见［日］内田贵：《契约的再生》，胡宝海译，载梁慧星主编：《民商法论丛》（第4卷），法律出版社1996年版。

〔2〕 王泽鉴：《民法学说与判例研究》（第5册），中国政法大学出版社1998年版，第212页。

〔3〕 ［美］L. L. 富勒、［美］小威廉·R. 帕迪尤：《合同损害赔偿中的信赖利益》，韩世远译，载梁慧星主编：《民商法论丛》（第7卷），法律出版社1997年版。

〔4〕 参见崔建远：《合同责任研究》，吉林大学出版社1992年版，第295页。

避免损失的无谓发生或于已经发生损失时恢复其固有状态的利益,包括财产上的信赖利益和机会上的信赖利益,或称财产状态和机会利益。[5]

信赖利益之产生和保护,乃基于诚实信用的现代私法甚至公法的帝王规则。人们在日常生活和社会交往过程中,当事人一方的先前法律行为的许诺或权利外观,使另一方当事人产生充分信任和足够信赖,在此环境下所缔结的合同或达成的交易,就是一种基于信用、信赖而产生的信用、信赖关系。如先前法律行为或权利外观本身存在瑕疵,进而导致合同不成立、法律行为无效或被撤销,则产生充分信任和足够信赖的另一方当事人之既有利益就会受损,或者说其期待利益就会落空,如对此不进行有效的法律救济或施以有效的赔偿,对产生充分信任和足够信赖的另一方当事人无疑严重不公;不给丧失诚信或违背许诺的一方当事人以足够惩罚和有效警戒,就会助长违信失信行为的发生,进而使整个社会失去诚信根基,人们和社会将无所依托。因此,信赖利益既然存在,就须对之进行切实保护和有效救济。

但是,在私法或者整个法域里,如何保护信赖利益,历来就存在所谓的积极保护与消极保护两种制度模式。由于信赖保护原于信赖人根据被信赖人先前之法律行为或既有之权利外观所产生的合理信赖,当信赖者的交易安全利益与对方意思自由利益产生冲突时,法律在信赖人之交易安全利益与被信赖人之意思自由利益之间作价值平衡考量,进而赋予信赖人得其所欲之积极法律后果,或者避免因信赖而使既有利益受损的消极法律后果,亦即所谓的信赖之积极保护与消极保护就是在此两者之间寻求平衡。若以信赖人之交易安全利益为重,使信赖者得其所欲,即所谓的期待利益之保护,则为信赖的积极保护;而若以被信赖人之意思自由利益为重,则侧重于避免信赖人因信赖被信赖人而其既有利益受损这一消极法律后果的出现,亦即所谓的仅就信赖利益的损失获得赔偿,此为信赖利益的消极保护。[6]也有学者认为,所谓信赖利益赔偿,就一般民事领域而言,是指对受损的信赖所给予的一种法律救济,其目的是使因信赖的受害人恢复到缔约未参与或发生时之地位,或可说恢复到前磋商地位;[7]从积极或消极之保护视角进行分析,此一赔偿模式无疑属于消极保护模式。但在营业领域,由于损失更多表现为私人缔约或交易后可确定的预期利益损失,故在商法领域里,信赖利益的保护,特别是其基于交易安全维护的价值取向,[8]应选择更为积极的保护模式,方可满足商人的意愿、营业的需要和社会的要求。

信赖保护原则,因契合了实质正义与形式正义,重构了公权力控制下的私法自由,体现了行政民主与私法民主,实现了交易的实质平等,有效地保护着交易安全和社会

---

〔5〕 参见马新彦:《现代私法上的信赖法则》,社会科学文献出版社2010年版,第9-13页。

〔6〕 参见涂咏松:《信赖损害赔偿责任研究》,法律出版社2010年版,第17-25页。

〔7〕 参见朱广新:《信赖责任研究——以契约之缔结为分析对象》,法律出版社2007年版,第237页。

〔8〕 参见余立力:《信赖利益新论》,武汉大学出版社2009年版,第12-13页。

效益,[9]而成为现代私法最基本的价值追求和法律原则,并渗透到行政法[10]、经济法[11]、其他部门法,作为现代法律最基本的价值追求和调整原则。商事登记契合了私法中的主体营业自由和登记机关对交易安全审查过滤的双重需要,更应成为信赖利益保护的重要领域。

(二)商事登记公示效应与信赖利益的对应关系

信赖利益产生的依据,在英美法系主要为允诺禁反言(反悔)规则,[12]在大陆法系则为权利外观主义学说;[13]但目前学界大多只涉及不动产登记中的信赖保护问题,[14]除少数论著讨论过商事登记与信赖利益保护之外,商法学界很少关注或讨论商事登记与信赖利益保护之间的关系。有学者从“权利外观责任”与“信赖利益保护”视角,基于商事登记在商法中的基础地位,认为引入外观主义规则和权利外观责任理论,对商事登记的消极公开(未经登记的事项不具有对抗第三人效力)和积极公开(虚假或不实登记)所致第三人信赖利益的损害,均应给予强制保护。[15]笔者认为,商事登记与信赖利益,特别是商事交易中的信赖利益构成对应关系,这是因为:

1. 信赖利益保护是商事登记推定真实原则的必然要求。商事登记推定真实作为商事登记效力确认、公信和对抗的基础,且作为一项核心原则和制度性规则,意味着商事登记所记载、确认、公示的各种营业事项或营业信息,具有绝对、不容置疑的真实性、合法性和有效性,即使登记所载内容与真实情况有所不符,但业经确认并公示的商事登记之效力仍应得到法律的强制性维护。在此情形下,确信并信赖该商事登记信息,乃商事登记推定真实之下人们必然选择的行为模式和思维定式,进而信用、信任、信赖之,并以之为基本依据与登记当事人缔结合同或达成交易,此信用、信任、信赖商事登记之人,谓之善意第三人;基于商事登记信赖所生之利益,即为信赖利益,就应得到法律的切实、有效保护。相应地,如因商事登记失真、失信致其既有利益受损或期待利益

---

[9] 参见曾坚:《信赖保护——以法律文化与制度构建为视角》,法律出版社2010年版,第139-180页。

[10] 参见李春燕:《行政信赖保护原则研究》,载《行政法学研究》2001年第3期;张志泉、王淑华:《行政信赖保护原则之探讨》,载《中国行政管理》2004年第7期;周佑勇:《行政许可法中的信赖保护原则》,载《江海学刊》2005年第1期;赵雪纲:《论行政信赖保护原则》,载《理论前沿》2008年第6期。

[11] 参见吴元元:《宏观调控中的信赖利益保护研究:法律经济学的视角》,中国社会科学出版社2016年版,第1页以下。

[12] 参见涂咏松:《信赖损害赔偿责任研究》,法律出版社2010年版,第67-76页。

[13] 参见马新彦:《现代私法上的信赖法则》,社会科学文献出版社2010年版,第108-119页。

[14] 参见史笔、韦静:《错误登记应撤销 信赖利益要保护》,载《法制日报》2003年11月26日,第5版;谭松平:《车管所应承担行政赔偿责任》,载《人民法院报》2007年12月28日,第6版;程啸:《不动产登记簿的推定力、公信力与买方信赖的保护:“丁福如与石磊房屋买卖纠纷案”评释》,载《交大法学》2013年第4期。

[15] 参见赵万一主编:《商事登记制度法律问题研究》,法律出版社2013年版,第144-166页。

落空时，法律就应对其信赖利益提供充分救济。

2. 信赖利益保护是商法权利外观主义的应然法则。权利效力的文义判断及外观主义规则，是民商法中最基本的法律规则。一般而言，外观主义的权利与制度结构包括如下三个方面：（1）有法律上意义的外观存在，即所谓可识别的外部客观事实；（2）此法律意义上的外观足以导致交易相对人的充分信赖，即所谓交易相对人之善意而无过错；（3）该法律意义上之外观的形成系受当事人（本人）影响或在当事人（本人）参与下形成，即导致交易第三人对外观的信赖，当事人（本人）具有可归责的事由。〔16〕意思文义与权利外观之法律真谛，在于保护善意交易第三人的利益，使通过意思文义与权利外观之判断产生的信用、信赖利益受法律保护，进而确保基于意思文义与权利外观所缔结合同的有效性和达成交易的安全性。

与民法相比，外观主义在商法中的适用和贯彻更具普遍性。这是因为，外观主义作为商法中的一项基本规则和重要制度，不仅以其核心元素和交易安全的价值取向架构着整个商法的内在体系；而且作为一项归责原则、行为效力原则、权利取得方式、商事裁判准则，外观主义在商法具体适用中已得到贯彻。〔17〕更重要的是，表示主义和公示制度是商法外观主义最直接的制度基础，〔18〕而商事登记恰恰又属公示制度的典型形式。商事登记之权威、中立、法定、强制、绝对等法律特征及由此引申的商事登记推定真实原则，更使商事登记成为最具法律有效性和公信力的典型外观形式；交易第三人对具典型外观特性的商事登记所载事项或信息的确信与信赖，无疑应推定为善意无过错。不仅如此，商事登记外观的形成原于登记当事人的登记申请行为，并因登记申请之先声明、见证、认证、公证等，而形成关于商事登记外观之真实性、合法性和有效性的多重担保，商事登记外观的可信赖性具有可靠、可信、可责的主体基础与制度保障。在此情形下，如商事登记事项或信息存在失真或失信，无疑应归责于登记当事人及相关主体。足见，从外观主义法律制度与权利结构来考察，基于商事登记外观形成的所有合同或交易，均可视为交易第三人的外观信赖利益，对此信赖利益进行保护乃商法权利外观主义的应然法则。

3. 信赖利益保护是善意第三人信赖原则的当然结果。公信效力作为商事登记效力的本质属性，是商事登记确认效力的必然反映，更是其对抗效力的内在基础。商事登记的公信效力对交易第三人而言，具有毋庸置疑的真实性和高度可信的依赖性，交易第三人基于此一真实、可信的商事登记所载事项或信息，所缔结的合同或达成的交易，如按正常的合同履行和交易惯例，就可合乎逻辑地获得其所期待的利益或收益，亦

〔16〕　参见丁南：《论民商法上的外观主义》，载《法商研究（中南政法学院学报）》1997 年第 5 期。

〔17〕　参见叶林、石旭雯：《外观主义的商法意义——从内在体系的视角出发》，载《河南大学学报（社会科学版）》2008 年第 3 期。

〔18〕　参见全先银：《商法上的外观主义》，人民法院出版社 2007 年版，第 116－119 页。

即信赖利益。商事登记如存在不实、错误、遗漏、虚假,就可能导致已签的合同无法履行,达成的交易难以如期兑现;如此,善意第三人之合同目的就要落空,交易利益就难以实现。而若不对善意第三人之期待的信赖利益给予保护和救济,则商事登记之公信效力必荡然无存,商事登记之法律意义与制度功能也不复显现。

4. 信赖利益保护是登记当事人禁止抗辩原则的具体适用。商事登记公信效力的基础是登记当事人对业经登记确认并公示的记载事项或信息之真实性、合法性和有效性,有前提性、原始性和基础性的多重担保,特别是登记当事人的真实性声明保证。英美法系国家或地区在公司设立登记前设置严格的公司设立文件或材料声明保证程序,我国公司、企业登记申请人对申请材料之真实性负责原则,均意味着商事登记所载事项或信息,实系登记当事人已进行充分保证担保的事项或信息。如该商事登记所载事项或信息存在不实、错误、遗漏、虚假等情形,意味着登记申请人对自己承诺和保证的违反,应认定为失真或失信行为。无论是从英美法系之禁反言(反悔)规则,还是从大陆法系之违约规则,登记当事人都必须承担失真或违信责任。

5. 信赖利益保护是维护交易安全原则的必要举措。交易安全是商事立法和制度安排的主要价值取向,而信息的真实性与占有的充分性又是制约交易决策和决定交易安全的基础环节。商事登记作为重要、基础的公共营业信息供给机制和权威公示发布平台,具有公共营业信息无偿、有效供给的天然优势。故保护基于商事登记所生信赖利益,实为维护以公共营业信息供给机制为核心之交易安全的需要,是交易安全价值在商事登记领域的贯彻和落实。

需要特别说明的是,在信赖利益保护的两种模式里,一般日常生活领域与营业领域存在明显差异。在一般日常生活领域,信赖利益主要表现为既得利益或现有利益不受无辜损害;而在商事营业领域,商人缔结合同或达成交易之目的绝不只是固守其既得或现有利益,而是追求比既得或现有利益更大的商业利益,即未来、可期待的最大化利益,而这一最大化利益的取得或实现,当然有赖于已订合同的履行和达成交易的兑现,且这一最大化利益是一种需要相对人以积极行为配合才可实现的利益,明显表现为积极的信赖利益。[19] 故对处在营业领域、基于商事登记所生未来、期待之信赖利益,无疑应选择积极保护模式。

二、商事登记的失真、失信与第三人信赖利益的损失

(一)失真与失信为商事登记违法行为的主要表现

商事登记的权威性和公信力,其基础乃所记载的事项与公示的信息之真实、合法、有效,其中真实性又是核心中之核心、基础中之基础,而商事登记所载事项与公示信息

---

〔19〕 参见王焜:《积极的信赖保护——权利外观责任研究》,法律出版社 2010 年版,第 118－128 页。

之真实性,又完全取决于登记申请文件或材料的真实性。正因如此,我国原《公司登记管理条例》第 2 条第 2 款、《合伙企业登记管理办法》第 2 条第 2 款均一致规定,申请办理公司、合伙企业登记,申请人应当对"申请材料的真实性负责"。《市场主体登记管理条例》(2021 年)第 17 条也规定,"申请人应当对提交材料的真实性、合法性和有效性负责。"如违反商事登记的有关规定,致使登记、注册、公示的信息存在不实、错误、遗漏甚至虚假,就会导致整个商事登记信用的崩塌。

关于商事登记违法行为,立法上,根据相关规范文本的规定,主要包括虚假登记或登记欺诈、〔20〕擅自改变登记记载事实(如抽逃出资;公司成立后无正当理由超过 6 个月未开业的;或者开业后自行停业连续 6 个月以上等)、〔21〕登记事项发生变化不及时办理变更登记、篡改登记信息(如伪造、涂改、出租、出借、转让营业执照等)、〔22〕登记机关违法登记等一系列行为。〔23〕学理上,有学者把商事登记的违法行为分为申请登记阶段的违法行为、商事主体设立阶段的违法行为、登记后监管阶段的违法行为、登记程序之外的无照经营行为等四类或四阶段;〔24〕有学者从瑕疵登记角度,认为应包括登记机关瑕疵登记、登记申请人瑕疵登记、登记辅助人瑕疵登记等方面。〔25〕笔者认为,各种商事登记的违法行为,均可归纳为失真与失信两种形态或情形。

1. 商事登记失真。商事登记失真是指商事登记所确认、记载、公示的营业事项或营业信息存在有违真实性之违法情形。商事登记失真之内涵包括:(1)商事登记失真为登记、注册、记载、公示的营业事项或营业信息存在明显不真实的状况。(2)商事登记失真之原因是登记申请文件或材料存在错误、遗漏、虚假等不真实情形。(3)商事登记失真是在登记记载之前就已经事实上存在并经登记确认后固化。(4)商事登记失真直接导致商事登记确认并公示的记载事项、内容与登记当事人之实际情况不一致。商事登记失真包括通常所说的登记不实、错误、遗漏、虚假,我国现行立法文本中所列举的虚假登记或登记欺诈就属此类;另外,登记机关违法登记中有部分属于错误登记,但登记当事人的错误登记、遗漏登记未被纳入立法视野。

2. 商事登记失信。商事登记的失信是指登记当事人通过违法行为擅自改变业经登记确认并公示的商事登记营业事项或营业信息。与前述商事登记失真不同,商事登

〔20〕 参见《公司法》(2018 年修正)第 198 条、《合伙企业法》(2006 年修订)第 93 条、《个人独资企业法》(1999 年)第 33 条、《个体工商户条例》(2016 年修订)第 22 条。

〔21〕 参见《公司法》(2018 年修正)第 199 条、第 200 条、第 211 条;《公司登记管理条例》(2016 年修订,已失效)第 65、66、67 条;《市场主体登记管理条例》(2021 年)第 44 条。

〔22〕 参见国务院《公司登记管理条例》(2016 年修订,已失效)第 71 条;《市场主体登记管理条例》(2021 年)第 48 条第 3 款。

〔23〕 参见《公司法》(2018 年修正)第 208—210 条。

〔24〕 参见赵万一主编:《商事登记制度法律问题研究》,法律出版社 2013 年版,第 167 - 176 页。

〔25〕 参见李克武:《公司登记法律制度研究》,中国社会科学出版社 2006 年版,第 241 - 283 页。

记的失信之含义包括:(1)商事登记失信为商事登记所记载的内容、事项或信息本身不存在违反真实性、合法性或有效性问题,而是登记当事人在登记之后通过违法行为改变业经确认并公示的商事登记事实。(2)商事登记失信是登记当事人在登记后的违法行为所致,如抽逃资本的行为、涂改营业执照的行为等。(3)商事登记失信的时间是有效的商事登记确认并公示之后。(4)商事登记失信的后果是登记当事人的违法行为,导致合法、有效的商事登记所记载的营业事项或营业信息与登记当事人之实际情况存在不一致。我国相关立法文本中有关商事登记的违法行为,绝大部分属于商事登记的失信行为,如擅自改变登记记载事实(如抽逃出资;公司成立后无正当理由超过6个月未开业的;开业后自行停业连续6个月以上)、登记事项发生变化不及时办理变更登记、篡改登记信息(如伪造、涂改、出租、出借、转让营业执照等)等,均属明显的失信行为。

(二)商事登记失真、失信必然导致第三人信赖利益受损

商事登记失真与失信必然导致合法、有效、正式、公开的商事登记所记载的营业事项或营业信息与登记当事人之实际情况不一,造成商事登记名不副实,进而产生如下直接或间接危害:(1)严重损害商事登记的权威性和公信力;(2)直接危害信赖商事登记之第三人的交易安全和期待利益;(3)造成社会诚信的缺失,使社会成员之间失去应有的信任,民事交往丧失起码的信赖,营业领域难以维持基本的信用。

在上述三种危害中,交易第三人对商事登记的依赖性更强,其直接受商事登记的影响最大,商事登记失真、失信对其所造成的信赖利益损失也就更明显。从某种意义上讲,商事登记失真、失信,必然会导致第三人信赖利益受损这一结果的发生。因此,本着有违法就应有责任、有损害就须有救济之最基本的立法原则和制度规则,须建立起对商事登记失真、失信进行必要惩罚和对善意第三人信赖利益受损进行有效救济的商事登记违信追责与损害救济制度。

三、商事登记违信责任的制度建构

(一)构建商事登记违信责任制度的必要性分析

在商事登记具体运行和商事登记改革转型过程中,登记注册信息的失真与失信问题,是一个难以完全或彻底消除的常态现象;[26]也是不同法系、国家或地区必须面对的普遍性问题,它具有必然性、长期性和复杂性。商事登记中失真、失信行为,严重损害商事登记的权威性和公信力,威胁正常的交易安全和市场秩序,破坏社会赖以生存

〔26〕 参见陶利军:《商事制度改革背景下市场主体登记注册信息失真现象研究》,载《中国市场监管研究》2016年第6期。

的诚信基础。故无论是从惩处商事登记违法行为的角度，还是从市场秩序建设和社会诚信机制维护方面，都要求在商事登记立法设计与制度安排中，建立起一套切实有效的商事登记违信责任与信赖救济制度。商事登记违信责任与信赖救济制度，是维护商事登记权威性、公信力的需要，也是维护交易安全的需要，更是维护社会诚信的需要，当然也是救济、补偿交易第三人信赖利益受损的需要。

1. 维护商事登记权威性、公信力的需要。现代商事登记在绝大多数国家或地区是由国家机关主管、主持和负责的，即国家参与担保的一种营业登记，国家机关的公权力背景和市场中立性地位，无疑支撑着商事登记本身的权威性，进而使其具有足够的公信力。为维护这样一种权威性和公信力，法律通过推定真实原则，确定商事登记所载信息的绝对真实、可信，使其权威性、有效性得到维护；当这样一种法律已确认为权威、真实、有效的商事登记事项或信息，遭到来自登记当事人违法行为的破坏、挑战甚至亵渎时，商事登记之权威性、真实性、有效性在事实层面就不复存在。为此，国家要维护法律的有效性，更为了维护国家登记机关本身的权威性和公信力，重建市场与社会对国家的信用、信任与信赖，就须对各种破坏、挑战甚至亵渎具有国家担保性质的商事登记之违法行为进行惩处。通过对各种商事登记失真、失信行为的惩罚和对受害人进行有效的救济，不仅可有效遏制各种商事登记违法行为的发生，同时也可警示所有登记当事人，规范其登记申报与守信行为，严守市场诚信。

2. 维护交易安全的需要。交易安全是市场交易持续化的保障，更是商人实现营业效益最大化的必要条件，没有交易安全，不仅营业效益难以实现，人们日常起码的交往也不能长久维持。商事登记失真、失信行为，使最具公信力的商事登记所载营业事项或营业信息，不再可靠、可信，不仅直接损害个案中善意交易第三人的合同权利和交易利益，也间接影响甚至损害守法、守信的诚信登记当事人的信誉、信用和信任，进而影响整个市场的交易安全，严重威胁市场交易的正常秩序，如不对其进行严厉惩罚和有效制裁，不仅单一的营业交易无法继续下去，整个市场的交易安全和竞争秩序都难以维持。

3. 维护社会诚信的需要。诚信是社会的通行证，更是营业得以开展和交易得以持续的基础。在商事登记中，诚信最起码的要求就是确保业经登记、注册、确认并公示的记载事项与营业信息的真实性，如这一最基本的真实性都难以保障，商业诚信、市场诚信，乃至整个社会诚信，就失去根基。故从登记诚信、商业诚信、市场诚信甚至社会诚信的维持、维护出发，如不对商事登记失真、失信行为进行惩罚，对受害人进行有效救济，所有诚信均将建立在沙基上。

4. 补偿交易第三人信赖利益受损的需要。商事登记失真、失信行为最直接的受害者，当数信赖商事登记并与登记当事人缔结合同或达成交易的相对第三人，从信赖利益的制度理论与权利结构来看，他们属于信赖经法律推定真实的商事登记，不存在任何过错，为善意第三人应属无疑。由于商事登记失真、失信行为导致商事登记所载营业事项或营业信息的形式真实与实际情况不一，在此情形下，信赖商事登记并与登记当事人缔结合同或达成交易的相对第三人，就将面临已订合同无法履行、达成的交易和可期待的利益难以实现的不利境况，如法律上不通过责任的追究与分配对商事登记失真、失信行为人进行严厉惩罚，对善意交易第三人进行充分、有效的救济，则将对信赖商事登记并与登记当事人缔结合同或达成交易的相对第三人极为不公。英美法系与大陆法系法律责任最根本的区别在于，大陆法系强调通过公法处罚和行政责任对商事登记失真、失信行为人进行惩罚，但忽视对善意第三人的有效救济；相对而言，英美法系则在对商事登记失真、失信行为人进行公法惩罚的同时，更关注对因商事登记失真、失信而信赖利益受损的交易第三人给予充分、有效救济。从行为逻辑出发就会发现，商事登记违法行为人之所以要实施各种登记违法行为，其实质就是为了牟取非法利益；而基于一定时期市场交易利益总量恒定原则，商事登记失真、失信行为人所获得的非法利益，又无不攫取于上当受骗的交易第三人之既有权利或期待利益。如法律设计出有效的交易第三人之信赖利益赔偿机制和归责原则，则商事登记失真、失信行为人将面临因违法、违信而赔偿交易第三人之巨额信赖利益损失的可能，其结果必将得不偿失。行为人在违法获利与损害赔偿之间的得失权衡和利益考量，足以遏止具有经济理性之行为人的任何违法冲动。如此，通过对违法结果的预期，可有效抑制商事登记失真、失信行为。

（二）商事登记违信责任的制度架构

1. 构建商事登记违信责任的原由。我国现行立法文本中对商事登记违法行为只设立严厉的行政处罚或刑事责任，其主要形式有责令改正、行政罚款、吊销营业执照、撤销登记等，这些责任均为公法责任；相对而言，对私法责任特别是因商事登记失真、失信行为而导致交易第三人之信赖利益受损的责任，就没有充分、有效的赔偿制度和救济措施。鉴于商事登记信息之对抗效力与信赖利益存在对应关系，失真、失信、虚假的商事登记信息与善意第三人信赖利益受损也同样构成对应关系。从实现商事登记之营业效益、市场秩序、交易安全之价值出发，本着商事登记违法责任机制应当具有对受害人的救济功能、对行为人的惩罚功能、对登记申请人的引导功能、对企图提供虚假信息行为人的警示功能之本义，就须创设并构建起有效的商事登记违信责任与信赖损失救济制度。这是因为，在各种惩罚商事登记失真、失信行为的措施与责任中，行政处罚或刑事责任虽在一定程度上可起到有效震慑违法行为人的法律效果，但实际效应却十分有限，如责令改正、罚款在面对虚假登记行为可给登记当事人带来巨大非法利益时，其惩戒效果就大打折扣；又如撤销登记、吊销营业执照因对违法行为人实体权利产生重大影响，必然会涉及甚至伤及其他无过错相关各方的重大利益。市场实践也一再充分证明,纯粹、单一、严厉的行政处罚甚至刑事惩罚,并不足以有效遏阻商事登记违法行为,信赖利益赔偿才可符合逻辑地、从而更有效地抑制商事登记失真、失信行为的发生概率。因此,唯有对虚假商事登记等违法行为确立损害赔偿、救济优先的民事追责规则与司法裁判原则,[27]切实、充分、有效救济交易第三人的信赖损失,才可实现明显震慑或有效遏止商事登记失真、失信行为的立法与制度目标。

2. 商事登记违信责任的构成要件。创设商事登记违信责任与信赖损失救济制度,须对商事登记违信责任的构成要件作明确规定和清晰界定。(1)商事登记失真、失信行为及认定标准。包括商事登记失真、失信行为的认定标准,商事登记失真、失信行为的表现形式及类型;等等。(2)善意第三人信赖利益受损的存在与确定。包括善意第三人之界定,善意第三人信赖利益的界定及表现形式,善意第三人信赖利益受损情形的存在,善意第三人信赖利益受损的认定及损害范围、数额的确定;等等。(3)善意第三人信赖利益受损与商事登记失真、失信行为之间存在因果关系。包括交易因果关系,损失因果关系,因果关系与裁判标准的认定与例外排除;等等。

3. 商事登记违信责任的责任主体。实施商事登记违法行为,导致商事登记事项或信息失真、失信的主体,应对善意第三人信赖利益受损负赔偿责任。在比较并借鉴域外不同法系、国家或地区关于商事登记违信责任承担主体的相关规定和成功制例基础上,可考虑如下不同情形下商事登记违信责任的责任主体:(1)商事登记违信当然责任主体的营业当事人或登记申请人;(2)商事登记违信具体责任主体的企业或公司;(3)可能作为商事登记违信具体责任主体之企业或公司的董事、监事、高级管理人员和其他直接负责人;(4)可能作为商事登记违信具体责任主体的企业或公司控股股东或实际控制人;(5)可能作为商事登记违信具体责任主体的市场监管机构及其工作人员;(6)其他可能对企业信息公示失信负有直接责任的机构和自然人,如见证、认证、公证机构或承办职员;等等。

4. 商事登记违信责任的救济对象。救济对象是商事登记违信责任与信赖损失救济的重点和核心,在比较域外不同法系、国家或地区关于商事登记违信责任救济对象之相关规定的基础上,可对不同情形下商事登记违信责任的救济对象作如下规定:(1)基于信赖商事登记与商事登记失真、失信行为人存在交易关系的相对人与潜在交易相对人;(2)商事登记失真、失信侵权情形下的直接受害人;(3)以商事登记失真、失信行为作为不正当竞争手段的被欺诈方和竞争对手;(4)其他因信赖商事登记但因商事登记失真、失信而利益受损的人;等等。

5. 商事登记违信责任的归责原则。归责原则亦称归责原由,系指营业当事人或登记申请人违反法定、强制的商事登记真实性、合法性、有效性担保义务并应承担违信责

---

〔27〕 参见刘清、郭岳:《对商事虚假登记应当确立司法救济优先原则》,载《工商行政管理》2013年第3期。

任的基本事由。登记当事人之真实性担保义务既是法定义务,也是形式契约上的义务。本着有义务就有责任、有契约就有义务和责任之规则,在登记当事人违反商事登记法定与约定担保义务的前提下,根据先合同商事登记信息公示义务、商事登记信息侵权说之理论,在商事登记失真、失信时,科以登记当事人之违信民事责任是完全适当的。其归责原则可基于如下两个方面:(1)基于契约形成的商事登记信息公示失真、失信民事责任的归责原则,一般情形即按过错推定原则以确定归责;(2)基于侵权形成的商事登记信息公示失真、失信民事责任的归责原则,一般也按过错推定原则。也就是说,在追究登记当事人的违信民事责任时,一般应按过错推定归责原则进行追责,即除非登记当事人有比商事登记效力等级更高的证据证明,交易第三人已充分知悉其实际情况与登记情况存在不一,并在确信不一的情况仍与登记当事人缔结合同或达成交易;否则,无论属于何种情况或情形,登记当事人均应对因信赖商事登记而致利益受损的第三人承担信赖利益赔偿责任。

6. 商事登记违信责任的适用情形。商事登记所载营业事项或营业信息,具有反映营业当事人或登记申请人主要或核心营业要素的功能,如我国未来奉行登记记载事项以法定强制为原则、以任意选择为适度补充的法例或制例,商事登记违信责任的适用情形,可考虑凡法定记载事项和任意记载事项中存在的失真、失信情形,均应列入追责范围。主要情形可包括但不限于如下几个方面:(1)企业或公司出资人信息不实、错误、遗漏、虚假;(2)企业或公司注册资本信息不实、错误、遗漏、虚假;(3)企业或公司章程、合伙协议信息不实、错误、遗漏、虚假;(4)企业或公司组织机构信息不实、错误、遗漏、虚假;(5)企业或公司主营业事项信息不实、错误、遗漏、虚假;(6)企业或公司营业地信息不实、错误、遗漏、虚假;(7)其他法定记载事项或任意记载事项存在不实、错误、遗漏、虚假等情形。

7. 商事登记违信责任的赔偿范围。赔偿范围是决定能否对信赖商事登记而致其利益受损的善意交易第三人进行充分、有效救济的关键环节和制度保障。在此项制度设计时,应充分考虑如下几点:(1)商事登记违信责任信赖利益损害赔偿损失的确定。包括信赖利益损害赔偿范围的界定,信赖利益损害赔偿认定的基本原则。(2)信赖利益损害赔偿数额的计算方法。(3)信赖利益损害赔偿数额的确定。(4)信赖利益损害赔偿责任的方式。(5)其他信赖利益损害赔偿的归属与分担;等等。

商事登记违信责任与救济制度的构建,有利于通过立法和制度所建立起来的民事责任追究制度和善意第三人信赖利益赔偿制度,克服既有商事登记违法追责制度中偏重公法责任、行政救济的诸多缺陷,进而保障商事登记统一化改革转型与目标任务的顺利实现。

第二节 商事登记的违信追责与具体建构

一、商事登记违信追责制度的总体建构

(一)商事登记违信追责制度的建构思路

1. 商事登记违信追责的法例与制例比较

如何对违反商事登记有关规定的失真、失信行为人进行追责,除构建商事登记违信损害赔偿责任,通过信赖利益损害赔偿对善意交易第三人之信赖利益提供有效的法律救济之外,不同国家或地区也设置了比较有效的具体追责、救济措施和相关制度安排。法国的公司登记无效宣告制度,德国的行政解散与裁判解散制度,意大利的宣告公司设立无效制度,日本与韩国的命令解散制度,英国、美国的法院解散与司法撤销制度,均具有代表性。

在大陆法系,如《法国商法典》规定公司违反法律规定以及有关调整合同的法律的强制性规定,可引起公司无效;而任何公司登记无效之诉,均由初审法院受理并审查,公司设立或其他登记被宣告无效具有溯及力,自公司设立或登记之日始即不产生公司法上的法律效力,公司应进入清算程序。[28]在德国,对公司违法经营危害公共利益的,法律设置有行政解散与裁判解散等制度。《德国有限责任公司法》第62条规定,公司因股东作出违法决议或者故意放任业务执行人的违法行为而危害公共利益的,行政机关可以解散公司。《德国股份公司法》第296条规定,公司因其管理人员的违法行为而危害公共利益,如监事会和股东大会不解任该管理人员的,经公司住所地所在州的最高主管机关申请,法院可以通过判决解散公司;公司被解散后,应按照规定对公司进行清算。[29]根据《意大利民法典》第2332条规定,公司在完成登记程序后,如出现公司经营范围违法等情形,则可由公司登记机关宣告公司设立无效。[30]《日本商业登记法》第三章"登记手续"中第十节"登记的更正与撤销"明确规定了登记更正制度和登记撤销制度,其第134条规定,登记中存在申请文件不全、遗漏或者虚假,或者登记事项存在无效等原因,当事人可以申请撤销其登记;其第135条规定,登记官可依照职权作出撤销登记决定。[31]对公司基于不法目的设立,或从事不法经营,则法院可裁决命令解散公司。《日本公司法》第824条规定,如公司基于不法目的设立的,法院为确保公共利益

〔28〕 参见《法国商法典》(上册),罗结珍译,北京大学出版社2015年版,第421-423页。
〔29〕 参见《德国商事公司法》,胡晓静、杨代雄译,法律出版社2014年版,第57、232页。
〔30〕 参见《意大利民法典》,费安玲等译,中国政法大学出版社2004年版,第544页。
〔31〕 参见《日本商业登记法》,庄玉友译,载王保树主编:《商事法论集》(第22卷),法律出版社2012年版。

不能允许公司存在的，可依法务大臣或者股东、社员、债权人及其他利害关系人的请求，命令解散公司。[32]在韩国，有关公司设立目的非法或违法经营，适用命令解散制度。《韩国商法典》之“公司法编”第176条规定，公司设立的目的非法，或公司因董事或者执行公司业务的社员违反法令或者章程的，法院可根据利害关系人或检查员的请求，或者依职权命令公司解散。《韩国商法典》第184—194条对公司设立无效、撤销之诉有更具体规定，即在(1)公司自成立之日起两年内，公司社员可提起无效之诉，有撤销权的人可主张撤销之诉；(2)依照民法的规定享有对公司设立行使撤销权的人提起撤销之诉；(3)公司设立损害债权人利益由债权人提起公司设立撤销之诉等情形下，可由总公司所在地之地方法院受理并审理；如经法院审理并判决公司设立无效或撤销公司设立，则准用于公司解散情形。[33]

在英美法系，根据2006年《英国公司法》第1123条规定，在公司登记或经营中如构成犯罪行为，法院可解散公司，则所有失责高级人员（最主要为公司董事）的责任应适用于公司以外的组织如合伙或非法人组织，对其进行连带追责。[34]在美国，受《标准公司法》第3.01条公司从事“合法业务的目的”一般性条款的约束，在该公司是通过欺诈获得公司章程，或该公司持续超出或者滥用法律赋予的权限；股东基于董事或者控制公司的人已经、正在或者将会以非法的、压迫性的或者欺诈性的方式行为；债权人基于公司已无力偿付到期债务起诉时，法院可以解散公司。[35]根据《特拉华州普通公司法》第284、285条的规定，公司滥用、错用或者不使用其公司权力、特权或者特许权的，或自行提出动议及经适宜当事人检举，可由衡平法院判决撤销公司或者没收公司执照，并将判决书交原登记的州务卿备案。[36]

由于不同国家或地区公司登记主管模式存在较大差异，有关公司违法登记或经营的处罚机关与处罚法律效力也就存在明显不同。如在法国、德国、意大利、日本、韩国，公司登记机关为法院，其有关公司登记无效宣告、裁判解散、命令解散制度，就相当于公司登记机关的撤销制度。而在英国、美国，其公司登记机关为行政机关，其法院作出的裁判解散或司法撤销，即为司法解散制度。此外，德国除设立裁判解散外，还配有行政解散制度，类似于我国的行政强制解散制度。这表明，虽然不同国家或地区在应对公司违法登记、不当营业时，有所谓宣告公司设立无效、命令解散、法院解散制度，但其制度内涵与功能存在明显差异。而其中绝大多数国家或地区，在公司被宣告设立无

---

〔32〕 参见吴建斌编译：《日本公司法：附经典案例》，法律出版社2017年版，第431页；《新订日本公司法典》，王作全译，北京大学出版社2016年版，第350页。

〔33〕 参见王延川、刘卫锋编译：《最新韩国公司法及施行令》，法律出版社2014年版，第3-7页。

〔34〕 参见《英国2006年公司法》（第3版），葛伟军译，法律出版社2017年版，第926页。

〔35〕 参见沈四宝编译：《最新美国标准公司法》，法律出版社2006年版，第30、212-218页。

〔36〕 参见《特拉华州普通公司法》，徐文彬等译，中国法制出版社2010年版，第173-174页。

效、命令解散、法院解散后，均适用公司清算程序；只有英国、美国等地的司法解散或撤销制度，才适用合伙或非法人组织的清算规则，对公司与相关行为人以无限连带责任归责。

限于公司法的私法属性，绝大多数域外公司立法特别是大陆法系国家或地区，仍然延续19世纪之前公司立法的自治性品格，国家公权力对包括公司登记或经营在内的公司内部行为一般较少干预。而遇到公司违法登记、不当经营等情形时，传统公司法更多是从公法责任的角度，追究公司或责任人的行政责任或刑事责任，而对债权人的保护与损害赔偿的救济则十分有限。因此，无论是法国、意大利的公司登记无效宣告制度，还是德国、日本、韩国的裁判解散或命令解散制度，其救济的对象均限制在公司内部股东、公司相对交易的特定债权人等；而涉及公司违法登记、不当经营致使社会利益受损时，各种制度均难以发挥应有的救济功效。公司清算、破产制度的有限清偿属性，又决定公司违法、不当经营导致的清算、破产清偿，无法给受损社会利益提供有效和足够的法律救济。相对而言，英美法系的司法解散制度，比较侧重于公司与违法行为人私法责任的归属与相对受害人的赔偿救济。〔37〕

2. 商事登记违信追责路径的理论分歧

关于商事登记违信追责、救济的具体路径，特别是关于商事登记违法行为的救济路径，学界分歧较大。有学者认为应包括自力救济（更正登记）、民事救济（异议登记、民事诉讼）、行政救济（行政复议、行政裁决、行政诉讼）等几种；〔38〕更多学者是从公司设立瑕疵角度，论及公司登记违信行为的法律救济路径。有学者基于公司登记或设立瑕疵的法律救济，在世界上存在英美法系的强制性解散和大陆法系的人格否认两种模式，认为英美法系的强制性解散更为妥当。〔39〕学界对我国现行公司设立瑕疵追责、救济举措的认识更是大相径庭，如多数学者认为我国尚存在原则否定主义（瑕疵设立无效〔40〕、瑕疵设立无效或撤销〔41〕、瑕疵设立无效与行政撤销并存〔42〕、公司设立无效宣

〔37〕　参见肖海军：《论〈公司法〉第5条第1款的实施——以〈公司法〉修改为视角》，载《北方法学》2021年第3期。

〔38〕　参见赵万一主编：《商事登记制度法律问题研究》，法律出版社2013年版，第179－204页。

〔39〕　参见张宗卿：《公司设立瑕疵法律问题研究》，中国政法大学出版社2015年版，第132－187页。

〔40〕　参见叶林：《公司法研究》，中国人民大学出版社2008年，第348－350页；刘俊海：《现代公司法》，法律出版社2011年版，第88页。

〔41〕　参见陆介雄、周建伟：《我国公司瑕疵设立的救济程序探讨》，载《当代法学》2006年第2期；王建文：《公司瑕疵设立制度理念比较研究——我国公司瑕疵设立制度批判与理论建构》，载《商业经济与管理》2007年第1期。

〔42〕　参见孙天全：《公司设立瑕疵刍议》，载《北京理工大学学报（社会科学版）》2004年第6期；赵旭东主编：《新公司法制度设计》，法律出版社2006年版，第43页；范健、王建文：《公司法》，法律出版社2011年版，第131页。

告[43])和原则承认主义(公司设立瑕疵有效法律效益较优论[44]、公司设立瑕疵结论性证书规则论[45]、公司瑕疵设立有效论[46]、公司设立登记公信力维持论[47])两种救济模式;有学者提出在原则承认主义救济模式的框架下,通过引入人格个别情形的否定、强制性解散制度中行政撤销主义的排除、强化对瑕疵制造者的民事赔偿责任等制度进行平衡性救济。[48]

3. 商事登记违信追责制度构建应坚持的基本原则

笔者认为,现行商事登记违法、违信行为的主要追责形式和救济方式为公法责任和行政救济,商事登记违信追责、信赖救济的制度构建,应彻底改变既有或传统公法责任与行政救济为中心的立法取向和制度模式,建立起民事责任、私法救济为中心的新型商事登记违法、违信行为的主要追责形式和救济方式。具体而言,应遵循以下基本原则:(1)以民事责任、私法救济为中心原则。通过对商事登记违信损害赔偿责任的归责,强化对善意第三人信赖利益的保护。(2)公法责任、行政救济与民事责任、私法救济相结合的原则。公法责任、行政救济与民事责任、私法救济应相辅相成、互为补充,其中应施以公法责任、行政救济来强化对商事登记违法、违信行为人的惩罚;而以民事责任、私法救济关注于善意第三人信赖利益的保护,两者不可偏废。(3)尊重并维持商事登记公信力原则。商事登记的权威性和有效性集中表现在其公信力,公信力是商事登记的生命所在。故在构建商事登记违信追责、信赖救济制度时,不可随意否认商事登记的有效性,特别在行政处罚中,不应滥用行政惩罚权,轻率作出如吊销营业执照或撤销登记这样与商事登记公信力相冲突的决定或行为,只有在有充分有效证据的情况下,才可适用否认或抵销商事登记效力之吊销营业执照或撤销登记等处罚。(4)营业维持原则。在对商事登记违法、违信行为追责时,应遵循营业维持、企业维持原则,不应轻易否认合同、经营的有效性,更不应随意吊销经营者的营业执照或适用撤销登记、登记无效宣告。(5)有利于信赖第三人原则。在所有的公法责任与私法责任、行政救济与民事救济中,一定要重视和关注信赖商事登记之善意第三人的利益,应本着积极保护和有效救济信赖第三人利益之原则,考量、设计和安排各项制度。

---

〔43〕 参见施天涛:《公司法论》,法律出版社2006年版,第94页;李建伟:《公司法学》,中国人民大学出版社2008年版,第99页。

〔44〕 参见庞敏英、郑慧莲:《公司瑕疵设立制度的经济分析》,载《河北法学》2004年第12期。

〔45〕 参见房绍坤、王洪平:《公司瑕疵设立的法人格规制》,载《中国法学》2005年第2期。

〔46〕 参见张民安:《公司法的现代化》,中山大学出版社2006年版,第265页。

〔47〕 参见刘蔚文:《反思与完善:我国公司瑕疵设立的制度构建》,载《深圳大学学报(人文社会科学版)》2012年第2期。

〔48〕 参见张宗卿:《公司设立瑕疵法律问题研究》,中国政法大学出版社2015年版,第202-207、217-225页。

（二）商事登记违信追责制度的具体建构

根据以上基本思路和原则，笔者认为，商事登记违信追责、信赖救济制度应从一般程序性补救、民事性救济赔偿和效力性否定处罚三个方面作通盘、整体考量，进行具体建构。

1. 一般程序性补救

所谓一般程序性补救，就是通过商事登记制度本身的某些程序或环节的增加和完善，以弥补目前因商事登记不实、错误或遗漏造成的商事登记失真、失信问题。一般程序性补救制度，包括如下制度安排：(1)更正、补正登记制度。现行立法文本中有关于"责令改正"的处罚，但尚无与之配套的制度安排。有学者从公司登记角度，认为公司登记的更正和撤销，即便不属于公司登记的基本程序，广义上也应属于公司登记的程序范畴，可归为对公司登记程序补充或修正。[49]笔者在前文已经分析，更正、补正程序具有独立的程序意义与独特的制度功能，应通过增设商事登记更正、补正制度与相关程序，以一般性的更正、补正登记，有效解决那些在登记过程中的错误、遗漏等一般性不实、不真情形，但尚未达到虚假、欺诈之严重情节的商事登记失信问题。(2)登记复议制度。通过行政复议解决部分商事登记失真、失信问题。(3)其他程序性补救措施。

2. 民事性救济赔偿

民事性救济赔偿，如前节所述，通过引入信赖利益保护的概念和制度，建立商事登记违信损害赔偿责任制度，给基于确信并信赖商事登记与登记当事人缔结合同或达成交易的善意第三人之信赖利益，提供切实、有效的保护，以民事责任的手段和措施对善意第三人进行信赖利益赔偿，以期达到有效抑制商事登记失真、失信的目的和实效。民事性损害赔偿救济的具体制度包括：(1)信赖利益积极保护与商事登记违信损害赔偿责任制度；(2)未经登记之事实营业所生债务一律适用无限、连带清偿责任制度；(3)公司法上的资本充实与资本填补责任；(4)登记撤销或无效宣告之后，出资人或管理人的连带清偿或赔偿责任；(5)其他违约或侵权责任的无限或连带清偿责任制度。

3. 效力性否定处罚

效力性否定处罚，即通过对商事登记本身效力的否认，使其不再危害之后的交易第三人或社会公众的严厉处罚措施。效力性否定处罚具有如下特点：(1)效力性否定处罚的适用对象为严重的商事登记违法，其主要包括虚假登记、欺诈登记、登记严重违反国家强制性规范或社会公序良俗等。(2)效力性否定处罚是一种最为严重的处罚措施，它否认业经登记的商事登记之法律效力，使其不再具有确认力、公信力和对抗力。(3)效力性否定处罚虽具有溯及力，但对善意第三人而言，其效力仅及于效力性否定处

---

〔49〕　参见李克武：《公司登记法律制度研究》，中国社会科学出版社2006年版，第213页。

罚生效日之后，效力性否定处罚生效之前，法律仍应基于商事登记推定真实原则，对善意第三人之信赖利益提供充分、有效保护。(4)效力性否定处罚的决定机关，可分为行政机关和法院仲裁两种形式，吊销营业执照、撤销登记可由原登记机关作出；而企业或公司司法解散和企业、公司设立无效宣告等，则应由法院以审判方式作出。(5)效力性否定处罚虽为公法意义上的处罚，但其产生的法律后果既有公法上的，也含私法上的。撤销登记在公法意义为行政处罚；在私法意义则推定从未有过该登记，如撤销公司登记，则该公司自始就未有效设立，所有在公司登记前后所生债务，均比照合伙债务，由出资人、设立人或相关责任人承担连带无限清偿责任。

根据以上特点，属效力性否定处罚的追责、救济制度有：(1)营业证照吊销制度；(2)商事登记撤销制度；(3)企业、公司司法解散制度；(4)商事登记宣告无效制度；(5)其他效力性否定处罚制度；等等。

鉴于前文对更正或补正登记、信赖利益积极保护与违信损害赔偿责任等民事性救济、营业证照吊销等追责制度已有具体讨论，以下集中讨论商事登记撤销制度和商事登记宣告无效制度。

二、商事登记行政撤销制度的厘正

(一)商事登记行政撤销制度的意义厘定

我国《公司法》(2018年修正)第198条与原《公司登记管理条例》(2016年修订)第63条、第64条，原《企业法人登记管理条例》(2019年修订)第29条第1款第1项，《合伙企业法》(2006年)第93条和原《合伙企业登记管理办法》(2019年修订)第38条，《个人独资企业法》(1999年)第33条和原《个人独资企业登记管理办法》(2019年修订)第34条，《个体工商户条例》(2016年修订)第22条与原《个体工商户登记管理办法》(2019年修订)第35条，均规定有诸如"虚报注册资本、提交虚假材料或者采取其他欺诈手段隐瞒重要事实"、"登记中隐瞒真实情况、弄虚作假"、"提交虚假文件或者采取其他欺骗手段"或"提交虚假材料"，取得公司登记、企业登记或骗取注册登记等情形，如属情节严重的，登记机关可作出撤销登记或者吊销营业执照的行政处罚。足见，商事登记行政撤销为具有行政主体性质与地位的商事登记机关，因虚假登记、欺诈导致商事登记所载事项或信息与登记当事人之实际真实情况根本不符，严重损害商事登记之权威性和公信力，所作出的决定撤销该登记使其自始归于无效的商事行政惩罚性措施。

由于商事登记的行政确认性质，决定商事登记申请人所提交的申请文件与相关材料是否具有关联性、完备性直至真实性、合法性，直接影响商事登记机关行为选择的正确性、适当性与最终作出判断的合理性、有效性。其中，对申请文件与相关材料的真实性，应由登记申请人负完全责任，登记机关只负形式审查义务。[50]对此，我国《公司登记管理条例》(2005年修订)第2条有十分明确的规定。换言之，对登记机关来说，其是否作出设立登记决定进而为登记行为，有赖于登记申请人所提交的申请文件与相关材料是否符合形式要件。正因如此，对1994年《公司登记管理条例》作出重大修改时，《公司登记管理条例》(2005年修订)第52条、第54条就明确规定公司登记机关在作出受理公司设立登记申请或作出予以登记决定时，基本判断依据就是"申请文件、材料齐全，符合法定形式"；[51]《市场主体登记管理条例》(2021年)第19条更明确规定，登记机关应对"申请材料齐全、符合法定形式"进行形式审查。质言之，审查公司登记申请人所提交的申请文件和相关材料的关联性、齐全性、完备性，是否在形式上符合法律、行政法规规定或企业、公司章程记载的基本要求，才是登记机关受理的依据、审查的对象与是否作出登记决定的理由。

依据这一法条依据与基本逻辑，在商事登记过程中，登记申请人所提交的申请文件和相关材料不具备合法性、真实性，或者由于公司登记机关未尽谨慎审查义务(因疏于审查而未发现申请文件和相关材料在关联性、完备性、形式性方面存在重大瑕疵或缺陷)，则通过商事登记行为所确认的营业事项或信息与法律、行政法规所规定或企业、公司章程所记载之基本条件不相符合，必然导致业经登记的事项或信息，或者已成立的企业、公司存在重大瑕疵。商事登记撤销就是针对此一情形所给予的必要补救。

(二)商事登记行政撤销的制度价值

1. 商事登记后能否被撤销

关于商事登记能否被撤销，以公司设立登记为例，公司业经设立登记正式成立之后，能否由原公司登记机关以撤销公司登记之决定径行撤销，立法和学理上尚存分歧。考察域外立法例，目前大多数国家没有关于原公司登记机关可径行撤销公司登记的规定或制度安排。

在大陆法系，如《法国商事公司法》第242-1条规定，"股份有限公司的发起人，董事长、董事或者总经理，在公司于《商事及公司登记簿》注册登记之前，或者如其注册登记手续系以欺诈手段获准办理，或者公司设立之各项手续未按规定办理，于任何时候，发行股票或股金券者"，均应承担罚金或监禁等刑事责任。[52]就登记机关而言，如1984

---

[50]　有学者认为工商登记机关对虚假证明文件的法定审查应以形式审查为原则、实质审查为补充，参见李孝猛：《公司登记机关审查虚假证明文件若干法律问题的思考》，载《中国工商管理研究》2006年第2期。也有学者把其概括为谨慎审查义务或谨慎审查原则，参见范健、王建文：《公司法》，法律出版社2015年版，第164页。

[51]　参见国务院《公司登记管理条例》(2016年修订，已失效)第51、53条。

[52]　参见《法国公司法典》(上)，罗结珍译，中国法制出版社2007年版，第371-373页；《法国商法典》(上册)，罗结珍译，北京大学出版社2015年版，第421-423页。

年5月30日第84-406号关于《商事及公司登记簿》的法令第34条赋予登记法院的书记员可随时审核已经进行的登记是否存在瑕疵的权利，并有权责令申请人在1个月内更正。发现公司登记存在事实错误时，“均可由书记员本人按照负责监督登记簿的法官做出的裁定，予以撤销”。〔53〕《德国股份法》只在第41-53条规定公司登记前公司设立瑕疵的民事赔偿责任，第399—400条有关于设立登记中虚假陈述、不正确说明责任人行政和刑事责任的规定，无公司设立登记撤销的规定；《德国有限责任公司法》第9C条也只规定拒绝登记制度，第82条规定公司设立时虚假陈述责任人的行政和刑事责任，也无公司登记撤销制度的规定。〔54〕在日本，2005年《日本公司法典》虽在第49条、第579条均确立股份公司和持股公司经“设立登记后成立”这一登记成立生效主义原则，但同时又规定公司设立登记只具有公示公司营业信息、宣告公司成立（如第49条）和不得对抗第三人（如第908条）的证明效力，即公司“应登记的事项，非在登记后，不得以此对抗善意第三人。即使在登记后，第三人因正当事由不知道该登记的，亦同”。“因故意或过失登记不实事项的人，不得以该事项不实，对抗善意第三人。”〔55〕《韩国商法典》第192条只规定经法院裁定的设立无效与设立撤销，应办理登记，此登记类似注销登记，也无公司登记机关作出撤销登记之规定。〔56〕

在英美法系，在英国，公司法虽规定公司登记官有“将停业公司除名的权力”，但也只限于在公司不开展业务或经营的情况下，公司登记官“可以将公司名称从登记册中除名，除非公司原先表明有相反的理由”。〔57〕《美国标准公司法》第2.03条也规定“公司章程备案之时公司即开始存在，除非另行确定一个推迟的生效日期”，“州务卿将公司章程备案是证明发起人已满足成立公司的所有先决条件的决定性证据，除非该州取消或者撤销成立公司的程序或者强制公司解散”。〔58〕《美国特拉华州公司法》对“在注册申报之时即有不准确的事实，其签署、加盖印章或确认不当或错误，或在其他方面存在缺陷，州务卿就之前的注册申报接受该文件注册申报申请或对该文件进行注册申报与归档，对任何人均不负担责任”。〔59〕

通过比较分析，不难发现，只有法国公司法规定可由公司登记机关径行撤销之制；

〔53〕　参见《法国公司法典》（下），罗结珍译，中国法制出版社2007年版，第616页；《法国商法典》（下册），罗结珍译，北京大学出版社2015年版，第1285页。

〔54〕　参见《德国商事公司法》，胡晓静、杨代雄译，法律出版社2014年版，第82-87、31、62页。

〔55〕　参见《日本公司法典》，吴建斌等译，中国法制出版社2006年版，第24、468页。

〔56〕　参见周玉华主编：《韩国民商事法律汇编》，人民法院出版社2008年版，第309页；王延川、刘卫锋编译：《最新韩国公司法及施行令》，法律出版社2014年版，第5-7页。

〔57〕　参见《英国2006年公司法》，葛伟军译，法律出版社2008年版，第626-627页。

〔58〕　参见沈四宝编译：《最新美国标准公司法》，法律出版社2006年版，第26页。

〔59〕　参见虞政平编译：《美国公司法规精选》，法律出版社2004年版，第317-318页；《特拉华州普通公司法》，徐文彬等译，中国法制出版社2010年版，第14-15页。

但因法国公司登记机关为法院,法院所作的撤销是通过负监督登记簿之责的法官(而非负公司登记之责的书记员)以裁定方式进行的,应属于司法撤销制度范畴,与我国《公司法》上的行政撤销登记制度自然不能等同。域外立法之所以不轻易设定公司设立登记径行撤销制度,在于其从营业自由和交易安全的价值取向出发,[60]坚守企业(公司)维持原则。[61]从契约关系来考察,企业(公司)一经成立并开展营业,就以其为连结点形成一系列以合同为基础的交易网络。[62]由此,公司一经成立,公司之出资人、经营者、劳动者就与公司形成一个彼此相互依存的利益共同体,公司的稳定和存续对公司内部出资人(股东)之间、出资人与公司之间、出资人与公司经营者之间、公司与劳动者之间利益关系的维护与发展自然具有本源意义。此外,公司成立后,其要作为一个独立的经营主体和交易主体开展一系列营业活动,就必然要与交易相对人、同业竞争者、上下游的营业合作者建立起各种不同的交易关系,形成各种债权债务,公司的永续存在,对保证交易安全无疑具有基础意义。正因如此,公司的存续与维持无论是对公司共同体利益的维护,还是从交易安全、社会稳定的角度来考量,均具实质意义。如任由公司登记机关轻易撤销其业已作出的设立登记,不仅会损害公司共同体成员的利益,也会因公司这一特定交易连结点的消失,使某一交易链条中断,甚至使某一交易领域发生集体性债务危机。这也是域外法例没有把公司登记径行撤销制度作为一项正式制度规定在公司法中的基本原由。

从学理上讲,公司一经成立就具有法人资格,就是一个独立的经营主体和交易主体。公司的独立人格使其与先前的发起人、出资人以及公司成立后的股东、公司经营者在身份、财产、意思、责任上独立、区分开来。公司作为法律上独立的人,虽不能与自然人完全等同,但其经设立登记而成立之后,就有法律上的人格与生命,此一法律上的人格与生命就应得到法律上的维护,就应得到尊重,不能轻易予以否定,更不得由原登记机关任意撤销。

虽然如此,公司作为拟制主体的法人与自然人最大的不同,在于其获得主体资格和独立人格须具备法律规定的必要条件,如公司在获得独立人格之前,或因申请人的欺诈,或因登记机关的重大过错,其在登记注册时欠缺成就法人成立要件和开展营业所需要的基础条件,这就使业已登记注册的公司既违背法律又不符合事实,成立起来的公司就是一个由虚假材料和事实支撑的瑕疵公司。更因我国奉行登记成立生效主义原则,而瑕疵公司又已登记注册并获得各种形式的营业证书,在形式上就俨然会以公司名义去从事一系列活动。如任由这样的瑕疵公司混迹市场,其结果必然是危害市

---

[60] 参见肖海军:《营业准入制度研究》,法律出版社 2008 年版,第 270 – 317 页。

[61] 参见高在敏:《商法部门论》,法律出版社 2008 年版,第 54 – 56 页。

[62] 参见[美]L. R. 麦可尼尔:《新社会契约论》,雷喜宁、潘勤译,中国政法大学出版社 2004 年版,第 10 – 32 页。

场秩序和交易安全。据此,从市场秩序和交易安全角度,对欠缺公司设立基本条件但经登记注册的瑕疵公司之独立主体或法人人格予以法律上的否认,则十分必要。[63]更为重要的是,公司原始出资人和发起人对其出资、章程、主业等营业事项形成合意是公司成立的基础条件,公司设立登记只不过是对这一合意的确定和认可。也就是说,公司原始出资人和发起人真实的合意,是公司设立登记有效的前提性条件。而虚报注册资本、提交虚假材料和采取其他欺诈手段隐瞒重要事实等当事人意思表示的虚假与违法,只能说明公司设立时当事人之间意思表示的不真实,由此形成的原始出资人和发起人之间的合意原本就不存在,公司设立登记所依据的基础条件已根本丧失,进而导致原有设立登记缺乏正当性,其有效性存疑。正是这样,目前部分国家和地区就是创设公司设立无效或公司设立撤销制度,[64]通过司法救济程序处理公司设立登记的实质性瑕疵。我国作为一个有行政本位传统的国家,没有在《公司法》中确立公司设立的司法无效宣告或撤销制度,而是把这一救济的权力赋予负登记主管职责的公司登记机关。从制度的设置和国家权力的配置来看,由原登记管理机关来行使设立登记撤销之权,虽很难保证其权力审慎行使,难以防止其权力滥用,有其十分不合理的地方;但由原公司登记机关来行使,也有就近取证的方便之处。

2. 撤销商事登记的立法主旨与制度功能

以撤销公司设立登记为例,撤销商事登记的立法主旨有二:(1)维护公司登记机关的权威性和公信力;(2)保护因欺骗、欺诈而信赖利益受损的当事人。这是因为,欺骗、欺诈导致的公司登记失实,除严重损害公司登记机关的权威性和公信力外,对信赖公司登记内容的债权人和其他利害关系人的损害更直接、更严重。由此,其制度设计的重心应放在对信赖公司登记内容的债权人和其他利害关系人之损害赔偿上,以严格公司设立人、控制人、验资机构、登记机关因公司登记失实对第三人的损害赔偿责任。[65]

我国《公司法》(2018 年修正)第 198 条所规定的公司登记撤销适用之前提条件是,公司登记申请人违反《公司法》的规定,虚报注册资本、提交虚假材料或者采取其他欺诈手段隐瞒重要事实取得公司登记,这些情形均涉及公司设立实质性要件的真实性,与公司登记申请文件、材料的关联性、完备性和登记程序等形式性条件无关。这说明,之所以要建立公司登记撤销制度,其真正目的在于抑制公司设立过程中的虚假出资行为和其他申请欺诈行为,维护公司设立中的诚信。其基本功能在于通过对以欺骗方法或手段取得设立登记的否定,由有关责任人按照连带清偿原则了结一切由此产生

[63] 参见李克武:《论我国公司登记立法价值取向的选择》,载《华中师范大学学报(人文社会科学版)》2009 年第 2 期。

[64] 参见虞政平:《"瑕疵公司"的权利能力》,载《法律适用》2003 年第 6 期。

[65] 参见焦艳红:《公司登记失实致第三人损害的民事责任》,载《河南省政法管理干部学院学报》2004 年第 2 期。

的债务，救济信赖公司登记内容的受害人；恢复公司登记机关之登记行为的公信力；结合前置的行政措施、行政处罚和因撤销公司登记而产生的民事责任，达到对实施欺骗、欺诈行为的违法申请者予以惩戒的目的。

3. 商事登记行政撤销的法律后果

以公司设立登记撤销为例，对“撤销公司登记”的法律后果，学界看法尚存分歧。有学者认为，决定撤销公司登记、吊销营业执照与宣告公司设立无效的法定事实，是不完全一致的。〔66〕有学者对撤销公司登记行为没有给予明确界定，而是在公司设立失败和公司设立无效这一大前提下对公司设立瑕疵行为进行论述。〔67〕有学者则认为所谓撤销公司登记和吊销营业执照行为“实际上是对已经取得的公司法人资格的否定”。〔68〕还有学者认为不应赋予公司登记机关以撤销权，而应把否决瑕疵公司设立的权力配置给法院。〔69〕

笔者认为，公司设立登记撤销的法律后果，应从公司设立登记所产生的法律效力来分析。公司设立登记之效力存在登记对抗主义和登记成立主义之别。在登记对抗主义原则下，如适用撤销程序予以救济，受影响的只是具有对抗效力的第三人，对业已成立的公司之设立效力并无实质影响。而在登记成立主义原则下，如适用撤销程序，则直接影响业已登记成立之公司的设立效力。我国奉行公司登记成立主义原则，行政决定具有既定力与溯及力，一旦公司登记机关适用撤销程序，作出撤销公司设立登记的决定，就意味着该公司自始就没有进行过设立登记，即公司处于设立无效和成立不能的状态，其情形则应以设立中的公司对待。

（三）撤销登记与吊销营业执照能否选择适用

从前述《公司法》第198条与原《公司登记管理条例》第63条、第64条，原《企业法人登记管理条例》第29条第1款第1项，《合伙企业法》第93条和原《合伙企业登记管理办法》第38条，《个人独资企业法》第33条和原《个人独资企业登记管理办法》第34条，《个体工商户条例》第22条与原《个体工商户登记管理办法》第35条规定的主旨来看，撤销登记（包括设立登记）与吊销营业执照处在并列、可选择适用的位序。那么，商事登记机关可否在这一并列规定中加以选择地适用呢？以下以公司设立登记撤销为例，对其与吊销公司营业执照进行比较。

1. 撤销登记与吊销公司营业执照的比较

撤销公司登记与吊销公司营业执照，虽均属对虚假或欺诈登记等严重违反真实性

---

〔66〕　参见叶林：《公司法研究》，中国人民大学出版社2008年版，第350页。

〔67〕　参见刘俊海：《现代公司法》，法律出版社2008年版，第77－80页。

〔68〕　参见周友苏：《新公司法论》，法律出版社2007年版，第171页。

〔69〕　参见蒋大兴：《公司法的观念与解释Ⅰ：法律哲学＆碎片思想》，法律出版社2009年版，第263－267页。

要求之公司登记行为的行政处罚,但其差异性还是比较明显的。

(1)对公司是否实质成立的法律认定不同。撤销公司设立登记意在公司登记机关对其基于虚假申报信息作出的行政确认行为的纠正和否定,其行为性质在于公司登记管理机关对其先前作出的公司设立登记行为的否定;行政撤销行为具有既定力与溯及力,这就意味着该行政撤销行为否认了原公司设立登记行为的法律效力,亦即宣示该公司原已完成的设立登记归于无效,该公司自始就未被确认而处于未成立状态。而吊销公司营业执照则是在公司登记后的营业活动严重违反《公司法》和其他法律规定对公司科处的一种行政处罚,其行为侧重于对公司违法营业行为的处罚,而处罚行为的核心在于剥夺和消灭作为商主体的公司的营业资格,此种惩罚是以承认公司有效成立为基本前提。

(2)对公司是否继续存续的法律意义不同。我国公司设立登记奉行成立要件主义原则,一旦公司登记机关撤销原设立登记,就意味着该公司自始就未有效成立,也就不存在继续存续问题。而吊销公司营业执照则仅仅消灭公司的营业能力,所剥夺的是公司再继续营业的资格,而非消灭公司本身的人格,更不具备消灭公司作为商主体资格的法律意义和法律效力;在吊销公司营业执照之处罚行为作出后,公司作为一私法人资格,进而作一私主体资格仍将继续存在,[70]只因其营业执照被吊销,其持续营业已不可能,作为行政命令解散的情形,公司须进入清算程序,待清算完毕后,再行办理公司注销。[71]然而,在公司营业执照被吊销之后至公司办理注销之前这一时段,公司作为私法人或作为私主体是依然存续的。

(3)对公司发起人和出资人法律责任的适用规则不同。如对瑕疵公司适用撤销公司设立登记,则该公司设立登记因被公司登记机关否认和撤销而自始就未有效成立,进而对其适用公司设立失败或公司成立不能情形下之债务清偿规则,公司发起人和出资人要对其发起设立公司至公司清偿债务了结前的所有债务承担连带清偿责任。如对瑕疵公司适用吊销公司营业执照,则该公司因行政命令而被强制解散,应按《公司法》第 183 条之规定进入清算程序,并按照有限责任清偿规则,依照《公司法》第 186 条所规定的清偿顺序对公司债权人之债权进行清偿,公司发起人和出资人无需对公司债权人承担清偿责任。

(4)对瑕疵公司之债权人的法律担保不同。如对瑕疵公司适用撤销公司设立登记,对于瑕疵公司某一具体的债权人来说,因为债务清偿适用连带清偿规则,公司发起人和出资人须对公司(尽管该公司因设立登记被撤销而不复存在)债权人承担连带责

〔70〕 参见杜万华、王艳彬:《公司被吊销营业执照后的法人主体资格——兼论公司被吊销营业执照后的民事主体和诉讼主体资格》,载《人民司法》2000 年第 7 期;虞政平:《吊销营业执照的法律效力》,载《法律适用》2003 年第 10 期;孙效敏:《论吊销营业执照的法律后果》,载《现代法学》2004 年第 4 期。

〔71〕 参见肖海军:《企业法原论》,湖南大学出版社 2006 年版,第 122 - 123 页。

任,其债权的担保是双层(瑕疵公司和公司发起人、出资人等)的、多元的。如对瑕疵公司适用吊销公司营业执照,则因公司债务清偿适用公司强制解散后的清算程序,其供债务清偿的财产仅为公司的现有全部财产,对债权人的财产担保则是单层(只及于瑕疵公司财产)的和一元的,显然,对债权人的保障远不及撤销公司设立登记的法律效果。

(5)对当事人适用的法律程序不同。如对瑕疵公司适用撤销公司设立登记,对相关当事人来说,应按公司设立失败或公司成立不能的善后债权债务处理程序,遵循无限、连带、完全的清偿规则,对债权人进行足额清偿。如对瑕疵公司适用吊销公司营业执照,则应启动公司强制解散后的公司清算程序,遵循公司有限清偿规则,这样,对债权人的清偿往往是不到位的。

综上所述,不难看出,对瑕疵公司适用撤销公司设立登记或者吊销公司营业执照,其行为主旨、法律意义、法律效力和法律后果是完全不一样的。同理,对一般商事登记而言,撤销登记意味着该登记自始就归于无效,而吊销营业执照仅仅只是消灭该主体的营业资格,禁止其营业权能的继续行使,但对主体本身的地位、性质、人格没有任何影响。

2.《公司法》第198条等规定的情形的适用

《公司法》第198条等规定的情形不宜适用吊销营业执照。从我国《公司法》第198条及其他同类商事登记相关规定的情形来,符合本条款的基本情形为虚报注册资本、提交虚假材料、采取其他欺诈手段隐瞒重要事实等情形,取得公司、企业登记或骗取注册登记,这几种情形均属于登记申请人故意提交严重失真的申请文件与材料,从而导致登记机关的设立登记与实际情况严重不符,除了损害公司的内部人、债权人和其他利害关系人的利益外,更重要的是严重损害登记机关的公信力。尽管前文分析,登记由原登记机关径行撤销不是十分的适当和合理,但毕竟虚假或欺诈登记严重危害交易的安全和损害登记机关的公信力,由登记机关作出撤销登记的决定,可有效地抑制公司设立过程中的欺骗或欺诈行为。

首先,以公司设立为例,相对来讲,吊销公司营业执照属于行政处罚措施,其法律效果在于剥夺公司的营业资格,消灭其营业能力,其惩罚的对象是公司而非公司的出资人或发起人。从行政处罚的当罚性来看,适用吊销公司营业执照的前提一般应是公司营业存在违反法律、行政法规或社会公序良俗的行为,典型的有公司在登记注册后违法出租营业执照;生产假冒伪劣产品;从事其他违反法律、行政法规或社会公序良俗的营业事项;等等。此时剥夺公司的营业资格就可从根本上消除公司的不法营业行为。如以之考量《公司法》第198条所列情形,就会发现,虚报注册资本、提交虚假材料和采取其他欺诈手段隐瞒重要事实等违法行为,多数是发生在公司设立登记之前,并由公司原始出资人或发起人、申请人所为,而非公司所为。更因该法条所涉有关公司设立登记的瑕疵问题，与公司的实质营业没有任何关系，可见，此一情形显然不具备吊销公司营业执照的基本适用条件。

其次，从适用撤销公司登记（包括设立登记）与吊销营业执照对因登记实质瑕疵受损第三人的法律救济效果来看，如适用吊销营业执照，则因事实上承认该瑕疵公司的有效成立，对受损第三人只能在公司清算程序和规则范围内进行有限的救济。在公司清算过程中，穷尽《公司法》的现有规定，只有第20条第3款、第30条和第83条与第三人救济具有关联性。但是，根据《公司法》第20条第3款规定，其适用的前提条件是"公司股东滥用公司法人独立地位和股东有限责任，逃避债务，严重损害公司债权人利益的"，而虚报注册资本、提交虚假材料和采取其他欺诈手段隐瞒重要事实显然不属于此情形，自然不能援用该条款提起公司人格否认之诉，对受损之债权人进行有效救济；更何况因登记实质瑕疵受损的第三人范围远远比纯粹的公司债权人要广泛得多。《公司法》第30条和第83条规定的主要为股东出资不实的补充责任和填补责任，如公司进入清算程序，公司原股东对出资不实部分资本的补缴，为公司清算财产之一部分，但其义务和责任的范围只及于其应填补出资不实的那一部分。2008年5月最高人民法院出台的《关于适用〈中华人民共和国公司法〉若干问题的规定（二）》（2020年修订）第22条第2款对类似情形有明确的规定和解释，对因登记实质瑕疵受损的第三人的其他受损利益不负赔偿责任。不难看出，虽然吊销瑕疵登记公司的营业执照已属比较严重的行政处罚，但因其对受损第三人的救济明显不足，在公司设立登记过程中大行欺骗和欺诈的行为人之义务和责任就可大大减轻，此举无异于对公司登记过程中弄虚作假行为的一种变相姑息和纵容，其实际法律效果无疑是消极的。相对而言，如适用撤销公司设立登记，公司设立失败或公司成立不能的善后债权债务处理则可按设立中的公司来对待，遵循无限、连带、完全的清偿规则，就可在最大限度内实现对因登记实质瑕疵受损的第三人的有效救济。如此，在公司设立登记过程中实施欺骗和欺诈的行为人之义务和责任就明显加重，其试图在公司登记过程中以弄虚作假行为获取非法利益的概率则大大减少，从而可有效惩戒公司设立登记过程中的虚假行为。

由此，不难得出这样的结论，《公司法》第198条所列举的违法行为，在没有创设公司设立的司法无效宣告或撤销制度的前提下，可有条件地适用行政撤销程序对原设立登记予以撤销，但不宜适用行政处罚程序对其作出吊销公司营业执照的处罚。《市场主体登记管理条例》（2021年）尽管在第40条引入"受虚假市场主体登记影响"的相对第三人或利害关系人申请撤销登记制度，但是第44条则一改《公司法》第198条和原《公司登记管理条例》第63条、第64条等条款的主旨，对"提交虚假材料或者采取其他欺诈手段隐瞒重要事实取得市场主体登记"且"情节严重的"，则只规定可适用"吊销营业执照"，而未规定之前的"撤销登记"处罚是不合适的。

(四)商事登记行政撤销的具体适用

1. 商事登记行政撤销的适用条件

撤销登记毕竟具有溯及既往并否定原始登记或企业、公司有效成立的法律效力,其产生的法律后果又是多方面的,所以有时可能产生债务清偿主体和责任转移的连锁反应。为避免不应有的交易损害和社会震荡,登记机关在适用撤销登记程序和作出撤销登记决定时,应在维护合法、有效、持续营业的前提下,对撤销登记严格掌握如下适用条件:(1)只适用于商事登记中存在重大实质性瑕疵情形;一般登记中实质性瑕疵和程序性瑕疵等情形,可通过登记的更正、补正和变更程序予以纠正,不应不适当地扩大撤销登记的适用范围。(2)须为法律规定在登记之前申请人所为的虚报注册资本、提交虚假材料和采取其他欺诈手段隐瞒重要事实等情形,导致商事登记具有重大错误和根本缺陷,使登记注册事项存在严重瑕疵;如属登记机关自身疏忽或未尽谨慎注意义务而造成的登记错误,则应采取必要的行政纠错程序予以补正,不可适用撤销登记。(3)虚报注册资本、提交虚假材料或采取其他欺诈手段隐瞒重要事实等情形须达到情节严重的程度,也就是说,足以导致商事登记实质效力或企业、公司设立实质性条件的根本丧失,才可适用撤销登记;如情节并不严重,不足以影响商事登记实质效力或企业、公司设立实质条件的成立,则不应适用撤销登记,而应根据具体情形,通过登记更正、补正或变更等程序,对业经登记的不实事项进行改正。(4)虚报注册资本、提交虚假材料或采取其他欺诈手段隐瞒重要事实等情形须达到情节严重的程度,采取责令改正、行政罚款等其他行政措施不足以从根本上改变登记瑕疵的现状,且也不能选择更正、补正或变更登记予以救济,才可适用撤销登记。也就是说,适用撤销登记是在不得已情形下所作的最后选择,如有其他替代性的行政救济方案可以选择,应尽量避免撤销登记。

2.《公司法》第198条等同类条款所列情形之情节严重的认定

根据《公司法》第198条及同类相关规定的基本精神,虚报注册资本、提交虚假材料和采取其他欺诈手段隐瞒重要事实等情形达到情节严重的程度,乃适用撤销登记的法定条件。自然,对《公司法》第198条及同类相关规定所列情形之情节严重作何认定和判断,就成为正确和适当适用撤销公司登记程序的关键环节。笔者认为,仅就公司设立登记撤销而言,《公司法》第198条及同类相关规定所列情形之情节严重,应理解其程度足以影响或导致该商事登记实质效力或企业、公司有效成立之基础性条件的根本丧失,其具体情形可作如下解释。

(1)就虚报注册资本情形而言,如公司设立登记时全部注册资本均系虚报;或者虚报注册资本的金额和比例已足以使特殊类公司丧失其成立的法定资本最低条件或特殊条件(如商业银行、保险公司、证券公司、信托投资公司等特殊行业类公司实缴资本低于《商业银行法》《保险法》《证券法》《证券投资基金法》等特别法的规定等);或者虚报注册资本系以伪造证件所为等。

(2)就提交虚假材料情形而言,如全部申请材料均系虚假或伪造;或者涉及证明公司资本、发起人或原始出资人(股东)、公司机关人员、公司经营场地与条件等实质条件类申请材料系虚假或伪造;或者需要获得例外行政许可的特殊类公司之许可文件或批件系伪造或变造;见证等中介文书系伪造或变造等。

(3)采取其他欺诈手段隐瞒重要事实情节严重程度,可解释为以合法形式,隐瞒足以导致公司设立违反法律、行政法规和社会公序良俗等情形。如以合法手段隐瞒公司的非法经营目的;以公司章程掩盖或隐瞒法律禁止非营利组织或国家机关公职人员出资等重要事实或信息的;对公司营业后存在重大环境和生态隐患或足以引发环境灾难等事实进行隐瞒的;对公司营业存在破坏社会公序良俗的;以欺骗手段获得营业行政许可批文的等。

3. 商事登记行政撤销的启动方式

商事登记撤销属行政撤销行为,原登记机关在适用该撤销程序时,是应主动依职权作出,还是被动应其他利害关系人申请、举报而作出。由于对登记撤销行为的性质认识不一,学者对其启动方式尚存在不同看法。持行政处罚论者认为,登记撤销行为应属于行政处罚的范畴,应由原登记机关主动依职权作出;〔72〕也有学者从行政撤回的视角认为应依职权作出。〔73〕

笔者认为,要正确定位商事登记行政撤销的启动方式,除应考虑其行为的性质外,还应从登记撤销所负载的法律意义和制度功能来求解,如仅仅把其制度功能理解或局限于维护行政登记行为的公信力或对违法当事人予以惩罚,则应依职权主义的程序模式,由原登记管理机关依职权作出;如把其制度功能扩大至救济因登记实质性瑕疵而利益受损的利害关系人这一层面,则应赋予其以举报、申请之权,通过信赖利益受损的利害关系人之申请而启动。根据这一基本思路,第一,就登记撤销行为作出的法律意义而言,登记机关对原登记有效性进行否定,以维护登记行为的足够公信力,以惩戒登记中的弄虚作假行为,从而达到维护有序、公平的营业竞争环境,保障交易安全和相关利害关系人的合法权益不受侵犯的目的,具有维护行政行为的严肃性、惩罚违法当事人、保护交易安全和相关利害关系人利益等多方面的制度功能。第二,从登记实质性瑕疵的事实、证据等相关信息的获得途径来分析,除可通过原登记机关的证照年度信息公示和依职权查处外,更多的是通过信赖利益受损的利害关系人之举报、申请获得。

---

〔72〕 参见张占忠、颜辉:《试论对撤销公司登记等具体行政行为的司法审查》,载《行政法学研究》2000年第1期;王跃龙:《“撤销公司登记”与“吊销营业执照”的适用辨析》,载《法学》2009年第6期。

〔73〕 参见沈福俊、邹荣主编:《行政法与行政诉讼法学》,北京大学出版社、上海人民出版社2007年版,第129-130页。

基于此,《市场主体登记管理条例》(2021 年)第 40 条对“受虚假市场主体登记影响”的利害关系人申请作有具体规定。第三,从我国行政处罚等行政行为的实施程序和《公司法》第 198 条等同类相关规定的基本精神来看,行政处罚、撤销、强制等具强制执行力的行政行为,除依行政主体的职权启动外,对利益受损的利害关系人的举报、检举、申请也是持鼓励态度的。第四,在我国《公司法》《合伙企业法》《个人独资企业法》《个体工商户条例》等法律、行政法规的制度安排中,对登记实质性瑕疵没有引入司法宣告无效和司法撤销程序,司法宣告无效、司法撤销与行政撤销制度一个最为重要的区别是,前者是以不告不理的被动方式,即由当事人提起诉讼而启动,后者则由行政登记机关依职权主动作出。在司法宣告无效和司法撤销制度缺如的情形下,撤销登记只由原登记主管机关依职权作出,就意味着由于登记实质性瑕疵而信赖利益受损的利害关系人,因不能及时启动公司设立撤销程序,其合法权益就难以得到有效的救济。第五,我国法律对股东、债权人设定多项保护制度,如《公司法》第 20 条、第 63 条、第 182 条等,但第 20 条遏制的是公司股东、实际控制人的不正当控制行为和逃债行为;第 63 条涉及的是一人股东与公司的财产混同行为;第 182 条涉及的是公司僵局与司法解散,且均为司法程序,不可适用于公司设立登记中实质性瑕疵的救济,自然不能援用上述法条来处理。据此,笔者认为,商事登记的撤销,既可由原登记机关依职权主动审查而发起,也可由其他利害关系人的申请、举报而启动。

4. 商事登记行政撤销的前置惩戒措施

从我国《公司法》第 198 条等同类条款规定之立法精神来看,适用登记撤销只是对虚报注册资本、提交虚假材料和采取其他欺诈手段隐瞒重要事实等情形达到情节严重的程度,且不足以通过责令改正、行政罚款等措施予以补救的最后可供选择程序。就登记机关对《公司法》第 198 条等同类条款所规定不同情形与适用措施的法律意义和社会效果而言,责令改正、行政罚款之决定重在对当事人的惩戒,如当事人通过事后的补救、改正,使其实质情形与登记事项吻合,则该商事登记继续有效或企业、公司可继续存续,此时对登记当事人或企业、公司原始出资人、公司本身、公司职员、公司交易第三人、国家税收均是多赢的结果。反之,如果选择适用登记撤销程序,登记撤销效力可溯及企业、公司设立之时,登记撤销产生的法律效果又具有不可恢复性,是对商事登记效力及企业、公司设立登记行为的根本性否定,登记撤销的行为性质与法律意义决定其对业已注册的瑕疵登记、已成立的瑕疵企业或公司及原始出资人影响极大,且也在一定程度上危及交易的安全,其对登记当事人或企业、公司原始出资人、公司本身、公司职员、公司交易第三人、国家税收,为一损诸损的关系。换言之,登记撤销程序,既是最后被迫选择的程序,也是最具消极和负面影响的程序,故登记机关在适用该程序时应十分审慎。质言之,登记机关在作出撤销登记决定之前,通过责令改正、行政罚款等前置惩戒措施,督促违法当事人“亡羊补牢”,并通过更正登记、补正登记或变更登记等程序,对因虚报注册资本、提交虚假材料和采取其他欺诈手段隐瞒重要事实等情形导致的商事登记瑕疵事项进行及时补正,使其名副其实,这样无论从促进营业效益,还是从维护交易安全的角度,均是比较妥当的。

(五)相关立法建议与制度预案

以上所论,仅及于公司设立登记实质瑕疵适用撤销制度,推而论之,从更广泛意义上讲,如《公司法》第198条等同类相关规定所列举的商事登记瑕疵情形发生在开业或设立登记后的变更登记过程中,其瑕疵登记内容也只涉及申请人虚报注册资本、提交虚假材料和采取其他欺诈手段隐瞒重要事实导致的新增登记事项失实,如该登记事项无法通过登记变更程序予以纠正,为维持登记当事人的有效营业,法律救济所针对的也应只及于虚报注册资本、提交虚假材料和采取其他欺诈手段隐瞒重要事实导致失实的新增登记事项,而不可否定之前合法而有效的登记事项。如适用登记撤销程序,则既可使虚报注册资本、提交虚假材料和采取其他欺诈手段隐瞒重要事实导致的新增瑕疵登记事项归于无效,又不影响到瑕疵变更登记前登记当事人的合法登记事项和既有的正常营业,对登记当事人之相对交易人来说则更为有利;而适用吊销营业执照,则意味着该登记当事人将因丧失继续营业的资格被强制解散,登记当事人将按清算程序并以有限清偿原则了结营业债权债务,这样可能对营业债权人反而不利。由此,与开业登记或企业、公司设立登记中的实质性瑕疵一样,对营业变更登记中的实质性瑕疵,适用登记撤销程序比适用吊销营业执照要更为合理、适当而有效。基于此,建议对《公司法》第198条及其他同类相关条文作如下完善修改:虚报注册资本、提交虚假材料或者采取其他欺诈手段隐瞒重要事实取得公司或企业登记的,由登记机关责令改正,对虚报注册资本的公司或企业,处以虚报注册资本金额5%以上15%以下的罚款;对提交虚假材料或者采取其他欺诈手段隐瞒重要事实的公司,处以50,000元以上500,000万元以下的罚款;情节严重的,撤销公司或企业登记;如属公司或企业设立登记,登记机关在作出撤销公司或企业设立登记决定时,应同时追缴已核发的营业执照。[74]

三、商事登记司法宣告无效制度的建构

(一)问题的提出

从经济发展和社会进步角度,民事主体之营业权利系指其从事合法、正当营业之选择自由,而不是从事违法、不当营业之恣意妄为,营业应当合法且须正当,这是古今中外所有法律文本与制度设计的道德要求和基本底线。

---

〔74〕 参见肖海军:《论公司设立登记撤销制度——以〈公司法〉第199条的适用展开》,载《中国法学》2011年第2期。

正因为营业首先必须合法且应正当，故商事登记所记载与公示之内容均应为合法、正当之营业事项或营业信息。而且，本着登记推定真实原则，就必然要求当事人实际营业状况应与营业登记所载内容一致，也必须达到并维持合法、正当的基本要求。基于此，我国《公司法》第5条第1款、《合伙企业法》第7条、《个人独资企业法》第4条第1款、《个体工商户条例》第5条第2款几乎一致地规定，商事主体从事经营活动，必须遵守法律、行政法规，遵守社会公德、商业道德，诚实守信，不得损害社会公共利益，接受政府和社会公众的监督，承担社会责任。《民法典》第86条也作出了同质、类似的规定。但是，在实际营业中，各种商事登记之外的违法、不当营业却经常出现。如2008年9月三鹿奶粉三聚氰胺事件，[75] 2011年9月柳立国、济南博汇生物公司等特大地沟油制售食用油案，[76] 2015年8月天津市滨海新区危险品仓库特大爆炸案等，[77] 如2018年7月15日吉林长春长生公司冻干人用狂犬病疫苗生产记录造假等。[78] 上述众多公司在进行营业登记或获得行政许可之后，所经营事项或者明显违反国家法律、行政法规的强制性或禁止性规定，或者严重违反社会公序良俗，或者严重危害国家安全、社会公共利益，或者严重破坏生态、污染环境和危害公共卫生，等等。但是，这些案件发生后，相关法律救济措施均是由国家司法、行政机关对责任人科以严厉的刑事处罚（剥夺人身自由、没收财产等）或行政追责（撤职、吊销许可证、吊销营业执照等），个别的如三鹿集团最终经营无以为继、进入破产清算程序。[79] 而对因违法或不当营业利益受损的受害人，或者遭受生态、环境、卫生公害侵害的社会公众，则出于平息事态、维护稳定、安定民心的需要，大多由政府进行有限的损害赔偿或民事救济。此类案件的处理结果，最终总是使违法或不当经营者等游离于民事责任之外；这些理应承担全部侵权后果的相关责任人员，恰恰又没有受到必要的民事制裁和责任追究。

如何落实《民法典》第86条、《公司法》第5条第1款等中的“合法、正当营业”宣示性条款之主旨与价值，如何解决设立形式上虽经合法登记，但在实际营业中却存在违反法律、行政法规强制性或禁止性规定等情况下营业公害的民事救济与责任归属问

---

〔75〕 参见石家庄三鹿集团股份有限公司及相关责任人员生产、销售伪劣产品案，载《最高人民检察院公报》2009年第4号；王福华：《打开群体诉讼之门——由“三鹿奶粉”事件看群体诉讼优越性的衡量原则》，载《中国法学》2009年第5期。

〔76〕 参见柳立国等生产、销售伪劣产品案，浙江省高级人民法院刑事裁定书，(2013)浙刑二终字第49号；最高人民检察院第12号指导性案例。

〔77〕 参见国务院事故调查组：《天津港“8·12”瑞海公司危险品仓库特别重大火灾爆炸事故调查报告》，载中国政府网，http://www.gov.cn/foot/2016—02/05/content_5039788.htm。

〔78〕 参见国家药品监督管理局：《关于长春长生生物科技有限责任公司违法违规生产冻干人用狂犬病疫苗的通告》(2018年第60号)，载国家药品监督管理局网2018年7月15日，http://cnda.cfda.gov.cn/WS04/CL2050/329592.html。

〔79〕 参见杨汛：《三鹿集团正式宣告破产》，载《北京日报》2009年2月13日，第11版。

题,理所应当成为我国商事登记制度改革、《公司法》修改中予以重点考量的议题。

(二)利益考量与制度逻辑下的路径选择

《民法典》第86条、《公司法》第5条第1款等"合法、正当营业"宣示性条款,具有明显的强行性、义务性规范特征,决定经正式登记的营业如遵守或符合该类条款之立法主旨,则无须有明确的积极法律后果;实际营业只有违反该类条款,才可产生消极的法律后果。虽然违反《民法典》第86条、第5条第1款等"合法、正当营业"宣示性条款情形存在很多,但评价一个违法行为的违法性时,应更多从其社会危害性角度进行利益考量,本着有违法行为必有损害赔偿的利益考量原则,公司等实际营业如违反该类条款,其损害的不外乎是国家利益、社会公共利益和其他相对人的合法权益。在民事责任关系上,就必然在实施违法、不当经营行为的经营者与利益受损的受害人之间,基于营业侵权而对应形成的债权债务与损害赔偿关系。

从开业登记、企业或公司设立及实际经营与出资人、经营者、管理者、控制人掌控企业或公司的目的意义来看,追求利益、效益、利润最大化是出资人、企业或公司及相关利益者一切行为的原始初衷和根本动力。相关主体之所以选择违法、不当经营,在于其试图通过违法、不当手段获取或追求更高额的利润。也就是说,牟取更高额的利润才是驱动相关主体利用商事登记形式、企业或公司这一平台进行违法、不当经营的原始动力和行为目标。

从经济理性与利益衡量的角度来看,理性决策、趋利避害是正常人、经济人行事的基本准则,特别对"精于识别自己的利益"〔80〕、以追求最大化为目标的商人来说更是如此。在某种程度上,机会多于风险、利润高于成本、收入多于支付、获得大于损失几乎成为出资人、企业或公司及相关主体投资决策、治理经营和交易行为的最高准则。故在利益驱使下的违法、不当经营行为,自然也应当从利益减损、责任分配中才可得到遏止。

也就是说,要从根本上预防或遏止出资人、企业或公司经营违反"合法、正当营业"类条款之规定,就须明确并清晰地预设违反此类条款规定的法律后果和民事责任,要让投资、管理、掌控企业或公司的相关主体预见到,如违反此条款而选择违法、不当经营行为,就应承担极为不利的法律后果。特别是在私法上,要有效救济或补偿信赖登记之相对受害人的损失,违法者就必然要承担极重、极广的民事责任,适法和实施的结果必然是违法风险远超于获利机会、违法成本远高于非法利润、违法支出远多于不当收入、赔偿所失远大于违法获得,其必失大于得、得不偿失。

不难看出,当出现违反"合法、正当营业"类条款,实施违法、不当经营行为时,对具

---

〔80〕　参见[德]拉德布鲁赫:《法学导论》,米健译,法律出版社2012年版,第85页。

有直接责任的出资人、企业或公司及相关主体实施必要的行政或刑事制裁，让其承担一定的、相应的公法责任，显然很有必要。但最彻底的遏止、解决之道，还必须从利益考量的角度，通过私法责任的明确归属与具体分配，让实施违法、不当经营的出资人、企业或公司及相关主体无法获得任何非法利益，甚至要为此减损更多利益。如此，"合法、正当营业"类条款所宣示的营业价值与基本原则，才可能在公司实际营业中得到彻底贯彻和如期实现。然而，通观既有立法文本，恰恰为实现增进违反成本、减损非法收益、有效救济信赖商事登记第三人的对应或相关条款，不是存在固有缺陷，就是表现明显不足。以《公司法》的规定为例，其问题就更为突出。

1. 对应条款的固有缺陷

在现行《公司法》中，第 213 条关于"利用公司名义从事危害国家安全、社会公共利益的严重违法行为的，吊销营业执照"和第 215 条关于"构成犯罪的，依法追究刑事责任"的规定，一般被认为是第 5 条第 1 款规定内容的对应配套设计和具体法律责任。但是，《公司法》第 213、215 条规定的法律后果仅是公司登记机关处以吊销营业执照的行政处罚，如触犯《刑法》自然应承担刑事责任。无论是吊销营业执照的行政处罚，还是行为人承担的刑事责任，均是公法上的责任，而对如何在私法上给予受害人足额赔偿和有效救济，《公司法》第 213、215 条的规定则无明确答案。如按《公司法》第 213、215 条的规定，该情形应属公司行政强制解散的范畴，那无论是在行政强制解散之后进行的一般清算，还是债权人或债务人申请的破产清算，其清算规则均是本着公司财产独立、有限清偿原则，以公司现有财产为限对所有债权人进行清偿。毫无疑问，无论是适用一般清算规则还是破产清算规则，对因公司违法、不当经营而利益受损的受害人所进行的私法救济和利益补偿可以说极为有限，甚至可以说是根本没有任何意义。即使在追究刑事责任时附加剥夺财产或没收违法、不当所得，其财产也均应上缴国库，与补偿或救济受害人受损利益并无对应关系。尽管《公司法》第 214 条规定"民事赔偿责任"优先原则，但也存在明显不足。而没有法律后果中的利益考量与损害赔偿中有效、足够的民事救济予以提示和保障，《公司法》第 5 条第 1 款就既不能对公司违法、不当经营行为形成足够的震慑，也无法对国家安全、社会公众和受影响的相对人产生必要的公信力和法律信赖。因此，与《公司法》第 5 条第 1 款对应的第 213、215 条，只涉及公法上的行政、刑事处罚，本质上所对应的只是公法责任，而不对公司违法、不当经营所造成的国家利益、社会公共利益和他人合法权益受损给予私法救济，具有明显的立法缺陷。

2. 其他相关条款救济效应的明显局限

在现行《公司法》的其他制度构架和储备预案中，与第 5 条第 1 款实施有关的条款，还有第 20、182、198 条等。首先，就《公司法》第 20 条而言，虽然第 20 条第 1、3 款突破了公司的有限责任，但是其适用情形主要为公司股东滥用公司法人独立地位和股东有限责任逃避债务，严重损害公司债权人利益，而不涵盖公司违法、不当营业等情形；

且责任归属主体为滥用公司独立人格的股东，其无法纳入公司决策层、管理层、实际控制人等直接责任人和具体行为人。换言之，该条款规定不能完全涵盖违反《公司法》第5条第1款之公司违法、不当营业的所有情形。在公司危害国家安全、社会公共利益的情形下，是适用《公司法》第20条第1、3款的规定否认公司人格，还是适用《公司法》第213条的规定，在公司登记机关处以吊销营业执照之后再进行公司清算程序，则存在法条选择适用的困境。《公司法》第182条所规定的公司司法解散制度，其立意重在公司发生经营困境和管理僵局，所保护的对象为因此利益受损的股东，并非其第5条第1款适用之情形。况且，《公司法》第182条对相关利益受损者所提供的救济也完全不足以解决公司违法、不当营业造成大规模或不特定多数受害人的损害赔偿问题，也无法形成基于损益考量的任何震慑力。至于《公司法》第198条规定，从制度逻辑上看，撤销公司登记与吊销营业执照本就存在严重的价值和功能冲突，完全不应规定为同一位序；[81]况且吊销营业执照适用清算程序，具有与第213、215条同样的固有缺陷。此外，该条适用的基本情形是公司登记中的欺诈，而《公司法》第5条第1款规定的违法、不当经营恰恰是在公司登记后的持续经营中。可见，《公司法》第198条的规定同样也不能有效落实和实现第5条第1款的立法主旨。

《公司法》中既有公司人格否认（第20条第3款）、吊销营业执照（第213条）、公司司法解散（第182条）、撤销公司登记（第198条）等制度，难以涵盖或不能解决公司设立登记之后的实际营业严重违法与信赖损害救济问题。在此情形下，创设或引入公司设立登记等商事登记司法无效宣告制度，通过利益相关人之诉或社会公益诉讼等方式，由法院裁定该公司设立无效（相当于公司自始就未有效成立），进而在民事上追究该公司发起人（发起之时违法）、主要经营者或管理人（公司营业之时违法）或清算义务人（公司须清算之时违法）的连带债务责任，以弥补既有撤销公司登记、吊销营业执照、公司人格否认等制度在遏止实际营业严重违法与商事登记信赖损害救济上的漏洞和不足，就成为商事登记立法完善与制度创新的重要路径选择。

（三）商事登记司法宣告无效制度的建构原由

目前学界关于登记无效的讨论，大多是从婚姻登记无效[82]、不动产登记无效[83]、

---

〔81〕参见肖海军：《论公司设立登记撤销制度——以〈公司法〉第199条的适用展开》，载《中国法学》2011年第2期。

〔82〕参见吴文：《证明材料不全　婚姻登记无效》，载《中国民政》1999年第4期；潘绥铭：《质疑“不登记就是无效婚姻”》，载《中国青年研究》2001年第2期；贺丹青：《无效婚姻法律规范的冲突与协调——新〈婚姻法〉、〈婚姻登记条例〉以及最高法院相关解释的理解与适用》，载《河北法学》2008年第7期。

〔83〕参见王巍冰、宋祖芳、赵君：《买卖合同无效引致的房屋登记效力问题》，载《中国房地产》2010年第2期；曹伊清、李恒：《房地产买卖合同无效之登记问题研究》，载《同济大学学报（社会科学版）》2010年第3期；汤慧：《合同无效引发的房屋登记问题》，载《中国房地产》2011年第15期。

知识产权登记无效等角度切入;[84]而关于商事登记无效制度的讨论则几乎缺如,与商事登记无效制度相关的领域,主要为公司设立无效制度。早在2005年《公司法》修改前,就有学者提出我国应建立公司设立无效制度,[85]随后有关公司设立无效或公司设立无效之诉,开始进入学界的研究视野。在2005年《公司法》修改中,王保树先生领衔的"公司法修改"研究小组提出《中国公司法修改草案建议稿》,也建议引入公司设立无效宣告制度或设立无效之诉。[86]此外,在设立无效的定义、适用情形的概括和列举上,学者之间的看法也不尽相同。[87]总体而言,既有研究关注点大多集中于公司设立中的违法或不规范之举。而现实问题是公司经合法设立或变更登记后,在实际营业中的严重违法、不当经营问题。毫无疑问,问题解决的逻辑起点与制度的有效构建,均应建立在此基础之上,才有明确的针对性和切实的可行性。

以公司设立为例,无效宣告制度就是基于公司在合法、正式登记的掩护下,在实际经营中存在违反法律强制性或禁止性规定,违反社会公序良俗,危害国家安全、社会公共利益,严重破坏生态或污染环境等情形,利害关系人、社会公益组织或国家公诉机关以独立或附加民事赔偿诉讼的形式,向有管辖权的法院提起诉讼,请求法院宣告所涉公司设立无效并裁定对相关受害人或利害关系人进行赔偿的民事救济制度。但是,在既有研究文献中,学者并没有严格明确公司设立登记无效宣告与公司设立登记撤销、公司人格否认、公司司法解散之间的联系与区别,多数学者有关公司设立无效情形的列举,大多属于我国现行公司设立登记撤销制度的范畴;[88]部分学者甚至把公司设立登记无效宣告与虚假出资的处罚规则[89]、公司法人人格否定等相关制度混为一谈;[90]只有极个别学者认识到公司设立无效制度与公司设立失败、公司人格否认、公

〔84〕 参见柯林霞:《著作权许可合同登记的无效抗辩》,载《编辑之友》2015年第5期。

〔85〕 参见李跃春、曾圣前:《试论我国公司设立无效制度的建立》,载《工商行政管理》2001年第13期。

〔86〕 参见王保树主编:《中国公司法修改草案建议稿》,社会科学文献出版社2004年版,第4页。

〔87〕 参见胡岩:《公司设立无效比较研究》,载《北京工商大学学报(社会科学版)》2001年第6期;程雪原、杨繁华:《论我国建立公司设立无效制度的法律思考》,载《中南民族大学学报(人文社会科学版)》2004年第S1期。

〔88〕 参见贺少锋:《设立无效公司的判定与处置——比较法角度的借鉴》,载《河南师范大学学报(哲学社会科学版)》2006年第3期;肖文兴:《公司设立无效制度探究》,载《中国工商管理研究》2006年第7期;郑曙光:《公司设立无效之诉的比较法考察》,载《法学评论》2011年第1期;张乐新、赵亮:《公司设立无效制度的理论阐释与制度建构》,载《学术交流》2014年第6期。

〔89〕 参见穆玲芝:《论我国公司设立无效制度建立的必要性》,载《广西政法管理干部学院学报》2004年第5期。

〔90〕 参见王宪森:《关于"公司设立无效"之诉的比较、认定及处理》,载《法律适用(国家法官学院学报)》2002年第9期;王滢:《公司设立无效的法律人格否定》,载《法治论丛(上海政法学院学报)》2009年第1期。

司设立撤销、公司司法解散等制度的异同。[91]因此，明晰公司设立无效宣告与其他相关制度的关系，是构建公司设立登记无效宣告制度不可忽略的基础环节。

1. 公司设立无效宣告与公司人格否认的比较

公司设立宣告无效与公司人格否认虽均由法院适用，但之间的差异比较明显。(1)适用情形不同。公司人格否认适用的情形为股东滥用公司法人独立地位和股东有限责任逃避债务；而公司设立宣告无效适用于违法、不当经营之情形。(2)法律效果不同。公司人格否认仅为在个案中的否认，个案之外的公司债务仍奉行股东有限责任规则；而公司设立无效宣告是对公司设立行为本身的否定，公司自始就无法人人格，所有债权债务关系均按无限连带责任规则来处理。(3)救济对象不同。公司人格否认所救济的对象是因股东滥用公司人格、利益严重受损的公司债权人；[92]而在公司设立无效宣告之诉中，因公司违法、不当经营而利益受损者，既包括特定的债权人，又包括不特定的国家利益、社会利益、公共利益主体。(4)责任主体不同。公司人格否认制度在于遏止股东特别是大股东、控制股东滥用公司人格对己进行不当利益输送；而在公司设立无效宣告之诉中，其效力及于公司整体，应视公司从未登记过或从未成立过，推定该公司为设立中公司或非法人组织，所有以公司名义发生的损害，均应由设立人或相关行为人、责任人承担无限连带责任。由此可知，与公司人格否认制度相比较，公司设立无效宣告制度对违法、不当经营受损对象的救济最为彻底，对牟取非法、不当利益行为的预防、遏止、惩罚也更为直接、有效。

2. 公司设立无效宣告与公司设立登记撤销的比较

公司登记行政撤销与公司设立无效宣告虽然都是为了解决公司登记所载内容与登记当事人实际经营之间不一的问题，但二者在以下几个方面均存在较大差异。(1)适用情形不同。公司登记撤销之适用情形主要为登记虚假或登记欺诈，属商事登记失真、失信行为；而设立无效宣告之适用情形为实际经营中严重违反法律、行政法规或社会公序良俗。(2)制度功能不同。登记撤销的主要制度功能是对虚假登记或欺诈登记进行行政处罚；而设立无效所要落实的是合法、正当营业的宣示价值。(3)主管机关不同。登记撤销是由原公司登记机关作出；而设立无效则由法院主管、管辖。(4)启动方式不同。登记撤销既可由原公司登记机关依职权作出，也可由利害关系人申请启动；而设立无效只能由利害关系人、社会公益组织或国家公诉机关以起诉的方式提起。(5)制度性质不同。登记撤销属于行政处罚的范畴；而设立无效则属于私益诉讼或公益诉讼的范畴，也就是对具有行政确认性质的公司登记进行司法审查与监督的一种方

[91] 参见李清德：《论公司设立无效制度的界定与适用》，载《集美大学学报（哲学社会科学版）》2004 年第 4 期。

[92] 参见朱慈蕴：《公司法人格否认：从法条跃入实践》，载《清华法学》2007 年第 2 期；林一：《侵权债权人在破产程序中受偿地位之重塑理由》，载《法学》2010 年第 11 期。

式。[93] (6)法律效力不同。登记撤销一经作出就产生溯及既往的效力,但是只产生行政处罚的公法效力和认定原有登记失效的私法效力,其本身并不直接对民事责任作出分配和处理;而设立无效是由法院以裁判的形式宣告,同时对后续的民事责任进行分配和处理。通过以上分析,不难发现《公司法》第 5 条第 1 款规定的情形不能通过行政登记撤销解决。更何况《公司法》第 198 条本身尚存在究竟应适用撤销公司登记,还是应适用吊销营业执照的选择困境和立法漏洞。[94]

鉴于公司设立无效宣告与其他相关制度在制度功能、适用情形、构成要素与救济效应等方面存在明显差异,因此试图通过完善既有《公司法》第 20 条第 3 款、第 198 条的规定,难以解决或落实第 5 条第 1 款和公司债权人信赖利益保护问题。而较为可行的解决路径,就是在《公司法》第 213 条规定的基础上,结合既有的公司登记撤销制度,构建公司设立无效宣告制度。由此推之,对于其他商事登记之后实际营业中的严重违法、不当经营现象与情形,构建不同类型的商事登记司法宣告无效制度,同样具有必要性和紧迫性。

(四)商事登记司法宣告无效的制度架构

1. 商事登记司法宣告无效制度的定义

商事登记司法宣告无效制度,系基于登记当事人在合法、正式商事登记的掩护下,在其实际经营中存在严重违反法律强制性或禁止性规定、违反社会公序良俗、危害国家安全、危害社会公共利益、严重破坏生态或污染环境等情形,利害关系人、社会公益组织或国家公诉机关以独立或附加民事赔偿诉讼的形式,向有管辖权的法院提起诉讼,请求法院宣告所涉商事登记无效,并裁定对相关受害人或利害关系人进行赔偿的商事登记追责救济制度。

2. 商事登记司法宣告无效制度的基本功能

商事登记司法宣告无效制度的主要目的和核心功能,就是落实《民法典》第 86 条、《公司法》第 5 条第 1 款、《合伙企业法》第 7 条、《个人独资企业法》第 4 条第 1 款、《个体工商户条例》第 5 条第 2 款之"合法、正当营业"这一宣示性条款的立法主旨与核心价值,以解决开业或企业、公司设立形式上虽经合法登记,但在实际营业中却存在违反法律强制性或禁止性规定、违反社会公序良俗、危害国家安全、危害社会公共利益、严重破坏生态或污染环境等问题。其试图通过商事登记的无效宣告,解决商事登记制度运行过程中所存在的"非法、不当营业"问题,以期引导营业健康发展,抑制企业机会主义,强化经营责任意识,禁止交易行为滥用,维护国家主权安全,保护社会公共利益,充

---

〔93〕 参见雷振宇:《行政登记与司法审查》,法律出版社 2010 年版,第 219 - 261 页。

〔94〕 参见肖海军:《论公司设立登记撤销制度——以〈公司法〉第 199 条的适用展开》,载《中国法学》2011 年第 2 期。

分救济受害群体。

3. 商事登记司法宣告无效制度的基本架构

商事登记司法宣告无效制度的基本架构包括如下几个方面：(1)商事登记司法宣告无效之诉的提起事由；(2)商事登记司法宣告无效之诉的提起主体；(3)商事登记司法宣告无效之诉的追诉对象；(4)商事登记司法宣告无效之诉的追偿范围；(5)商事登记司法宣告无效之诉的法律效力；(6)商事登记司法宣告无效之诉的救济方式。

4. 商事登记司法宣告无效制度的适用情形

商事登记司法宣告无效制度的主要考量因素应为是否存在"非法、不当营业"等事由，可考虑实际经营中存在如下情形：(1)违反法律强制性或禁止性规定；(2)违反社会公序良俗；(3)危害国家安全、社会公共利益；(4)严重破坏生态或污染环境；(5)其他违反法律禁止性规定之"非法、不当营业"情形。

5. 商事登记司法宣告无效之诉的启动方式

商事登记司法宣告无效之诉的启动方式可分为以下两种方式：一是商事登记司法宣告无效之诉的附加提起方式。包括商事登记司法宣告无效之诉附加提起方式的主要形式，如违约之诉、侵权之诉，利害关系人的确定等。二是商事登记司法宣告无效之诉的独立提起方式。公司设立无效宣告之诉如以独立的公益诉讼方式提起，以维护社会公共利益、安全利益、环境利益为主旨，提起主体的基本范围可包括利害关系人、检察机关、其他公益组织等。

6. 商事登记司法宣告无效之诉的追诉对象

商事登记司法宣告无效之诉的追诉对象，即哪些违法主体应纳入追责范围。其内容可包括：(1)商事登记司法宣告无效之诉的终极意义与追诉对象的确定依据。(2)商事登记司法宣告无效之诉追诉对象的基本范围，包括企业发起之时违法的发起人，企业或公司营业之时违法的主要经营者或管理人，企业或公司须清算之时违法的清算义务人。(3)商事登记当事人在商事登记司法宣告无效之诉中的原告地位及义务。

7. 商事登记司法宣告无效之诉的效力认定

商事登记司法宣告无效之诉的效力，应包括如下几个方面：(1)商事登记司法宣告无效裁判的本体效力。一旦经法院生效判决宣告公司设立无效，则该公司设立登记自始就归于无效。(2)商事登记司法宣告无效对登记当事人资格的效力认定。经法院生效判决宣告公司设立无效，该公司不再具有公司登记所确认并公示的法人资格、相应权利和法律效果，公司自始应视为未经设立登记。(3)商事登记司法宣告无效对原登记机关的法律效力。登记机关应根据法院判决，作出撤销原公司设立登记决定，并附加追缴或吊销营业执照。(4)商事登记司法宣告无效对违法、不当经营者的法律效力。经法院生效判决宣告公司设立无效，违法、不当经营者应以个人名义承担由此而产生的一切公法责任和私法责任。(5)商事登记司法宣告无效对利害关系人的法律效力。

经法院生效判决宣告公司设立无效，利害关系人得请求违法、不当经营者依照无限连带责任规则，承担损害赔偿责任。(6)商事登记司法宣告无效对违法、不当经营者后续债务诉讼或仲裁的法律效力。经法院生效判决宣告公司设立无效，后续涉及违法、不当经营者的债务诉讼或仲裁，应一律适用无限连带责任规则，由公司违法、不当经营者承担全部责任。

(五)商事登记司法宣告无效制度建构的立法路径

基于以上分析，为使商事登记司法宣告无效制度与现行《民法典》《公司法》《合伙企业法》《个人独资企业法》《个体工商户条例》及其他登记类法律、行政法规等既有规定相衔接和协调，建议通过补充、完善现有立法，对相关条款作为对应性、补充性调整或修改。以《公司法》为例，可在第 213 条既有规定的基础上，作如下调整或修改：(1)将第 1 款修改为："利用公司名义或公司在经营中，存在违反法律、行政法规强制性或禁止性规定，违反社会公序良俗，危害国家安全、社会公共利益，严重破坏生态或污染环境等严重违法情形的，原公司登记机关可作出撤销公司登记、并附加吊销及追缴营业执照的处罚。"(2)新增第 2 款，可表述为："存在上述情形，国家公诉机关、社会公益组织和利益受损的相关利害关系人，可以提起公益诉讼、损害赔偿诉讼或附带民事诉讼的形式，提请有管辖权的人民法院宣告该公司设立无效。"(3)新增第 3 款，可表述为："人民法院适用前款规定，宣告公司设立无效的裁定或判决，对原公司登记机关具有法律约束力，该公司设立登记自始无效；人民法院应当按照设立中公司的债务清偿规则，处理有关债权债务和损害赔偿纠纷。"〔95〕

总之，构建新的商事登记司法无效宣告制度，可通过利害关系人、社会公益组织、国家公诉机关等不同力量，有效地对严重违法、不当营业进行强有力的监督，可最大限度地降低脱离商事登记监督或管控范围之严重违法、不当营业的发生概率，使商事登记发挥应有的制度功能。

---

〔95〕　参见肖海军：《论〈公司法〉第 5 条第 1 款的实施——以〈公司法〉修改为视角》，载《北方法学》2021 年第 3 期。

第十二章　商事登记的立法体例

商事登记制度的持续运行与具体实效，一受制于国情传统，二取决于政策立法。其中，商事登记立法对商事登记制度运行与实效具有更持久、稳定、长远的指引功能与规范效应。故要确保商事登记制度稳健运行，发挥常态实效，就需特定的商事登记法源形式和立法体例作支撑。

第一节　商事登记立法的体例模式

一、商事登记立法体例的模式比较

关于不同国家或地区商事登记的法源形式与体例模式，国内学者看法不一，如有学者认为存在商法典、商事登记专门法两种模式；〔1〕也有学者认为存在商法典模式、单行商事登记法模式、分散立法模式（如英美法系）三种模式；〔2〕也有学者把其直接分为统一主义或分散主义两种不同模式。〔3〕但无论作何分类，如细加考察两大法系主要国家或地区的不同商事登记立法例，就会发现几乎没有一个国家或地区所采用的商事登记立法模式是完全相同的，这主要源于商事登记立法具有鲜明的国别特征。

（一）大陆法系主要国家或地区的商事登记立法例

就大陆法系国家或地区而言，商事登记立法的体例模式有所谓统一主义与分散主义之别。

1. 统一主义立法模式。所谓统一主义立法模式，即对所有类型（主体或行为）的商事登记适用统一的登记标准和一套法律体系，由一部或不同的几部法律或规范性文件对不同类型（主体或行为）的商事登记进行统一调整的商事登记立法范式。一般而言，在统一主义立法模式下，所有商事主体（包括公司、合伙、独资企业、自然人商人）或商

---

〔1〕 参见范健主编：《商法》，高等教育出版社、北京大学出版社 2007 年版，第 63 页。

〔2〕 参见叶林、黎建飞主编：《商法学原理与案例教程》，中国人民大学出版社 2006 年版，第 130 页。

〔3〕 参见曾大鹏：《中国商法通则理论与立法研究》，法律出版社 2013 年版，第 116 页。

事行为等均由一部统一的商法典或商事登记法调整或管辖。大陆法系绝大多数国家或地区的商事登记立法均采用此立法模式。但是,商事登记统一主义立法模式,在不同国家或地区之间存在比较大的差异;其按照民商合一与民商分立法例的不同,还可分为多种不同的立法范例:

(1)统一商法典模式。传统大陆法系中采用民商分立法例的多数国家或地区,最初均选择这一立法模式。商事登记一般由商法典的总则之专章"商业登记"或"商事登记簿"调整。如《法国商法典》第四编"商业注册"[4]、《德国商法典》第一编第二章"商业登记簿"[5]、《西班牙商法典》第一编第二章"商业登记"[6]、《葡萄牙商法典》第一编第四章"商业登记"[7]、《日本商法典》第一编第三章"商业登记"[8]、《韩国商法典》第一编第六章"商业登记"[9],等等。但是,其中的德国、日本、葡萄牙等,已经制定有专门的《商事登记施行法》或《商业登记法》,因此,当今完全采用商法典之统一商事登记立法模式的只有法国、西班牙、韩国等少数国家或地区。

(2)商法典+施行法模式。德国现行商事登记立法除《德国商法典》第一编第二章"商事登记簿;企业登记簿"第8条至第16条有原则性规定外,[10]还有专门的《商事登记施行法》《商事登记建立和管理规定》等实施性、单行性规范文本。[11]

(3)商法典+单行法模式。选择此一立法模式最典型的国家为日本、葡萄牙等。日本,除《日本商法典》第一编"总则"之第三章"商业登记"第8—10条对商事登记有原则性规定之外,[12]《日本公司法典》第7编"杂则"第四章"登记"对公司登记也有特别性和具体性规定;[13]而专门的《日本商业登记法》更对商事登记的基本原则、登记机关与登记官、登记手续(不同类型登记的基本程序)等有更为详细、具体、细致的规定。[14]葡萄

[4] 参见《法国商法典》,金邦贵译,中国法制出版社2000年版,第27页;《法国商法典》(上),罗结珍译,北京大学出版社2015年版,译者序、第20-29、421-423页;《法国商法典》(下),罗结珍译,北京大学出版社2015年版,第1084-1124页。

[5] 参见《德国商法典》,杜景林、卢谌译,中国政法大学出版社2000年版,第5-15页。

[6] 参见《西班牙商法典》,潘灯、高远译,中国政法大学出版社2009年版,第7-11页。

[7] 参见赵秉志总编:《澳门商法典》,中国人民大学出版社1999年版,第33页。

[8] 参见《日本商法典》,王书江、殷建平译,中国法制出版社2000年版,第4-5页。

[9] 参见《韩国商法》,吴日焕译,中国政法大学出版社1999年版,第9-10页;周玉华主编:《韩国民商事法律汇编》,金万红、郑才荣译,人民法院出版社2008年版,第284-285页。

[10] 参见《德国商法典》,杜景林、卢谌译,法律出版社2010年版,第5-16页。

[11] 参见[德]卡斯滕·施密特:《德国商法改革法》,王彦明、涂长风译,载《法制与社会发展》1999年第6期;[德]C. W. 卡纳里斯:《德国商法》,杨继译,法律出版社2006年版,第72、76页。

[12] 参见刘成杰译注:《日本最新商法典译注》,中国政法大学出版社2012年版,第20-25页。

[13] 参见王保树主编:《最新日本公司法》,于敏、杨东译,法律出版社2006年版,第480-499页。

[14] 参见《日本商业登记法》,庄玉友译,载王保树主编:《商事法论集》(第22卷),法律出版社2012年版。

牙除商法典外,还有专门的《葡萄牙商业登记法典》对商事登记进行特别调整。[15]

(4)统一民法典模式。选择此一立法模式最为典型的国家为意大利、巴西、泰国。《意大利民法典》第五编“劳动”第二章“企业劳动”之第三节对“企业登记”“登记义务”有原则性规定;此外,第五章“公司”对公司设立登记、公司设立无效宣告也有原则性规定。[16]《巴西民法典》第二编“企业法”第一章有关“企业主的登记”和第四章有关企业配套制度中“企业登记”的规定。[17]《泰王国民商法典》第三编“典型合同”第二十二章“合伙和公司”对普通合伙登记、公司登记的规定,[18]等等。

(5)统一民法典 + 单行法模式。选择此一模式的国家或地区,主要为荷兰、瑞士。在荷兰,除《荷兰民法典》第二编“法人”对合作社、互助保险社、公司等登记有原则性规定外,[19]尚有 1918 年制定的《荷兰商业登记法》对商事登记有专门的规定。[20]在瑞士,除了《瑞士民法典》第五编和《瑞士债务法》第三十章“商事登记簿”对商事登记的主管、范围、事项、效力等有基本规定外,尚有《瑞士商事登记簿法和商号法》《瑞士关于电子签名的联邦法律》《瑞士商事注册条例》等专门性法律或条例进行调整。[21]

2. 分散主义立法模式。所谓分散主义立法模式,是不同类型(主体或行为)的商事登记适用不同的法律或规范性文件,并针对不同类型(主体或行为)的商事登记分别制定不同的法律或规范性文本进行调整的商事登记立法范式。在分散主义立法模式下,不同的商事主体(包括公司、合伙、独资企业、自然人商人)或商事行为分别由不同的商事登记法管辖或规范。在大陆法系国家或地区中,目前只有我国大陆和我国台湾地区为比较典型的分散主义立法模式。

(二)英美法系主要国家或地区的商事登记立法例

就英美法系国家或地区而言,由于没有严格意义上的商事登记概念,因此,有关商事登记立法一个最明显的特征,就是附属于其公司法或合伙法;除此之外,诸如个体经营者、一般商事合伙绝大多数是通过合同来进行调整,法律无强制性的登记注册规定,

---

〔15〕 参见[葡]乔治·曼努埃尔·高迪纽德·阿布莱乌:《商法教程》(第 1 卷),王薇译,法律出版社 2017 年版,第 155 – 158 页。

〔16〕 参见《意大利民法典》,费安玲等译,中国政法大学出版社 2004 年版,第 511 – 514、542 – 544、626 – 627 页。

〔17〕 参见《巴西新民法典》,齐云译,中国法制出版社 2009 年版,第 135 – 136、171 – 172 页。

〔18〕 参见《泰王国民商法典》,周喜梅译,中国法制出版社 2013 年版,第 185 – 187、190 – 195 页。

〔19〕 参见[荷]J. 海玛:《荷兰新民法典导论》,刁君珠、田志钢译,载《荷兰民法典(第 3、5、6 编)》,王卫国主译,中国政法大学出版社 2006 年版。

〔20〕 参见[荷]D. 克基尼 · 亚特里都:《荷兰对外国投资者的保证》,焦庞颙译,载《国外法学》1981 年第 2 期。

〔21〕 参见《瑞士债务法》,戴永盛译,中国政法大学出版社 2016 年版,第 409 页。

其调整更多是适用习惯、判例中的有关规则。[22]在英国，其商事登记的有关规则分散在《英国合伙法》(1980年修订)、《英国有限合伙法》(2001年修订)、《英国公司法》(2006年修订)之中。[23]在美国，有关商事登记立法是由《美国统一有限责任公司法》(1996年)、《美国统一合伙法》[24]和《美国标准公司法》等示范性法律文件引导，[25]最终是由《特拉华州普通公司法》等各州的公司法、合伙法等予以调整。[26]

(三)简要分析与基本启示

通过考察两大法系主要国家或地区的不同商事登记立法例，可以发现，无论是大陆法系，还是英美法系，商事登记立法均呈现如下三个鲜明的共同点或趋同点：(1)鉴于商事登记在平等营业进入和创设统一大市场中的基础性作用和意义，除极少数国家或地区外，统一主义的商事登记立法例，几乎成为两大法系选择的主要立法模式，采用分散主义的商事登记立法范式只有我国大陆和我国台湾地区。(2)由于商事登记本身的专业性和内容的复杂性，除法国、西班牙等极少数国家或地区外，绝大多数国家或地区已经摒弃商法典或民法典的大法典调整模式。(3)统一的单行法模式已成为绝大多数国家或地区商事登记的主要选择。世界主要国家或地区在商事登记立法上所呈现出来的这些共同点或趋同点，无疑对我国商事登记立法具有借鉴与参考意义。

二、商事登记分类、个别、分散立法的现状分析

由于我国事实上存在多个商法法域，因此，在商事登记领域也就呈现出中国内地(大陆)、香港特别行政区、澳门特别行政区和台湾地区之间的差异。在香港特别行政区，其商事登记除《香港公司条例》有规定外，[27]还有专门的《商业登记条例》《商业登记规例》对商事登记进行专门调整。[28]在澳门特别行政区，商事登记除《澳门商法典》第一卷第四编“登记”有规定外，[29]还有《澳门商业登记法典》对商事登记进行专门调整。[30]在我国台湾地区，“民法”对合伙、法人的登记有原则性规定，公司登记适用“公

[22] 参见[美]斯蒂芬·加奇:《商法》，屈广清、陈小云译，中国政法大学出版社2004年版，第187－205页。

[23] 参见《英国2006年公司法》，葛伟军译，法律出版社2008年版，第7－9页；林少伟:《英国现代公司法》，中国法制出版社2015年版，第84－93页。

[24] 参见虞政平编译:《美国公司法规精选》，商务印书馆2004年版，第178、555－556页。

[25] 参见沈四宝编译:《最新美国标准公司法》，法律出版社2006年版，第5－16、26－27页。

[26] 参见《特拉华州普通公司法》，徐文彬等译，中国法制出版社2010年版，第10－16、173－174页。

[27] 参见《香港公司条例》(2014年修订)。

[28] 参见《香港商业登记条例》；朱大明:《香港公司法研究》，法律出版社2015年版，第23－24页。

[29] 参见中国政法大学澳门研究中心、澳门政府法律翻译办公室编:《澳门商法典》，中国政法大学出版社1999年版，第20－21页。

[30] 参见《澳门商业登记法典》；冷铁勋:《澳门公司法论》，社会科学文献出版社2012年版，第195－197页。

司法”;而自然人商人、商业合伙、独资企业则适用“商业登记法”或“有限合伙法”。〔31〕可以看出,虽然香港特别行政区、澳门特别行政区、我国台湾地区三地之间商事登记立法的差异比较明显,但有一个共同点,就是这三地在商事登记上均采用专门商事登记单行法模式,制定有专门的商事登记单行法,建立了比较完善的商事登记立法规范体系。这些无疑对我国内地(大陆)商事登记立法有一定的启示、参考意义。相对而言,我国内地(大陆)现行商事登记尚呈现分类、个别、分散立法的零、散、乱等明显缺陷。目前我国商事登记法源形式,主要表现为附属性、单行性、分散性三种典型形态,兹分述之。

(一)附属性商事登记立法

附属性商事登记立法,即与商事登记有关的条文或条款,附属于民商事主体法的法源形式或法条内容之中。目前我国民商事主体立法,已形成有如下两大体系:

1. 1986年以来由《民法通则》(已失效)、《民法典》总则编等民事基本法建立起来的民商事主体立法体系。如原《民法通则》所建立起来的自然人商主体与法人商主体两大立法体例,其中第二章“公民(自然人)”第四节“个体工商户、农村承包经营户”和第五节“个人合伙”的规定;第三章“法人”第二节“企业法人”和第四节法人之间“联营”的规定。又如《民法典》总则编所建立起来的自然人商人、营利法人、非法人企业三大商主体立法体例,其中第二章“自然人”第四节关于“个体工商户和农村承包经营户”的规定;第三章“法人”第一节“一般规定”、第二节“营利法人”关于公司等商法人的规定;第四章“非法人组织”对个人独资企业、合伙企业等非法人企业的一般性规定等。

2. 1979年以来以《中外合资经营企业法》等单行法为载体形成的个体工商户商主体与企业商主体体系。其中,调整个体工商户类商主体方面的规范性文件有《个体工商户条例》;企业商主体的立法体系则要复杂得多,可分为1979—1992年以企业资产所有制为本位建立的企业法体系和1993年以来以企业内部治理结构、债务清偿责任为本位建立起的企业法体系。

所有制本位的企业立法体系与文本有:(1)全民所有制企业法。如《全民所有制工业企业法》(1988年,2009年修订)、《企业国有资产法》(2008年)、《全民所有制工业企业承包经营责任制暂行条例》(1988年,2011年修订)、《全民所有制小型工业企业租赁经营暂行条例》(1988年,1990年修订)、《全民所有制工业企业转换经营机制条例》(1992年,2011年修订)等。(2)集体所有制企业法。如《乡村集体所有制企业条例》(1990年,2011年修订)、《城镇集体所有制企业条例》(1991年,2016年修订)等。(3)私营企业法。如《私营企业暂行条例》(1988年,2018年废止)等。(4)三资企业

〔31〕 参见黄昭元等主编:《综合小六法》,台北,新学林出版股份有限公司2017年版,第1-66页。

法。如《中外合资经营企业法》(1979 年,2016 年修订、2020 年废止)、《中外合作经营企业法》(1988 年,2017 年修订、2020 年废止)、《外资企业法》(1986 年,2016 年修订、2020 年废止)以及取代前三资企业法的《外商投资法》(2019 年)等。

企业组织结构、债务清偿责任本位的企业立法体系与文本有:(1)《公司法》(1993 年,2018 年修正);(2)《合伙企业法》(1997 年,2006 年修订);(3)《个人独资企业法》(1999 年);(4)《农民专业合作社法》(2006 年,2017 年修订)。除此之外,尚有内含特别企业法内容的《商业银行法》(1995 年,2015 年修订)、《证券法》(1998 年,2019 年修订)、《保险法》(1995 年,2015 年修正)、《海商法》(1992 年)、《民用航空法》(1995 年,2021 年修正)等;企业政策方面的法律、行政法规,如《乡镇企业法》(1996 年)、《中小企业促进法》(2002 年,2017 年修订)等;其他企业配套性法律及行政法规,如《企业破产法》(2006 年)等。

在上述两大主体立法体系与文本中,虽有关于商事主体登记的附属性规定,典型的如《民法典》第 65 条、《公司法》第 32 条等,但这类条款一则数量较少,二则规定比较原则,且在绝大多数情况下是通过授权性规定,由不同类型的商事主体登记管理条例予以具体细化,这远远不能满足商事登记的立法需求。

(二)单行性商事登记文本

与前述附属立法相对应的是,我国既有商事登记的实体性与程序性规定,多数是由国务院行政法规或原国家工商行政管理总局、国家市场监督管理总局之部门规章的形式,且不同类型的商事主体或企业形式,除全民所有制企业或国有企业外,均对应不同的规范性文本,形成独具阶段国情特色的一事一规、分类立法、分别规范的单行性商事登记文本体系。综合起来,其具代表性的单行性商事登记规范性文本有如下几类:

1. 工商登记的一般性规定。如《企业法人登记管理条例》(1988 年,2019 年修订,已失效)、《企业名称登记管理规定》(1991 年,2020 年修订)、《注册资本登记制度改革方案》(2014 年)、《企业信息公示暂行条例》(2014 年)、《市场主体登记管理条例》(2021 年)等。

2. 个体工商户登记管理的规范文本。如《个体工商户登记管理办法》(2011 年,2019 年修订,已失效)、《个体工商户名称登记管理办法》(2008 年)等。

3. 私营企业登记管理的规范文本。如《私营企业登记程序》(1991 年,2004 年废止)等。

4. 集体所有制企业、乡镇企业登记管理的规范文本。如《关于乡村集体所有制企业审批和登记管理暂行规定》(1990 年,2014 年废止)、《〈中华人民共和国城镇集体所有制企业条例〉商业企业实施细则》(1992 年)、《〈中华人民共和国城镇集体所有制企业条例〉轻工业实施细则》(1993 年)、《〈中华人民共和国城镇集体所有制企业条例〉实施办法》(1994 年,2003 年废止)、《乡镇企业登记备案规定》(1997 年,2013 年废止)等。

5. 外商投资企业登记管理的规范文本。如《中外合资经营企业登记管理办法》(1980 年,1988 年失效)、《外国企业常驻代表机构登记管理条例》(2010 年,2018 年修订)、《外国(地区)企业在中国境内从事生产经营活动登记管理办法》(1992 年,2020 修订)、《外商投资企业授权登记管理办法》(2002 年,2016 年修订)、《外商投资合伙企业登记管理规定》(2010 年,2021 年废止)、《外商投资企业设立及变更备案管理暂行办法》(2016 年,2019 年废止)、《外商投资信息报告办法》(2019 年)等。

6. 公司登记管理的规范文本。如《公司登记管理条例》(1994 年,2016 年修订,已失效)、《公司登记管理若干问题的规定》(1998 年,2006 年废止)、《股权出质登记办法》(2008 年,2020 年修改)、《股权出资登记管理办法》(2009 年,2014 年失效)、《公司债权转股权登记管理办法》(2011 年,2014 年失效)、《公司注册资本登记管理规定》(2014 年,已失效)等。

7. 合伙企业登记管理的规范文本。如《合伙企业登记管理办法》(1997 年,2019 年修订,已失效)等。

8. 个人独资企业登记管理的规范文本。如《个人独资企业登记管理办法》(2000 年,2019 年修订,已失效)。

9. 农民专业合作社登记管理的规范文本。如《农民专业合作社登记管理条例》(2007 年,2014 年修订,已失效)等。

此外,还有国务院各部门所颁发的有关综合性、行业性、部门型工商业或市场主体登记管理方面的规范性文件,如《国家铁路运输企业登记管理办法》(1992 年,2016 年失效)、《期货经纪公司登记管理暂行办法》(1993 年,2004 年废止)、《商品交易市场登记管理办法》(1996 年,2004 年废止)、《企业集团登记管理暂行规定》(1998 年,2018 年失效)、《信托公司管理办法》(2007 年)、《信托公司股权管理暂行办法》(2020 年)、《市场主体登记管理条例实施细则》(2022 年),等等。

(三)分散性商事登记规范

受上述一事一法、分别分类立法的影响,我国现行商事登记方面的规范还呈现分散、零碎等特征,有关商事登记方面的规则,在多数情况下是以分散的规范性文件为具体法源形式。其中涉及商事登记方面的规范性文本包括如下多类:

1. 企业法人登记的规范文本。2021 年 7 月以前,涉及企业法人登记方面的规范性文件,效力级别分散,除《企业法人登记管理条例》属一般性规定外,其他诸如名称、法定代表人等,内容均比较零碎。在这众多的规范性文本中,效力等级较高且具一般性规范功能的文本只有《企业法人登记管理条例》,但其调整范围只包括所有制本位类的全民所有制企业、集体所有制企业、联营企业、外商投资企业(三资企业)、私营企业等企业法人类别,不包括公司企业。除此之外,绝大部分属国务院主管部门的部门规章,如《企业法人登记管理条例施行细则》(1988年,2020年修订,已失效)、《企业法人登记公告管理办法》(1990年,2014年废止)、《企业法人登记档案管理办法》(1990年)、《企业法人法定代表人登记管理规定》(1998年,1999年修订,已失效)、《企业名称登记管理实施办法》(1999年,2004年修订),等等。

2. 企业或公司注册资本登记的规范文本。除《注册资本登记制度改革方案》(国发〔2014〕7号)之外,基本上均属部门规章,如《公司注册资本登记管理规定》(2014年,已失效)等。

3. 企业(公司)等登记要素、程序的规范文本。这方面的规范文本除关于工商登记改革的规定,如《关于加快推进"三证合一"登记制度改革的意见》(国办发〔2015〕50号)外,大多均属部门规章类规范,涉及的内容、范围比较广泛、复杂,如《企业登记档案资料查询办法》(1996年,2003年修订)、《企业登记程序规定》(2004年,2020年废止)、《企业经营范围登记管理规定》(2015年,已失效)等;此外,还有国务院其他部门发布的涉及工商登记内容的部门规章,如《关于划分企业登记注册类型的规定》(1998年,2011年修订)、《对外贸易经营者备案登记办法》(2004年,2021年修订),等等。

4. 违反登记和非法经营的管理性规范。如《无照经营查处取缔办法》(2003年,2011年修订,2017年废止)、《无证无照经营查处办法》(2017年)等。

综上所述,我国既有关于商事登记方面的规范性文件,在立法价值与立法原则的选择、相关制度与法条款项的设计、具体审查程序与登记环节的完善等方面,相比1979年改革开放以前无疑有长足进展,但受计划经济思维的影响,特别是受条块分割的行政管治惯性的约束,我国既有商事登记立法仍然没有摆脱如下困境:(1)商事登记依附于商事主体法的附属地位没有根本性改变。商事登记之市场准入与营业进入的基础性地位未受重视,商事登记法还没有被视为独立的法律文件列入立法议程,商事登记法尚没有独立地位和独立身份,无法显示和发挥其独特的制度功能和程序价值。(2)商事登记立法尚停留于一事一法、一类一法的分别立法状态。特别是2021年7月以前,举凡全民所有制企业、集体所有制企业、私营企业、中外合资经营企业、中外合作经营企业、外资企业、乡镇企业,还是公司企业、合伙企业、个人独资企业、农民专业合作社,抑或个体工商户,均有分别对应的登记管理条例或登记管理办法。这种对应于不同具体或特殊类商事主体的分类、分别、分散登记立法方式,在2014年启动的新一轮商事登记制度改革中,仍然没有根本性变化。(3)商事登记制度被分散规定在不同的效力等级、不同规范形式、不同适用对象的立法文本中。有关商事登记的价值原则、基本条件、管辖范围、启动方式、审查程序、登记要素、注册事项、公示形式、法律效力等涉及商事登记制度程序性、体系性、完整性方面的内容,被分散在不同的规范性文本之中;

又如企业名称、企业法定代表人、企业法人资格、企业出资形式、企业经营范围等内容，在各种规范文本中也是分散、零碎的。2021 年 7 月国务院公布的《市场主体登记管理条例》，虽一定程度上在行政法规层面解决了部分商事登记规范的统一、集中问题，但受“市场主体登记”范围限制，无法完全覆盖营业开业登记和营业财产登记，上述问题和困惑并未在该条例框架内得到有效、彻底解决。

三、商事登记立法现实困境的原由检讨

（一）现行商事登记分类、个别、分散立法的缺陷分析

我国现行商事登记分类、个别、分散立法所暴露出来的零、散、乱状态，不仅不利于商事登记申请，也给登记机关的具体适用带来不少的困难与麻烦，学界早就对此提出尖锐批评。有学者认为我国商事登记立法“形式的极度分散性不仅妨碍了商事登记制度的有机体系的构建，而且不利于商事登记活动主体的守法和执法主体进行的监督和管理”；〔32〕有学者认为我国商事登记立法有“立法分散，政出多门”，“多元立法导致差别待遇现象严重且程序极不统一”，“过于偏重公法价值而轻私法价值”等多个方面问题；〔33〕有学者认为我国商事登记立法，在规范编纂模式上选择单行法模式，甚至直接采取部门规章的形式，在登记管辖立法模式上采分散主义，在登记主管机关立法模式上采行政主管主义，在登记立法具体内容上尚欠缺必要规则，留下不少法律漏洞；〔34〕有学者认为我国商事登记立法存在立法庞杂、登记依据与程序不统一、登记公开性差、公告公示制度不健全、审查原则不妥、登记责任模糊、登记效力不明确等方面的缺陷和不足；〔35〕有学者从公司登记角度，认为我国商事登记立法存在形式分散而内容重叠、新法与旧法并行冲突、内容规定存在明显漏洞、立法层次偏低等几个方面的问题。〔36〕上述这些批评和分析，在一定程度上反映我国现行商事登记立法的缺陷和不足，但对其深层次方面所存在的问题尚未有所涉及。

（二）商事登记立法现实困境的原由分析

笔者认为，造成我国商事登记立法的缺陷与不足，进而出现零、散、乱等现象或困境，有深层次的制度、理念、行事、逻辑等诸方面的背景和原因，只有把产生、影响商事登记立法现状的各种不利影响彻底消除，上述商事登记立法中的零、散、乱现象才可根本改变。

---

〔32〕 参见李金泽、刘楠：《我国商业登记立法亟待完善》，载《社会科学》1999 年第 7 期。

〔33〕 参见朱慈蕴：《我国商事登记立法的改革与完善》，载《国家检察官学院学报》2004 年第 6 期。

〔34〕 参见曾大鹏：《中国商法通则理论与立法研究》，法律出版社 2013 年版，第 119 – 120 页。

〔35〕 参见刘宏渭：《商法总则基本问题研究》，华中科技大学出版社 2013 年版，第 209 – 217 页。

〔36〕 参见李克武：《公司登记法律制度研究》，中国社会科学出版社 2006 年版，第 284 – 289 页。

1. 只有分立的工商登记而无统一的营业登记。我国一直以来就只有所谓的工商登记，甚至在一定时期只有工商企业登记，而无其他营业（商事）登记。工商登记一直左右、制约与之对应的登记立法的模式、形式和体例，我国政策性文件、法律、行政法规在2012年以前的有关表述中，绝大多数是以工商登记取代营业（商事）登记。虽然就内容、形式、对象而言，工商登记在事实层面与营业（商事）登记并无本质不同，但因工商登记尚停留于传统工业、商业、农业等不同产业、部门的分类，有明显的部门局限性；而现代商事登记本质上是营业登记，是一个可概括、延揽个体工商户登记、企业登记、公司登记、开业登记、企业法人登记、营业财产登记甚至工商登记的一般概念和抽象范畴，两者所涉领域、指向对象、表征意境完全不同。虽然有学者早在20世纪80年代初就提出商事登记概念，但真正作为法律概念被政策性文件采纳，进而被引入商事制度改革，直至明确提出商事登记改革的，则是中共十八大召开之后的事情，特别是中共十八届三中全会召开以后。但即便如此，现行法律、行政法规等效力等级较高的立法文本或规范文件仍无商事、商事登记的概念，如国务院《注册资本登记制度改革方案》（国发〔2014〕7号）就仍然使用"改革工商登记制度，推进工商注册制度便利化"等术语，比工商登记范围更广泛、视域更宏大的商事、商事登记等概念，现仍只出现在如《深圳经济特区商事登记若干规定》（2012年，2020年修订）、《珠海经济特区商事登记条例》（2012年）、《厦门经济特区商事登记条例》（2013年）、《广东省商事登记条例》（2015年，2019年修正）等地方性法规中。尽管李克强总理于2015年3月20日到原国家工商行政管理总局视察时，明确提出要"深化商事制度"改革，但随后原国家工商行政管理总局在2015年4月10日下发的《关于认真学习贯彻李克强总理重要讲话精神进一步做好深化商事制度改革各项工作的通知》（工商办字〔2015〕53号）中，却仍然沿用"工商登记制度改革"这一提法。2021年《市场主体登记管理条例》也只有主体登记，而无包括营业开业、营业财产登记内容的统一营业登记。可见，在既有商事登记主管部门的潜意识里，传统工商登记的概念与观念仍然根深蒂固。这说明，要彻底改变我国既有商事登记立法的零、散、乱现状，就必须首先改变传统狭隘、分立的工商登记制度观，建立起现代广域、统一的大商事登记制度观。

2. 只有登记管理意识而无登记服务理念。我国既有涉及商事登记的分类、分散、个别立法，主要法源为国务院及直属主管部门为对应实施所有制本位企业法、《公司法》、《合伙企业法》、《个人独资企业法》和《个体工商户条例》所制定的配套性行政法规或部门规章，目的是准入管制和登记管理，而非为民事主体进入营业领域的登记服务，所有涉及商事登记的立法文本，均无一例外地负载着工商管理、登记管理的传统意识与行政理念。无论立法文本（如2021年《市场主体登记管理条例》名称中的"登记管理"，就印有明显的管制思维和许可痕迹），还是登记主管部门，将商事登记仍视为工商行政许可的范畴，依然停留在20世纪80年代之前的工商登记管理和营业行政许可的思维定式，为民事主体提供营业进入服务的理念与意识尚整体性、集体性缺失。很显然，如若建立统一的商事登记制度并有配套的立法体系，就须彻底摈弃传统的工商登记管理意识和营业行政许可思维定式，树立全新的商事登记与营业进入服务理念。

3. 受摸索、试点改革思维的影响。20 世纪 80 年代以后的改革始终是以“摸索”或“试点”等费边式、增量式方式进行，反映在立法领域就是“成熟一个就立一法”的实用主义和经验主义占据上风。改革开放从一开始就缺乏在统一立法规划下的整体推行和顶层设计，进而逐渐形成一事一法的单行法立法思路和体例模式，其在总体解决当时应急所需重要法律、行政法规和满足改革开放需要的同时，也留下极大的立法包袱，逐渐形成各个领域规范体系的零、散、乱状态。民事领域是如此，商事领域则更是如此，而作为商法之子部门的商事登记立法，则更是如此。因此，要彻底改变商事登记立法中的零、散、乱状态，就须首先转变我国“摸索”或“试点”式的改革路径依赖，以重大改革均须依法、依规进行这一总体思路下，在进行充分调查、反复论证的基础上，以整体立法规划和顶层制度设计为前导，把传统政策性改革转型为变法式改革。如此，通过统一商事登记立法指导、引领的统一商事登记制度才可构建起来。

4. 计划经济所有制本位观念的痕迹。我国商事登记立法所涉及的部分登记对象，仍为计划经济时期以所有制本位建立起来的企业或经济形式，如全民所有制企业、集体所有制企业、私营企业、外商投资企业等，而与之对应的《企业法人登记管理条例》则制定于 1988 年，该条例主要反映计划经济时代工商业登记对象的需求，尽管此一条例经过若干次幅度较大的修改，但该条例所载内容的计划经济痕迹仍未完全消除。1993 年以降为对应配套《公司法》《合伙企业法》《个人独资企业法》，而先后出台的单行、分类登记管理条例均为组织结构、财产责任本位的现代企业类登记规范，与之前绝大部分所有制本位企业的登记管理规范，难以实现有效对接。在缺乏统一商事登记立法的情形下，原《企业法人登记管理条例》不得不肩负着一个重要的使命，即承担对除公司企业之外的全民所有制企业、集体所有制企业、私营企业、外商投资企业等非公司类法人型企业之登记规范调整的重任，该条例第 2 条更把这一特别重任作了更明确的界定与注解。由于受计划经济体制特别是计划时期所有制本位立法观的影响，就出现《企业法人登记管理条例》《公司登记管理条例》这两个同属法人企业登记范畴的规范文本并存且冲突的局面；此外，《农民专业合作社登记管理条例》与《企业法人登记管理条例》之间存在重叠和冲突；等等。足见，不建立起以出资形式、组织形式、法律人格、责任形式为本位的营业方式与现代企业这一新的商事概念，统一商事登记制度改革就难以推行，即使勉强制定一部名为统一的商事登记法，但实际却为应付或适应各种所有制本位经济或企业形式，也势必冲淡甚至架空统一商事登记法之制度功能和调整效应。

5. 行政管治本位导致的条块分割。我国既有工商登记为典型的行政登记和行政管理，受行政条块分割体制的影响，不同部门和同一部门的不同下属单位均有独立或相对独立的主管或利益范围，而商事登记所涉传统所有制本位经济形式登记、三资企业登记、公司登记、合伙企业登记、个人独资企业登记、个体工商户登记等，均有对应的登记主管部门，而每一部门在长期的登记管理中，又形成特殊的惯性行事模式、特殊的利益关系和固定的工作程序，进行形成稳定型管理与利益结构。如对此稳定且隐含部门利益的结构进行改革，就势必要触动许多人特别是传统工商行政管理部门及主管子部门之既有利益，自然就会遭到他们或公开或潜在的抵制。故不破除既有行政管治本位导致的条块分割体制，试图通过表面改革举措以推行商事登记统一化改革，是不能达到预期的理想结果和应有效应。

6. 学理研究与实务经验缺乏对接与整合。2014 年以来商事登记改革所迈步伐较大，门调也高，特别是广东、福建、上海这些仍然享受“摸索”或“试点”式改革红利的前沿综合改革实验区，在商事登记领域所进行的大量、深度、有益的探索，确实为我国商事登记统一化改革提供了许多的经验，但也存在不少问题，这些均已成为业界和社会关注或研讨的热点。相对而言，学界对此所给予的关注和研究却明显不足，不少学者的研究尚停留于书斋式探讨，没有与商事登记实践进行有效对接。而许多既有商事登记改革举措，又缺乏学理上的充分论证和利弊分析，有些改革举措甚至在新的制度环境下违反常识，在商事登记改革中塞进了不少本不应当由商事登记承载的部分功能和更多职能，致使有些商事登记改革在旧的问题尚没有彻底解决的同时，新的不适应就出现。因此，在我国商事登记统一化改革过程中，须把学理研究与实务经验作有效对接与融入整合，在总结多年商事登记制度改革经验的基础上，借鉴市场经济发达的国家或地区成功、成熟、有效的法例与制例，在承继既有工商登记管理制度优势的前提下，通过引入新理念、新制度、新程序、新形式，促成统一商事登记法的制定，以指导、引领商事登记统一化改革的稳健推进。

第二节　商事登记立法的统一架构

一、问题的提出

商事登记制度的统一化改革，是中共十八大以来，我国经济体制改革和统一市场制度建设的热点问题，更是我国当前和今后商事制度改革与创新中的重点课题。2017 年 10 月中共十九大报告再一次将“深化商事制度改革”列为“加快完善社会主义市场经济体制”的重要内容，足见，商事登记制度统一化改革的重要性和基础性。而在商事登记制度的统一化改革进程中，又必须有统一的商事登记立法作引领、指导和保障，才可使之持续化、法律化和制度化。

综前所述,我国现行关于商事登记方面的规范性文件,历经30余年的筚路蓝缕和有效探索,彻底改变了改革开放以前无法可依和价值偏离的势态,特别是在2014年以来所推行的新一轮商事登记制度改革中,新的一系列行政法规、部门规章和地方性法规,突破了束缚商事登记的传统理念和制度篱笆,补充完善了新改革举措所亟需的一系列规则。尽管如此,我国商事登记规范文本依然没有脱离附属立法、单一立法、分散立法这一状态,仍未走出分类、分别、分散的立法困境,统一商事登记法一直未能出台,甚至也未提上立法日程。这不仅与2013年11月中共十八届三中全会《关于全面深化改革若干重大问题的决定》规划"推进工商注册制度便利化"之改革目标不相符合;[37]也与国务院2014年2月发布的《注册资本登记制度改革方案》(国发〔2014〕7号)所提"积极推进统一的商事登记立法"所定立法任务相去甚远。[38]足见,在对商事登记制度作全面、系统、深入研究的基础上,提出具有特别针对性、指导性和具体可行性、操作性的统一《商事登记法》立法建议案,是一项十分紧迫的立法任务和现实课题。

二、统一商事登记立法体例的模式选择

(一)几种代表性的商事登记立法方案举要

虽然建立统一的商事登记制度,已成为学者和业界的共识,但是对商事登记立法究竟选择什么样的模式或体例,学者们尚有较大分歧。归纳起来,有如下几种代表性方案。

1. 延续既有的分散立法模式

有学者认为,最好的立法模式不是学者设计出来的,而是法律实践所创设的。我国未来商事登记立法的最好方案,或者说唯一需要做的就是"尊重立法实践自己的选择",延续现有实践中的分散、单行立法模式。但是,持这一观点的学者仍然认为,虽然商业名称可由不同商事主体法各自解决,但"制定一部商事登记法"还是十分必要的。[39]

2. 大民法典模式

此种方案主要是民法学界的观点,其试图通过高度合一的民商混同立法体例,把商事登记以民事登记的形式,分别编入不动产登记、企业登记的编章,以解决商事登记的统一立法问题。如徐国栋教授主持编写的《绿色民法典草案》第一编第二分编"法人

---

〔37〕 参见中共中央《关于全面深化改革若干重大问题的决定》(2013年11月12日)第9条。

〔38〕 参见国务院《注册资本登记制度改革方案》(国发〔2014〕7号)第4条第3项。

〔39〕 参见施天涛:《商法学》,法律出版社2010年版,第47-48页;施天涛:《民法典能够实现民商合一吗?》,载《中国法律评论》2015年第4期。

法”编第二题“合伙”、第三题“公司”、第四题“合作社”中，就有关公司、合伙、合作社设立及登记等内容作出了规定。[40]我国《民法典》总则编就包括个体工商户登记、法人登记、变更登记、未登记效力、登记信息公示、法人注销登记、法人分支机构登记、营利法人设立登记、营利法人成立日认定等多个涉及商事登记的条款。[41]

3. 统一民商法典或商法典模式

此一观点主张制定一部统一的民商法典；[42]或者编纂一部有中国特色的统一商法典，以延纳商事登记的有关规定；[43]或者认为，在我国新时期制定民法典的时候，同步制定商法典，以解决商事登记的统一化问题。[44]

4. 商法通则模式

此一方案相对于独立的商法典方案而言，主张在《民法典》之外制定调整商事关系的一般性规范商法通则或商事通则，然后在相对独立的商法通则或商事通则中对商事登记进行规定，它是商法学界绝大多数学者主张的立法方案，可以说代表我国商法学界集体的意见和呼声。至于立法文本的名称，有称商法通则的，[45]也有称商事通则的；[46]但比较一致的主张，就是建议制定的商法通则或商事通则中都应包括商事登记的内容，且商事登记均设计为独立的章节，这可从现有已发表的几部有代表性的商法通则或商事通则的学者建议稿中得到印证。有学者在其提出的商法通则中，在商主体、商行为之后的第四章“商业登记”，对商事登记作了原则性的设计和规定；[47]有学者把“商事登记”安排在其建议的商事通则第三章，紧跟第二章“商人”之后，显示其商

---

〔40〕 参见徐国栋主编：《绿色民法典草案》，社会科学文献出版社2004年版，第5、113－176页。

〔41〕 参见《民法典》(2020年)第54、63－66、69、72－74、77－78条。

〔42〕 参见赵万一：《论民法的商法化与商法的民法化——兼谈我国民法典编纂的基本理念和思路》，载《法学论坛》2005年第4期；王明锁：《中国民商法典编纂的重大疑难问题——附〈中华人民共和国民商法典“通则编”草案建议稿〉(黄河版)》，载《晋阳学刊》2016年第3期。但赵万一教授在另一论著中，却提出要制定“具有国情特色的统一暨单一”的商事登记法，参见赵万一主编：《商事登记制度法律问题研究》，法律出版社2013年版，第292－293页。

〔43〕 参见江李会：《中国商法典编纂的必要性分析》，载《中国经贸》2007年第6期；徐学鹿、梁鹏：《商法总论》，中国人民大学出版社2009年版，第291－295页。

〔44〕 参见李玉婷：《浅析商法典制定的意义和价值》，载《知识经济》2012年第19期。

〔45〕 参见杨继：《商法通则统一立法的必要性和可行性》，载《法学》2006年第4期；赵旭东：《〈商法通则〉立法的法理基础与现实根据》，载《吉林大学社会科学学报》2008年第2期；苗延波《论中国商法的立法模式(上)——兼论〈商法通则〉的立法问题》，载《法学评论》2008年第1期；范健：《论我国商事立法的体系化——制定〈商法通则〉之理论思考》，载《清华法学》2008年第4期；李建伟：《制定商法通则的缘起及其立法价值的再认识》，载《社会科学战线》2015年第12期。

〔46〕 参见王保树：《商事通则：超越民商合一与民商分立》，载《法学研究》2005年第1期；官欣荣：《破解“商事通则”立法迷局的开放式新进路》，载《法学》2010年第8期；赵磊：《反思“商事通则”立法——从商法形式理性出发》，载《法律科学(西北政法大学学报)》2013年第4期。

〔47〕 参见苗延波：《商法通则立法研究》，知识产权出版社2008年版，第257－258页。

事登记为商人登记的判断;〔48〕或者在商法通则的“商人”与“商号”之间的第三章将“商事登记”作专章规定;〔49〕等等。

5. 单行统一法模式

单行统一法模式就是制定单行的商事登记法,以统一调整所有类型的商事登记。制定单行的商事登记法是20世纪末未竟的一个立法议案,早在1999年前后,就有学者提出制定统一的商事登记法〔50〕或商业登记法,〔51〕并从“经济户籍”法〔52〕、市场效率与交易安全〔53〕、民法体系化要求和商事单行法立法需要等不同视角,〔54〕论述单行、独立、统一商业登记法的必要性和可行性。在众多的有关商事登记法或商业登记法的立法建议中,有学者还为其设计了具体的立法框架,〔55〕或者提出了具体、完整的立法草案。〔56〕

(二)简要总结与评价

上述众多学说主张、草案建议和立法方案,虽各有其显著特点和可取之处,但多数方案存在某些缺陷和明显不足。(1)延续既有商事登记分类、分别、分散的单行立法自然不可取,因为此一立法模式所暴露出的问题和本身的局限性已十分明显,而且也正是我国正在推进和将来仍将持续的商事登记制度改革所要矫正的对象。(2)商事登记立法完全融入民法典的主张,属于明显的贪大求全,其结果只能是把有关商事登记的具体形式和特殊内容生硬地拼凑到民法典之中,不仅破坏了民法典体例的完整性、逻辑的系统性和内容的稳定性,而且也有损商事登记立法的具体性、特殊性和专业性。(3)至于把商事登记放在民商法典或商法典中专章独立或在民法典之外的商法通则或商事通则中专章分立,虽然从表面来看,其强调了商事登记的个性,突出了商事登记的重要性和独立性,但综观历史上奉行民商分立的国家或地区,以及前述我国不同学者

〔48〕 参见《商事通则》调研组:《〈中华人民共和国商事通则〉建议稿》,载王保树主编:《商事法论集》(第20卷),法律出版社2012年版。

〔49〕 参见樊涛:《商法通则:中国商事立法的应然选择(附:〈中华人民共和国商法通则〉建议稿)》,载《河南大学学报(社会科学版)》2008年第3期。

〔50〕 参见缪永贵:《对〈商事登记法〉的立法建议》,载《工商行政管理》1999年第16期;苏慎、戴少俊:《如何完善企业登记管理法律体系——从〈公司登记管理条例〉到〈商事登记法〉的一点思考》,载《工商行政管理》1999年第19期。

〔51〕 参见樊涛:《我国商业登记法的完善——兼论我国信用机制的构建》,载王保树主编:《中国商法年刊》(第2卷),吉林大学出版社2002年版。

〔52〕 参见李克武:《公司登记法律制度研究》,中国社会科学出版社2006年版,第6-9页。

〔53〕 参见蔡晓天:《论我国〈商事登记法〉的制定》,载《辽宁行政学院学报》2008年第12期。

〔54〕 参见叶林:《商业登记法的基本问题》,载《扬州大学学报(人文社会科学版)》2011年第2期。

〔55〕 参见苗延波:《商法通则立法研究》,知识产权出版社2008年版,第181页。

〔56〕 参见刘训智:《商事登记统一立法研究》,中国政法大学出版社2015年版,第303-324页。

提出的商法通则、商事通则或商法典立法体例、内容安排，其涉及商事登记的有关规定，均十分原则和抽象，不具有操作性和适用性，其关于商事登记的一般性、原则性、通用性规定，对商事登记的具体形式、特殊内容和系列程序，似无更多的贡献和作为。显然，此两种立法方案，忽视了商事登记应有的特殊性、独立性、复杂性、专业性和程序性，特别是其概念、理论、价值、范畴还在重复着19世纪以前的传统逻辑，在具现代特质的大营业构架下，则自然丧失妥当性。

综上所述，在众多的商事登记立法方案中，比较可行、且具操作性的立法方案是单行的统一商事登记法方案；但是，多种既有版本的建议方案和草案稿，尚存在值得商榷、改正和完善的地方。

三、选择统一、单行商事登记立法方案的原由分析

通过以上分析，笔者认为，从着力于改革现有商事登记制度并期以建立起新型、统一商事登记制度这一大前提出发，选择单行的统一商事登记法是一种十分必要，也比较可行的方案。

（一）不同类型商事登记的同一性所决定

商事登记之所以要统一，并需要一部统一的、单行的商事登记法来调整和规范，在于商事登记尽管可分为不同的类型或类别，但均具有同质性或共同性，而正是这些同质要素或共同特征，决定了不同类别、类型、性质的商事登记，可以共享一部具有公因式的商事登记法所建立起来的统一制度平台。而不同类别、类型、性质的商事登记所具有的同质要素或共同特征，又表现为：

第一，原由的法定性。不同类别、类型、对象、性质、事项的商事登记，均是由法律规定需要进行强制性登记的范围，除法律设置的豁免登记对象或任意记载事项之外，主体登记中的公司、合伙企业、个人独资企业和其他企业的登记，开业登记中的个体工商户、非营利组织、专业服务机构的登记和其他营业登记等，在我国均属于法定、强制登记的对象和范围，因此，所有商事登记的原由是法定的，当然也是相同的。

第二，登记的同质性。如前所述，无论是公司、合伙企业、个人独资企业和其他企业的设立登记或设立后的事项变更登记，还是个体工商户、非营利组织、专业服务机构的开业登记，或者其他商事事项的登记，均属于营业登记的性质，均围绕着投资者、经营者或交易者的营利最大化需要而设立和运行。

第三，机构的同一性。在我国，既有工商登记均由原工商行政管理部门主管和管辖，由此形成了一个统一、专业、同质的登记机关。不同类别、类型、对象、性质、事项的商事登记均由工商行政管理部门主管或管辖，使商事登记机关在我国高度同一，这无疑为统一商事登记制度的构建与立法，提供了最大的组织基础和最大的操作可能性。

特别是 2018 年 3 月 17 日第十三届全国人大第一次会议通过的《关于国务院机构改革方案的决定》以及随之启动的我国新一轮政府机构改革，以"改革市场监管体系，实行统一的市场监管"为目标设立的国家市场监督管理总局以及地方市场监督管理机构，为下一步统一的商事登记制度改革奠定了更为坚实的组织框架。

第四，程序的同一性。如前所述，不管属于哪一类别、类型、对象、性质、事项的商事登记，无论是主体登记，还是开业登记，或者是营业财产登记，其所经历的登记程序是一样的，即都要经过诸如登记文件与材料的准备、登记申请、登记受理、审查核准、准予登记、注册记载、发证给照、入库上网、登报公示等一系列必经的登记程序。程序的同一性，要求不同类别、类型、对象、性质、事项的商事登记在登记程序上要统一要求、统一过程、统一环节、统一形式，这样可大大提高登记效率。同时不同类别、类型、对象、性质、事项的商事登记适用统一的程序，有利于克服目前差异化审查与服务带来的登记不公；登记程序的统一化和标准化有利于创设规范、透明、有序、高效的登记秩序和公平、公正的营商环境。

第五，形式的同一性。所有不同类别、类型、对象、性质、事项的商事登记最后的登记形式和载体是同质的或同一的。如所有主体登记、开业登记、营业财产登记，其登记的最终形式均包括商事登记簿上注册记载、载入专门的商事簿册、登记事项与信息录入商事登记数据库、以企业资格证书或营业执照为代表的各种商事登记证照、商事登记数据库信息与国家企业信用信息公示网联通上网公示、其他商事登记公告等。登记形式与载体的同一性，既要求一部法律对其基本形式、规范、标准、要求作出统一调整，事实上也为统一立法规范提供了可能。

第六，事项的相似性。尽管不同类别、类型、对象、性质、事项商事登记要求或登载的事项存在一定的差异性，但主要的营业事项和核心要素是基本相同的，特别是商业名称或商号，出资人、发起人、设立人或实际控制人，注册资本，章程、合伙协议、承包等经营协议，组织机构，法定代表人、营业事务执行人或主要负责人，主营事项或经营范围，营业住所或经营场所等法定、强制、必要、绝对记载事项，不同类别、类型、对象、性质、事项的商事登记几乎不存在太大的差异。登记事项在绝大多数情况下的同一或同质，自然就需要一部法律对其进行统一规范；同时，绝大部分登记事项的一致与同质，也为统一的商事登记法创造了同一的调整对象。

第七，公开的同一性。公开性是商事登记的本质特征，也是所有商事登记的共同特征。除法律规定涉及国家秘密、军事秘密、国防秘密的事项外，不管什么类别、类型、对象、性质、事项的商事登记，也不管是主体登记还是开业登记，或者是一般性的营业财产登记，登载事项的公开性、数据信息的可查询性、营业信息的可持续获得性，是所有商事登记的共同点。商事登记公开的同一性或同质性，必然要求是一部法律而非多部法律对属同一或同质的公开性问题作统一规定，其必然要求进行统一、集中的商事登记立法。

第八,效力的一致性。凡商事登记一经确认、注册并公示,就产生确认力、公信力和对抗力,这是商事登记最基本的效力特性,自然也是所有不同类别、类型、对象、性质、事项的商事登记所具有的共同特性,登记效力的同一性和同质性更要求商事登记立法的统一、协同。

不难看出,商事登记统一立法,并非纯粹的主观动议,而是不同类别、类型、对象、性质、事项的商事登记所共同具有的同一特征或同质属性的必然要求。

(二)商事登记的程序所使然

有一种观点认为,我国现行的商事单行法比较适合我国的实际情况,也符合世界两大法系发展的基本趋势,因此没有必要制定专门的商事登记法,商事登记的部分功能或相关规定由相关的商事单行法进行规定即可。[57]笔者认为,商事立法在当今已由传统集中的法典模式走向单行法模式,总体上确实是两大法系的基本发展趋势;而且,英美法系也不存在独立、单行、统一的商事登记法,其有关商事登记的规定也附属于公司法、合伙法或者其他相关法律的规定,我国为什么不能选择英美法系的立法例?

首先,就英美法系多数国家或地区而言,其没有严格的商事登记概念或制度,而我国存在严格、法定的商事登记制度自然不可混为一谈。而且更为重要的是,英美法系多数国家或地区,对公司、合伙等相当于大陆法系的商事登记,是奉行任意主义登记原则,国家对商事登记没有强制性的要求,而我国商事登记则奉行强制性原则,有此实质上的区别,故难以仿效英美制例。

其次,就一般商事单行法而言,虽然都兼具实体性规定与程序性规定的双重特征,但是相对而言,商事登记是以程序性规定为主的制度性安排,如果这些程序性规范放置在一般性商事单行法里,也不是不可以,但是这样一来就会产生如下问题:一是如果商事登记程序性规范放置在这些商事单行法里,基于程序性规范的特点,只有把涉及商事登记的内容尽量规定得详尽、具体、细致,商事单行法才具有可操作性,如此就势必冲淡商事单行法的主题;但如果不作详尽、具体、细致的规定,则不具有操作性、可行性。二是不同商事单行法对实质具同一性或同质性的程序性问题都进行规定,而且都必须作详尽、具体、细致的规定,势必导致立法的重复和规定的重叠,实则是对宝贵立法资源的一种浪费。三是在不同商事单行法对实质具同一性或同质性的程序性问题都作规定的情形下,由于我国现行立法审查尚存在较多问题,因此就很难做到不同类别类型、效力等级商事单行法规定的一致,这样一方面不尽合理,另一方面也容易产生规则上的冲突。

---

〔57〕 参见邹海林、张辉:《商法基础理论研究的新发展》,中国社会科学出版社2013年版,第138-147页。

最后,如由一般商事单行法来承担商事登记程序性规定的任务,就必然会在商事单行法规定不周延、不全面、不具体的情况下,启动对应的配套性商事登记程序性规定,进而就会出现或重复我国现行的分类、分别、分散商事登记立法之零、散、乱等状况。

(三)世界不同国家或地区的主流选择

如前所述,在对不同法系、国家或地区的商事登记立法例比较中,统一主义的立法模式是多数国家或地区的共同选择,世界上除我国大陆和台湾地区尚采用分散主义的立法模式外,其他国家或地区均采用统一主义立法范式。而且,奉行民商合一的荷兰、瑞士等少数国家,也颁行有专门、独立、统一的商业注册法或商事登记施行法。即使在我国台湾地区,其商事登记立法也仅仅是分类立法,而非典型的分散立法,更非分别、个别立法,即公司登记适用"公司法",其他非公司商事类登记适用"商业登记法",总体上还是统一的。不仅如此,我国香港特别行政区、澳门特别行政区的商事登记立法也是统一的,而唯有我国大陆(内地),是一类登记对象对应一个登记性分类规范,这样一种商事登记分类、分别、分散立法的零、散、乱状况,在商事登记立法例上确实不多见。因此,从世界不同国家或地区的商事登记立法主流来看,统一主义的立法模式是我们的当然选择。

(四)我国既有立法现状的明显缺陷

我国商事登记中分类、分别、分散立法的零、散、乱等状况之明显缺陷和根本局限,已在商事登记实践中暴露无遗,严重影响着我国统一商事登记制度的建立和国内统一大市场的建设。我国正在推进的商事登记制度改革的一个重要目标,就是要彻底改变这样一种分类立法、分别立法、分散立法、多头立法、无序立法的混乱状态。因此,制定一部统一的商事登记法不仅是营造统一、自由、公平、有序的市场秩序和营商环境的需要,更是改变我国营业进入基础制度环节、国家竞争优势甚至大国市场形象的必要之举。

足见,制定统一、单行的商事登记法,不应是个别学者的心血来潮或标新立异,而是不同类型商事登记的同一性所决定,是商事登记的程序性所使然,也是世界不同国家或地区的主流选择,更是改变我国既有商事登记不合理立法现状和克服其明显缺陷的明智之举。

四、统一商事登记立法的范式、体例与内容

(一)我国统一商事登记立法的既有进程

我国统一商事登记立法的提议缘于20世纪末,当时就有学者注意到《企业法人登记管理条例》《公司登记管理条例》《合伙企业登记管理办法》等立法相当分散、规定重

复性较多等问题,建议制定商事登记法或企业登记法以统一企业登记制度。时国家工商行政管理局政策法规司的有关领导也认识到这一问题,提出在不断完善《公司法》的同时,尽快制定一部统一的商事登记法,相关工作于1999年就已着手展开。〔58〕2001年3月,在第九届全国人大四次会议期间,胡炜等33位代表提出正式议案,建议制定统一的商事登记法,此议案经全国人大财政经济委员会审议,列入人大任期立法议程。〔59〕2001年国务院办公厅发文《关于做好国务院2001年立法工作的几点意见和国务院2001年立法工作安排的通知》(国办发〔2001〕11号),将"制定《商事登记条例》"正式列入2001—2002年的行政立法计划;2002年国务院办公厅印发《关于做好国务院2002年立法工作的几点意见和国务院2002年立法工作安排的通知》(国办发〔2002〕14号),仍然把"制定《商事登记条例》"正式列入2002年的行政立法计划。2005年时国家工商行政管理局领导在出席"市场准入与公平竞争2005年上海国际研讨会"上再次透露并表示,原国家工商行政管理局正在借鉴国外的有益做法,起草"商事登记法",以统一市场准入条件、登记规则、登记程序、退出机制。〔60〕

2006年国务院办公厅印发《关于做好国务院2006年立法工作的意见和国务院2006年立法工作计划的通知》(国办发〔2006〕2号),更是把"商事登记法"列入国务院年度立法起草计划。与此同时,"商事登记法"也被列入第十届全国人大常委会的立法计划,有关论证工作随即启动。〔61〕但是,2006年以后,"商事登记法"的起草、论证工作基本停止下来,没有具体进展。直至2013年3月26日国务院办公厅印发《关于实施〈国务院机构改革和职能转变方案〉任务分工的通知》(国办发〔2013〕22号),要求原工商总局负责"提出将注册资本实缴登记制改为认缴登记制等放宽工商登记条件、实行'宽进严管'的方案,提出修改相关法律、行政法规和国务院决定的建议",但"修改相关法律、行政法规"的建议,显然并不包括新起草"商事登记法"。2014年2月7日国务院颁发《注册资本登记制度改革方案》(国发〔2014〕7号),所提"积极推进统一的商事登记立法",〔62〕是否意味着沉寂多年的统一"商事登记法"行将提上日程,尚未有新的进展信息。

在"商事登记法"立法起草工作尚未在国家立法层面整体展开之际,2011年原国家工商行政总局启动了"商事登记法基本理论"的课题研究,该课题由原国家工商行政总

---

〔58〕 参见孙小朋:《〈商事登记法〉将尽快制定》,载《市场观察》1998年第8期。

〔59〕 参见王国明:《公司法将尽快修改　商事登记法等将制定》,载《中国工商报》2002年2月23日,第A1版。

〔60〕 参见叶尤刚:《我国将进一步强化市场主体登记机关的社会服务功能》,载《中国工商报》2005年11月23日,第A1版。

〔61〕 参见姚芃:《商事登记法起草论证将启动》,载《法制日报》2006年10月15日,第3版。

〔62〕 参见国务院《注册资本登记制度改革方案》(国发[2014]7号)第4条第3项。

局牵头，由法规司、企业局、外资局、个体司、工商学会代表实务界，由清华大学、北京大学、中国政法大学、南开大学等专家学者代表学界，联合对该课题展开协调研究。2012年12月15日，“商事登记法基本理论”课题研究座谈会在深圳国家工商总局行政学院召开，形成阶段性成果。〔63〕2013年5月28日，“商事登记法基本理论”课题结题会在国家工商行政总局招待所召开，会议形成有关“商事登记法”的论证性报告。〔64〕

2020年6月国家市场监管总局公布《商事主体登记管理条例（草案）》，其第2条把商事登记限定为“主体资格登记”，大大压缩了该条例的调整对象和适用范围。2021年国务院发布《市场主体登记管理条例》，其名称、结构、体例、内容与之前《商事主体登记管理条例（草案）》相比有很大变化，但遵行“主体登记管理”的思路是基本一致的。正因受“市场主体登记管理”调整对象与范围所限，诸如营业开业登记、营业财产登记等，均难以被纳入该条例的规范框架予以统筹调整，致使该条例难以担当统一商事登记调整和规范之大任。

在我国，商事登记立法负载着解决规则供给不足、保护民事主体营业自由权利、规范商事登记程序和制度运行、推动商事登记制度改革以及统一商事登记制度等多重使命。我国未来商事登记立法所涉问题很多，但就笔者看来，所要解决的主要问题是立法范式、具体体例和主要内容的选择、确定问题。

（二）我国未来“商事登记法”的范式选择

1. 自治立法还是国家立法

我国未来商事登记立法所要解决的第一个问题就是我国究竟是采取民间的自治立法还是依赖国家机关的专门立法模式。有一种观点认为，既然商事登记原本属于民间自治和社会自治的范畴，并可由工商联这样的民间商会来组织登记，则商事登记立法除了商事单行法进行路径宣示外，无需国家专门立法，它可以通过商会制定商事登记章程或类似于仲裁机构的规则来解决。〔65〕此一观点虽然有一定的可取之处，但它显然不符合我国的基本国情。这是因为，在我国，商事登记具有效力的强制性和行为的公法性等明显倾向；〔66〕尽管商事登记并不具有创设主体、授予权利的制度功能，但是商事登记本身的行政确认属性，使其具有明显的公法属性。除此之外，还因为：（1）近代商事登记法的国家法属性使然。尽管商事登记法在中世纪及以前确实属于典型的

---

〔63〕参见《商事登记法基本理论课题研究座谈会在深圳召开》，载《中国工商管理研究》2013年第1期。

〔64〕参见金永平、潘嘉：《商事登记法基本理论课题结题会在京召开》，载《中国工商管理研究》2013年第6期。

〔65〕参见王兰：《管制罅隙下的自治——商事登记制度发展与模式反思》，法律出版社2011年版，第174－233页。

〔66〕参见李克武：《公司登记法律制度研究》，中国社会科学出版社2006年版，第17页。

商人法范畴,[67]但是,近代商事登记法早已演变为典型的国家法,它属于国家法的一个重要组成部分。(2)在我国,国家对营业领域的干预、控制和管理有比较悠久的历史,这样一种传统的理念和制度的惯性,是难以在短时期内轻易改变的。(3)从我国商事登记的现实状况来看,民间商会组织的自治立法能力尚十分有限,特别像工商联这样的准民间商会仍在转型过程中,其自身还存在诸多的问题,根本没有能力主管商事登记这样既权威、公信又专业、复杂的社会服务工作,自然也就不具备起草、制定这样需要协调国家各种公权力资源的"商事登记法"。(4)"商事登记法"涉及诸多公权力之间的协调问题,诸如企业、公司的设立,企业资格证书的印制,营业执照的颁发,商事登记信息的公示与国家企业信用信息公示网的对接等,均需要协调国家各种公共权力及所掌握的资源。因此,作为聚集了社会精英的国家立法机构就有义务以国家立法来指导、推动"商事登记法"及早出台。(5)我国是一个具有行政权力本位传统的国家,行政权的任意扩张和不时滥用已经成为影响商事登记制度功能和改革效应的主要因素。在这样一种情况下,只有通过国家立法的形式,为登记机关行政权力的行使设定明确、清晰的边界,才能防止行政权力的扩张和滥用,也才能切实保障民事主体的营业自由权和商事登记服务理念的到位。(6)我国是一个具有成文法传统的国家,国家立法自然在整个法治秩序的构建过程中居于中心位置,商事登记本身的重要性决定了其只能采取国家立法的形式。因此,我国未来"商事登记法"应为国家法的重要组成部分,且应是属于国家制定商法中最为基础的层面。

2. 附属立法还是独立立法

未来,我国有关商事登记立法是附属于既有的商事单行法,还是应制定独立的"商事登记法"。前面的分析已充分说明,我国未来商事登记立法只能选择独立的统一立法思路,要坚决摈弃既有的附属立法或者将来其他替代式的附属立法方案。这是因为:(1)商事登记的特殊性、程序性和专业性,决定了商事登记与商事主体、商事行为有显著的不同,前文所述商事登记所独有的程序性特征,使其难以为公司法、合伙企业法、破产法等一般商事主体单行法所兼任,更不为证券法、商业银行法、信托法、投资基金法、保险法等一般商事行为单行法所能承受,已说明商事登记不能选择现有的商事单行法之附属立法模式。(2)商事登记的特殊性,使其也不能被诸如大民法典或商法典所延纳或包容,这是因为大民法典或商法典只能是提取公因式的立法范式和一般性规定,而商事登记的特殊性、实施性、具体性、程序性等诸多特点,恰恰不具备公因式、一般性特质,其规范特征自然也不能被大民法典或商法典所兼容。而且如果大民法典或商法典硬把有关商事登记的规范包罗进去,也必然会破坏其体系的完整性和内容的

---

〔67〕 参见郑远民:《现代商人法研究》,法律出版社2001年版,第23-28页;郑远民:《国际商事习惯法发展趋势研究》,湖南人民出版社2010年版,第16-22页。

逻辑性。(3)商事登记规范的内容也不能由将来有可能制定的商法通则或商事通则所包揽。这是因为,如果商法通则或商事通则可行并出台的话(因为是否有必要出台单独的商法通则或商事通则,国内学者尚有分歧),其主要功能也是对商法或商事中的一般规则进行规定,而商事登记的核心特质是以程序性规则为主,在某种意义上讲,是实施、细化商法通则或商事通则有关商主体、商行为的登记问题,两者的制度功能存在很大差异。如将来的商法通则或商事通则把商事登记作为其中一章,限于公因式规定的性质与体例,商法通则或商事通则只能对商事登记作一般性或原则性规定,具体的实施性、程序性、可操作性规范,还得另行通过专门性的规范文本进行补充、完善,还是免不了商事登记的独立、单行立法;或者重复现行商事登记分类、分别、分散立法的路径。基于以上分析,笔者认为,商事登记法不可走附属立法之路,而必须进行独立立法。

3. 概括立法还是分散立法

在"商事登记法"的论证、起草、制定过程中,一个比较敏感的问题就是如何处理"商事登记法"与既有的一系列工商登记、企业登记立法特别是既有商事登记类行政法规之间的关系。由于我国既有商事登记立法为行政条块分割和部门利益所左右,在某些人或登记机构的心目中只有工商登记,而没有比工商登记具有更抽象、一般意义的商事登记。有人甚至主张"商事登记法"与其他类型的工商登记特别是企业登记分别立法,借以突出企业登记的独立性和重要性;或者主张,可以立一个总的统一"商事登记法",然后再制定一个在总的统一"商事登记法"之下的工商登记法如"企业登记法"。[68]笔者认为,工商登记或企业登记是一个很容易产生歧义的名称,它实际上属于商事登记之下属概念;不仅如此,现行立法中的公司、企业法人、合伙企业、个人独资企业、个体工商户和其他所有具体形式的营业登记等,均应属于商事登记之下属概念和范畴,《市场主体登记管理条例》(2021 年)就因"市场主体登记"所限,而难以承载统一立法的使命。因此,我国未来商事登记立法应选择概括立法的方式,以具有概括意义的商事登记把诸如公司登记、企业登记、企业法人登记、合伙企业登记、个人独资企业登记、个体工商户登记和其他所有具体形式的营业登记统辖和囊括进来,其名称就叫"商事登记法"。如此,商事登记立法才能保证其范围的周延性和广泛的适应性,也才能充分节省立法资源,降低执法、适法成本。

4. 法律形式还是行政法规

在国务院的立法计划中,商事登记立法在 2001 年是以行政法规形式的"商事登记条例"名称出现;而到了 2006 年,则变为法律形式的"商事登记法"。这就说明,我国未来商事登记立法究竟应是效力等级更高的法律,还是为效力等级较低的行政法规?也

---

〔68〕 参见王国明:《公司法将尽快修改　商事登记法等将制定》,载《中国工商报》2002 年 2 月 23 日,第 A1 版。

就是说，商事登记立法权应由人大这一权力和立法机关行使，还是应由国务院这一行政机关掌握。从我国近几年来的呼声和高层立法的动向来看，商事登记立法应由全国人大以法律形式制定，已获得越来越多的共识。笔者认为，之所以如此，在于如由国务院立法为行政法规，基于行政权力的本位惯性和传统的管治思路，就必然从登记机关己身利益出发，在商事登记的程序设计中，添加许多不必要的审查程序，或者变相把其演化为行政许可程序，把本属民事主体的营业自由权或者应当交付社会中介自治机构去完成的事项截为已有，从而使商事登记法变相成为商事登记管理法或许可法；《市场主体登记管理条例》(2021 年)仍印有鲜明的行政许可与管制色彩，就充分说明了这一点。因此，要平衡商事登记中的营业私权与登记公权之间的关系，就必须由全国人大这一立法机关立法，这样才能使商事登记立法达到预期的改制目标。特别是 2020 年 5 月 28 日《民法典》通过后，实现并确保民事主体向商事主体有效切换，定位商事登记的制度功能，转变商事登记机关的服务职能，优化营商环境，必须由全国人大以法律的形式，才可确保各项商事登记改革举措的落地，进而维护商事登记制度的权威性、有效性、持续性和稳定性。

(三)我国未来“商事登记法”的具体体例

关于我国未来“商事登记法”的体例，笔者认为可以从两个层面予以考虑：(1)就商事登记法本身而言，应采取章节结构，这样有利于分清主次和制度流程。(2)商事登记法只应就最为主要的核心价值条款进行规定，其具体细节可以通过国务院出台的“商事登记法实施条例”予以规定，或者对现有单行的商事登记规定作对应修改，建立起未来统一“商事登记法”与既有行政法规类登记管理性规范文本之间的统辖与衔接。

(四)我国未来“商事登记法”的主要内容

1. 名称选择

关于商事登记统一立法的名称，有称“商事登记法”的，也有称“企业登记法”的，更有称“企业登记管理法”的；〔69〕还有称“商业登记法”的；等等。笔者认为，商事登记是一个比公司登记、企业登记、企业法人登记、合伙企业登记、个人独资企业登记、个体工商户登记和其他所有具体形式的营业登记更具抽象性、概括性的上位概念或范畴；从词义的精准性和定义的妥当性上看，商事登记又是一个比工商登记、商业登记更不容易引起歧义的概念和范畴。基于此，商事登记统一立法的名称，最好是选择比较科学、具概括抽象之上位特征，且无歧义或争议的“商事登记法”。

---

〔69〕　参见于新循：《现代商人法纵论——基本理论体系的探寻与构建》，人民法院出版社 2007 年版，第 168 页。

2. 内容确定

关于我国未来“商事登记法”具体内容的确定，有学者认为，我国未来商事登记法的框架结构，应包括总则、商事登记机关、商事登记事项、商事主体的设立登记、变更登记、注销登记、更正登记、商事主体分支机构的登记、登记程序、商事主体的年度检验、证照与档案管理、争讼和处理的法律责任、附则等十三章节；〔70〕有学者甚至在《商事登记法草案建议稿》中，把商事登记法分为总则、登记机关、登记与备案、年度报告公示、经营异常名录、登记公告、档案与证照管理、争讼和处理、法律责任、附则等十章。〔71〕

笔者认为，我国未来“商事登记法”的具体内容，可确定为总则、登记对象与范围、登记主管与管辖、登记类型（开业与设立登记、变更登记、更正与补正登记、歇业与停业登记、注销登记、营业财产登记）、登记程序（登记申请前准备、登记申请、受理、审查与核准、准予登记、注册记载、发证给照）、登记事项与信息公示、登记档案与证照管理、争诉与救济、罚则、附则等十大部分。

3. 条款位序

我国未来“商事登记法”的具体位序应当按照登记目的→基本原则→法定登记范围→主管与管辖→登记类型→基本程序→法律救济→罚则等。

五、结语

鉴于我国现有商事登记立法仍然没有摆脱附属于商事主体法，停留于一事一法或一类一法的分别立法，被分散规定在不同效力等级、不同规范形式、不同适用对象的立法文本等困境，因之，统一商事登记立法已是一项十分紧迫的立法任务和现实课题。比较分析延续分散立法模式、大民法典模式、商法典模式、商法通则模式、统一单行法模式等统一商事登记立法的不同学说、主张和方案，基于不同类别、类型、对象、性质、事项的商事登记所具有的同一特征或同质属性，决定了统一、单行的“商事登记法”应是最具可行性、操作性的立法方案。我国未来统一“商事登记法”，应选择国家立法、独立立法、统一立法、人大立法的法律形式，其内容可确定为总则、登记对象与范围、登记主管与管辖、登记类型、登记程序、登记事项与信息公示、登记档案与证照管理、争诉与救济、罚则、附则等十大部分。〔72〕

---

〔70〕 参见苗延波：《商法通则立法研究》，知识产权出版社 2008 年版，第 181 页。

〔71〕 参见刘训智：《商事登记统一立法研究》，中国政法大学出版社 2015 年版，第 303 - 324 页。

〔72〕 参见肖海军：《论我国〈商事登记法〉的制定与体例——附：〈中华人民共和国商事登记法〉（学者建议稿）》，载《时代法学》2020 年第 5 期。

后　记

商事登记是商法基础理论中的基础议题，不解释商事登记的设立原由与制度功能，商事主体的身份角色、法律人格、商事权利、经营资格、营业能力等涉及商法基础理论的基本问题就无法逻辑自洽。从大私法领域与营业自由视角来看，商事登记作为民事主体进入营业领域过程中表征开业宣示、身份转换、信息公开的特殊程序性服务机制，虽在一国商法商制与营业环境中具有基础性、关键性、支撑性意义，但长期以来对之并未有准确界说和恰当定位。在学理上，商事登记一再被学者期以创设主体人格、授给商事权利、赋予营业能力的特殊功能；立法上，我国《行政许可法》第12条第1款第5项把“企业或者其他组织的设立等，需要确定主体资格的事项”列为“可以设定行政许可”范畴，赋予其营业类“行政许可”身份；实务上，无论之前的工商行政管理机关，还是现在的市场监督管理部门，均事实上秉持行政许可之管制思维与准入把门式行事惯性来对待商事登记。商事登记一再被理论误读、法律错位和实务扭曲，无疑对商事登记立法主旨的厘正、制度功能的定位、实际运行的效应影响极大。原于对此问题的困惑与不解，笔者毅然决然在坊间已有多部有关商事登记鸿篇巨制付印的情形下，仍执着于此议题的学理穷思与事实拷问。沿着制度源流、实然逻辑、本义蕴含、功能效应之论证思路，笔者发现，所谓商事登记具有创设主体人格、授给商事权利、赋予营业能力之特殊功能，只是登记簿册、营业执照、法人证书等给人的外现表象与逻辑错觉，其真正、内在的原始、核心、基础功能在于为民事主体进入营业领域过程中表征开业宣示、身份转换、信息公开提供程序性确认服务；质言之，以国家公权力或准公权力作背书、支撑、表征甚至担保的营业信息宣示、确认、公开，才是商事登记的本质属性与核心功能。本着这一事实逻辑、基本理念与核心观点，本书试图把不应附加也不能承载于商事登记的创设、授权、赋能之功能、职能或属性剥离出来，还原其公共性营业信息供给机制的本然价值与独有功能。基于此，本书的论证思路、所持观点、分析结论、建言主张、解决方案，虽有挑战传统、质疑通说、非议成论等不合世情俗风之处，唯求真务实方为治学正道，权且作为本人特立独行的一家之言，谨供诸君批评、指正。

本书是著者主持的国家社会科学基金项目“我国商事登记制度统一化改革研究”（课题文号：11BFX036；结题证号：20182305）结题成果之一部分，该课题系列研究成果如《〈中华人民共和国商事登记法〉（学者建议稿）》等，曾以专题论文形式发表在国内多家有影响力的法学期刊杂志上;本书系结题书稿的主体部分,并根据各位匿名评审、鉴定专家的意见,作了对应修改;为逻辑建构与理论体系所需,书中还整合了著者部分已发论文的核心观点与相关资料。在此,笔者对国家社科基金的各位匿名评委、评审、鉴定专家,对前期在专题论文投稿、编辑、校正中提出宝贵意见和付出辛勤劳动的各位专家、编辑老师,对各位课题组参与成员,表示崇高的敬意和由衷的感谢!

感谢湖南大学法学院各位领导和同事对我教学科研工作一贯的信任、肯定与支持!感谢夫人朱建云女士对我学术事业的默默付出!感谢法律出版社的丁小宣先生等诸位领导和编辑老师!感谢学界各位长辈、先进、同人长期以来对我的关注、肯定、鼓励、鞭策!

作者:肖海军
构思于 2009 年 7 月 27 日
初稿于 2017 年 8 月 17 日
修改于 2020 年 10 月 29 日
定稿于 2021 年 8 月 20 日